POSITIVE PSYCHIATRY,
PSYCHOTHERAPY AND PSYCHOLOGY
CLINICAL APPLICATIONS

正向心理科學
臨床實務

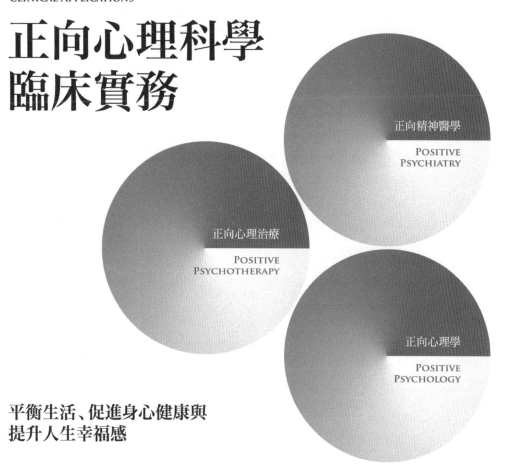

正向精神醫學
POSITIVE
PSYCHIATRY

正向心理治療
POSITIVE
PSYCHOTHERAPY

正向心理學
POSITIVE
PSYCHOLOGY

平衡生活、促進身心健康與
提升人生幸福感

ERICK
MESSIAS
艾瑞克・梅西亞斯

HAMID
PESESCHKIAN
哈米德・佩塞施基安

CONSUELO
CAGANDE
康斯薇露・卡甘德 —— 編著

譯 —— 郭約瑟

編著者們謹將此書以感恩及崇敬的心，獻給當代正向心理健康運動的三位開創祖師，分別為正向心理治療諾斯拉特·佩塞施基安（Nossrat Peseschkian, 1977）、正向心理學馬汀·塞利格曼（Martin E.P. Seligman, 1998），以及正向精神醫學迪利普·傑斯特（Dilip V. Jeste, 2012）。祈願他們所共同發展的概念，能持續改善全球人類的健康，並啟發後進專家們能追隨他們而穩步邁進。

專家讚譽

「有負向心理症狀可以學正向心理學嗎？」本書最大特色是跳脫過去針對
「零度以下的人生」之傳統解法，將正向心理科學角度突顯出來，把「精
神醫學」及「心理治療」的臨床症狀、情境及族群，融入正向優勢及介入
等觀點應用，彷彿結合許多專家腦力激盪，擴展出更多的解法及可能性！
讓讀者得以見樹又見林，內容豐富精彩，值得一讀再讀。

——吳相儀，高雄醫學大學正向心理學中心主任

這本書跳出美國主流的正向心理學，從跨文化的角度，也從更多元的觀點
來論述正向心理治療，拓展了我們所習慣的具有侷限性的美國觀點，是一
本很有趣的書，對我也頗有啟發。

——林以正，前台灣大學心理系副教授

心理科學正從一個單打獨鬥的局面，轉化成一個重視連結整合的平衡時
代。本書寫下了傳統邁向跨域的里程碑。精妙串連的組織架構，對正向精
神醫學、心理治療及心理學的全面理解，豐富的分析、演練及實務資源，
本書應該被所有的心理學人珍藏在書架上。

——曾文志，清華大學教育心理與諮商系教授

在以失常為主流的精神醫學與心理治療領域中，正向心理學浪潮將帶領所
有助人工作者迎向另一道更寬廣、更宏觀的視野，而《正向心理科學臨床
實務》一書則是你踏上這浪潮之前，最該擁有的一塊衝浪板。

——蘇益賢，臨床心理師

精神醫學領域雖緩慢，但必然會採用此類理論與實務，而此本具有國際聲
望的卓越名著，將能協助正向心理健康領域加速邁步前行。

——迪利普·傑斯特（Dilip V. Jeste），
美國加州大學精神醫學系名譽教授

Content

基本概念、背景與歷史

畢生維持正向

理論基礎與訓練

| 專文推薦 |

正向精神醫學的發展使命

林式毅

　　我與本書譯者郭約瑟醫師亦師亦友，我們曾經合寫過一些學術論文，在網球場上則是競爭的對手。郭醫師以前的多本著作大都為以精神醫學的角度，探討現代人在成長、愛情、幸福與憂傷等等的人生課題，我也幫他寫了兩本小說的序文，感受到他對「心理文學」的熱愛。

　　最近在疫情期間我們見面較少，突然他又寄來一本大頭部的翻譯書，是他在最近傾個人之力所完成，希望我再幫他寫一篇序文，正是他所翻譯的《正向心理科學臨床實務》，全書六百多頁。英文原書是由三位臨床經驗豐富的精神科醫師編撰而成，共邀約四十八位作者共同書寫。三個面向為正向精神醫學、正向心理治療與正向心理學，主要宗旨在於作為臨床應用的參考與指引。郭醫師竟然能在短短半年內將之翻譯完成，不得不佩服郭醫師對於學術傳承的熱忱。

　　正向心理學從1990年代開始興盛，是一項最近頗為興旺的學門，著重於理解和培養正向的個人品質，如樂觀、勇氣和人際交往能力，旨在提升個人和社區繁盛的力量與美德。近十年來，正向精神醫學則開始被人討論與應用。一般臨床上，精神醫學對於疾病治療的目標，通常僅限於減緩症狀和預防復發，心理治療則是緩解患者不安的情緒困擾。然而，人們越來越認識到，目前在整個醫學方面，不僅聚焦於患者症狀的治療，也應包括促進其整體的身心健康、提升其人生幸福感。

　　因此，正向精神醫學應該透過評估，尋求瞭解患者的症狀，以正向社會心理觀點來介入，進一步提升治療的目標，患者的劣勢也是其優勢的發展起點。本書針對每項精神疾患診斷皆提出可以施行的建議、方法與步驟，以強化患者

的健康及幸福感。

　　作為精神醫學的一個分支，正向精神醫學也是以生物學為基礎，同時透過社會心理、行為和生物學的介入，來增強病人的健康和幸福。其應用不限於精神疾病，也同樣適用於所有醫學專科。因此，透過正向精神醫學的應用，也可能讓精神醫學有機會成為一般醫學之醫療照護系統的前線和中心。

　　本書知識含量豐富，郭醫師翻譯的文字淺顯易懂，專有名詞的應用也都頗為適切。本書可提供臨床精神科醫師、心理師、社工師、護理師、教師，甚或一般有興趣的民眾當教科書閱讀，或將其作為工具書，按照目錄中所標示的類別或診斷，翻到該章節來詳細閱讀與參考，可說非常實用。希望此書的翻譯引進，可提升臨床精神醫學與心理治療的水準，並造福更多的病人。在此恭賀郭醫師又有一項學術上的成就，希望他再接再厲，未來還有更好的作品，在著作生涯上更上一層樓。

（本文作者為林口長庚醫院精神部主治醫師）

| 專文推薦 |

正向心理不是天生的，
是一種經刻意練習所產生的能力

蘇冠賓^{譯註1}

　　羅東聖母醫院郭約瑟醫師所翻譯的《正向心理科學臨床實務》一書，涵括塞利格曼（Seligman）正向心理學、佩塞施基安（Peseschkian）正向心理治療學、以及傑斯特（Jeste）正向精神醫學之「基本概念、背景與歷史；完整生命週期的正向取向；精神疾病與身心疾病；特殊情境與族群；理論基礎與訓練」等五大面向，無疑是目前該領域最具代表性的教科書。該書對於上述內容已經有完整介紹，就不再贅述。在此篇序文當中，我僅就「正向心理學的重要性」以及專業人士對於「正向精神醫學的忽略」略作評論。

❖ 人類的基因傾向是天生悲觀、負向思考

　　經過百萬年的演化，一種叫做智人（Homo sapiens）之複雜物種出現在地球上，從原本只在食物鏈中層躍升到食物鏈的最頂層，數萬年之後更是傲視地球的其他生物，甚至造成其他物種滅絕的生態浩劫，靠的就是大約一千四百立方公分的大腦容量所獲得的生存優勢。

　　即便人類擁有稱霸地球、探索宇宙的智力，但大腦中對壓力危險之偵測器官——杏仁核（amygdala），卻和和其他動物一樣原始，是一個源自數億年前之爬蟲類祖先的複合腦區，演化到古哺乳動物腦的特化器官，用來制約壓力和危險情境，跳過理性大腦，在意識沒有察覺之下，直接命令自律神經系統，對

譯註1 蘇冠賓教授創辦台灣第一個「憂鬱症中心」；根據ExpertScape的統計，蘇教授是台灣「憂鬱症」以及「生物精神醫學」研究領域中排名第一的專家；蘇教授長年投入精神醫學的大腦研究，更多身心保健文章可參考蘇醫師部落格：https://cobolsu.blogspot.com/

壓力做出求生存的全身性反應。然而人類大腦演化在數萬年前所具有的生存優勢，到了現代社會卻產生嚴重的後遺症，意即對於「壓力危險特別敏感」。

想像七萬年前有一對剛誕生的智人雙胞胎新生兒，當哥哥於叢林荒野中長大，在面對天災敵人、洪水猛獸的環境中，全身緊繃、瞳孔放大、心跳加速、血壓升高……，這些敏感的生物反應能幫助他渡過危險，傳宗接代。然而弟弟坐著時光機來到現代、長大成人，雖然和現代人的外觀、構造和大腦功能並沒有任何差異，但是他面對的壓力卻是前所未有：煩惱下週的報告、下個月的考試、明年畢業求職……，他大腦中的危險偵測器（杏仁核）從來都沒關機，自律神經系統不斷失去平衡，最後陷入負向思考、憂鬱焦慮的深淵！

有趣的是，人類有一段特別的基因——5-HTTLPR，負責衍生出血清素回收的功能，5-HTTLPR有著長短不同的基因多型性，具有「短型」的基因變異者的杏仁核，對於「壓力的反應和負向情緒訊息」特別敏感。此項在物競天擇過程中具有生存優勢的短5-HTTLPR之主要基因型，卻於當今醫學研究中被發現是所有憂鬱症相關基因中致病性最高的變異。

❖ 正向不是天生的，是一種經刻意練習所產生的能力

臺灣常見身心疾患之盛行率在近二十年內躍升兩倍（從11.5%躍升至23.8%），期間自殺率、失業率、離婚率（甚至國民生產毛額，GDP）皆平行升高。世界知名期刊《刺胳針》（The Lancet）期刊主編語重心長地強調，來自台灣的傑出研究，應該帶給全世界更「全面性、整體性」來思考，為追求「社會進步和經濟成長」而犧牲人民「精神健康」（及家庭幸福）的嚴重問題[譯註2]。

記得美國總統川普在2018年啟動對中國一連串的貿易關稅制裁，當年12月，美國三大股指全數下跌9%，標普500經歷自大蕭條以來最差的12月、納斯達克指數亦踏入空頭市場的熊市，台灣股市也是跌落萬點。不過，當時更吸引我注意力的是，獲選「湯森路透引文桂冠獎」、被視為諾貝爾物理學獎熱門人選的美籍華裔物理學家張首晟教授，因長年罹患憂鬱症，於史丹福大學跳樓

譯註2 論文出處 *Lancet* 2013; 381（9862）：185-7; 235-41.

自殺身亡；在台灣，深受機構表揚重用、廣獲醫護同仁及家屬信任的明星醫師，也因罹患憂鬱症跳樓身亡；加上稍早知名的名廚作家及電視節目主持人安東尼波登，以及美國時裝設計師暨設計品牌創辦人凱特絲蓓，同樣都在人生最高峰時結束自己的生命。社會大眾常常無法理解，這許多社會菁英的成功人士，為何會選擇在人生最顛峰時刻選擇結束自己的生命？

「得天下英才而教育之，一樂也」，我本人很幸運能在大學醫院工作，不但可以行醫救人，更能和聰明絕頂又努力不懈的學生、醫師及教授一同學習。因此我經常發現社會上認為最頂尖的天之嬌子、具有高度成就的教授、名醫，反而更容易陷入嚴重的身心問題，得以體悟「正向心理不是天生的，而是一種經刻意練習所產生的能力」。我常常勉勵醫學生和研究生，要用「當總統」的心態來鍛鍊身心，因為最後如果「很幸運」可以不用當總統，那你就賺到「總統級」的身心健康！

雖然正向心理在這幾十年來也慢慢獲得重視，正向精神醫學在精神醫學中也不斷被強調，但此領域從來沒有被系統性的研究和教育。以PubMed關鍵字搜尋的文獻為例，正向心理治療（positive psychotherapy）只佔2020年582篇心理治療（psychotherapy）論文中的9篇。因此，我要真心感謝郭約瑟醫師能在百忙當中，翻譯這本臨床應用的重要著作，更難能可貴的是，他的文筆優美，將深奧的精神醫學內容表達得相當清晰流暢，相信郭醫師的努力和付出，一定能帶動台灣相關領域的重視和發展。

（本文作者為中國醫藥大學安南醫院副院長、身心介面研究中心及憂鬱症中心主持人、台灣營養精神醫學研究學會理事長）

| 譯序 |

正向陽光，照見幸福人生

老虎與甜葡萄

在不幸的一天，有位流浪漢正在逃跑，因為有一隻老虎正在追趕他。他一直跑，直抵達一座峭壁邊緣，他必須爬下去。他抓著粗壯的藤蔓，而且那隻老虎就在他上面狂吼著。突然另一陣恐怖的吼叫聲從下面傳上來。「喔！不！」原來有第二隻恐怖的老虎也正從下面看著他。這男人就這樣懸吊在藤蔓上、介於兩隻老虎之間。

此時，有兩隻老鼠、一黑一白，也正爬到岩盤上，它們開始快樂地啃著葡萄樹的根。於是藤蔓在流浪漢的負重之下開始彎了下來。但在陽光的照射下，他發現一株葡萄藤覆蓋著小又多汁的葡萄。於是他用一手緊攀藤蔓，然後奮力用另一手去摘一串又一串葡萄。他喊出：「這些葡萄嚐起來味道多甜美啊！」（第26章之蒙古寓言故事）

❖ 故事的解讀

流浪漢逃難的一天，也代表著一般人的一生，有著崎嶇蜿蜒的生活現實、無處不在的負向威脅：**上面的老虎**，代表過去的威脅——傷害、失落、錯過、錯誤決定或惡行，以及相應的負向情緒——怨恨、悲傷、遺憾、懊悔；**下面的老虎**，代表未來的恐懼：做不到、求不得、怕失去、怕失敗、怕意外／災難／厄運、分離、死去，以及相應的負向情緒——焦慮、急躁、擔憂、驚嚇、恐懼、無望／無助／無價值；至於岩盤上的**黑白老鼠**，代表現下的痛苦、正慢慢啃食生命的根基，代表——難免的文明／慢性病（身體及心理）、急慢性壓力源、難以遏制的慾望、纏累的世間俗事。

奮力攀藤摘取葡萄享用：小而多汁的葡萄，代表希望、正向、當下的幸福

感；奮力攀藤，代表啟動內在資源——潛能、能力、性格優勢；至於陽光照見希望（葡萄的現身），陽光則代表啟動外在資源，包括家庭／社群、信仰／靈性的支持，以及正向心理相關專業（心理學、心理治療、精神醫學）的協助。於正向心理學中，包括幸福感、心流、幸福五要素（正向情緒、投入、關係、意義、成就）、圓滿人生、六美德及二十四性格優勢、正向心理介入措施等，具有堅強的實證基礎，是正向理論的核心主軸；正向精神醫學則不再只是偏重精神病理的評估，而會運用正向心理社會特質，聚焦正向預後（正向情緒、幸福感）及其生物機轉、預防層面等臨床實務，因而提升病人整體身心健康。

　　至於本書的最大亮點、篇幅最廣（共二十一章）的「正向心理治療」（由佩塞施基安所創），是一種半結構式、短期的心理治療法，源自深遠的哲學、信仰，以人本主義、存在主義、心理動力分析、跨文化精神為主軸，並統整其他相關療法的精髓。

　　其主要概念及工具（在第2章及第5部，有九章分別會有簡介及詳述）包括一項半結構式初次會談問卷，以及一項辨別分析量表，是為了辨別兩種基本能力或需求——愛與求知，以及背後所支撐的兩種實際能力——原初及次發能力；互動或分化過程三階段（依附、分化、脫離／獨立），也是決定上述能力是否均衡或成熟發展的過程；一旦發展出現失衡，就可能產生個人或人際的四種「衝突模式」——實際、基本、內在、關鍵，能透過「平衡模式」之四項生活領域——身體／健康、心理／成就、情感／關係（接觸）、靈性／未來（意義），以及四種關係維度——我、我們、你們、本源我們，來理解能力、失衡與衝突的來源與範疇；最終則需透過治療流程五階段或步驟（觀察與拉開距離、完成問卷、情境鼓勵、說出內心話、擴展目標），並善用理論視覺化圖表、正向詮釋、寓言故事、幽默及諺語等技巧，來發掘與強化能力、修復失衡、處理衝突與往成熟發展的方向邁進。

　　由於正向心理治療具有深入淺出的理論語彙，對複雜的內心意識及潛意識世界，提供完整的理解架構，讓一般人或跨文化族群都能因此領略，使得治療過程井然有序地從理解、反思、到引領改變、甚至自助，面面俱到。除適用於個別心理治療，也涵蓋家族、團體、教育學、諮商與輔導、企業教練等多重治

療領域，甚至相當適合自助。此外，對治療心身症、飲食疾患及創傷後成長也有獨到的見解，相信能為各層次或領域的讀者帶來閱讀效益。

❖ 因為愛而成於愛

「愛是一切的問題與答案」，愛為何會是問題？愛是人類最基本的需求（如愛、接納、信心、希望、肯定與尊重），並透過照顧者的互動與示範，上述基本需求發展成為**原初實際能力**（愛與被愛的能力）。然而要成長、成熟、獨立進入社會互動與生存，就必然要透過家庭教養及學校教育來發展求知能力，學習互動基本規矩、社會常規與價值觀（**次發實際能力**，如順服、紀律、責任、勤奮、成就、秩序與準時）。一旦發展只停留在「基本需求」階段，可能是個人先天特質（極端以自我為中心、只想著被愛、缺乏同理心），或是主要照顧者的寵溺，導致對愛人與求知能力發展殘缺，長大後就會形成所謂的「巨嬰現象」或「人格障礙」，對他人的愛需索無度，卻不懂愛人及承擔責任。

另一種失衡，就在於原本應該是「無條件的愛」（個人被愛的基本需求）被極端「有條件化」了（在書中稱為基本衝突），意即主要照顧者、甚至長大後的自己、身邊重要他人，設定以次發能力為條件，來換取原初愛的基本需求，雖然仍能因此片面發展出愛人及求知能力，但卻忽略個人被愛的基本需求，而常陷入以他人為中心的人格特質，如體貼他人、內化所有問題、知錯能改、自我鞭策、低自尊及自信，經常成為被情緒勒索的苦主。

畢竟，每個人是如此獨特（同時具有個別的優點與弱點）、又如此共通（生老病死、高峰低谷、人生不如意事十常八九），經常在某些時刻或層面就會不符合條件或永遠達不到嚴苛的條件或標準（源自內化、重要親人或環境），於是愛的最基本需求經常被剝奪而形成各種內在與人際衝突，只好經由問題、衝突、與症狀來間接向重要他者索求愛與關懷；容或有短期效果，但長期而言不僅無效，甚至還會被標上「異常、脆弱或懦弱」而被排拒，進而掀起不斷的惡性循環。

因此所有問題的答案（鑰匙）就是「愛」（愛人與被愛的能力），針對「巨嬰潛質」，必須從小教養過程適當限制慾望、主動設定適當人際界線，導向學

習愛人與承擔責任的發展正軌；至於容易被情緒勒索的苦主，則需尊重及回復對彼此「無條件的愛」（基本需求），才能重新開啟正向循環的拯救之門，再藉著均衡發展愛與求知能力，尋求智慧他者、心理相關專業、信仰或靈性的協助，能因而理解一切問題的來龍去脈，並逐步克服困難、回歸發展正軌及完全實現潛能。於是，弗蘭克（Viktor E. Frankl）才會發出這樣的讚嘆：「愛是人可以立志追求的終極目標。我突然參透，人類所有的詩歌、思想和信仰所揭示的偉大信念，都蘊含同一項真理：『人類得到拯救的秘訣，都是因為愛而成於愛。』」

❖ 臨床案例

　　一位婦女因十年前丈夫外遇的巨大傷痛，持續處於嚴重失眠、情緒低落、潛藏嚴重怨恨狀態、總是對丈夫惡言相向，即使透過藥物治療、投入宗教慰藉，都難以平復。治療師經過兩次運用上述正向心理原則的治療，並聚焦於以下主題：1. 理解失眠背後潛藏的心理衝突與爭戰（壓抑的情緒、潛意識的各式樣衝突），解釋各類安眠與情緒用藥的利弊得失，並解釋只有化解內心的衝突，才能得到長久的醫治效果；2. 強化個人優勢能力（堅毅、勤奮、熱愛家庭）以提升自尊心；3. 柔化次發實際能力（強迫性整潔、完美主義）以習得人格彈性；4. 點亮未來希望（重建家庭價值與氛圍、盡可能為著自己身心健康的緣由去達成對丈夫的寬恕）；5. 照見完整人性的優缺點（個人及丈夫），合併欣賞及憐憫的眼光看待，必定會有不同的感受；6. 圓滿家庭的盼望，婚姻的生命週期也有高峰低谷，耐心持守，必得豐富的愛與智慧。

　　結果在第三次的療程中，由丈夫推著坐輪椅的她，臉上竟然堆滿興奮的笑容，這麼說著：「這三週以來，我每天都睡得香甜，是十年來都得不到的體驗。前些日子，因整理家務從高處跌下造成小腿骨折，丈夫從住院到回家，從頭到尾都能體貼照顧、獨立且高品質地完成一切家務，讓我十年來第一次這麼感動。過去多年就醫、信仰追求，都讓我做不到寬恕，如今我只來你這裡三次，我就看見寬恕的光芒是如何地療癒。雖然身體苦痛，心中卻充滿喜樂，我終於能見證神蹟。」

治療師也面露微笑地回說：「只要你願意真的打開心中寬恕的那扇窗，讓陽光灑進你晦暗的內心，就能看見完全不同、美好的風景，也照見幸福家庭的未來。如今，上帝在你身上行了神蹟，也讓你有機會看見丈夫身上美好的另一面，而不再只是那位曾嚴重羞辱你、讓你長期嫌惡的怨偶……」

在第四次療程，她還坐著輪椅，竟然左手還因骨折以石膏固定，但臉上依然展現喜樂笑容，這麼說著：「小腿骨折之後，原本所創事業有衰退現象，養病不久也得重新回歸，但因行動受限，請丈夫做部分協助。這次又意外跌倒造成手骨折後，更無法工作，結果丈夫全心全力發揮功能，完全接下主要工作，也意外讓事業更為順利，成為最佳事業夥伴。」

看著這景象，想像如果她十年的積怨未解，再加上屢次的骨折受傷，對她內心的傷痛將如何雪上加霜。幸運的是，信仰內涵、加上正向心理為導向的治療、激發潛在能力、對厄運的正向詮釋，最終成功逆轉命運、回歸四項生活領域的平衡：改善心理健康、豐富事業發展、圓滿婚姻生活、提升靈性層次。

❖ 幸福寶典、正向聖經

這是一本令人愛不釋手的幸福寶典、正向心理領域聖經。從拿到原文書的那一刻起，幾乎不曾停歇地把它讀完，並興起完成中文翻譯的念頭，目的是希望中文讀者，無論心理相關專業人士、甚至一般大眾，也能對當代最權威的正向精神暨心理相關理論與實務，一窺堂奧。幸福人生，就從正向心理科學出發。

非常感謝林式穀教授、蘇冠賓教授慷慨為此書撰寫推薦序，也很感謝吳相儀、林以正、曾文志三位教授和蘇益賢臨床心理師以短文推薦，也要感謝好友蔣茉春女士為初稿進行勘誤，以及感謝王浩威醫師在翻譯過程持續不斷的鼓勵。更要感謝此著作中譯本問世過程中所有的助人天使們。

序言

—————•—————

全球性教科書的挑戰與承諾

by 艾瑞克・梅西亞斯（Erick Messias）；

哈米德・佩塞施基安（Hamid Peseschkian）；

康斯薇露・卡甘德（Consuelo Cagande）

　　一個理念的誕生，無比強大。　　　　　　　　——雨果（Victor Hugo）

　　即使全球通訊網絡讓世界整合的步調日益精進，大多數人類的活動還是受國界或語言所限制。這樣的封閉性，使得某些島嶼族群曾經面對並解決問題所得到的創見，無法傳給面臨類似困境的其他島民。由於無法彼此分享各種問題的解方，讓重複的問題持續困擾著異地的島民，以至哀怨之聲不斷在群島部落之間繚繞。

　　此著作目的就是要連接三座島嶼：正向心理學、正向心理治療、正向精神醫學。這樣的連結有其必要性，讓個別努力即使是透過不同的路徑，也能達成共同目標，即協助人們發揮最高潛能、尋見生命意義，並且都能得到幸福。

　　幫助人們實踐潛能、克服人性陰暗面、順利取得幸福，這樣的理念並非新穎。古希臘作家希羅多德（公元前484至425年）在《歷史》一書曾提到他與希臘聖者梭倫及呂底亞國王克羅伊斯的聚會中，圍繞一個問題打轉：「誰是世界上最幸福的人？」不同的信仰傳統也在同樣的問題上提供指引。最終，哲

學家亞里斯多德在其著作《尼各馬科倫理學》（*Nicomachean Ethics*）中審慎論述了幸福的大哉問。這些智慧種子都是發展的根源，透過當代學者們的共同努力，特別是美國心理學會主席塞利格曼（Martin E.P. Seligman）的傳奇宣言，讓正向心理學正式登台。

正向心理治療則是正向心理健康常青樹上的一個枝椏，卻比樹木本身更悠久。聚焦能力而非症狀，聚焦未來而非過去，聚焦平衡而非失衡，這樣的理念源自1960年代德國精神科醫師暨心理治療師佩塞施基安（Nossrat Peseschkian）。從他臨床心理治療業務所創立的正向心理治療模式，目前已經延伸組織為「世界正向暨跨文化心理治療學會」，橫跨超過二十五個國家。

這棵常青樹的豐碩果實就是正向精神醫學，身為醫學的分支，精神醫學傳統上只聚焦診斷與治療。隨著醫學的演進，更多焦點被放在預防與健康促進。這原本就屬於精神醫學的範疇，也說明為何精神科醫師需要結合正向心理學理論與正向心理治療實務，來建立正向精神醫學模式。撰寫此書的當下，從傑斯特（Dilip V. Jeste）擔任美國精神醫學會主席時期宣告至今，正向精神醫學的問世還不足十年。

此著作正是要提供此三項傳統清晰可見的關聯性：塞利格曼心理學、佩塞施基安心理治療、傑斯特精神醫學。顯然，這屬於跨文化的事工。這樣的本質也可從作者群來呈現：他們來自五大洲、十三個國家。要編輯與修訂這些篇章，並非要抹去個別性的文化口音。因此，我們期待讀者們能理解這是全球性的協力事工，因此有時會聽到濃烈的斯拉夫腔調、偶爾則會出現柔和的波蘭哨音，這些口音也標示出世界文化的多元組成。此書讀起來就像整個星球規模的大家庭重聚，我們即將見到過去只聽過的親戚，或是會碰到多年未見的好友，不過我們心裡明白大家都屬於同一個人類家族，唯有透過互相扶持，才能在這個孤星上奮力求生存、繁榮，並且享受幸福。

❖ **架構概述**

此書分成五部、共三十四章，概略分述如下：

第一部〈基本概念、背景與歷史〉：提供不同取向的簡介，分別是正向精

神醫學、正向心理治療、正向心理學。簡述每個傳統的基本概念，以及為何這些理念會被整合在一起的緣由。

第二部〈畢生維持正向〉：包括五章，分別介紹有關健康的正向介入及取向，從兒童青少年到中年危機、職業幸福感、良性老化，最末章則介紹佩塞施基安之平衡模式，從工作與生活平衡，過渡到生活平衡。

第三部〈精神疾病與心身症〉：包括八章，分別聚焦一種精神疾病：憂鬱症、焦慮症、思覺失調症、物質濫用、飲食疾患、創傷後壓力症候群、心身症、特發於兒童青少年期的精神疾患。

第四部〈特殊環境與族群〉：包括八章，分別將正向心理學與心理治療應用在不同情境的不同族群身上，例如家族及伴侶治療、教育學、組織學與團體治療。特殊族群則包括少數族群、運動員、男性心理治療實務。

第五部〈理論基礎與訓練〉：包括十章，論述正向心理治療理論基礎、訓練與獨特的本質，例如根源與基礎，正向心理治療初次會談、衝突模式、使用故事與幽默、督導、靈性與信仰、存在主義、與其他治療理論的關係、生命意義與正向詮釋。

編注：本書中出現的注腳分為三種：標示「註」的為原書註，標示「譯註」的為譯者註，單純標示數字的則為參考文獻。

PART
1

基本概念、
背景及歷史

本篇包括三章。

第1章：正向精神醫學被定義為將正向心理學原則及工具，包括正向心理治療，應用於精神疾病患者或高風險族群，並舉例說明如何應用在思覺失調症、憂鬱症及創傷後壓力症候群。

第2章：涵蓋由德國諾斯拉特·佩塞施基安（Nossrat Peseschkian）於1970年代所創立之正向心理治療歷史，以及其理論與實務之主要特徵。正向心理治療是一種基於人類正向形象之跨文化心理動力取向，藉治療來恢復生活的平衡。正向心理治療的執行使用五階段流程架構，開始於「接納、觀察及拉開距離」、以「擴展目標」為終結。

第3章：定義及論述以馬汀·塞利格曼（Martin E.P. Seligman）及相關學者為基礎的現代正向心理學領域。在此會介紹PERMA模式之要素——正向情緒、投入、關係、意義及成就——是基於正向心理學取向為基礎來論述。

CHAPTER 1

———◆———

正向精神醫學簡介

by 艾瑞克·梅西亞斯（Erick Messias）

> 正向精神醫學屬於精神醫學之科學與臨床分支，主要針對身體或精
> 神疾病患者或高風險個案，藉由評估與介入來提升正向心理社會因
> 子，以深入了解及促進健康。

精神疾病位列全球造成障礙最常見導因疾病之一[1]。數以百萬計的患者除尋求藥物治療以改善症狀之外，也期待和一般人一樣回復圓滿、幸福的生活。兩百年來，作為醫學的分支，精神醫學發展的主軸在於症狀控制，也獲得不錯的進展[2]。隨著醫學與心理學的演進，治療目標不再侷限疾病本身，而是拓展到藉由預防及健康促進的介入措施，讓病人能維持健康與幸福。精神醫學也是朝著這樣的方向發展，結合正向心理治療的工具、正向心理學的理論架構，正向精神醫學應運而生。

心理學家馬汀·塞利格曼於1988年擔任主席致辭時，正式開啟現代正向心理學運動[3]。精神科醫師迪利普·傑斯特（Dilip V. Jeste），於2012年擔任主席致辭時，也宣告正向精神醫學時代已然降臨[4]。他迫切將精神醫學領域，從

治療症狀與診斷病理的範疇，拓展到創造新的處置模式，能幫助病人成長、茁壯、持續發展、且對生活更加滿意。這些發展的核心要素與塞利格曼在十四年前所提到的是一致的，包括樂觀、勇氣、工作倫理、未來導向思維、人際技巧、感受愉悅的能力、病識感及社會責任等。這些取向的發展過程中，存在第三股貢獻力量，比這些提案早了數十年，那就是由精神科醫師諾斯拉特·佩塞施基安在德國所創立，針對治療精神疾病與身心疾病所發展出全新的正向心理治療模式[5]。

　　這三股源流匯集成更精準的定義：正向精神醫學將正向心理學、正向心理治療的準則及工具，應用於治療及預防精神疾病。

定義

　　正向精神醫學屬於精神醫學之科學與臨床分支，主要針對身體或精神疾病患者或高風險個案，藉由評估與介入來提升正向心理社會因子，以深入了解及促進健康[6]。

　　正向心理社會因子，包括心理特質與環境因子，詳述如下。正向精神醫學有四項主要目標：達成正向心理健康預後、提升正向心理社會因子、研究正向心理健康的生物學機轉、發展正向精神醫學介入方案[6]。這些定義有別於臨床精神醫學針對次專科的傳統定義，後者通常聚焦症狀、障礙、診斷與治療，如表1.1。從生命週期的觀點而言，臨床與正向精神醫學針對各種議題與問題，也有著不同的取向如表1.2。

表1.1　臨床與正向精神醫學的對照觀點

	臨床精神醫學	正向精神醫學
標的群體	精神疾患與行為症狀	精神疾患與高風險群體
立即目標	針對症狀的處理與療癒	讓功能回復水準之上
長期目標	預防復發	達成復原
治療取向	一般心理及藥物治療	正向心理治療、專業指導
關注焦點	症狀、障礙	優勢、潛能與天分
理論基礎	精神病理及現象學	正向心理學及韌性

表1.2　臨床與正向精神醫學針對生命週期的對照

	臨床精神醫學	正向精神醫學
兒童	改善破壞行為	強化學習與發展
青少年	早期發現症狀與早期介入	促進健康因應技巧與成長
成年早期	復發預防、回復基本功能	職涯發展、提升社會投入技巧
中年	維持基本、獨立生活技巧	超越基本、完全實現潛能
老年	早期發現、早期介入；症狀治療	良性老化策略

　　正向心理社會因子包括心理特質與環境因子，能左右正向預後，如健康、成長與圓滿（flourishing）。塞利格曼及彼得森（Peterson）的研究成果實證有六大類、含二十四種性格優勢的美德[7]。他們深入研究世界悠久歷史文化中蘊含的傳統美德，包括儒家、道家、佛學、印度教、雅典、猶太基督教、伊斯蘭教等。這六大類美德分別是：智慧、勇氣、人道、正義、節制與超越。每類美德所隱含的性格優勢都列在表1.3.。為了入列，每項性格優勢必須符合以下大多數的條例：

- 條例一　此項優勢能夠為自我及他人的美好生活做出某種程度的貢獻。雖然優勢與美德能決定個人如何克服逆境，重點在於它們會如何成就個人。
- 條例二　雖然優勢往往能確實達成期望結果，即使沒有明顯的利益誘因，每項優勢都還能堅持本身的道德勇氣。
- 條例三　即使個人展現優勢，也不至於貶損鄰近的人。
- 條例四　能說出此項優勢的相反詞，恰如其分地襯托出該性格優勢的價值。
- 條例五　此項優勢必須能在個人行為範疇內呈現，包括思想、情感、行動，因此也能被衡量。必須是穩定的特質，具有多情境的普遍性與時間的穩定性。
- 條例六　此優勢必須與分類中的其他正向特質有明顯區別，而且不能被化約歸為同類。
- 條例七　此項性格優勢能被列為共識性的典範。
- 條例八　能找到擁有此項優勢的代表聖人。
- 條例九　能找到完全缺乏此優勢的人。

- 條例十　大社群當中擁有能培養此優勢與美德的機構及相關儀式，且能長久
　　　　維持運作。

表1.3　根據塞利格曼及彼得森的美德及其隱含之性格優勢

美德	性格優勢要素	定義
智慧	創造力	以創新與創造的思維模式來概念化、並完成創作
	好奇心	對當下的體驗本身保持高度興趣
	洞察力	能用所有面向來思考及檢視事物
	熱愛學習	愛好獲取新技巧、滿足好奇心、求知、探索新知
	有見地	對世界觀有獨到的見解
勇氣	勇敢	不會受限於威脅、挑釁與困難
	堅毅	無視障礙、堅持到底的能力
	正直	對誠實與強烈道德感的堅持
	活力	強力、旺盛與積極的狀態
人道	愛	對事情保持高度興趣及愉悅
	仁慈	親切、慷慨及體貼
	社會智力	能覺察自己與他人的動機及情感
正義	公民意識	有團隊精神且表現良好
	公平	不偏狹或歧視且無私、公平的對待
	領導力	組織團體活動、並全盤掌握的能力
節制	寬恕	對他人的傷害、失誤或犯錯不再憤怒或怨恨的能力
	謙遜	察覺自己犯錯、不完美、認知差距及有限性的能力
	審慎	對未來抱持理性、自制的認知風格
	自律	良好控制個人的思考、情緒、行為與衝動
超越	審美	對世界之美有發掘、欣賞與享受的能力
	感恩	對禮物或體驗有感謝及愉悅之心情
	希望	對未來抱持正向的想法與情緒
	幽默	用喜悅心情看待超乎預期的事，即便糗事都能逗樂他人
	靈性	認定超越個人生命層次存在者之信念及行為

　　其他正向心理特質，還包括韌性、樂觀、自我主宰、因應自我效能與社會投入等[6]。

　　將傳統疾病用語進行正向解讀，也被認為是一種重塑方法，讓疾病與症狀

從缺陷變為才能[8]。例如憂鬱症狀的描述可從「沮喪感、一種全然被動的態度」正向解讀為「一種面對高度情緒衝突事件的反應能力」；躁症狀態可不被解讀為「精神疾病」，而是「看得見還有半杯水、能感受自己的爆發力、不屑生活瑣事的一種能耐」；存在焦慮可以從「害怕未來」解讀為「能預備未來、不屈服於安全錯覺的一種能力」[8]。這樣正向解讀的結果不必然更實際，卻有機會能將疾病從失能與障礙的狹隘框架，拓展出更廣闊的觀點與體驗。此類重新解讀的過程，就有機會將精神疾病連結到特定的美德或性格優勢。

將精神疾病重新解讀為性格優勢

精神疾病可以連結到某些性格優勢，因此能被重新解讀為更正向的能力。如躁鬱症為人熟知的特徵就是創造力與原創性；強迫特質與症狀，會聯想到正直與信實；憂鬱症則常展現審慎與謙遜；此外，當病人面對精神疾病時，特別是面臨實際挑戰與治療過程，則常顯現出勇氣的重點要素，如堅毅與勇敢。

精神疾病的復原常被定義為：「個案能改善健康與幸福、過著自決的生活、奮力實現潛能的改變過程[9]。」有四個層面來支持復原的生活——1. 健康：治療症狀與疾病；2. 居家：穩定安全居住的地方；3. 生活目標：提供意義與獨立的日常活動；4. 社區、關係與社會網絡：提供支持、友誼、愛與希望。

美國藥物濫用與心理衛生服務署（Substance Abuse and Mental Health Services Administration, SAMHSA）所擬定的十項復原準則如下：1. 復原來自希望；2. 復原為個人所驅動；3. 復原有多元路徑；4. 復原是全面性的；5. 復原來自同儕與盟友的支持；6. 復原得經由關係與社交網絡支持；7. 復原須具備文化基礎及影響力；8. 復原必須經過創傷的療癒；9. 復原牽涉個人、家庭及社群的力量與責任；10. 復原必須基於尊重。

美國心理學會將韌性定義為：「面對逆境、創傷、悲劇、威脅與重大壓力源的良好調適過程，如家庭與關係困擾、嚴重健康問題、工作場合與財務壓力源。」韌性意即從困難處境回彈，罹患精神疾病本身就是重大壓力源，正向精神醫學觀點就是要努力提升或培養這樣的特質。建立韌性的方法如下：創造連結、接受改變是生活的一部分、採取行動、善用機會進行自我探索、客觀面對

事物。心理健康提升與圓滿人生都是韌性教育及訓練的自然成果[10]。

歷史背景

宗教原典往往是文明化的基礎,同時載明正向心理特質的種子與培養之道。不同傳統的特質往往重疊,也是人性優勢共通的理論基礎。源自柏拉圖及亞里斯多德的西方歐陸文明,可發現對美德與性格優勢有廣泛的討論。在亞里斯多德不朽的分類努力下,不只架構生物種類,也提出美德的理論。

❖ 亞里斯多德之尼各馬科倫理學

在十冊的《尼各馬科倫理學》(*Nicomachean Ethics*)中,亞里斯多德使用中庸原則來建構美德理論。美德座落於極端行為之間,例如勇氣介於懦弱與魯莽之間;信心介於膽怯與傲慢之間;慷慨介於吝嗇與財大氣粗之間,依此類推。隨著羅馬帝國衰亡,亞里斯多德的原稿被保存在中東的圖書館,於十二世紀重返歐洲,並由多瑪斯‧阿奎納吸收並融入天主教神學當中。

臨床精神醫學發源於十八世紀的歐洲,多數智識努力用於釐清病癥概況、與神經學區分界線、發展治療模式。十九世紀中葉,美國心理學家馬斯洛起初以五種需求階層來建構動機理論[11],分別為生理、安全、愛、自尊與自我實現。此理論所激起對人類潛能與動機的興趣,延伸出契克森米哈伊(M. Csikszentmihalyi)架構創造力與心流(flow)的興趣、佩塞施基安創立正向心理治療,到塞利格曼催生正向心理學運動。

正向精神醫學的應用

❖ 初發精神病症

許多正向精神醫學的原則與工具已經被用在「早期治療計畫」研究當中,是美國國家精神衛生研究院(National Institute of Mental Health, NIMH)之「思覺失調症初發後復原專案」(Recovery After an Initial Schizophrenia Episode, RAISE)的一部分。此專案目標是針對初發精神病症如何促進症狀與功能復原,來發展、測試、與執行以個人為中心、整合性的治療取向。此計畫針對

初發精神病症所發展出詳盡、以復原為導向、實證基礎的介入模式，已經被統計證實比標準社區為基礎的治療更為有效[12]。其中針對個人韌性訓練模組（Individual Resillience Training, IRT）全冊可見於http://navigateconsultants. org/materials/。

　　IRT的執行方式，通常是每週或兩週一次，每次進行約四十五至六十分鐘的結構化課程。標準化模組完成需要四至六個月，接著是個別化模組。兩種模組都會著眼於韌性發展。個別化模組中也有些時段會聚焦「玩得開心」、「與人連結」、「改善關係」。此流程透露出一個關鍵訊息：從精神病復原是有可能的，許多精神病患也能過著開心、有生產力的生活。

　　初發精神病症正向介入的臨床應用，也被證實能用在傳統被認為是嚴重精神疾病的一群，會在本書論及思覺失調症的章節（第11章）做詳盡論述。

❖ 創傷後壓力症候群

　　創傷後反應的正向觀點與重新詮釋，即從創傷到成長，也被認為是正向精神醫學發展的主要貢獻之一。針對軍人的研究證實，對創傷的負向反應、即所謂創傷後壓力症候群，不必然是唯一的結果，促進創傷後成長對軍人[13]，甚至是一般人[14]都有利於健康。也會在後續針對創傷的章節（第14章）中詳述。

❖ 憂鬱與焦慮

　　正向介入模式，包括感恩、善行、樂觀已經被證實能幫助處於疾病階段的患者，改善負向情緒、焦慮及憂鬱症狀[15]。這些介入的潛力不僅減輕憂鬱及焦慮症狀，也能提升一般人的幸福感[16]。一項針對五十一個正向心理介入措施的後設分析研究報告中結論，介入能同時提升幸福感、減輕憂鬱症狀[17]。有關憂鬱及焦慮的正向介入應用，也會在第9-10章詳述。

正向精神醫學未來的研究方向

　　正向精神醫學研究將會比肩、甚至擴大神經科學的研究版圖。因此，精神疾病患者中正向心理特質的生物學基礎，包括基因、神經影像學，都有待進一

步探索。有關智慧取向的神經生物學初步研究，已經顯示莫大的進展[18]。至於正向環境與社會支持在生活變化與疾病階段的緩衝角色，仍有待進一步研究[19]。針對特殊診斷群，如應用於精神病症[20]、憂鬱症[21]的正向介入效能研究，都已在進行中。延伸到身體健康需求的正向介入，則是另一個積極、有效的研究領域[22]。

　　最後，如何將正向精神醫學原則應用在精神疾病的預防與早期發現，是未來發展的步驟之一，後續則會從個人為基礎的介入，轉向群體的健康促進。

CHAPTER 2

———•———

正向心理治療簡介

by 哈米德・佩塞施基安（Hamid Peseschkian ）；

阿諾・雷默斯（Arno Remmers ）

給人一條魚，你餵了他一天；教會一個人釣魚，他會餵飽自己一輩子。

正向心理治療（Positive Psychotherapy, PPT[註1]）是由諾斯拉特・佩塞施基安（1930-2010）於1970及1980年代所發展出兼具人本、心理動力特性的一種心理治療模式[28, 29, 34]。此療法整合許多主流心理治療學派的取向：包括人本主義概念與治療聯盟；對疾病則採心理動力學理解；對文化、工作與環境採系統性取向；還有一種整合各種治療模式的技巧，實用、自助且目標導向的五步驟治療法則。此療法乃是以衝突為核心、資源為導向的短期心理治療，已經在超過二十個文化當中進行過跨文化觀察，並接續個別的發展路徑。

佩塞施基安起初的發想主要有雙重用意：發展出一種易懂、好用、以衝

———————————

註1 Positive Psychotherapy（PPT after Peseschkian, since 1977）已經是歐盟 （registration no. 014512578 , 014512537）的註冊商標；美國（registration no. 1343592）、加拿大（registration no. 1748288）的註冊則正在進行中。

突為核心的短期治療模式，讓治療專家（心理治療師、醫師、諮商師）都能在日常臨床工作中應用；此外，也希望把心理治療、心身醫學觀傳遞給有興趣的一般人，同時提供自助工具。他也受自己跨文化（伊朗—德國）生活情境所啟發，使得此療法能不受文化或階層影響。

正向心理治療追求許多目標，也能應用在以下領域：治療取向——針對心身症與精神疾病的心理治療及一般治療；預防—教育學取向——諮商、預防與教育；跨文化—社會取向——促進跨文化理解；多元整合取向——不同治療模式的合作及整合。

在正向心理治療一詞中的「正向」，是治療的目標，並非只是去除既存的困擾，更要驅動既存的優勢能力[34]、以及自助的潛能。除了處理困擾，正向心理治療還會去探索發展的可能性，以及個案能力之所在，此理念乃追隨馬斯洛[17]。他在所創人本心理治療中使用「正向心理學[註2]」一詞，體會到：「聚焦人們正向特質的重要性，而非將其視為一袋症狀[8]。」症狀或疾患在佩塞施基安眼中被視為一種對衝突的反應能力，因此治療被稱為正向，原因來自「個案本身被視為整體」的概念。疾病、衝突、缺陷、痛苦的病理根源（pathogenesis），跟愉悅、能力、資源、潛力與可能性的健康本源（salutogenesis），都是整體的一部分[11]。

此處「正向」一詞應該被理解為「正向科學」的意味（出自Max Weber字典），不帶論斷的描述。拉丁文名詞「positum」或「positivus」，是從「ponere」而來，意為「擺設、放下、躺下」（Merriam-Webster線上字典）。佩塞施基安擴大使用上述「positum」一詞的語義為「可及、既有、實際」，此正向意義可用來提醒病人或治療師，有關疾病較不為人知的面向，包括疾病的功能、意義、以及既有與正向的內涵，這些都跟病痛的理解與臨床治療同等重要[35]。

基於人類的正向形象，能力（capacity[註3]）概念遍佈整個療法，例如將疾

註2 佩塞施基安在其著作《正向心理治療》（1987，頁389）中提到「正向心理學」一詞，之後未再延續。
註3 類似高德斯坦（1993）所提，將自我實現（self-actualization）視為「盡可能實現個人能力的傾向」。

病視為對衝突反應能力的表現、一種獨特的能力、隱藏在衝突中的特殊能力；而透過此種能力可能回到健康，或為疾病所吞沒。此療法的特點在於所使用概念及解釋模式都容易讓所有病人理解。

正向心理治療同時符合人本心理治療與心理動力心理治療的分類條例，我們把正向心理治療視為一種基於人本形象之心理動力模式。依此，此療法才被稱為兼具人本、心理動力特性的一種心理治療模式[27]。

正向心理治療起源簡史

先知穆罕默德出生年代，阿諾希拉萬國王也被人民稱為「公正爺」，當時他遊遍王國。在一個陽光普照的斜坡上，他看見一位瘦弱的老人正彎著腰、認真工作著。在朝臣跟隨之下，國王走近老人身旁，發現老人正在種植樹苗。於是國王問說：「你在這兒作什麼呢？」老人回答：「我正在種果樹啊！」國王很驚訝地說：「你已經這麼老了，為何還要種樹苗？你既看不到它枝椏茂盛、也無法在它的樹蔭下休息、更別說享用它的果實了。」老人抬起頭說：「那些先人種樹，我們才能收成；現在輪到我們種樹，後人才能收成。」（佩塞施基安[36]）

正向心理治療的概念與創立者佩塞施基安的生命歷史及人格緊密連結。他是伊朗裔、在德國受訓的神經學家、精神科醫師、心理治療師。他的傳記作者稱他為「在兩個世界遊走的人[14]」，也難怪傳記書名副標為「東方與西方」。

佩塞施基安描述療法的起源如下：

正向心理治療的重要動機或發想，可能在於我發現自己處在跨文化情境。身為波斯人（伊朗），我從1954年就居住在歐洲。這樣的情境對我而言，兩種文化的價值觀在行為、習俗與態度表現上就有許多不同。其實我童年在德黑蘭時期，就已經有類似的觀察與體驗，特別是宗教習俗。身為巴哈伊（Bahá'í）信徒，已經習慣處在多元信仰的環境中，因為同學或老師可能是回教、基督教或猶太教徒。這激發我去思考不同信仰之間的關聯性，以及

異教民眾之間的互動關係。我已經與許多同學的家族相處過，也嘗試去理解他們的態度，特別是世界觀及家族觀。後來在我接受醫學專業訓練的過程，也目睹類似的衝突情境，如精神醫學、神經學與心理治療專業之間的緊張關係，以及精神科醫師與心理治療師之間的激烈交鋒。我深刻體會到這些偏見都應被捐棄。雖然如此，在西方讓我還是覺得舒坦一些，畢竟性別平權在此地可是理所當然的事[14]。

正向心理治療的起源也可追溯到人本心理學與心理治療，先驅者有高德斯坦（K. Goldstein）、馬斯洛與羅哲斯（C. Rogers）。還有與各心理治療學派領袖的照面，包括瑞士的精神分析師孟（H. Meng）、奧地利的弗蘭克（Viktor E. Frankl）及其存在心理學或意義療法、美國的莫瑞諾（JL Moreno）則是團體治療與心理演劇的創立者，以及曾接受他們的訓練經驗，都在佩塞施基安心中留下不可抹滅的印象。

至於各治療學派與療法之間的紛爭此起彼落，佩塞施基安曾分享他在德國的觀察，甚至精神分析師與行為治療師有時還會拒絕一起午餐。此外，精神分析及新佛洛伊德學派超強的影響力、當時盛行的心身醫學與焦點導向（Balint）療法都讓他留下深刻印象。他非常希望能建構一種後設理論（metatheory）來橋接這麼多元的療法。

同時某些巴哈伊信仰的法則，例如科學與信仰的調和、人類的巴哈伊形象為「富含無價之寶的礦場[2]」、以及全球社會的視野，都令人著迷、且一生都不斷在啟發著他。持續性的醫學教育、在心理治療與心身醫學執業的經歷、與多元文化、信仰及價值體系人們的接觸、多元且異質性心理療法的涉獵，這種種智慧的累積、逐步發展，於1969年在研討會中正式發表「辨別分析療法」（Differentiation Analysis）；於1977年正式發表成為「正向心理治療」。

從他的處女作書名《日常生活的心理治療》[31]（1974）以及《意義的追尋》[32]（1983），就可看出精神分析與存在心理治療學派對正向心理治療[註4]發展的深刻

註4 近年來，已有一些北美學者發表正向心理學之臨床應用，且命名為正向心理治療[43]。

影響。而《正向家族治療》（1980）則與1970年代發表的系統派家族治療同時發跡。光創立者本身針對此療法就有二十九本著作、數百篇論文發表。

正向心理治療之主要特徵

具有整合性、跨文化及人本式心理動力心理治療等特性的正向心理治療臨床實務，會在本書後續章節中詳述。以下則介紹主要原則與特徵：

❖ 正向心理治療是一種後設理論

從最起初，佩塞施基安的首要目標就是要為病人發展出一套簡單又實用的療法；另外就是要將正向心理治療成為各治療學派調和的中介者。在其早期著作《正向心理治療》（1977），他用〈正向心理治療與其他療法〉這一章的整個章節來詳論此項挑戰。他不斷強調該章節是全書中最難寫、最花功夫的部分：

正向心理治療不能被認為是所有療法中的一種，它是提供一個工具箱，讓治療師可針對不同個案選擇適當的方法論取向，並且這些方法隨時可輪替使用。正向心理治療是一種心理治療的後設理論。心理治療並非只是用來處理症狀群的既定療法，同時也是對現存社會、跨文化及社會情境的反應方式[34]。正向心理治療本身不能被認為是一種排斥系統，反而能為各種療法注入特定價值。因此，精神分析、深度心理學（心理動力）、行為治療、團體治療、催眠治療、藥物治療、及其他形式的生理治療，都能被考量到。正向心理治療就是一種整合療法、也是多層面的療法[34]。

經過將近二十年之後，瑞士學者葛勞（K. Grawe）與同事們發表一篇有關不同取向療法效度的後設分析，並且建立一種超越各學派的共通法則[7]。在美國，則由法蘭克（J. Frank）發表整合性心理治療的方案，但遇上強大逆風而被否決。具選擇性及整合性心理療法運動，在這之後雖然漸漸被接受，但仍難以觸及理論整合的核心目標，大多只在周邊技巧的功能上妥協[16, 20]。目前已逐漸形成的共識認為，療效共通因子，如治療聯盟、同理心、期望、文化適應及治

療師本身等，比治療法與技巧更具影響力[47]。

❖ 跨文化取向

　　將跨文化觀點納入日常心理治療工作，是佩塞施基安從最早期就非常在意的觀點。此外，跨文化問題對他而言，具有社會政治層面考量：

　　跨文化取向就像一條紅線串連整套正向心理治療，而我們會特別考量的是，跨文化觀點能提供理解個人衝突的素材。並且此觀點具有特殊的社會重要性：如外籍勞工（移民）的問題處理與協助發展、異文化體系衝突處理、跨文化婚姻、偏見與克服方案、以及從其他文化框架所衍生的替代性模式等。透過這樣的連結，也能著墨於跨文化情境的政治問題[34]。

　　考量文化因素及每種治療模式的特徵，不僅能擴展正向心理治療的應用領域，也可有效應用在多元文化社群當中[25]。此療法已經為超過六十個國家的心理治療師所使用，因此可解讀為跨文化心理治療模式。正向心理治療原則已經成為定義與架構跨文化心理治療新科學原則的基準，特別是用在心理治療教學、繼續教育，以及確認與執行新的心理治療原則。

　　正向心理治療中的「跨文化」一詞有兩層意義：考量治療師與病人來自不同文化背景的獨特性；考量每份治療關係的文化因素，能擴展個人技能，如治療態度、思考及行為的社會政治觀點等。考量個人獨特性、人類行為差異性及族群融合，這些重點能解釋為何正向心理治療不能被定位成具有心理殖民意味的「西方療法」[19]。由於此療法取向具備文化敏感度，因此可調整用在不同的文化與生活情境。基於上述社會層面的論點，佩塞施基安寫道：

　　當我們能將這些考量帶入社會關係的完整領域時，如群體、人民、國家、文化團體的互動關係，就能根據正向心理治療建構出更前瞻的社會理論，而此理論會更加強調互動困難、人類能力、以及經濟概況[34]。

　　因此，跨文化心理治療可理解為全然包容的概念，而不僅是進行不同文化的比較。此類療法所面對的是人類行為的文化層面，會這麼問[34]：「所有人都擁有什麼共通點？彼此之間又有何不同？」甚至其他文化的案例，也可能用來幫助病人平衡個人觀點、擴展個人能耐。

　　正向心理治療使用說故事、編故事、社會習俗，以及平衡模式（Balance Model），也能開啟跨文化取向，進而成為跨文化觀點。佩塞施基安於1977年在著作《東方故事成為正向心理治療工具：商人與鸚鵡》中用一整章來陳述「跨文化心理治療」概念。其中寫道：「跨文化困境——私領域生活、工作與政治——如今越來越重要。審視目前社會的發展，解決跨文化問題是人類未來的重大工程之一[36]。」他甚至說，跨文化問題的處理原則，也將成為人際關係原則，用來處理內在靈性衝突，最終也會是心理治療的主題。

❖ 說故事、編故事、諺語及趣聞之應用

　　正向心理治療的一項特殊技巧就是治療用的編故事、說故事及諺語，最早在佩塞施基安著作《東方故事成為正向心理治療工具——商人與鸚鵡》中特別介紹過。東方故事中的驚奇所產生的治療效果，起初被歐洲文化視為怪異，此點是有特別用意的，因為使用陌生故事被證明對其他文化具有療效。

　　隨著故事呈現的模式，在治療中有著不同功能[36]。其一，故事創造出行為準則，讀者或聽眾可用來自我衡量；其二，他們可以點出這些準則可能的問題，邀請他們來思考準則的相對性。治療中，這些故事可用來當作轉換觀點的方法，也是治療初期的目標，當然也可應用在之後各治療階段。這樣的故事能活化聽眾的情感與思想，也是治療的關鍵時刻。

　　藉由故事，讀者或聽眾能進行自我覺察，也能探究自己的需求與情境。他們能從故事中進行反思，而不急著讓自己成為反思焦點，並間接回想到個人經驗。故事所提供的解方，可以成為個人解決問題的借鏡，不過還能預留更廣泛解讀的空間。對那些腦中謹守陳舊過時理念的病人而言，說故事特別能用來為他們帶出改變。

　　治療中，可見到這些故事的長期效果。許多病人起初並無反應，作者們了

解有許多人初次反思之後，會再重回故事中，進而產生長期效果。說故事也能讓理性的人適當退行，他們潛意識會回想童年時期曾被啟發過的圖像、童話與故事。代代相傳，童話、故事、及小說扮演文化與傳統的傳承角色，經過不斷傳誦，故事對每位聽者都可能產生新的意義。正向心理治療中，病人會被問到最喜歡的童話故事，以及最認同哪些角色與行動，而答案往往能提供他們目前觀念與衝突的相關線索。

故事也能藉由鏡映處在異文化環境者的行為與思考模式，來進行跨文化溝通。藉由外來故事的魅力，讓個人準則能被相對地看待。有些故事會直接帶出意外效果：讓病人不得不接受的另類觀點。總括而言，故事屬於正向心理治療流程的第四階段，因為它帶有衝突性的表達與質疑。

治療中故事所引發的笑聲能改變觀點，並解開神經質的綑綁。佩塞施基安私下曾說：「幽默猶如治療湯品中的鹽。」它能開啟眼光，平衡固著的理念。心理動力治療中，幽默被認為是克服挑戰最重要且有效的方法之一，特別是處於最困頓、張力最強的情境時[18]。

治療中的阻抗也被視為固守過去、對抗改變的一種能力。而故事和諺語則是克服阻抗最有效的方法之一。病人、治療師和故事的三角關係，額外提供一種值得探索的轉移面向。心理動力療法的特徵可清楚地呈現在此：故事有助於聯想，能夠領路進到更深的潛意識核心。早年約三至六歲所謂的「神奇階段」，由老師所傳述的故事，對善惡關係的分辨特別重要，經由這些經驗建立良知發展的基礎。故事中有許多兒童們得以認同與信任的人物，對他們的日常有所幫助。孩童即使客觀理解的能力尚未成熟，也能聽懂親人所講的故事。

❖ 人類的正向形象與疾病之正向解讀

正向心理治療的概念乃植基於人本概念，以及性善、豐富潛能[26]的人類形象註5。此療法特別強調人類的兩種基本能力：愛與求知（圖2.1）。由於生物性限制，人類能力的發展必須透過教育，以形成獨特的人格，因而學習攸關一輩

註5 德文中，有一個非常精準的詞可用來代表世界觀、生活哲學、人類形象或概念：Menschenbild。此概念對哲學、醫學及心理治療扮演非常重要的角色。

圖 2.1　正向心理學在功能中提到的的基本能力

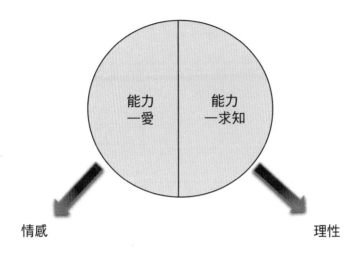

子成熟的過程。據此，治療是讓人進一步成熟的途徑，讓病人和家屬能拓展學習的領域。

　　基於如此正向觀點，疾病也被視為是發展與管理衝突的一種方法，早年就已經學會的把戲。疾病可被理解為介於可用概念與不足且尚未開發能力之間困境的片面反應。透過拓展概念及將潛能發展為能力，使得新的內在模式得以發展，並將以前片面的認知、思想、期望與行為拓展為新的可能性。

　　因此疾病得以被正向詮釋。例如，憂鬱症可被視為「內在情緒衝突的反應能力」；害怕孤單可被解讀為「想要與人相處的慾望」；酒癮則是「讓自己得到所缺乏溫暖或愛的灌注能力」；精神病症新解為「同時愛上兩個世界的潛能」；心臟疾患則是「讓事情上心的潛能」[35]。

　　這些正向詮釋的過程帶來觀點的改變，包括病人、家屬及治療師、醫師。此過程就能將焦點從症狀轉移到衝突（如圖2.2），甚至協助我們聚焦在真實的病人身上。由於病人來到我們面前，通常是症狀攜帶者，也被視為家族鏈中最弱的一環，然而真實的病人彷彿還坐在家中[23]。藉由疾病的正向詮釋之後，可以開始面質病人有關疾病的可能用處及心理動力意義、個人的社會背景，繼而鼓勵病人看見他的能力層面，而不僅只是病理層面。

圖 2.2　冰山概念：從症狀到衝突

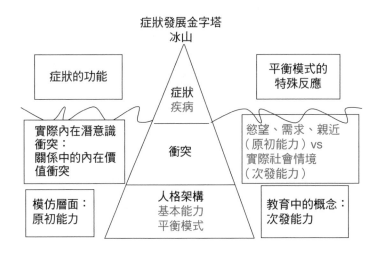

❖ 平衡概念

　　基於人本形象及每位案主所擁有的資源，正向心理治療強調的一項核心概念就是個人生活平衡的重要性。佩塞施基安有關平衡模式（Balance Model[33]）的概念（如圖2.3）（也可稱為：生活品質或維度的四項領域），被認為是正向心理治療最為核心的要素，也應用在許多臨床或非臨床場合。

圖 2.3　正向心理治療之平衡模式

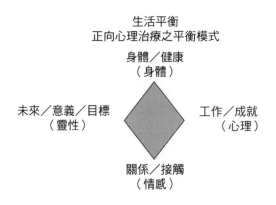

平衡模式的概念是認為人類生活及發揮功能基本上可分成四項領域，都會影響個人的生活滿意度、自我價值感、處理衝突與挑戰的方法，以及個人當下的人格特質。此模式能描述且連結生物—身體、理性—智識、社會—情感、想像—靈性領域與人類日常生活能力。雖然每個人都會在四項領域擁有潛能或能力，但因教育和環境的不同，某些領域可能會被強化或忽視。屬於四項領域的生命能量、活動與反應分別臚列如下：

1. 身體活動與知覺：如飲食、愛、性、睡眠、放鬆、運動、外觀、衣著；
2. 專業成就與能力：如貿易、家管、園藝、基本或進階教育、金錢管理；
3. 關係與接觸風格：與同伴、親人、朋友、熟識者或陌生人、社會投入及活動；
4. 未來計畫：信仰與靈性活動、目標及意義、冥想、反思、死亡、信念、觀點、願景發展、想像力及幻想。

目標就是要恢復四項領域的平衡。心理治療的一項任務就是要幫助病人覺察並驅動個人的資源，目標就是要帶入動態平衡，重要是將能量平均分配在四項領域（各25%），而非時間，偏重一方就可能會造成衝突與疾病。當詮釋個人生活平衡概況時，更能突顯人類的正向形象。不再點出個人或親近者的缺陷，以及建議病人降低自己的野心，而是強調各層面的正向觀點。病人會因而被鼓勵，原本自覺低下的自我價值能因此被增強，也建立一個未來能分析其他較弱層面的基礎。

舉例而言，當個人把成就看得太重，因此每天長時間工作，在治療初期不會被面質、或建議他應該花更多時間陪伴家人。反而他的成就及工作動機傾向，會被帶入觀察、並視為一種能力。這樣的經驗對病人而言具有建設性，而且對建立醫病關係既重要且有用。同時，也能將焦點從病況或家庭問題帶離到相對受忽略、待發展的生活領域，這就是所謂健康本源的臨床應用原則[1]。此外，平衡模式涵蓋四項生活領域，也能為個人提升自尊。通常只有一到兩個領域能提供自尊，藉由治療過程，病人就能開啟受忽略的層面，並有機會進一步

強化尊嚴。

❖ 正向心理治療之衝突模式

由佩塞施基安所提出的心理動力衝突模式（如圖2.4，在第27章會有更詳盡論述），可看出爭論觀點及其內在評價內容的分別。此模式區分出三種衝突：**實際衝突**——呈現過度負荷的情境；既存**基本衝突**；以及潛意識**內在衝突**，會造成身體及心理症狀。「衝突」（conflict，拉丁文為confligere，意即撞擊或打鬥），表示內在與外在的價值或觀念不協調，或是內在本身的矛盾。在情境中，情緒、情感狀態及身體反應可被理解成一種信號燈，代表內在價值衝突與真實能力的分布概況。於是，治療中一項常被提到的問題：「是什麼在導致或觸發這樣的情緒？」

圖2.4　正向心理治療中三項主要衝突概念

BC+AC → AISC

基本衝突 Basic Conflict (BC)	實際衝突 Actual Conflict (AC)	實際內在潛意識衝突 Actual Inner Subcansclous Conflict (AISC)
過去環境經驗 個人與互動	實際情境 生活事件 微創情境	潛意識無法忍受的情境、因應策略失利
心理調適 補償和 防衛機轉	微型創傷或 巨型創傷	無望感
人格與內在架 構的發展	活化睡眠基本衝突	身體或心理所象 徵的衝突表現

以下舉例說明如何將情緒轉譯為衝突內容。想像每天早上擠牙膏、放牙膏的方式，或其他日常類似的情境。此類事情可能會引起另一半的不悅，其他人則可能會不滿、緊繃、甚至嫉妒，端看衝突內容在意識上或潛意識所激起的反應。是否因**秩序感**而造成困擾（我在自己的浴室不會有這種問題）？這跟**節儉**

有關（現在牙膏不能擠到最後，否則我們就要新買一條新牙膏備用）？這引發**不公平**的感受（我不爽的是，你都閒閒沒事，我卻要在你後面收拾）？也可能是**勤奮**的問題，雖然內心也很不想管，卻又習慣打理一切（我也想過爽爽的，讓別人來照顧我）。**耐心**已經快被磨光了（我已經長期失去信心、不抱希望；我們已經談過很多次，一切都回到原點）。也有更多日常生活的例子，日積月累而形成無解的**內在衝突**，進而破壞病人的健康，有如滴水穿石。

　　這許多微小的心理傷害不斷重複之後，就像「你總是、又來了」會持續造成微型壓力，也是佩塞施基安所稱因瑣事造成「微型創傷」（microtraumas）[34]，來跟單一重大生活事件所造成的「巨型創傷」（macrotraumas）做對照。他使用**實際能力**（actual capacities）來形容這些帶有衝突內容的微型創傷，它們能促進及形成關係；另一方面，在特定情況下則可能成為衝突內容。

　　這些能力會在**實際衝突**中實現其功能，而此種觸發（衝突）情境則過度仰賴先前有效的因應機制。這些情境又會喚醒陳舊、潛意識的**基本衝突**，因此病人就會卡在兩股力量之間，一方面有原初的情緒需求，代表**原初能力**（primary capacities），如信任、希望或愛；另一方面則是評價，稱為**次發能力**（secondary capacities）或社會常規，如秩序、準時、公平、開放（詳見第27章表27.1）。之前解決基本衝突的妥協不再起作用，在兩種價值觀之間進退兩難的結果就形成**內在衝突**（實際內在潛意識衝突），因而導致的症狀，也會被視為提出解決方案的嘗試。此類衝突反應能以平衡模式來呈現，這些反應即使難以形成解方，但仍具影響力。

　　實際衝突情境通常不會無端出現，一開始相當緩慢，逐漸累積強度之後，即使遇到問題不大的衝突情境，也會遽變成心理或心身困擾。更清楚地說：「靈魂的騷動，有如煮開水的過程，慢慢加溫，直到沸點來臨、突然沸騰。」據此，我們若暫時跳開**實際衝突**，去審視內在及外在衝突情境的發展過程，那個人的童年與被撫養環境，就會成為心理治療探究的焦點。在此，會遇到我們所關注相對恆定的領域，如穩定的特徵與態度，稱為人格特質。在此層次分析的衝突情境，可稱為**基本衝突**。如同占更大比例個人發展、特

別攸關愛與求知能力模式，基本衝突也會被納入評估及權衡。基本衝突的先決條件眾多，如同個人一生過程中所得到的實際能力。基本衝突也並非一次性的事件，例如重要親人的死亡。相對地，包括實際能力、基本能力模式、以及共同形塑實際衝突情境等所有經驗，綜合起來成為**基本衝突**。（佩塞施基安[34]）

當這些能力、美德、概念或價值觀只是以片面形式重複使用，仍未根據實際情境調整，因而產生疾病。持續重複的家庭觀念（基本），在發展早期還算合宜，或是在早年就需妥協（基本衝突）而導致潛意識的內在衝突。之後出現心理、心身或身體困擾，成為內在衝突的潛意識表現。這些表現符合衝突的一項重要功能，即作為身體或心靈的代言。因此，疾病有一種重要功能，能幫助案主潛意識地做些表達，且對該特定案主具有特殊意義。正向心理治療正是朝著這樣的方向邁進，即過去一直受忽略的領域、以及很少使用而必須被發展的能力，都必須透過治療關係及日常環境的壓力下強化，讓病人能建設性地解決問題，以回復內在與外在的平衡。

❖ 四關係／模式維度

心理動力心理治療中最重要且高挑戰性的任務之一，就是要評估童年早期對病人所造成的影響。正向心理治療有一項工具，就是四關係／模式維度（relationship/model dimension）的概念（如圖2.5），我們可稱它為典範或角色模範，這些模式描述家庭概念型態、個人成長方式，也會反映出個人家庭經驗。童年早期的教養與環境會帶出某些獨特發展、以及表現出基本能力，如佩塞施基安所言：「愛與求知的能力」。求知能力的方法會在平衡模式的章節（第8章最末節）中敘述；關於愛的能力培養方法則描述如下。

正向心理治療從四種典型的基本關係開展，是每個人都經驗過的。我們也把它們稱為四階段或四種情緒關係，也把愛的能力分成四種，代表每個人都會經歷的典型基本關係。這些基本關係就是與「我」（I）、與「你們」（You）、與「我們」（We）、與「本源我們」（origin-We）的關係。一種特定的維度，會影響每一種關係的發展，這些關係的架構會在治療中詢問、並以圖像來表示。

圖 2.5　正向心理治療之四關係維度

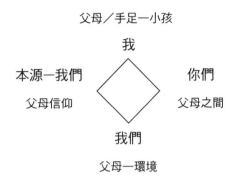

本源－我們
父母信仰

你們
父母之間

我們
父母－環境

佩塞施基安已經把所有維度該問的問題都記錄下來，可用在治療中，甚至給病人帶回去當家庭作業，以備下次療程使用[33]。

　　維度「我」：此典型維度代表跟我自己的關係，而且是一輩子的議題，如自尊、自信、自我形象、基本信任與不信任，都決定於父母和手足在我小時候跟我的關係。此時，孩子學習去假設一個與自己的關係，特別是決定於他的想要與需要是否被滿足。一項基本的問題：「我是被接受或拒絕？」是帶有決定性的。這問題的答案會直接由主要照顧者（reference person）與孩子之間的關係看得出來，或是與其他手足被對待的方式做出比較而來。從初次發現的過程，某種程度會成為未來發展的參照體系。初次的發現會影響後來自我價值決定的技巧：「我被接受是基於我的人格？或是決定於我的成就？」此處可見基本焦慮的源頭。

　　之後自尊的問題基本上也能追溯到在「我」領域的一項衝突性、帶缺陷的發展。這對親近與連結能力、信任相對於不信任的早期發展、認同及自我形象等而言，也是真實的。總括而言，原初實際能力是在此領域從互動關係發展而來，這闡明最初主要照顧者的示範功能，相當於精神分析理論當中自體－客體（self-object）的經驗[13]，以及自體與客體表徵（representation）的發展[5]。祖父母在此則扮演獨立角色，作為跨世代傳統與偏好原初能力的傳遞者，以及擴大的三角關係中，他們會透過接納孫子的特殊形式，在孫子自尊心發展過程也會

扮演重要角色。

維度「你們」：此模式點出個人與「你們」的關係，是指父母，如父母之間的伴侶關係，藉此「愛」的行為模式得以銘刻於心[33]。 因此，概念與衝突，如忠誠、建立關係的能力、給人建議、親密、陪伴、施與受、被選為或選擇伴侶的能力、性別認同、爭議能力等，這些能力的發展都源自於這份關係的健全與否。父親、母親、小孩的三角關係，也對性別認同、愛的品質、正義感、爭吵或團結感有著深刻的影響[33]。此維度在伴侶治療、處理婚姻問題時至關重要。

維度「我們」：個人與「我們」的關係模式，主軸在於父母與社會環境的關係。社會化過程中，社會行為除了成就常規之外，具有特色的態度也會傳下去。這些態度與期待也會與核心家庭之外的社會鏈相關，如親戚、同事、社會參照團體、社團、同族裔、甚至全人類。這部分與個別維度「你們」相關性較低，比較是與社會團體的關係。身為社會人，通常會貼近團體，以取得許多基本肯定，但感受到的也可能是威脅，因為與他人對照自己的價值觀之後，反而產生質疑。

有些人有充足理由尋求接觸，只為得到同溫層的肯定，他們有著共同的實際能力與型態。有些團體則要求成員，放棄某些對團體而言有爭議的本性與常規。維度「我們」最具代表性的社會團體就是機構，例如社團、專業協會、教會、運動俱樂部、政黨，以及心理治療學派，此類團體的設立讓人能認同地說出「我們」[33]。有能力形成社會關係、成為團體成員、接受團體傳統、接觸需求、熱情參與、情感需求、平靜需求、與其他不同背景者建立關係、要退縮或大方，這些概念與衝突都會攸關此領域的發展是健全或缺陷。一旦團體規範被接受之後，角色典範現身、團體認同提供支持，價值觀都植基於「我們」領域。

維度「本源—我們」：個人與「本源（或原初）我們」的關係，最初來自父母的態度，如意義、目的、靈性／信仰與世界觀。本源我們不只植基於信仰社群的制式身分，也是未來會被問到「生命意義」等問題的根本。即使信仰被排除，本源我們對其他提供意義的引導體系仍至關重要。此類存在社會中的引導體系包括既定的社會常規、某些生活方式、家族、典範、成就或逸樂原則等。這些社會觀能變成偶像或替代性信仰，無論所流傳的內容如何，決定權都

在於父母的確信與堅持[33]。

概念與衝突，如疑惑、希望、唯物主義、道德信念、狂熱、信心危機、死後生命、意義或無意義等，這些基本價值觀都源自此領域的發展是健全或缺陷。至於父母彼此的關係、遠親關於生活哲學與信仰常規的態度，也有一定程度的影響。日後實際能力的評價，如道德準則、座右銘或理想等所形成的良心基礎都來自「本源我們」。

❖ 半結構式取向

正向心理治療自認介於結構式認知行為治療與流程為導向的分析性心理治療之間，因此追求在診斷（初次會談）、治療、治療後自助與訓練（自我探索）方面，採取半結構式取向。

正向心理治療之初次會談

臨床會談是精神醫學訓練所能得到最重要的技巧[41]。正向心理治療之初次會談相當重要，而且具有心理動力流程的特色。透過此種半結構式、半標準化的「正向心理治療之初次會談[22]」，讓我們能確認與病人健康或疾病狀態起源及發展相關重要的特殊心理動力、自傳式特質與資源，也能成為短期治療的系統性起始點。就我們所知，此類初次會談是少數心理動力及人本心理治療相關學派才有（會在第26章詳述，這也是《正向心理治療之初次會談》首次用英文出版）。

心理治療初次會談是治療成功的重要步驟，相當於身體醫學的病史及身體檢查。初次會談具有診斷性、治療性、形成假說的功能[39]。正向心理治療初次會談採取心身病史診斷取向之探問方式。會談中會考量關係因素[15]、及治療聯盟層面[10]。會確認期望的效果[15]，特別是對有效治療的希望[44,6]。由於會談的半結構性特質、以及所採用的概念，因此能應用到許多不同的情境，包括個人、兒童、青少年、伴侶和家族、諮商與教練，以及不同的文化情境。

正向心理治療初次會談當中，包括必問的主要問題、可選擇的次要問題，可問或不問則視主要問題的回答概況；同時會有開放式及封閉式問題[22]。通常

初次會談被用在初次見面時，或形成初步階段的早期幾次療程。我們建議最好盡可能在初次見面就開始進行初次會談，目的是要進行引導、以及在接續療程中在某些特殊領域能探索的更深層。

正向心理治療之五階段

互動三階段（依附〔attachment〕、分化〔differentiation〕、脫離〔detachment〕）中所採用的溝通結構，即五階段流程，都會被用在每次療程及整體治療過程。

1. 流程的第一階段為**接受、觀察、拉開距離**，牽涉到觀點的改變。
2. 第二階段是要**進行問卷**，在其中衝突內容與病人優勢都會分別標示出來。
3. 第三階段目標為**情境鼓勵**，自助與建立資源。
4. 衝突會在第四階段中來疏通，即**說出內心話**。
5. 第五階段稱為**擴展目標**，包括未來為導向的反思、總結、測試新概念、策略及觀點。

治療流程主要是導向未來、導向改變，但過程中也得透過梳理過去對目前還有效的概念來達成。除了上述所採用的概念，必要時也會使用其他心理治療的原則（整合式經驗）。病人及周邊的概況，都會對了解疾病的形成過程或自助扮演重要角色。

此五階段不僅能提供單一療程中的溝通流程架構，甚是能應用在整體治療過程，之後就會很自然、不知不覺地來到治療終點。治療是藉由適當態度、引導問句、故事、聯想觸動、重回之前的主題等方法，來推動整個流程。五階段治療流程不僅能提供治療師和病人一個很好的起點、帶來安全感、也能預備病人處理衝突、投入自助，特別是在結束治療之後。

❖ 階段一：觀察與拉開距離

病人開始總會帶著情緒性的假想；一旦完成實體性的問卷，就會建立一種

新的觀點。病人會從痛苦的抽象階段被引導到具體、描述性的觀點。他會在語文及跨文化比較圖像的協助之下，去理解症狀在四項生活領域所發揮的功能及作用。病人會被要求去觀察他所經歷的情境、自己面對衝突的情緒，並且盡可能立即寫下來、不需做任何更動，這是治療的一部分。用觀察者的角度來觀看個人的衝突，能幫助病人與他自己的衝突情境拉開距離（distancing）。如此，病人會變成個人與個人環境的觀察者。

　　此階段的一項重要效果，就是能在衝突情境中得到相當程度的負荷紓解。病人會來到治療室，通常是已經「走到繩索末端」，而治療則是「終點站」。此時，如果要病人抱著六至十二個月之後才能得到治療成功的希望，坦白說很難安撫病人。他在此時是來尋求幫助、希望得到紓解。此觀察階段從治療開始就能在人際關係中得到幫助，如生活中的伴侶或工作場域，因為他會變得較不挑剔，且所有的衝突與痛苦能逐漸被削減，緊繃情境得以被化解，時間也會省了下來。病人會被告知在第四階段（說出內心話），他就能談論任何事情，且再過接下來的三個階段之後，他就有可能準備好去面對他的衝突夥伴。起初片面的覺察，即所謂「神經質性窄視」（neurotic narrowness），在視野被擴大之後，就能預備好進入下一個階段，進行事件的問卷。

❖ 階段二：完成問卷

　　此階段要引入一項至關重大的任務：「確認關聯性來澄清個人實際能力之前的歷史、以及為衝突作預備，同時把觀念與誤解的背景整理清楚，藉此病人得以為自己發展出理解它們的方法。」病人通常採取的態度認為人格特質是無可改變的，現在則能根據個人生命歷史的意義而被視為是相對的。

　　實際能力的重要性，可藉由一種衡量實際能力的辨別—分析量表（the Differentiation-Analytic Inventory, DAI）來進行關聯性綜合研判。威斯巴登正向心理治療暨家族治療問卷（Wiesbaden Inventory for Positive Psychotherapy and Family Therapy, WIPPF）則能提供各行為領域的完整總結，包括病人、甚至分別具有正向或負向評價特質的伴侶或衝突性伴侶，在其中會呈現優勢、微型創傷、以及衝突反應的例子，問卷中也會提醒找出角色典範。有心身困擾的病

人，常會發現在第二階段所呈現的平衡模式特別有幫助，這樣的視覺化協助澄清議題，並預備病人日後的自助。當病人將過去幾年發生的生活事件擺進平衡模式的四項領域之後，將其視為催化劑，且了解它們對改變生活所造成的影響之後，往往會感到驚訝。

❖ 階段三：情境鼓勵

　　此階段強調特殊資源的發展。治療關係最重要的面向即是為了呈現優勢，目標是要聚焦病人及參照者的現有能力，以便與衝突夥伴建立新的關係。病人與治療師共同審視這些跟衝突伴侶關係有關的能力，並疏通這些能力的意義。會用到在前兩階段所學到的技巧來進行情境鼓勵（situational encouragement）與讚賞，以取代對伴侶的批評。病人與治療師會整理之前在平衡模式中所建立的資源，也包括短暫提到的潛能與尚未實現的願望。

　　在此情境下，無論是直接或間接討論過與參照者之間的關係，對之後進行自助的作業時，特別有價值。對特殊疾患的衛教資訊及治療模式，如藥物、放鬆技巧、諮商服務，也是第三階段的典型支持技巧。佩塞施基安強調第三階段，衝突夥伴要能被預備好在下階段說出內心話時，將承受批評的心態。

❖ 階段四：說出內心話

　　為了讓過去有關無言或過激言語的衝突順利現形，剛建立好的溝通技巧，必須逐漸帶入目前的社會環境當中。從第三階段所建立良好的信任關係之後，在第四階段，治療師和病人開始討論過去正向及負向的經驗，也讓開放性溝通成為可能。此階段中感情與實際能力會被重新審視，早期的經驗會根據主題的進展而被喚醒、並進入意識當中。治療師與病人共同探究早年所經歷過的願望、期待、恐懼，或治療師所察覺到帶有痛苦內容的情緒。此流程要求治療師必須保持開放的態度，預備好成為一位面質（confrontation）夥伴，而且當病人在早期的治療關係中經驗到行為改變時，能顯露出尊敬的態度。

　　治療師能支持病人在禮貌、開放／誠實與承擔改變責任之間保持平衡。當病人能聚焦核心衝突主題、處理主要衝突、權衡禮貌與誠實，以及主動將參照

者帶入治療，這些都是第四階段的任務。治療師開始帶入家庭團體的概念，如果可行甚至能將家人帶進治療中，此時即可開始疏通家庭概念與潛意識的基本衝突。說出內心話（verbalization）意味著，當每個人都能藉由情境觀察、分析衝突內容及相互鼓勵來確認彼此優勢之後，開放討論的時機已然成熟。衝突（conflict）夥伴此時可以就位，以接納批評，或至少能被說出來。經驗顯示，許多人傾向立即把問題說出來，藉此來傷害他人，而這受害者還得經過數小時的鼓勵來強化。

❖ 階段五：擴展目標

病人在此擴展目標（widening of the goals）階段一開始就會被引導去思考以下問題：「當我不再有這些問題時，我要做什麼？」目標的設定協助復發的預防、引導到有規劃而非反應性的發展，並且避免在完成治療之後，讓病人重新把症狀當作紓解方法。接下來病人會開始被引導進行與治療師脫離的預備、發展過去所忽略的新能力。病人也會與治療師一起發展小規模及大規模目標。近期目標則可根據平衡模式中的內容來設定。

正向心理治療應用領域

要了解正向心理治療在個別及其他領域的應用，我們必須從佩塞施基安的目標論述及願景開始。他把發展出適合所有階層與文化的病人都能接受的心理治療模式、以及確認並使用每個人的獨特性與能力，視為特殊挑戰。此目標需要篩選出適合用在短期心理治療且易懂的概念。每個治療步驟都會將自助放在首要考量，而此種連結所衍生的抱怨，也都能對受影響的人保持透明。

從另一個角度而言，病人不只是疾病的受苦者而已，也能成為自己的治療師。……許多病人的根本困難不在於缺乏動機去尋找治療師，而是不確定治療師是否有能力處理哪類的困擾。此問題只能基於一種更全面性的體系，能把現有治療取向集合起來，然後根據它們的強項來賦予權重。我們所呈現的正向心理治療體系，不僅是心理療法，同時也是後設理論……**不是病人要**

去適應一種偶然遇見的療法；相反地，療法必須根據病人變化中的心理治療需求來選擇。因著這樣的彈性，得以處理各種心理、甚至心身疾病與困擾[34]。

持續強調跨文化理解，此療法為人所知就是整合東方的傳統應用與西方世界現有的心理療法。佩塞施基安整合西方系統且結構化的理論與治療、以及從不同文化而來的諺語及故事，可用來聯想、支持、面質，以擴展病人對個人故事的觀點，讓他的衝突情境較為客觀化、並推動心理動力的理解。

寫這本書有個考量，就是想整合東方的智慧及直覺式思考模式與西方新的心理治療知識。不僅偉大的信仰貢獻具有心理治療重要性，也能從正向心理治療角度來採用東西方哲學家與科學家的智慧。這樣做的目的不只是強調智識、也強調從情感與感知系統而來的直覺與幻想，以及從傳統經驗學習的能力[34]。

正向心理治療主要用在心理治療與臨床處置之外，也可應用到諮商、教育與預防（即正向心理治療之教育及預防應用）。在這樣的情境之下，此法還有幾種特殊強項如下：1. 處理死亡與哀傷；2. 基於正向心理治療之心理動力壓力療法；3. 處理過度負荷的生活事件及心理創傷；4. 預備形成伴侶或婚姻；5. 正向心理演劇；6. 應用於一般醫學與心身醫學。這些用處使得正向心理治療得以為醫師、心理師與教育家所廣泛應用。

於1970年[30]，有四種主要應用領域被清楚地論述：心理治療、教育、自助與跨文化問題。基於這些領域，正向心理治療的應用可分成以下三大類別。

❖ 心理治療與其他處置

正向心理治療可應用於情緒疾患、精神官能症、壓力相關及身體型疾患、行為疾患（ICD -10[譯註1]，F3–5）以及一部分的人格疾患（F6）；也成功應用於傳

譯註1 ICD-10（International Classification of Disease），國際疾病分類第十版。

統個別治療、伴侶、家族及團體治療；也有許多應用在嚴重精神疾病的經驗，特別將故事及諺語有效應用在精神病患者身上，以及精神專科醫院的團體治療中。

❖ 自助

佩塞施基安的著作最了不起的地方在於能讓一般人用來自助。《日常生活的心理治療》（1977）是為了處理誤解；《意義的追尋》（1977）用來進行危機處理；至於《想要得到未得，你得做些未做》（2006）則是處理人際衝突；還有許多尚未被翻譯的德文著作。藉由對諮商師所設計的訓練課程與專業認證，能讓專業諮商師將正向心理治療應用於化解衝突、並激勵在衝突情境中進行自助。

❖ 心理治療之外

正向心理治療能應用於許多不同的場域：教育和學校[40]、管理訓練[24]、教練、各種諮商環境、成為伴侶或婚姻的預備課程、招募人才、教師訓練[40]、官員與政治人物[21]、新聞與媒體、跨文化訓練、時間管理[42]、心身醫學[3]、壓力管理與克服[38]、倦怠（burnout）預防[9]、軍隊與社群[21]、宗教心理學[4,23,45]、督導[12]。其他領域還有：輔導、家庭諮商與一般諮商。

正向心理治療的發展與目前的組織架構

正向心理學的發展歷史，數十年來可分成四個階段。

1970 年代：回顧起來，此療法至今理論及架構的發展，可追溯到關鍵的1970年代，此療法的基礎要素也是在這些年成形。當時這些要素已經被用在病人及家族治療當中，也經過測試且發表於德國與國際會議當中。有四本重要著作在這期間發表：《日常生活的心理治療》（1974）；《正向心理學》（1977）；《東方故事》（1970），關於東方故事應用在正向心理治療上；《正向家族治療》（1980）。於1974年建立正向心理治療訓練機構（WIAP Academy〔威斯巴登心理治療學院〕前身），提供研究生訓練課程；1970年經黑森（Hesse）醫學會認證為心理治療實習生訓練課程；並於1977年正式成立德國正向心理治療學會，是世界第一個正

向心理治療學會。

1980年代：有更多書籍出版，如《意義的追尋》（1983）。此療法經與年輕同事合作之下進一步系統化。哈米德・佩塞施基安（Hamid Peseschkian）於1988年所發表的論文，是有關正向心理治療的第一篇論文，在其中初次會談首度被結構化，而初次會談問卷同時被發表，其中也進行心理動力研究。些微改版的初次會談問卷也在不久之後，與正向心理治療問卷（WIPPF）一起發表[37]，是之後所發表半結構式心理動力初次會談的前身，也是心理動力心理治療學派的先驅之一。

佩塞施基安基礎著作最後一本《心身醫學與正向心理治療》[35]（1991）也出現在此階段。此書提出疾病的結構式、心理動力模式，以及各種精神、身體疾病之治療法則。他也開始於1980年代進行有關正向心理治療之巡迴講座、繼續教育，特別在亞洲的發展中國家、拉丁美洲。此時期也開始將正向心理治療的重要著作翻譯成英文。此外，他也開始進行管理訓練、教練的講座，也對能將易懂的正向心理治療應用到這些領域的可行性，激起強烈的興趣。

1990年代：正向心理治療從1980年代開始進行國際傳播，在1990年代因為中東歐激烈的政治變化而添加極大動力。正向心理治療在這些文化當中吸引廣大的興趣，不只地緣關係、也因東西方的心理因素。由於結構化的運作法則、以及東歐同僚對知識的渴求，導致更多系統化講座在德國之外舉辦。從1990年開始，於俄羅斯喀山設立超過三十個訓練中心。在德國之外，從1993年開始設立的國家級正向心理治療學會，依序為保加利亞、羅馬尼亞與俄羅斯[註6]。

藉由國際正向心理治療中心於1994年的設立，正向心理治療更進一步地國際化，也是目前世界正向暨跨文化心理治療學會（World Association for Positive and Transcultural Psychotherapy, WAPP）的前身。歐洲心理治療學會（European Association of Psychotherapy, EAP）也同時在1990年於維也納成立，在此建立心理治療的專業性及合宜的法律架構。而正向心理治療的代表們從一開始就介入其中。

註6 本章的兩位作者為支持此項發展而在東歐長期進駐：哈米德・佩塞施基安從1991至1999年在俄羅斯；雷默斯（A. Remmers）從1992至1995年在保加利亞，1996年在羅馬尼亞。

在德語系國家，一場生動的討論登場，至少部分是因為葛勞[7]著作的關係，在其中有關心理治療的法律辯證、針對各學派心理治療有效性的重要問題進行討論。佩塞施基安跟進這樣的時代精神，開始與同僚進行徹底的「正向心理治療效能研究」（1999），由於研究如此傑出，因而榮獲德國理查·梅滕（Richard Merten）獎[46]。此研究也確立正向心理治療的實際效能。

　　新千禧年左右：更多代代相傳的學生成為教師之後所發揮的影響力更加顯著。1999年，首度有正向心理治療國際進階訓練課程的經驗，在不同的國家發表。於2000年，首度出現正向心理治療指導老師國際訓練計畫。因著此大規模發展規劃的完成，威斯巴登心理治療學院（Wiesbaden Academy Positive Psychotherapy, WAPP）得到政府的正式認證，得以提供一般心理治療師及兒童青少年心理治療師的培訓。隨著德國心理治療師法的立法，使得正向心理治療的基礎及進階課程與系統化的發展更加完備。在東歐的基礎課程講座已進行多年，且新概念陸續成形，特別是正向心理治療已經應用到醫學以外的領域、初級學校與大學教育、管理訓練與教練。

　　於2019年，已經成立國家級正向心理治療學會的有德國、俄羅斯、保加利亞、羅馬尼亞、波羅的海三國、科索沃、烏克蘭、土耳其及衣索比亞。正向心理治療也在許多國家成立更多的地區或區域性訓練中心，如阿爾巴尼亞、亞美尼亞、奧地利、北賽普勒斯、捷克、波蘭、荷蘭、拉脫維亞、北馬其頓、俄羅斯、中國及英國。至今已在超過八十個國家有舉辦過研討會及演講。第一個大學碩士課程於2005年在玻利維亞的聖克魯斯完成。正向心理治療於玻利維亞、俄羅斯、烏克蘭及土耳其等國，被納入大學心理學與心理治療正式課程。

　　WAPP也建立四階段教育的國際標準及準則：基礎及進階訓練、基礎及進階講師訓練（詳見 http://www.positum.org/）。從2000年開始舉辦年度國際訓練研討會，自1997年至今也舉辦過七次世界大會。佩塞施基安基金會，即正向暨跨文化心理治療國際學院（International Academy of Positive and Transcultural Psychotherapy, IAPP）於2005年由瑪妮耶（Manije）及佩塞施基安共同成立，目的是為促進更多國際活動及管理期刊（International Archives of Positive Psychotherapy）。

WAPP身為正向心理治療的國際最高組織，也在德國註冊為非營利組織。正向心理治療也被歐洲心理治療學會（European Association of Psychotherapy, EAP）正式認證為學派。正向心理治療中心歐洲聯盟（The European Federation of Centers for Positive Psychotherapy, EFCPP）是全歐洲組織（European Wide Organization, EWO）及全歐洲認證組織（European Wide Accrediting Organization, EWAO）成員，同時也是透過IAPP所成立屬於EAP之歐洲認證心理治療訓練學院（European Accredited Psychotherapy Training Institute, EAPTI）。完成訓練者能取得正向心理治療學派領域之歐洲心理治療認證。

研究與出版

正向心理治療領域最早出版品可追溯到1974年。之後，陸續發表各種書籍、科學作品及其他出版品。

❖ 研究

正向心理治療符合葛勞[7]所提出四項有關心理治療成效原則：1.活化資源；2.實現；3.問題管理；4.治療式澄清。根據葛勞模式，正向心理治療屬於一種傳統、整合性的治療模式[11]。自1994至1997年期間進行廣泛控制性療效研究，目的就是為落實此理念。由三十二位德國正向心理治療學會成員，在佩塞施基安、崔特（K. Tritt）及維爾納（B. Werner）等人指導下，共同執行此項療效及品質確保的研究，也是此類研究最早的一項[46]。

長期性療效研究的目的，主要是為了探究正向心理治療日常臨床執業之療效，且有等待治療之身體疾病患者當控制組。治療組由平均四十五歲、平均資歷7.7年的二十二位正向心理治療訓練的治療師（十五位醫師、三位認證心理師、四位認證老師）來執行，他們全是德國正向心理治療學會成員。在既定的時間內，所有接受治療的病人都進入樣本，總共402位男、女病患被納入，包括：憂鬱症23.6%、焦慮及恐慌症19.8%、身體型疾患21.2%、適應障礙症20.5%、人格疾患8.2%、成癮症3.4%、新診斷身體疾病者3.4%。

在這項長期性研究設計中，共有110位病人、對照組則總共收了771位。

研究第二部分，則包含針對治療結束後的病人進行回溯性審查，依照三個月的頻率直到五年為止，共有三組病人分別有84、91、46位。心理測量工具群組（SCL-90R, VEV, Gießen-Test, WIPPF, IPC, IIP- D, GAS, BIKEB）的選擇，是根據參加大學合作、並諮詢葛勞及其他研究者所達成的共識。

　　經正向心理治療治療過的病人，症狀、情緒及行為明顯改善。這樣的改善，比較症狀檢核表（Symptom Checklist, SCL）-90在治療前後的結果，顯示治療組病人的症狀改善程度達到統計意義（$p \leq 0.005$）。對照組在症狀部分則無明顯改善（$p \geq 0.05$）。於此對照研究中，計算出來的平均effect size為$e = 0.476$，此結果代表治療正向成果良好的指標。治療成果的穩定度也可藉由比較研究前後的衡量指標來看，此部分則顯示無明顯差異（$p \geq 0.05$; VEV: F = 1179; SCL-90-R: $F = 2473$）[46]。討論中也提到在選擇高內在效度的實驗設計、或具高外在效度的對照研究之間，容易陷入兩難局面。研究者建議，考量缺乏此類效度研究的景況，此研究中的研究設計模式堪稱諸多強項之一[46]。

　　此電腦輔助的品質確保研究於1997年榮獲理查‧梅滕獎，這是歐洲健康照護領域最知名的獎項之一，從1992年開始授獎。該基金會目的是要表彰能改善醫療、藥物、護理治療模式的傑出研究，也對健康照護領域中的醫療、社會、社會政治或經濟進展等方面貢獻卓著。

❖ 學術成果（一般論文及博碩士論文）

　　正向心理治療的多層面及文化包容性的基礎，是由許多同僚們被激發與鼓勵而進行的科學成果所組成。此外，接觸正向心理治療之後，許多執業者不再受困於學校的限制與要求，發現他們對論文發表的興趣被活化。根據現有資訊，有關正向心理治療，已經有五篇博士後論文及約二十篇博士論文發表，主要是在德國、俄羅斯、保加利亞及烏克蘭，也有三十至四十篇相關主題的學士或碩士論文發表。

　　主要焦點在於正向心理治療之心身醫學、精神醫學、心理學及教育學層面，以及針對這些領域的應用，並提供未來科學研究的素材。針對這些科學研究的主題調查之後，顯示正向心理治療確實能應用在臨床、非臨床之多重領

域，也強調某些模式的重要性。至於處理各種器官的心身醫學，也能發現比較性跨文化研究。治療關係的顯著特徵及其在教育環境中之可運用性，也經常被聚焦。有些科學研究則植基於社會教育情境，並帶出「正向教育學」的應用及可行性。

❖ 出版品

正向心理治療的出版品包括由創立者佩塞施基安所撰寫廣泛題材的原著與其學生的作品，這些學術出版品及科普作品出現在各式樣的期刊中，但並未出現在科學文獻列表當中。正向心理治療創立者佩塞施基安撰寫過二十九本書、被翻成二十三種語言。流傳最廣的就是《東方故事成為正向心理治療工具：商人與鸚鵡》。其他核心著作還有：《日常生活的心理治療》、《正向心理治療》、《正向家族治療》、《心身醫學與正向心理治療》。在其晚年，也出版了一些各生活領域的自助書籍。

從1997年創設《德國正向心理治療期刊》（ *the German Journal of Positive Psychotherapy* ）開始，正向心理治療同僚經常被鼓勵出版研究成果及分享個案。此外，佩塞施基安的原始著作也自1990年開始再版。新的國家級正向心理治療學會在過去二十年陸續在各國成立，在俄羅斯、烏克蘭、保加利亞及羅馬尼亞等國也創設正向心理治療期刊。

CHAPTER 3

—●—

正向心理學簡介

by 圖格巴‧薩熱（Tuğba Sarı）；

艾倫‧施萊希特（Alan D. Schlechter）

> 心理學不僅針對醫療科學、或療癒負向情事，也關乎教育、工作、
> 婚姻、甚至是運動。我真正想看見的是，心理學家會嘗試在所有領
> 域去幫助人們增強個人能力[33]。　　　　　　　　——塞利格曼

　　當檢視心理學歷史，可發現最早的人格發展理論，是從悲觀的觀點來看待人類，或把個人當成是一種為外在環境所形塑的被動有機體。由於「臨床心理學」（clinical psychology）中 clinical 一詞源自希臘字 klinike，意即「在病床邊的醫療行為」；而 psyche，意即「心靈」（mind），事實上此領域根源於哲學的追尋，如果能深入探究的話，與正向心理學的信念會更加密切相關[40]。最早探究心靈理論的古希臘哲學家們必然了解此理，而且 eudaimonia 被譯為圓滿（flourishing），是亞里斯多德著作《尼各馬科倫理學》中的核心概念，代表追求有意義的生活，包括卓越及潛能的完全發揮[17]。

　　正向心理學運動是從塞利格曼於 1998 年獲選為美國心理治療學會主席的演講時開始啟動。當時他強調要重塑以病理為導向心理學之發展軌道[33]。不久後

正向心理學委員會在塞利格曼主導下正式成立，接著成立正向心理學聯絡網，且在華盛頓舉辦第一屆正向心理學高峰會。之後他在賓州大學成立正向心理學研究中心，於2005年也在該校設立第一個正向心理學研究所學程。《正向心理學雜誌》（*The Journal of Positive Psychology*）也是最早的正向心理學期刊，於2006年創刊[11]。

根據兩位正向心理學的重要先驅塞利格曼及契克森米哈伊[35]所言，過去心理學領域主要聚焦於異常行為、以及削減它們的努力上。特別在二戰之後，心理學工作者以保健專家的身分，嘗試了解並消除精神疾病的異常行為。1950年代，隨著人本心理學的誕生、馬斯洛及羅哲斯人性觀的引進，以心理病理學為主導的取向被聚焦於正向人性特質所取代。事實上，1990年代末期，正向心理學取向也發展出一項心理學運動來檢視人性優勢。

正向心理學有許多的定義來自不同的科學家，根據塞利格曼及契克森米哈伊[35]，正向心理學是以多維模式，如生物學、個人、理性、關係、文化與全球背景等，來檢視人類功能與發展之科學學門，據此心理學不再被認為只是病理、弱點及缺損的科學，同時攸關優勢與美德；而根據謝爾頓及金恩（Sheldon & King[38]），正向心理學就是要檢視一般人的優勢與美德；彼得森[24]則認為正向心理學是研究人類思考、情感及行為的科學取向，而且聚焦於優勢、而非弱點，建立生活的美好、而非修補不良；蓋博及海特（Gable & Haidt[14]）則描述正向心理學是研究極大化功能所需的條件與流程之領域，牽涉個人、團體與機構的發展。從上述的定義可見，正向心理學是處理優勢特質、美德與個人潛能。

在此情境下，正向心理學有關人性最基本的假說如下：一、人類是有能力主導自我發展的積極個體；二、人類有調節與改變自我行為所需之內在力量；三、個人會開啟動機去連結生活、並朝著期待方向來發展行為[1]。根據這些有關人性的假說，正向心理學運動會去檢視正向人格特質與正向情緒是如何及什麼情況下會形成，並以科學方式去呈現結果。此外，它並不否認人類的負向特質，但特別強調如何去運用這些特質來建構生活，讓個人更加堅強，同時去修補較負向層面。

正向心理學並不會排拒個人問題，也不會忽略個人壓力、甚至不會反對個人要去了解何謂美好生活的企圖。相對而言，它甚至會藉由擴展人類成長與發展的研究去強化、而非取代一般心理學[22]。相對於傳統心理學，正向心理學主要關注人性的優勢與正向個人特質，也設法聚焦改善生活品質[35]。正向心理學是要把所有提升美好生活的相關研究集合起來[23]。

健康模式

傳統取向的主要目的與功能是利用疾病模式來解決問題、去除負向效應與治療[15]，而健康模式則聚焦於維護健康與發展。在了解人類性格方面，正向心理學使用的是健康模式，而非傳統心理學所使用的疾病模式。

正向心理學對人性的觀點與世界衛生組織（WHO）對健康的定義一致。根據世界衛生組織，健康的定義並非只是沒有疾病與孱弱，而是一種身體、心理、情緒、社會及靈性之完全健康；至於心理健康（mental health）則定義為能了解個人能力、克服生活壓力、在工作中具生產力且顯得有用，以及根據個人能力對社會做出貢獻[39]。正向心理學的目的是要藉由尋找讓生命更珍貴且有價值的面向，來揭露改善健康、提升個人幸福感（well-being）的特質[20]。圖3.1呈現正向心理學情境下的健康模式。

當檢視心理學文獻時，可發現除了解釋人類行為病理層面的理論之外，有關正向特質如希望、樂觀、幸福感與幸福（happiness）的模式都非常有限，這些模式的發展明顯被忽略。於此情境下，已經有許多人嘗試去發展這些正向心

圖 3.1　正向心理學情境的健康模式

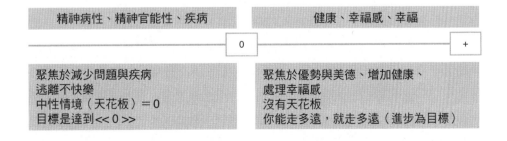

理學研究中所提正向經驗與特質之各種模式，以清楚了解幸福的架構。

　　從此觀點出發，正向心理學架構中已經討論到許多正向特質，包括心理韌性、主觀幸福感、自我效能、心理幸福感、希望、投入學校、工作滿意度、關係滿意度、人格力量、自尊、樂觀、感恩、創傷後成長、生命意義、善待自己、意識覺察等。正向心理學處理許多有關影響個人幸福與幸福感的許多概念。在其中，主觀幸福感、生活滿意度、心理幸福感以及樂觀，是正向心理學中最常被研究的概念，也是最根本的構成要素。首先，嘗試解釋人類幸福各種層面的幸福感概念，會特別被強調。

幸福感

　　何謂幸福感？生活中感到幸福是人類一項重要的期待，而正向心理學領域當中，人類幸福是使用幸福感的概念來檢視。幸福感從幸福（eudemonic）觀點而言，被定義為自我實現與完全發揮功能；從享樂（hedonic）觀點而言，則被認為是個人滿意與幸福之自我評估[9]。幸福感的概念有兩種基本層面：心理幸福感（psychological well-being）及主觀幸福感（subjective well-being）。心理幸福感的概念，就是以幸福概念來呈現；而主觀幸福感則以享樂概念來呈現[27]。因此，主觀幸福感並不等於心理幸福感以及健康，某些具有心理健康問題的人也會說他們是幸福的，光從這些陳述，就不能斷定這類人是健康的[8]。因此，絕對不要忘記，主觀幸福感只是心理幸福感中的一項層面。

❖ 主觀幸福感

　　根據迪安納（Diener[4]）針對主觀幸福感所做的一些初步研究，主觀幸福感是個人針對其生活所作出有關認知與情感之自我評估。因此，個人評估的結果能提供個人幸福感的資訊。既然個別認知與情感評估時植基於個人，此概念被稱為主觀幸福感。生活滿意度（life satisfaction）有主觀幸福感的認知層面，以及情感層面的正向及負向情緒[3]。生活滿意度是個人對自己一般生活好與壞的評估[21]，根據迪安納[7]，生活滿意度包括對生活的滿意、對過去的滿意、對未來的滿意、及親屬對個人生活的觀點。

　　正向情感是指正向情緒的感受，例如雀躍、精力旺盛、愉悅、冷靜、平
和、活潑及感恩；負向情感則是指無聊、悲傷、焦慮、無價值感、憤怒及罪惡
感。強烈正向情感，包括個人對其他人、生命活動的正向態度及正向情緒；強
烈負向情感則導致個人認為他的生命是悲慘的[5]。從此觀點而言，當個人感到
較多正向情緒、較少負向情緒，就是指他具有較高的主觀幸福感。事實上負向
情緒如憤怒、厭惡與恐懼等，具有演化優勢與功能，它們會發展並採取必要的
措施，於生命威脅情境中倖存。由於這些問題情境會帶來頻繁的強烈情緒經
驗，正向情緒較少且常被忽略。

　　事實上，特別由弗雷德里克森（Fredrickson[13]）所執行的實驗室研究顯示，
正向情緒能擴展個人的思考與行動範疇、降低負向情緒效應、以及改善心理健
康。正向情緒能幫助個人確認及發展內在資源，經歷正向情緒之建設性效應，
呈現於圖3.2當中。

　　從此觀點而言，具有高度主觀幸福感的人一般被認為具有更多正向情緒、
且經歷較少負向情緒，如悲傷、焦慮與憤怒。雖然主觀幸福感扮演評估個人幸
福感的重要角色，有一個要點提示：光是主觀幸福感本身並不足以定義心理健

圖 3.2　正向情緒的擴大效應
（採自 Fredrickson's[13] Broaden-and-Build Theory of Positive Emotion）

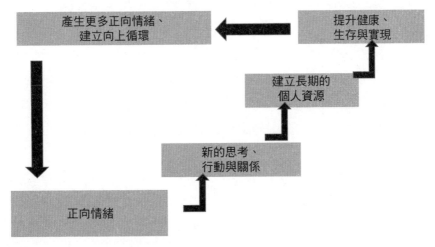

康，換句話說，主觀幸福感並非心理健康的同義詞[8]。

雖然尚未被普遍接受，根據迪安納[3]所提，有許多影響主觀幸福感的因素，這些變數當中可分為人口統計學、人格及社會變項等三組。有許多研究（特別是隆博米爾斯基〔S. Lyubomirsky〕等[21]）在探討人口統計學變數，例如年齡、性別、教育程度、收入等，與主觀幸福感之間的關係，這些研究大多顯示，上述特質只能解釋少部分主觀幸福感（10%）；至於人格特質，許多研究者認為人格是主觀幸福感最強力的影響因素之一，自尊、樂觀及經常感到正向情緒等人格特質，與生活滿意度及主觀幸福感相關[8]，並能解釋主觀幸福感之50%[譯註2]。

文化情境被認為屬於社會變項，在個人主義文化當中，具有個人主義特質者通常具有較高的主觀幸福感，因為他們更能把興趣及願望落實到生活中[8]。至於其他社會變項情境的研究顯示，幸福者有更多社交關係，而不幸福者有較少社交關係[6,19]。

❖ 心理幸福感

如之前所言，主觀幸福感是基於享樂主義（hedonism），而心理幸福感則基於幸福主義（eudaimonism）。雷夫（Ryff[28]）提供一項有關心理幸福感之全面性觀點，他認為心理幸福感不能只用罹患精神疾病或存在某些問題與否來解釋，心理幸福感需要執行某些生活功能的具體能力。

因此一位心理健全的人，他必須有自尊、與他人保持良好關係、發現生命的意義、自主以及持續性的成長與發展。據此，心理幸福感模式包括六種架構：一、自我接納（對自己以及過去生活抱持正向態度）；二、與他人保持正向關係（能與他人建立溫暖及信任關係）；三、自主（能自我做決定與自由的感受）；四、環境的主宰感（有能力根據個人的心智條件創造舒適的環境）；

譯註2 該研究[21]認為主觀幸福感的三種變數及解釋力如下——1. 設定點（set point）：佔50%，攸關基因且根植於神經生物學，即相對不變的內在、氣質及情感性人格特質，如上述的正向人格特質內容，以及外向性、可激發性及負向情感等；2. 環境因素：佔10%，包括上述的人口統計變數；3. 刻意的活動（intentional activity）：佔40%，如規則運動、仁慈待人、對過去感恩、對未來正向樂觀、活在當下的愉悅、努力投入重大個人目標、從事有意義的活動等。

五、個人發展（有個人發展與成長為獨立個體的感受）；六、生命的意義（能發現有意義生活的感受）[29]。根據此模式，心理幸福感與能表現較好的人類功能、個人發展及自我實現相關[30]。

也有許多因素能提升個人的心理幸福感，根據研究顯示心理幸福感可透過外向性、教育及誠實來提升[17]，另外也有研究認為心理幸福感與憂鬱、焦慮及憤怒呈現負相關[31]。此外，心理幸福感也扮演保護性效應來對抗負向概況如憂鬱[16]、神經質[17]，同時也能見到較少使用負向因應策略者，有較高的心理幸福感[18]。總結，心理幸福感的研究與許多正向概況相關。

塞利格曼[34]引進「真實的幸福」（authentic happiness）概念，包含三項基本層面：一、高度正向情緒及生活滿意度；二、包括持續吸收與心流之生活品質、並提供有意義的生活；三、容許個人為比自己更偉大且強大者服務之有意義生活。第一層面可用享樂取向（主觀幸福感）來解釋；第二及第三層面則包含於功能取向（心理幸福感）。當投入第一層面的活動時，會為個人產生正向情緒；而在第二及第三層面投入活動時，則能為個人的生活添加意義與價值。從此觀點而言，能同時增加主觀幸福感及心理幸福感之個人經驗，就能提升幸福、而且為生活的平衡與完整打下基礎。

塞利格曼進一步擴展幸福感的定義，包含五種核心可衡量及建構之要素——PERMA：正向情緒（**P**ositive emotion）、投入（**E**ngagement）、關係（**R**elationship）、意義（**M**eaning）、及成就（**A**ccomplishment）。在《邁向圓滿》（*Flourish*）書中，他強調沒有單一要素能用來獨立定義幸福感，並認為每項要素都有三種核心成分：能對幸福感做出貢獻、能為自己的緣故追求、及可被獨立於其他要素來定義與衡量[41]。他深信只有同時培養每項要素，才能走向真實的幸福感。

培養每項PERMA要素之重要性，能用訓練鐵人三項選手來相比。當你同時訓練游泳、賽跑與騎腳踏車時，贏得獎項的機率最高；因此，當你同時在這五項要素都能得到訓練時，獲得幸福感的機率也最高。甘德（Gander）等執行一項正向心理介入研究，針對1,624位、年齡十八至七十八的成人，調查提升幸福感之五項要素是如何影響情緒[42]。此研究證實同時聚焦於五項要素、而非

只有一項，確實能更有效率地提升正向情緒、降低負向情緒。此結果與之前檢視幸福感理論的研究一致。了解PERMA這些要素是如何被應用、衡量，都被整合用來研究幸福感，而且也成為正向心理學領域之基石。

❖ P——正向情緒

讓我們感到幸福的日子也讓我們變得聰明。 ——麥斯菲爾德（J. Masefield[43]）

正向情緒向來就是正向心理學的核心焦點，針對我們如何思考與感受的主觀衡量，正向情緒可被分成激活情緒，例如興奮、愉悅；以及相對安穩的正向情緒，如冷靜、平和。不僅正向及負向情緒的平衡對生活滿意度有貢獻，正向情緒也被認為能影響個人的思考與行動[44]。

許多研究也顯示正向情緒的良好成效，包括自我效能、社交性、活力與精力、免疫力及身體健康、有效因應壓力及彈性[45]。弗雷德里克森發展出「擴增及建構」模式，其中認為正向情緒能夠幫助個人預備未來的挑戰。她所提出的概念，認為正向情緒能預測心胸開闊之因應能力的提升，後續又能提升正向情緒[46,47]。她認為心胸開闊之因應能力，意即當遇到挫折情境時，能使用建設性的認知及行為，之後能導致心理資源的擴增[47]。例如：經歷幸福感能增加心理廣度，也會在具挑戰性的情境當中，增加發現正向意義的機率。

正向情緒能產生一種向上循環來提升幸福感。在一項針對經歷911恐攻之美國大專學生研究顯示，面臨壓力源而能經歷正向情緒，確實能幫助具韌性的人來緩衝憂鬱症的侵襲，並促進成長，此結果與擴增及建構理論相符[48]。正向情緒也能對身體健康做出貢獻[49]，在一項匹茲堡（Pittsburgh）感冒研究當中，柯恩（Cohen）等表示經驗更多正向情緒者，對感冒具有較好的抵抗力[50]。正向情緒能夠帶給我們不只是感覺良好而已，也會改變我們大腦及身體的運作模式，這都只是PERMA中之一項重要元素，但不會是幸福感單一的驅動因子。

❖ E——投入

在我們的生命當中最美好的時光，並非那些被動、接受、放鬆的時

刻⋯⋯最好的時光總是發生在個人的身體及心靈自願被延伸到極致，以成就某些困難或有價值的事情上。——契克森米哈伊[51]

　　塞利格曼形容投入基本上就是要取得心流的經驗。契克森米哈伊有時被稱為正向心理學的祖父，在1975年的開創性著作《心流：最佳經驗之心理學》中提出此名詞「心流」，被形容為個人完全沉浸於最佳享受、專注及投入當中之心智狀態。他形容心流是一種最佳經驗，能發生在任何情境或活動，當下他們有清楚目標、持續性活動、立即性回饋、以及理想上這樣的挑戰恰巧位在個人原有技巧程度之上[51-54]。對有些人而言可能發生在運動或興趣當中，或是專注於一項剛被指派的任務當中。重要的是，當原有技巧程度遠大於挑戰，會導致無趣；當挑戰遠大於原有技巧程度時，反而會造成更大的壓力[55]。體力充沛的登山活動會帶來振奮的心情，但要登上喜馬拉雅山卻可能讓人崩潰。

　　另外一條投入的管道，則是透過性格優勢來達成。一項性格優勢代表一種表現在我們思考、行為及情緒的正向特質，重要的是，一個人很難擁有過多的單項性格優勢[23]。評估性格優勢能在網路上免費透過「行為中的價值——性格優勢評估量表」（Values in Action, VIA）來完成[23,56]。研究顯示愛、感恩、好奇、希望與勤奮這五項是與幸福感相關性最高的性格優勢[23,26,57]，這跟它們對投入、愉悅及意義——PERMA的關鍵要素，有特別顯著貢獻有關[26]。

　　在塞利格曼著作《邁向圓滿》當中提到早期一起共事、且一起定位正向心理學的同事彼得森，由他所設計的一種用來評估參與者招牌優勢（signature strengths）的問卷[41]。招牌優勢是個人的前五項性格優勢，對他們而言非常基本，如果每天都能應用在新的方向，被發現能顯著提升幸福感[41]。塞利格曼鼓勵參與者能充分利用這些優勢，在其他事情上來達成更多心流。例如，你的招牌優勢是創造力，你就應該選擇挪出每週兩次的時間來畫畫（或其他藝術專長），這點出確認個人優勢領域的重要性，才能達成心流來極大化對幸福感的貢獻。

❖ R——關係（正向）

　　分享的喜悅是雙倍的喜悅；分擔的憂傷卻能將憂傷減半。——瑞典諺語

　　根據彼得森所言，正向心理學的主要原則是「其他人很重要」[58]。大部份人生的正向情緒、意義及成就，都發生在有他人存在的情境當中。無論是與同事共享成就、或和朋友經歷興奮的事，關係畢竟是幸福感的核心要素。人類已經演化出追求正向關係成為一種存活與繁榮的方法。歷史上，作為團體的成員就能增加存活率，建立關係是自然天擇的一個重要部分[41]。某些研究顯示，社會連結的出現與品質，與健康結果息息相關，包括長壽、疾病的發生與進展[59]。婚姻與類似的親密關係，被認為是這些發現的核心要素[59]。

　　另外由史坦頓（Stanton）等所主導於2019年的研究，從美國國家中年發展調查報告（National Survey of Midlife Development）中找出1,208位進行調查，透過壓力源所引發負向情緒反應之調節效應，顯示可感受的伴侶反應性（perceived partner responsiveness），包括反應性隨時間的變化，能預測所有原因的死亡率[60]。這些效應讓關係的重要性更加顯著，然而這與目前人類花多少時間聚在一起的時代發展趨勢相反。一項2014年針對加州大學（UCLA）新鮮人研究，顯示和前幾代相比，新鮮人花更少的時間與朋友在一起。新鮮人每週花少於五個小時參加社交活動的比率，自1987年起開始倍增，從18%到39%[61,62]。

　　社群媒體的崛起被認為是人們花越少時間聚在一起的元兇。一種開始被聚焦的領域，就是低頭族（phubbing）的研究。低頭族的發生原因，在於當某人因被電子產品（phone）所吸引而不經意地冷落（snub）身邊的人。喬皮塔亞蘇農及道格拉斯（Chotpitayasunondh and Douglas）探索這些現象之後，表示低頭族會對情感關係滿意度及感受的溝通品質有顯著負向影響[63]。由於行動電話產品持續對人際溝通造成飽和，重要的是要能理解且記住這些產品潛在會影響到關係、甚至幸福感。雖然形成關係部分是屬於生物需求，研究則支持增加社會互動行為動機的價值。

　　隆博米爾斯基所進行的研究顯示，願意投入感情行動的人，比較能建立良好關係、對自己具備改變能力更具信心、以及促發正向情緒與正向人際交流之良性循環。他們提到這些改善是基於能創造相互依賴感、合作、感恩、能更被其他人喜歡，以及更重要的是利他互惠[63]。

❖ M——意義

活著就是受苦，要好好活著就要找出受苦的意義。——尼采[64]

人類會希望生活有意義[65]。史泰格（M. Steger）提供一種具體的定義，有意義的生活能被經驗為可理解、有目的性及重要性[66]；更進一步，鮑邁斯特（Baumeister）描述意義的四種要求：目的、價值觀、效能感、以及自我價值的基礎[67]，並認為要滿足這些要求才是達成意義的方法。重要的是要確認意義來自多重源頭，例如工作、信仰、或家庭，以及針對這些多重來源的培養，能對無意義的人生產生保護作用。塞利格曼強調澄清意義與正向情緒之間差異的重要性，因為兩者的主觀要素有時是相似的[41]。例如，有一齣超棒的戲劇表演能讓你沉思生命方向，因此被視為「有意義的經驗」，但這只是一種隨時間就可能失去意義的主觀經驗。

由於正向情緒完全主觀，但意義則同時具有主觀及客觀的要素。例如金斯伯格（RB Ginsburg）是美國最高法院的大法官，在法學院上課時有些日子感到挫折、或單調，然而這並不會讓他的職業變得較無意義。雖然出現這些主觀的負向情緒經驗，但意義依然存在。一項針對1,807位香港青少年的研究指出，生命的意義是如何影響幸福感。何（Ho）等說明，增加意義會增加多重滿足感、並降低心理社會的擔憂[68]；意義也顯示能增加幸福感、增加正向情緒、降低壓力、且與憂鬱呈現負向相關[69,70]；意義也被認為能增加韌性、以及人際吸引力[71,72]。為了協助培養有意義生活的效益，研究也顯示書寫何為有意義的內容、以及持續用這些來提醒自己，也是增加意義的方法[61,73]。有意義的生活、清楚的目標感及自我價值對幸福感都非常重要。

❖ A——成就

長久以來，我都有注意到有成就的人很少坐下來，然後等著事情自然發生；他們總是走出去，讓事情能發生。——史密斯（E. Smith[74]）

塞利格曼將成就分成兩種形式：短期型、長期型。兩種成就型式都被加入PERMA當中，以幫助說明主宰感、能耐（competence）與成就對幸福感所扮演的角色。雖然成就總是與其他要素、如正向情緒及意義重疊，他強調成就

代表實現自我選擇去追求的夢想。成就讓我們得以回顧生命,以及思考即使面臨障礙,我們依然能達成、並且堅持下去[41]。恆毅力(grit)是由達克沃斯(A. Duckworth)所引進的概念,用來檢視面對逆境依然能堅持、並完成任務的能力[75]。有無數必須克服失敗的傑出案例,如梵谷是一位有天分的畫家,但終其一生都不被肯定為一位畫家、而且深受思覺失調症所苦。即使有這些挑戰,他還是創造出不可思議的藝術作品,最終只在死後才得到肯定。這是一種單為成就緣故、而且靠毅力終至成就的最佳例證。

研究也顯示擁有重要目標、且完成目標,與幸福感有正向相關[76,77]。重要的是,介於目標與現實之間往往差距太大,這也會對幸福感造成負向衝擊。因此將追求成就視為增加幸福感的方法時,目標重塑則是一個降低差距的重要工具[78]。一項針對5,693位青少年所進行長達十年的研究,顯示成就目標與持續追求目標都能提升更高的幸福感[79]。這證實成就對幸福感有長期的影響,特別是從青少年到成年的轉接期。成就在不同的人生階段具有不同的形式,根據艾瑞克森(Eric Erikson)指出心理社會發展的每個階段都會出現一套獨特的目標,在成年初期,認同或角色混淆中,環境主宰感及自主是成就的來源;在晚年,自我統整或絕望中,一項主要的成就感就是自我接納[29]。目標重塑攸關維持成就對幸福感的影響。

正向心理學領域,以及對PERMA許多面向的了解,都在持續演進當中。量表如PERMA Profiler持續幫助我們深化對PERMA的了解,以及正向心理學的未來導向[80]。雖然很明顯,培養每項要素都有重大效益,但是合併這些要素才能得到真實的幸福感。

❖ 習得的樂觀

塞利格曼[36]認為習得的樂觀(learned optimism)之概念基礎,奠基於習得的無助。因此在此段落中,習得的無助也會被放進來解釋習得的樂觀。塞利格曼是1960年代,在對狗的實驗中,發展出習得的無助假說。這些實驗是由塞利格曼及邁爾(Maier)於1967年所進行,他們觀察到這些狗當被電擊時、並不會對電擊做出反應。在這些實驗當中,塞利格曼把狗分成兩組:一組電擊後

有給予能脫逃的機會；另一組則即使受到電擊也無法脫逃。在實驗終了，可觀察到第二組的狗一段時間後，對所承受的電擊毫無反應，而且不會想逃跑。之後多年的許多實驗中，能夠解釋狗的這種無反應性，就是習得的無助此概念之來源。據此，習得的無助意指當個體無法建立發生行為與行為後果之間的關係時，因無法反應而呈現的一種被動狀態。

從此開始，塞利格曼及吉利漢（Gilliham[37]）執行此類跟人有關的各種實驗，他們認為習得的無助也能應用到人類行為上，例如：在一項實驗中受試者給予某些謎題去解答。受試者也分成兩組，就像之前實驗中的狗一般。其中一組所給的問題非常困難解決，而且在環境當中有聲波會持續干擾耳朵，除非他們能解開謎題，而這些人所經歷的是完全無法避免的負向刺激，就像之前實驗中的狗一般；而另一組所給的謎題則是非常容易解答，而且這些噪音在他們完成解答之後，就會停止。完成上述實驗之後，進入實驗的第二部分，兩組的人再給新的謎題，即使這些謎題同樣簡單，但第一次實驗的失敗組卻不想再去嘗試解決謎題。

類似於習得的無助模式，習得的樂觀模式架構中，樂觀是由個人解釋事件的方式所主導。可發現有樂觀思考心態的人，具有身體健康、動機、較高士氣、較低程度的憂鬱症狀。基於這樣的研究發現，他發展出如下理念，認為從悲觀轉為樂觀是有可能的。為實現此種改變，他提出「逆向─思考─結果」模式，由艾里斯（A. Ellis）及貝克（A. Beck）的理念延伸而來[25]。個人必須察覺發展樂觀思考方式過程中的四項要素，包括證據、替代解釋、可能的後果、有用性[32]。證據是用來證明負向解釋當中扭曲或非現實的想法；替代解釋則包括篩選出所有負向原因；可能的後果，則是討論負向、悲觀解釋的後果；個人的有用性則是去質疑相反的負向思考是否具有破壞性。

當個人認知到思考具有破壞性，他就比較容易去對抗這種思考，並試著讓它的破壞性降低。例如當個人把一位朋友的冷落解釋為自己毫無價值，就能尋找此想法的證據，並試著去搜索各種想法，去推論此想法的後果，最終討論此想法是如何具有破壞性。在這研究結束後，除了悲觀的觀點之外，也能透過達成更樂觀解釋的方式得到能量。

塞利格曼提出當個人能針對負向事件所衍生悲觀想法進行疏通後，就能降低悲觀、增加樂觀。從此方向當中，他發展出習得的樂觀之概念，並解釋如何改善樂觀程度。個人對事件的歸因，意即解釋事件的方式是重要的。一項執行樂觀發展計畫的效能研究[2]，結論認為以灌輸形式而進行的八次習得樂觀發展計畫，對增加樂觀程度是有效的。

❖ 卓越

卓越（excellence）與成就的研究，可視為了解正向心理學既合理且相關的部分。彼得森描述說：「如果我們對人類如何極致發揮有興趣，那就應該去研究最具天分的人類，以及我們必須研究是怎樣的條件與環境，才能造就他們做到最好[24]。」正如我們研究疾病來發展治療，正向心理學也要將卓越置於顯微鏡下，來探究並尋找潛在提升所有人類能力的方法。

當一位專家被看到達成特殊目標或主宰程度時，就能從他如何做、以及行動當中發現卓越。我們發現所有專家都擁有卓越的表徵，如藝術家呈現在傑作中、專業運動員表現出令人驚訝的高超身體技能。在研究卓越的過程中，尤其重要的是發現理論與研究的鐘擺效應，已經從純粹基於天生特質的內在觀點，轉到由個人所進行日積月累的努力[81]。此種主導思考轉向的一個有意義的例子，可見於高爾頓（SF Galton）的研究。在1800年中葉，他開始研究卓越的起源，一開始也是把卓越歸為遺傳因素，但是在考量其他人、如達爾文（Darwin）的工作之後，開始看到環境因素的重要性，也開始從基因決定論轉向[81]。

埃里克森（A. Ericsson）針對專業與卓越的研究，對於高程度表現的發展提供重要的貢獻。他描述一種理論性的架構稱為「刻意操練（deliberate practice）」來形容成就專業與卓越之流程，並很清楚標示此項流程。如此刻意操練在個人的部分需要投注大量的時間與能量、也同時接受外在的支持，如訓練資料、適當設施[82]。除了刻意操練之外，埃里克森也推薦賽門及蔡斯（Simon & Chase）的成果、對圍棋專家的研究、以及所提出「十年法則」的概念。他們發現為達到國際程度的圍棋能力，有一項基本要求，就是要經過十年持續的經驗與預備。十年法則的發現，已被其他領域所證實，如高強度競爭運動、音

樂表演等[81,82]。刻意操練及十年法則都確認此重要性，就是不僅將某些時間投入追求，而且強調在預備追求高程度表現的過程中，要有正確花時間的方式。

會去檢視卓越相關概念，是因它們都與正向心理學相關、且對提升幸福感有用。勒納（D. Lerner）在論文當中探索此主題，並創造出此名詞──「正向卓越」，且定義為：卓越之路必須是既有效且健康，且為能抵達成功與幸福之路徑[81]。在歷史上有許多從政治到運動領域數不盡的例子[譯註3]，能說明要達到高度專業與表現的人，都得付出極大的個人代價。因此有許多通往卓越與專業之路徑，但並非每條都是健康的，重要的是要幫助個人做出分辨，並且在其生命當中發展正向卓越。這樣的分辨牽涉了解追求高程度表現的過程中，必須注意到投入個人興趣的流程，而非僅是結果而已。

❖ 熱情

要了解到底什麼能讓人感到興趣的領域，正向心理學轉向研究熱情（passion）。熱情被定義為一種讓人投入所喜歡活動之強烈傾向，他們會發現重要性、而且願意投注時間與精力[83]。懷特（R. White）引介此概念：我們會被某些興趣或活動所吸引，是基於人類有好勝（competence）的基本需求[24]；而會被吸引到有熱情的領域，是因為有改善機會、成長與技巧的發展。

韋蘭德（RJ Vallerand）的工作中，藉由研究熱情而將正向心理學與卓越領域連結。他指出熱情有兩種類型：和諧式與強迫式。和諧式的熱情，是指具有內在動機、自願且自由地參與活動，會佔據重要、但不是所有生活可用的部分，且會與其他生活領域保持和諧；相對地，強迫式熱情的特徵，是具有一種內在壓力要投入活動，強迫個人去投入活動，甚至完全耗去不成比例的個人時間與身分[83]。

由於耗費大量時間投入活動是兩種類型熱情的特徵，強迫式熱情與持續的固著有關，即使付出重要的個人代價，比如損害關係與失敗的工作承諾[83]，也會讓人持續此活動；和諧式熱情則與提升幸福感及正向情緒相連結[84]，和諧式

譯註3 成功的關鍵並非單純關注最終目標，而是要重視那努力的過程，同時得盡情享受生活，並能取得兩者之平衡。──布迪亞（David Boudia，美國奧運跳水金牌）

熱情也會有較少的焦慮及壓力，結果也會達成更高程度的表現[83]。

卓越與熱情的研究能被視為正向心理學的合理延伸，和諧且健康的熱情能讓人達成個人之卓越程度，並延伸更高程度的幸福感。擁有熱情的慾望是相當自然的，雖然很多人對自己的熱情為何以及如何來發展感到不確定。藉由認識那些已經成功追逐熱情者的方法，能讓其他人在個別的發展中得到更高的自我效能。

總結

正向心理學是透過增進主觀幸福感的計畫，來聚焦於保護與發展個人正向特質、正向經驗、以及心理健康的學門[35]。在正向心理學取向的架構內，針對上述幸福感概念的研究，仍在持續進行當中。也有更多研究是在了解及發展人類性格之正向特質。根據塞利格曼及契克森米哈伊[35]，正向心理學取向會在三種重要領域執行研究：一、研究個人之正向經驗；二、研究個人之正向特質；三、研究正向機構。

有一項針對正向心理學的批評，認為正向心理學都是基於方法學名詞來進行研究，更多著墨於橫斷面及相關性研究，反而較少進行理論解釋。的確，正向心理學聚焦在更多的研究與量化研究，但不能忽略的是，也有很多主觀幸福感的研究，例如適應理論、由上而下及由下而上理論、目標理論、及心流理論[12]。正向心理學已經為一般的心理科學帶來不同的觀點。目前研究學者也在執行工業心理學的倦怠（burnout）及工作滿意度研究。除了離婚與婚姻問題，他們也研究婚姻滿意度。在此層面上，正向心理學被認為已經達成心理學世界之典範移轉。

另外一種批評則是有關正向心理學是否為一種新的取向。如上所述，在心理學的歷史上，有許多研究學者及理論在處理人類的正向特質。正向心理學似乎與馬斯洛於1970年代所建立之人本心理學非常類似，但在許多方面也有所不同。人本心理學是基於現象學取向、檢視人性及行為的一種質性研究方法，但正向心理學則能使用實驗與量化的研究方法，如同自然科學一般[10]。

有些問題例如「何謂美好生活？」「何謂幸福？」以及「何謂幸福感？」

已經在不同學門被提問且被回答，例如神學、哲學、經濟學及心理學。但如今這些問題仍然是一種迷團（enigma），而正向心理學取向似乎是尋求這些問題解答之最年輕學門。至今，從此方向已推出的內容而言，正向心理學已經對人類幸福感做出正向貢獻。

畢生維持正向

本篇畢生維持正向中包括依循生命週期的四章——兒童及青少年、中年危機、職業幸福感及良性老化——接續的總結篇章則是從正向心理治療觀點來看生活平衡。

第4章：於年輕期維持正向，在正向兒童精神醫學由雷圖（Rettew）所提十二項健康領域及使用正向心理介入的案例來支持年輕族群的健康。

第5章：聚焦於中年危機，高密度生活事件時期，探討此時期有關韌性的七種因素。

第6章：在工作上維持正向，討論職業倦怠的挑戰及獲取職業幸福感介入的需求。

第7章：定義及摘錄良性老化觀念的知識領域，包括人瑞研究的近期發現。

第8章：使用正向心理治療之平衡模式當成生活平衡的案例，以取代生活—工作平衡。

CHAPTER 4

正向兒童青少年
精神醫學

by 康斯薇露・卡甘德（Consuelo Cagande）；
薩爾曼・馬吉德（Salman Majeed）

> 你比自己相信的更勇敢，比自己認為的更強壯，比自己想像的更聰
> 明。
> ——克里斯多福・羅賓（Christopher Robin）

我們從童年逆境經驗（Adverse Childhood Experiences, ACES）研究中學到，經歷四項或更多的逆境事件者，到成年之後有較高風險會死於幾種常見的疾病[譯註4]。研究者已發現年輕人會罹患精神疾病風險的重要因素[3,7,13,17]，以及能在年輕時增加正向度的因素[12]。在兒童與青少年期之正向精神醫學研究不多，倒是有不少關於健康的文獻，而要培養年輕時期的健康與正向性，促進韌性至關重要。兒童暨青少年精神科醫師及心理學家已經具有預防及早期介入的技巧，因為此族群在家中、學校、工作及社會情境上有更多的需求，包括媒體。

數十年前我們的焦點在於診斷與治療，目前則聚焦於預防及篩檢，特別是

譯註4 童年逆境經驗與健康之風險關係——低到中度風險：肥胖、糖尿病；中度風險：抽菸、過量飲酒、癌症、心臟病及呼吸道疾病；高度風險：危險之性行為、精神疾病、酗酒；最嚴重風險：物質濫用、人際或自傷暴力。（*Lancet Public Health* 2017; 2: e356–66）

此世代對韌性至關重要的因素。當我們能透過關注文化、運動及其他活動的價值，細心地指導以建立自尊、強化心理衛生、開啟新的社交關係，就能大幅提升兒童及青少年的韌性。

正向心理學針對心理、身體疾病的患者或高風險族群，藉由正向心理社會特質的評估和介入，以了解及促進健康。而在正向精神醫學臨床手冊當中，傑斯特及帕瑪（Palmer）特別點出四種主要內容：一、正向心理健康成果，如幸福感；二、正向心理社會特質：包括心理特質如韌性、樂觀、個人主宰感及因應自我效能、社會投入、靈性與信仰、包含智慧的慈悲等，而環境因素則有家庭動力、社會支持及整體健康之環境決定因素；三、正向精神醫學架構之生物學；四、正向精神醫學介入，包括預防，有許多確切的實證資料認為正向特質確實能藉心理社會及生物性介入來提升[6]。

雷圖[11]在正向兒童精神醫學方面提出十二種促進健康的方法，包括：正向屬性及特質、營養、體力活動及運動、從事結構式活動、音樂及藝術、閱讀及限制螢幕時間、教養行為、父母的心理健康、靈性與信仰、慈悲及回饋給他人、正念、及睡眠。

臨床應用與實證研究

正向精神醫學已逐漸贏得應有的關注，但是否有證據顯示正向心理訓練能產生顯著效果，尤其針對年輕人？要如何來應用？確實有許多正向精神醫學的要素已經被應用及研究中。

有一項研究嘗試複製塞利格曼正向心理訓練（positive Psychology Exercises, PPEs）之研究模式以及長期效果，蒙格蘭（Mongrain）等加入一項「正向安慰劑」，就是提供自我相關正向訊息的認知管道。他們結論說，正向心理訓練在控制組及對照組確實都能持續增加幸福感；但對於憂鬱症隨時間改變部分，並未超過對照條件。藉由短期正向心理介入來提升幸福感，並啟動正向且自我相關的訊息、而非透過其他特殊機轉，顯然是一種有效方法[9]。

罹患憂鬱症的青少年內心存在明顯負向之自我評價，而正向自我評價通常扮演保護因子，因此可預期患者在此方面之正向程度應該是低落的。威利

（Wiley）等研究正向及負向自我評價在青少年憂鬱症的特異性，結論則認為正向自我認可部分並未受損，而且與憂鬱症的嚴重程度無關[11]。

　　生活滿意度是一個人有時會用來衡量自己的方式。青少年的主觀生活滿意度會影響學業表現。有一項研究嘗試尋找生活滿意度與課業表現之間雙向關聯性的證據，以及這樣的關係是否能藉由在學校的正向及負向情緒經驗來形塑。結果確認學生生活滿意度與學業表現之雙向因果關係，因此生活滿意度與較好的學業表現是相輔相成的，也對學校課業扮演正向角色[10]，進而提升個人自信與能力。

　　羅森堡（Rosenberg）將「在壓力管理中提升韌性計畫」（Promoting Resilience in Stress Management, PRISM）應用於青少年及成年早期的癌症患者之研究顯示，確實能改善抱持希望的思考（hopeful thinking）與發現價值（benefit finding），是能降低長期心理社會風險的兩種調適性因應技巧。這是用在比較PRISM及一般照護之隨機研究方法，PRISM中能指導壓力管理、目標設定、認知架構以及尋求意義的技巧[14]。

　　人際關係會對青少年憂鬱症及焦慮症扮演觸發因素。赫雷斯（Herres）研究罹患焦慮症青少年的情緒反應，發現負向父母及老師事件會造成更負向情緒反應，負向同儕事件則能造成較少正面情緒反應。涉及成人相關負向事件的情緒調節、解決發展及維持正向同儕關係的障礙，是治療之主要目標[5]，而自我控制顯示為達成目標之有效方法。達克沃斯及塞利格曼針對自我控制的科學與訓練研究顯示，自我控制比起天分更能預測青少年的學業成就。家庭是能提升或降低正向思考的核心因素，在治療中要特別強調在「家庭功能性復健」中運用建設性方法、而非破壞性方法[16]。

　　格里波茲—海琳（Grebosz-Haring）研究音樂治療的效益，主要用於住院兒童及青少年精神疾病患者，比較唱歌和聽音樂之不同。此項針對音樂治療效益之先驅研究是衡量潛在神經內分泌物質（皮質醇）、免疫（IgA）以及心理指標，如情緒狀態、健康相關生活品質（HRQOL）及幸福感。研究結果顯示，唱歌比聽音樂在皮質醇濃度有顯著較大的平均下降幅度；而聽音樂則比唱歌在平靜指數有顯著較高的平均正向改變幅度；此外唱歌與改善HRQOL有關、而

聽音樂則與改善幸福感有關[4]。音樂治療已成為大多數病房治療模式的一種，但如果能使用音樂治療效益之客觀衡量指標來進行更大規模研究，以複製此正向結果，將會更加理想。

　　一項橫斷面的研究檢視正念（mindfulness）與自我疼惜（self-compassion）對成人憂鬱症狀、負向情緒及正向情緒之效益。使用正念問卷（Mindfulness Questionnaire, FFMQ）的五項層面來衡量正念之效益；使用自我疼惜量表（Self-Compassion Scale, SCS）來衡量自我疼惜的效益。此研究結果發現針對自我採取苛刻態度對於出現心理症狀有很高的預測價值；正念問卷五項層面中的四項，如觀察、描述、帶覺察的行動及不反應，是顯著的預測指標。根據正向問卷和自我疼惜量表的衡量結果，顯示正念與自我疼惜相比，是正向情緒更重要的預測指標[8]，而正念不再只適用於成人身上。

　　放鬆技巧如正念及瑜珈的應用目前被認為是普遍且有效的。在罹患適應障礙症及憂鬱症的住院兒童青少年身上，放鬆治療比觀看放鬆影片更能改善焦慮，包括焦慮行為及不安。他們也衡量皮質醇（cortisol）濃度，發現放鬆治療組有明顯降低，而觀看影片組則並無改變[15]。

　　社交媒體、網路及螢幕時間會造成負向效應，如行為問題，而限制螢幕時間及多讀書能改善語言發展、自我調節及學業成就[12]。但是對那些無法及時取得心理衛生治療資源者而言，透過網路來應用創新的治療技巧，確實可行。透過網路提供認知行為治療（Internet-delivered cognitive behavior therapy, ICBT）已實施將近二十年，雖然安德森（Andersson）等的研究結果顯示，網路認知行為治療比未接受治療更有效，且與面對面認知行為治療效果相當，但尚未被某些傾向使用現代資訊科技來輔助面對面治療的病人真正接受[1]。此領域必須透過更創新的技巧及應用來提升喜好度。

　　療效研究顯示正向心理學概念能應用在兒童癌症、性行為健康促進、愛滋病及性病、懷孕、及無防護性行為等方面。正向因應評價被認為能在生活壓力與自殺之間扮演緩衝角色。精神科醫師應該針對兒童青少年之優勢、弱點、興趣、因應機制及人際關係等進行完整評估，也該執行青少年自我評估及生活滿意度評估。針對精神科住院醫師、治療師、諮商師以及機構如學校等，應該要

將這些正向層面納入課程及訓練當中。

總結

　　正向精神醫學能讓醫師促進青少年的韌性，而正向性也有許多要素。除傳統的臨床評估之外，取得青少年自我規律、生活滿意度及自我評估之完整資料，能協助精神科醫師規劃出更有意義且個別化的正向治療計畫（Positive Treatment Plan, PTP）。此外，此項治療計畫必須強調且聚焦正向人際關係、並強調家庭結構。

關鍵重點

▶正向心理健康思維能促進青少年的韌性。

▶許多正向心理訓練（如放鬆治療、正念、音樂治療、壓力管理、自我評估、生活滿意度、創新網路認知行為治療等）能應用於青少年身上。

▶將正向心理訓練列入治療計畫，對培養韌性、改善青少年憂鬱、焦慮及其他行為問題相當重要。

CHAPTER 5

———●———

中年之正向精神醫學

by 莎米達·特里帕蒂（Samidha Tripathi）；
艾瑞克·梅西亞斯（Erick Messias）

中年是一個關鍵年齡，處在身體健康、處理速度、工作記憶、擷取
知識、智慧與情緒調節等能力衰退的交叉路口。

中年危機

「中年危機」一詞最早由精神分析師雅克（Elliot Jaques）在一份針對傑出
藝術家的報導中提出，其中有關兩位藝術家拉斐爾（Raphael）及丹特（Dante）
於三十五歲左右經歷較為坎坷的時期，因此被形容為中年危機[1]。丹特也在他
作品〈神聖悲劇〉的盛大開幕題詞中，暗示正處於中年的景況：

來到我們生命旅程的中途。
發現自己正處黑暗森林中，
原本筆直的路徑已然消失。

事實上心理幸福感的軌跡，用年齡當橫軸時，會發現是一種U型的曲線，

圖 5.1　全生命週期的幸福感

(最低點在50歲左右,接著從55到85歲逐漸增加。)

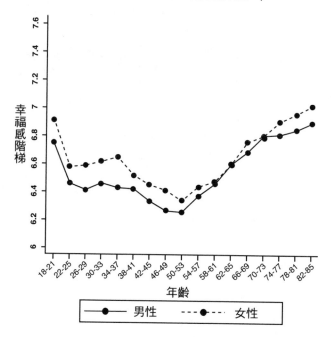

其中最低點就位在五十歲左右(如圖 5.1)[2]。

　　憂鬱症的終身盛行率及風險似乎也是介在是四十六到四十九歲之間達到高峰。整體而言,這些發現似乎確認發生在年齡四十五歲到五十五歲之間所謂中年危機的概念[3]。有趣的是,也有證據顯示在大猩猩當中也會出現類似的中年危機[4],暗示造成這樣的現象,還有除了社會及文化壓力之外的機轉。

　　中年也是一個關鍵年齡,處在身體健康、處理速度、工作記憶、擷取知識、智慧與情緒調節等能力衰退的交叉路口[6]。處在此交會點,於老化挑戰發生之前,會是促進生命經驗鞏固的重要時期。了解這段生命關鍵期的重要性,也開啟一項由國家老化研究所(National Institute on Aging)支持的大型人口統計學研究稱為「美國的中年」(Midlife in the United States, MIDUS),詳見 http://midus.wisc.edu/ [7]。

　　從MIDUS針對生活滿意度之縱貫性研究結果,卻告訴我們不同於U型曲

線的故事。大多數中年成人對他們的生活感到滿意，而且持續維持、或增加超過十年的時間。關於橫斷式研究中所提會有較低幸福感，可能的解釋為，那些中年人尚未達成目標與願望，而且他們還看得到繼續成長與改善的空間；而相對較老的成人則可能已經相當接近目標的高峰。事實上，雖然目前的滿意度還在增加當中，而且尚未達到中年的高峰，對未來所投射出的滿意度卻已經開始走下坡，只是還沒有抵達最低點，那在更老時才會發生[6,8]。

❖ 定義

中年經常被定義為一個人生命最核心的階段，一般認為是介於是四十五至五十五歲之間。某些研究則延伸此概念，訂出四十五至五十五歲為中年早期；五十五至六十五歲為中年晚期。一項生活事件被定義為發生在一個人生命當中的重大事件、且會對許多生活層面造成衝擊。中年就是一段經常有著高密度生活事件的時期，而最常見的生活事件為：近親死亡、家庭健康問題、重大財務困難、重大工作改變、搬到新的居住地[5]。

中年危機被形容為一種有關認同及自信的情緒危機，最常發生在中年早期。此概念：「中年危機是大部分成年人都會經過的階段」，如今已經被否定。促發因素包括心理危機的歷史與人格類型[9]。跟中年韌性有關的因素如下[5]：成長與目標、處理不確定性、靈性、情緒客觀度、逆境強度、幽默、及改變中的人生哲學。

中年韌性相關因素

❖ 成長與目標

中年有一種威脅性的情緒就是停滯感，有時會和正在熟練一項技術及專業有關。處在艾瑞克森充沛生產力或停滯的生命階段，代表成年期的一種成熟性衝突，與中年危機這樣的概念相符。充沛生產力牽涉到引導下一代、且此概念包括生產力與創造力；在一個健康家庭中，父母藉由對孩子們的興趣與照顧呈現出充沛生產力；在一個組織當中具有充沛生產力的領導者，比較能兼顧使命及他的員工們[10]。成功會增加有用及成就感，而失敗則會造成對世界的疏離，

因為無法發現貢獻的方式，一個人就會變得停滯且感覺無生產力，這些人會感覺和他的社區及整體社會失去連結或不再相關。

❖ 處理不確定性

處在中年者可能會經歷到身體及心理的改變，包括外表的改變、耐力變差、失去家人或朋友、離婚及視力減退。中年也被稱為是一段橋接年紀，可能面臨工作目標的中斷或調整、空巢期、以及父母需要更多照顧，甚至認清實現夢想所剩時間不多[11]。

安德森（Anderson[12]）將身體外表及耐力改變的感受，和庫伯勒—羅絲（Kubler-Ross）所提面對死亡所產生的哀傷階段相比。這些階段被發展用來形容失落之後的情緒反應，包括否認、憤怒、討價還價、憂鬱及接納[13]。藉由內在省思能引導個人慢慢接受中年的改變，進而對關係及工作形成正向改變[14]。在無法接受困難情境所犯下的錯誤，聚焦太多困難情境的面向以及失敗所造成的失志感等，都會讓人更難去因應中年的改變[5]。

❖ 靈性

靈性對許多高齡的成年族群而言相當重要，同時也扮演良性老化的促進因素。越來越多的文獻認為，人們總是在面對壓力事件之後改變信仰。然而針對面臨壓力情境所使用信仰的因應效益而言，卻呈現正負參半的結果[15]。麥金尼斯（McGinnis）針對中年韌性的研究，結論顯示許多參與者認為信仰及靈性策略是處理挑戰的重大要素；但也有一部分的人認為靈性策略並不必然有效[5]。靈性也是性格優勢中的一項，跟審美、感恩、希望及幽默共同組成超越的美德。

❖ 情緒客觀度

當一個人處理挫折情境及解決問題時能妥當處理情緒反應的能力，對中年韌性具有貢獻。此種論點跟焦慮及情緒疾患的情緒失調模式相符，該模式認為此類疾患是因為負向情緒失調、合併正向情緒缺乏的結果[36]。

❖ 逆境強度

　　目前文獻認為早年創傷經驗及早期兒童逆境，對成人健康、慢性疾病發生率及生活品質指標具有長期的影響[16]。生活滿意度是針對良性老化研究興趣的共同預後指標[17, 18]，生活滿意度牽涉到評估期待目標與實際成果是否契合。過去的研究也確立累積性的逆境所造成的負向效應，包括兒童及成年逆境經驗對生活滿意度的影響[19, 20]。生活滿意度特別與早年逆境呈現負向相關[21, 22]。

　　此外，擁有低社經階層的人也有較高風險及更可能加速老化。對那些風險較高的人而言，如低社經階層、合併早期童年逆境，如果能獲得心理社會資源及適應行為會因而得到最大的好處[23]。差別易感性（differential susceptibility）是指面對逆境反應的個別差異[24]，相同的特質讓一個人對逆境特別敏感，也可能讓它對設計用來削弱逆境效應的支持性介入顯得更有反應[6]。

❖ 幽默

　　幽默對處理壓力及創傷所需的韌性，扮演重要的角色，增加幽默能夠提升正向生活經驗、產生更多的正向情緒與心理幸福感[25]。幽默是一種性格優勢，對生活滿意度具有重大貢獻，也是超越美德性格要素中的一項優勢[26]。然而，針對幽默與韌性的某些正向心理學研究，有一項主要關注點相當聚焦於幽默的單一正向結構。相對而言，幽默風格模式不僅能確認幽默感的正向我調適部分，也會確認非適應性或負向的部分。自我提升、或有親和力的幽默能產生可預期的韌性效應，而自我貶抑或攻擊性的幽默則不行[27, 28]。

❖ 改變中的人生哲學

　　對於每個發展階段，我們的責任會持續演進及改變，而針對改變調適、符合生活及社會期待的能力會影響一個人的生活滿意度。個人將他們早些年的目標與現有成就相比時，可能會感受到不安、進而造成危機。那些維持在穩定的個人及專業環境者，比較能從工作意義及角色轉換當中得到較大的滿足感，充沛生產力的概念也變得很重要[14]。有一項滿意度的重要預測指標就是教育，從二十五歲之前所得到的教育年數，對培養一生的學習型態具有長期效果，也比

較能管理好中年時期的負向生活事件[5]。中年時期的兼任志工服務以及慈善捐助也會對心理幸福感產生顯著的正向效益[29]。

總結

　　有許多證據顯示多重角色期待及財務瓶頸所造成的壓力可能匯聚在中年，因而對中年造成重大的影響[30]。至今對中年仍存在許多誤解，而最常見的迷思就屬中年危機。中年危機的刻板印象，如同媒體所形容，總是描繪為中年男子追求跑車、改變新髮型顏色或努力去對抗老化的過程，事實上中年是一個成長或衰退路徑的重要關鍵。中年最重要的議題，牽涉到要平衡工作與家庭責任，以及因應身體與心理因老化而改變的需求。

　　MIDUS調查報告顯示危機並非典型的中年現象。近年來英國的研究中，中年時期出現危機的比例在40-60%之間，與整個成年期相當[31]，代表也可能在其他生命時間點經歷危機。對於陳述自己有中年危機者，有一半所說的是指內心的混亂、或變老的焦慮而言；其他則是指離婚、失業、或健康問題，這些在其他生命階段也會出現的問題[32]。那些確實經歷中年危機者，通常是指那些在生命其他階段也可能經歷的劇變，原因似乎是受神經質人格所催逼、而非變老的關係[33, 34]。

　　從正向角度而言，MIDUS研究也發現那些具有支持性社會關係、經常運動及對中年控制保持正向態度者，在往後十年期間比較能夠維持它們的功能性健康與認知技巧，而且這些正向因素越多越好[35]。中年也是銜接生命旅程早期與後期的黃金歲月，雖有諸多挑戰，中年也是面對逆境卻仍能從壓力經驗學習、發現意義及經歷成長的階段。

CHAPTER 6

—— • ——

職業幸福感

by 維多莉亞·弗林（Victoria Flynn）；
艾瑞克·梅西亞斯（Erick Messias）

熱愛學習者有一種優勢……儘管目前對執行任務有困難或做不到，
但他們仍深信未來必定能駕馭這些事物與技巧。

——彼得森及塞利格曼

世界上大多數人會將成年生活的三分之一時間用在工作上，使得職業幸福感成為整體幸福感的一項關鍵要素[1]。正向介入能發揮重要角色以協助在職場及一般情境能預防倦怠、促進人們的圓滿生活。正向心理學及精神醫學是針對心理健康的取向，而非精神疾病，特別強調對正向心理社會特質的提升、促進正向改變以及發展幸福感[2-5]。聚焦於心理健康、幸福感、個人及專業成就，都會牽涉到進一步發展正向因應、最佳執行及移轉到此類正向層面的方法。

經由訓練、尋找工作及從事工作的移轉過程，既興奮且具有挑戰性，但同時也可能出現自我質疑、冒牌者（我不配）症候群（imposter syndrome）、倦怠、離職以及過早轉換工作等。擁有許多令人興奮的機會，同時也會出現許多新的責任及挑戰，似乎會令年輕專業工作者感到卻步且難以克服。如果在每個

職涯發展階段都能培養特殊美德，這些挑戰會變得較容易駕馭。從一開始的好奇與樂觀、洞察力與感恩、最終在職涯晚期得以欣賞卓越。

職業倦怠（Professional burnout）是每個職涯階段都需要面臨的挑戰，是一種情緒耗竭、失去自我感或憤世嫉俗、以及低個人成就感的症候群，也是面對慢性職業壓力源的反應[6]。職業倦怠也會影響一個人在不同階段的職涯發展過程，能否成功駕馭獨特挑戰的能力，特別是在角色轉移過程，從學生到實習、到早期職業專業過程。

倦怠會影響一個人在職業上獲取成功的能力，近來也成為人群服務專業越來越關注的焦點，包括現場急救人員、老師及健康照護提供者。職業倦怠已成為健康照護機構深度關注的主題，因為在學生、實習生以及早期專業工作者身上有超過50%的發生率[7-13]。

在專業教練的指示與導引下，職涯發展轉接期會變得較順利度過，而不會造成負向後果[14, 15]。國際教練聯盟（International Coach Federation, ICF）將教練定義為：與案主建立夥伴關係，使用激發思考及創意流程來鼓舞他們極大化個人及職業潛能[16]。正向精神醫學取向特別強調發展個人優勢及正向心理社會特質，如對個人主宰感的樂觀、自我效能感、良知、社會投入及韌性等，以協助鼓舞及引導年輕工作者順利度過職業轉接期，特別強調預防倦怠以促進健康。

主要正向心理特質

正向心理社會因子（positive psychosocial factors, PPSF），包含正向社會及環境影響因素，以及內在正向心理特質。正向心理特質源自於正向心理運動，而該運動聚焦於能為個人、團體及機構創造成功且最佳功能的環境及流程。提升正向心理特質對個人及職業發展相當重要，由於大部份的正向心理特質都會對個人成長有利，我們將會聚焦在某些對個人專業與職涯發展階段最為有利的特質（如表6.1）。而圖6.1則呈現這些主要性格特質及美德，以及在個人職涯發展階段中會出現的機會與挑戰。

一位二十世紀傑出的精神分析師艾力克・艾瑞克森提出一種心理社會發展模式，來確認一生當中所有的發展階段，此模式描述有順序性的發展與認同形

表 6.1　專業職涯發展流程中的機會、挑戰及主要性格特質

職涯階段	機會與挑戰	Erikson 發展階段	相關美德
學生	取得知識、測試為基礎的成績衡量	自主；羞愧及疑惑	好奇心與樂觀
實習／學徒	學習運用知識、督導運用知識、技巧為基礎的績效衡量	勤奮；自卑	熱愛學習
職涯早期	轉接到年輕專業、獨立運用知識、技巧為基礎的衡量	專業認同；角色混淆	活力與熱情
職涯中期	專業主宰及智慧、領導及指導發展	親密；孤立	社會與情緒智商
職涯晚期	專家專業主宰、知識及技巧傳承給實習生	充沛創造力；停滯	洞察力與感恩
退休	從專業生活退下、評估個人及專業生命成就	整合；自我絕望	審美與卓越

圖 6.1　專家職涯發展流程中的機會、挑戰及主要性格特質

成，主要應用於兒童及青少年的發展模式。達琳—費雪（Darling-Fisher）則將其應用於成人，而且也顯示能否駕馭關鍵發展期中的晚期發展危機（充沛創造力或停滯、自我統整或絕望），大多受年事漸長所影響[18, 19]。整個職涯發展的改變與挑戰，從實習到退休都會連結到這些從兒童到老年的發展階段，而漸增的年歲及經驗則能協助駕馭這些危機。

　　在個人職涯的每個階段都會有不同的挑戰與機會，如能順利度過，就會提升成長及主宰感。如上圖中及接續的段落，有一種假定的模式會被用來將艾瑞克森心理社會發展階段應用到職涯發展階段當中，也會把機會及挑戰、需要培養的特殊性格特質及美德連結在一起。

好奇心與樂觀

職涯點	發展階段	性格特質或美德
學生與實習生	自主；羞愧及疑惑	好奇心與樂觀

　　好奇心與樂觀是在個人職涯發展每個階段都很重要的層面，特別是那些在轉接期需要大幅成長者。在學習及實習階段，個人正努力面對知識取得的發展挑戰，並嘗試克服自我懷疑及增加自主性。彼得森及塞利格曼將好奇心視為正向情緒及動機狀態，當個人在有誘因條件下會啟動及維持目標導向的行為[20]。那些處於職涯早期階段，會經驗學習曲線、取得大量的知識和技巧，以預備進入個人職業的未來階段。增加好奇心與樂觀程度能幫助學生及實習生取得且應用知識。事實上後設分析也顯示好奇心佔學習及成績變數的10%[21]，而越高的好奇心攸關更好的學習、投入及成績[22]。培養學生及實習生的好奇心，能確保對未來職業追求的興趣與投入。

　　樂觀能反映出一個人期待良好成果發生的程度，以及持續努力達成目標與良好成果[20]。具有高度樂觀指數者傾向會把正向結果歸因於內在、穩定的因素，而把負向結果歸因為外在、短暫性因素[2]。樂觀對職涯發展及成長而言，是一項重要特質，而具有高度樂觀程度者更願意去接受挑戰、解決新問題、以及與他人合作。達克沃斯是正向及幸福感教育的推動者，致力於教導性格發展，並將恆毅力形容為成功的最可靠指標。她將恆毅力定義為熱情與毅力，與塞利格曼早期對樂觀的描述密切相關[23]。在塞利格曼針對憂鬱症的研究當中，習得的無助就是認為自己的行動並不會影響結果的一種信念。然而，恆毅力及樂觀相對地特別強調內在動機與影響力。

　　樂觀及希望對兩種能力相當重要，即針對不同可能性的思考能力、以及發現達成更美好未來最佳途徑的能力[3]。拉希德（Rashid）及塞利格曼於2018年所出版《正向心理治療臨床手冊》當中，透過「打開門」（doors opening）工作表描述一種建立希望及樂觀的系統性流程，並藉由個人對錯失機會及「關上門」（doors closing）的解釋來闡明樂觀或悲觀。意即當一個人在面對負向後果時，能把關上門的過程描述為外在、短暫且與情境相關，而非個人、長久且全面

性，就能增加樂觀以及表現更適應性的功能。如果能把這種帶有省思的活動，加上與職業教練、治療師或指導者（mentor）的討論，那關於工作中無益且過度批評的感受，就有機會轉變成更樂觀且彈性的思維模式（mind-set）[3]。

熱愛學習

職涯點	發展階段	性格特質或美德
學徒	勤奮；自卑	熱愛學習

　　終生學習者帶有進步的熱愛，不僅能超越自己，同時也能深刻影響周邊社群。這些終生學習者不僅在認知上投入，並展現對學習的熱愛：一種個人投入新資訊及技巧的常見方式，及／或投入某特殊領域之發展良好的個人興趣[20]。這些人對學習新資訊及新技巧通常帶有正向感受[24]，就是那些為學習而學習者，而非為一種立即或外在的動機[20]。

　　正當人處於職業轉換期之學徒階段時，剛從學習資料到學習將這些資料應用到各種工作領域。在此發展階段，會相當勤奮認真，但也有自卑感的風險。彼得森及塞利格曼認為熱愛學習者有一種優勢，能堅定宣告他們「喜歡學習新事物」，儘管目前對執行任務有困難或做不到，但他們仍深信未來必定能駕馭這些事物與技巧。即使面對挑戰與挫折，也能透過自我調整的努力堅持下去[20]。這些技巧對那些終生學習者而言，幾乎在每種領域都會有漸增的益處——健康照護、企業、教育、財務——隨著科技進展快速改變日常的運作流程及資訊交流的溝通管道。

　　熱愛學習被形容為是一種具有強烈內在動機的性格優勢。即使原本沒有熱愛學習的優勢，也能夠透過某些特殊興趣來促進發展。為發展熱愛學習成為優勢的過程中，個人能透過發展特殊興趣，增加機會更進一步發展該領域的知識，也會從學習中得到價值，如增加自信、能力及對可能性的樂觀感受[24]。彼得森及塞利格曼強調在支持孩子去建立熱愛學習方面，老師及父母扮演重要角色。在職業層面，教練或導師也能藉由連結到各種主題的興趣來支持及鼓勵他們去度過挑戰及挫折。

活力與熱情

職涯點	發展階段	性格特質或美德
職涯早期	認同；角色混淆	活力與熱情

　　一位有活力者會將能量傳給其他所接觸者。「vitality」一詞是從「vita」或「life」而來，一位具有活力者可被形容為精力旺盛、熱心及有精神。此活力或生活力量是一種從內在發出的正向能量，能鼓舞和激勵他人。活力的概念並非新穎，乃源自古老東方的哲學及療癒方法。中文形容為「氣」是一種重要的力量及能量，也是生命、創意、義行及和諧的來源；日本的概念「ki」是指一個人能提取能量或力量，與身體、情緒及心理健康有關；峇里島療癒者努力把「bayu」集合在一起，是一種重要的靈性或生命的力量，能帶來成長及對抗疾病[25]。

　　這些形容都強調活力在整體成長與健康的重要角色。萊恩及弗雷德里克（Ryan & Frederick）發展出一種指標，用來衡量主觀活力、生氣勃勃及充滿能量的正向感受，能確認個人對活力報告的差異，以及在不同情境和因素下隨時間所產生的改變[25]。職涯早期階段會聚焦於發展專業認同感，一旦認同感形成之後，他們的熱情及活力將顯而易見。

　　具有活力及充滿生命力的人，會有內在動機進行正向影響及改變。有許多研究已嘗試衡量及促進活力。尼克斯（Nix）等發現成功完成任務會增加幸福感，但只有自主性任務才能維持或增加活力[26]。因此只有那些自我激勵、或對內在因果關係的認定，才會對活力有更大的影響。運動及健康生活型態也被認為能增加活力[27]。雅各布森（Jakobson）等認為在工作時間與同事一起執行體力運動，會比其他運動形式，在改善工作活力上更有成效[28]。

　　有趣的是，當被要求追蹤及報告他們花多少時間坐著上班，過段時間後他們就會報告坐著的時間顯著下降，而且在工作表現上的活力顯著提升[29]。他的「工作場域健康促進計畫」（Workplace Health Promotion Program），包括訓練、工作坊及個人教練都能顯著改善工作場域的活力、績效、自我管理及病假[30]。

　　萊恩等已透過實驗證實與大自然接觸能正向影響活力[31]，在研究中描繪處於大自然的插圖、走在大自然十五分鐘、欣賞自然風景照都能增加活力。這些

結果說明任何與大自然相關的感覺輸入，如聽覺、身體接觸及視覺，都能增加個人的活力感。此外，增加自主感及社交接觸也能改善活力[32, 33]。工作場域活力也能藉由許多上述提到的介入方法來提升，如安排非正式會議、走路會議來增加運動及降低坐著的時間；舉辦午餐會議或在戶外放鬆或花園一起工作；或是舉辦團隊戶外建築活動，加進大自然要素；讓團隊成員進行能發現熱情的會議或專案。

社會與情緒智力

職涯點	發展階段	性格特質或美德
職涯中期	親密；孤立	社會與情緒智力

智力是指抽象思考能力，可分成認知智力（如知覺處理、邏輯推理）及「熱智力」（hot intelligences）——涵蓋關於動機、情緒及關係等訊息[20]。社會與情緒智力屬於熱智力當中的兩種，擁有高社會與情緒智力者較擅長於：偵測臉部、聲音及設計當中的情緒；使用情緒訊息來提升認知活動；了解情緒在各種關係當中所代表意義；管理與調節個人及他人情緒；使用社會訊息來促進團體合作；辨識團體中的社交關係與階級[20]。

個人處於職涯中期，代表已成功克服初期職業轉接期的挑戰，會藉由教練或教導來培養與實習生的關係，以及藉由參與地區、國家及全球組織的團隊精神及領導能力來培養同儕關係。高爾曼（Goleman）認為成功、有效益的領導者會脫穎而出，是因為他們的情緒智力，而在他有關成功領導者的概念中，情緒智力的價值被認為與認知智力相當，甚至有過之無不及[34, 35]。

情緒智力包括自我覺察、自我調整、動機、同理心及社會技巧等基本技巧。這些技巧能透過同事或教練，藉由不斷執行及回饋來強化。大衛及康格爾頓（David and Congleton）針對各種企業領導者研究之後，提出情緒靈敏力（emotional agility）的概念，這是一種情緒智力技巧，能讓人用一種正念及價值驅動的方式探索個人的內在經驗，不要嘗試忽略、壓抑或改變這些思考及情緒。他們是基於接納與承諾療法（Acceptance and Commitment Therapy,

ACT），來鼓勵進行四種練習，包括確認思考與情緒型態、標示思考與情緒、用一種開放態度接納念頭與情緒、以及基於個人和組織的價值來行動。強化情緒靈敏力及社會情緒智力可減輕壓力、降低錯誤率、增加創新及改善績效[34, 36]。

洞察力與感恩

職涯點	發展階段	性格特質或美德
職涯晚期	充沛創造力；停滯	洞察力、仁慈與感恩

感恩是一種對收到禮物所產生感謝及愉悅的感受。處於職涯晚期的個人可能會回顧自己的職業生涯，並省思別人是如何投入時間及能量來正向影響其成功的職涯發展。感恩來自此信念，一個人會將「因他人幫助而受益」視為一種禮物，並欣賞及確認那禮物的價值。職涯晚期中，從他人協助之受益者也經常會嘗試回饋給其他實習生與職涯早期者，他們的充沛創造力和包容力都能正向影響那些實習生與職涯早期者的發展。

感恩介入法通常包括每天撰寫一些感恩日記，以省思他們所感謝的人或經驗。鄭（Cheng）等認為每週書寫兩次工作相關的日記，就能降低工作的壓力感[37]。斯特根及萬凱爾（Stegen and Wankier）則認為藉由感恩介入措施來產生對工作場域的感恩，能因而增加工作滿意度[38]。塞利格曼也認為一封寫好並寄出的感謝信，能持續四週顯著降低憂鬱症狀及增加幸福感[4]。增加感恩機會能夠正向影響個人、工作社群以及工作績效。

審美與卓越

職涯點	發展階段	性格特質或美德
退休	統整；自我絕望	審美與卓越

有審美能力者在環境中遇見可感知的美麗及卓越時，就能經驗自我超越的情緒，如敬畏與讚嘆。美學敏感度及反應性讓人更能欣賞周遭世界，並忘卻個人煩憂與依戀。欣賞過程會出現一種暫時失去自我感及對他人的開放心態，因

而形成自我超越[20]。

　　個人已抵達職涯晚期及退休時，理論上就已達成馬斯洛所形容個人職涯之高峰經驗，能利用所獲得的欣賞力，並包含無私的態度、接納及謙遜的認知，提升看見、聽見及與他人連結的能力，即使面對衝突及痛苦都能維持良好與美麗的世界觀[39]。當個人處於職涯退休期，代表已達成自我整合的發展階段，並把工作場域視為「完整的一片，而自己在其中佔一席之地[39]」。

　　欣賞的發展過程尚未被清楚了解，但被認為是具有高度遺傳性，而對經驗保持開放態度則扮演重要角色[20]。在個人職涯中，尋找他人的卓越及模仿那卓越更能幫助個人欣賞周遭他人的卓越。弗萊爾—艾德伍斯（Fryer-Edwards）等利用發表在「專業精神持續提升委員會」計畫中的概念，強調欣賞性探詢及慶祝社群卓越，能進一步提升正向性及卓越[40]。

職業倦怠問題

　　當個人闡述進入健康照護、人群服務及教育領域的動機，目的通常是要和他人連結、變得不同及改善他人生活。此類同理心取向將啟動個人能量變得更加投注於案主及工作目標中，因為經常放棄個人時間而長時間工作，目的是為幫助有需求的學生或案主。高程度的人本特質如慷慨、熱情、利他、社會及情緒智力，對培養人際關係相當重要[20]。

　　不幸的是高度人本特質，特別是同理心，已被認為與職業倦怠加劇程度有關[41]。職業倦怠是一種因長期面對人際與職業壓力源，而造成情緒耗竭、失去自我感或憤世嫉俗、低個人成就感或缺乏專業效能的一種心理症候群[6, 42-44]。由於職業情緒、系統性及行政要求，人群服務專業可能會增加倦怠的風險。

　　倦怠發展及後果並非普遍的流程，也並非所有人都會受影響[45]。各種概念模式已被提出用來形容在個人及工作場域、或工作要求之間造成失衡的流程[43]。倦怠互動模式描述因個人及工作失衡而形成壓力源的連續階段——從工作要求與個人失衡、個人的緊繃、以及最終表現為脫節或憤世嫉俗的防衛性因應[46]。此模式確認持續升高的壓力會惡性循環地導致更多緊繃及壓力之類的因果關係流程，類似彈性疲乏。

「工作要求─資源模式」及「資源保留模式」形容對持續性工作要求的反應性流程。這些模式認為持續不斷的要求及壓力源,導致資源耗竭或感覺到瀕臨失去支援,結果會嘗試保留剩餘資源如時間、能量等[47, 48]。這些倦怠相關的概念性模式類似只剩一台汽油箱見底的車。「工作生活領域模式」則提出因個人工作失衡而導致倦怠的六項主要領域,包括工作負擔、控制、獎酬、社群、公平及價值[49]。在此模式中,當在一項或多項領域出現個人與工作目標失衡時,就會造成倦怠。有趣的是,獎酬及補償對即將脫節及情緒耗竭的症狀有所幫助,但財務性獎酬並非增加生產力及工作喜悅感的最佳誘因策略[47]。

由於此現象具有非常實質的後果,相當多的時間及能量已被投注於確認個人倦怠、組織盛行率、及其主要影響。在健康照護領域中,倦怠可能和醫療失誤增加、照護品質降低、病人滿意度降低及病人對治療計畫的遵從性降低等有關[11]。此外倦怠的個人後果包括關係破裂、失調的因應(如酗酒及藥物濫用)、憂鬱症及自殺等[11]。許多研究也檢視倦怠與憂鬱的關係[50-52],就目前所知這些問題之間有著非常複雜的關係[43, 53-56]。

倦怠被認為和專業精神、利他、以及吸引他們進入人群服務領域的那種呼召感有負向相關[57, 58]。由於倦怠與個人離職意願、較高離職率、及生產力損失有關,因而組織的財務健全度也會受影響[12]。這些倦怠所造成的職業及個人後果都攸關病人、服務提供者及醫療機構。

❖ 介入措施

由於職業倦怠諸多不良後果,因而出現許多降低職業倦怠、增加員工投入及改善工作場域幸福感的創新解決方案[11, 13, 59-63]。介入措施已被證實能降低整體倦怠程度,有些研究估計降低的比率可達10%[13]。這些介入措施可分類為個人、組織或領導為基礎(如圖6.2),也被發展用來分別符合個人及組織的需求,而非一體適用之解決方案[11]。

在個人層次,一般介入措施包括正念訓練、冥想、感恩練習或重新投入嗜好[37, 38, 53-56, 64, 65]。藉由省思自己的思考、情緒及面對人際挑戰所產生的偏差,能顯著改善壓力感受度及專業滿意度[66]。針對正念、省思及共享經驗的小團體

圖 6.2　組織、領導及個人為中心的介入，以改善投入、績效及預防職業崩熬

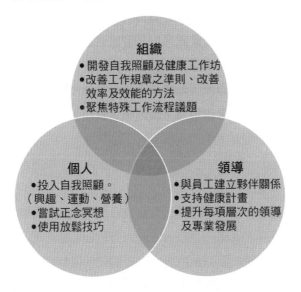

課程，能達統計意義地提升及持續改善賦權感及對工作的投入程度，在發現意義、情緒耗竭、個人解組及整體倦怠方面也具有顯著的改善效果[61]。聚焦於改善溝通的介入措施，也能提升幸福感及降低離職意願，而聚焦在工作流程改變及品質改善的介入措施則能降低整體的倦怠[60]。

　　在組織層次的介入措施，包括工作流程再造及改善工作場所執行準則，提供職業訓練及開發工作坊來降低心理壓力。那些只有低度或沒有倦怠者也會參加這些計畫，但是具有高倦怠程度者反而被認為比較不願意主動參加組織所舉辦的介入措施[62]。

　　謝納費爾特（Shanafelt）針對如何提升幸福感規劃出九項組織介入措施：一、藉領導者主動提出公開對話及持續評估倦怠，以確認壓力及倦怠現象；二、強化領導力來提升領導技巧及確認團隊成員的獨特天分與動機；三、發展並推動個人及工作單位失衡的介入措施；四、藉由失誤報告、提供獎酬及慶祝成就來培養工作社群感；五、審慎使用產能誘因，否則反而會鼓勵降低照護品質、增加工作時數，因而讓員工更容易倦怠；六、調整團隊與組織的價值觀來針對共同目標、並改善工作社群；七、提升工作排程彈性、並鼓勵工作一生活

的整合；八、提供資源來提升韌性（包括技巧訓練、敘事醫療、正念、正向心理訓練）、以及自我照護（如運動、飲食、睡眠、財務健全、關係及嗜好）；九、促進並資助組織相關科學研究[11]。

此九項介入措施幾乎都針對工作投入或倦怠所確認的動因，如價值與文化、意義、彈性、社群、資源、工作負擔及工作─生活整合。其他計劃也會特別提到員工心理需求、培養組織及員工關係，贊助領導發展以有效發展同事情誼與卓越[67]。

針對職業發展的企業教練取向

職業教練（professional coaching）是以結果為取向的方法，為了提升自我覺察、側重個人優勢、對自我否定的思考及信念提出質疑、檢視新的觀點，以及校準個人價值與職業責任等[68]。如上所述，國際教練聯盟（International Coaching Federation, ICF）定義教練的目標為：與案主建立夥伴關係，藉由思想啟發、問題導向及創新流程來激勵他們發揮完全潛能[16]。雖然與指導（mentoring）、治療、及顧問（consulting）共有某些特性，但因特殊目標、方法及訓練等，教練因而成為適用於職業發展介入措施之特殊類別。

如表6.2可區分出這些模式的差異。職業教練協助案主投入當下的挑戰、

表6.2　教練、顧問、指導、訓練及治療模式之差異

模式	教練	顧問	指導	訓練	治療
目標	達成目標及發揮完全潛能	執行計畫	示範	知識移轉及取得	處理症狀及復發預防
專長	教練	主題事項專家	經驗	執行	心理治療模式
焦點	當下目標、持續導向行動、未來成果	過去流程運用成為未來成果	過去成功模式轉為當下成功	過去知識運到當下環境	過去決定因子及目前症狀
技巧	強力提問、案主導向練習、挑戰	觀察、執行、測試	建議、示範	個案研討、技巧建立、企劃	支持、行為或病識感導向
服務	實用主義、責任制	被證明成功的方法	被證明成功的路徑	實用策略企劃	團體及個別治療

並鼓勵他們去想出替代性觀點及自我認同、行動為導向的解決方案。此項流程最終能協助案主使用自我導向的流程來達成目標[14, 15, 68, 69]。

　　職業教練最常和指導者的角色混淆。指導者有分享知識及經驗、與受指導者發展個人及專業關係的願望，也被形容具有多重角色：職業經驗及分享知識願望的建議者；能提供情緒及道德鼓勵的支持者；能提供特殊回饋的教師；能夠分享資訊、幫助成長機會的贊助者；能展示自己、並引導受指導者職業認同發展的典範[70]。

　　根據國際教練聯盟，教練有許多核心能力，包括建立同意書、成為積極且專注的聆聽者、投入強力提問並維持溝通、支持目標設定與承擔案主的教練責任等[15, 16]。根據國際教練聯盟所定出的核心教練能力列於表6.3。

表 6.3　國際教練聯盟核心教練能力

核心教練能力
符合倫理原則及專業標準
建立教練同意書
與案主建立信任及親密感
出席教練場域
練習積極傾聽
投入強力提問
維持直接溝通
創造覺察
設計行動
訂定計劃及目標
管理進展及承擔責任

　　不同的教練認證需要各種各樣的標準、訓練督導及實習。應用在教練的許多工具，源自正向心理學、神經科學及傳統心理治療模式，特別是認知行為治療[68, 69, 71]。正向精神醫學則強調要拓展優勢、發展正向心理特質以符合教練的核心能力。正向心理特質聚焦於那些當面對正常轉接期與逆境時，能決定健康預後及發揮更好功能的特質，其中的個人主宰感、自我效能感及韌性被認為是

教練專業發展過程中之重要因素[7]。

在專業教練關係中發展及培養正向心理特質，能形成正向態度、增加工作勤奮度及最終達成專業成功。身為教練如能聚焦於案主的優勢而非弱點、強化過去對案主有幫助的技巧及行為上，通常更具成效[20]。派波利及布里頓（Per Polly and Britton）在《正向精神醫學：案例研討》書中所提企業教練個案描述，引用正向心理學、特別強調案主優勢、成長心智模式及自我效能[54]。

正向心理學教練會使用個人優勢來強調投入意義與成就[68]。帕拉瑪拉（Palamara）等為住院醫師所設計創造與優勢為基礎的教練計畫，目標是要在實習階段建立一個支持及引導的安全環境。教練也會接受正向心理練習的訓練，能根據「最佳反思自我」（Best Reflective Self）、「行動價值招牌優勢調查」（Values in Action Signature Strengths Survey）、「目標、現實、選項、前行之道」（goal, reality, options, way forward, GROW）、「正向情緒、投入、關係、意義及成就」（PERMA）等原則來指導每次課程。此項計畫結論認為，96%的實習醫師認為他們一定或可能會推薦這樣的教練計畫。實習醫師認為在他們能省思績效及教練溝通的機會方面，具有統計意義的改善。但對於降低情緒耗竭、也是住院醫師倦怠的部分，則未達統計意義[56]。

如上所討論內容，職業倦怠是一種有關情緒耗竭、憤世嫉俗及個人成就感下降的症候群[6, 42-44]。特別強調提升自我省思及覺察的教練，則能改善案主面對工作參與壓力源時的彈性與韌性[72]。研究也顯示培養此項自我覺察，對確認個人價值、發現工作壓力及工作意義有所幫助[61]。韋斯特（West）等利用此概念設計推動者來引導針對正念、省思、共享經驗及團體學習所進行的小團體討論，更進一步證實此觀點。他們也探討與醫師工作經驗相關的議題，如工作意義、平衡、犯錯、社群及病人照護。此項研究的結果顯示確實能改善賦權與投入，並降低失去自我感發生率，持續至少1年[61]。

職業教練是在醫療從業者職業發展領域所出現的新取向[61, 73]。介於案主與教練對話的案例，可被視為能從潛在案主—教練經驗中得到啟發[68]。藉由增加工作投入及激勵個人興趣的復原，教練也能鼓勵韌性及意義感[68]。也有許多職業教練的潛在正向成果，包括改善自我覺察、自覺為導向的行為改變、降低倦

怠、增加韌性、持續工作及投入工作與社群。

總結

　　大多數成人將許多時間投入於工作上，使得職業幸福感對整體幸福感而言扮演重要角色。職業倦怠則影響一個人維持投入及工作生產的能力，同時也會在每個職業階段啟動獨特挑戰。由於倦怠會造成許多個人及專業的不良後果，而且在人群服務專業領域倦怠的比率日益攀升，因此強調正向心理社會特質、強化各類性格優勢及美德，就有機會能抵消倦怠及專業發展挑戰之負向效應。藉由職業教練及指導者的幫助之下，職業發展更有機會能夠取得個人、專業及領導的成功。

關鍵重點

▶個人在度過職業生涯的各階段過程會面臨獨特的挑戰與機會。

▶這些挑戰能使用發展模式如艾瑞克森心理社會發展模式及各類性格優勢與美德來解釋。

▶職業倦怠被視為當今組織及社會的威脅，持續攀升的情緒耗竭、失去自我感及降低自我效能，造成個人及職業不良後果，影響工作一生活滿意度、工作人力維持度與離職。藉由促進健康的介入措施，證明能有效改善滿意度及降低倦怠，而這些介入可在個人、組織或領導層次來進行，且必須聚焦於個人相關的特殊需求。

▶在職業教練或指導者的幫助之下，不僅能駕馭職業發展的挑戰，也能成功引導個人、專業及領導發展。

CHAPTER 7

—●—

良性老化

by 波蕾特·梅塔（Paulette Mehta）；羅蜜卡·達爾（Romika Dhar）；
艾瑞克·梅西亞斯（Erick Messias）

> 生命中最偉大的事就是盡可能活得越久，但死前依然年輕。
>
> ——喬治·蕭（George B. Shaw）

美國及全世界人口正在老化當中，於1900年的平均壽命為四十七歲，目前男性為七十六歲、女性為八十一歲[1]。於1900年超過六十五歲的人口佔二十五分之一，目前則佔八分之一。此外，超過八十五歲的人口目前已經成為美國全人口當中成長最快速的年齡級距。超過六十五歲的人口數在1994年為三百萬人，預估在2050年就會達到一千九百萬人。

生病及死亡的原因已經從感染性疾病轉變成慢性病，潛在原因主要是心理社會問題，如肥胖、抽菸、缺乏體能活動、營養不良、成癮、自殺及他殺。這些人口統計學和疾病原因的變化，也將改變公共衛生需求，並提供未來數十年的介入機會。精神科醫師將對以下層面扮演重要角色：形塑對此公共衛生變動的反應、為精神疾病或高風險患者提供促進良性老化（successful aging）的技巧、回應當代潛在的心理社會議題、將老年人智慧擴展及散播給年輕人。

　　正常老化一般和身體功能及健康存在某些衰退有關；病態性老化則與身體功能提早衰退、疾病及失能有關；相對地，良性老化則為能在極少失能與疾病的情況下過長壽生活、有良好的功能及社會投入，不過確切定義尚未明朗[3]。

　　自從1900年中葉就開始出現許多有關老化之縱貫性研究（如表7.1）。早期研究純粹屬生物醫學領域，針對存活、死因、疾病風險因子、以及降低風險之保護性措施。其後研究加上認知、行為、心理社會及經濟因素，某些研究則聚焦於精神疾病患者，如焦慮症、憂鬱症及思覺失調症。近期研究則聚焦於正向心理、精神特質，如樂觀、韌性及隨年齡增長的智慧，這些特質可能需一輩子才能完全發展，並豐富個人生活、更大社群及全世界。

表7.1　有關老化之主要縱貫性研究

年分	研究名稱或世代	評論
1948	Framingham 心臟研究	心血管疾病最長期持續性研究；定義出抽菸、血脂、血壓、心理社會因素、家族史、鬱血性心臟病及基因體學（genomics）的角色。
1955	Duke 正常老化之縱貫性研究	評估心臟、血管、神經性、心理社會因素與老化的關係。
1958	Baltimore 老化之縱貫性研究	顯示老化軌跡之變異性與心血管疾病及失智症之關係
1961	Kansas City 成年生活研究	顯示縱貫性研究偵測老化軌跡及階層目標。
1976	護理師健康研究	研究來自 11 州的已婚護理師有關生育控制、抽菸、癌症、心血管疾病、生活型態因素、行為、個人特質與心血管及其他 30 多種疾病的關係。
1984	MacArthur 研究	從 1000 位老人來建立研究並評估老化新的生物心理社會模式；顯示社會投入、活力及韌性在良性老化過程的重要性。
1991	Manitoba 老年研究	使用多於 100 種工具於 1971 及 1983 對老人進行評估，發現與良性老化相關的因素為年紀、四種健康狀態指標、兩種心理健康指標、及未喪偶或進入護理之家。
1993	MacArthur 研究	使用生物心理社會模式，良性老化大多與未抽菸、運動、志工活動及心理健康有關
1995	修女研究（老化及認知功能）	針對天主教修女的長期研究，評估身體、心理、認知、寫作及死後解剖研究；發現教育程度及社會投入能緩解早期阿茲海默氏症之症狀

1995	Honolulu 亞洲老化研究	目標是要確定在夏威夷日裔美籍男性在神經病變疾病及死亡是否存在差異；他們確認出五種與失智症具有獨立相關性的大腦疾病。
1998	SA 長壽男性預測因子	評估日裔男性；良性老化預測因子：臨床疾病與障礙。
1999	Canadian 健康及老化研究	超過 85 歲老人；即使存在功能障礙，79% 仍感覺良好。
1999	Berlin 老化研究一 I（BASE-I）	顯示老化軌跡之變異性與心血管疾病及失智症之關係。
1999	New England 人瑞研究	偵測出許多與長壽及對抗老化疾病相關之新基因變異。
2000	SAGe 研究（兩性老化評估研究，UCSD）	研究加州聖地牙哥 1800 位隨機篩選、具代表性、居住社區的民眾，聚焦認知及情緒因素。
2001	心血管健康研究	良性老化的預測指標為身體活動、未抽菸、最佳體重、及無未受控的糖尿病、血壓、血脂異常。
2001	延續一生的良性老化	兩個世代的男孩，分成有或無接受大學教育，研究超過 60 年或直到死亡；偵測出影響存活的八種變數，皆為可控。
2006	Alameda County 研究	評估 1895 及 1919 年出生的老人，其中 20% 是健康的；良性老化與種族、家庭收入、血壓、關節炎、背痛、抽菸、體重及飲酒有關。
2010	NuAGE（營養及老化），魁北克	評估 1741 位女性年齡 68 至 82 歲、長達三年；衰退與年齡、身體能力及憂鬱症有關。
2011	MacArthur 研究	研究從最早世代（APOE-E4）中的 499 位。
2014	女性健康計畫	對惡化基本認知功能部分，維他命 B 並無幫助；針對大於 80 歲女性非常大型的研究，身體功能被認為與人口統計學、心理社會、行為健康、心理社會支持相關。樂觀能緩解憂鬱。
2014	Berlin 老化研究—II（BASE-II）	擴大 BASE I 研究，另加入額外 1600 位老人及 600 位 20 至 35 年輕群體，持續進行中。
2014	IDEAL 研究（特殊老化及長壽決定因子）	招募 Baltimore 縱貫老化研究中持續進行中的個案；聚焦超過 80 歲正常健康的老人之良性老化部分。
2015	SAGES 研究（選擇性手術良性老化）	研究評估選擇性手術後所產生譫妄症之長期影響與後期效應。
2015	榮民正常老化研究	評估珍惜、敵意或一般養育小孩態度對晚年生活滿意度及良性老化的影響
2015	Uppsala 成年男人縱貫性研究	評估晚年獨立之預測因子；最佳 BMI 及未抽菸是可預測因子。
2015	國家榮民之健康與韌性研究	榮民良性老化與健康行為、社會投入及安置相關。

2016	縱貫性老化研究（Amsterdam）	針對荷蘭 55 至 85 歲、超過 16 年之大型研究。良性老化與教育、收入、職業、社會經濟階層及情緒韌性相關。
2016	Vanderbilt 積極老化專案	進行患有輕微認知功能障礙者之心血管及大腦健康之長期評估。
2016	婦女健康關懷研究	大多數即使出現障礙或疾病也能把健康評為好或更好者，對韌性、自我控制及自我主宰感有較高的自評分數。
2017	國家老人先驅計畫老化及認知評估（ACHIEVE-P）	針對老人聽障及認知衰退影響因素之先驅計畫。
2018	老年醫師良性老化之職業決定因子	針對醫師職業及個人老化之大型研究，與年齡、性別、憂鬱症、認知狀態、焦慮及工作相關。工作集中度相當高且許多醫師從未退休，大概是因為他們不知道還有什麼別的事情可做。

研究方法學議題

有關老化的研究都有共通的障礙，大多為缺乏精確定義。戴普（Depp）在其針對老化文獻的開創性回顧中，發現在2006年之前的二十八項研究中共有二十九種有關良性老化的定義[3]，因此良性老化仍是一種尚未完全成形的概念[4]。另外針對老年也無確切的定義，以致於無法分辨年輕與老年、老年與更老之間的界線[5]。

雖然實際年齡容易推算，但生物年齡則否，而後者對存活及良性老化更為重要。另一項方法學問題，被研究者與研究科學家之間針對個人老化品質的看法也有所不同[6]。老人對自己老化的評價通常遠高於研究者，且老人之間對所謂「良性」的感知也有所不同。良性老化如同審美，存在於觀察者的眼光，使得任一種定義都難以普及。

費倫（Phelan）等學者最早發現老人自覺良好度遠超過評估者的想像[6]，原因在於即使存在功能障礙及限制，人們還是能透過樂觀、韌性、靈性及智慧來克服[7-10]。儘管是一種方法論問題，卻也是一種潛在資源，能用來發現克服身體限制的方法，進而得到更良好的老化。目前尚未出現單一主觀或客觀的衡量法來定義良性老化，如能找到年齡及良性老化之確切生物標記將會很有用，目前

則無。

　　傑斯特提出使用端粒（telomere）長度作為年齡的生物標記，此可能性正接受探究中[11]。有人則認為慢性發炎指標（如IL-6, TNF-a, CRP, ESR）更適合當作生物標記[12]，也有人提出放射性研究，特別是使用功能性核磁共振（fMRI）、正子攝影（PET）及單光子斷層掃描（SPECT）等大腦攝影，更適合當作大腦健康的標記，甚至在出現臨床表徵之前就能更早偵測出退化性疾病[13]。這些攝影能早期診斷大腦疾病，甚至能在出現疾病臨床表徵之前，有機會利用初期放射性偵測徵象來進行實驗性療法。

針對老化之縱貫性研究

❖ 從生物醫學模式到生物心理社會一經濟模式

　　表7.1詳列目前最主要的臨床研究，雖然全世界還有更多相關研究。早期研究聚焦壽命、疾病及死亡原因、疾病風險因子偵測及降低風險之保護性因子，基本上所使用的都只是生物醫學模式，強調疾病與障礙對良性老化的限制。漸漸地這樣純生物醫學模式開始整合認知、心理社會、行為及經濟因素，形成更豐富且全面性的模式。

　　老化研究的焦點也從單一疾病轉為更多元的系統取向[14]。近期老化研究已整合為團隊，包括老年醫學、內科學、生理學、心理學及精神醫學專家，因為大多數老化疾病牽涉到多重器官。雖然這些器官的潛在致病機轉類似，心臟病的風險因子如高血壓、肥胖或過重、抽菸、膽固醇及三酸甘油脂過高等，也同時是大腦疾病的風險因子。

　　由於關注焦點已經轉移到認知一行為一生物心理社會一經濟模式，同時也轉移到大腦與心臟同等重要，心臟過去被認為是老化研究主舞台的單一焦點。這樣的移轉存在許多理由。首先，1960年代某些最危險的疾病，到目前已經更能被治療，不再成為單一焦點。基於更健康生活型態及更有效療法的緣故，冠狀動脈疾病的死亡率自1980年代起開始下降[2]。第二，由於心理社會因素能調節身體功能，即使有身體限制，某些病人會超越研究者的假設，依然能過得快樂與滿足。這些心理社會指標需要整合入醫療模式，以縮小主觀經驗及研究者

之間的認知落差。

　　第三，1990年代被稱為大腦年代（Decade of the Brain），大腦因對健康與老化的影響，以及國家贊助研究經費攀升而成為關注焦點[15]。該段時期有許多針對新一代抗鬱劑及抗精神病劑的發明，更令人注目的則是發現大腦具有自我修復能力、且能終生成長與重塑。重塑能藉由內在大腦幹細胞、並透過腦源性神經滋養因子（brain- derived neurotropic factors , BDNF）及其他生長因素刺激而進行組織再生，與過去所認定的概念正好相反，即大腦發展或再生不可能發生在成年早期之後[16]。此種神經彈性能引發神經連結的再佈線、減輕創傷路徑、使得再生也能發生於生命晚期。某些從大腦所提升的品質甚至能在生命晚期綻放，特別是韌性與智慧，是焦慮及憂鬱的天然解藥[17-19]。

　　第四，針對老化之心理社會指標的研究興趣，可能與戰後嬰兒潮世代的來臨有關。戰後嬰兒潮者喜歡控制自己的命運及嘗試新創療法，此外他們也會嘗試精神治療藥物及啟靈藥（psychedelic），甚至在高度壓力下也能倚賴心理治療師及精神科醫師，因此他們更容易接受心理社會研究與治療。當然許多戰後嬰兒潮的研究者，也漸漸有了年紀，基於相同的動力，也對研究心理社會因素更感興趣，理由如同他們所研究的對象。

　　很自然地，認知、行為、心理社會—經濟面向已經變成良性老化模式的一部分，縱貫性研究的首波風潮已經綿延下去。表7.1詳列自1900年代中期至今許多重要的縱貫性老化研究，以下僅介紹某些特別具有影響力的研究。

❖ 佛萊明漢研究

　　早期最大型的縱貫性研究就是從1948年開始至今仍進行中的「佛萊明漢（Framingham）研究[20]」。此研究招募超過五千人、年齡介於三十四至六十二歲，之後逐漸擴增到三個世代，包括最原始世代的孩子們、以及其他越來越多元的種族和族裔所組成的世代。從一開始強調心血管疾病，特別針對冠狀動脈疾病、鬱血性心臟病及動脈硬化。

　　從此項相當長期且傑出的研究中已產出超過一千篇論文，也建立我們目前所知冠狀動脈疾病風險因子的基礎。研究者也定義高血壓症、營養不良、缺

乏運動、血壓高、糖尿病、血脂異常及其他因素等會惡化心臟疾病，也確立運動、飲食、最佳體重及藥物（如aspirin）等具有健康效益。之後的研究則聚焦於心理社會層面，發現社交接觸有相當大程度能決定個人是否會變得過重／肥胖，以及如果父母患有失智症者，較會出現記憶力不佳的現象。

❖ 巴爾的摩老化縱貫性研究

　　另一項非常有名的早期縱貫性研究就是「巴爾的摩（Baltimore）老化縱貫性研究[21]」。超過三千位介於六十至九十多歲的老人被納入研究中，以一年為基礎去評估他們的老化軌跡。主要目的是要建立老化軌跡的形態，且連結到身體、認知、心理及心理—社會—經濟等因素。這些研究聚焦於身體強度、不同形態的能量消耗及身體運動的強度、肌力、平衡感、骨骼鈣化、本體感及其他。例行性使用大腦影像檢查及正子攝影掃描，目的是要偵測大腦生理在老化過程的角色，及確認阿茲海默症最早期的可能證據。

　　此項研究最主要的特徵就是病人跟他們自己比較，而非比較老人及年輕族群。此研究產出超過八百篇論文，並得到幾項重要結論：老化過程相當個別化；對所有人而言，沒有特定形式的老化軌跡；老化並不必然會造成疾病。那些老人確實會隨時間流失肌肉體積和肌力，此現象能藉由高強度身體運動來克服；確認用腰圍合併BMI，會比單獨用BMI更能預測冠狀動脈疾病；即使在生命晚期才開始，身體活動也能預防問題產生，如平衡運動能降低跌倒機率，強度運動能建造肌肉、預防骨質疏鬆症，而柔軟度運動能讓身材保持苗條。

❖ 洞察特殊老化及長壽之決定因子研究

　　於2014年巴爾的摩縱貫性老化研究演進成為「洞察特殊老化及長壽決定因子」研究[22]，試著找出良性老化、更優質老化的特質。要進入研究的條件是年齡要超過八十歲、健康良好、無重大疾病、未使用藥物、正常認知功能及高度身體活動。由同一群研究者執行，這些被研究者需要每年回來進行詳細評估，目前結果尚未發表。

❖ 護理健康研究

　　另一項值得提出的是早期大型縱貫性、聚焦於女性的研究，就是「護理師健康研究」[23]。此研究從1976年開始，目前已演進到第三代。總共超過二十五萬名女性進入此研究中，由國家衛生研究院（NIH）持續贊助。一開始主要目的是要評估口服避孕藥的效果，但同時也評估許多其他健康面向。被邀請加入研究的是已婚女性、有執照的護理師、介於三十至五十歲之間，分別住在十一個人口最密集的州之一。

　　此研究聚焦於避孕藥使用、抽菸、心臟疾病、癌症、生活型態、心理社會行為及個人特質等，與超過三十種不同疾病之關聯性。所有參與者都會執行營養概況分析及實驗室研究。開始於1989年、同樣贊助來源的「護理師健康研究第二期」，目的是要研究避孕藥、飲食、心理社會風險因子及身體活動。被招募進入第二期世代的比早先世代更為年輕，年齡介在二十五至四十二歲之間。目前正在進行的還有「護理師健康研究第三期」，從2010年開始，此研究完全是以網路為基礎，同時納入男性及女性、不同型態的健康照護工作者，並聚焦於飲食、生活型態、工作資源及其他因素對健康之影響。

❖ 婦女健康關懷研究

　　此研究開始於1991年，也是由NIH贊助[24]。主要焦點是針對停經後婦女和心血管疾病、癌症及骨質疏鬆症之間的關係。有超過十五萬名女性、年齡介於五十至七十九歲，在超過十五年之間被納入研究，包括一項觀察性研究及三項臨床研究。

　　介入研究評估不同型態的荷爾蒙補充，包括雌激素合併黃體激素、以及單獨使用雌激素、飲食改變、鈣片及維他命D的補充。主要發現認為荷爾蒙治療會增加中風之風險、但不會改變心血管疾病風險，而雌激素合併黃體激素會增加乳癌風險。針對高比例能量僅來自脂肪（而非其他）者的飲食調整，能降低乳癌風險。鈣片及維他命能些微改善骨質密度，但對大腸直腸癌風險則無效。

❖ 麥克阿瑟良性老化研究

諾威及可汗（Rowe and Kahn）是最早將心理社會要素加入良性老化定義的研究者之一[25]，於1984年，從不同專業領域找來十六位研究者組成研究團隊，開啟「麥克阿瑟（MacArthur）良性老化研究聯絡網」，此團隊聚焦於研究進入且走過老年者的老化軌跡。他們確認身體活動及社交互動的角色是良性老化的基礎，與其他研究結果相似，也認為活力及韌性能抵銷負向因素，並把良性老化帶到老化研究的前線，認為老化與正向成長有關。

❖ 柏林老化研究

柏林（Berlin）老化研究是最早合併橫斷面及縱貫性研究者，隨機篩選超過五百位德國柏林住民納入研究[26]，使用全面性、多學科模式，包括內科學、心理學、精神醫學及相關專家共同探討身體、心理、認知及心理社會經濟決定因子。此群體被分成六種不同年齡的分組，每組是以五年為級距。研究還在持續當中，有兩個世代接受追蹤：第一世代是從1989年選入；第二世代則從1993年選入，所有人至少都會被重新評估多次。

主要發現包括在九十五歲之前有較低比率會罹患失智症（<10%），但在九十五歲之後比率大增（50%）。對那些存活到高齡群者而言，無論財富狀態所得到的結果類似，雖然較貧窮者相對較難存活。超過七十五歲世代的老人當中有90%宣稱有良性老化（如認知功能良好、過著積極的生活）、或至少平均老化（相對健康、獨立且滿足於自己的生活），確實有較良好的健康。其中有一項特別發現，老人們會隨著年紀發展出漸增的靈性與寧靜感。良性老化最重要的預測指標，是高程度教育水準及較大的家族網絡。

❖ 修女研究

「修女（Nun）研究」聚焦於天主教修女的認知健康，她們全都過著類似的生活型態[27]。此研究聚焦於隨著老化所造成的認知功能障礙，特別是阿茲海默氏症。從1986年起由史諾頓（D. Snowdon）所主導。此研究最早位於明尼蘇達州大學，之後跟隨他來到肯德基大學，最後他退休又回到明尼蘇達州。

總共有678位美國天主教修女組成研究對象且同質性高,她們喝非常少的酒、居住在一起、有著類似的生活型態、類似的背景、沒有小孩及丈夫、也無須負擔家庭責任。她們相當遵守研究協議,包括規則紀錄、身體檢查、實驗室研究。此研究包括回顧及分析寫作練習,甚至是死後的大腦解剖,產出相當多有關阿茲海默氏症的文獻,包括即使出現病理病灶,在給予足夠刺激及充足教育機會之下,依然保存認知功能的可能性。那些表現較好的病人就是能在大腦受影響區域改變循環者,此為神經彈性的要素,藉此大腦透過重組來療癒及限制傷害。

❖ 良性老化評估研究

傑斯特及同事,是正向精神醫學的先驅者,主導「良性老化評估研究」,總共從聖地牙哥隨機選擇1,300位、年齡介於五十至九十九歲者,接受老化形態的評估[28],包括電話會談追蹤、問卷、口水樣本及面對面檢查。

在此項研究當中,研究者發現藉由生活品質量表(SF-36)所衡量生活品質之身體功能部分,會在七十歲之後開始衰退,但心理健康部分卻明顯改善。在六十歲之後,無障礙者比率漸漸減少,但藉自評量表所顯示的良性老化卻明顯改善。

❖ 人瑞研究

超過百歲之人瑞(Centenarian)研究正持續當中,特別是在全美國及世界其他國家如匈牙利、義大利、法國、芬蘭、丹麥與中國。人瑞也是世界人群當中最快速成長的群體,這些研究主要是希望掌握長壽的關鍵。「新英格蘭人瑞研究」自1995年開始,是世界上最大型的人瑞研究。招募那些已經達到一百零三歲或一百歲、且他們有手足願意加入此研究者[29]。此研究已經產出超過140篇有同儕審查的論文,顯示長壽跟家族史相關。許多人瑞有延緩老化、降低疾病風險的基因,如癌症、心臟病及阿茲海默氏症。他們已經發現281個基因標記可預測能活到百歲。

❖ 其他縱貫性老化研究

表7.1列出其他縱貫性研究，包括 Duke 正常老化縱貫性研究[30]、Kansas 城市成年生活研究[31]、Manitoba 老年研究[32]、Honolulu 亞洲老化研究[33]、良性老化預測指標研究[34]、Canadian 健康與老化研究[35]、良性老化至死研究[36]、心血管健康研究[37]、終生良性老化研究[38]、Alameda 郡研究[39]、NuAGE 研究[40]、選擇性手術後良性老化研究[41]、VA 正常老化研究[42]、Uppsala 縱貫性研究[43]、Helsinki 企業研究[44]、國家健康及韌性榮民研究[45]、Amsterdam 縱貫性老化研究[46]、Vanderbilt 記憶及專案[47]、ACHIEVE-P 研究[48]、老年醫師良性老化之職業決定因子研究[49]。

❖ 有關成人精神疾病之良性老化研究

相較於一般人，精神疾病患者壽命較短，也較難達成良性老化。據統計罹患未治療憂鬱症患者相較於一般人壽命減少七到十年[50]，而思覺失調症患者相較於正常同年齡群而言，壽命減少約十到三十年[51]。重度憂鬱症及思覺失調症會藉由較少的社會接觸、更嚴重的身體障礙及降低的生活滿意度來影響生活品質，這些因素導致良性老化機會降低。

正向精神科醫師不僅要及早且積極地治療病人的疾病，還得持續治療回到正常水準，而如能讓病人恢復到比原本水準更高的話，就能提供心理緩衝、提升生活滿意度、生活品質及良性老化機會[52]。老年憂鬱症最高風險時期就是面對生活事件時，如親人死亡、失能及行動不便，會導致或惡化憂鬱症，除非能被快速且有效治療，否則會造成惡性循環。

傑斯特等已研究超過一千位思覺失調症病人的老化問題，他認為經過適當治療，他們的健康及存活率會明顯改善。隨著年齡增加，健康雖然衰退，但只要持續接受治療、降低精神病症狀數及復發次數，自評的生活品質就會改善[53]。在這些思覺失調症病人當中，相對較老的145位，其中10%能維持長期緩解狀態。病患能維持在緩解狀態，和能接受社會支持的多寡、是否結婚、認知留存程度與儘早接受治療最為相關[54]。這些最有效治療，包括認知行為、社會技巧、適應及認知學習。從這些資料顯示，如果內科及老年專科醫師能儘早將思

覺失調症病人轉介給精神科醫師，就能讓他們有機會更健康及良性老化。

嚴重精神病患不僅難以得到所需的精神治療，甚至經常得不到該有的基層照護，通常也會從最新有效治療的臨床試驗當中被排除。另一個得不到有效且快速治療的障礙，就是全國或全球性精神科醫師的缺乏[56]。由於老年人的心理健康常被視為次要目標，因此這樣的缺乏更是雪上加霜。

梅西亞斯的團隊曾提出應有更多醫學生被招募進入一般精神醫學領域，特別要聚焦於那些與現有領域專家有共通生活型態及特質者[57]。如果能讓學生在實習階段就能接受老人醫學及老人精神醫學訓練，就比較可能將老人醫學和老人精神醫學選為最終的專業領域[58]。此外，精神醫學延展領域、如專科護理師或其他，也有可能在鄉下地區提供相關照護。

最後，精神科醫師也必須訓練基層內科醫師、老年專科及相關領域專家，能儘速發現及治療最常見的心理健康問題，或至少能儘早轉介給特別專精的服務部門來處理。

良性老化之介入措施

❖ 飲食

在改善存活率方面唯一被證實有效的方法就是限制飲食，動物研究顯示，藉由卡路里限制能將壽命延長50%或以上[60]。而某些人類研究也顯示限制卡路里的好處，威特（Witte）等研究五十位健康老人，將他們分成限制30%卡路里、豐富未飽和脂肪酸飲食或未改變飲食型態三組，結果發現那些接受30%限制者能改善記憶力20%，而其他兩組在認知功能方面並無任何改變[61]。在一項全面性的文獻回顧當中也發現類似狀況，卡路里限制確實能改善憂鬱的症狀及徵象[62]，主要效益可能來自於增加胰島素的敏感度、降低代謝症候群及較少發炎。

對於最佳飲食來提升長期且健康生活方面，仍存在許多爭議。地中海型飲食特別補充蔬菜及水果、高比例未飽和脂肪及較低的醣類，相對被認為能降低憂鬱症及減少認知衰退之風險[63]。彼得松（Petersson）對地中海型飲食與認知功能關係進行文獻回顧[64]，共評估三十二項研究，其中五項為隨機控制研究、

二十七項僅為觀察性研究，而有二十五項為世代研究；相對於其他同儕而言，那些遵從地中海型飲食者確實有較好的認知功能、較少罹患阿茲海默氏症風險、以及較少認知衰退。雖然有此項關聯性，但還不清楚飲食是如何造成症狀改善。比飲食還更重要的真正要素，可能是降低卡路里、較為放鬆的情緒、良好的陪伴、及美食相關的緩慢用餐過程。

❖ 體能活動

體能活動被認為對心臟及大腦健康有益，研究中清楚確認每週至少三次規則運動的效益[65]。稍後其他研究也顯示對心臟有益的事情、同時也會對大腦有益[66]。身體運動確實與改善認知功能有關，特別是語文記憶、執行功能及注意力[67]。許多先驅研究也認定運動確實能改善認知功能，在一項大型研究中，超過五十歲、具有輕微認知功能障礙者的老人，被隨機分成運動介入組及對照組[68]，而在那些確實執行運動計畫者，認知功能得到顯著改善。

身體運動的功效也在精神疾病患者身上被研究，特別是焦慮症、憂鬱症及思覺失調症。韋格納（Wegner）等回顧針對運動如何影響焦慮症及憂鬱症的後設分析，找出三十七項後設分析、含四萬位病人，發現運動確實能改善兩種疾病的症狀，而在憂鬱症病人身上的改善程度，甚至比焦慮症病人還高[69]。約瑟夫森（Josefsson）等針對運動和憂鬱症效果的回顧文獻及資料[70]，發現有十三項高品質研究，結論認為運動確實能改善症狀，特別是在那些具有高度控制組的研究當中，以及在輕到中度憂鬱症患者身上更為有效，然而研究品質差異性還是很大。佛斯（Firth）等分析現有關於運動與思覺失調症病人認知成果的後設分析研究[71]，總共回顧十項研究、含385位病人，發現運動確實能改善整體認知功能，而且會與運動量直接相關。在受督導情形下執行運動會更有效，特別是對記憶、社會認知、注意力及警覺性。

艾瑞克森（Erickson）等發現運動能增加海馬迴的體積、改善記憶力[72]。一般而言，海馬迴體積在成年晚期開始萎縮，因而降低記憶力、增加失智症風險。運動能夠增加海馬迴體積達2%，大約能逆轉兩年的年齡相關退化。而海馬迴體積的增加與腦源性神經滋養因子增加有關，會促進神經生長與復原。

❖ 認知刺激

　　卡斯特（Castel）等評估176位、隨機分成兩組──接受或未接受認知刺激，結果只有接受認知刺激者在心理幸福感方面有明顯改善[73]。為支持此發現，凱利（Kelly）等針對目前的認知治療及刺激計劃，回顧所有相關文獻進行後設分析[74]，總共評估三十一項隨機控制研究、包含1,800位接受治療者，同時也有350位控制組。整體而言，只有接受認知刺激組，特別在工作記憶、處理速度、整體認知功能、以及臉部和姓名回想等方面有明顯改善。

　　認知刺激能被整合入休閒計畫、而非制式化的訓練課程，讓訓練更能為一般人接受。格里莫（Grimaud）等研究顯示在標準訓練計劃中執行認知刺激活動組，或整合進入休閒活動組，兩組在改善處理速度、工作記憶及自尊心部分的結果相當[75]。這些計畫特別對輕度認知障礙者最有效，對嚴重障礙者則無明顯效益，而針對確診為失智症者接受此刺激計畫的研究，結果並無明顯改善；他們將病人分為接受或未接受十次認知刺激課程，結果顯示兩組並無明顯差別。這些結果顯示，當過了那「不歸點」之後，病人對認知刺激活動就不再有顯著效益。

❖ 合併體能活動、認知刺激及歡樂運動遊戲

　　運動遊戲是藉由網路遊戲平台如任天堂來進行運動的方式，合併感覺、運動及認知輸入，能增加身體韻律及動作技巧[76, 77]。運動遊戲使用這些平台、合併電視及運動設施，被用來玩虛擬高爾夫、網球、排球、足球及其他遊戲，藉由遊戲及漸進式的方式來增加耐力，不貴且易於取得，很容易在自己家中設置。目前尚無不同類型運動遊戲與真正遊戲之相關比較研究。

❖ 社會參與及投入

　　孤寂感是負向身體功能最主要的風險因子之一，也是良性老化的重大障礙之一。李（Lee）等評估340位美國聖地牙哥成人住民、年齡介於二十七到一百零一歲、平均六十二歲[78]，其中76%有中到高等程度的孤寂感，且與惡化的心理健康相關。有三項因素會影響此問題：智慧、獨居、以及心理健康。因此孤

寂感是良性老化的主要障礙，也是需要介入的重點。有許多方法能用來對抗孤寂感，任何社交互動、花時間和別人相處、擔任志工或參與猶太教堂、基督教堂或清真寺等宗教活動，都能幫助他們打破孤寂感。此外，照顧寵物或植物對於和外在世界連結也會有幫助。至於跟機器人或人造機器動物的互動，與真人互動相比是否也能得到相同成效，目前還不得而知。無論如何，有一家大型發展中的公司正在創造這些玩具，期望能對彌補老人孤寂感有所幫助[79]。

一項新穎且非常有用的概念就是建立「親老社區計畫[80, 81]」。在這些社區當中，身體功能衰退的老人能共同生活在親老社區。此類型的生活社區最著名的就是世界衛生組織的「全球親老社區」網絡[80]，總共在33個國家建立287個社區。類似模式如美國退休人士協會親老社區聯絡網，在全美國有超過50個社區[81]。每個社區都有足夠住家、安全綠地、友善環境、簡單且不貴的交通工具及活動，並提供健康照護服務。

有些老人在家也配備感知器，能即時反應老人需求，當跌倒、迷失或出現疾病問題時[82-84]，這些感知器會啟動網路控制設備如機器人來介入、協助、尋求協助、給予藥物、提供支持，或啟動聯絡Alexa、Siri等網路通訊來打電話給相關人員。這些機器對機器的連結能控制外在環境，藉由網路平台使環境更加安全。

此類平台藉輔助智能電子照護系統，也能用來連結個人環境與醫院設備。在這些設備當中[82]，生物醫學及心理社會資訊能被感知、傳送到照護中心、被解讀，並以網路控制的通訊或機器人系統進行回應。

❖ 強化正向心理特質

與良性老化相關性最高的心理特質為樂觀、韌性與智慧。樂觀與較好生活品質、較高存活率及更成功老化軌跡相關。一項研究當中，老人的樂觀被認為隨年齡增長都能穩定維持，而且直接與孤寂感及心血管疾病風險呈現負向相關[85]。韌性也被認為與較少憂鬱症狀及較佳老化過程相關[18]。在良性老化評估研究中，傑斯特等也發現自評韌性衡量分數較高者，與較低憂鬱程度相關[18]。

智慧也是一種不會隨時間衰退的特質，而且與較低憂鬱程度相關[19, 86-88]。沒有對智慧的簡單定義，有許多相關要素也會因文化而有所不同。智慧的品質

包含、但不會侷限於情緒調節、利他、同理心、反思、忍受力及洞察力[87]。雖然智慧要素相對複雜，但能藉由大腦圖譜來指出相關性[17]。傑斯特等確認這樣的功能位於大腦腹外側前額葉（vlPFC）、前扣帶迴皮質（ACC）、腹內側前額葉（vmPFC）及杏仁核[17]。了解大腦中的定位之後，就能用來隨時間追蹤其成長與發展、以及在介入前後之不同。

傑斯特等認為智慧是特別重要的人格特質，能隨年紀持續培養，而在生育年齡過後還會維持長壽的目的，確實是要發展及分享此項特質。智慧能降低因老化、死亡及瀕死所造成身體及心理衰退的衝擊，並為社群、社會及世界帶來益處。具有智慧的世界就比較不會產生憎恨、暴力及戰爭，也將成為更好生活的處所。

當然最主要挑戰在於如何將智慧從老年人傳給大多數年輕人，這似乎相對困難，不過藉由社交網絡、如學校系統把年輕人和老人配對在一起，就變得有可能。亞利桑那大學就設計出「最佳老化計劃」，在其中老人和學生配對，並擔任他們的導師[89]，學生就能聽到關於老化挑戰及一生功課，如此老人就會覺得有用、被連結且有價值。

一項由美國退休人士協會所贊助的類似計畫，稱為「經驗公司」（The Experience Corps）[90]。此計畫會教五十歲以上老人如何去指導孩童，並在全美將他們和兒童配對成為志工，大部分是在較貧窮的內地城市附近。老人會用一對一或小團體模式來和這些孩童相處。至今已有超過三百位志工已完成訓練，這些志工能幫助超過4,500位兒童，相對地兒童回過頭來也能幫助老人得到一種利他及有用的感受。

另外有一項計畫稱為「無信仰者與修女計畫」（Nones and Nuns Project），年輕的千禧世代通常沒有任何宗教信仰（none），就和天主教修女（nuns）配對[91]。他們會在全國各地的天主教堂進行對話，跟隨修女學習智慧與靈性操練。而修女們也能從分享智慧、感覺有用及有價值當中獲益。

❖ 冥想

冥想也被認為在良性老化過程中扮演某種角色，但尚未清楚定位。斯普都

蒂（Sperduti）研究比較有長期冥想經歷老人與同齡但無冥想經驗者[92, 93]，此項橫斷面研究結果顯示無冥想經驗者與冥想專家相比，顯然有較低的執行功能，特別是記憶力及注意力。此研究與魯德斯（Luders）等的研究結果相符，針對五十位有長期冥想經驗者與五十二位年齡相當、但無冥想歷史者來比較大腦年紀[94]，使用「大腦年紀指標」（一種用來研究大腦年紀的放射性攝影程序）發現，同樣五十歲年紀，冥想者的大腦年紀大約比無冥想者還年輕7.5年[95]。薛德拉（Chetela）等針對六位長期冥想者與五十位對照組的比較發現，相對於無冥想者，冥想者有較高體積的大腦灰質以及較高的糖分代謝[96]。

　　顯然冥想有可能減緩大腦老化速度，為更直接進行研究，某些研究者直接探討冥想對端粒長度的效益，並使用正念冥想前後、及在壓力前後作比較。艾培爾（Epel）最近回顧自己及其他研究之後，發現壓力確實會造成端粒縮短，而冥想也確實能夠提升端粒的穩定度，這是延緩老化流程之具體證據[97]。有些研究者評估不同形式冥想對端粒的影響，一種整體生物年齡及健康的指標。阮（Nguyen）等針對正念冥想、慈悲冥想對端粒長度影響，使用無冥想對照組相比[98]，在此項長達十二週的正念、慈悲、無冥想的先驅研究結果，只有執行慈悲冥想才能保留端粒長度，其他兩組隨時間顯示端粒縮短的現象。這些研究顯示冥想可能對良性老化有益，但需要更多研究來確認冥想的最佳模式及時機，以及其他許多相關議題。

❖ 藥物：新型精神治療法

　　正向精神科醫師也會使用精神藥物，將意義與愉悅帶給精神疾病或高風險者、有心理健康問題者及其他人等。特別是psychedelics（迷幻藥、另稱啟靈藥）目前已被重新發現用處[99, 100]，如psilocybin、mescaline、MDMA正被評估用來治療精神疾病、以及強化大腦對行為或其他心理治療的反應。Ketamine及esketamin目前也被核准可使用於治療難治型憂鬱症[101]。這些治療能協助正向精神科醫師使用更健康且正向訊息來重新為病人做規劃，以促進良性老化。

　　針對大腦幹細胞再生研究、腦源性神經滋養因子、淺層及深層大腦刺激的研究，也有機會提供精神疾病患者更好的治療希望[102]。也有許多新藥會被建議

用來幫助延緩或逆轉老化過程，不過這些治療品項尚未經核准，因此只能被用於臨床試驗當中。

❖ 其他

其他介入還包括營養食品、藥物、精神治療藥物、以及啟靈藥等都被用來支持良性老化，列於表7.2，其中有許多治療方式尚未經過適當測試，因此只能暫時被視為推銷類療法。

表7.2 促進良性老化的介入措施

介入措施	成果
卡路里限制	改善血壓及血脂
	增加平均壽命
	改善記憶力
	增加代謝效率及胰島素敏感度
運動	降低焦慮、憂鬱及失智風險
	改善執行功能
	降低功能性退化、保留身體功能、預防障礙
認知刺激	大腦訓練遊戲能改善認知功能
	遊戲能改善記憶、注意力、開車技術、平衡及其他技巧
	可合併智慧科技（運動遊戲軟體）
	運動遊戲軟體可增加體能活動、精細及粗大動作技巧
	廣泛取得、容易安裝、不貴、可在家執行
	運動遊戲軟體包括網球、高爾夫、排列、射擊、伸展、瑜伽、騎腳踏車等
社會投入	孤寂感是不良老化的重要因素
	社會投入能緩解憂鬱、認知功能障礙
	親老社區提供社會投入資源
	世界衛生組織維持親老社區網絡
	美國退休人士協會維持親老社區網絡
	許多計畫（經驗公司、無信仰及修女計畫）將老人投入社區，由大學、AARP、城市贊助。
提升個人特質	樂觀、韌性、及智慧能緩解孤寂感、憂鬱及絕望

冥想	未證實、卻有趣的初步成果
	正念冥想能改善放鬆、控制感
	超覺靜坐（transcendental meditation）能改善認知及行為彈性與學習
藥物	啟靈葯被重新發現療效
	幹細胞注入能再生大腦結構、大腦神經滋養物質
	抗老化產業有許多新產品、但未證實療效
	針對大腦之穿顱磁刺激、搭配精神照護可能有效
	荷爾蒙（睪固酮、雌激素、生長激素、催產素）：未證實
進行中	搭配即時監測生命跡象、EKG、行動等之智慧宅
	連結感知器與網路秘書、機器人或醫院的網路設備

正向精神醫學之意涵

從生物—認知—行為、心理—社會—經濟觀點來看，良性老化問題並非單純為基因性，大多與態度、信念、行為及生活型態有關[103, 104]。而良性老化最重要的心理特質為樂觀、韌性、社會投入及智慧[104]，強化這些特質就能克服許多痛苦。良性老化即使對嚴重精神疾病患者而言也有可能。然而，潛在的精神健康病況必須接受及早且積極治療，才能跟其他人一樣良性老化。

良性老化是一種與生物醫學、認知、情緒及心理社會因素相關的複雜流程，這些因素都很重要且彼此密切關聯。對老化人口而言，需要更多資源來照顧老人，並讓他們盡可能得到更好的生活滿意。正向精神醫學在強化正向特質以克服老化挑戰，以及藉由飲食、運動、認知刺激、冥想及藥物治療來恢復功能方面，還有更多值得努力的地方。

正向精神科醫師特別需要去幫助那些精神疾病患者或高風險者，去克服疾病的負向衝擊，並改善他們的壽命及健康幅度。目標不僅能讓帶有心理健康問題者回到原本的功能，甚至要有更好的功能，以提供緩衝、提升意義及生活品質[52]。大多數真實死因的潛在理由，都來自心理社會問題，包括抽菸、肥胖、營養不良、缺乏運動、鴉片及其他物質成癮、自殺與他殺[59]。這些議題需要預防、早期發現、治療、復健及維持計畫。正向精神科醫師能發展這些計劃來幫助他們回復健康及意義，無論是犯罪者或被害者。

對正向精神科醫師而言，可能最有趣的就是能強化並傳播正向老化特質的可能性。隨著年紀增加也可能帶來經驗、慈愛、智慧、寧靜及其他禮物[103]。如果這些禮物能被豐富化且散播，不僅對老年人自己、甚至對每一個人而言都是珍寶，能讓這世界變得更仁慈、溫和、幸福且更安全。

CHAPTER 8

——•——

正向心理治療之
生活平衡模式

by 哈米德・佩塞施基安（Hamid Peseschkian）；

阿諾・雷默斯（Arno Remmers）

> 許多人似乎認為在一種領域的成功能彌補其他領域的失敗。但這是
> 真的嗎？真正的效能需要平衡。
>
> ——史蒂芬・柯維（Stephen R. Covey[2]）

　　受到巴哈伊聖典中關於「理解的四項法則」概念的啟發，佩塞施基安因而發展出平衡模式，成為所創心理治療法的整合項目[1]。能更新對人正向觀點的影響力、呈現健康者的概念、並顯示獲取健康的方法，意即以健康為導向的概念能從健康本源觀來推進，而非病理根源。對佩塞施基安而言，重要的不僅要告訴病人他們做錯了什麼，更需要為他們提供適合個人發展方向的生活概念。平衡模式概念[8]被認為是正向心理治療非常核心的要素，常被用在其他場域，也被稱為匯流模式、四種生命特質、四種覺察能力的方法、四種生活領域、四種化解衝突的方法、鑽石模式（如圖8.1）。

　　平衡模式是基於此種概念，將人類生活及功能主要分成四項領域。這些領域會影響個人的生活滿意度、自我價值感、處理衝突與挑戰的方式，也是個人性

圖 8.1 正向心理治療的平衡模式

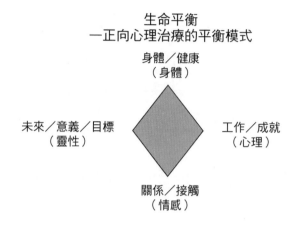

生命平衡
—正向心理治療的平衡模式

身體／健康
（身體）

未來／意義／目標　　　　　　　　工作／成就
（靈性）　　　　　　　　　　　　　（心理）

關係／接觸
（情感）

格的特點。此模式描述且連結生物—身體、理性—智識、社會—情緒、想像—靈性層面，以及日常生活的人類能力。雖然四項領域的潛能及實際能力都會存在於每個人身上，隨著文化、家庭、教育、時間及環境的不同，某些領域會特別被強調，而其他領域則受忽略。這四種生活、能量、活動及反應領域分別如下：一、身體活動與知覺：如飲食、親密、性慾、睡眠、放鬆、運動、外表及衣著；二、職業成就與活動：如工作、學習、家管責任、園藝、基本及進階教育、金錢管理；三、關係型態及接觸：與伴侶、家族、朋友、同事、熟識者、陌生人的接觸，以及社會投入；四、未來計畫：包括信仰／靈性活動、目的／意義、生活目標、冥想、自我省思、死亡、信念、願景或想像—幻想之發展。

佩塞施基安認為生活能量如果能在四項領域中達成平衡狀態，對健康與韌性會是最好狀態：「根據正向心理學的概念，健康者並非心中無衝突者，而是已經學會妥當處理這些衝突者。在此**妥當**意即不會忽視四項領域之任一項，而且會將能量（未必是時間）幾乎平均分配在此四項領域中[4]。」目標就是在此四項領域維持平衡，因此心理治療介入的一項主題即是要幫助病人覺察個人資源，目標就是要將它們帶入動態平衡，把特別的價值擺在能量的平均分配（每領域25%），而非時間的平均分配（如圖8.2）。

如果有哪一邊佔去過多能量就可能導致衝突與疾病。「此四項領域會讓人

圖 8.2　平衡模式之能量分佈

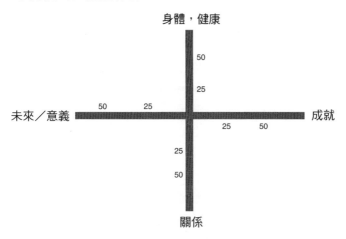

想到一位騎士，可能被驅動往成就方向跑（成就領域）、及努力要達成目標（意義／未來領域）；為此他需要一匹好馬（身體領域），一旦這匹馬想把他甩開，幫助者就應該協助他重新安頓（關係領域）。意即治療並不能只處理一項領域，例如只針對騎士而已，而是必須考量所有相關領域[8]。」

考量個人獨特性相當重要，如此他們才能同意藉由四項領域的架構來達成平衡。簡單而言：每個人都必須維持平衡，不要長期忽略生活的任一領域；然而此種平衡方式對於個人、家庭及文化而言都有所不同。例如個人主義文化區，如西歐及北美會特別強調身體／健康、成就／工作；至於在比較集體主義文化區如中東，則關係（家庭、朋友及親戚）領域、以及對未來問題、生命意義、個人的世界觀（未來／意義領域）可能比其他領域更重要（如圖8.3）。

從工作─生活平衡到生活平衡

當詮釋個人生活平衡，就會覺得人類的正向觀點特別重要。不再指出病人或家庭的缺點、並給予立即性建議，而是先強調並鼓勵該項領域的正向層面。個人最弱的自我價值感會因而被強化，因而創造出分析缺陷領域的基礎。例如當一個人把高價值放在成就及每天長時間工作時，在治療初期，並不會被用「你應該花更多時間與家人在一起」這樣的說法來面質（如圖8.4）。相對地，

圖 8.3　不同文化之平衡模式

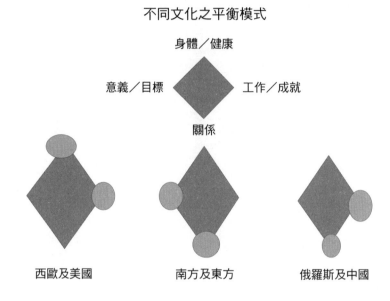

不同文化之平衡模式

身體／健康

意義／目標　　　　工作／成就

關係

西歐及美國　　　　南方及東方　　　　俄羅斯及中國

圖 8.4　工作為導向者之平衡模式

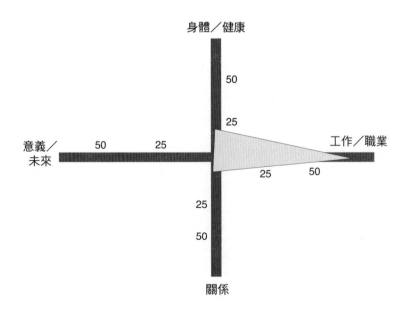

身體／健康

50

25

意義／
未來　　50　　25

工作／職業

25

25　　50

25

50

關係

他對於成就的傾向及工作動機，必須先被理解且視為一種能力。對病人而言，這是一種鼓舞的經驗，對於建立治療關係不僅重要且有所成果。同時病人及其家人可被如此告知，病人並不是因為工作過度而受苦，而是忽略、未發展其他領域。通常病人或案主會很驚訝地說：「你是第一位告訴我說工作過度是一項能力、而不僅是負向的看法。」

在此情境下，人類的正向形象會變成以資源為導向的流程，意即病人具有平衡能力，但因為他的社會化傾向及生活環境限制，至今仍未好好發展某些生活領域。此流程可避免一種現象，在精神醫學而言被稱為「鬆解憂鬱症」（relief depression）：帶著對治療的感謝，他就會降低工作負擔、努力請假來陪伴侶及孩子、一整天在沙灘上走來走去、甚至花一整天時間在手機或電腦上，直到他的伴侶再也無法忍受，只好早點把他送回家去。

我們會把許多能量投注在某個領域，因為是自我價值及肯定最多的來源。當此領域在其他領域尚未被正向填補之前就被削弱，病人可能會因此跌入深淵。因為有太多能量無法被投注，因此他會進入完全爆發的內在不安狀態。低自尊感（無人需要我）僅為後果中的一項，但很可能是最重要的。

過去25年來，「工作―生活平衡」一詞已經變成社會每天對話及生活目標的一部分。得之於此概念，人們開始賦予其他生活領域重要性。很不幸地，工作―生活平衡本身就會造成壓力，因為它暗示著必須去工作、且必須要有生活。在很多國家既不可能、或期待去把工作及其他生活領域分開，特別因科技發展、家庭辦公室、不同的環境設備等。

很多病人報告說，如果在家不去想或談論工作，他們會覺得有罪惡感，甚至感受到巨大壓力。因此我們在正向心理治療使用「生活平衡」一詞，而非「工作―生活平衡」。目標需要整合生活所有領域進入一個人的生活當中。總括而言，兩者都是一個人的部分，因此我們需要的是更多「工作―生活整合」，而非「工作―生活平衡」。

在正向心理治療，治療師把病人的注意力轉到他最強勢的領域以及那些尚未被發展的領域。當病人持續舊的生活型態時，他的片面背景就會被聚焦處理。當新的領域已經被願望所充滿，他們就更能肯定自尊心。

以下的問題能幫助一個人來反思自己的平衡：

1. 你有多少能量是用在自己的身體上，例如運動、衣著、放鬆、休息及性生活？此領域對你有多重要？你的自尊心有多少比例是從此領域而來？
2. 你每天用多少能量來進行教育、專業、家庭功課及其他能力？你在財務上有足夠的安全感，你能想像一種沒有工作的生活嗎？你的自我肯定有多少是從你的專業而來？
3. 家庭、熟識者、或朋友在你生活當中有多重要？你對接觸的需求有多大？你的伴侶或孩子對你自我價值的肯定有多少？你從其他生活領域得到的肯定有多少？
4. 你會讓幻想佔有多少空間，例如閱讀、音樂、繪畫、或只是思考人生、信念、未來或人性？你會讓這些問題佔據你多少時間，或只是當作特殊事件？你有多少時間會去思考你自己生活的意義？

因應衝突及解決衝突的四種方法

雖然所有的文化及社會都有所不同，以及個人的獨特性，我們還是能根據所有人面對問題及解決衝突的方式，進行不同典型的分類。當我們出現問題、感覺憤怒、過度負擔或被誤解時，我們會總是備受壓力，甚至找不到生命意義之所在。我們發現可根據他們在平衡模式中是如何顯現出來，而把這些困難分成四種化解衝突的形式，就能讓我們了解自己是如何看待自己及周遭世界，以及藉由何種獲取知識的方式，得以成功檢視現實。

關於如何處理衝突，每個人都會發展出自己意識或潛意識所偏好的方式。

四種生活品質的模式也能呈現典型衝突模式概念化的基礎。面對衝突，我們可能**逃入疾病（身體化）**或過度的健美；**逃入活動及成就**（面對過度負荷及適應的困擾感所做出的合理化）；逃入拒絕執行、**逃入孤單或群聚**（伴隨著理想化或貶抑，並導致情感困擾及社會行為改變）；以及**逃入幻想及思想世界**（用焦慮、畏懼、恐慌及錯覺困擾、成癮行為、逃入缺乏想像力等感受來否認）[4]。

　　一個人會選擇何種形式的衝突化解方法，總是根據個人經驗，特別是孩童時期所學到的模式。平衡模式能被用來當做呈現及分辨四種衝突反應領域的方法，並用來形容疾病與症狀的困擾。因此，佩塞施基安藉此可把那些處理衝突中被過度強調及過度分化的領域，以及為努力處理衝突而被置之不理的領域之間做出區別。

實際應用之平衡模式

　　平衡模式能應用於許多領域，如心理治療、教練、諮商、冥想、專業評估、預防、個人及專業目標設定、管理訓練、壓力管理、心理治療教育、選擇伴侶及婚姻預備。以下舉例說明初次會談中，症狀、衝突反應及資源該如何使用平衡模式來進行記錄（如圖8.5）。

- 病人的個人目標、可用資源及發展領域能被歸到平衡模式的相關領域中，以便與病人進行討論，也能促進對關聯性及改變動機的洞察。而負向規劃的目標，例如「不想再有焦慮症狀」，就能被轉為正向規劃的實際目標。

圖 8.5　初次會談之紀錄內容範例

身體
功能性抱怨、身體症狀與疾病、身體障礙、物質濫用、知覺
困擾、身體活力、未休息、睡眠障礙、食物與慾望。

未來
恐慌、焦慮、無望、失
去意義、失去快樂、害
怕活著、害怕死去

成就
專注困擾、無法工
作、壓力

接觸
行為障礙、強迫行為、社交畏懼、
社交退縮、情緒依賴

- 平衡模式也可被治療師用來形容他們的反移情：關於病人，他們的想法及感受為何、與對方特殊的互動經驗及治療師的幻想，都能被放進平衡模式中，並用來了解在治療時段中所收集到的資料。
- 我們可在每次療程中將症狀、衝突反應及資源紀錄在平衡模式中，最終此病人就能對自己的生活情境與疾病的治療成效得到完整的了解。

❖ 案例與應用

以下舉一位四十五歲女病人為例（如圖8.6）。

- **身體／健康：**除了身體資源之外，病人目前及過去疾病與抱怨也要被記錄。初次會談中關於營養、運動、性慾、放鬆及睡眠等目標導向的問題，會完成自發性提供的資料。
- **工作／成就：**我們會進入自發性給定及引發的資料，包括專業及工作能力、其他能力、家庭工作、相關強迫症狀、在工作場所的困難、受僱日及何時失去工作、財務負擔，如蓋新房子。
- **關係／接觸：**在此我們可發現關係及社會資源的簡要概述，包括問題、

圖 8.6　一位病人在平衡模式四領域之症狀

身體
偏頭痛、耗竭、腎臟問題、睡眠困擾、
缺乏性慾、一般感覺健康、無運動、健康飲食

未來／目標
關心丈夫之工作、家庭
給予意義及支持、對自
己父母的關懷

成就
身為推銷員讓她感到滿意、
總是去工作、顧客喜歡她、
在家工作、更勝之前

接觸
滿意於女兒們的發展（16及14歲）
結婚20年、與父母及同胞維持良好關係

處理模式、友情、社會環境資料、團體等。

- **未來／目標**：對生活哲學的看法，關於在生活中能給予支持來源、關於焦慮、做夢、信念、信仰、政治、目標、願望及創意活動、生活目標及治療。

除了症狀與疾病本身，病人還會受苦於對日常生活的影響。除了病人的陳述，也需詢問關於症狀和疾病在四項領域中的作用：

- 你的抱怨對身體結構所造成的影響為何？
- 這段期間你的睡眠、性慾、飲食及樂趣是如何被影響？
- 你的抱怨是如何影響到你的工作能力及現有的工作？
- 你的伴侶或家庭對你的抱怨如何反應？
- 你的家庭或朋友關係因為你的抱怨而如何改變？
- 誰對你的痛苦表現出理解的態度？
- 誰對你跟以前的反應有所不同？
- 什麼樣的接觸因你的抱怨而受影響最深？
- 關於你的疾病對未來或家庭造成影響的看法為何？
- 什麼樣的事情能支持你、以及什麼樣的事情會讓你感到焦慮？
- 你目前有什麼樣的目標或願望是之前所沒有的？

關於此個案，平衡模式用功能來呈現，以描述症狀所造成的影響。藉此種半開放式的問題取向，未預期的想法、衝突反應、經驗以及資源就會在四項領域中浮現，特別在治療流程的第二階段。比較病人與伴侶的平衡模式，提供一種用來辨別社會資源、衝突反應及衝突領域的方法。

評估生活平衡的相關問題

有許多問題可用來有效評估病人的平衡。這些問題[7, 8]能讓病人當成家庭功課，以便接續療程來檢視。例如「你怎麼看待自己在四項領域中的平衡」，可參考圖8.4之能量分布。藉由平衡模式的工作，能將治療往下一個階段推進。

通常在這些討論當中，不只是衝突內容，連典型的衝突反應、基本概念、座右銘、關係維度也會變得更清晰。

❖ **身體／健康領域的問題：**

- 你如何評價自己的外表？
- 你會把身體視為朋友或敵人？
- 你身體的何種器官會對憤怒、焦慮和恐懼做出反應？
- 你的睡眠如何？
- 你對自己的性生活滿意嗎？
- 你有做運動嗎？哪類的運動？強度如何？

❖ **工作／成就領域的問題：**

- 你對目前的工作以及你所學的專業感到滿意嗎？
- 你比較喜歡從事何種專業或職業？
- 哪一種專業活動曾經讓你感到痛苦？
- 當你無所事事、什麼事都不能做時，你的感受為何？
- 如果你有足夠的金錢，你還會持續工作嗎？
- 金錢在你的生活當中扮演什麼樣的角色？
- 當一位上司或同事批評你時，你會如何反應？
- 你的父母中的哪位會對成就更為強調？

❖ **關係／接觸領域的問題：**

- 當在人群聚集中你的感受為何？
- 你喜歡邀請客人（家族、朋友、同事）嗎？
- 你有多常去看電影、劇場、音樂廳或其他活動？跟誰？
- 你是某種協會的成員嗎？你會積極參與嗎？
- 傳統（家族、宗教、文化、政治）對你重要嗎？
- 你父母中的哪位較具社交性且喜歡接觸？

- 在你孩童時期，當你有問題時會去向誰求助？

❖ 意義／未來領域的問題

- 你自認是樂觀者或悲觀者？
- 你是否有時會思考關於未來？關於你自己、家庭、國家、世界的未來？
- 你相信人有死後的生命嗎？
- 在你生活當中有什麼會給予你支持？
- 你的生活目標為何？

平衡模式與類似概念之簡要比較

　　將平衡模式與其他作者所提出的模式，從人類學取向及治療導向做比較，的確會顯示一些相似之處。佩塞施基安所稱「生命能量」相當接近分別由榮格或阿德勒所提出「原慾」（libido）、「普及能量」（general energy）的概念。榮格也將治療目標與生活方式以四項功能類別領域的平衡來呈現：思考、情感、知覺及直覺。當此四項功能被帶到意識層次時，全面性危機就會出現在聚光燈下，因此我們就能稱之為一個「完整」的人[3]。

　　《操作化心理動力診斷第二版》（*Operationalized psychodynamic diagnosis, OPD-2*）[譯註5]涵蓋人格結構四種可觀察的基本能力，近似雷默斯（A. Remmers）所描述「求知能力的四種方法[9,10]」：

- 感知（senses）方法：相當於OPD-2所描述能感知自我及他人之結構化能力，在此前提下呈現出「身體—自我—情感」。
- 推理（reason）方法：在佩塞施基安平衡模式中被當做現實查核（reality check），藉此問題能被系統化解決、並導向我們的活動。與OPD-2導向內在及外在衝動的結構化能力相關。

譯註5 《操作化心理動力診斷》是一種具有心理動力背景架構之半結構式會談診斷模式，目的是考量心理動力層面以補充 ICD-10 及 DSM-5 之純描述性現象學，提供精神分析與心理動力取向心理治療作為心理動力診斷系統。初版 1996 年；二版 2006 年。

- 傳統（tradition）方法：是一種建立與逃離關係的能力，類比於OPD-2就是與自己的情緒性溝通（內在對話）、在同理心的結構化能力下和他人溝通，以及連結與思考關於他人的預期。

- 直覺（intuition）方法：被佩塞施基安形容為第四項領域，即意義、未來及幻想。他定義是一種在自己思考當中的想像能力，能讓與伴侶痛苦分手的視野突然顯現。直覺與想像力能讓人超越眼前的現實，進而形容一種行動意義、生命意義、願望、未來或烏托邦的圖像。在OPD-2中人格結構的第四項能力就是「形成依附的能力」[5]，包括對能提供支持者的想像力，對理想者的連結及與他人的外在連結。在佩塞施基安的架構中，可理解這是一種想像能力，藉此幫助孩童能想像他的媽媽及情緒親密的人，即使獨處一小段時間，藉著想像這些人就能平靜下來。但相對於那些具有結構化困擾者，卻難以喚起這些想像的形象。在此情況下，平衡模式四項領域的分佈可呈現為OPD-2結構模式之前身[5]。

PART
3

精神疾病與心身症

本篇包括八章，每章針對一項診斷類別做介紹。

第9章：將正向心理介入應用在憂鬱症的處理。

第10章：討論使用正向心理介入處理焦慮症的研究發現。

第11章：藉由正向心理介入的案例來協助思覺失調症及其他精神病症患者獲取更好的生活品質。此章包括正向心理治療使用的討論，以支持精神病患在WELLFOCUS-PPT試驗中能根據正向心理治療問卷而對症狀、憂鬱及幸福感取得顯著效益。

第12章：討論使用正向心理介入來處理物質使用疾患。

第13章：討論將正向心理治療（佩塞施基安所創）應用到厭食症、暴食症及暴食性飲食疾患病人之照護管理。正向心理治療的三項主要概念——平衡、衝突及能力——在此使用多專業團隊取向來應用在飲食疾患的治療。

第14章：銜接創傷後成長之正向心理概念與正向心理治療（佩塞施基安所創）之平衡模式。在此針對正向心理治療的五項階段與使用故事會舉出案例說明。

第15章：聚焦於身體症狀及相關疾患（DSM-5），或身體型疾患（ICD-10），以及正向心理治療概念的應用，如衝突、平衡及心身醫學弧。

第16章：討論應用正向心理治療中的衝突及平衡模式來協助兒童。這些概念會應用在個別、團體及家庭情境。

CHAPTER 9

———◆———

憂鬱症之正向介入

by 法耶茲・埃爾─賈巴拉維（Fayez El-Gabalawi）

精神病理不是用來理解及治療憂鬱症的驅動力量，相對應該強調希望、樂觀、感恩或其他能扮演強力的保護因子，來對抗基因的脆弱性與憂鬱症的觸發壓力源。

定義與盛行率

憂鬱症包含一群精神疾病，主要臨床樣貌為病理性情緒及相關基本生理功能、心理動作障礙。過去是情緒疾患、情感性疾患、躁鬱症、輕鬱症及循環型情緒障礙症的一部分，最好被視為症候群，而非獨立的疾病類別[1]。在討論重度憂鬱症（重鬱症）概念之前，讓我們先來檢視在美國及全世界重大公共議題中有多普及。根據美國國家心理衛生研究院，重鬱症已經成為美國最常見的精神疾病之一。對有些人而言，重鬱症會造成嚴重障礙、影響及限制個人執行主要生活活動的能力。

有關重鬱症過去年度盛行率資料（框9.1），是從2016年「國家藥物使用

與健康報告」（National Survey on Drug Use and Health, NSDUH）而來。NSDUH
研究針對重鬱症定義，主要是基於《精神疾病診斷與統計手冊第四版》（*DSM-
IV*）。

框9.1　重鬱症盛行率

1. 美國成年人於2016年重鬱症之過去年度盛行率為6.7 ％（女性8.5%；男
   4.8%）。
2. 年齡群的盛行率有所不同。18至49歲為7.4%；年齡超過50歲者為4.8%。
3. 種族與族裔（西班牙裔5.6%、白人7.4%、黑人5%、亞裔3.9%）。
4. 所有重鬱症成人有64%具有嚴重障礙。

　　事實上全球疾病負擔已經將憂鬱症列為全世界主要失能原因的第二位，
也是自殺及缺血性心臟疾病負擔的重大影響因素[2]。雖然針對重鬱症盛行率及
相關因子之直接訊息，在大部分國家並不存在，目前既有的回顧資料，指出關
於盛行率的預估值有相當大的差異，但針對描述性的流行病學部分（如發病年
齡、持續性），在所有國家則相對一致。因此，確實能發現許多一致的社會人
口統計學相關性[3]。針對DSM-IV/CIDI（複合式國際診斷會談）所定義之重鬱
症，在18個參與世界心理健康（WMH）國家調查中，重鬱症之終生盛行率列
於框9.2。

框9.2　18個國家重鬱症之終生盛行率

1. 高收入國家如下：法國21%、美國19.2%、荷蘭17.9%、紐西蘭17.8%、比
   利時14%、西班牙10.6%、以色列10.2%、德國9.9%、義大利9.9%、日本
   6.6%，上述國家總和為14.6%。
2. 中低收入國家如下：巴西18.4%、烏克蘭14.6%、哥倫比亞13.3%、黎巴嫩
   10.8%、南非9.8%、印度9%、墨西哥8%、中國（深圳）6.5%，上述國家總
   和為11.1%。

從上述調查報告可看出，重鬱症在所有國家流行病學調查中，是相當常見的疾病，然而終生盛行率在各國差異頗大，在高收入國家的盛行率比中低收入國家要來得高，但發作年齡分布則顯示一致性，在所有風險年齡範圍中平均發病年齡為成年早期，而重鬱症的病程通常為慢性化、反覆性。有趣的是，女性重鬱症的終生盛行率在所有國家具有一致性，大約為男性的兩倍。至於其他社會人口學統計學的相關性則相對不一致。重鬱症與相當多障礙指標及次發性疾病有明顯相關，雖然某些個別層次的相關性，在高收入國家強於中低收入國家。

歷史觀點

精神上的痛苦自遠古時代就已在折磨著人類，常見廣泛性情況之一被稱為Melancholia（憂鬱症）。直到希臘羅馬時期，該情況經常被歸因為魔鬼附身，因此出現許多嚴酷的對待方式，如驅魔，在史前時代還可能將頭顱穿孔以驅除病人身上的邪靈。

然而自公元前五世紀開始，希波克拉提斯（Hippocrates）已解釋精神疾病源自於體液不平衡（這四種體液分別為：黃膽汁、黑膽汁、痰及血液），而憂鬱症就是在脾臟出現過多的黑膽汁所造成。在十七世紀，伯頓（R. Burton）寫下鉅著《憂鬱症之解剖學》，從病人觀點描述多種臨床症狀，與目前我們對憂鬱症的認識相呼應。有趣的是，他還提出相關的「伯頓之六種非自然事物」，包括飲食、酒精、生物節律、以及如濃烈情愛之激情擾動等環境因素。

當代概念是由法國精神科醫師埃斯基羅爾（J-P Esquirol, 1772-1840）所提出，他認為情緒的主要困擾潛藏於許多憂鬱症及相關妄想性精神病當中，這些症狀為情感性疾患（affective disorders）的表現，此病名則是由英國精神科醫師莫斯利（H. Maudsley, 1835-1918）所提出。克雷佩林（E. Kraepelin, 1856-1926）則形容為「躁鬱症」（manic depression illness），他相信內因性情感疾患是由身體因素造成，但也強調心因性憂鬱狀態的發生（因為失落或不幸），是由心理因素所導致。一直到邁爾（A. Meyer, 1866-1950）才將心理及身體病因之間順利銜接，強調個別化的個人歷史及生物因素，並引入「心理生物學」

（psychobiology）一詞來強調憂鬱症及其他精神疾病同時具有生物及心理病因。最終有關憂鬱症病因的概念，順利從化約論移轉為多元論[1]。

當代病因模式

憂鬱症病因架構包括生物模式（如基因及演化）、精神分析、心理動力行為及認知模式。

❖ 生物模式

生物模式假說認為生物氨缺乏或不平衡與臨床憂鬱症相關，如兒茶酚胺（正腎上腺素）、吲哚胺（血清素）。目前基因證據顯示有一種可能的觸發因子，然而還無法確切認定是否具有遺傳性。有一種用來解釋憂鬱症的演化模式，認為我們的大腦帶有負向事件偏見的演化基礎，因而採過度預估威脅，成為一種避免危險及提升存活機會的策略。

❖ 心理模式

心理模式包括轉而向內的攻擊模式、客體失落模式（亞伯拉罕—佛洛伊德〔Abraham-Freud〕）、以及失去自尊模式。認知模式（貝克）則假設負向歸因型態，如無助感、無價值感及無用感等思考會產生對事件的解讀偏見。習得的無助模式（塞利格曼）則假設憂鬱症的傾向導因於不斷重複過去難以控制的無助經驗。

正向精神醫學角色

從上述討論，可看出憂鬱症精神病理之病因模式顯然尚未達成結論，因此尚未出現一種相當清楚的基因、生物或心理／社會指標。但由於憂鬱症生物模式快速竄起，形成抗鬱劑對憂鬱症治療的廣泛普及性，也出現不少爭論。抗鬱劑對一半到三分之二個案有一定的治療效果，特別對重鬱症。然而在大部分個案效果還是有限[4]，甚至很多年輕重鬱症患者對抗鬱劑的效果跟安慰劑的效果相當。有必要指出，抗鬱劑的臨床研究主要聚焦於降低憂鬱症之症狀，而不是

更廣泛的潛在預後，例如日常生活功能的改變、認知能力及生活品質等。

　　一種整合性模式應該最適合被用來了解及治療憂鬱症的取向。因此正向精神醫學開啟此種可能性：精神病理不是用來理解及治療憂鬱症的驅動力量，相對應該強調希望、樂觀、感恩或其他能扮演強力的保護因子，來對抗基因的脆弱性與憂鬱症的觸發壓力源。

　　一項針對六次網路為基礎的正向心理介入法的成效研究，結論認為兩種治療活動「以新方式運用招牌優勢」及「三件好事」，能增加幸福感及降低憂鬱症狀長達六個月。另外一項有效的介入為「感恩拜訪」，能達成正向改變持續一個月[5]。在一項大型安慰劑控制之臨床研究中，有四分之一被治療的病人是憂鬱症患者，正向心理治療被認為是一種多元取向的有效療法，能長期降低症狀[6]。最終一項針對向心理介入的後設分析研究結論認為，它們能提升幸福感及降低憂鬱症狀，因此建議醫師應該結合正向心理技巧，「特別用於治療憂鬱症案主[7]」。

❖ 臨床案例

　　AR是一位三十九歲白人女性律師，已婚、有一個孩子，因嚴重反覆性憂鬱症及自殺意念，於急性精神病房接受住院治療三週之後，被轉介到門診接受後續治療，那是她在2014年開始求助於目前的門診精神科醫師。

　　精神科醫師了解到此次住院是她的第三次，而她的臨床憂鬱病史開始於2011年，之後幾乎每年都需要住院一次。住院主因大多開始於睡眠困擾（如無法維持睡眠）、缺乏動機、能量降低、食慾減低、無望及無助感，而且常有自殺意念、但無企圖或計畫。她從未企圖自殺，而且認為這樣會對孩子及具支持性的丈夫不公平。她已經使用過非常多種抗憂鬱劑，有時候會合併情緒安定劑來進行強化治療，但效果不如預期，最後的藥物為Bupropion延長錠、Lamotrigine及Trazodone等。

　　在第一次治療中，AR很清楚說明對所有藥物已經感到厭煩，因為只有部份效果，而且常出現許多副作用。雖然是現代藥理學的堅強信仰者，而且認為藥物有能力確實改善化學失衡現象，且認為這是憂鬱症主因。但她對藥物的不

滿與幻滅正逐漸增強。她也相信憂鬱症具遺傳性，因為母親也是重鬱症患者，但母親對抗鬱劑的療效似乎比較理想。

她生長於賓州小鎮，是三位孩子中年紀最大的，有一位小三歲的妹妹及一位小五歲的弟弟。父母經常因父親酗酒問題而有婚姻及財務困擾，最終離婚，那時她已經是一名國中生。她把所有能量都發揮在學業當中，而且試著幫母親扶養兩位手足。由於財務困境，她必須半工半讀，並就讀大學法律系。她從法學院畢業後負債累累，也因此促使她立即投入工作來支付貸款、並幫忙家計。她長時間工作，且總覺得無法滿足上司的期望。

於2014年加入法律公司之後，很快就遇到她的丈夫，而且懷了唯一的兒子、目前七歲大。她形容丈夫是一位體貼而且相當具支持性的人。由於長時間且高壓力工作，丈夫必須開始在家工作以便照顧小孩。她是家中的經濟支柱，因此覺得有義務要更認真工作，來讓家庭過更好的生活，但卻付出與丈夫及孩子相處時間為代價。除了住院，偶爾也接受不同心理治療師的治療，並找精神科醫師接受藥物追蹤。然而成效卻不如預期，因為還是持續在和憂鬱症狀纏鬥、加上三次住院。

回顧她的治療及用藥歷史，很明顯大部分治療模式都聚焦於精神病理及缺陷，然後試圖去改變它們。到底這問題是化學不平衡而需要被抗鬱劑來治療；或此問題是負向且失功能的思考，而需要認知行為治療來修正；或此問題是從早年因父母婚姻不和所造成的問題，如父母離婚、父親離家，而讓她陷入深沉低落的自我價值與自尊感。雖然這些問題對她的憂鬱症都扮演一定的角色，且讓她相信自己多少是位有缺陷的人。而當所有治療都無法達成矯正這些問題的目標時，因而感到更加沮喪。

很清楚，AR過去所接受的精神評估及治療歷史，都是基於精神病理及缺陷觀點，且經常建議特定的治療，如藥物與個別治療。然而，如果能基於正向精神醫學及健康原則來進行評估，就可能產生不一樣的治療建議，以改善生活品質[8, 9]。很顯然，她身為人的另一面從未被探索或運用，因此採用及強調一種全然不同的心理狀態及思考模式，就有可能戲劇化改變治療方向，最終導致正向成果。

正向精神醫學治療取向

❖ 評估與開啟階段

治療起初階段包括：一、處理罹患憂鬱症對AR所代表意義的某些信念：二、某種程度將丈夫帶進治療中：三、確認她所具有的正向特質及優勢。也會針對有關遺傳性化學失衡的信念進行討論，精神科醫師會解釋「化學失衡」有可能誤導、甚至可說不一定正確，那僅為一種假說，而且也沒有例行性量測化學物質。

神經傳導物質與憂鬱症的關係相當複雜，甚至不一定具有因果關係，亦即假說中的缺陷可能是憂鬱症的原因或結果，至於抗鬱劑對大腦化學物質的效果，很可能是透過許多尚未被完全了解的中介步驟。關於遺傳性，精神科醫師如此解釋，目前尚無法確切知道此種遺傳性；基因並非獨立運作，而是與內在及外在環境持續互動當中；基因能夠影響行為、行為也能影響基因的表現（稱為表觀遺傳學）。因此最好把基因視為一種可能的脆弱性，而且能藉由調整壓力因素來保護。

❖ 建立支持系統

第二步驟就是要將丈夫帶入治療中，因為她的憂鬱症已經影響到家庭，而且她的高壓力工作也限制家人能相處在一起的時間。她也認同丈夫是一位體貼、具支持性的人，能在第一年加入其中的某些療程。

❖ 確認並運用性格優勢

確認優勢是第三步驟，AR被鼓勵去完成「行動中的價值——性格優勢評估量表」（Values in Action, VIA）線上評量，其中顯示出她所具有高度的性格特質，如仁慈、判斷力及感恩；也顯示合理程度的熱情、中等程度的希望及良好程度的愛。她被鼓勵去確認個人優勢，然後在大部分日常活動當中，去培養希望與樂觀感。

❖ 關注壓力源

在許多療程中納入丈夫，並長時間討論關於高壓工作環境之後，她做出辭掉工作的決定，轉到一家相對低壓的公司擔任兼差律師、並接受較低的薪資，但卻能擁有更多時間和丈夫及孩子共享歡樂及健康時光。也用每週數小時的時間擔任精神病患的法扶志工，此類活動是她一直想去做、但因過去太忙而無法執行。透過對病人的倡導，讓她更加高度肯定樂觀與希望的價值與力量，也開始將它們注入案主的心中。此外她對正念冥想非常有興趣、但一直找不到時間來練習，目前已經加入一個正念冥想團體，而且開始每天二十分鐘進行閱讀及冥想練習。也加入每天規則走路半小時的活動。

在採取正向精神醫學取向之後的幾個月內，她的睡眠正常化、情緒也明顯改善，對生活的看法也已正向改變。藥物治療被簡化、不再服用情緒安定劑或安眠藥，只需要半量的抗鬱劑。如今她已達到緩解長達兩年，而且更重要的是，她的生活品質及幸福感已大幅提升。

CHAPTER 10

————◆————

焦慮症之正向介入

by 薩爾曼・馬吉德（Salman Majeed）；拉比亞・薩爾曼（Rabia Salman）；

帕特里克・拉烏（Patrick Lau）；康斯薇露・卡甘德（Consuelo Cagande）

藉由協作式實證主義精神，治療師和病人聯合探究所呈現的問題，
如同兩位科學家共同合作來解決問題，能讓病人保有並強化對治療
的控制感。

　　古希臘羅馬醫師與哲學家把焦慮跟其他的負向情緒分別看待，並把它標示為一種醫學上的疾病[1]。希臘醫學寶典《希波克拉提斯醫典》（從公元前460 至公元370年期間主導醫界）記載一位患有畏懼症、名為尼卡諾（Nicanor）的男性。他對於在夜間聽到長笛聲經歷嚴重、持續性的焦慮[2]，此項典型的畏懼被標示為醫學上的疾病。

　　羅馬斯多葛派哲學家西塞羅（Cicero）及辛力加（Seneca）描述焦慮的臨床特徵與認知治療，均與當代認知心理治療理論大半重疊。西塞羅（公元前106-43）在《圖斯庫蘭爭議》（*Tusculan Disputations*）書中，將痛苦、煩惱及焦慮歸類為疾病，且將病態性焦慮與悲傷做出區別[3]。辛力加（公元前4年至公元65年）在《心靈的平靜》書中將焦慮特質（體質）與焦慮狀態（當下）之間做

出分別,討論焦慮症的治療應該聚焦於當下而非未來,這也是當代正念練習中的基本原則。享樂主義哲學創立者伊比鳩魯(公元前341-270)也提出類似的概念,為達到寧靜且無憂慮狀態,一個人必須把注意力放在當下、而非對過去或未來的負向思考。

伯頓於1621年所出版《憂鬱症的解剖學》中,從古典直到十七世紀文本進行非常詳盡的一篇文獻回顧,談到憂鬱症包括憂鬱及焦慮症狀,此診斷可應用於那些具有負向情感及內化症狀的病人身上。索維奇斯(B. de Sauvages, 1706-1767)針對疾病分類而出版第一本法國醫學辭典,他用全面性畏懼(panphobia)來形容焦慮。他更把全面性畏懼進行分類,與目前針對焦慮症分類相重疊。比爾德(GM Beard)所描述神經衰弱(neurasthenia),持續成為當今的診斷名詞。神經衰弱除了虛弱、頭暈、昏眩之外,還包含焦慮及憂鬱症狀。佛洛依德認為焦慮起因於原慾的生理累積,之後則將焦慮重新定義為潛意識的威脅訊號。

目前對焦慮的理解

焦慮是一種普遍、演化及調適性的現象。人類具有類似雷達般的「威脅偵測系統」,其中視丘與杏仁核能啟動自律神經系統、下視丘—腦下垂體—腎上腺軸,造成腎上腺素及皮質醇的釋放,能極大化為生存而戰鬥或逃逸的反應。但在焦慮症患者身上,這樣的威脅偵測系統對於各種恐懼刺激呈現過度敏感化,即使不存在客觀的生存威脅,依然被啟動。

焦慮症也是目前最常見的精神疾病,影響美國五分之一成人[7]。預估25至30%人口在一輩子當中曾經歷過焦慮症,導致超大的疾病負擔與高醫療照護成本[4,7]。根據「國家共病調查報告」,所有焦慮症的終身盛行率對女性而言是30.5%、相對於男性則為19.2%[7]。自陳焦慮症的盛行率也是越來越高[8],如框10.1。此外焦慮症也是一種慢性病程的疾病[9]。

❖ 生物病因

焦慮是基於具備生存價值的演化優勢及基因遺傳性,因而促進焦慮基因的

框 10.1　所有焦慮症都有高終生盛行率[4, 5, 6]

- 恐慌症 5.7%

- 廣泛性焦慮症 6.2%

- 懼曠症 2.6%

- 社交焦慮症 13.0%

- 特殊畏懼症 13.8%

- 強迫症 2.3%

- 創傷後壓力症候群 1.3-12.2%

選擇性，能解釋焦慮症具有相當顯著的基因特質。血清素 SS 的短等位基因型（兩個短等位）遺傳會直接影響基因的遺傳性。針對年輕恆河猴的研究也顯示大腦功能及代謝型態會從焦慮父母傳給後代，增加後代形成壓力相關精神病理的風險[10]。由於神經內分泌及神經傳導物質通路的阻斷與焦慮症有關，因而擴展精神藥物治療疾病的應用[11]。基因總是會跟環境互動來讓表現型出現，某些表觀基因的改變也會傳到下一代。

❖ 心理社會病因

　　古希臘哲學家伊比鳩魯、現代的佛洛伊德都提出趨樂避苦原則，會牽動人類的行為[12]。焦慮症藉由重複性、侵入性及非自願地啟動威脅偵測系統，迫使個人去避開恐懼的刺激，無論那有多不理性。這些心理流程從嬰兒期開始，且持續隨著我們成長，進而形成對世界的看法，並發展出各式樣的心理基模（schema）。

　　當嬰兒時期在確立自我及獨立的存在性之後，很自然發展出正常的分離及陌生人焦慮。當照顧者消失及陌生人出現時，大腦會偵測出危險。在兩到三歲左右，大部分孩童就能克服分離及陌生人焦慮，因為他們了解這些狀況本身並不會帶來任何危險。但那些天生具有基因遺傳特質、或經由自然及養育交互影響者，卻持續經歷嚴重的臨床焦慮。鮑比（Bowlby[13]）認為當小孩受苦於忽視

及不確定性之後，會對照顧者發展出一種焦慮—矛盾的依附情感，因而無法克服焦慮或被遺棄的恐懼[14]。他也提到光譜的另一端，即過度保護也會導致焦慮症[13]。

在正常的發展範圍內，孩童會因錯誤歸因及投射而對各種真實或想像的客體持續感到焦慮，例如：孤單、黑暗、動物、閃雷、怪獸等。

> 整個屋子籠罩在漆黑的夜晚；它從玻璃窗外注視著；
> 俯伏在角落，躲在黑暗處，接著隨閃爍的火焰移動。
> 現在我的小心臟如打鼓般敲動，在我的頭髮裏有著妖怪的氣味；
> 圍繞著燭火，那歪扭的影子來了，從樓梯慢慢地爬上來。
> 怪獸的影子，油燈的影子，床上孩童的影子……
> 所有這些邪惡的影子都來了，嗒、嗒、嗒，
> 黑夜已然降臨。
>
> —— 史蒂文生（RL Stevenson）〈孩子的詩意花園〉

經由心理動力觀點，臨床醫師比較能確認各種深層的焦慮。解組焦慮意指對自我意志碎裂的過度恐懼，導因於他人無法以所需的肯定來回應；被害焦慮是指害怕自己會被入侵或被外在邪惡力量所毀滅；害怕失去客體、失去客體（父母）的愛／贊同、或因不符內化標準的嚴厲超我所導致的罪惡感，所共同組成各種焦慮。

行為主義者對焦慮的解釋如下：一、對過去痛苦經驗的制約反應，例如過去的創傷導致從侵犯者而來的恐懼，進而過度類化成發展信任的困難；二、根據社會學習理論，是從過度保護的焦慮教養模式得來，焦慮父母藉由不當灌輸世界的危險、最好待在家、別冒險，總能啟動孩子的焦慮行為，他們是從觀察中去模仿父母及他人的行為[15]。存在主義理論家則認為焦慮來自：一、害怕被消滅；二、經歷存在與生命意義的空白；三、一種對無法符合道德標準的罪惡感或譴責[16]。

認知模式則認為焦慮源自某種錯誤的認知流程，因而讓人感受到高度的脆

弱性。藉由恐懼資訊處理／評價，焦慮者會過度高估威脅感、且低估自己的因應能力。常見的認知流程錯誤包括：一、災難化，認為錯誤會造成災難性的後果；二、擴大化，將缺點變成嚴重的瑕疵；三、選擇性注意，總是過度掃描環境中的威脅、忽略安全的訊息；四、個人化，錯將逆境及後果用來指責自己；五、否定正向面，不肯定傑出成果；六、過度類化，將逆境普及到個人或環境因素；七、「必須」陳述，過度自我批評：八、控制瑕疵，認為自己沒有控制力、或無法完全控制所有事情；九、極小化，過度低估個人資源。

　　當面對害怕的情境和刺激時，焦慮會顯著增加，帶著一種自動化的戰、逃或凍結狀態，進而造成生理症狀。退縮或逃避觸發點，能將痛苦的焦慮反應移除，這具有行為強化的作用。但隨著時間過後，逃避行為會造成惡化焦慮及降低因應恐懼能力的惡性循環[18]。較大型社區能提供正向及負向的社會經驗，對少數民族而言，暴露於歧視當中會造成高風險的焦慮，在原生地則具有保護性[19]。其他負向的人際經驗、如霸凌，也會增加引發焦慮症的脆弱性。社區犯罪會導致恐懼、提高焦慮的可能性[20]。

正向精神醫學應用

　　正向精神醫學並不會取代既有的治療模式，而是擴展健康促進執行的廣度，並將治療架構聚焦於確認及強化正向心理社會特質，如框10.2。

> **框10.2　治療焦慮症，正向心理健康臨床專家必須理解、評估及強化以下正向心理特質：**
> 樂觀、韌性、堅毅、正向情緒、正向評價、正向選擇性注意、正向內化因應技巧、問題解決技巧、幽默、情緒調節、面對自己的恐懼、靈性。

　　正向精神醫學也會拓展個人取向、並涉入家族及社群工作。例如兒童青少年精神科醫師會使用正向精神醫學模式，提供一種個別化的計劃（具有優勢及挑戰）給孩子、家庭及學校。父母訓練工作、家庭會議、以及與學校輔導老師或導師的討論中，不僅要治療指標孩童病人，也要讓其他的手足及同學受益。

正向精神醫學取向能協助臨床醫師利用病人的優勢能力來進行最佳的暴露療程。

❖ 治療關係／態勢

正向心理健康臨床專家能將病人視為有天賦、具有特殊優勢的人，治療時主動引出並聆聽既存優勢，能用來治療病人的脆弱與逆境。治療師主動表達對個人能力的接納、尊重及相信。藉由協作式實證主義精神[21]，治療師和病人聯合探究所呈現的問題，如同兩位科學家共同合作來解決問題，能讓病人保有並強化對治療的控制感。

重要的是強調此種治療態勢並非中性，而是根植於正向度。也非法庭或審問的態勢來監測病人是否有說實話，治療師會用一種接納及相信的態度來聆聽個案的陳述。如果發現個人的陳述與周邊的資訊之間有所差異，也會很坦誠地討論，用相信的語氣來了解詳情。治療師並非要尋求招供，反而是要在不擔心被評斷的關係之下，協助病人開始去感受真實的自我。在此我們會示範一些治療師能用來治療焦慮症的技巧。此類技巧已經在不同的心理治療或哲學傳統當中被描述過，比如從斯多葛學派時代就開始的正念。

❖ 暴露療法

我們每個人都必須對抗自己的恐懼，必須面對面來處理它們。我們要如何處理自己的恐懼會決定我們如何面對往後的生命，能經歷冒險的旅程，而非被恐懼所限制。——布盧姆（J. Blume）

某些治療取向開始會使用暴露療法或長時間待在哪兒，最終個人會經由面對它們來克服恐懼。藉由發展堅毅能力、並了解痛苦及暴露目的，對克服焦慮症相當有用。

❖ 正念訓練

焦慮性反芻式思考（rumination），包括重演過去負向情境及互動、對未來會發生不幸而感到害怕等，透過正念訓練讓一個人能處在當下。從斯多葛及伊

比鳩魯學派哲學家時代，正念已被形容為達到幸福及生活平靜的方法。目前研究也高度評價正念對焦慮治療的效果[22]。正念是一種對當下保持不批評、接納覺察的狀態，一個人能藉由去中心化及不執著的方式來觀察思考[23]。

❖ 認知重塑

認知治療會教導病人如何去修正焦慮相關的認知謬誤模式。了解焦慮會聚焦於感受高張的脆弱性、更多注意威脅、更少注意安全跡象與資源，認知重塑就能幫助病人重新更精準評價風險、改善對內在及外在資源的信心。

❖ 反思式思維

焦慮會降低理性及反思式思維，讓更原始的大腦中樞（如杏仁核）取得主導權。藉投入更多反思、描述及寫作，能啟動大腦更理性的腦區（大腦皮質），協助病人對負向思考提出挑戰，進而提升策略性思考。

❖ 控制感

焦慮症就是一種脆弱性加劇感，會引發無助情緒，而自我效能及預後期望則與處理焦慮能力有直接相關[24]。個人具有內控能力時，會認為生活環境是在他的控制之下，相對外控者會認為外在力量會來控制著他們，因此會增加無助感。病人能透過自我訓練來經驗自我效能覺知的改善，個人主宰感的相關概念——「我能做到」（I can）這樣的力量，能賦能並驅策個人去面對及克服威脅。有一種基本假設認為人類需要動機、毅力、成功期望、及正向態度去讓特定的行為發生。因此個人主宰感及自我效能覺知，對正向心理健康結果有明顯正向相關。

❖ 放下

隨著漸增的無助感，焦慮會迫使一個人盡可能去控制許多變數。相對於此種焦慮性的壓力，治療會聚焦於放下控制及放下負向情緒。事先預備好讓一個人去面對他們無法控制的情境，學習在無法完全控制環境的安全感缺乏下，好

好地活著,反而能顯著降低感受的焦慮程度,而正念能協助他們學到放下負向情緒的技巧。

放下完美主義及從他人而來的評價陳述,有機會顯著降低壓力程度。英國哥倫比亞大學認知問卷——「Letting Go」(放下)能提供放下流程的有效衡量。此問卷對比其他評量表的優點,在於能夠分開衡量許多負向的思考信念,說明此項事實:不同的人並不會固著於同樣的事情上[23]。

❖ 韌性

韌性是一種能從逆境中回彈的能力。韌性能力可被改善及教導,韌性與創傷後壓力症候群的風險呈現負相關[25, 26, 27]。相關概念能整合進創傷後壓力症候群的治療當中[28]。某些人當他們經歷逆境時反而會變得更堅強,並展現創傷後成長。韌性包含六項核心能力的能力:一、自我覺察:能覺察自己的思考、情緒及行為;二、自我調節:能調節個人的思考、情感及行為;三、樂觀:希望、正向看法;四、認知靈活性:認知彈性、採取不同的觀點、適應;五、性格優勢:確認主要優勢、並使用來克服弱點;六、連結:與他人健康的連結、同情心、尋求╱提供協助。

樂觀對治療焦慮是特別重要的技巧,隨著更敏感的威脅偵測,焦慮會讓人偏差地預期各種選擇中的高風險部分。當病人在短時間內無法從治療計畫中達成預期的效果時,如果沒有樂觀特質來支撐,他們可能會因此感到氣餒。自我調節也能藉由各種方法來指導,生理回饋可被用來幫助病人學習控制過往非自主的身體流程[29]。對那些具有焦慮症的病人而言,會常常去偵測自己的心跳、呼吸次數、體溫及心率變化,以控制自律神經高張現象[30]。有著具體且可見的訊息,病人就能學到如何更容易來調節自己。在一項四週針對畢業公衛護生的焦慮研究,生理回饋已被確認能夠降低壓力及焦慮[31]。當人們能確認並使用性格優勢,就能回報更多的活力、自尊及正向情緒,同時也降低感受的壓力[32]。

❖ 健康睡眠

睡眠會改善或惡化心理健康問題,包括焦慮症[33],而改善睡眠本身就能對

生活品質有顯著影響。規則的晝夜節律會影響身體的生理流程，包括代謝及荷爾蒙調節，進而改善睡眠及維持整天的高能量[34]。提升健康睡眠的方法，包括降低飲酒、咖啡因及尼古丁的攝取，讓房間保持陰暗、無可分心的事物，只把床用在睡眠及性活動。在比較嚴重的失眠患者，可合併使用藥物，甚至能藉由光療法及使用褪黑激素來改善病人的生理時鐘。

❖ 運動／身體活動

併用生物及心理社會流程，健康運動能幫助降低焦慮。賈亞科迪（Jayakody）等對八項隨機控制的研究進行系統性分析，以了解運動對降低焦慮症狀的成效[35]。結果顯示運動確實能夠改善一定程度的症狀，但最好還是做為一種輔助治療。無氧及有氧運動對結果的相關性差異不大，至於強度的類型也不會改變運動的預後。

生理及心理機轉都能用來解釋運動如何對焦慮症有用。如果能規律執行有氧運動，就能降低交感神經系統及下視丘—腦下垂體—腎上腺軸的反應性，此兩項問題被認為與焦慮症的病理性生理相關。運動也能提供對增加焦慮之生理變化的曝露，進而增加對症狀的忍受度。運動也能提升自我效能，並創造一種對潛在威脅的控制感，與冥想類似，做運動也是一種降低焦慮的轉移技巧。

❖ 靈性與信仰

信仰及靈性活動與改善健康預後、降低焦慮具有相關性。科尼格（Koenig）藉由系統性分析，結論認為信仰及靈性對提升心理健康有顯著影響，包括降低焦慮[37]。超越的信念能對更深層的生命意義與更高等靈體存在性提供希望，此效果也會從社會支持或對組織化信仰團體的歸屬感而來[33]。

❖ 家庭介入／教養

家族治療也被認為相當有效，卻很少被用在成年族群，讓家庭及父母成為聯盟能增加成功率。取代針對父母的憤怒及缺點的討論，治療師在處理衝突過程，將父母帶進治療室、建立連結會相當有用。臨床醫師必須對焦慮父母的教

養罪惡感保持敏感度，因為他們通常會為孩子的焦慮而責備自己。焦慮父母有獨特的優勢，能夠提供孩子疾病的第一手經驗。焦慮父母並無法控制特殊脆弱基因的遺傳性，但能協助他們的孩子降低心理社會風險因子，兒童的焦慮讓父母有強烈動機去尋求治療。透過對焦慮父母及孩子進行詳盡的心理教育，包括解釋暴露療法的目的、及逃避行為的長期成本。用支持態度把不焦慮的父母或家庭成員帶入治療中，也能降低婚姻衝突，並增加治療成功機率。

❖ 社會支持

安全健康的人際關係能顯著增加個人克服焦慮、避免孤單的能力。社會支持的型態包括：情緒性（聆聽與肯定）、工具性（提供暫時性的協助）、資訊性（給予建議）及回饋[38]。一項橫斷面的研究顯示，感受到的社會支持與降低焦慮有明顯相關，這樣的支持可能從配偶、家庭成員、朋友或健康照護工作者而來[39]。在初級照護單位的一項研究也顯示，增加社會支持感受度也能擴大治療效果[40]。

焦慮症患者透過教導也能學習社會及人際技巧，而健康照護提供者本身藉由積極聆聽及適當肯定，成為支持的來源、並提供情緒支持。透過學校的社會情緒課程、避免霸凌計畫[41]及種族／族裔／信仰忍受度等，會是全球社群等級的預防工作。為擴大心理健康促進的了解及利用正向精神醫學取向，有必要進行更多相關研究。

臨床案例

維羅妮卡是一位二十一歲的大學生，有著完美的學業成績，也被大多數同學喜歡，學校輔導室將她轉介給精神科醫師做進一步評估。她面對嚴重焦慮已有許多年，成功隱瞞、不曾求助，總是扮演一位完美學生、無任何抱怨。事實上她會對沒把事情做好、讓家人難堪感到過度憂慮。近來同學已經注意到她手抖現象，自己也清楚感覺到震顫和心悸，以及與他人互動變得更困難。她害怕犯下嚴重錯誤、且在別人面前顯得無能。雖然她有完美的成績，但還是會將任何從老師而來的小更正或建議，視為嚴重無能的表現。她述說自己對這種持續

性憂慮感到耗竭，已經到一個點、甚至「希望自己消失」。她否認任何自殺的想法，且認為自殺與其信仰相違背。對停止焦慮感到無助，且懷疑治療是否有用。

她會避免社會互動及聊天，且發現獨處較為放鬆，雖然也有想跟別人連結的願望。她發現要停止思考負向互動、諷刺性玩笑及耳語，對她而言非常困難，也常非自願地過度感到抱歉。睡眠有困難、經常感到疲倦，常會擔憂家人及父母的健康，也過度煩憂可能得不到理想的實習或工作機會，感覺「目前班上所有同學都已取得」。

父親是電腦軟體工程師、母親則為會計師，他們的工作非常忙碌、少有社交活動，即使全家出門在外，也大多保持沉默。她認為母親也有焦慮，但從未被診斷和治療過。她是家中三位孩子中年紀最小的，手足都有非常成功的專業，而且在學校都是班上前幾名的高成就者。父母總會嚴格看待成績，並與其他手足做比較，即使登上榮譽榜，並不覺父母會引以為傲。印象中無任何創傷事件，在學校有三位好朋友，在校外則無社交活動，畢業後則與他們失去聯繫，且無任何情愛關係。

優勢評估方面顯示高度毅力、仁慈及自律。由一位治療師搭配精神科醫師協同來治療她的廣泛性焦慮症及社交焦慮症。他們很欣賞她的毅力，且這麼多年憑一己之力去面對這些挑戰，即使持續性地擔心和恐懼，都還能維持卓越的學業成就——但她卻很少去想此類成功經驗。

❖ 精神科醫師介入

帶著接納／欣賞的心態，他們一開始針對焦慮、心悸及手抖有關的神經內分泌，進行詳盡的心理教育，目前她已能連結這些細節與過去覺察到腎上腺素、戰或逃的反應。團隊提供她很實際的樂觀，並協同設計一套生物心理社會治療計畫。雖然所有的介入措施一起開始，不過以下就把這個流程細分來做介紹（未照時間順序）。

精神科醫師從生物學角度來解釋發抖和心悸的生理症狀。她例行性錯過早餐，而且大多時日每餐只吃一些小點心。團隊討論健康及平衡營養的需求，確

認並無飲食障礙般的認知扭曲，但不太重視規律飲食。她同意會開始至少每天吃兩餐，且規則吃兩份點心。

醫師也提醒生理時鐘及健康規則睡眠的重要性。在討論睡眠時，她提到每晚都讀到凌晨兩三點，於是他們一起規劃每天如何得到健康的睡眠。她想著應該開始運動，卻擔心別人會在體育館如何評斷她。團隊討論暴露療法的價值，以及面對有關批評的恐懼對克服焦慮的長期效益。

此外，也討論抗鬱劑的風險、效益及替代性，並提供紙本說明書，同時跟父母談論是否有其他親人對哪類藥物反應較好。令她感到驚訝的是，母親竟已成功使用過sertraline。由於焦慮症患者通常需要較高劑量，因此和她討論過藉調劑量來增加對副作用的忍受度。也被充分告知治療效果的延遲期，以及還有許多其他選擇，讓她對治療不會太早感到失望。

❖ 治療師介入

心理介入措施從收集病史那一刻就已開始，她了解暴露療法的重要性，且能把過去所畏懼的聊天和社會互動視為更具目的性。她曾在班上簡短學過冥想瑜珈，但發現非常難，「我很難讓思考聚焦」。治療師將思考的飄忽性視為正常，並鼓勵她去觀察這些飄忽性、並每次將注意力慢慢帶回來。她發現「進行冥想沒有錯誤的方法」這樣的想法相當有用，整個練習過程都需要接納與不評斷。

治療師幫助她了解焦慮是一種內化的疾病、也是一種挑戰焦慮思考的方法，同時介紹認知扭曲的概念。藉由好奇心、熱愛學習，她開始確認過去總是使用焦慮觀點來處理資訊，現在則已能使用更具策略性的反思。她對於已能挑戰起初反應、並轉移到更審慎思考模式感到驕傲。治療師相當欣賞她的勇氣，她則笑說：「我不會再去打擊自己的正向表現。」

她總是對無法向他人表達意見感到挫折，特別是面對衝突時。治療師為他進行自我肯定訓練及各種溝通方法的教育。她害怕去攻擊任何人，治療師在治療時幫她進行角色扮演練習，並鼓勵發現自我肯定的機會。她抑制性的溝通模式顯然跟完美主義及害怕犯錯有關。他們一起處理放下、不完美以及像所有人

一樣，她也會——且可以——犯錯，但那也沒關係。

❖ 成效

　　她開始投入重要的社會互動，也開始參加為新鮮人所進行的志工活動。當觀察到其他顯露焦慮的學生時，對他們所展現的熱情，也能延伸到自己身上。有一天，她表示父母下週來到鎮上，可否能讓她們加入療程，治療師非常歡迎此想法。結果家庭治療非常成功，因父母首次公開自己的脆弱與情緒溝通的困難，而當聽到他們一直為她感到驕傲、且表示對她的教育跟同儕都感到興趣之後，她不禁痛哭。父母都成長於創傷性的環境中，總是聚焦於提供孩子們安全感。當表達他們對不了解女兒的情緒狀態感到抱歉後，也哭了出來。她展露熱情，適時跳出來安慰他們，因為她對多年來無法符合他們期待的感受，已經截然不同。

總結

　　焦慮症自古以來就已經被確認，幾世紀以來我們也已學會應用生物心理社會觀點來看待此類疾病。從傳統疾病模式，我們已經在此領域針對挑戰與問題進行廣泛研究，但卻大多忽略去研究正常、健康及穩定的個人。如果能把健康者納入目前的研究範疇，就能設計出更好的預防方法，並增加治療的成功率。臨床醫師會帶出並促進病人的優勢，因此能夠藉由主宰感及韌性來面對他們的挑戰。治療計畫努力去改善這些正向心理特質，包括勇氣、樂觀、正向情緒、正向評價、正向選擇性注意、正向內在因應技巧、問題解決技巧、幽默、韌性、情緒控制與調節技巧、願意去面對恐懼等。正向精神醫學也能直接聚焦改善家庭動力及社會支持。

　　從正向觀點而言，心理健康臨床專家應該對病人的能力表達接納、尊重及相信，不再經年累月聚焦討論對父母的憤怒及缺點，反而會將他們引進治療中，並處理他們的衝突。已有越來越多的證據證實正向精神醫學的效益，但此領域還需更多重要的研究。

關鍵重點

▶正向精神醫學拓展傳統取向的視野，更仰賴病人內外在資源之應用能力。

▶正向心理健康臨床專家會和病人共同探究，藉共享優勢及專業協同解決問題。

▶正向精神科醫師不只確認和聚焦於生物、心理及社會問題，也會確認及應用每項領域之優勢。

▶臨床專家也會聚焦於保留病人的控制感，並使用更多的訓練及教育來增加他們的自我效能及個人主宰感。

▶韌性、樂觀及放下可藉由訓練來學習。

▶在正向精神醫學領域，非常需要更多研究。

CHAPTER 11

——•——

思覺失調症及精神病症之 正向介入

by 納拉辛哈·潘寧蒂（Narsimha R. Pinninti）；

華特·羅德斯（Walter Rhoades）

> 治療師能藉清楚表達「在治療室中有兩位專家」來釐清此疑慮：其
> 中一位是具有知識及學位的專家；另一位則是有親身經歷的專家。

　　正向心理治療源自於塞利格曼等[1]近期所揭櫫之正向心理學運動，以及佩塞施基安在德國所創立之模式。此章中所使用的正向心理治療模式是沿用塞利格曼取向，而佩塞施基安取向則會於其他章節中描述（第2章有說明）。正向心理治療的心理介入聚焦於案主的正向資源，如正向情緒、個人意義及優勢（包括存在及靈性意義），並藉此協助個人處理精神病理及情緒困擾。便於記憶的PERMA掌握正向心理治療之精髓，代表正向情緒、投入、正向關係、意義及成就。正向心理治療之重點在於藉由其他介入措施來建立及維持正向關係（拉希德及塞利格曼，2013）。

　　傳統心理治療依循生物醫學模式進行診斷評估，以及聚焦最痛苦的症狀及缺陷所設計之介入措施[5]。例如憂鬱症之認知行為治療聚焦在負向認知三角（對自我、世界及未來的負向看法），以及針對改變這些失功能認知所設計的介入

措施[2]。確認及增加對優勢的自我覺察,也是認知行為治療的一部分,但並非核心焦點,大多數治療時間都被用來發展個人精神病理之認知概念化,並協助得到此項理解[3]。改善是藉由個人能發展出較具適應性的認知、對生理反應的因應技巧及行為模式來達成[4]。

針對精神病症所設計的認知行為治療,近期的研究較少聚焦於缺陷上,更多是藉由促進希望及提升自我概念來達成復原的目標。正向心理治療不同於認知行為及其他療法,大多數治療時間被用來發覺正向優勢、產生正向情緒、以及利用它們來降低心理挫折、減輕症狀。正向心理治療起初被用於憂鬱症,之後也會應用本書所聚焦的其他病況。有些工作是將正向心理治療用在思覺失調症及其他精神病症的患者身上,這些領域仍在演進當中[6]。

❖ 思覺失調症光譜疾患與復原

精神病症狀是思覺失調症光譜疾患的定義特徵,是情緒及物質濫用疾患常見且多變的特徵,也是許多發展、後天及退化性神經與身體疾病相對常見的特徵[7]。本章會涵蓋所有的精神病症,包括思覺失調症。精神病症傳統上被認為是一種分類的名詞,而精神病症狀被視為基本的病理。此類針對精神病症所做的分類觀點,與造成對精神病症的嚴重污名化有關,被案主視為復原的障礙[8]。近期證據指向一種較有層次特性的精神病症分類法,認為精神病症具有光譜延續性,從一般人自述較不常見的精神病症,到類分裂型及分裂型人格疾患,再到完全爆發精神病症所導致可診斷之原發精神病疾患[9]。

本章當中,精神病症被視為是一種光譜式呈現,具高風險的個案位於光譜較淺端,依序延伸到前驅症狀、精神病發作、精神病疾患(包括初發的精神病),較深端則為復發或慢性病程[10]。正向心理治療介入可以且必須處理光譜內所有的精神病症,避免病人轉變成光譜更深的嚴重端,並協助他們走向復原旅程。

傳統精神衛生系統及社會將思覺失調症視為一種無法復原的疾病,治療目標在於症狀減輕及避免住院[11]。然而目前從精神疾病(包括精神病症)復原,已被復原個案、家庭、精神衛生體系、甚至付費給精神衛生服務的政府等[12-14]所共通認定是一種期望且合理的目標。由於對更好預後期待的改變,也出現一

種從原本主要仰賴生物治療移轉的改變趨勢，漸漸心理社會介入被認為是處理精神病症更值得且更重要的方法。目前的標準做法是為思覺失調症病人提供心理治療，如為精神病症設計的認知行為治療，隨著藥物治療而成為治療的一部分[15]。案主及家屬也偏好心理社會治療優於生物治療，但目前現實是心理社會治療是勞力密集、尚未普及的療法[16]。

　　最近針對精神病患（包括思覺失調症）的思考及治療的移轉，是特別去關注精神病患的經驗與觀點[17]。這些人被稱為「經驗所練成的專家」，被用來形容與專家建立信任關係對復原所扮演的關鍵重要性。在穩定、促進復原及個人成長時期，當處理危機及病人對決定具有高度自主性時，此關係能提供連結與涵容（薩克斯〔Saks〕，2007）。從精神病症復原被視為是一趟旅程，途中會有許多促進因素及阻礙，很多案主會形容從心理健康服務而來的污名、歧視、負向經驗，以及藥物的負向效應等，會成為復原的障礙[8]。

❖ 為精神病症所設計之正向心理治療

　　傳統精神照護模式被視為醫療模式，且聚焦於個人的症狀及缺陷上，擁有生動經驗者會認為此項觀點對復原旅程是一項阻礙[18]。為精神病症所設計之正向心理治療（Positive psychotherapy for psychosis, PPTp）相對將焦點放在個人的健康層面，讓醫療照護經驗對案主而言會變得較為正向，並移除復原旅程中多種阻礙之一。思覺失調症及精神病症的介入仍在演進當中，而且需要更多臨床及實證的微調。這些介入措施可分成兩大類：一、強化正向情緒及經驗；二、強化性格優勢。

　　PPTp的第一步，就是要建立一種相互尊重的正向治療關係，且關係中的權力差異（power differential）會被降到最低。重要是確認介於案主及治療師之間的權力差異本身會加重污名化，治療師能藉清楚表達「在治療室中有兩位專家」來釐清此疑慮：其中一位是具有知識及學位的專家；另一位則是有親身經歷的專家[19]。所有治療方向的決定、以及治療過程中不同的治療決定，都會透過與案主協同合作的方式來進行。這能讓案主感受到極度肯定，能有醫師或治療師不帶評斷地聆聽他們的私密經驗，並且把他們當成平等的夥伴來治療[20, 21]。

經歷治療中的正向情緒，並藉由技巧學習將此類情緒普及到真實生活中，對於降低精神病症狀、改善情緒及處理失樂症狀（anhedonia，負性症狀的一部分）相當有助益。在治療中的正向情緒，也會藉由投入放鬆對話、建立在過去正向的經驗、確認共同興趣、肯定及與病人一起大笑的幽默等[22]，來建立有意義的治療關係。利用網路也可提供機會來加強病人的興趣，協助他們在治療時投入這些情緒當中。

例如個人因負性症狀而難以表達，但對饒舌音樂有興趣。如能在治療時將他最喜歡的歌從 YouTube 播放出來，他會變得有精神、隨著歌一起 rap、甚至開始跳舞。音樂變成一項日後能規律討論的主題，甚至他會只想談論音樂，只在最後幾分鐘討論藥物，如此就能以療程中的正向體驗為基礎，來確認更多產生此種情感的家庭活動。活動及愉悅排程可在療程中設計出來，案主就能因此照著進行這些愉悅的活動。本章第一作者潘寧蒂列出一系列愉悅活動，能用來喚起案主過去曾投入或感興趣的活動記憶。

第二類介入措施能提升個人性格優勢，對處理既存挑戰及建立處理未來挑戰的韌性，具有灌注希望的效益。潘寧蒂使用一種生命故事回顧技巧（如圖11.1），來確認那些能協助個人處理創傷及生活挑戰的優勢與特質。通常在完成此表格後，案主就能看見過去曾處理過挑戰及創傷的數目，以及在處理這些挑戰過程記起所使用的優勢。此項介入的預後就是案主會視自己為倖存者，且更能覺察個人優勢。從那些情境中，案主如果對確認優勢感到困難，可去回想那些最了解他們的人可能認為的優勢為何，或分派一項家庭作業，要他們去詢問那些最了解他們且最能提出優勢的人。當他們特別要求回饋，且確實能從家人及其他照護提供者得到正向內容時，都會感到非常驚喜。

❖ **實證醫學證據**

為思覺失調症患者所設計的正向心理治療計畫，在內容、程序及特殊目標雖有所不同，但全都指向長期且具功能性的方式，以改善生活滿意度[6]。整體而言，目前針對 PPTp 成效的控制性研究所得到的證據相當有限，說明如下。PPTp 會以個別及團體形式來進行，而團體形式的證據較多。

圖 11.1　生命時間序列與優勢紀錄

優勢：能幫助我處理壓力及創傷的內在優勢如下。此外，也寫下在生命中能協助我處理
壓力／創傷的人與環境。

優勢：

人：

環境：

年齡 <5	10	20	30	40	50	60

年：

症狀：

生活事件：壓力源／創傷／失落

完成表格後，我能從優勢、處理生命挑戰的能力中學到什麼？

　　詹森（Johnson）等發展出一種佛教冥想的版本、稱為慈悲冥想，選擇十八
位思覺失調症光譜疾患且具有顯著負性症狀者進行公開研究，結論認為介入是
有效的，能降低負性症狀，並增加正向情緒及心理復原[23]。金（Kim）等使用
PPTp團體，隨機選取五十七位個案、並另選對照組，接受治療團體者在五週
內同時接受十次的個別治療。結果顯示相對於對照組，治療組人際關係（$F =$
$11.83, p = 0.001$）及韌性（$F = 9.62, p = 0.003$）顯著增加，證實治療效益。然而
正向心理治療介入並未改變正向情緒[24]。有必要進行更多PPTp之個別治療形式
效益的研究，以利廣推此項治療模式。

　　思覺失調症之正向情緒計畫則是一種特殊、短期、團體進行的介入模式[25]，
目的是為改善病患的愉悅感及動機。在一項先驅研究當中，三十一位思覺失調
症或情感型思覺失調症病患參加為期八週的治療，結果顯示在負性症狀評估量
表中的意志缺乏—情感淡漠及失樂症—社交退縮兩分項分數，達到具統計意義
的降低，具有中等程度的效應值。此外，在思覺失調症「卡加利（Calgary）憂
鬱量表」上憂鬱分數的降低也達到具統計意義。情緒淡漠及無邏輯性則維持不

變，並未在介入後改善[26]。瑞奇斯（Riches）等用一種實證基礎的理論架構，來調整十四次標準正向心理治療成為結構式介入，稱為「聚焦幸福的正向心理治療」（WELLFOCUS PPT），目標是為改善精神病患的幸福感。

此項修正版分四階段執行，質性研究、專家諮詢、標準化、利益相關者回顧，藉由系統性回顧及質性資料來建構。所產出的WELLFOCUS PPT是以理論為基礎、十一次標準化的團體治療[27]。治療被用於十一週的團體介入來測試，在一項單一中心隨機控制研究中招募九十四位精神病患。共變數分析（ANCOVA）結果根據主要預後量表（WEMWBS）中的幸福感沒有呈現顯著效果，但是對症狀（$p = 0.006$, ES $= 0.42$）、憂鬱（$p = 0.03$, ES $= 0.38$）、正向心理治療問卷中的幸福感（$p = 0.02$, ES $= 0.30$）等，則顯示達統計意義的效果[28]。案主關於團體經驗的回饋是正向的，療效因子中包括學習去品味人生、確認及發展優勢、寬恕、感恩及治療師自我表露等，被認為是有幫助的[29]。

臨床應用

典型而言，心理治療所採取的是一種介於治療師與案主之間的雙向關係，但既存的現實卻是，精神病患在任何時間點都需要去面對一整個治療團隊中的許多成員。應用PPTp原則與執行的全面性方法，是包括所有治療團隊成員一起努力來提供這些介入，並且盡可能把家庭及個人的社會連結帶進治療運行的軌道中，與治療團隊共同合作來促進個人復原。此觀念在芬蘭被用於一種方法稱為「開放式對話」，他們確實報告藥物使用量會明顯降低，也能降低精神症狀，甚至大多數病患都能回復他們的生活角色[30]。

❖ 案例一：有暴力傾向的思覺失調症病人之正向介入

HP是一位五十一歲非裔美籍男性，具有情感型思覺失調症及創傷後壓力症候群的診斷，發病可追溯到二十多歲時。他被納入主動式社區治療（Assertive Community Treatment, ACT）計劃中，因為在日間病房環境中有藥物不順從、重複出現語言及肢體暴力之歷史。在上次部分住院時，他還翻桌導致其中一位工作人員骨折，因此被判緩刑，並因重複攻擊行為而有可能會被關進

監獄。目前每四週會接受長效針劑（haloperidol 150 mg）肌肉注射、及每天早上服用抗鬱劑（sertraline 50 mg）去治療他的被害妄想、關係意念、憂鬱症狀及爆發性憤怒。潘寧蒂醫師以四週一次進行藥物追蹤，而其他ACT團隊成員則會規則探視，並使用工具、職業治療及相關需求去協助他。

目前困擾案主的症狀如下：一、別人正在批評他的關係意念；二、別人衝著他而來的被害妄想；三、憂鬱情緒及想法認為自己是無價值的。當這些信念被觸發時，就會導致語言攻擊，包括威脅要去傷害工作人員。

相關的發展史包括從幼年時期起，長期遭受母親的情緒及肢體暴力；兩位手足最終則進到監獄。他曾有一段關係而有的女兒，則在他不知情下被領養，他完全不知她的去向。基本上，ACT團隊是他唯有的專業及個人支持系統。

臨床議題及介入 HP最主要的問題是不斷地爆發憤怒，有時則會憂鬱及無望感、合併自殺想法。我們視他的憤怒及憂鬱與壓力有關，促使他進入其中一種狀態，以及他很容易從憤怒轉變成非常憂鬱及無望。當他出現這些症狀時，就能使用正向介入措施。首要焦點就是要和案主建立正向關係，使用的方法就是讓他去定義自己的短期及長期目標、肯定他的對各種情境的情緒反應、且正常化這些情緒，但同時確認他的行為，例如語言暴力會成為他生活目標的阻礙。當有幾次的療程中將目標放在確認並提醒案主的正向價值、特質及決定之後，關係會被進一步強化。

一次典型的療程會從案主報告他的問題開始。之後治療師會肯定案主的想法以及情緒，接下來他們就會共同回顧：一、最近案主所做的正向事件；二、過去一段時間裡案主所做的正向決定；三、已經被討論及同意的案主正向特質及價值觀；四、案主所面對的逆境及他所需要克服的技巧。

治療中80-85％時間被用於進行這些正向介入，典型而言這會對他情緒帶來一些改變，一開始會從憤怒、激動變成憂鬱，然後就會變成比較放鬆和愉悅的情緒。治療師會點出個案的這些情緒改變，以及這些情緒如何讓他變成一位相處起來有趣的人。大部份時間，這些正向介入都能讓案主對自我感覺好上許多，然後帶著增加的自信回去、也增加動機來持續治療。另外有些時間，他只會要求藥物調整。所有藥物的決定都透過納入案主的意見一起完成，除非有實

質不行的理由，否則精神科醫師大多會尊重案主的要求。而且會明確告知，如果因改藥造成病情惡化，也需要儘早回報。

有些時候他會要求降低藥物的劑量，一個禮拜後又打電話說希望回到較高的劑量。這種讓他有機會去嘗試錯誤的藥物決定，讓他覺得被賦能、也會增加自我價值感。有些時候案主也會在離開時，說道：「當我來和你講話，就覺得比較好。」或「你讓我覺得好，如果沒有ACT團隊的話，我會不知道該怎麼辦。你們是我唯一擁有的家人。」由於潘寧蒂醫師較不常與案主見面，而其他的團隊成員至少每週見他一到兩次。潘寧蒂醫師描述他的介入、整個團隊運作都是有效的，他們都採取相同的正向介入取向來幫助他克服症狀。

以上是某些正向心理治療介入的縮影，此外他也接受許多其他的服務，包括職能居家支持、財務管理、職能諮詢、由不同ACT團隊成員的關係諮詢[31]。當被納入ACT之後，他在每項生活層面都有明顯進步，緩刑結束後，也沒有製造任何問題，而且不再出現肢體攻擊事件。他免除監禁，也維持自己的公寓，並開始兼職工作。他也開始進入一項關係中，而且維持這樣的關係將近八年。

❖ 案例二：針對身體健康危機，以團隊為基礎取向之正向介入

AJ是一位三十六歲非裔美籍男性，有著思覺失調症、中等程度大麻使用疾患、包括肥胖、第二型糖尿病及高血壓等醫療問題。他住在支持性居家環境，有個案管理而且排程參加每週三次的日間病房。但他的主要議題是部份藥物遵從、妄想性思考及輕微程度的思考障礙，導致對醫療照護的不順從性。在一次例行性的門診時間，他被發現有嚴重的高血壓，就被送到急診室、之後住院。

他被診斷為慢性腎臟衰竭且建議要進行透析治療。對他而言這是一項危機，也是對此身體健康危機的反應、而產生對醫師的妄想態度，進而拒絕任何進一步的檢查，而且要簽拒絕醫療建議單。當時他的精神科主治醫師經過醫療照會過程，整合出一項照護計畫，讓AJ及醫療團隊都覺得比較舒坦。AJ願意在半路上與團隊見面，也可接受一些檢查，如醫院的超音波，但不願意接受透析所需的廔管手術。他同意在出院後接受個人中心追蹤計畫（PCP）。此計畫也被腎臟科醫師所接受，於是他就帶著此項追蹤計劃出院。

等他回到日間病房時，精神科醫師與支持性居家計畫個管師及日間病房諮商師共同整合介入法來強化與團隊的關係。由於個管師是在社區及居家環境幫助案主，精神科醫師則與諮商師在日間病房當中協助。在這樣的強化關係架構下，團隊聚焦於確認AJ之前所面對的逆境、及面對它們所使用的適應性方法。團隊也確認他在計畫或團體家屋當中所展現的優勢，以及他在計劃中的情緒經驗。

由於不同團隊成員能在不同情境強調他的優勢，可見到他情緒的改變，從焦慮變得更為放鬆、正向且對未來保持希望。他能覺察這些正向改變，且也能說出跟團隊成員講話及在一起，對他而言就是正向的。

他所做的每件小決定，例如去抽血檢查、去PCP、去藥局拿藥、以及規則參加計畫等，都會被強調。而當面對他展現更多勇氣來因應正常及預期恐懼時，也都會被特別關注。這些行動都會被鼓舞，用來幫助他進行更長期的目標。在這些介入完成之後，AJ同意去接受廔管手術成為血液透析的第一步，然後開始接受透析治療。他已經慢慢跟上每週三天透析的節奏，然後每週來到日間病房兩天，他不再感覺對透析的恐懼。他的檢查過去曾達到潛在危險程度，目前則已經明顯改善。他會報告說身體上感覺好多了，而且說皮膚顏色也回復正常。心理狀態也明顯改善，特別思考障礙及妄想症狀均已消失，焦慮也減輕許多。AJ此刻仍持續服藥及接受治療。

這些案例顯示如何將正向心理治療介入應用於接受ACT及日間病房的精神病患身上。重要的是，正向心理治療必須在一對一或團體治療的控制型研究中展現效益，而其中大部分病患都是在社區照護環境、如日間病房接受治療。然而在這些環境中，個案每週只能有八至十五個治療時段，很難提供足夠多的資源給病人。有必要將介入措施融入既有治療團隊的正常工作流程，讓更多病人能夠接受這些介入。此兩位案例顯示正向心理治療介入可被整合到例行性的工作流程，而且藉由整個團隊的協助來提供介入，之後就能達成有意義的改善。

需要進一步研究之領域

精神病專屬正向心理治療（PPTp）屬於新一代正崛起的治療模式，且為對

精神病患有效益的治療取向。然而,還有許多領域需要進一步的研究與澄清。首先是精神病症專屬正向心理治療用於個人層次的研究證據有限,因此有必要用更積極的方法來進行更多研究。團體治療模式已有較多的證據,但是尚未形成標準化流程來讓大部分團體研究者遵循,結果難以去比較使用不同介入的不同研究。科學社群需要整合出單一模式,能在多中心進行研究測試來確認療效。

第二項議題,精神病症專屬正向心理治療,與精神病症專屬的認知行為治療及正念為基礎的認知行為治療重疊。此三項治療模式要釐清,是否為相同或類似的治療,而被使用不同名稱進行研究。第三項議題是,我們還沒有適當的療效資訊。需要更多針對此項心理治療介入在真實世界情境的療效研究,畢竟治療模式的成功,最終是由真實世界情境的效能及可行性來決定。第四項議題是,不同治療學門的工作成員,如精神科醫師、資深執業護理師、專科護理師、治療師、諮商師、個案管理師以及其他治療精神病患的同仁都會涉入精神病患的治療,未來研究也需要去執行,藉以顯示那些工作人員最適合使用此類正向心理治療介入。

類似的研究也會在精神病症專屬的認知行為治療中進行[32, 33]。精神病患的家庭會面臨巨大的負擔,未來正向心理治療的研究也要評估是否家庭成員也能被教導一些介入模式,能夠幫助他們與所愛能有更好的互動,以及他們可使用這些技巧來降低他們自己的負擔。

總結

精神病症比我們所認為的更常見,許多人因為嚴重的污名化而不想討論症狀。正向心理治療藉由關係建立與投入,非常適合用來處理精神病症狀及改善功能。正向心理學介入被認為是工作成員與案主之間雙向互動關係最重要的核心。藉由教育及技巧培養去建立案主的社交及專業圈,也是治療流程的一部分,因此案主處理生命中最有意義關係時所產生的正向情緒,會幫助他們得到意義且提升生活品質。

CHAPTER 12

—— ● ——

物質使用疾患之正向介入

by 克里斯多福・米爾本（Christopher Milburn）

> 復原並非一次事件，而是一種動態、轉化的過程，或一段長時間的
> 旅程……復原資本，包括許多個人生活因素，如社會支持、靈性、
> 生命意義、信仰及十二步驟相關。

　　隨著正向心理運動持續推展，介於其研究與類似已經存在物質濫用領域的復原運動之間，甚少重疊。正向心理學已經存在較為完整定義的學術領域，在過去二十年來大放異彩，而復原運動也存在某些能力，自從成癮治療開始，已經存在醫療範疇之外，有時候還會與醫療出現歧異之處[1]。

　　然而復原運動依然存在於醫療典範當中，如同正向心理學能補充一般心理學的模式，它也以輔助性存在於成癮治療領域。同儕復原及同儕專家、復原教練及復原支持專家的成長，代表一種從病理性焦點移轉到以解決方案為焦點的復原典範[2]。這樣的發展與正向心理學平行，直到最近仍少有研究重疊。事實上最近由克倫茲曼（Krentzman）於2013年所進行的文獻回顧發現，在2011年酒癮研究協會第三十四屆世界年度科學會議中，並未討論正向心理學；而在同

年第二屆世界正向心理學大會中，也只有一份針對物質使用疾患病人的壁報論文發表[3]。

由於正向心理學與復原之重疊性，相當值得來探討物質使用諮商師到底已經使用正向心理介入到何種程度，即使這些介入並未被制式化形容。一項近期的研究嘗試來回答此問題。在一份針對物質使用諮商師的質性及量性研究當中，他們確定所有被提問的諮商師，都正在使用某種形式的正向心理介入。其中感恩練習相當常見，而從解決方案為焦點的治療而來的「奇蹟問題」（Miracle Question）相近於「最好的未來自我介入法」（Best Future Self intervention）。至於鼓勵仁慈的行為、以及希望病人能考量個人優勢也是現行治療中的共通要素[4]。

在持續論述之前，必須這麼說，物質使用疾患治療領域中相當常用的許多名詞缺乏完善的定義，包括復原（recovery）。復原的概念相當複雜，而針對復原的定義也不見得為治療提供者或治療中的病人所認同。有許多取向已經被用來引導復原的概念化，首先是將行為疾患分類為具有清楚症狀之疾病概念的醫療模式，而大多數物質使用疾患都是透過此模式而被診斷。

可看到表12.1針對物質使用疾患有清楚的定義，是基於《精神疾病診斷與統計手冊第五版》（DSM-5）中所描述的徵象及症狀。基於此模式，有一系列的行為被用來定義成癮疾患。這些行為既清楚且可被觀察，而且在緩解的狀態，一個人可被稱為「在緩解中」（in remission）。緩解的概念有時候會與清醒（sobriety）交換使用，而且通常是醫療所使用，因此與較缺乏臨床定義的復原有所分別。復原一般都會包括如下的概念：建立健康及具生產性的生活型態、維持個人健康、同時會涵蓋現象學概念，如靈性及發現生命意義。

表12.1 物質濫用疾患之診斷條例[5]

1. 病人使用該藥物的劑量偏高且使用時間已超過預期。
2. 病人有持續用藥的欲求或病人曾試圖減少用量或控制用藥，但皆未成功。
3. 病人花費大量的時間在取得及施用，或想要重獲該藥物的效果。

4. 病人對該藥物有渴望或強烈的欲求。

5. 病人重複使用該藥物以致無法勝任在工作上、家庭中或學校中所扮演的角色。

6. 即使持續或重複的出現社交或人際問題，病人仍持續使用該藥物。

7. 病人已放棄或減少重要的社交、職業或娛樂的活動。

8. 即使有生理上的危險，病人仍持續使用該藥物。

9. 即使知道該藥物會造成或惡化原有身體或精神方面的問題，病人仍然持續使用。

10. 病人產生耐藥性，必須增加藥物劑量，才能達到原本應有的效果。

11. 病人發生戒斷症候群。

復原的定義

關於物質使用疾患針對復原的定義相當分歧，也對精準的定義有所迴避。美國成癮醫學學會（American Society of Addiction Medicine, ASAM）於1982年在復原及成癮之間做出區別。復原被視為一種身體及心理健康的狀態，例如已經完全且舒適地戒除所產生依賴性的藥物；而緩解則被定義為不再出現成癮相關活躍的徵象及症狀，包括在一段時間獨立生活中使用替代性藥品。成癮學會所形容的復原，是一種長期且持續性的過程，包含對身體、心理、靈性、行為、人際關係、社會文化、家庭及財務領域的改變[6]。貝蒂—福特基金會所舉辦的共識會議中，復原則被定義為自願性維持清醒、個人健康及公民義務之生活型態[7]。

有一項嘗試針對復原發展更清楚的定義，懷特（White[2]）認為復原是一種經驗，可能漸漸發生或快速發生，而且是一種深層的個人現象。他所提出的定義如下：

復原是一種經驗（一種過程及持續性的狀態），藉此曾被嚴重酒精及其他藥物問題所影響的個人、家庭及社群，使用內在及外在資源主動去解決這些問題、療癒相關問題所造成的傷痛、主動管理這些問題的持續脆弱性，並發展出健康、具生產力且有意義的生活。

他將個人、家庭及社群放進定義中，以協助確保復原的外在評價，而使用「自願性」一詞，也代表自由意志的障礙，在物質使用疾患相關行為中是顯而易見的[2]。

對戒除的需求並非在所有人對復原定義中的核心特質。有一項針對「何為復原？」資料的區別性分析，將回應者分成五大類，如表12.2[8]所呈現。這些團體的不同之處在於他們對復原觀點中有關戒除與靈性認定的重要程度有所不同。

表12.2　復原的團體定義

1. 十二步驟傳統團體：此團體是以強烈戒除為基礎，宣稱完全無酒精、未使用非處方藥物或無濫用處方藥物。此團體強烈採取復原的靈性要素，認為復原會牽涉成長與發展的流程、以及促成一種對他人有貢獻的生命。

2. 十二步驟愛好團體：此團體類似十二步驟傳統，同樣具有強烈戒除基礎。雖然也會把靈性位列重要內容，但比起十二步驟傳統者而言，相對沒那麼強烈。

3. 世俗團體：此團體的成員會著重在寬恕多於戒除，雖然超過50%仍然屬意復原的定義，但就更少強調靈性。團體成員通常較為年輕、而且在復原狀態持續時間較為短暫。

4. 自我信任團體：此團體也強烈支持戒除、因此可包括在定義中的復原。而且大部分都會支持融入靈性要素，雖然程度上較十二步驟傳統團體為弱。此團體最突出的特色就是他們較少去強調復原中的關係要素，例如學習獲得支持、幫助他人、回饋及能夠擁有關係。

5. 非典型團體：此團體會關注戒除，對靈性要素的關注則不一，大多能接受。另團體成員則無法接受將復原描述為信仰本質，此團體也較少採用復原的關係要素。

復原也可使用與正向心理學的相關性來理解，將它與DSM所使用的名詞——緩解作比較。緩解意味著定義成癮行為的消失，因此個人不再使用成癮物質、也不再為後果所苦，如健康不佳、家庭衝突、法律及其他心理社會困境等，如此個人才會被形容為處於緩解中，即形容負向事情已經從個人生活中被移除；而復原則不僅止於此，還有身體、情緒、關係及本體健康領域的正向事情，能加進個人的生活當中。

開始於1939年戒酒匿名會的十二步驟計畫，已經在美國提供成癮治療的基礎。對很多人的復原觀念，十二步驟的要素以及其中正向心理要素會在此進行回顧（有關十二步驟計畫成效的進一步資訊，詳見框12.1）。

框12.1　戒酒匿名會有用嗎？

　　由於戒酒匿名會及十二步驟治療在成癮治療領域的無所不在，也是本章討論的核心，因此必須衡量其效益。但在許多層次上卻相當有挑戰性，大多因為成員過度混雜且不具名。然而許多針對其成效的研究還是被執行，結果雖然不一，但一般而言都是呈現正向成果。有許多後設分析被執行，其中一項由Kownacki[9]進行的分析，隨機測試結果發現戒酒匿名會並沒有比替代性治療效果來的好，甚至有些個案還變差。他們發現這些隨機研究的限制，在於參與者通常是被法律體系強迫進入治療[9]。一項早期後設分析也發現，在門診及住院環境的戒酒匿名會參與者，會與正向預後有強烈相關，例如飲酒預後、心理社會功能改善[10]。

　　一項針對八個研究的Cochrane回顧，共有3,417位個案，發現戒酒匿名會對協助讓病人維持在治療中，會比其他替代性治療來得有效。他們指出支持此點的研究規模很小，結果也無定論，而且在其他研究中並未發現此種維持率的差異。合併戒酒匿名會及其他介入措施，在酒精使用量及喝酒天數方面並未發現差異。此回顧最終結論認為，實驗性研究並沒有確認戒酒匿名會和十二步驟的推動所顯現的成效。但還需要更多豐富且大型的研究，才有辦法更好評估這些治療計畫[11]。

　　一項在2009年的回顧，發現參與匿名戒酒會者的戒除率是未參加者的兩倍，而較高程度的參與也與較高程度的戒除率相關，而過去的出席率也能預測日後的復發概況[12]。此資料顯示主動參與，例如同時閱讀匿名戒酒會文獻，相比於單純參與者而言，與降低物質使用有較佳的相關性。其他因素例如是否主動自願參與、或是否具有精神疾病共病，這在決定十二步驟治療改善方面也扮演一些角色。至於臨床人員鼓勵他們去參與且會追蹤，也顯示鼓勵能夠增加參與率[13]。

　　有關於戒毒匿名會的評論會有所不同，因此團體文獻針對鴉片使用疾患，特別認為計畫出席者如果使用藥物輔助治療時（如美沙酮、Suboxone），並不被認

為是「乾淨狀態」[14]。有些證據也顯示合併藥物輔助治療之戒毒匿名會出席者，有時並不會受歡迎參與或發言，且會被鼓勵停止使用該輔助治療。這反而給這些人帶來特別的挑戰，甚至讓他們陷入復發的更大風險，因為輔助治療已經被證實能預防意外過量及死亡[15]。雖然戒毒匿名會加上藥物輔助治療的影響尚未被適當研究，病人被鼓勵持續在個別領域去研究戒毒匿名會團體，且在團體對輔助治療的態度明朗之前，暫時先不要表白自己正在接受輔助治療。

正向心理學與十二步驟

　　雖然成癮治療是多重模式且會涵蓋廣泛的服務項目，十二步驟復原模式是近百年來已經被使用且研究的治療模式之一，其信條也為大眾及學術圈所周知。如十二步驟所推動的治療，在其中病人會被鼓勵積極融入戒酒匿名會的會議，而且會與治療師共同探討他們的經驗，是成癮治療整合的一部分，而且具有穩固的證據基礎[16]。十二步驟治療的效果研究相當有限，大多是因為戒酒匿名會及戒毒匿名會本身異質性高、沒有制式化的規定、沒有留下記錄、也沒有被標準化，甚至是基於匿名的原則。但還是值得來檢視此十二步驟，且回顧相關文獻，並把它們與正向心理學理論架構當中的原則相聯結。有關十二步驟詳見圖12.1。

　　正向心理學研究人類優勢如樂觀、意義及生活目的、感恩及幸福感。類似的脈絡，十二步驟也會鼓勵成癮者檢視人格特質、發展並促進正向特質。正向心理學協助提供理論架構來了解戒酒匿名會及十二步驟流程中所呈現的效益。戒酒匿名會鼓勵發展個人優勢、能夠活出幸福且具生產力的生命、對整體社會有更好的貢獻。

　　針對正向心理學及十二步驟哲學之間共通性最好的形容，就存在於戒酒匿名會承諾的第九項（我們對生命整體的態度及展望將會改變）中，如圖12.2。這些承諾體現正向心理學的核心信念，包括發現意義及目的、探索希望及感恩、得到靈性超越及幸福感。

圖12.1　十二步驟

1. 我們承認無力抵抗酒精，以致生活變得無法掌控。

2. 開始相信有比我們自身更強大的力量，能讓我們的神智回復清醒。

3. 做出決定，將我們的意志和生命託付給我們所認識的神來關顧。

4. 徹底而無懼地列出我們自己在道德上的優劣之處。

5. 對神、自己及所有人坦承我們錯誤行為的確切本質。

6. 做好萬全準備，以便讓我們所認識的神修復自己的人格缺陷。

7. 謙卑地懇求我們所認識的神移除我們的缺點。

8. 詳列所有我們曾經傷過者的名單，且願意彌補他們。

9. 盡可能直接彌補曾經傷過者，除非這樣做會對他們或其他人造成傷害。

10. 繼續列出個人道德的優劣所在，當我們犯錯時，能即刻承認。

11. 透過禱告及冥想，促進我們與所認識的神有意識地接觸，祈求祂賜予我們知曉祂旨意的智慧及付諸實踐的能力。

12. 貫徹這些步驟後，我們的靈性因而甦醒，之後我們要將這樣的訊息傳達給其他酒癮者，並在日常生活中去實踐這些原則。

圖12.2　從戒酒匿名會摘錄的承諾

1. 我們要去了解一種新的自由及一種新的幸福。

2. 我們不會後悔過去、也不想對它把門關上。

3. 我們將會理解這個詞「寧靜」（serenity）。

4. 我們將會認識平和（peace）。

5. 無論我們離開此階段有多遠，都能見到自己的經驗是如何去幫助別人。

6. 無用感及自憐將會消失。

7. 我們會對自私的事情失去興趣，但對我們的同伴會增加興趣。

8. 追求私利的行為不再。

9. 我們對生命整體的態度及展望將會改變。

10. 對人群及經濟不安全感的恐懼將會離開我們。

11. 我們將能直覺地處理過去曾經折磨過我們的情境。

12. 我們將會突然了解神會正在為我們去做那些我們為自己所做不到的事。

針對十二步驟及正向心理學平行發展最強力探索之一，是來自澤曼斯基（Zemansky）的研究，詳細論述十二步驟的部分內容，及如何促進樂觀、感恩、生命意義及目的、幸福感及靈性[17]。

樂觀被認為與身體及心理幸福感有關。雖然個人樂觀的程度會受到多重因素影響，例如基因、早年生活經驗，而認知行為治療能夠促進漸增的樂觀展望。十二步驟本身也相當樂觀，具有持續性的肯定，認為能夠長期戒除是有可能的，同時帶來生活展望的改變。藉由觀察別人的成功，持續投入戒酒匿名會社群，得到對正向層面的持續性提醒，以維持戒除狀態。與認知行為治療方法相當類似，戒酒匿名會強調聚焦在定義問題、建立解決方案、探索錯誤的思考型態及聚焦於優勢上[17]。

感恩被形容是一種對生命的感謝與禮讚，並能強化社會連結。感恩並不會憑空存在，通常與正向情緒相關，包括愉悅、幸福、滿足與希望。感恩所產生的利社會力量已經被清楚證實[18]。感恩通常也會在戒酒匿名會環境當中被表達及鼓勵，也被整合到《Big Book》[譯註6]一書的許多故事中，通常會被鼓勵去建立感恩列表。戒酒匿名會有許多知名的諺語，其中一項就是戒酒匿名會成員必須發展一種「感恩的態度」。至於第十步驟則要求持續性的道德承諾，類似謝爾頓（Shelton）所形容的要增加感恩及道德的發展，會需要對個人成長進行每日自我檢視及反思[17]。

有一項由阿赫塔爾（Akhtar）所執行的小研究，在探討團體正向心理治療介入對青少年酗酒及物質使用疾患的應用，顯示具有最大效益的，就是那些聚焦於感恩的介入措施。感恩介入也對幸福感有最強的影響，大部份都是與經歷正向情緒有關，而且最可能在介入之後還會被參與者持續使用[19]。在一項網路為基礎的感恩練習研究中，參與者發現會對情緒、認知及復原的態度有正向影響[20]。

能夠賦予意義的能力，特別是原本被認為是負向事件的意義，也被認為與改善長期預後有關。至於在末期和生命威脅的疾病，能維持樂觀的能力，即使不怎麼切合實際，也與較慢的臨床惡化病程相關。事實上，對疾病進程的實際

譯註6《戒酒匿名會：超過一百位從酒癮復原者的故事》於1930年出版，因為書很厚而得此名《Big Book》。

評估，與更快速惡化的病程相關，顯示正向情緒與在逆境中建立意義，具有生理方面的保護性[21]。雖然匿名戒酒會將生命個別意義歸於個人，而意義及目的則經常會在論文中被引用。這些參考論文一般會以對他人提供服務的形式來呈現，如同步驟十二中所言[17]。

幸福感是正向心理學研究的核心。針對長期復原病人的研究顯示，他們都有積極參與匿名戒酒會，而且幸福感及自我接納都會提升；相對於那些短期復原者，則傾向會更憂鬱且有較差的調適能力[22]。研究也顯示，拉長戒除時間與主觀幸福感的增加相關[23]。匿名戒酒會的哲學會鼓勵態度的轉變，以及持續反思正在復原者的生活中這些事情是如何改善的[17]。

靈性

靈性是十二步驟的核心準則，而所有精神疾病、物質使用疾患及治療也與靈性最為相關[24]。第一步驟就要求接受自己缺乏能力、之後的九項步驟也會指涉一個更高的力量、神、或靈性。因此靈性更像樂觀，和心理健康、壓力生活事件、慢性或生命威脅疾病情境中的預後改善相關[32, 25]。由於靈性在復原過程中的特殊角色，以及難以捉摸的特質與定義，因此值得更進一步的探討。

埃爾金斯（Elkins）等[26]指出靈性有九項要素。其中第一項就是「超越維度」，是指一種對未見維度的信仰，而透過連結就會帶來效益。此未見維度具有多重形式，包括更傳統的神觀、延伸到無意識、或連結到更偉大的自我；第二種被確認的要素為生命意義及目標，概念相當於第三種要素、即人生的使命；至於第四種要素則是神聖、尊崇或讚嘆感、以及在平凡中所發現的不平凡；第五項要素就是了解物質價值的角色，確認它們只有功能，但無法提供終極的滿足；第六項要素則是利他、與社群及共同人性的連結感；第七項要素就是理想主義及承諾讓世界變得更好；第八項要素就是對苦難的覺察，並接納疼痛、痛苦的本質是人類與生俱來的；最後一項概念就是靈性的果實，形容為對靈性本身能提升與自然、其他人及個人關係的確信。

庫克（Cook）等查詢針對靈性主題的265本書及論文，以回顧靈性概念與成癮的關係，但還是發現缺乏清楚的定義。他在形容靈性時提出十三項核心

概念：關係、超越、人性、核心／力量／靈魂、意義、目的、真誠／真理、價值、非物質性、非宗教性、全然、自我認知、創意及意識。基於這些概念及定義，他們針對靈性提出如下初步的定義[27]：

靈性是一種人類特殊、潛在創造及普世層面的經驗，來自個人內在主觀的覺察、以及社群、社會團體及傳統。可能被經歷為一種與親密內在的關係、相當個人化、在自我及他人之中、與那全然他者的關係、超越且超乎自我想像。可能被經歷為具有根本或終極的重要性，而且與生命意義及目的、真理與價值有密切相關。

除了缺乏共識性的定義，靈性也與正向心理學及十二步驟中許多成分及人性優勢有些概念性重疊。信仰能力可提供意義、目的及凝聚力，被認為是靈性帶來健康狀態改善最好的預測指標[28]。信仰及靈性的操練能增加正向情緒狀態，例如愉悅、希望、樂觀、慈愛[29]。信仰與幸福感也是息息相關[30]。此外針對祈禱者（雖與靈性有所不同，但與信仰相關）的研究，也顯示與增加的感恩程度有關[31]。很顯然這些多元現象有重疊之處，以至於讓研究受限而對靈性的效益研究顯得困難重重。然而針對此主題所累積數十年的研究價值，以及如何影響十二步驟預後，摘錄如下：

「研究已確認增加十二步驟的投入會與更多的靈性及心靈改變有關。事實上在十二步驟參與情境中有宣稱靈性覺醒的人，相對於無靈性覺醒者而言，在第三年有四倍的機率會報告完全戒除[32]。進一步的資料顯示，在復原之後靈性也會增加，而靈性程度越高與長期復原相關。針對MATCH計畫參與者的延宕中介分析，也顯示參與戒酒匿名會，會增加靈性的操練。而對那些在一開始陳述較少靈性或信仰的人所顯現的影響最大，此項分析發現預後的改善是與靈性程度的增加有關[33]。」

證據顯示覺醒的經驗能預示復原預後的改善。澤莫爾（Zemore）研究一組縱貫性團體，共有進入寄宿及日間病房的733位病人，使用「信仰背景及行為量表」來評估他們基本靈性投入程度，也會使用一個問題來評估他們是否在十

二步驟投入之後經歷靈性覺醒，結果顯示在研究結束點、十二個月時，有報告此類覺醒者當中82%仍然保持戒除狀態，相對於未報告覺醒經驗則只有55%。他們的研究也顯示，靈性的基本衡量指標並無法預測戒除的預後[34]，這與過去文獻所描述的一致[32]。

　　信仰也被顯示具有對抗物質使用疾患發展的保護效益，在那些具有高度信仰和靈性者，物質使用比率會較低。有關酒精使用疾患，相較於天主教或自由派新教，在猶太、穆斯林、保守派新教信徒中盛行率較低。

　　證據顯示採取靈性及信仰操練是有效的。有些病人也表示偏好將靈性及信仰加入物質使用治療活動中。因此會建議評估病人的信仰，也有許多評估信仰的工具可用。雖然這些工具過去是設計給一般醫療照護工作者使用，也適用於成癮治療的環境中，並提供一種與病人共同討論此主題的架構。其中一項工具為FICA，是縮寫詞，設計用來引導工作人員，就一系列的問題來評估病人的靈性信仰，以及這些信仰對持續性照護的影響。也會協助工作者來記憶靈性歷史的核心要素（如表12.3）[35]。

表12.3 FICA靈性歷史詢問工具

信仰與信念（Faith and belief）	你認為自己有靈性或信仰嗎？
	靈性對你而言重要嗎？
	你有靈性信仰能幫助你克服壓力／困難時刻嗎？
重要性（Importance）	靈性在你生活中有何重要性？
	你的靈性會如何影響你去照顧自己及健康？
	你的靈性會影響你關於健康照護的決定嗎？
社群（Community）	你有參加任何靈性社群嗎？
	能對你提供支持嗎？如何支持？
照護中的談論（Address）	你希望我在你的醫療照護過程中談論這些議題嗎？

　　也有人提出一種制式靈性評估的工具，稱為HOPE，也是縮寫詞，能在進行靈性評估過程協助引導臨床人員，其意義呈現在表12.3。作者提出許多問題來評估HOPE縮寫詞的每項層面。有些提問呈現在表12.4[36]。

表12.4 靈性評估之HOPE問題[36]

| H:希望（Hope）來源、意義、安撫、優勢、和平、愛與連結 |
| O:有組織的（Organized）信仰 |
| P:個人（Personal）靈性與操練（Practices） |
| E:醫療照護效果（Effects）及生命末期（End）議題 |

　　另有一種工具稱為「開放─邀請」提示問題。此工具會使用一般有關靈性及信仰的問題，來鼓勵開啟有關靈性的溝通大門。當問題被提出之後，就可進一步邀請病人來討論他們的靈性需求，以及這些需求對他們進行中的醫療照護所造成的影響。有些「開放─邀請」提示問題列於表12.5[37]。

表12.5 開放─邀請提示問題[37]

開放	請問你的信仰背景為何？
	你有靈性或信仰偏好嗎？
邀請	你覺得靈性健康會影響你的身體健康嗎？
	你希望我用何種方法來了解有關你健康照護的靈性問題？

成功復原病人之心理裝備

　　針對促進長期復原之心理特質的研究不多，如之前所述部分是因為缺乏高度共識的復原定義。此外特別去檢視不同濫用物質的文獻也相當有限，甚至處於停頓狀態。目前大多數研究都是聚焦於酒精使用疾患的病人，經常是針對復原的十二步驟流程。直到最近，才有針對其他物質使用的研究，開始去建立更穩固的實證基礎[38]。

　　值得一提的是，根據ASAM對成癮的定義如下：「成癮是大腦報償、動機、記憶及相關迴路所出現的原發性且慢性的疾病[39]。」成癮的病程通常是慢性、經常復發與多重治療嘗試[40]，而且復發也經常發生在許多年的持續戒除之後。並非所有物質使用或成癮疾患都會依循相同的自然歷史，而且從成癮研究的結果也不能完全適用於所有成癮類型。

　　雖然了解成癮疾患的慢性化及復發性本質，許多研究會追蹤進入治療的病

人，如進入解毒及復健計畫、門診計畫、藥物輔助治療計畫的病人。檢視持續戒除及復原的研究不多。但已能明白促進行為維持的因素，不同於促進行為改變的因素；而驅動進入治療的心理因素與那些驅動長期戒除及復原的因素也有所不同[38]。

大多數文獻都聚焦於物質使用預後及物質使用的發作／復發，而其他預後如承擔有價值的社會角色、改善飲食及身體活動、投入休閒生活等，稱為次級預後，甚至不被研究。這與診斷物質使用疾患的準則呈現對比，後者幾乎完全根據行為及社會層面的失敗。研究者已經開始提出一種觀念稱為「復原資本」（recovery capital），包括許多個人生活因素，如社會支持、靈性、生命意義、信仰及十二步驟相關。

我們對物質使用疾患的自然歷史的了解已經越來越多，有更多確信認為維持穩定戒除及復原是一種過程，是由個人、社會、環境及文化資源的發展與成長所支持。復原並非一次事件，而是一種動態、轉化的過程，或一段長時間的旅程。可舉康普頓（Compton）的研究為例，他檢視八人的團體、戒除酒精的歷史介於十六至二十七年，結果發現他們一致形容對長期復原的信念，即需要持續性的努力，而且他們會從一開始就持續在進行同樣以復原為導向的活動。復原並不被視為單一的事件[41]。

大約與正向心理學同時誕生，「復原資本」的概念已經存在物質使用治療社區群當中。此名詞最早由克蘭菲爾德及克勞德（Granfield and Cloud）於1999年提出，雖然缺乏正式的定義，但與正向心理學概念有許多共通之處。復原資本被概念為以下四項要素[42]：

1. 文化資本：代表能整合進入社群的能力。
2. 身體資本：代表物質資源。
3. 人力資本：定義為技巧、知識、正向身體及心理健康特質。
4. 社會資本：代表在社群當中所擁有的關係。

最終，復原資本是形容可用於啟動及維持復原的內在及外在資源。復

原資本概念已經持續擴展，有許多嘗試進一步定義及衡量復原資本。格羅什科娃（Groshkova）發展出最早的復原資本衡量工具 ——「復原資本評量表」（Assessment of Recovery Capital, ARC），是一種涵蓋十種領域、五十題的問卷[43]。這些領域包括物質使用及戒除，整體心理健康、整體身體健康、公民義務、社會支持、意義活動、居住及安全、風險行為、因應、生活功能及復原經驗。

此項問卷已被生活品質衡量指標所驗證，而且證實能預測超過五年的穩定復原狀態[44]。由於在忙碌且複雜的治療中心難以被廣泛使用，一項簡短版的量表稱為「簡式復原資本評量表」（Brief Assessment of Recovery Capital, BARC-10）已經發展出來，也被證實與較長的版本有高度相關，是使用項目反應模擬，從十種領域中各選出一項經心理測量驗證的問題，並使用六分李克特（Likert）量表[42]。

針對復原資本評量表進一步的研究，已經證實此工具能被用來衡量復原資本，但對於適當評估不同次領域的影響能力有限[45]。芮第（Rettie）對BARC-10中使用李克特量表來衡量生活品質有些擔憂，他對於此領域使用李克特量表提出質疑[46]，因此發展一種十分末端定義量表，目標是針對復原資本不同領域有更大的衡量尺度，他們所發展的工具稱為「復原優勢問卷」（Recovery Strengths Questionnaire, RSQ）（使用末端定義尺度），顯示與復原時間長度有顯著的相關性。此工具也能分辨群組中的復原優勢，如有意義的活動、主動學習；外在衍生的復原優勢，如家庭及財務。他們認為群組內優勢，相較於外在衍生的優勢能更顯著預測復原的時間長度。與早期懷特（White）的研究發現一致，認為內在因素、而非外在因素（如社會支持），對復原時間長短有顯著的相關性[38]。

未來

針對正向心理學應用於治療物質使用疾患的研究還相當有限。雖然正向心理學與復原運動之間有相當清楚的重疊，特別是有關十二步驟治療策略，此項關係需要進一步的理解。初步研究認為正向心理學介入已經深植於成癮治療當中，但此項關係還需要更好的量化。由於針對物質使用疾患所使用正規正向心理介入的有限研究，初步證明是有成效的，但仍需更進一步研究。

CHAPTER 13

---•---

正向心理治療與飲食疾患

by 邁克森・契科馬列夫（Maksim Chekmarev）

對自我身體形象及對生理需求感知的扭曲，會顯示出缺乏自我接
納、異化部分的自我，無法使用情緒溫暖及接納來處理此部分。

飲食疾患的一般性描述

有兩種主要的飲食疾患（eating disorders），厭食症（anorexia nervosa, AN）
及暴食症（bulimia nervosa, BN），不同文化的盛行率會有相當大的差異。有許
多診斷準則很合理地會加上暴食性飲食疾患（binge-eating disorder, BED）。這
些表現在ICD-10 F5第6章「有關行為症狀合併身體疾患與身體因素」中有所描
述。此分類顯示大多數精神科醫師所認定症候群及生物導向的理念，而非基於
病因取向。同時比較各國針對飲食疾患的建議，都特別強調心理治療及社會治
療取向的重要性，較少是藥物治療的貢獻[4]。

這些建議的實證本質強化如下理念：這些疾患的主要致病因素為心因性，
因此需要各種心理治療模式來提供飲食疾患的臨床見解。我們也會試著從正向

心理治療（佩塞施基安所創）的觀點，來描繪克服飲食疾患的相關方法。

飲食疾患可用三項主要觀點來理解：食慾、對食物的態度、間歇性[5]。第一項是食慾，或想吃的慾望。一方面會有厭食症，就是對進食的慾望出現壓抑的現象；另一方面，暴食症或暴食性飲食疾患，則是具有正常食慾，但卻會間歇性強化。

第二項是對食物的態度，印象好或壞、危險及痛苦，有用及享受？就厭食症患者而言，食物是敵人，可見於對食物的各種排斥法，病人夢想不再需要進食，他們會去接受食物只是為了維持基本生活所需；但是對暴食性飲食疾患病人而言，食物是一種享受，但在強迫性進食時刻，愉悅感會消失，病人的抱怨主要聚焦不在食物上，而是失去自我控制、體重增加及羞愧感；暴食症患者則介於其間，食慾是正常的，也能從進食中得到愉悅感，但食物會被認為是某種壞東西，特別當它是已經預備好可進食的狀態。暴食性飲食疾患病人雖然在進食中可感受到愉悅，但是在吃飽狀態及胃被填滿時，就會開始感到厭惡。

第三項觀點是間歇性及慢性化本質。暴食症與暴食性飲食疾患是循環性疾病，進食形態通常是正常的，但會有間歇性、疾患的發作期；厭食症則表現為更加慢性化地抑制食慾。

飲食疾患之名詞定義及特殊描述

❖ 厭食症

是一種精神疾病，會將身體知覺扭曲成美學上的不悅、不完美、甚至噁心。此類知覺扭曲會連結到關於體重或其他身體衡量標準相關的不適當情緒。病人會使用極端的方法來得到完美的身體（從個人的觀點）：拒絕或嚴重限制食物、增加身體活動及使用藥物（利尿劑、瀉劑及脂酶抑制劑）。

這些做法可能導致顯著體重減輕及其後果，包括少月經或無月經、心肌萎縮及／或血壓降低。對自我的高度要求不僅針對身體，甚至也會延伸到其他生活領域，如工作與學業、個人關係、智識及靈性發展。病人可能會有不錯的成就，但卻無法感到滿意，總是有一種努力不夠、成就普普的想法。因害怕停止發展，所以非常困難去肯定自己已經夠好，也由於總會連結到厭食症對所愛者

造成的痛苦，因此通常會感受到羞愧及罪惡感；另一方面，病人通常會認為自己發展不足，可能是與拒絕承擔典型成人角色有關。類似的心態也發生在暴食性飲食疾患病人身上。

　　在布萊伯利（R. Bradbury）的故事書《只那麼一次在永恆春天的時光》中有精采的描述。主角是一位男孩，他認為食物是一種毒藥，因它會促進長大成人，主角最終克服他對愛的衝突。許多飲食疾患病人會渴求愛，卻認為自己不配得。拒絕或限制食物會與更大的道德考量有關：想到許多國家的兒童正處於飢餓當中；拒絕與食用肉及其他動物產品相關的暴力；禁慾主義者的益處。這些都會被視為自我改善、以及藉由懲罰來達成淨化的方法。在長期心理治療過程中，理念上的動機常會讓病人不願意合作，特別是青少年，對他們而言解決營養的問題，意即必須滿足父母或成人世界的要求。

❖ 暴食症

　　是一種飲食疾患，特徵是循環性、間歇性出現控制食慾的困難，病人會吃大量的食物，且通常是高卡路里、富含脂肪及糖類的食物，通常會因心理及身體的不舒服，進而導致嘔吐來清空胃。上述進食行為也會出現在對所有生活領域具有高成就要求的病人身上，他們對達成自我接納的條件苛刻，除非能得到非凡成就。陣發性暴食、進而清空胃部，經常與複雜的情緒範疇相關，在其中需求及愉悅，會和罪惡感、害怕失控及羞愧感交雜在一起。暴食症病人經常使用藥物來控制體重，包括瀉劑、催吐劑、利尿劑及脂酶拮抗劑。嘔吐可能會使用器械來引發，在那過程中，病人似乎有意或無意要對喉嚨及口腔造成黏膜損傷。也必須注意大部分病人在工作或學校適應良好，也有些人自認功能會高到傲慢的程度。

　　在愛情及友誼的失敗、親密關係受苦，通常是造成病人極大痛苦最典型的理由，他們拼命想去滿足對親密及意義的渴求。暴食症狀的功能與意義可描述如下：一方面症狀群代表一種企圖要填滿自己及人生、發現愉悅及接納感，以平息身體及象徵性心理渴求；另一方面，鼓勵之後跟隨而來的就是以身體不適及嘔吐為懲罰，結果就是達成對病人生活的控制感。由於病人對愛、關注、

愉悅及意義感有明顯需求,但又不相信能藉高成就來讓自己感覺配得,結果就是門檻越升越高。暴食有助於達成短暫滿足,而催吐則協助恢復原狀、去除罪惡及羞愧。與暴食相關的行為容許需求的短暫滿足,但在病人潛意識則傾向拒絕。

某些作者也談到有一種厭食症之暴食類型,或稱為暴食性厭食症(bulimorexia),主要特徵還是以排拒食物信念為主,認定食物為惡毒的,因而形成自我限制發展體系。對食物的過度焦慮會導致自發性的噁心及嘔吐,而體重減輕成為最鮮明的症狀,會有自我要求與極簡主義等過度心理需求。自我評估通常建立在「或一或」法則上:「我要嘛成功,不然就是無價值。」一種非常強烈的罪惡信念、缺乏接納及節制,讓此類型較為接近厭食症。

❖ 暴食性飲食疾患

是一種飲食疾患,會出現食慾增加的發作,繼而開始大量攝取食物,病人會發現相當難以控制這些發作。個人與身體之間的關係形態有所不同,對外表不滿、體重過重及對暴食的自我譴責是典型特徵,但病人並不會採取積極持續行動來處理這些問題。食物被視為是一種愉悅的來源,因此必須以過重及相關的健康問題為代價。相當常見的是,食物變成一種釋放焦慮、填補空虛時間及/或排遣無聊的方法,進食是感覺滿意及犒賞自己的一種快速且可靠的方式。病人無法在各種生活領域得到預期的回饋,例如在工作上感受不到重視、在性領域方面對伴侶部分無任何活動、甚至對其他友誼也不感興趣。有些時候,在希望落空、以及對得到或感受任何事情顯得絕望之後,出現暴食。

食物的選擇也會反映出此種態度。在病人的文化中,選擇既享受且有用食品會與良好社會階層有關,顯示相當完整的自我感知及關心自己的能力。但在其他時間,病人則會吃下有害食物,顯示絕望感以及對個人責任感所出現的問題。在這些情況下,病人會經歷一段與特殊壓力相關的壓力累積階段,而當壓力程度超過閾值,就會出現過度進食。強迫性暴食行為的功能與意義,可被視為一種在一般人際關係的情境中,不相信自己能得到接納、愉悅及關注的情況下,想要去達成快速滿足需求的能力。

有這些了解之後，飲食疾患並不會與營養有直接相關，相對的他們反而會與我們生活當中食物的象徵意義有關[3,2]。因著每項疾患的獨特症狀形態，對我們理解發生在案主身上的意義及功能會有所幫助，如此在協助案主及克服疾患的心理治療過程就不會太過費力。我們也發現此三種臨床表現觀點的共同特徵，就是對自己的敵意會壓倒案主的內在世界，因此必須被克服。合理推論，此類敵視的感受會創造一種惡性循環的情緒以支撐、且最終更加劇臨床表現。這些經驗的核心為何？在創造行動槓桿來形成改變，以克服案主生活中的疾患過程中，治療師的角色為何？

飲食疾患之一般心理治療考量

治療師的作用就是要協助病人發現立足之地，並開始有效的內在工作，也直接與病人正向概念的應用能力相關，特別是指出現在案主身上的兩種基本能力：愛及求知[1,10]（如第2章）。

當治療影響生理需求的疾患時，治療師必須聚焦自我認知所衍生的自我感知能力，意即需要去轉變案主的自我感知，從反射性到反思、從反應性到內省。此反射性事實上也是飲食疾患惡性循環的主要特徵之一，它與對刺激產生立即且通常為潛意識的反應有明顯關聯性。至少存在兩種反射迴路：對能激起症狀惡化的外在環境、及成為反應原因的症狀本身，例如案主可能在考試前會感覺到無法克制想暴食的衝動，這會幫助他去除焦慮；然而在一陣狂吃之後，會對無法約束自己而感覺到急性羞愧感，此類羞愧感可能也與害怕變胖、變得缺乏吸引力、對一再失控及永遠不會變好而感到絕望有關。

情緒鏈之後會另闢蹊徑，繼而指向重大需求的挫折：一方面是在自信心及因應考試或其他困境的能力；另一方面則在接納及自愛部分，這對案主而言是做不到的，除非能成功且控制體態。無論如何，在症狀激活的過程中，這些潛藏的情緒流程，只在事後才會浮現，有時則完全不會現形。此反射路徑，就是行動途徑，會與案主所擁有的概念同步前行。嚴格說來，行為本身就是反射路徑的結局，也是對現有問題的一種反應，但並不會提供解決方案[12]。

由於症狀本身的嚴重度及重要性都處在實際衝突的陰影中而難以被解決，

正向心理治療理論就是要與實際衝突的處理流程連結。案主的焦點轉移到自己的反應之後，會開始嘗試努力去壓制它們。但因張力的主要來源並未消除，因而一再出現失敗，間歇性降服於症狀，並因此造成問題經驗的惡化、以及次發性痛苦反應與疾患的發生，例如過度限制飲食到挨餓、耗竭式運動、接受胃腸道及去脂手術。

此項反射流程也會形成一種無力感，因為案主會認為自己就是痛苦的標的，即使再如何嘗試去奮戰，終究無法與疾患分開，所有對疾患的奮戰，也是對自己的一種折磨。然而從反射到反思的過程中，能啟動自我認知能力，而此種與生俱來的反思能力是自我認知的基本要素，代表意識有機會能讓自己的心靈成為求知目標、成為一種主題，例如一種積極的人格[11]。

此狀態會創造與治療師之間的協同效應，因而能夠催化出自我認知的流程，變成人類與自己關係的外在參與者。反思狀態本身並無法療癒自我，但卻是讓療癒開始的必要條件。而其重要性在於能從觀察者的角度來體驗衝動的能力，並聚焦於這些衝動背後的流程。案主會從認為自己有問題，轉變成那只是現在及過去生命歷史的一部分；也能根據正向心理學模式，從問題歷史轉變為體認它既真實且多層面的可能性。

反射性流程會在觸發與反應之間開始發生，因此需要一種漸進式的擴展，來讓案主創造一種更細膩且更清楚的內在世界圖像。對案主而言，如果反射過程中沒有和愛的基本能力中「接納—實現」相連結的話，此項觀察可能會既難受且痛苦。在分化過程當中愛的基本能力，會成為一種建構關係能力的擴展來源。

對自我身體形象及對生理需求感知的扭曲，會顯示出缺乏自我接納、異化部分的自我，無法使用情緒溫暖及接納來處理此部分。大多數飲食疾患的特徵，都會想要去除或修復出錯的部分，卻常感到做錯或力不從心。案主有時來到治療室，正被這些自我感知給淹沒。如果沒有理解這些情緒痛苦的原因，他就可能拒絕接受某些內在的事情，然後覺得無法抗拒去做某些事的需求，進而會在飲食行為領域發作。

缺乏耐心會激發病人變得急躁，而向治療師尋求建議與直接提議，更多

是在「做」（doing）的領域而非「共處」（being）的領域。很容易能看出我們
已碰到惡性循環的第二部分，可能會將我們帶離案主經驗的最核心部分。如果
案主不在那兒，我們就不能再往前走，也就是我們不能接受案主本身尚未接受
的事。這相當符合邏輯，治療師本身會變成一個施予者及接納的範例。我們會
開始接納病人對自我的排拒，此種接納就能夠促使工作進到反思的狀態，也能
肯定案主在內心世界中所體會的經驗。真愛尚遠，但起始的目標就是要去發展
與問題經驗共處的能力。因此，我們會漸漸得到機會去觸碰飲食疾患的根本原
因。案主忍受情緒痛苦和將其視為內在及外在情境之一部分的能力，也會逐漸
增長[7]。

　　在案主問題情境中，藉由推動基本能力的現身與發展，能因此看見問題
背後的經驗，而不會太快排斥它們。我們會與案主一起停留在他的內在世界領
域，來澄清疾患背後的衝突、發展相關能力，並成為克服流程的資源。當案主
有心理治療師的協助，在與專家溝通達到關鍵經驗層次時，就能潛入治療的安
全空間，使得此流程有機會因而實現生命的改變[14]。

　　針對飲食疾患治療取向的一般原則，會聚焦於三項領域，相當於正向心理
治療主要概念：

1. 平衡：一種治療的整合式取向，能影響人類各項生活層面，以及進行各
   生活領域的分析及調和。
2. 衝突：在各層面針對衝突動力與疾患的心理病因進行研究，如實際、關
   鍵、基本及內在衝突。此項工作主要聚焦於理解疾患的成因。
3. 能力：包括對案主實際能力的診斷、了解那些形成問題情境相關能力的
   發展機會。評估案主的資源及缺陷、對資源的更新，並藉由發展來克服
   缺陷。

　　平衡原則會顯現對飲食計畫進行整合式取向的需求，因此在不同治療階段
也需要心理及身體健康專家團隊的共同參與[13]。

跨專業團隊之重要性

　　大多數針對飲食疾患治療的國家級原則中，都是基於整合式取向，而且會涵蓋、甚至以心理治療為核心。雖然我們的看法認為飲食疾患主要是心因性的，但考量平衡理念，我們也深信整合各領域專家也相當重要，會讓團隊更有成效，這也反映出正向心理治療的整合式取向。治療會牽涉到人生所有層面，應該要創造出一種特殊的心理治療環境，能在整個療程中成為案主的支持來源。

　　對以下的段落有一些澄清如下：療程的整合者為心理治療師、共同合作的基層醫師，必要時也會加入胃腸科、內分泌科醫師及營養師。當運用團體治療時，如果案主有信仰的話，會很希望有家庭及社群信仰者的支持。心理治療期間，必須考量病人生活領域的改變：身體、活動、接觸及意義（如第8章平衡模式）。

❖ 身體領域

- 探索疾患的經驗、疾患的身體後果；特別是病情如果長期存在的話，可能會傷到牙齒及口腔、食道、胃、內分泌腺、神經系統等。
- 評估生理領域的主要指標，如果可能也必須執行所需的身體治療。
- 檢查營養狀態，並逐步修正。

❖ 活動／成就領域

- 參加有關增進疾患知識的活動。
- 評估疾患對教育及職業活動的衝擊、以及教育和職業活動對疾患本身的影響。

❖ 接觸領域

- 評估家庭及社會環境對進食行為的影響、疾患的病程及案主的心理狀態。如果可行，需要將社會環境納入照護體系。

- 參加支持團體或有機會和那些已經克服飲食疾患的人見面。

❖ 意義／未來領域

- 澄清案主的治療目標，如何看待自己的最佳狀態？並討論此形象及執行的維持。
- 為生命改變建構階段性計畫。
- 提升案主價值體系對其情況所造成影響的理解。
- 從靈性社群得到支持。

心理治療的一般性原則也會影響角色典範、案主的概念性領域，並聚焦於過去、現在及未來，意即要在三個方向研究案主態勢的重要性[8]：

- 在我父母的家庭中針對食物的態度為何？
- 目前我是如何感受食物？
- 未來我會如何看待食物的健康態度？

對治療飲食疾患採正向取向之特殊性

佩塞施基安於1991年將飲食疾患歸類為心身症[3]。意即此疾患的本質是與全身性心理功能失調表現相連結。心理治療過程中，我們會使用實際症狀及現有衝突，並往處理內在衝突方向推進。針對症狀的正向詮釋，會協助釐清在症狀背後的實際衝突。

從實際衝突到基本衝突、從外在行為到心理根源的路徑，會藉由探索實際衝突背後的挫折需求或挫折價值來執行[9]。而內在衝突的建構是基於尋求一種概念，能取代基本衝突中已經失功能的另一種概念。在心身症案例中，關鍵衝突的化解通常傾向採取「**禮貌**」（courtesy，詳見第27章有關衝突模式）。但有時我們也會看到例外，發生在長期處理內在心理壓力嘗試之後，病人最後終於反撲、並短暫性出現強力的「**攻擊**」（aggressiveness）。

以下我們會描述對每種飲食疾患的典型選項。

厭食症

❖ 從症狀到衝突：運用正向詮釋

　　厭食症是一種藉由極端方法來達成目標的「能力」，主要藉由意志力及過度的努力來達成理想。目標的實現通常與支持個人犧牲及自我限制的成就能力相連結。厭食症通常會伴隨著失敗、缺乏努力的情緒，也經常會於外在評估特別重要的生活階段中興起與強化，例如學校考試、戀愛的發展或結束。厭食症是一種別人注意得到的疾患，本身就是可見的。也會變成一種展示個人努力來標示界線與價值的方法。

❖ 從實際衝突到需求及價值

　　對目標顯露極度熱忱，一方面讓個人尋求愛；另一方面相當重要，個人需要被信任，期望別人能認為他值得信靠，並確認其自主性。因此，基本衝突會經由展示達成理想的極度熱忱，期望得到愛與信任的企圖而顯現出來。

❖ 從外在到內在衝突

　　通常對愛與信任的需求，會面對難以開放地說出願望及價值的窘境。開放性（openness）會與喪失重要關係的風險相關。取代開放性，個人通常會選擇禮貌及順服來創造雙重反應，意即同時顯現自主的需求與仰賴他人意見來獲取安全感的希望能同時滿足。

暴食症

❖ 從症狀到衝突：對症狀的正向詮釋

　　暴食症會被形容為獲取個人所需愉悅及愛的「能力」，但卻會認為自己毫無價值。症狀會包括鼓勵及懲罰、愛及羞愧。通常暴食症患者的外表並不會改變，個案的痛苦通常是針對自己而起。不僅無法感覺已經夠好、甚至更糟。個人會選擇極端的方法來抑制個人渴望的效果。

❖ 從實際衝突到需求及價值

在衝突方面，暴食症患者也會有認為自己成就不足的感受，個人會希望感受到別人的愛、及讓自己被愛，但同時又害怕失去與他人的關係，也害怕他們會在自己變得不那麼完美時轉身而去。因此，他們就會展示熱忱來尋求愛與接觸。

❖ 從基本衝突到內在衝突

暴食症的基本衝突會連結到高標準，不僅針對自己、也會針對他人。公平會比愛成為發展更好的能力。一個人會對溝通及其他人的關注感到失望，但同時也會拒絕許多身邊其他的人，因為他們並不適合溝通，也會增加恐懼和孤寂感。當一個人希望被愛，但卻只準備好從非常少數的人接受愛。暴食症通常對關鍵衝突會呈現兩難的解決方式。雖然會對重要他人展示禮貌，但案主對那些不被認為夠好或夠成功者，則會表現出相對開放性、甚至攻擊性。

暴食性飲食疾患

❖ 從症狀到衝突：對症狀的正向詮釋

食物的象徵意義可能相當不同，因此症狀的細微意義也會有所不同。但一般而言，食物會帶來愉悅及放鬆感，緊繃及焦慮是針對周遭人群及世界的不信任感所出現的反應。對愉悅的需求會連結到對肯定的渴求，因此暴食是一種取悅自我、在不安全情境及缺乏自信時來減輕憂慮的方法。暴食的效應對周遭他人而言是可見的，而且這樣的影響會讓個人變得對他人較不具吸引力。若有一種機會能證明即使被認為無吸引力、還是有人願意在身邊陪著，就能支持他們、並認為他們已經夠好且夠性感。

❖ 從實際到基本衝突

檢視關係的可靠性，有助於發現是否有值得擔憂的理由。在執行某些盡責查證（due diligence）的過程中，個人也可能因此增加自信。暴食有助於解決不公正性，並在感覺被低估時能用來安定自己。

❖ 從基本到內在衝突

　　暴食的矛盾本質，會對剛改善的飲食習慣及增加的體力活動造成失效現象。當一個人不再藉由具吸引力的身材來尋求自信時，他就會試著去建立對其他人也覺得重要的自信。暴食現象的頻率會在支持性、細心及安全的環境中降低，但案主本身通常不會顯示強烈動機來解除對其他困難溝通者之間的界限與接觸領域。他會因選擇哪些能溝通及哪些不能溝通的結果，仍然害怕獨處。同時體重恢復正常，意即必須要回到競爭性的環境，在其中身體吸引力被認為非常重要，但案主在競爭情境下通常不會感到自信。

飲食疾患心理治療之要素

　　我們曾經進行一項案主調查，他們都曾接受過正向心理治療專家針對飲食疾患所進行的治療。案主會被要求精確回答他們所認為在治療中最有價值的內容。以下是每類型飲食疾患病人所提到的項目序列。

❖ 厭食症

1. 較少固著於食物上，特別會降低家屬對營養的監視程度，也因此能降低焦慮、讓人更能擁有被信任的感受。
2. 有機會能夠與治療師分享對食物及營養的焦慮與信念，也有機會在接納及安全的氛圍下討論。
3. 能更加了解個人心理狀態與目前厭食症狀態的關聯性。
4. 藉由節制的概念而越來越有能力去因應生活問題。
5. 更有機會藉治療師的眼光來審視自我，較少自我批評、更多接納、更關注資源，和非缺點及弱點。
6. 擴展吸引力的概念。

❖ 暴食性飲食疾患

1. 治療師對痊癒可能性的信心，即使一時失敗也能接納、不會自棄。
2. 擴展生活愉悅的領域、發現尋見快樂的能力和過去未曾如此體驗事物的

價值，以及自我肯定能力的增長。

3. 治療師所給的功課能協助自己來組織相關作為。

4. 對自己的人生形成更為樂觀的態度，並了解如何因應焦慮。

5. 擴展吸引力的概念。

❖ 暴食症

1. 了解暴食現象只是一種情緒，背後的理由是扭曲的自我認知及低自尊。

2. 有機會能接納自我、目前如實的體重及形象。

3. 改善自尊。

4. 脫離優秀學生症候群。

5. 在執行治療的家庭功課後，能正常化飲食及營養。

6. 不再使用飲食、而是使用心理方法來管理壓力。

7. 有可能更容易接受間歇性的體重增加，因為那是與月經週期、身體水的份量及其他因素的自然過程相關。

8. 了解到愛自己是可能且必須的，並非只是因為好身材，重要的只是因為他所成為的自己。

互動三階段

摘錄病人回饋主要重點之後，我們就能決定心理治療計畫來符合三項主要挑戰——情緒、理性及行為，因此讓我們能用正向心理治療互動的三階段理論當做計畫的架構[1]。在心理治療中，我們會陪伴案主一步步地走過互動三階段，這會在每次療程中重複，如同一般心理治療過程，也反映出發展的辯證原則會呈現螺旋形。

❖ 第一階段：依附

案主是由情緒需求所主導：通常他們會缺乏接納、信任、信心，也經常面對罪惡及羞愧感，害怕無法符合所有的期待。次發性的後遺症則與其他因誤解而關係惡化者有關，當他們能了解案主的疾患，要嘛轉身而去、或是建立過度

控制的體系。病人希望獲得人們的接納、卻經常面對排斥。後遺症的第二部分通常是跟身體及健康問題領域相關。此時,重要的是要讓案主能夠從治療師得到新的關係體驗,那種被了解及接納的經驗,能在同理性主動傾聽的氛圍下來幫助他們、並對他的人格感到興趣。這也能讓案主在治療的安全環境下,用更大的勇氣來碰觸自己的經驗、說出自己的感受,因而更加理解一項事實,即心理問題確實是飲食疾患的真正理由。

之後焦點會從疾患移轉到性格上,我們就能開始分析案主的衝突而非掙扎的概念;我們會尋求支援、並發現願景。第一階段的工作相當重要,能讓那些聚焦於次發能力的案主,有機會能在那些實際原初能力扮演重要角色的情境下來發現自我。對一位案主而言,要去接受愛、時間、信任及信心(實際原初能力)本來就存在於個人能力當中、且能毫不費力地得到,是相當困難的;但按部就班地,就能變得更放鬆、焦慮感降低,案主就開始能承認他有滿足情緒需求的權利,因為那是任何親密關係的基礎。此類情感的發展經常會在至少暫時避開現有疾患型態可能性的時機,而案主也準備好要擴展因應壓力的各種方法。

❖ 第二階段:分化

此項工作是根據案主的理性需求。首先,我們會先談到案主理解觸發疾患機轉的能力會持續發展。案主能學會去觀察生活環境與飲食問題的關聯性。他也會擴展描述自我內在世界的語彙、及說出情緒需求。在治療中要探索的一項重要領域就是有關案主對身體、吸引力、它們的來源及發展相關的一套理念。

在這些領域當中,會有機會接觸到文化環境,因此有必要讓自己保持跨文化的廣度視野,來了解吸引力及其人為化標準之非絕對性本質。我們也會探索更廣泛的概念架構:案主對自己的觀點、他的「我—概念」是何種形式、自我認知的樣貌,特別注意相抵觸及狹隘的觀念。分化階段能幫助一個人開始去質疑自己慣常的信念及生活方式,並賦予案主一種積極的角色、並開啟自助的機轉。

❖ 第三階段：脫離

　　延伸因應問題的方法，並協助滿足案主的行為需求。同時，案主本身也開始要轉變成為主動角色，在治療師的陪同之下，開始創造策略及方案來克服自己的問題。發展開放性相當重要，能因此提升案主解決人際困難的能力，以及看見自有資源的能力。案主了解疾患的原因及功能之後，會開始尋求那些使用健康模式而能幫他們達成相同目標的機轉。案主也會注意到在此階段中治療師所給予家庭功課的重要性：如何組織針對自己的作為，並成為新願景及回應自己生活新方法的來源。家庭作業是有個別性的，也是遵循佩塞施基安所描繪的原則：「想要得到未得、你得做些未做」，能因此協助案主擴展目標及價值體系。

　　有一種好的刺激方法來修正自我認知，就是在治療過程中保留案主的日記。重要的是要注意這是聚焦於內在世界的心理治療日記。他與固著於外在世界及身體性相反，能夠協助案主在注意身體及注意內在世界之間取得平衡。

其他評論

　　大部分的國家建議將案主當下環境資源引入治療中的重要性是一致的。在針對兒童及青少年的治療，更是需要家族心理治療。當下的環境會創造出一種病人身處其中的情境，而去除造成微型創傷的環境也能協助克服疾患，更重要的是要讓家庭成為資源、而非敵人。

　　治療平均療程大約持續一年半且至少五十次。預後則要視相關的情況，如療程的長度、案主人格的資源，以及能否組成專家的跨專業團隊[6]。飲食疾患可能復發，而會復發通常是療程過於短暫所致。除了個別治療，也會考量團體治療的必要性，而且通常是接近療程結束時。支持團體也可能非常有用，因為能提供機會與那些已經克服飲食疾患的人相遇。這些會面能協助案主擴展對自己的概念、激發希望、以及能夠與那些已經在處理問題的人有連結感。

總結

　　正向心理治療領域，飲食疾患被歸類為心身症。有三種主要型態：厭食

症、暴食症及暴食性飲食疾患，是從其他生活領域所出現身體問題的處理過程所導致。通常實際衝突位於接觸領域，因此對治療關係的強調，成為心理治療流程的核心，也顯示藉由家庭進入治療、以及創造專家們的跨專業團隊，來針對案主原初實際能力的發展及擴展支持案主關係體系的重要性。

　　心理治療一般方向是經由正向詮釋來了解疾患的意義與功能，以提供從症狀到衝突的移轉；經由對案主生活情境主要需求挫折的理解，從實際衝突移轉到基本衝突；藉由澄清及去除案主對自我觀念、吸引力形象、自我接納情況及因應問題情境方法之間的內在失調，而從基本衝突移轉到內在衝突。如果這些情況能達成，正向心理治療取向會成為協助病人之有效模式。

CHAPTER 14

—•—

創傷後壓力症候群及創傷後成長之正向心理治療

by 圖格巴‧薩熱（Tugba Sarı）；阿里‧艾爾馬茲（Ali Eryılmaz）

創傷後成長的觀念認為創傷事件的倖存者不僅能從創傷當中痊癒，
甚至還會成長出更強壯、更具動力且更加韌性的特質。

心理學歷史中，有許多針對精神疾病的介入取向，其中之一為正向心理治療介入取向[19]。正向心理治療是由佩塞施基安（1977）所創立，具有在文獻中所提正向介入的特質[36]。案主的症狀會以正向方式來詮釋，他們的能力及潛能則會在心理治療中被探究。本段落會先討論創傷及創傷後成長，因此正向心理治療（佩塞施基安所創）的正向介入面會被特別強調。

目前有許多人在生活當中曾經歷一次或多次創傷，也有75%的人在一生當中曾經歷過創傷生活事件[38]。創傷事件包括廣泛的經驗，如恐怖主義攻擊、戰爭、天災、意外、羞辱、強暴、炸彈、殺傷與科技攻擊。傷害（injury）一詞來自古希臘文，意即創傷或穿過。創傷（trauma）一詞則被用來表達古希臘時期盔甲被刺穿對士兵所造成的傷害[37]。當某事件被定義為創傷時，也可說當事者有較低的控制能力、突發且無法預期、會造成恆久性或慢性化問題等類似特質[41]。

文獻中創傷可分為兩種：微型（小）創傷及巨型（大）創傷[29, 35]。

創傷會對當事人造成震撼，例如性或身體攻擊會被視為巨型創傷，而羞辱、失去生活重心及被忽視的創傷則被視為微型創傷。每個人對創傷事件的反應明顯不同。有些人在嚴重創傷後，會出現焦慮、憂鬱及創傷後壓力症候群等。僅只聚焦於創傷的負向後果，可能會導致對創傷後反應的偏差性了解[20]。近來對創傷事件的研究顯示，創傷同時具有正向及負向效應[4]。例如雖然經歷同樣的車禍導致身體傷害，每個人對意外事件的反應也有所不同。也些人在數週後就能繼續正常工作，而且會說這是一項賦能（empowerment）的經驗，但某些人則會產生不同的症狀而影響日常生活及經驗，例如精神疾病。

目前出版的文獻中，許多醫師及研究者提出在發生創傷事件之後，不僅會負向改變、也可能出現正向改變[41]。特德斯奇（Tedeschi）等[42]首次使用「創傷後成長」一詞來形容高度挑戰生活事件之後造成行為後果的正向改變。困難及痛苦可能會與許多信念系統及信仰相關，例如藝術分支、基督教、伊斯蘭教、印度教及佛教等。這些信仰系統當中，都曾提過痛苦對人類生活的貢獻。類似此種概念，存在主義哲學家如齊克果及尼采強調說，創傷經驗是一種人類可對生命意義質疑的經驗[40]。至於治療領域專家則說，在與創傷受害者的工作當中，他們的案主覺得已經更接近人群，也開始更常去幫助其他人，甚至也會嘗試去接受從別人而來的幫助[15]。

創傷後成長的觀念認為創傷事件的倖存者不僅能從創傷當中痊癒，甚至還會成長出更強壯、更具動力且更加韌性的特質。根據近期正向心理學研究，在難以想像的痛苦、創傷及疼痛之後，可觀察到顯著的成長及發展[15]。臨床工作及研究者在正向心理學及正向心理治療領域則會聚焦於創傷後發展。1970年代，佩塞施基安在德國所發展的正向心理治療中導入微型創傷及巨型創傷理論[29]。正向心理治療提供五步驟介入模式，在其中創傷會被正向詮釋、並為個人重新建立平衡的生活，目標也是指向賦能及成長。近世紀於美國開始平行發展的正向心理學領域工作者，也開始發展更多模式來預防創傷後的負向效應[15, 25]。

本章的目的就是要介紹基於佩塞施基安之後正向心理治療理論的介入及案例。正向心理治療的主要焦點，基於希望與發現案主及情境的正向層面的原則

來重新詮釋創傷，最終幫助案主能重回生活的平衡。

關鍵名詞定義

❖ 創傷後壓力症候群

　　創傷後壓力症候群是在經歷創傷後最常見的精神疾病之一，其症狀列在由美國精神醫學會所出版《精神疾病診斷與統計手冊第五版》（*DSM 5*）中，可分成四類：一、重現創傷經驗，侵入性症狀；二、避開創傷的提示跡象；三、認知及情緒的負向改變；四、過度警醒及敏感。要被診斷為創傷後壓力症候群，個人必須經歷如下症狀至少一個月：一、至少有一種侵入性症狀；二、至少有一種逃避症狀；三、至少有兩種認知思考及情緒症狀；四、至少兩種過度警醒及敏感症狀[2]。並非每位經歷創傷事件的人都會發展出創傷後壓力症候群，但它也是常見的診斷。根據國家創傷後壓力症候群中心的研究報告指出[24]，大約每一百人當中就有七至八位在生命的某個時點曾經歷過創傷後壓力症候群，其中包括大約10%的女性、約4%的男性。

❖ 創傷後成長

　　創傷後所出現的正向改變在文獻中有許多名詞，包括創傷後成長[40]、個人成長[39]、感受效益[21]、正向重評價[22]及正向改變[16]。創傷後成長基本上是一種指向在創傷情境之後個人功能進步的概念。創傷後成長也被用五種主要的正向改變來進行定義：一、改善的人際關係；二、對新的可能性開放；三、更加讚賞生命；四、增加個人能力感；五、靈性發展[40]。

　　根據夏洛特北卡大學創傷後成長研究團體[33]，創傷後成長可被概念化為從個人面對重大生活危機所導致的正向改變，此項正向改變典型會表現出以下五種領域之一或更多：一、感受到生活中有更多的機會或可能；二、人際關係改善；三、增強的心理或情緒能力；四、更加讚賞生命；五、靈性深化。研究也顯示創傷後成長具有許多效益，例如可降低創傷後壓力症候群的嚴重程度、提升情緒成熟的高度[1]。此理論帶給無數人希望，並因此取得更多資源及方法來促進痊癒及成長。

❖ 正向心理治療之平衡模式

　　根據正向心理治療[31]，生活當中有四項領域：身體、成就、接觸及意義／靈性。個人會在此四項領域中面臨衝突，正向心理治療的目的就是要幫助案主能夠達到此四項領域的平衡，並拓展他們因應衝突的能力（詳見第2章）。

❖ 正向心理治療之五階段

　　正向心理治療有五階段流程，且有清楚的教育性特質[29]：一、觀察期；二、完成問卷；三、情境鼓勵；四、說出內心話；五、擴展目標。其流程讓治療有清楚的架構，且能讓案主學習在治療結束後，如何變成自己的治療師。（詳見第2章）

實際應用

❖ 重新建立平衡

　　當人類在調適生活時，會面臨個人平衡的經常性威脅。皮亞傑（Piaget[26]）認為個人必須將新知識及情境吸收進入基模當中，因此適應會發生而個人則能達成平衡。藉由吸收與適應的平衡，會幫助個人在心理上變得更為成熟。在創傷情境中，個人會發現要整合新資訊有困難，據此創傷會阻礙個人發展[22]。因應創傷意即必須要創造新的平衡狀態。

　　關於取向，正向心理治療會聚焦於平衡的創造過程。在創造平衡過程中，有許多可應用的工具，最常見的就是平衡模式[31]。平衡模式認為人類會在平衡的方式使用資源去處理衝突，而創傷經驗會破壞個人的平衡，窄化因應衝突的資源。在心理治療過程中，有一項很重要的目標就是要去拓展個人因應衝突的資源[11, 27]。

　　創傷後成長過程確實是正向心理治療中再平衡的過程[41]，個人會在身體、成就、關係及靈性方面進入一個新的平衡。創傷後成長的靈性改變維度，相當於平衡模式中的第四領域，即未來／幻想；創傷後成長的性格強化改變，相當於正向心理治療中衝突來源的身體維度；創傷後人際關係的改變，相當於在心理治療中的關係維度；創傷後成長之新可能性則相當於平衡模式中的其他維度

或成就維度。

在心理治療過程中最重要的因素之一，就是要促進再平衡的過程，並經由對症狀的正向詮釋來增加創傷後成長。針對症狀的正向詮釋意即表現出現實感。在現實當中，確實有正向特徵或情境，同時也會有負向特徵或情境[27, 34]。例如憂鬱症被認為不只是一種帶有被動態度的失志情緒，也能反映出對更深層感覺的反應能力；對孤單的恐懼並不只是自我管理的不當，也能視為想與他人建立關係的強烈需求表達。正向心理治療中會針對特定的問題，提出特定的正向評價[29, 34]。在正向心理治療過程中，決定個人會如何去經歷症狀及問題，因而正向改變案主的觀點。案主會在過程結束之後，會感覺變得更加堅強，對問題的接納程度也會提升。此項過程會更加有效益地去使用因應衝突的資源[7, 8, 30, 31]。

以下舉例說明當一位案主目睹父親從屋頂摔落而死之後，如何藉由正向詮釋重新取得平衡的過程。

- 治療師：什麼事情讓你感到悲慘？
- 案主：自從知道父親從屋頂跌落之後，我就再也不能走到街道上，總是會一再閃現同樣的畫面。
- 治療師：能告訴我一些關於你的經驗及情緒嗎？
- 案主：如我所說，我離開那間父親從屋頂摔下來的房子。我從來都沒有喜歡過那房子，因為那離市場太遠了。我已經離開將近兩個月了，如果我還沒有搬走，就很可能會一直想著那件事。我的兄弟說：「你正在離開那房子、也離開了回憶。」祖母則說：「你並不喜歡你的父親。」我們已經努力去克服一些事。在我父親去世之後，我離家且去到學校。就在那屋頂上，而就是那間房子，因此待在街道上感覺很糟，所以我們就搬走了。祖母訴說她已經離開了我父親。然而我們也遠離了父親的痛。那非常怪異，他們是怎麼忍受的？我的祖母告訴我不需要去克服它。
- 治療師：為了克服這情境，除了持續感到難過之外，你還能做什麼呢？

- 案主：事實上，我想去克服這情境，持續到讓它離開為止。我們的新家離市場及兄弟的學校很近。即使當我父親還活著，我們也必須搬出那房子。我認為祖母的態度是錯的。雖然我們非常愛那間房子，我們卻離開了那回憶、持續過我們的生活，這代表說我們已經克服這個情境。這房子是曾祖父的，然後交給我們。沒有人可住在自己父親死掉的地方。去克服代表就是要把所有的經驗放下，然後從你離開的地方、繼續往前走。

- 治療師：我們先前談過你對於所發生的事情，持續在責備自己，並且壓抑你的情緒。事實上，如果你把目前的情境想成是一種能發展的機會，那你會怎麼想？

- 案主：那我就必須小心處理關於父親的事，就不能壓抑情緒，而要正確使用情緒，就是要成為自己情緒的主人。

- 治療師：你最好能管理自己的情緒、且做更多的覺察。

- 案主：是啊！那當然，我父親跌下來及死亡都是無法預期的，我可能已經過度情緒化。由於那些情緒而無法克服這情境，想起來相當荒謬。這些情緒就是突然間發生的感受，我確實有這樣的一種情況。死亡必定有一個理由，死亡是一項意外的結果。尋找死亡的元兇，就是那屋頂，沒有人需要感到罪惡。我們已經失去了父親，我們沒辦法停止那已經要發生的事，沒有人需要感到罪惡。

- 治療師：關於這件事的最大的指標就是情緒的強度，我認為去到父親的墳墓對你而言會是一種克服的徵象。

- 案主：是的，那會讓我感覺好一點。

- 治療師：我之前有提過關於平衡模式，你目前所說的就是那些能對你賦能的事，如果你能用靈性語言來詮釋這情境，因而能對自己賦能，那你會說什麼呢？

- 案主：根據我的信仰，我們無法避免一定會發生的事。當死亡來臨時，會因渺小的理由就來了。阿拉決定誰會死、何時死、以及如何死。唯一能被執行的事情就是，當父親來到心中時進行禱告。即使我

用炸藥把房子夷為平地，我的父親也不可能再回來。我所能做最好的事就是去蓋座噴泉。

- 治療師：你還能多說些什麼嗎？

- 案主：我們已經失去父親，每個人都知道這件事，意即沒有任何事情是永恆的。我父親並不是唯一在這世界上死掉的人，沒有任何事情應該被認為是永恆的。我了解生命的價值，也了解會死亡。現在當我想著關於父親的事，我已經感到較為舒坦。

- 治療師：非常好，你所說的都能對你自己賦能，如果將此情境用平衡模式的身體維度來做詮釋的話，你會想說什麼？

- 案主：我已經擁有在那間房子的所有記憶，我在那裏出生，也與父親有一些共同記憶。這沒什麼，就是要去克服，但我們不會再去那離開過的地方。我們已經改變了自己的房子，也已經做了大部分的事情，如租了一間新房、搬離那有困擾事件的家。只要遠離刺激來源，就會感到輕鬆。當接納之後，情緒就能夠被抹去。我能夠想著這些事，為了紀念，這事應該要在這裡畫下句點。當我提到父親時，我能回想起有關他的笑話，而非只是從屋頂掉下來，我已經能控制自己的情緒。我們曾因那事而受過傷，如果我們不包紮這傷口，就會出現發炎，也可能會惡化到死亡。但是我如果能夠想著美好的事，而不是持續回想父親的事，就能療癒傷口。因此從正向觀點而言，我們目前的房子離市場非常近，也與我們的親戚相鄰，好事會持續發生。這是人性最值得想念的部分，我們總是無法看見更大的格局。

- 治療師：我注意到你所經歷的這些負向思考，是從情緒的強度而來。

- 案主：這些確實是強烈的情緒，我已經習慣他們了，我並不應該把情緒放在這事情上，因為那看起來有點幼稚。

- 治療師：你所說的非常重要，除了負向情緒及思考，你也能開始想著正向情緒及思考，因此你已經更能看清楚那大格局。

- 案主：當然，我一定會這麼做。

創傷後壓力症候群正向心理治療之五階段

心理治療過程對病人的貢獻是不言可喻的。根據許多心理治療取向的療程，對病人創傷後成長貢獻卓著[12-14, 44]。正向心理治療是這些取向中之一，且根據諮詢原則的執行，也會對個人創傷後成長相當有幫助。諮詢原則最重要的意義之一即是帶出心理治療過程中的五項步驟。這五項治療階段依序為觀察／拉開距離階段、完成問卷、情境鼓勵、說出內心話、及擴展目標[5, 7, 8, 11, 29, 34]。

基於心理治療的創傷研究強調創傷後成長的重要性，且是被特別強調的一項重點。創傷後成長有兩種重要的面向：適應性及非適應性。心理治療研究中，會特別聚焦於成長，意味著藉此能從實際創傷的後果中解脫[13, 17, 18, 44]。在這個點上，正向心理治療最強的一面就會出現。正向心理治療是一種心理動力導向的心理治療，雖然涵蓋正向要素，但是主要目的還是要去除病理[7, 8, 10, 11, 27, 29, 34]。在這個點上正向心理治療的五階段提供機會用來促進創傷後成長以及其他創傷的預後。接下來會介紹正向心理治療的五階段及處理創傷的案例。

❖ 階段一：觀察／拉開距離

此階段的主要目的是要了解案主的情境及問題，心理治療師會客觀地聆聽案主敘述個人的創傷經驗。治療會聚焦在案主的需要及問題上。一旦案主的問題被確認之後，案主的症狀也會以平衡模式的架構來檢視。心理治療師檢視創傷症狀的案例簡述如下。

- 治療師：能告訴我關於你的問題嗎？
- 案主：當我四歲半時，發生了一場大地震。雖然我沒辦法確切記得在地震中我經歷了什麼，但留下的後遺症至今仍然在影響著我。我目前已經二十二歲了，可說自從我小學時期開始，我就持續在經歷創傷的效應，特別當我在夜晚睡覺時、或當某個人靠近我時，我會突然感到害怕。這是從那時開始的一種殘留效應。我非常害怕高聳建築，然而這種害怕也會在我夜眠時撞擊著我。我也認為每天晚上我都在經歷相

同的情境。

- 治療師：這會怎麼去影響你的身體？
- 案主：當我感到害怕時，我的身體會抽搐，也會感覺到無法移動、無法說話、只能閉上眼睛。有時候，我的眼睛則會睜的很大。有些時候我會感覺到寒冷且喘氣。這些事情之後，我的頭就會覺得難受。
- 治療師：這會怎麼影響到你對未來的觀點？
- 案主：我開始會擔憂未來，我會擔憂我必須去待在哪裡？我開始會感到坐立不安，甚至覺得非常無聊。我會感覺到好像有什麼事情會持續好幾天，我就無法對未來進行計畫。我無法計劃我要住在哪裡，當我想到我的愛人可能也會有同樣問題時，就會更不安。
- 治療師：這問題又會怎樣影響你的人際關係？
- 案主：一般而言這問題並不會影響到我的關係，因為只會出現在夜晚。在夜晚時，當創傷進到我的心裡，我就無法睡眠直到早上，而且已經好幾天沒有好好睡了。我沒辦法用健康的方式去跟別人溝通，當我沒辦法確切解釋時，我通常會覺得無聊。當我被嚴重影響時，我也不想去談。當我沒有辦法跟他人用健康的方式來溝通，會讓我感覺很糟。
- 治療師：這又會怎麼影響你的成就？
- 案主：這不會太影響我的成就。如果我太忙時，就會失神，也會影響那天的考試。當我在做家庭作業，也會悶悶不樂，甚至感到不能自己。

在此過程中，案主會被給予不同的功課，其中一項就是要對他們的症狀寫一封信。目的是要創造案主能去回應症狀的動機，而且要求他們能夠更了解症狀的功能。以下案例就是一封寫給案主症狀的信：

我不知道該如何去形容你，我已經跟你生活這麼久，而你依然如此認真，我不明白。當我在創傷觸發點時遇見你，之後就開始感覺到你的存在。當我遇見你時，我年紀還小，但是我還記得你就像初次一般。誰在哭、誰在咆哮都存在我心中的一角。滴水的聲音，我還不知道那是從哪裡來，卻仍然

困擾著我。當我在一個安靜、無聲的地方聽到類似水急促的聲音，我依然記得你。你給我印象很深，當我遇見關於你的觸發點時，身體會抽搐，且會感覺到無法行動。我甚至不想說話，我的眼睛會張開像一個幸運餅乾一樣、或許也會完全閉合。我感覺到冷、呼吸急促一段時間之後，我的頭會非常痛苦。在我身邊的人會覺得奇怪，到底我經歷了什麼。當我沒辦法對別人訴說時，我會覺得無聊。當我受到嚴重的影響時，我也不想說。

當我無法跟別人用健康的方式溝通時，會讓我感覺很糟。你並沒有影響我的成就太多，如果我生活得太緊湊，你會影響我白天的考試，造成我會失神。當我做功課時，會感到悶悶不樂，甚至感到不能自己。我開始擔憂未來，也擔憂我該去住在哪裡。我也開始變得坐立不安，我非常無聊。我感覺好像有什麼事情就要發生。有時候感覺起來，我沒辦法對未來做出任何的計畫。當我想到我所愛的人也會有同樣問題時，就會更加不安。天災可發生在世界上的每個地方，我無法所有時間都像這樣活著。每個人都能活下來。我需要保持冷靜且自然。我需要向阿拉祈禱能夠保護我。神會為我安排最美好的事情。我祈禱。

❖ 階段二：完成問卷

在此過程中，平衡模式會被用來告知案主有關他過去五年來所經歷的事情，也會被用來了解案主是如何面對及解決創傷相關的問題、以及較常使用平衡模式中那個維度。原初及次發能力的程度會被探究，案主的微型創傷也會被檢視。此治療階段會開始對實際衝突（近期發生的創傷事件）與基本衝突（童年早期所發生的創傷事件）相關理論進行系統化論述。

圖14.1用能力的名詞說明案主的狀態。案主會說出情境：「當我思考自己的創傷、或當我遇見相關觸發點時，我會感覺無助且害怕。」在此流程中，我的希望能力會顯現出來提醒自己並非無助、且我是安全的。我的信心也會支持我的希望能力。在此流程中，愛的能力也可能引發我心中的恐懼，會讓我想到可能發生地震而失去所愛。當我遇見這些觸發點時，我會嘗試用耐心及信心去克服它們。

圖14.1　案主克服創傷之實際能力的範例

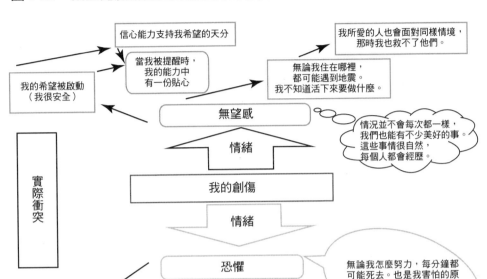

❖ 階段三：情境鼓勵

情境鼓勵是正向心理治療中最核心重要的部分。從案主開始僅聚焦在他的問題時，就難以展現正向層面與機會。在這樣的情境下，案主會被鼓勵用更實際的觀點去面對情境的正向層面。一項嘗試可用來幫助案主發現新的替代性想法來擴展他的領域。以下是在正向心理治療團體中，從曾經歷過創傷之成員所進行的正向詮釋：

- 治療師:在這位的朋友身上,你們所見到的正向特質為何?
- 從團體成員們而來的回饋:她是一位有耐心、冷靜、友善、精力旺盛、以及知道如何傾聽的人;她也相當有趣、能保持冷靜、願意幫助、純潔、成熟、會看情境行動、及一位富同情心的媽媽。
- 治療師:朋友們的回饋讓你會有哪一類的情緒及想法?
- 案主:他們列出許多關於我的正向特質,讓我感覺良好。
- 治療師:非常好!現在請針對這位朋友的問題是如何對她做出貢獻來進行回饋。
- 團隊成員們的回饋:會改變她對生命的觀點,會增加她的宗教信仰、會了解保持安全的重要性,也會了解關係的價值,且這些問題並不會影響到她的關係。
- 治療師:朋友們的回饋讓你會有哪一類的情緒及想法?
- 案主:我是堅強的,從我朋友們的口中,我再次認識自己的正向特質。我是一位能保持能冷靜及成熟思考的女性,當我想到創傷時能夠保持冷靜,我會記得如何用成熟思考來因應。我雖是病人,但我能用這些特質來處理創傷。我想這會是處理病情最好的方法。我擁有這份財產,我有處理創傷的能力。神總是會陪在我身邊,並給予我許多正向特質,而我要使用它們來處理創傷。

❖ 階段四:說出內心話

　　從之前的階段中創造出所需的治療環境後,在此階段會探討案主的基本創傷(發生在童年早期的創傷)。會使用平衡模式及四項維度來幫助案主解決實際與基本衝突,此環節主要目的是聚焦於協助案主找到平衡生活四項領域的方法。

　　此階段會是治療流程中時間最長的,而且會持續到基本衝突被化解為止。以下是處理創傷後,在說出內心話步驟所使用的行動計畫範例。案主的行動計劃案例顯示在表14.1。

表14.1　案主使用行動計畫來處理創傷的案例

星期	根據行動計畫所設計出的活動									
	情境（我憂慮／我舒服）	行為控制技巧介入	平衡模式	分離建議信	信心面對	校正認知扭曲	上傳觸發點意義	校正基本衝突	不帶創傷（旅人故事）	情境鼓勵（正向建議）
一	X					X				
二		X	X							
三				X						X
四							X			
五					X			X		
六									X	
日					X					

❖ 階段五：擴展目標

　　此階段會聚焦在當案主達成目標之後，會想在未來如何生活（分短期及中長期）。此環節中心理治療關係的主要目的就是要提供案主能夠自助的資訊。據此，個人才能裝備好自助方法，在接受治療之後，藉著它們來過生活。此階段案主會學到在他開始新生活之前，重新評估所追求的目標。如此，他會採用平衡模式中生活的四項維度，並計劃如何在生活中維持平衡。此階段經常包括一至兩時段的短期治療、以及持續四至五時段的長期治療。

運用故事

　　正向心理治療另一項主要的介入法，就是在治療流程（見第22章）中使用故事。寓言、智慧語錄及隱喻中的故事，都會被拿來當成案主與治療師之間的討論媒介。故事在治療流程當中具有許多功能，這些功能包括成為一面鏡子、確認過去並移轉到未來[28,6]。主要目的是藉由故事的協助，讓案主用新架構及新觀點來審視創傷或問題。

　　以下的例子中，治療師會先說一段旅行者故事[28]給案主聽，然後要求他寫下關於此故事的想法。

不再讓創傷一直跟著我

沒有任何規定說，我必須總是經歷正向的事，有些時候我也必須經歷負向的事，甚至經歷創傷。面對創傷時，我也會有一段難過的時光，那是完全正常的。我已經長時間帶著創傷，因為我不知道如何處理它，我已經被創傷化了。無論如何，我都能了解它有多沉重，甚至已經承受不住。我總是擔憂，而且我一直在其中。無論在家、學校，我都必須帶著同樣的恐懼，這會讓我耗竭、甚至厭煩。

換一個角度而言，我知道它是一種測試，為何我需要帶著它呢？為何我總是在迫害自己呢？它確實是不需要的負擔。我確定不要再帶著它之後，就感覺好多了。我已經不再帶著你了。你已經許多年都沒離開過我，但我隨著你而成長，如今我再也不需要你了，不用再感到害怕或焦慮。無論如何，你現在還活著，就讓你待在八月，然後我就從那兒離開你。

目前我正走在自己的路上，沒有你我會更快樂。當我不再需要想著你，就能享受更多自己的經驗。即使面對重要挑戰，你也不再跟著我。阿拉最了解我，祂會給我力量，而我已經走在沒有你的道路上。我曾把你當成負擔、且如此不快樂，而你現在是如此沉重。我就選擇在八月熱浪的路邊將你卸下，希望我們再也不要見面。

總結

正向心理治療（佩塞施基安所創）是一種已經被證實對許多精神疾病有效的治療模式[7-9, 11, 29, 30, 32, 34, 43]，也可有效應用在創傷後壓力症候群之個別及團體心理治療。在一項針對異質性組成之正向團體心理治療的研究中，帶有創傷問題的個人被發現能因而解決問題[9]。創傷本身是一種可能被所有年齡層者經歷過的心理問題，無論心理層面是強壯或軟弱[3]。由於創傷症狀如此常見，在受創個人當中也會呈現個別差異。這些差異可在治療過程當中顯現出來。本章在此部分，已經針對處理創傷的治療師們，提出治療五階段的相關建議。

觀察／拉開距離階段：在此階段處理帶有創傷問題的個案，有必要去探索案主的問題及需求。主觀問題如什麼、如何、哪裡、何時、以及誰，會被用來

仔細了解創傷及個人。同時針對個人創傷經驗所提供的行為控制技巧，也會被檢視用來預防在事件當中、事件之後的情緒、思考及行為。案主的症狀會被記錄下來，也會被分派一項寫信的功課。

完成問卷階段：治療師會使用辨別分析量表（DAI）。案主的創傷會用因應衝突來源的方式被檢視。同時，案主的創傷也會用四種關係維度來評估。過去五年所經歷的微型創傷也會被討論。案主會被要求去發現關於他問題的歷史，或由治療師建議的故事。

情境鼓勵階段：創傷是由警訊症狀所組成，會被給予正向詮釋，也會強調案主的正向特質，而案主的情境則會特別使用創傷後成長層面來評估。

說出內心話階段：隨著案主，行動計畫會被準備用來處理創傷問題。這些行動計劃中有可能會用到其他治療模式所使用的技巧，而治療師會在製作及實踐行動計畫的流程當中擔任教育者的角色。

擴展目標階段：此擴展階段聚焦在案主的目標，如何去過沒有創傷症狀的生活。案主會在解決創傷問題之後擬定在身體、成就、關係及靈性領域之各項目標，治療師則協助案主如何去表達這些生活目標。

CHAPTER 15

———•———

正向心身醫學

by 伊萬・基里洛夫（Ivan Kirillov）

佩塞施基安使用健康本源的概念、以及正向取向，將任何心身症狀
理解為：「一種針對內、外在衝突所導致內在張力之釋放能力。」

　　雖然近幾十年來正向心身醫學（Positive Psychosomatics）領域已然蓬勃發
展，仍有三項重大挑戰[30]要去面對：

1. 過度強調身體痛苦，一種絕望似的衝動想去控制、無助感、害怕新的痛
   苦等，驅使心身症患者焦慮地破壞投入心理治療關係的任何嘗試，以至
   於寶貴時間流失，也得不到真正的診斷與真正的治療。
2. 缺乏針對身體化過程的系統性描述。
3. 缺乏針對心身症診斷及擬定治療計畫的系統性策略。

　　正向心理治療能有效地面對此三項挑戰。佩塞施基安使用健康本源的概
念[3]、以及正向取向[註1]，將任何心身症狀理解為：「一種針對內、外在衝突所

導致內在張力之釋放能力。」他提出創新的操作性工具來描述衝突產生及身體化的心理動力。五階段的心理治療策略建立一種系統性的架構，能有效幫助心身症病人投入心理治療流程，並點化他們針對身體症狀的神經質性固著，幫助他們去發展心智化（mentalization）的能力。

關鍵名詞定義

心身醫學：佩塞施基安將心身醫學定義為一種研究及治療的特殊領域，試圖去釐清心理事件與身體反應之間的關聯性[21]。

心身症（Psychosomatic disorders）：一種人類的身體病痛及功能性疾患，原因及病程大多與社會心理環境相關[21]。心身症目前被歸類於身體症狀及相關疾患（DSM-5）、或身體型疾患（ICD-10）。

- 解離性（F-44〔300.11〕轉化）疾患（內在衝突張力的表達及釋放能力）：解離性失憶、遊走、僵呆、動作疾患、抽搐、麻痺及感覺喪失、不自主動作、出神（trance）及被附身疾患，無法以任何身體機能障礙來解釋。轉化是一種退化的身體形式，源自潛意識衝突所導致高度張力性焦慮及強迫性，因而形成突顯的象徵。神經影像學的初步結果顯示，病人的主要知覺區保持正常，但腦島[25]、眶額、前扣帶皮質及邊緣系統[10, 15]活躍，並抑制基底核、丘腦—皮質迴路，因而降低意識中的感覺或動作流程[4]。

- 功能性心身困擾（F-45.3 身體型自律神經失調）（自律神經系統內在衝突及張力之指涉能力），導因於自律神經系統及荷爾蒙連鎖反應過度高張。非特定的壓力反應表現於下列系統至少兩類中的六項症狀：心血管、呼吸、胃腸、泌尿、皮膚及疼痛。這些症狀與心理生活的連結，長久以來就被釐清、並反映在有名的諺語中：「憤怒會在腸道撞擊你」、「那讓我膽子大」、「沒有你我無法呼吸」、「你讓我頭痛」等等。

- 器質性心身障礙（對受壓抑及未受關注內在衝突與耗竭之指涉能力）會

註1 正向（Positive）：包含或表徵為存在，而非不存在於顯著特徵。（https://en.oxforddictionaries.com/definition/positive）

在「憤怒，比喻說，已經吃進器官並導致客觀病理性變化[21]」時顯現。
由於慢性壓力造成生理韌性疲勞，所導致自律神經系統之長期性緊繃，
因而造成細胞、組織及神經免疫系統等結構及功能顯著的改變，如胃腸
潰瘍、巴塞多氏（Basedow）症、橋本氏（Hashimoto）症候群、第一型
糖尿病、功能性心臟病、頭痛、腸道疾病、類風濕性問題、氣喘等。受
損器官之特異性是經由一般壓力反應、基因傾向及特殊生活情境（生活
型態、營養、身體活動、環境因素）所定義，而非心理因素。然而針對
症狀意義的回顧性詮釋，能讓病人藉由疏通並釋放衝突之後，得以重新
統整身體經驗[1]。

- 慮病（疾病焦慮）疾患（F45.2〔300.7〕）（對身體而非心理尋求更深層
  意義的能力）是出現在身體健康者的一種持續性（至少六個月）痛苦執
  念，具有：一、害怕罹患嚴重、致命性疾病，如癌症或心臟病；二、自
  認為變形或毀容（軀體變形疾患）。

- 心理因素影響其他身體疾病（F54〔316〕）（關於疾病焦慮的處理能力）
  是一種心理及行為反應，會去影響身體疾病的病程與治療，如逃避照
  護、要求額外照護等。

- 詐病（F68.10〔300.19〕）欺騙自己或他人（即使沒有明顯利益，也想
  吸引注意的能力）。有趣的是，會與解離及催眠導致麻痺者在神經影像
  上觸發相同的改變[11]。

關鍵衝突（詳見第27章有關衝突模式）介於直白或開放（straightforwardness,
openness）與禮貌（courtesy, politeness）之間的關鍵衝突，能調節內在衝突張
力的流程，並扮演身體化流程中的重要角色。關鍵衝突可用四種不同的方法來
解決：建設性、直白式、禮貌性、及矛盾性模式。

- **建設性**：要讓關鍵衝突的**建設性解決法**成為可能，原初照顧者處在基本
  情境時，必須能夠：一、提供嬰兒安全性依附；二、能將嬰兒的情緒激
  動進行鏡映、命名及轉變為心理要素，供他們思考及調解[8, 29]，就能保

護自己及他人免於承受自己的衝動,並管理自身行為的身體及情緒後果;三、管理安全性依附流程;四、管理並解釋他們(父母)自己的情緒,讓孩子學會去容忍、注意及理解他們,能妥協並建立雙向有利關係。除了客體關係,藉著這些方法,孩子就能發展成熟的原初能力來調節自己的情緒與象徵結構、自我功能及心智化。發展完全的原初能力就能組成人格的成熟架構[19],讓一個人能用影像及文字去整合感覺、器官及動作的激發,並因此能擴展內在既存的情緒基模及人際關係。

- **直白式:**如果原初照顧者只會鏡映及命名嬰兒的情緒狀態與需求,但未能調節這些情緒、考量外在身體與情緒後果,那一個人的原初能力就無法發展到藉個人內在方法就足以解決內在衝突、及防護他人免受個人衝動影響。因此漸增的內在張力[2]將可能被導向一種外在客體,來釋放無法承受的情緒壓力。直白是一種能力,用來追隨個人衝動及對外釋放內在衝突張力的需求、克服對外在衝突及擔憂遭他人攻擊的恐懼,這些人的需求可能被觸犯。由於客觀情境或溝通技巧不足,當不可能外在解決時,內在衝突的壓力就會漸增,終至耗盡身體資源,進而導致心理或身體疾病。從生理學上而言,直白的支持來源,包括由邊緣結構[6, 23]及交感神經節奏所主導、釋放腎上腺素[21]及展現開放性的憤怒。

- **禮貌性:**當原初照顧者無法調節嬰兒的情緒衝動,並要求順服及禮貌,因此孩子不僅無法處理好個人內在衝突,而且會把漸增內在張力的外在釋放管道壓抑住,因為害怕失去接觸、愉悅、愛、照顧、信任及理想性([我不能談論它]、[我不要惹惱任何人]、[我不可以這樣做])。禮貌是一種能力,用來避免外在衝突、考量外在情境及他人需求、壓抑個人興趣、衝動及對外在要求的攻擊等,以保持與他人接觸。生理學上而言,禮貌攸關恐懼,是由大腦皮質結構活動所控制,特別是前額葉[6, 23],導致副交感神經節奏為主[21]。當原初能力不足時,就無法引用自我的原初能力來解決內在衝突,也由於過度禮貌,讓外在解決變得不可能,因此內在壓力持續累積,變成慢性,早晚會造成身體資源耗竭,最終導致疾病的發生。

● **矛盾性**：導因於原初照顧者無法提供嬰兒安全依附及安全脫離。通常此
類病患的父母會把他們當成自戀的所屬，給予過度關注或全然無視孩子
的需求[9]。他們無法調節及組織孩子的經驗，因此嬰兒難以發展出調節
情緒激發的能力[17]，以及管理個人行為的外在後果，以建立雙方有利關
係。為了彌補這些缺失，一個人可能因此發展出分裂自我，表現出偽正
常的功能，甚至在個別生活領域取得成功，但仍否認未經處理的情緒及
從未被象徵化的內在衝突[26]。

一位矛盾者無法覺察、理解、評估及調解個人和他人的需求，幻想、連
結及心智化的能力有限。反而這些病人會傾向使用操作性或具體化的思
考模式[16]，他們無法使用隱喻[1]，且傾向以機械化及一種情緒空洞的方式
來形容事件，而非進行反思，只有那些可被接觸或看見的客體，才會被
視為重要。此類病人會在事件發生在他們身上時經歷情緒，而非對生活
情境的個人反應[13, 14, 28]，因此他們總是被形容為憂鬱、缺乏情緒語言，
甚至在情感空虛、痛苦及折磨人的關係中面臨嚴重困境。

此種「無言的心靈」難以覺察或形容漸增不悅的內在刺激。累積的焦慮
及矛盾傾向用退化（解離）及／或身體症狀的過高或過低功能的形式來
進行自發性的釋放，能因此暫時釋放過載的心理壓力，好讓病人在壓力
源解除之後，得到復原的機會[1]。如果不可能復原，功能性疾患就可能
因此轉變成更嚴重的疾病，如自體免疫疾病或癌症[27]。

心身醫學弧（Psychosomatic arc）最早由佩塞施基安於1988[24]年所創，目
的是為幫助病人及治療師能以視覺化圖像來理解身體化流程，進而發現最好的
介入方式來治療心身症。由於近幾十年來針對神經免疫學及神經生理學的新發
現，心身醫學弧得到進一步發展[5, 12, 24]（如圖15.1）。

此流程開始於實際事件：

1. 中樞神經系統在0.5秒內接收從感覺神經而來之外在或內在改變的資
   訊，並對壓力作出反應。

圖15.1　心身醫學弧（由 I. Kirillov 修訂；在 N. Peseschkiam, A. Remmers, I. Boncheva 之後）

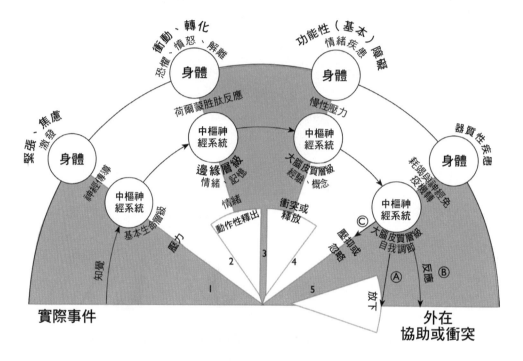

2. 腦幹的網狀結構（基本生命層次）藉由釋放腎上腺素進入突觸並開啟自律神經系統。全面性的激發、強化注意力、血管收縮、增加心率及呼吸以預備身體去戰、逃或凍結。

3. 幾乎同時，邊緣系統開始比對從個人在基本衝突的情緒記憶模組，以決定主觀感受危險的程度，繼而啟動相應的情緒，將壓力能量管道打開、形成衝動，能藉由非自主的動作反應快速釋放。

4. 演化而來的大腦新皮質結構，特別是前額葉啟動稍微慢一些，是為了分析感受到的實際事件與個人情緒反應，去和既存的意識及潛意識經驗進行比對。比對之後會產生三種可能的結果：

- 內在衝突：如果此情境很熟悉地觸動基本衝突中過去存在的概念，就會被主觀感受為滿足原初需求的威脅或機會（〔我害怕犯錯，因

為沒有人會愛我〕、〔這很不愉快，但為了當好人，我還是必須要去做〕）。這樣的感知會強化情緒衝動來保護已啟動的原初需求、調節慢性壓力、繼而造成情緒疾患與功能性困擾。

- 如果缺乏足夠資訊或這是全新且未知的內容，搜尋引擎及思考模式（什麼、如何、為何、何時）就會被啟動。

- 當情境似乎是安全且無特別狀況時，危機解除、衝動疏緩。

5. 因內在衝突或搜尋引擎所產生的情緒衝動就會活化關鍵衝突，視解決模式的不同，也會開啟四種上述情境之一：

- **建設性**使用原初能力來關注、理解及重組內在衝突以釋放張力，所有系統因而恢復正常功能。

- **直白式**將內在衝突之未經處理的張力重新引導向外，並利用外在客體嘗試去符合個人的內在需求。

- **禮貌性**壓抑或**矛盾性**忽略未解決的內在衝突，並持續累積慢性壓力。一旦遇到基因敏感性關係，可能導致神經內分泌系統去降低免疫反應、並開啟感染的可能性，或相對會觸發過多或片面的免疫反應，可能開始去攻擊不同器官的組織，如甲狀腺（巴塞多氏症、橋本氏症候群）、胰臟（第一型糖尿病）、結締組織（白赫鐵列夫氏〔Bechterew〕症）及其他。

應用

針對心身症的正向心理治療之五階段策略，架構出治療的方向，能有次序且系統化地處理上述病因的關鍵流程。

階段一：觀察／拉開距離

促進投入：為建立初始關係，治療師會對病人的實質經驗表現出相當積極的興趣。促進此流程最好的方法，就是使用由平衡模式所架構的系統性序列問題（如圖15.2）[20]。聚焦於這些問題或症狀的立即性經驗（在身體上如何經驗你的症狀？在這些時刻你都會做什麼？其他人如何回應你的痛苦？你希望或害

圖 15.2 平衡模式

怕什麼？）、以及心身症的長期影響（既然你有這樣的問題，它會如何影響你的一般身體狀況／生產力／關係／觀點？），如此非評斷式的興趣能協助病人去感覺到被了解且嚴肅對待的態度。

藉由回答系統性問題，病人就能開始使用平衡模式去探索症狀、情境及對生活的影響。因此他就能重整自我反思、記憶及對經驗的整體感知。為強化治療關係，治療師也可利用病人的語言表達及用來描述痛苦的象徵去架構這些問題及反思。

點化固著：系統性檢視症狀、收集重大生活事件（巨型創傷）、及日常壓力（微型創傷），協助病人與他個人的強烈經驗拉開距離，並對生活負荷、社會關係、心理內容及行為模式建立關聯性的覺察。

聚焦於能力上：治療師協助病人去確認實際次發能力（常規及行為）是如何一再地去觸發個人壓力及內在衝突、弱化身體資源及制約心身反應。因此案主才能將注意力從身體症狀轉移到日常壓力的行為及心理層面。

心理動力焦點：正向心理治療師會進行持續的心理實驗，試著將症狀理解為病人想去釋放壓抑內在衝突所致衝動的潛意識嘗試，以穩定及發展既有的社會體系。如此正向的關注焦點，會協助治療師能和病人的神經質經驗、以及個人的反移情保持距離。治療師的正向態度會提供病人針對症狀的替代性心理動力經驗：好奇對上逃避；理解對上羞愧；發展能力對上焦慮；希望對上絕望。

這些情緒經驗的改變會影響腦幹系統的立即性反應，如果這樣的經驗能持續夠久的話（大約六週），就有重整情緒記憶的潛力。為了幫助病人得到對個人疾患的新觀點，治療師會藉由佩塞施基安所建議的民俗、不同文化及普遍正向詮釋（心臟病發作——承擔心臟負荷及風險因子的能力；性無能——從性衝突領域回退的能力等[21]）來提供另類觀點。

❖ 自助工具包

- 自我觀察：列出日常壓力源、形容個人的實際反應、並針對每項建議較佳的替代性反應。
- 列出個人的能力及優勢。
- 列出過去所經歷的重大生活事件、並使用「社會再調適量表」（Social Readjustment Rating Scale, SRRS[18]）來衡量。
- 生活平衡：你是如何將生活能量的100%分配到平衡模式的四項領域中？
- 反應平衡：在四項生活領域中反思你對症狀的反應？

❖ 社會調適介入

- 在你生活中的其他人對你的身體狀況是如何反應？
- 在你生活中的其他人對他們自己生活中的類似情境是如何因應？

階段二：完成問卷

治療師會使用四關係維度來詢問在病人幼年期與原初照顧者的關係（如圖15.3），以便將病人導致慢性壓力與身體化的內在動機及衝突之心理動力帶到意識中。

❖「我」關係

- 你的父母／手足是如何對待你？
- 「實際次發能力」在父母／手足於幼年期對你的態度所扮演的角色為何？

圖 15.3　四關係維度

❖「你們」關係

- 你的父母是如何對待彼此？
- 「實際次發能力」在父母彼此關係間所扮演的角色為何？

❖「我們」關係

- 你父母與社會環境的關係為何？
- 「實際次發能力」在你父母與社會環境關係所扮演的角色為何？

❖「本源我們」關係

- 你父母的信仰為何？
- 「實際次發能力」在你父母信仰體系中所扮演的角色為何？

治療師協助病人恢復其模擬個別資源及因應策略的個人心理動力：

- 將情緒價值歸因到次發能力（此階段的觀察視為觸發因素）的主觀概念，特別是直白及禮貌與身體症狀，取決於它們是如何協助或阻礙基本衝突中重要及原初需求的滿足。
- 聚焦於生存及重要原初需求滿足的初始生理反應（壓力與情緒）。
- 足夠程度的原初能力來調整內在心理流程及衝突，以符合相應的原初需求。

藉由辨別分析量表（DAI）[21]能協助病人確認個人穩定及人格相關的衝突態度，確實是過去歷史中習慣解決內在或社會衝突的嘗試，這些可能比身體受苦更加傷痛。

心理動力焦點：治療師使用個人原初能力及結構化問卷來協助案主去分析導致心身症的內在衝突內容與動力，並發展心智化的能力。

❖ 自助工具包

- 辨別分析量表（DAI）[21]
- 威斯巴登正向及家族治療問卷[22]
- 壓力浮沉日誌（確認因行為反應所觸發的原初需求）[12]

❖ 社會適應介入

- 症狀對你或你的伴侶、好朋友、不同文化的人所代表的意義為何？
- 症狀在你的生活／你伴侶的生活中所具有的功能為何？

階段三：鼓舞（情境鼓勵）

此階段治療師會使用：

1. 似非而是的（paradoxical）鼓勵：根據案主的心智化能力（capacity for mentalization），以確認其對正向功能之理解程度，而針對症狀進行似非而是的鼓勵。
   - 針對有較佳心智化能力之案主：
     我說得對嗎？當你感受到任何對**順服**（以次發能力來形容的情境）的要求，如同對你與自己**接觸**（原初需求）的威脅，會用強烈憤怒及反抗衝動做出反應（壓力、情緒及行為衝動程度），來保護／滿足你與自己的接觸（原初需求）？
     當案主確認此點，如果可以就繼續下去：
     似乎你會認為自己反抗的衝動（有關衝動的描述）是針對必須成為

一個好（理想）兒子（原初需求）的威脅，因而抑制你的衝動（表現禮貌）以保護／滿足你成為好（理想）兒子的需求（原初需求）。

當案主確認此點，如果可以就繼續下去：

你的身體會持續產生能量以保護自己的需求，並藉由氣喘發作（身體症狀）來釋放嗎？

- 針對心智化能力較弱的案主：

  我說得對嗎？你的氣喘發作（症狀）是你的能力用來：

  ◎保護你與自己的接觸、且仍能扮演好兒子的角色（原初需求）？

  ◎告訴父母你無法去做他們所要求的事（隱含的訊息）？

  ◎要求與自己保持接觸的自由（需要幫助）？

  此類介入目的是要點醒案主對症狀之內在衝突及功能的認知，並釋放防衛、提升動機來主動尋求替代性反應。

2. 情境鼓勵：常態性正向關注能力／潛能，能協助案主聚焦於目前已經達成且可用的資源上，並產生信心及執行的動力。

3. 心理血清（Psycho-serum）：將針對症狀新取得之正向感知與觀念，加強銘刻於自動化潛意識記憶當中。技術上而言，可使用催眠性暗示、自律訓練（Autogenic training）、引導式想像、故事、隱喻及幽默等來執行。

心理動力焦點：治療師會提供病人搜尋資源的模式、信任他們、鼓勵自助、提升對實驗的啟發與好奇心。

❖ 自助工具包

- 你的症狀已經在生活中造成何種正向影響？
- 呼吸及放鬆訓練
- 自律訓練

❖ 社會調適介入

- 你的症狀已經對環境造成什麼樣的正向影響？

- 你要如何建立與衝突伴侶的信任？
- 你能鼓勵伴侶的哪類能力？如何鼓勵？
- 你能告訴伴侶對這些行為如何對你造成干擾的理解嗎？
- 誰能協助／鼓勵你？你如何做這樣的要求？

階段四：說出內心話

聚焦已經過探索及審視的衝突，能確保病人對內在衝突的清楚理解、源頭、以及對造成心身症所扮演的角色。藉由提點在治療關係中的表現、討論其源頭、造成慢性壓力及心身症狀所扮演的角色等，來處理關鍵衝突。

啟動對關鍵衝突的建設性解決：

- 當病人出現情緒時進行聆聽與詢問。
- 在提問及評論時，必須直接、清楚且對病人的用詞及理解能力保持敏感度。
- 聚焦於問題及評論上，而非個人，但相對可聚焦於行動及能力來激發自然性的衝動，去發展個人能力、並測試新行為。

要求病人使用替代性行為，能因此：

- 最佳化個人概念及感知。
- 協助個人去面對那些不具內在或外在衝突的觸發性需求，並將較為脆弱的原初能力發展成為自足能力。
- 鼓勵病人去承擔未來社會、情緒及行為發展的責任。

心理動力焦點：治療關係可用來扮演介於直白與對個人有意識承擔所屬情緒反應（禮貌）之間平衡狀態的主動式示範。

❖ 自助工具包

- 直白式與禮貌性解決法有多常造成衝突？與誰？
- 觸發你的何種需求及伴侶的何種需求？
- 你目前如何向伴侶解釋自己的問題／需求？

❖ 社會調適介入

- 你有多常去確認對伴侶問題及需求的理解？
- 你能提供伴侶什麼樣的雙向互利解決方案？
- 你與伴侶能同意不體諒、會比在適當時機進行坦誠對話更能傷害你及伴侶？

階段五：擴展目標

此階段，治療師會聚焦於：

1. 回饋病人去開啟執行的動力：
   - 透過治療你已經達成了什麼？
   - 什麼對你才是重要的？
   - 從現在開始你將會做什麼？
   - 你要將什麼帶給你的同事、家人、朋友？
   - 下次療程你比較喜歡去討論什麼？
2. 發展病人尚未完全開發的能力，特別是原初能力。
3. 使用平衡模式及關係責任的四種維度（我、你們、我們、本源我們）來建立五年、一年、一個月、一週、一天的生活平衡計劃（用三至五種特定活動來支持一至三種目標）。

心理動力焦點：強化這些新理念，並將它們植入案主的內心故事，來平衡對健康未來的願景，使其變得更加實際。

❖ 自助工具包

- 如果你再也沒有任何症狀時，會做些什麼？

❖ 社會調適介入

- 如果你再也沒有任何症狀，會想和伴侶一起做些什麼？

總結

正向心理治療能有效處理當代心身醫學的三大挑戰。

1. 將心身症狀正向詮釋為一種釋放潛藏內在衝突所導致內在張力的一種能力，並藉著平衡式探問來協助病人投入治療協同關係、得到信任以及點化過多的身體固著性。

2. 心身醫學弧能提供系統性描述及身體化流程的視覺化圖像，提供最佳理解、治療計畫與促進。

   * 傳遞器官所感知的資訊給中樞神經
   * 能量產出及預備行動（基本生命層次）
   * 情緒衝動（邊緣層次）
   * 概念調節（大腦皮質層次）
     ◎威脅／內在衝突
     ◎疑惑及／或思考
     ◎解除
   * 藉關鍵衝突進行衝動調節：
     ◎建設性解決
     ◎直白式外化
     ◎禮貌性壓抑或矛盾性忽略而加重慢性壓力、更進一步身體化。

3. 五階段心理治療策略提供系統性架構，來有效且依序處理身體化過程的每個關鍵點。

   * 階段一：協助病人投入治療、並重整病人的感知。
   * 階段二：辨別心身症狀所潛藏內在衝突之內容及動力。
   * 階段三：鼓舞（情境鼓勵）——發現自我信任的資源、激發試驗的靈感及好奇心。
   * 階段四：最佳化關鍵衝突的結果。
   * 階段五：擴展目標——發展在治療之後仍能支持健康且平衡生活的能力。

關鍵重點

▶正向心身醫學是基於正向心理治療，將症狀視為身體釋放源自潛在內在衝突所形成內在張力之能力。

▶心身醫學弧提供身體化流程的系統性描述及視覺化資訊。

▶心理治療策略的五階段會系統化、依序且有效地討論身體化的每個關鍵點。

CHAPTER 16

———•———

正向兒童青少年心理治療

羅曼・西斯爾斯基（Roman Ciesielski）

只賣種子

　　有位男人在夢中，來到一間綠色食物雜貨店。一位老人站在櫃檯後面歡迎他。年輕人用宏亮的聲音說：「你能給我什麼呢？」商店助理和善地回答：「那得看你想要什麼？」聽到顧客毫不猶豫劈裡啪啦地說著：「既然這樣，我要世界和平、世界團結、捐棄偏見與貧窮、宗教統合、女男平等。」就在此時老人插嘴說：「稍停一下，年輕人，我們之間似乎存在某些誤解，我這裡不賣水果，只賣種子[1]。」

家庭及社會情境的重要性

　　為全面性了解兒童或青少年議題，尤其重要的是得去了解他們日常生活、發展及學習的環境。兒童很少主動提及心理或心身本質的問題，除了主觀或客觀的障礙之外，他們針對個人經驗本質有限的覺察能力，使他們更難表達。通常都是由大人確認兒童所表現為心理痛苦的特殊症狀，視發展年齡及安全感，

年輕病人可能會肯定或否決大人的看法。

　　父母參雜自己的焦慮及對孩子的觀察之後，所陳述的內容會較為清楚。也能讓治療師從照顧者收集到更重要的資料，同時也能評估家庭中雙向關係的動力、建立起與父母之間的聯盟。然而當兒童的功能障礙是由家庭以外的人所觀察到，如導師、輔導老師或科任老師，通常預後就相當不好。這表示問題會被近親忽視，並預告與家人建立治療關係的困難。

　　正向心理治療師應該從各種潛在資源去收集有關年少病人的資訊，就能創造機會來比較兒童對各種不同社會環境的反應方式。尤其要考慮到兒童所表現的症狀，除了家庭及其因應型態所經驗到的壓力程度之外，通常也與家庭外顯及隱含的衝突具有密切關係。無論是在診斷階段或兒童治療流程，家屬的現身應該都是持續治療成功的關鍵。

關鍵定義

❖ 兒童及其家庭之生命發展期

　　個別治療計畫應該要由完整的臨床診斷來推進。要進行此診斷，最基本要求是必須對兒童心理動作發展領域及家庭發展階段都有充分了解。針對前項議題由艾瑞克森等所描述的心理社會發展階段特別有用[2]，如果能適當解決他們所定義的正常發展危機，就能提供兒童新技巧，同時開始新生命階段。然而未解決的危機則會造成壓抑，並持續固著於該項發展階段，導致之後生命週期會出現重複性衝突，例如基本不信任、自卑感及羞愧感。專精正向心理治療的作者也會在社會情境當中針對自我發展賦予特殊意義，並以不同方式來解釋此流程相關的衝突本質，此主題會於下節來討論。

　　針對兒童青少年正向心理治療在形成臨床診斷的過程，第二項參考論點是杜瓦爾（Duvall）所形容的家庭發展週期[3]。根據他的觀察，在兒童需要特殊資源及適應技巧的特殊生命階段，家庭會扮演重要任務。沒有這些資源，家庭體系對預期的改變就會表現出抗拒，因此小孩就會潛意識地發展疾病症狀，扮演整個家庭的平衡功能，例如要去幼稚園時出現分離焦慮，或需要在空巢期出現青少年憂鬱症。

❖ 依附與原初（實際）能力

　　針對兒童發展主題，許多有用的臨床知識是從鮑比依附理論[4,5]衍生而來，並由愛因斯沃斯（Ainsworth[6,7]）擴展。該理論強調兒童與基本依附客體之間連結的根本重要性，通常都是母親。這樣的連結對每個人適當的情緒、認知及社會發展都非常關鍵。只有安全性依附才能保證適當發展，母親通常會全力去應和兒童的身體及心理需求。安全關係的經驗就能製造出信任自己及他人的成果。從實際經驗當中，也會出現一些不安全的依附型態，其中以焦慮—矛盾及焦慮—逃避型態最常被提及。前瞻式觀察顯示，從兒童早期所形成的關係基模，會潛意識複製到個人生活的後續階段，並導致許多困擾及障礙（不安全依附型態）。

　　佩塞施基安用架構來形容依附關係，並稱為原初（實際）能力，他所提到的包括信任、接觸、時間性、耐心及其他（詳見第2章）。根據此模式，基本能力是隱含出現於兒童—照顧者關係當中，組成一種能滿足兒童特殊生物及心理需求[8,9]的基礎條件。佩塞施基安也特別強調示範的角色，意即潛意識地認同大人的示範。依他的意見，兒童在生命的前兩年所發展出的某些原初能力，在未來將決定他們的依附型態。至於家庭環境中會提供何種示範及關係維度，也會受到跨世代傳承及社會文化情境所影響。

❖ 社會教育及次發（實際）能力

　　當孩子越長越大，會更受廣大社會環境及文化情境所影響。兒童在進行社會適應流程，會開始去吸收特殊行為常規。佩塞施基安將它們定義為次發實際能力，如良知、禮貌、準時、勤奮及其他[8,9]。也強調兒童從幼稚園開始，就能夠藉由教育來內化它們。這樣就能很容易了解，從那時期開始，滿足一個兒童的情緒及關係需求，會受到強化或壓抑選擇性次發能力的制約，也會提升個人潛意識的妥協，根據此項原則：「如果我誠實，父母就會為我感到驕傲。」、「如果我能順服，我的父母就會對我感興趣。」

❖ 衝突

　　上述所提到的潛意識妥協，一方面有益於生存，另一方面則會形塑兒童人

格、並限制他們追求幸福及自我實現的資源選項。也可這麼說,對愛無節制的需求會在原初能力(愛的特定分身)及次發能力(社會行為特定的常規)之間轉變成為個人的妥協,而佩塞施基安將這些妥協稱為基本衝突。從過去章節可看出,當這些衝突從兒童心中被挑起時,內在衝突就可能成形、並外化成為心理及心身症狀。

❖ 資源預估

當一位兒童出現障礙時,會有心理或神經生物基礎,而這些限制通常會成為家庭及社會環境的關注焦點,成人或同儕會對兒童不可理喻的行為公開表示否定的態度。合理懷疑此類負向標記會因此傷到孩子的自尊,並造成社會排斥,此類現象最常見於診斷為注意力不足過動症或對立反抗症的兒童身上。

正向心理治療中,心理治療師目標就是要儘早去反轉此種趨勢。若能跟父母、家人、導師及老師見面的話會更好。他們每位除了既有負面印象之外,都能想起有關孩子較佳的形容與形象,確認並指出孩子所隱藏的資源,有助於促進和他們建立安全且開放性的關係。如果能探索出孩子能力相關問題的答案,對於了解無法充分發展的其他理由,以及如何經由治療過程去激發它們的發展,相當有助益。

一項有用的方法就是協助父母從難以接受的層面轉到家庭所重視並保護的價值及原則,來重新詮釋孩子的行為。透過正向的描繪,這些孩子就有機會重新回歸家庭體系過去的地位,而不會被排除,雙方的控訴及批評就能被達成互相理解及尋求解決方案的努力所取代。更好的是能使用友善、專注觀察者的眼光,從外在的觀點對家庭整體及個別成員都有正向的回應。

探索心理資源的過程,無論是個人及家庭都能涵蓋於正向概念之內,如前幾章所描述的模式。基本假設認為所有人本質上都是良好的,且在最佳時機都能實現潛能。如果某些不利環境阻撓此項流程,正向心理治療的目的就是為了去除障礙,並提供年輕人發展動力。

在發展期正向心理治療之標準流程

許多當代科學研究及臨床觀察顯示，治療關係在治療過程中扮演相當重要的角色[6]。此類關係能為兒童創造出安全依附模式，並提供矯正性經驗的空間，因而能發展出更成熟且整合的自我。將家庭會談及直接觀察互動所得到的知識進行系統化之後，正向心理治療會去定義兒童實現後續發展、能直接取得關係及全時間有意識地模仿此流程所需的基本能力。

基於具體需求，這些基本能力包括真誠、接納、耐心、希望及其他。要特別記住大多數個案中，治療師與年輕病人的個別接觸，會有點像療癒過程的酵母一般。在治療時段結束之後，兒童會回到他們日常生活環境，也會受到各種不同的影響。因此心理治療師會尋找病人周邊環境的聯盟，藉由他們主動參與治療，就有機會讓他們能透過對治療師某些特質的認同而直接啟動案主所需的能力；從另一角度而言，病人會在與治療師接觸過程中發展新且更健康的依附模式，如此兒童就能啟用從治療師及主要支持團體而來的新關係模式。

❖ 治療契約

正向心理治療中，關於治療契約的擬定會在兒童面前與照顧者一起進行。討論內容會包括治療地點、頻率、與治療所需時間、期待的治療目標以及治療計畫。治療時視兒童的年紀，也會安排父母及家人在治療過程的活動範圍。兒童年紀越小，就會建議大人能夠出席療程。至於青少年，則建議把個別療程與照顧者、其他家人或全體家人能參與的諮商時段分開。這樣的安排與發生在家庭發展階段個別化及分離的自然流程相呼應。同時也能滿足年輕人自主及獨立性被尊重的需求。在此情境中會討論隱私權的議題，包括個別治療中共享的資訊，除非是對病人或他人有生命威脅的情境。

❖ 發展期之心理治療形式

針對兒童青少年的正向心理治療，以下的治療形式能單獨進行或併用：個別心理治療、團體心理治療、家族心理治療。團體及家族心理治療會分別於第

22及20章中介紹，本章會完全聚焦於有兒童照顧者在場的個別治療，或間歇性進行的家族諮商。此兩項治療模式中，個別治療是前提，家屬的出現目的是為了協助達成治療目標。

❖ 發展期之治療技巧

在正向心理學架構下，對兒童或青少年進行治療過程，會視年齡及發展階段而彈性調整治療工具及技巧。常被使用到的治療方法包括：想像力、符合發展階段的童話及故事、以藝術治療形式來呈現、遊戲及運動、娃娃及玩偶等。符合發展期的治療技巧會涵蓋於以下段落及案例說明當中。

針對兒童及青少年之治療流程

正向心理治療本身最早是一種策略活動及流程，分為五階段接續的步驟[10, 11]。每一步驟對所有進行雙向互動以及追蹤治療進展的各方而言，都具有清楚的參考架構。此治療五階段依序為：觀察／拉開距離；完成問卷；情境鼓勵；說出內心話；擴展目標。

❖ 階段一：觀察與拉開距離

治療初始階段目的是為了收集基本的診斷資訊，並使用兒童及家人能理解的臨床及描述語彙。所陳述的問題會用所有參與諮商過程者的不同觀點來進行討論。區分觀點能讓問題被重新定義、及使用正向重新闡述。例如：「瑪姬，你因為焦慮而無法去上幼稚園，爸爸媽媽一起來想看看有什麼辦法可以解決。」換句話說，我們會試著放在家庭關係事件的情境中，賦予所提出問題另一層意義。在正向心理治療中，我們會聚焦於更小心討論家庭系統的社會動力。歸功於此觀察，就能更加了解外顯及隱含的家庭功能常規，其結構、階層、及溝通型態，例如同意或不同意讓小孩表達負向情緒。

當為小孩進行家庭諮商時，盡可能使用故事、並從孩子的觀點來描述問題。如果能被引導使用簡單語彙，兒童會更樂意創造故事。例如：「強尼，請告訴我們有關一隻小動物的故事，它的父母出門去旅行，而且他們會單獨離開

家……。」另一種可用來與孩子接觸、並鼓勵他們對焦慮命名的方式，就是使用角色扮演。治療師就能跟孩子一起玩玩偶，例如：「這個玩偶是瑪莉，在班上沒有人喜歡她，瑪莉從學校回到家之後，不想跟任何人說話。她不知道有一個驚喜在等著她，那就是非常疼愛瑪莉的阿姨露西要來拜訪她。也因為露西，瑪莉現在就能扮演露西阿姨，然後要問瑪莉今天過得好嗎？在學校發生什麼樣的事情呢？」

結論而言，在觀察與拉開距離階段，正向心理治療師的目的是要針對孩子所經歷的衝突形成初步診斷，並發掘在家庭關係情境下所出現症狀的功能。

❖ 階段二：完成問卷

在此階段，治療師會去關注兒童過去處理困難經驗或問題症狀的方式。除了解成人支持的可及性及範圍之外，也會去評估兒童的社會技巧、表達及覺察能力。除了可能的限制及需要被發展的適當技巧之外，兒童的心理資源也會被確認。兒童及家庭針對問題的產生與發展的詳細陳述，能幫助治療師去確認他們所暴露的來源及情境。

此階段的治療工作中，會使用如發現病人的生命脈絡及四項關係維度等技巧。上述第一項技巧，兒童的任務就是要藉由一條有顏色的繩索及把它放在所選擇的物品上，如貝殼、石頭等，來展示他的生命線，這些物品代表兒童及家庭的重要生活事件。逐一討論這些事件能提供有價值的資訊，同時幫助治療師重新架構伴隨他們的情緒氛圍。例如，當我們發現十三歲患有口吃的男孩，會被連結到他從一個戴帽子老人所聽來的威脅。那項威脅是：「如果你不聽從父親的話，魔鬼就會在晚上來找你。」結果該男孩因此數個月都受苦於夢魘，並且在母親控訴他說對父母變得叛逆之後，開始出現口吃。與這戴帽老人相關的物品，是一個玩具喇叭，在治療師要求他去玩喇叭時，激發出他回想及分享此經驗的衝動。

第二項技巧稱為四種關係維度。除了夥伴關係、社會關係、世界觀及未來的形象之外，它們也變成兒童自我形象的參考點。適當的自尊、對親人的信任、希望能對未發生事情擁有控制感，而且此種意義感會與內化在兒童心中人

際關係基本典範密切連結。它們也會影響孩子針對問題情境的因應型態、以及使用社會支持的能力。此領域中診斷及治療的選項廣泛，從畫家庭樹、到使用人物及手偶的遊戲盤。要特別關注的是要能解讀及詮釋從不同文化而來的童話、故事或其他作品，在其中會發現與年輕病人目前情境相近的素材。

在針對兒童青少年正向心理治療如上所述的第二階段，會對兒童所經歷困境的家庭及社會源頭有更清楚的了解。此外，此階段也會確認病人的實際能力，會成為資源，但也可能會因此導致心理衝突。

❖ 階段三：情境鼓勵

在上述治療階段，所陳述的問題及其功能已經被確認，也會發現衝突的成因以及相關的實際能力。能在規劃的需求及治療目標情境中去確認且強化兒童與家庭環境的心理資源，似乎相當重要。因此關注焦點會被有意地導向那些成為家庭成員優勢來源的生活事件，以及正向心理治療師在調節家庭溝通型態的角色，因此更容易取得家庭的潛意識資源。

這能透過各種療程或家庭作業形式的活動來促進。例如：「馬克，能否請你在家裡完成一個故事，開頭像這樣：傑克是一位非常沒耐心的男孩，而且經常在不當的時間講話。這給他帶來許多困擾，直到他與祖父一起度過假期，然後祖父幫助他發現很多關於他自己的新鮮事……。」類似這樣，兒童經常會對聆聽到意外改變的故事感到興趣，在其中主角似乎已經走到盡頭，但卻突然發現在他自己身上的天分或在其他人身上偵測出令人欽佩的特質。

最後會發現，父母和整個家庭也都需要治療（婚姻衝突、家庭暴力預防、成癮治療等），在此階段也會清楚表達出適當建議，實現與否會對治療師如何進行兒童個別治療有關鍵影響。一種延長且經常被建議的治療模式，除了社會治療活動之外，就是以同儕形式進行的團體心理治療。總之，必須指出此治療階段中，病人及整個家庭必須預備好能接受恆久的心理改變，通常需要個人投入、決斷力及勇氣。

❖ 階段四：說出內心話

在說出內心話階段，要在兒童個人需求及整體家庭體系的情境中重新審視治療目標，此類目標要同時在療程及生活社會情境中達成。如之前所言，兒童年紀越大，更有需要將家庭諮商與個別療程分開進行。更重要的是，家庭要能支持個別治療的契約目標、尊重自主及隱私的需求，且需強調家庭系統對兒童及正向心理治療師都是重要支持來源。

在此階段大幅提升的兒童自我認知，有助於發現個人衝突的本質、對新經驗保持開放態度及促進心理發展。治療師介入能讓過度僵化的信念被修正，並協助改變兒童反應的模式。

在正向心理治療中，發現內在及人際衝突的過程被稱為辨別分析。因著這樣的分析，兒童就更容易理解，例如對愛與接納的需求，只能透過順服父母來得到滿足，卻必須付出無法完全實現個人願望的代價（有條件的愛）。在其他情境中，兒童了解為遵從隱含的家庭常規，必須以相當強迫的形式過度聚焦於成就的需求上。有些青少年可能會去嘗試藥物或酒精，變成唯一能讓父母公開討論雙方關係緊密度或親密性的方法。確認內在衝突的關鍵要素及與其連結之相抵觸的價值觀、態度和傾向，就能將其外化出來、並了解其動態本質，最終找出正向的解決方案。

案例：我有一位病人因自我傷害從十四歲開始接受治療，他的自我攻擊行為會對自己、家庭及學校環境造成相當程度的緊張。之後在一次的療程中，他說出許多年來感覺被父母及祖父母不公平對待，認為他們比較偏愛兩位年長手足。在一位好朋友跟著家人搬到國外後，他開始用尖銳的物品傷害自己。由於根深蒂固的怨恨，父母即使非常擔心、且無論如何嘗試，都難以和他交心。他雖然也會渴求肯定及情緒支持，但也無法得到。由於無法忍受此情境所激發的張力，他才會付諸自傷的行動。

當病人在療程中，發現對愛的渴望竟與對公平感的需求相對立，因此他最好能先確認被否定的需求，並能清楚表達出來。他發明「公平先生」一詞，期望藉他的支持最終能讓家裡恢復平等。在此治療時段中，他想像公平先生能說服家庭成員最終能補償他長期的委屈；另一位人物則是已死去的祖母，出現

在療程中,她會支持他的父母,並幫助孫子能理解有許多愛的語言及表現的方式。這持續發生在家庭諮商當中,當祖母再一次被呼喚出來、也被確認是家庭的善良天使,並特別會去關注病人的需求。在此療程之後,他的自傷攻擊性就不再出現。

概括而言,在說出內心話階段,潛意識及矛盾的情感、願望、思想、價值及動機最終都會被指認,而且會藉由症狀或功能失調行為表現出來。在之前的治療階段中,主要目的除了初步分析它們的內容之外,也要確認生成及發展的情境,而目前深度的辨別分析就能促成它們的外化。在安全的治療環境之下,就有可能經歷覺察、展露壓抑情緒、以及在治療室外實施行為實驗。兒童最終會被治療師及他的家人強化,發現正向解決衝突的方法,並得到健康的生活型態。

❖ 階段五:擴展目標

擴展目標是治療的最後階段,可以總結發生在病人及家庭環境的所有改變。這些技巧及資源會再一次被指認,因為它們證明對兒童是有效的,且會成為他們未來可以認同的目標。治療過程也可使用想像的技巧來強化,例如:「約翰,在不久的將來,如果你要搭乘時空機器去旅行,請告訴我最想帶著一起去的能力是什麼呢?每一項能力都可用盒子中的物品來代替。告訴我為何你會拿這樣東西,而不是其他東西?這對你有何意義?告訴我在什麼樣的情境下,你會認為你的每一項技巧會特別有用?」

在此最後階段,除了能發展維持效能感的策略之外,如果能將兒童潛在困難及討厭的事件能夠定義在一起,會非常有用。家庭成員必須加入治療過程中,以強化他們過去在系統中已達成心理改變的維持能力。圖16.1顯示診斷與治療介入的範例。

診斷及治療介入案例

❖ 治療開始的環境

一位媽媽帶著十二歲的兒子來到治療室。家庭醫師在轉介單中提到男孩患有胃食道逆流疾病,並接受標準治療數個月,但健康狀態卻無任何改變。

圖 16.1　治療性診斷及介入模式

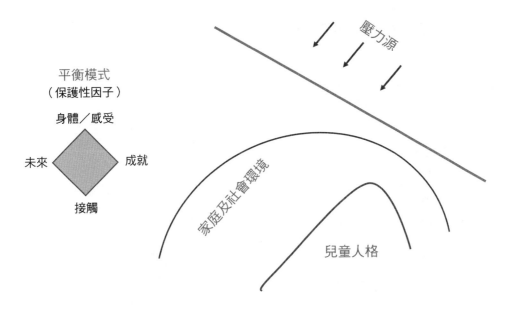

❖ 壓力源（實際衝突）

　　會談當中，媽媽承認兒子的心身症狀很可能跟在一年前發生在學校舞蹈課的事件有關。那時男孩遞給導師一片原為英文改編的音樂專輯，卻被發現歌曲當中具有不雅的字眼。老師就把學生的行為當成一種流氓行為，並開始在班上教訓他，而且剝奪過去的榮譽（班長、班上最頂尖）。之後男孩就持續拒絕去談論他在學校舞蹈課所出現行為的動機，繼而拒絕上學。在媽媽到學校介入之後，該情境只得到部分改善。

❖ 家庭情境（基本衝突）

　　這男孩成長於單親家庭中。父親在他六歲時因另一位女人而離開母親。父親一年後再娶、並建立一個新家庭。男孩會定期與父親見面，但並不會跟媽媽分享聚會的經歷。在家庭破碎情境，他會試圖去維持父母雙方的良好形象，也會在忠誠的衝突中掙扎。他受尊重師長及有禮貌的教養長大，但同時也對於童年早期所經歷的不公平對待而受苦。他因在學校所表現的志氣、勤奮與負責任

而深受父母肯定與讚賞。

❖ 促使發展胃食道逆流疾病的男孩性格特質

- 因害怕被環境所拒絕而呈現過度壓抑及控制情緒傾向
- 經常會經歷強烈的情緒，如憤怒或激躁
- 高程度的焦慮

❖ 兒童的資源

- 有志氣、有良知、獨立、機智、負責任

❖ 內在衝突

男孩習慣對他所貼近的成人表現出尊重，也從未質疑他們的決定。在學校紀念舞會當中，他把最喜歡的音樂專輯遞給導師時，並不完全了解歌曲原始版本的內容。老師的反應令他驚訝，也激起不公平感。由於害怕被拒絕或失去對他很重要的關係，因而無法很清楚的體驗或公開表達他的怨恨。針對老師否定的衝擊，他只能試著用更認真讀書、讓自己表現更為有禮貌，希望重新找回導師的肯定。但此項策略對解決他的內在衝突並無幫助，他不斷壓抑負向情緒，最終導致胃食道逆流疾病的發生。

❖ 平衡模式

- 身體——身體症狀顯示內在衝突的存在，但病人無法詮釋它們。
- 成就——男孩試著用更有良知的方式來完成學校義務以解決衝突，但卻無法激起導師肯定。
- 接觸——一方面男孩害怕失去與最喜歡導師的關係；另一方面又沒有尋求社會支持，因此在解決衝突過程中掙扎。
- 未來——男孩的經驗受不公平感所主導，且缺乏重新尋回的希望。

❖ 介入應用及治療的改變

除了廣泛的家庭情境，確認壓力源及發現男孩的人格特質（他的資源與限制），讓治療師能定義病人衝突的本質，以及規劃治療行動。治療介入目標在於發展這些能力，也會將平衡感帶回他的生活中（生活模式的四項維度），因此就能啟動心理改變及強化他的心智韌性。

在第一階段的治療中，男孩開始了解自己所壓抑的情緒（怨恨、憤怒、孤單），也透過適當工具（角色扮演、角色轉換、情緒外化）讓他更公開地把它們表達出來。下一階段當中，他可以將在漸增心理張力的情境當中所使用、但只會惡化問題的策略說出來（勤奮、認真讀書、獨立）。之後在平衡模式的情境中，他會被面質如何選擇新的且更有用的策略。而這些策略除了轉向成人求助之外（自我肯定訓練），還能提升身體覺察力（與胃的對話及解讀從身體所送來的信號）。

在採取新行為嘗試過程，他有關忠誠及禮貌的內在衝突，以及相關不滿會變得更加強烈。男孩漸漸能夠融入與他父母、導師及同儕的角色扮演，之後他才了解到自己有多害怕被拒絕及孤單。在此艱困時刻，治療關係會變得特別重要。在此階段中男孩會表現強烈需求，希望去訴說關於兒童的想像故事，在其中他們會被強迫去照顧大人。但是在下次的療程中，將母親引進來協助他去質疑內心的恐懼，再一次發現那種感覺對父母依賴的兒童角色。針對母親到學校的計畫性介入，以及和導師的討論，加上父親也協助他恢復公平感。從那之後，一開始啟動治療的心身症狀漸漸消失。

PART

4

特殊環境與族群

此篇，特殊環境與族群，包括八章。

第17章：加入呼籲發展與文化關聯、既實用又持久的預防性心理健康介入措施的行列，以克服精神衛生照護服務方面的差異。

第18章：很自然地引入正向心理治療的概念，如基本能力或關係維度，作為處理精神和心理症狀背後跨文化內容的實用工具。

第19章：討論運動員／體育活動之正向介入。

第20章：家族和夫妻的正向心理治療、平衡模式、五階段過程、故事的使用和辨別分析量表，這些工具都是在正向心理治療原則下開發出來的，可應用到針對夫妻和家族的治療上。

第21章：關於正向教育學與輔導，討論將正向心理治療的技能和工具帶給保加利亞教師的經驗。

第22章：正向團體治療，將正向心理治療之平衡模式及治療五階段應用於具有自閉症類群障礙的病人團體。

第23章：組織中的正向心理治療及教練，將結合正向心理治療及教練之豐富經驗帶進企業環境中成為OPTIC取向：組織正向治療與整合教練。

第24章：討論在心理治療中，處理男性所面臨的挑戰與方法。

CHAPTER 17

—•—

文化與少數族群：正向心理學與正向精神醫學觀點

by 吉娜·紐森姆·鄧肯（Gina Newsome Duncan）；
拉瑪·拉奧·哥吉尼尼（Rama Rao Gogineni）

> 我的人生使命不僅是求生存，而是成長茁壯，同時帶著一些熱情、一些慈悲、一些幽默和一些風格。　——馬雅·安傑洛（Maya Angelou）

　　正向心理學是對正向情緒、正向人格特質和對機構賦能的研究[12]。在過去二十年中，正向心理學領域已經成長豐碩，並於心理健康照護、教育和企業等領域成為一種嶄新取向，並展現卓越成就[1]。正向精神醫學與正向心理學密切相關，並共享許多重疊的結構與目標[2]。由於我們社會所面臨漸增的心理健康危機，以病理學為焦點的取向已不足以因應[3,4]，因此非常需要新取向的心理健康照護模式。

　　作為心理健康臨床專家，應該渴望為我們所服務的每個人提供技能、工具及矯正性情緒經驗，使他們能夠實現最佳的人類功能。正向心理學、精神醫學與心理治療透過提供使人們對圓滿（flourish）因素的理解、並提供評估工具及建立個人優勢來增加傳統心理健康服務的裝備[2,3,12]。本章重點在於介紹正向心理學和精神醫學，有關跨文化正向心理治療取向，請參閱第18章。

身為科學及臨床的正向精神醫學，目標在於透過以正向心理社會特質為中心的評估和介入，來了解與促進正在經歷精神或身體疾病、或罹病高風險者之個人健康[2]。正如傑斯特及協同者所概述，正向社會心理特質包括韌性、樂觀、社會投入及靈性等特徵，這些都會與更好的健康結果及主觀幸福感有關[2]。作為醫學的分支，正向精神醫學也要尋求更好理解這些特質的生物學基礎，並發展預防性心理社會及生物性心理健康介入措施[2]。

在正向心理學理論中，幸福感、心流體驗以及幸福等正向情緒取決於基本美德與性格優勢[4, 13]。有六種美德被認為是世界上所有文化普遍存在的：智慧、勇氣、人道、正義、節制與超越[4, 13]。每項美德都有幾個相關的性格優勢，總共有二十四項性格優勢[4, 13]。根據彼得森及塞利格曼的說法，每個人都擁有全部二十四項性格優勢，但程度有所不同[13]。當個人能理解並根據性格優勢來操作時，就能體驗到主觀幸福感[13]。

塞利格曼之PERMA 理論描述有助於幸福感的五個要素：正向情緒、投入、關係、意義和目的、以及成就[14]。性格優勢是PERMA理論的支柱[15]，當一個人能了解並執行性格優勢時，就會帶來更正向情緒、更多投入、更好的關係、更強的意義感和目標感，以及體驗成就的機會[14,15]。當PERMA模式的所有要素都得到充分利用時，成果就會是圓滿人生（flourishing）[4, 13]。

基於正向心理學理論的治療介入，就能尋求增加正向情緒、投入及意義，並已顯示出對憂鬱症的治療效益[16]。正向心理治療是由佩塞施基安醫師所創設的一種短期人本主義形式的心理動力心理治療，強調啟動病人的內在治療能力，第2章有針對佩塞施基安正向心理治療模式的摘要[17,18]。

正向心理學與精神醫學之跨文化應用

傳統照護模式並無法有效覆蓋美國的多元文化族群，並且在心理健康照護方面存在顯著差異[5,6]。造成這些差異的原因在於個人、社區及健康照護系統層次的阻礙，以及普遍存在的不信任、污名化、系統性不平等及缺乏有色人種的臨床專家[7, 19]。斯里瓦坦納寇曼（Sriwattanakomen）等人於2008年的文獻中，呼籲發展既實用且長久、與文化關聯的預防性心理健康介入措施，以克服心理

健康服務方面的差異[7]。

　　正向心理學強調優勢多於缺陷，其核心建立於世界上大多數文化所共有的美德之上[4]，如果以文化回應的方式來應用，正向心理學能作為此類介入的有效基礎。不幸的是，迄今在有色族群中探索正向心理學結構和介入措施的研究相對較少[8]。然而，尋求以文化關聯方式提供以正向心理學為導向照護的心理健康臨床專家，並不需感到失望。迄今為止所做的研究[20]，以及對跨文化價值觀和常規的探索[8, 9, 21, 22]，都強烈顯示正向心理介入（Positive psychology interventions, PPIs）有潛力能以既有效且文化一致性的方式來應用。然而，應該事先探討影響正向心理學和精神醫學跨文化應用的幾項議題[9]。

　　第一項議題是要確認為了在多元文化背景下最有效地應用正向心理學取向，必須先了解正向心理學本身源於特定的文化參考框架（西方／歐美）[9]。因此，它可能無法完全涵蓋少數族裔／非西方文化的價值觀與經驗，其中大多數在根本上屬於集體主義，而非個人主義[9]。集體主義文化的特點能添增關鍵正向價值觀、優勢及特質，並補充主流正向心理學所持守的價值觀[9, 8]。集體主義文化價值觀／優勢包括社會支持、以他人為導向而非以個人為導向、以及強調靈性和信仰的核心重要性[8, 9, 23, 24]。大量現有文獻支持這些關鍵文化元素，在支持集體主義文化中人們的心理健康方面扮演重要角色[8, 9, 23, 25, 26]。

　　第二項議題是要確認對於美國許多有色人種而言，真正圓滿生活的機會可能會受到系統性歧視、種族微侵犯（microaggression）、貧困及有限的受教機會等因素的阻礙[9, 27, 28]。最後，第三項議題是了解美國有色人種通常具有康斯坦丁（Constantine）及蘇（Sue）所描述的關鍵適應性優勢，這是他們作為少數族群存在於、並克服歧視及逆境所經歷的直接成果[9, 11]。

　　正向心理學與精神醫學介入：一、了解歷史與持續系統性不平等的影響；二、探索及強調集體主義價值觀；三、確認關鍵適應優勢有潛力成為強大跨文化心理健康促進工具[9, 11, 29]。此外，幫助人們更有意識地發掘及應用他們的個人與集體優勢，能使個人及其社群有能力進一步克服他們歷來所面臨的系統性障礙。

自我檢視的必要性

要在臨床照護中成功執行具文化勝任度的正向心理學或正向精神醫學取向，必須要求臨床專家不僅需對核心正向心理學與精神醫學概念有紮實的了解，而且還要在幾項關鍵領域進行自我檢視。

第一項領域與自我檢視有關，作為臨床專家，有多大程度是**真正從優勢觀點出發，並致力於病人照護過程中進行自我檢視**[8]。薩理比（Saleebey）撰寫過大量關於優勢觀點的文獻，特別提到如何迫使臨床專家能跨越逆勢的遮蔽，真正以能力、理想及潛能的完整背景下來看待他們[30]。正向心理學原本就是以優勢為基礎的取向[4]，迄今許多正向心理學文獻都聚焦於理解及發展個人性格優勢，以協助個人獲得幸福[8, 9, 12, 13, 31-33]。

然而，關於優勢觀點的文獻（來自社會工作領域）更加強調理解、欣賞及善用個人所屬更廣泛社群中可用的資源[30, 34]。這在討論正向心理學如何應用於美國有色人種的心理健康照護時，至關重要。例如，來自美國服務不足、邊緣化的少數族裔社群的病人，可能無法以成功衡量指標來呈現，這是臨床專家習慣將某些性格優勢和我們更富裕且受過良好教育的病人、我們的同儕以及我們自己關聯在一起。在某些情況下，這可能是由於個人沒有機會以易於辨識的方式來充分展示性格優勢，例如創造力、領導力或對學習的熱愛，這直接是系統性障礙的結果，如貧困、教育品質不佳及歧視[9, 8, 11]。

臨床專家必須自我檢視的第二項領域是與他們**對文化勝任度（cultural competence）的承諾**有關。坎平哈—巴科（J. Campinha-Bacote）所設計的「健康照護服務之文化勝任度模式」是由五項架構所組成：1. 文化覺察；2. 文化知識；3. 文化技能；4. 文化交流；5. 文化意願（desire）[35]。雖然此五項架構的每一項都很重要，但我們在此特別強調文化意願的架構，因為它特別能說明具有真誠熱情的健康照護臨床專家，是如何從文化相似性、相異性及和細微差別的理解中來學習和成長[35]。

在文化勝任的照護中，臨床專家在治療關係的早期會透過協同努力，來學習病人的文化取向及宗教／靈性信仰[35-38]。意味著超越對個人文化或信仰是「什

麼」的認識，而是要去了解「如何」。換句話說，認識某人是華裔美國人及他們是佛教徒只是「什麼」級別的認知，一個有文化勝任度的臨床專家會試圖去了解這些身分是「如何」影響人們對個人優勢、生活目標以及他們所認為痛苦或挑戰背後意義的看法。臨床專家不能只透過熟悉「什麼」的表面層次就逕行假設他們知道「如何」[36, 37]。

　　臨床專家必須自我檢視的第三項領域是他們**對美國少數群體所擁有適應優勢的確認能力，以及這些適應優勢是如何促進個人與集體幸福**[8, 9, 11]。儘管經歷過嚴重的歧視和壓迫，美國有色人種仍然表現相當程度的聰明才智，從他們自己獨特的文化傳統中汲取靈感——強調家庭、社群與集體主義原則，利用靈性與信仰的觀點來形成逆境的意義，並投入審慎的實踐來灌注族裔認同與自豪——並因此變得韌性十足[19, 29, 39-41]。

　　韌性是在面對重大逆境時成長苗壯的能力[42]，可被視為非裔美國人所經歷的一種特別定調的特徵。幾個世紀以來，在忍受非人性奴役條件的同時，被奴役的非裔美國人保持著健康的自我認同感，這使他們能夠推動解放，絕不接受奴役是恆久的現實。此相同的特徵一直是美國持續為民權奮鬥背後的核心驅動力。非裔美國人的韌性和他們與生俱來的靈性密不可分，植基於非洲文化傳統，並持續於機構中延續且培養，如黑人教會[43]。康斯坦丁及蘇已經討論過美國有色人種所發展出額外的心理適應優勢，以便在面臨歧視和壓迫時來駕馭生活[9, 11]。這些包括增強的感知智慧、仰賴非語言和情境意義的能力、及雙重文化的彈性[9]。

　　自我檢視的第四項領域是**要求人們避免認定一種文化參照或信仰體系優於另一種的觀念**。臨床專家對進行病人治療時所帶入的假設保持警覺是相當重要的事[34, 36, 38]，必須確認僅基於個人或文化參考架構來對優勢及最佳功能進行評估會有自欺的可能[38]。例如，對於美國社會的年輕成人而言，大學畢業後從原生家庭搬出、並成家立業，通常是被期待、且是成功「啟航」的徵象[11]。如果我們考量所認識的年輕人（無論是在我們的個人生活、或職業生活中）成功地駕馭此種轉變，我們很可能很容易將某些正向心理學的性格優勢與他們連結起來（例如熱情、熱愛學習、自律、判斷和毅力等等）。

在我的執業當中（本章第一作者鄧肯醫師），有很大一部分病人是二十歲出頭到中期的年輕人，他們與父母一起來時主要擔心他們「未能啟動」，因為他們離家上大學或自己搬出去的嘗試失敗後，仍然和父母一起住在家裡。這是父母最關心的問題，也是他們憂鬱、焦慮與自卑的根源。相比之下，來自其他文化背景的年輕人，尤其是以相互依存為核心價值的移民社區，可能會經歷相反的期望；在追求高等教育及開始職業生涯的同時，他們可能會被期望留在家中、並履行家庭義務[11, 44]。

當臨床專家沒有意識到他們自己的文化背景、價值觀、信仰及特權的影響時，他們可能會在不知不覺中將他人的觀點、行為及信仰病理化[38]。由海斯（P. Hays）提出的ADDRESSING[譯註7]模式提供一種傑出的架構，用於檢視文化的許多層面，包括個人自己的文化取向、偏見領域及特權[38]。

自我檢視的第五項領域是**要求臨床專家能了解在每次臨床接觸中，治療室裡總是有兩位專家**[45]。臨床專家根據他們的培訓擁有一定程度的專業知識，但當涉及到個人歷史、價值觀及偏好時，病人才是真正的專家[45]。

污名化、文化和心理健康

儘管反污名運動在提高人們對心理健康的認識方面顯示出效益，但在許多社會中，污名化確實不幸，也是承認精神疾病及尋求心理健康治療的一種非常真實的阻礙[2, 45]。在美國等西方社會，重要的是要確認污名化會以相當復雜的方式影響少數族裔及有色人種的心理健康。

康斯坦丁及蘇討論許多文化在看待人類行為及其後果的循環性與相互關聯的情境[9]。由於許多文化具有高度靈性，並將心理、身體及靈性健康視為相互關聯，因此心理健康問題可能被視為具有靈性根源[9, 8,23,26,40,43,46,47]。例如，躁症或精神病症狀可能被解釋為惡靈作弄的證據，或者與焦慮和憂鬱相關的內在動盪可能被視為對罪愆的懲罰或缺乏信仰的證據。正如帕格曼斯及馬霍尼

譯註7 ADDRESSING 架構讓治療師更易於確認及理解文化影響力，是一種多維合併的內容，包括：年紀（**A**ge）、發展障礙（**d**evelopmental **D**isabilities）及後天障礙（acquired **D**isabilities）、信仰（**R**eligion）、族裔（**E**thnicity）、性傾向（**S**exual orientation）、社經狀態（**S**ocioeconomic status）、原住民遺產（**I**ndigenous heritage）、國籍（**N**ationality）、性別（**G**ender）。

（Pargament & Mahoney）所討論，負向的宗教重構會導致負向體驗，如內疚、責備與詆毀[48]。此種經歷會進一步惡化情緒痛苦，增加對精神疾病的污名，並降低個人對非傳統形式求助的舒適度[5, 7, 19]。復原文獻顯示，心理健康臨床專家也可能對心理健康服務接受者造成污名化的經歷[45]。這很大程度上是與治療者所使用污名化的語言及標籤有關，傳達出一種人是被疾病所定義的感受[45]。

正向心理學介入

正向心理介入（Positive psychology interventions, PPIs）是指透過引發正向情緒、思想和行為，並縮減負向情緒來增加主觀幸福感的刻意活動[33, 49]。它們可用於心理治療的背景下，來補充傳統介入措施或成為自助策略[10]。經常被討論到的正向心理介入，包括感恩拜訪、生活中三件好事、處於最佳狀態的你、使用招牌優勢新方法及確認招牌優勢等。

塞利格曼等人於2005年對正向心理介入的研究相當值得強調[10]。作者對577位成人進行六組、隨機分配、有安慰劑對照的網路研究。結果發現，生活滿意度最高的人是那些將生活追求導向投入、意義及正向情緒體驗的人，其中投入與意義佔最大比重[10]。參與者被隨機分配到五項幸福練習中的一項：感恩拜訪、生活中三件好事、處於最佳狀態的你、使用招牌優勢新方法及確認招牌優勢，或一項安慰劑對照練習：早年回憶[10]。根據流行病學研究中心——憂鬱量表（CES-D）基準分數，參與者平均都有輕度憂鬱現象[10]。

在使用招牌優勢新方法的練習中，參與者被要求在網址www.authentichappiness.org上完成優勢量表，然後以新穎且獨特的方式每天使用他們的招牌優勢之一、並持續一週[10]；在生活中三件好事的練習中，參與者被要求每晚練習、並寫下當天做得好的三件事及理由[10]；在感恩拜訪中，參與者被要求寫一封信，然後親手遞上、向他們所感到特別友善的人表達感謝[10]。

雖然感恩拜訪被證明會帶來正向改變持續一個月，但發現使用招牌優勢新方法及生活中三件好事兩種練習可提升幸福感、並減少憂鬱症狀持續六個月[10]。繼續執行這些練習的參與者顯示在提高幸福指數方面表現出最為顯著的效益[10]。雖然該研究本身就如何實施正向心理介入提供非常有用的資訊，但該研究的主

要侷限性在於樣本主要是白人、受過良好教育且經濟狀況良好者[10]。使得要直接推廣到少數族裔、低收入和受教育程度較低的族群會顯得困難[10]。

　　儘管沒有直接聚焦於正向心理學的跨文化應用，辛（Sin）及隆博米爾斯基於2009年的後設分析也是一項值得強調的有效益研究，因他們的發現會鼓勵在憂鬱和非憂鬱病人中廣泛使用正向心理介入，並提及設計文化關聯正向心理介入的重要性[20]。在後設分析中，他們檢視涵蓋4,266個人的49項正向心理介入研究[20]，結果發現正向心理介入能顯著提高幸福感，並且能有效治療憂鬱症狀[20]。因此，他們建議在一般患者的治療中廣泛推行正向心理介入，包括那些目前處於憂鬱狀態、正經歷殘餘憂鬱症狀、或從憂鬱發作中恢復、以及緩解中的病人，因為不管是處於憂鬱和非處於憂鬱狀態的病人，都可能會從這些策略中受益[20]。

　　此外，他們為臨床實務提供三項有用的建議：

1. 應鼓勵病人定期練習正向心理介入、並做好記錄，使其成為習慣[20]。
2. 練習多種不同的正向心理介入，可能比只參與一項活動更有效益[20]。
3. 臨床專家在實施正向心理介入時必須考慮病人的文化背景，因為集體主義文化的成員比較會從聚焦於他人的正向心理介入（如服務行為）獲益，而非聚焦於自我（如對個人優勢的反思）的介入方式[20]。

具體應用與臨床實例

　　與塞利格曼等維持一致，我們建議臨床專家考慮在 PERMA（正向情緒、投入、關係、意義和目的、成就）模式[10]的每個維度上增強病人的體驗，努力投入、協助病人確認與其文化和靈性觀點最相關的活動[20]。例如，對於一名非裔美國基督徒病人，增加教會參與可能因而提供一個絕佳的機會來增強PERMA的各項維度。參加集體敬拜、祈禱和聖經研讀小組，可透過強化已建立的關係及促進新關係的發展來提升與他人連結、並增加社會支持[50]。

　　此類活動還可使個人與他人分享奮鬥經歷、並一起慶祝他們的成功，因而看見他們並不孤單。參與教會宣教活動，例如勸募衣物活動、佈施所或無家可

歸者的事工，可能有助於促進與社群進一步接觸及成就感。此外，為那些不幸的人提供服務也有助於培養感恩之情，因為這些活動常常讓我們反思個人所擁有的福份與資源。參與集體禱告、讚美、敬拜及聆聽講道信息，也有助於從靈性的角度增強主觀幸福感，讓個人反思他們過去的奮鬥與神所提供克服困難的方式。此類經歷可使個人從奮鬥當中獲得一種意義感。

對於未信教的病人，仍然能透過數算他們曾經投入且能促進目的感、及與大自然、他人或更高等靈力的合一感等活動，來探索及連結個人天生的靈性感[8]。對於少數族裔社群的某些病人而言，公民參與及努力解決社會正義問題可能會是增強連結、意義和目的的核心方式。此類活動可能有助於透過建立賦權感來對抗處於邊緣化群體相關聯的挑戰。

❖ 臨床實例一

DL是一位五十多歲的非裔美國女性，過去十年因精神疾病而造成障礙。她的個人奮鬥歷史，包括經濟壓力源、家庭暴力、長期患病的家屬（她是主要照顧者）以及她個人身體及精神疾病的惡化。儘管如此，她還是社群中非常活躍的成員。她透過作為養父母及鄰里觀察負責人來深入參與社區、參加市議會會議及參與選民登記工作，來管理個人的心理健康問題。

投入慶祝及教育他人了解自己文化的社群活動也有所助益，此類活動包括參與社區年輕成員接受歷史及傳統教育的計劃。這些作為能提供病人與他人建立關係的機會，透過建立下一代的民族自豪感與認同感，來進行有意義性和目的性的「回饋」，並強化他們對自己民族的自豪感[8]。此類活動有助於促進個人和集體的主觀幸福感與正向情緒。

❖ 臨床實例二

CB是一位中年婦女、第一代美國人、中美洲移民的女兒，家族史中有著嚴重精神疾病、酒精依賴及家庭暴力。儘管病人自己患有精神疾病、加上經濟受限，她還是在當地教會孜孜不倦地服務，幫助其他移民家庭，並參加當地的文化節慶，讓她能展示社區的傳統與優勢。她視社區及教會參與為治療過程的

一部分，也是基督徒的責任。

　　與臨床案例DL一樣，參與社區活動，尤其是同族裔社區活動，能促進主觀幸福感及正向情緒，這對於可能生活在「世界之間」的移民子女而言，有時是相當困難的，而宗教機構能為這種參與及連結提供空間。

文化關聯正向心理學介入之臨床推動

❖ 步驟一、詳細的社會心理史，包括文化史、宗教／靈性信仰及優勢量表

　　有效的治療建立於病人與臨床專家之間牢靠的關係及信任基礎上，我們會建議從收集詳細的社會心理病史開始，如此能因而熟悉病人的經歷以及他們的文化背景、宗教／靈性觀點及其他經歷是如何影響他們的健康信念[38]。我們會建議花時間收集這些病史、並向病人解釋為何採取此種方法。例如，你可能會說：「為了用最好的方式來幫助你，能充分地了解你到底是什麼樣的人、以及形塑如今的你那些特殊經歷和影響，對我而言相當重要。」

　　我們建議採非制式化的方式對優勢進行初步評估，成為建立和諧關係及收集歷史初步過程的一部分。根據我們的經驗，非常憂鬱或失志的病人可能很難確認出自己的正向特質。在此情境下，臨床專家的關鍵角色在於將從他們身上所觀察到的正向特質回饋給他們，來協助他們往更健康的心智架構來邁進。如果我們沒有全面了解病人或建立有效關係，就無法以真誠的方式做到此點。謝（Xie）概述在治療中進行初步優勢評估的實用策略[34]，如果個人難以確認其優勢，那可以就他們的嗜好、享樂活動或他們過去如何度過疾病的急性期等一般性問題來進行非正式交談，也可能富有啟發性[34]。

　　除了收集病人家族史的詳細資料、童年及成年早期的重要經歷之外，我們建議特別注意探索他們獨特的文化背景與傳統。此過程能使臨床專家深入了解病人的文化常規，以及他們所認同集體主義及個人主義價值觀的個別程度[8, 34, 38]。邀請病人和你一起好奇地參與此探索過程，特別關注克服逆境的個人與集體文化故事。透過提供靈感和意義，能帶來治療效益、並提升幸福感[30]。羅培茲（Lopez）等人指出，引導病人探索他們的文化背景，已證明能對亞裔美國人、非裔美國人及西班牙裔青少年促進自尊心發展[8]。對於許多有色人種而言，認

同克服逆境的祖先奮鬥史，會灌輸一種自豪感，並成為另一種力量的來源，也能鼓勵他們克服所面臨的障礙。

最後，與病人一起探索他們個人靈性感及宗教信仰相當重要[8]，只要簡單詢問信仰或靈性對個人是否重要，或者他們是否使用祈禱作為因應策略即可。進一步讓病人參與討論他們所認為自我奮鬥的意義為何，而如果以較謹慎的方式來進行，能因而啟動有益的對話，從而同時加深病人及臨床專家的理解。可如此提問：「你想為何你會經歷這件事？」、「你認為神試圖透過此經歷向你展示什麼？」、「你能說更多關於你覺得信仰支持你的方式嗎？」目標是讓病人更深入地了解他們的信仰，如果他們過去未曾與靈性同頻過，就能為他們開啟一個探索內在靈性的機會。

在更深層次上探索病人信仰的關鍵問題：

■ 你想為何你會經歷這件事？

■ 你相信神正透過此經歷要告訴你什麼事？

■ 你能說更多關於你覺得信仰支持你的方式嗎？

隨著詳細的社會心理病史，或與之同時進行，能將病人引導至性格優勢調查及其他調查問卷之類的資源，網址為www. authentichappiness.org[51]。調查結果及從心理社會史中所收集的資料，能作為開發個別化正向心理介入的基礎。

❖ 步驟二、和病人一起設計與文化關聯正向心理介入

一旦完成心理社會歷史及優勢調查，我們建議和病人一起回顧評估期間所出現的所有優勢及觀察結果。然後，配合其他必要的治療介入措施（如適當的藥物治療及額外的心理治療技巧），協助病人設計與其獨特文化認同、靈性參考架構及個人目標同步的正向心理介入，這非常符合共享決策的概念[45]。謝指出，這可能需要臨床專家進行觀念移轉，他們可能仍習慣於根據臨床專家認為最重要的內容來設計治療介入措施[34]。

文化慶典可為開發獨特的文化關聯正向心理介入提供有用的題材，如非

裔美國人慶祝寬扎節（Kwanzaa）提供一種文化特定的實作，自然地結合正向心理學中所使用的許多策略。寬扎節是一個非裔美國人的文化節日，透過強調七項文化指導原則，或稱Nguzo Saba[52]，來慶祝非洲文化傳統：1. 團結（Umoja）；2. 自決（Kujichagulia）；3. 集體工作與責任（Ujima）；4. 合作經濟（Ujamaa）；5. 目標（Nia）；6. 創造力（Kuumba）；7. 信念（Imani）[52]。

在寬扎節（12月26日至1月1日）期間，家庭及社群聚集在一起，花時間省思當日的原則、感謝祖先們堅毅的榜樣、感謝彼此的支持及充實，並確認可在個人生活中體現每項寬扎節原則的新方法。非裔美國病人能從使用寬扎節作為參考架構的正向心理學活動中獲得顯著效益，此種探索不必侷限於實際的寬扎節假期。雖然寬扎節的具體實作可能最能引起非洲文化傳統者的共鳴，但其他文化背景的病人可能也會有類似的慶祝活動，圍繞這些慶祝活動，他們能建立自己的文化關聯正向心理學實作。

總結

總之，作為心理健康臨床專家，目標就是為我們所服務的每個人提供技能、工具及矯正性情緒經驗，使他們能夠實現最佳的人類功能。這不僅只透過解決他們的缺陷領域、也同時建立他們的優勢來實現[4, 12, 30]。同樣重要的是臨床專家的自我省思及對文化勝任度的承諾[35, 38]。除了塞利格曼等所概述的核心結構之外，正向心理學與精神醫學取向強調且支持適應性優勢[9]與集體主義價值觀，並持守重大承諾要成為協助解決多元文化族群的心理健康需求、提供高品質及具有文化競爭力的照護模式[9-11]。

鑑於美國少數族群在取得心理健康照護服務方面所遇到的障礙，此點尤為重要[5-7, 19]。斯里瓦坦納寇曼已經概述消弭心理健康照護差異之所需策略[7]，而且有必要進一步探索正向心理學、心理治療與精神醫學策略的方法，能被納入臨床照護、以社區為基礎的參與式研究（Community-based participatory research, CBPR）介入措施、外展計劃及社區心理教育[20]。

關鍵重點

▶正向心理學、精神醫學與心理治療透過提供使人們圓滿因素的理解，並提供評估工具及建立個人優勢來增加傳統心理健康服務的裝備[2, 3, 12]。

▶正向心理學對多元文化人群的適用性尚未得到充分研究證實，由於其核心結構是以世界上大多數文化所共有的美德為中心[4]，並因強調優勢而非缺陷，因此正向心理學有可能成為高品質、與文化關聯心理健康介入的強大基礎。

▶在臨床照護中成功執行文化勝任的正向心理學取向，需要提供者能投入五項關鍵領域的自我檢查：

1. 致力於病人照護中的優勢觀點[8, 30]。

2. 致力於文化勝任度的五項架構[35]。

3. 能辨識、欣賞及肯定來自邊緣化社區病人所具有的適應優勢[9]。

4. 承諾避免一種文化參照架構或信仰體系優於另一種的觀念。

5. 對共享決策的承諾[45]。

▶正向心理學介入：

1. 覺察歷史及持續性系統不平等的影響。

2. 探索及強調集體主義價值觀。

3. 確認關鍵適應優勢[9]有可能成為跨文化心理健康促進的強大工具[9, 11, 29]。

CHAPTER 18

———•———

不同文化之正向心理治療

by 恩維爾・契斯科（Enver Çesko）；埃布魯・恰基奇（Ebru Çakıcı）

> 不同的價值觀及常規，不僅來自不同文化族群之間，也會來自父母及
> 孩子之間（跨世代衝突）、婚姻伴侶之間以及其他群體成員之間。

正向心理治療與跨文化交流

過去，大多數人生活於他們出生的同一城市，但如今人們可輕易從一個城市搬到另一個城市，甚至去到不同的國家。世界各地的移民有許多不同的原因：有些人為了改善生活方式而採取行動；而另一些人則出於尋求更好的經濟條件、教育或基於某些政治因素而移民。如今，兩人之間的跨文化相遇會比歷史上任何時候都更有可能，這也是對案主的跨文化理解在治療實務中是如此重要的理由。在心理治療中，跨文化議題對於理解案主的觀點及真正遭受的痛苦相當重要。缺乏此種理解，治療師可能會做出錯誤的評估、並採取不適用的方法，而案主能了解與自己生活事件相關的跨文化議題也很重要。正向心理治療的工具及概念能協助案主更簡單地洞察其生活中的跨文化議題。

雖然身體抱怨在許多西方文化中，會透過探究身體症狀而被視為局部性疾病；在東方文化中，此問題則能藉由解釋特定身體抱怨背後真正的原因來加以理解。有一位案主解釋他是如何在朋友家吃完晚餐後因胃痛而來求醫。在晚宴中，主人一再邀請他多吃點東西，為了不失禮，每次都覺得不得不接受。從主人的傳統觀點來看，主人本該提供比所需更多的食物，以表示他的尊重及招待客人的充分準備；從客人不同的文化觀點來看，客人本身的禮貌讓他不能把食物留在盤子裡，以表達他對主人的感謝。基於對朋友的忠誠及個人的禮貌，他受苦於胃痛、且不得不去急診室。在正向心理治療中，此類情境能透過對忠誠及禮貌含義的解釋而得到理解，關鍵是雙方如何從時間、環境、人際等方面來了解文化習性，以避免誤解。

在正向心理治療中，能力代表人們在特定情況與時間下、與特定人群互動中所表現的行為。由於受到家庭內在及外在影響，從童年早期就開始發展原初及次發能力，隨後成為社群中的一份子，並嘗試去適應社會常規、法則及模式。藉由接受並根據社會常規做出反應，個人在進入社會之後，必須去平衡從家庭環境中所發展的原初能力。通常，此種從不同世代傳統模式所傳承而來的狹隘家庭觀的轉變過程，使得要在新的社會及社群環境中參與及被接受變得困難。而這些困境會產生問題及誤解，意即這些衝突要事先被理解，然後再來解決[5]。

跨文化理解包括社會發展的民族學、文化、人類學及社會政治層面。研究顯示民族心理治療[2, 7, 9, 11, 12]對治療過程的成功具有重大影響，而人類學[27]研究則顯示如何聚焦於文化元素以達成對社會及人類發展的完整理解。正向心理治療會從跨文化觀點來考量所有這些層面，而重點是要從一開始就能使用「過去是如何、現在又是如何、未來則會如何」等語彙來了解完整過程。

正向心理治療中的互動從依附階段開始，當治療師和病人碰面、並開始透過抱怨及需求的表達來相互理解；到分化階段，他們能應用個人能力、技巧與機會來各自努力以取得成果。從起點（依附）到分化階段的轉變過程中，會挑戰到病人個別能力，以獲得更好結果，病人也開始會覺察並啟動受壓抑或未使用的能力，而在生活中取得成就、達成新的目標（脫離）、並變得獨立，不僅能幫助自己、也能成為他人的顧問。

正向心理治療如何在「從西到東」的不同文化中開始

我們都生活在一個生活條件正在發生許多轉變的時代。如今，圍繞在難民及移民的問題，是除了全球衛生政策外，還正在影響人類的基本需求，如食物、環境、關係與接觸。從一地到另一地的遷移對跨文化適應方面形成不同的挑戰。

正向心理治療具有廣泛考量的不同方法、技術及原則，非常適合於不同的文化環境。基於此理由，正向心理治療創立者佩塞施基安[21]首先在位於德國威斯巴登的私人診所開啟他的「旅程」，為來自不同文化背景的病人進行診療工作，經常使用源自其文化背景的故事，呈現給來自西方文化的病人。他還注意到，除了來自東方文化的病人之外，來自西方文化的病人發現他所講的故事也能帶來益處。

由於他對在其他國家發展正向心理治療的興趣，佩塞施基安透過在超過 68 個國家舉辦講座、工作坊及國際培訓計劃來開啟他的旅程。隨後，他的同事及合作夥伴則繼續在本國和其他國家傳播及發展正向心理治療。許多正向心理治療師不僅開始將正向心理治療應用於他們自己國家的案主，還組織不同類型的培訓計劃，將正向心理治療視為一種跨文化及心理動力取向來推廣。正向心理治療在不同文化中的應用已經在各種出版品中被檢視及描述[4-6, 8, 10, 13-15, 16, 25]。

正向心理治療及其在不同跨文化社群中的應用

佩塞施基安於伊朗長大，在德國接受醫學教育及執業。他個人生活中的跨文化情境協助他能覺察到心理社會常規及能力在社會化與人際衝突中的重要性。實際能力是行為模式，也是教育內容，是根據社會需求而教給兒童[19]。他強調社會是常規的主要傳播者，藉此我們才能評價某些行為[19]。例如，在工業化文化中，可能會更加強調準時及秩序等次發（行為）能力，而原初（情感）能力可能被忽略。在一種文化中，順服父母而不討論他們規則含義的孩子，可能會被認為具有良好態度；而在另一種文化中，兒童會去質疑被告知的內容，則可能會得到讚賞。一位因家人不同意而放棄與女友關係的年輕人，在較為個

人主義文化中,可能會被認為具有依賴性人格特質;但在較為集體主義文化中,從家庭取得核可才結婚,則非常重要,或許才是他應該做的。

實際能力是在**特定情境及某個時間點**所發展出來的。例如一位大學生在接受心理治療時透露,在學校表現成功、獲得獎學金、不成為家庭的經濟負擔,對她而言特別重要。於1974年賽普勒斯戰爭期間,她的家人被迫移民,導致失去所有財產,並且在定居地遇到財務困境。然而,戰後約四十年,在她上大學時,家人已經從這些財務問題中成功地恢復過來,但她對自己的開銷仍非常謹慎。即使時代改變、他們有較好的財務狀況,但**節儉**仍然非常重要,也為她帶來巨大壓力。為了解實際能力的功能,有必要理解其發展背景及時間,這有時可能會與前幾代有所關聯。

標準也可能隨時間而改變,並導致兩代之間的衝突。如今許多父母會抱怨他們青少年孩子在網路上玩電腦遊戲的時間有多久,這與三十年前父母對青少年在看電視及聊天上花太多時間的抱怨頗為相似。如果祖父母參與孫輩的養育,兩代父母之間,會因要聽從兒科醫師關於如何餵養及照顧嬰兒的現下指引,或祖父母相信他們多年前照顧自己孩子所使用的才是最好方法,因而經常會發生衝突。正如佩塞施基安所言,克服跨世代衝突的解藥,可能就是學習如何連結過去、現在與未來[19]。

在著作《心身醫學與正向心理治療》[24]中,佩塞施基安說明人性的兩個基本層面,身體及心理的概念是如何被整合。其典範法則為,兩種概念能一起使用、並藉由互相影響來分享共通因素。在心身醫學領域,身體及心理(有時被稱為心靈)總是協同運作,因為「psych-o」及「soma-tic」這兩個名詞與心理及身體有關。再則,此項運作表明人性本善,每個人都有力量及能力照顧好個人健康。基於此理由,他相信個人能憑藉其認知及靈性存在,具有無限能力來實現目標。所有困境、障礙、疾病及問題,甚至心理的各種層面,都會透過心身症狀表現出來,通常從身體開始,並透過心理(認知表達)來解釋。書中也提供許多案例,說明如何從跨文化層面、透過不同工具的使用來治療各類疾病,而這些工具是來自東西方文化的病人都易於理解與接受。

在東歐及西歐、中東、巴爾幹國家、非洲文化及美國工作之培訓師的個

人經驗說明，正向心理治療透過廣泛且半結構化的方法來建立案主及治療師之間的關係。例如，在嘗試尋求類似解決方案時，始終無例外地都會使用故事來引起特殊刺激，並能讓案主解決實際問題、困境及症狀。治療師會透過故事來提出不同的概念，能為病人提供理解或解決的替代方法。透過對此新觀點的認同，病人能對其情境取得更佳理解、及因應問題的另類方法[17]。

正向心理治療以故事、諺語、神話及寓言的形式來提供跨文化觀點，藉此案主／病人就能以「寓言語彙」來確認自我，並因此能在從故事所收到信息與其實際抱怨之間建立起新的關係。在心理治療過程中，會經常使用故事有兩項理由：之一是要激發病人的創意及自我覺察，以發現病人的生活故事與所講述故事之間的相似之處；其次是病人能使用從信息故事中取得的想法來解決個人問題。此外，這些故事能非常有力地反映讀者在心理治療教育環境中的個人處境，成為一種讓學員進行自我探究及自我發現的方法[20]。

以下三項原則的使用能讓正向心理治療毫無困難地適用於不同的文化：一、希望原則，即針對實際抱怨的正向詮釋；二、平衡模式原則，作為覺察人類能力的後設理論；三、治療性處遇的五階段原則。而正向心理治療的四種關係維度則有助於澄清在原生家族中的重要概念。個人對自我的態度、對浪漫關係的期望、與他人接觸的方式以及世界觀，都透過與成為榜樣的其他人的互動經驗來形塑。

在一對申請婚姻諮商的夫婦會談中，妻子抱怨丈夫的冷漠，她聲稱他絕對不會對她的衣服、朋友或活動發表評論，而當男人聽到此話時，卻感到相當驚訝。當討論到個別的關係維度時，此對夫妻可看出他們都是來自由父親所主導的保守家庭。丈夫在小時侯總是認為父親過度干涉母親，並常以應該做什麼或不應該做什麼這類無止境的評論來困擾她。在當時，他對自己保證，當他成為人夫時，絕不會像父親那樣行事。於是他從不評論妻子的衣服、朋友或愛好，因為他深信她有權做自己的選擇。妻子則以理想化方式來談論自己父母的關係，是一種愛的關係。父親一直很關心妻子，會親自給她買衣服，也會花很多時間在一起，但父親在她十二歲時就去世了。她對父親及父母關係有著理想化的看法，儘管聽起來相當有壓抑性。

正向心理治療的另一項工具是家譜的概念。家庭概念不僅會由家庭成員的經歷而形成，也會源自過去幾代人的經歷、以及家庭的政治及哲學傳統。這些概念會塑造我們的生活方式、和他人互動的規則、以及嘗試解決衝突的方式。佩塞施基安建議，要了解一個家庭的情境，治療師應該先了解父母原生家庭的情境[17]。發展對其衝突內容的理解，能使病人解決其問題或較不會受到這些問題的影響，病人可能因而成為自己和周遭其他人的治療師。

比較正向心理治療與其他心理治療模式之跨文化概念

由於正向心理治療屬於心理動力及人本取向，治療的目標之一是症狀的緩解，而治療的成功不僅基於緩解症狀，還在於培養出正向心理能力及資源[26]。如上所述，正向心理治療創立者佩塞施基安來自伊朗、後來移居德國，開始以神經科醫師、精神科醫師及心理治療師身分執業。他使用源自東方文化的概念，並將其應用於來自西方文化的病人身上。於1960年代及1970年代，透過與人本主義心理學、精神醫學及心理治療領域傑出人物所進行的個人接觸而得到啟發，如弗蘭克、莫瑞諾、巴特蓋（R. Battegay）、貝內德蒂（G. Benedetti）、孟及其他。

由於其他心理治療法的核心焦點在於分析式及行為驅動因素，能被詮釋為個人反應的不同刺激回應（精神分析及行為取向），正向心理治療則聚焦於理解及增加對個人能力的覺察，以及它們是如何在與家庭及社會環境的關係中發展起來[17]。

「就其本身而言，正向心理治療支持此種觀點，即環境因素會持續影響個人，而過去的經歷會以在微型創傷的感受，形成後續經歷的參考架構。不僅是在兒童期，每項發展及每個階段都會具有心理效應[17]。」作為一種後設理論，正向心理治療有時會使用其他心理治療學派的技巧和工具，如行為療法、個體心理學、分析心理學、意義療法、完形療法、原始療法、人際溝通分析等，而且同時，正向心理治療則是一個更為廣泛的概念。由於意義療法強調生命意義，正向心理治療在不同治療階段及實際能力會涵蓋意義療法的元素。完形療法的重點是解決當前問題，正向心理治療則會使用「一個人在其環境中所擁有

的實際能力和經驗[17]」。

　　精神分析所涵蓋的基本概念，即潛意識的角色、以及原我、自我和超我的結構，在其他大多數取向中也很常見。正向心理治療將此三項概念與平衡模式中的四項生活層面（身體、成就、接觸、未來）、四種關係維度（我、你們、我們、本源我們）、治療關係的互動三階段（依附、分化、脫離）結合在一起。在行為療法中，透過改變行為來治療症狀。正向心理治療則強調實際能力的作用，病人使用辨別分析量表工具來獲得更廣泛的臨床資料、並確認伴侶之間的衝突。人際互動分析所使用三種自我狀態（父母、成人及兒童）作為兩個人之間的互動，而正向心理治療也會考量此三種自我狀態，特別是在團體家族治療及情境鼓勵的情境下。

　　作為一種心理動力及人本主義取向，許多其他學派及模式可整合到正向心理治療的治療體系中。「不應將正向心理治療本身理解為一種排他性的系統，而是要將特定價值歸給其他心理治療法的每一項價值。因此，精神分析、深度心理學、行為療法、團體療法、催眠療法、精神藥理學及物理療法，都能被考量，而正向心理治療在多維度治療的意義上代表一種整合性的療法[17]。」

　　個人生活型態及日常生活中行動模式，如不同的概念、習慣、行為及成就，都會產生許多衝突──通常是與個人能力相關之不同類型取向的極端形式所造成的結果。因此，跨文化取向就像心理治療過程中的「一條紅線」，「因為跨文化層面也會提供材料來理解個人衝突」，那是介於案主與社會及其他生活重要層面之間的衝突[22]。

正向暨跨文化心理治療與全球發展

　　如今，我們生活在相當難以預測、有壓力且不安全的環境中，這使得實現我們的人生目標成為一項挑戰。我們所生活的時代見證科學及科技不斷發展，並伴隨著極端物質主義的渴望。社會中有很大部分人認為自己是有信仰者，他們使用靈性作為生活型態的重要層面。案主與治療師經常在觀點、概念、習慣與行為、以及處理問題、困境、障礙與疾病的方式上，存在相當大的差異。而且通常在此過程中，光考量到另一方的文化背景是不夠的。良好的心理治療需

要適當理解病人的文化,而為理解病人,就必須考量文化常規、宗教信仰、疾病概念、表達情感的方式、語言、態度及社會常規[1]。

正向心理治療是基於強調跨文化議題的心理動力及人本主義取向,是一種以資源為導向、以衝突為核心的療法,其症狀是源自過去、通常是來自童年的未解決衝突。在正向心理治療中,「positive」一詞來自拉丁語「positum」,意思是真實及賦予,能讓治療師將案主視為完整的人格,能因而管理問題、挑戰、障礙與疾病[18]。 具有基本概念的正向心理治療能用日常語言來表達,因此在治療過程治療師與病人之間的關係中,能很容易被不同文化、種族及社群來理解。具有基本概念的跨文化心理治療能提供心理治療過程的架構,並促進治療師與不同文化實體案主之間的溝通。

如果來自傳統及宗教背景的治療師,在與學生或案主接觸、講課、展示及介紹基本概念時,必須尊重與接受所有既存的不同文化常規。當一個東方文化的人遇見一個西方文化的朋友時,如果他的朋友問:「你好嗎?」他並不會感覺好,因為他還沒被問到他的家庭,從他的觀點而言,家庭比個人更重要;但是如果他遇到一個來自西方文化的朋友,問他:「你好嗎?」問題自動引起回應:「很好,謝謝。你呢?」這表明不同的文化價值觀及常規是如何去評估偏重不同概念與常規的人所出現的不同反應和行為。對一個人而言,關於職業及身體如何發展,體型可能很重要(通常對西方文化而言);對其他人而言,關係、接觸及靈性價值可能更重要(通常在東方文化中)。

社會變革正在迅速從一個極端走向另一個極端,此種快速變化只能在有限程度下被有意識地感知[17],而昨日的常規及目標,可能會在今天突然變得可疑且成為負擔。過去二十年間,壓力最大的挑戰之一就是嘗試維持這種平衡。世界正面臨不斷的人口成長,成為社會所面臨最大挑戰之一,會在糧食、社會經濟力量、移民及難民、恐怖主義等方面製造問題,為尋求更好的社會經濟條件而進行的移民及難民流動的結果,也會造成人口成長間接導致的城市化問題。城市化問題會給勞動力分工帶來了新的影響,人類從分化走向專業化,角色也持續變化中。對仍處於政治及社會轉型階段、並試圖找到真實認同的文化中,可能更容易觀察到。許多受全球變化所影響的家庭,在失去傳統的家庭結構

後，嘗試尋找新的認同。最後，佩塞施基安指出，這些變化使現今許多民族、族裔及文化群體會與外部群體有更多的接觸，因而可產生新的可能性及新的跨文化問題[17]。

佩塞施基安確認不同的價值觀及常規，不僅來自不同文化族群之間，也會來自父母及孩子之間（跨世代衝突）、婚姻伴侶之間以及其他群體成員之間。跨文化思維模式不僅要考量主流文化，還要考量次文化，它們有各自的標準。

人們往往會忘記除他們自己的標準之外，還會有其他的常規及價值觀，並因而造成誤解[23]。 當兩個人結婚時，即使來自同一個村莊、住在同一條街上，仍然會是兩種不同文化的相遇，每個家庭都有自己的生活方式。在一個家庭中，晚餐應該同時、且全家人坐在餐桌旁一起享用；而在另一方的原生家庭中，晚餐可能由家庭成員在不同的時間、分開使用。實際能力可能會是誤解的根源，如果「準時」對一個家庭而言非常重要，那麼慢回家用晚餐的配偶可能會被視為缺乏尊重；或者，當「接觸」很重要，而其他家庭成員不等對方一起吃飯，可能會被認為魯莽，此時耐心與接觸成為比準時成為更重要的美德。

❖ 案例

一對夫妻申請婚姻治療，女士的主要抱怨是丈夫對其原生家庭的持續經濟支持。由於丈夫是家中長子，會為手足提供經濟支持。他的妻子能接受丈夫在手足的教育及婚姻中幫助他們，但即使他們現在已經成年，在買房或開始新工作時仍會尋求他的幫助。她認為手足在操弄她的丈夫，而該女士的不悅是顯而易見的，她希望家庭預算要用在自己和孩子的需求上。從丈夫的觀點來看，他並沒有被手足欺騙，但支持他們的決定是他個人的選擇。在治療過程中，可理解的是，他的犧牲應該得到尊重，並立足於大家庭父親的主導地位。男人想保留大家庭中的一份子，但女士想成為一個核心家庭。這兩種家庭類型都各有其優點及缺點，大家庭能提供親情及保護，但也需要整合與接觸[23]。

心理治療必須根據案主的文化背景來選擇，並能用文化適應層面來協助案主。對於在混雜族裔與不同文化背景中工作的現代心理治療師而言，了解文化勝任心理治療所需的品質相當重要。現代心理治療師需要發展特殊品質，如文

化敏感度、文化知識、文化同理心及文化洞察力[3]。

　　總括而言，正向暨跨文化心理治療必須處理對維持不同文化之間和諧交流相當重要的兩項主要問題：第一是「所有人都有什麼共同點？」；第二是「他們又是如何的不同？」當人們並非相距遙遠，而在相遇時能覺察並接受彼此的相似之處，就更能理解此兩項問題。不同的傳統世界會因分歧的內容及目標設定而引發衝突，而總是出現此問題：在新的條件下，這些世界將會怎樣和平共處[22]？

總結

　　正向心理治療是基於強調跨文化議題的心理動力及人本主義取向，個人的文化觀點會影響他如何評價生活中的某些行為與事件。有時人們在互動中，往往會忘記與個人不同常規及價值觀的存在，因而造成誤解與衝突。案主與治療師的會面也是一次跨文化相遇，治療師應充分了解案主的文化背景，才能做出精確評估及有效治療計劃。

　　案主能了解症狀及人際衝突背後的跨文化內容也很重要。正向心理治療的概念能用日常語言來表達，並在治療過程中提供實用工具。探究一個人的實際能力、關係維度及家庭概念，有助於案主理解導致衝突的原因。覺察到自己的能力之後，病人與治療師會在正向心理治療的環境中，探索為何在特定時間、特定環境及身體中會發生衝突、問題與疾病的共同因素。文中提供案例小插曲，以闡明如何在治療中使用。

　　不同的價值觀可能存在，不僅介於來自不同文化者之間，也存在於父母和孩子之間（跨世代衝突）或伴侶之間。跨文化觀點不僅有助於理解人際問題，也有助於理解不同文化社群之間的關係。正向暨跨文化心理治療正在處理兩方面的運作法則：東方與西方取向，此兩者對於維持不同文化之間的和諧連結都很重要，在當今世界特別相關。

CHAPTER 19

—•—

正向運動精神醫學

by 弗朗西斯·阿吉拉爾（Francis Aguilar）；蓋瑞特·羅西（Garrett Rossi）

樂觀是運動員發展與提升的重要特質，擁有正向期望的態度能提高
運動場上的表現，並提高運動場外的整體生活品質。

身為醫師，我們的基本職責是要確認健康差異，並於三段治療各層級見到
病人。精神醫學專業是基於病人生物心理社會系統性論述的評估模式來涵蓋及
執行醫療決策，以管理及治療精神病理；而正向精神醫學的執行則採取各種方
法來聚焦於幸福感。正向精神醫學會尋求了解幸福感，以及如何透過生物、心
理、行為及心理社會介入來確認及提升整體健康，其應用會擴展過去所認定的
整體幸福感，並透過執行來達成表現的提升。正向精神醫學原則對新興的運動
精神醫學領域具有一定的價值。

運動精神醫學目的是為各層級運動員提供及優化精神醫學照護。此專業領
域會著眼於確認心理特質（韌性、樂觀、個人主宰感及因應自我效能、社會投
入、靈性和信仰，以及包括慈悲在內的智慧）與環境因素（家庭動態、社會支
持及其他整體健康的環境決定因素），並了解與運動相關壓力的神經生物學／

神經生理學。運動精神醫學與正向精神醫學的共同目標就是提升幸福感,從而改善病人許多生活層面的表現。兩種學科都會聚焦於思維過程及心理技巧,如目標設定、視覺化及放鬆技巧,目標就是提升整體幸福感。

運動員內心深處

　　沒有特定的特質能將一個人定義為運動員。然而,會有些運動員社群常見的一般人格特質。參加運動比賽的人往往較為外向,並表現出高度的完美主義與自戀。這些人格特質本身並不具病理性,但確實會讓運動員較易顯現某些精神病理。運動員在職涯早期往往會發展出狹隘的關注範圍,對他們而言,在發展一項運動技能、並取得運動競賽成就會有益處。然而過度關注運動中的表現與成就則會干擾成熟與發展,尤其是年輕運動員。

　　運動事業的成就並不必然能轉化為其他生活領域的成就,缺乏運動領域之外的成熟度及心理發展會使得運動員面臨精神疾病的風險。處於倦怠及過度使用之高傷害風險的運動員,可能進一步使他們易於罹患精神疾病。具有高度自信、加上自戀及完美主義的特質,運動員的心智模式會對運動精神科醫師形成獨特的挑戰。運動族群也存在接受照護不足的風險。隨著運動員得到越多的名聲,也會接受相較於同儕更高的地位。此外,在治療此族群時還會面臨獨特的倫理問題,例如當臨床醫師未注意專業標準時,就有觸犯專業界線及隱私的風險。

運動員與精神疾病之間的關聯性

　　在運動競賽取得高度成功者會被視為健康及幸福的頂峰,而一般人會認為他們身體健適且心理素質堅強。研究顯示,運動員對心理健康問題不具免疫力,某些精神疾病的盛行率與一般人相似。被研究得最清楚的疾病包括飲食疾患及物質使用疾患,此族群面臨著性能提升藥物的獨特風險,其中包括合成代謝類固醇。在一般人當中盛行率最高的精神疾病,在運動員中也相對常見。其中一些疾病包括憂鬱症、雙相性情感疾患、焦慮症及注意力不足過動症等。

　　一項研究調查224位澳洲運動員(118位女性,106位男性)的心理健康狀

態，結果顯示46.4%的運動員經歷過至少一種精神症狀[1]。該研究發現，符合精神疾病條例的比率與其他針對國際運動員及社群樣本的研究相似。常見的精神疾病包括憂鬱症、飲食疾患及廣泛性焦慮症，而受傷的運動員有更高程度憂鬱症及廣泛性焦慮症的症狀。作者們結論認為，菁英運動員所呈現的心理健康問題與社群樣本中所觀察到的相似。特別是，考量到受傷運動員更容易罹患憂鬱症及焦慮症，他們應該由精神衛生專家仔細監測。

另一項研究則調查法國高層次運動員的樣本，以確定基於性別及所從事運動之精神問題盛行率的差異。他們取得13%的法國運動員人口的代表性樣本。17%的運動員被確認患有至少一種持續或近期的疾病，其中廣泛性焦慮症最為盛行。總體而言，20%的女性及15%的男性至少患有一種精神病理[2]。作者結論認為基於性別的精神病理差異，類似於一般人的差異，應及早處理心理壓力來源，以避免精神疾病的進一步發展。

關於運動員精神疾病盛行率的研究相當複雜，由於缺乏自認為高層次運動員者，導致樣本有限。運動員及教練方面往往缺乏覺察或不願意承認精神疾病的存在。「堅持到底」的運動員心智模式會導致缺乏開放性、且不願尋求協助。在具有高層次運動表現的運動員中，仍存在有關精神疾病污名，甚至超出一般人所見。及早偵測有風險的運動員、並與專業協助單位聯繫，能因而提高運動員的幸福感、韌性與表現。

運動員常見的精神疾病

❖ 憂鬱症

文獻中既有數據顯示體育活動對情緒和憂鬱有益。然而，運動員仍然會受到憂鬱症的影響。討論身體傷害對運動員而言還好，但情緒傷害則更難被談論。運動員不想顯得缺乏必要的「心理堅韌度」來面對運動的要求，或被貼上「行為古怪」的標籤。結果，許多運動員未被確診，也無法接受必要的治療來改善他們的情緒症狀。

正如本章之前所詳述，很難找到關於運動員憂鬱症患病率的高品質數據。而在大專運動員中，憂鬱症的患病率約在15.6%到21%之間[3]。根據此比率，多

達五分之一的大專程度運動員患有憂鬱症。與非運動員的數據一致,女運動員的憂鬱症比率高於男運動員。其他確認的憂鬱症發展風險因素包括作為一名新鮮人、有受傷或疼痛。

運動員具有獨特的憂鬱風險因素,包括運動的競爭性、對表現的高壓力以及過度訓練所造成的倦怠[4]。身為臨床醫師,我們不能忘記運動員在運動之外也有個人生活,包括一般人所面臨的類似壓力源。也有存在與重要他者的關係、家庭及財務問題,從而增加對運動表現的要求。

運動員憂鬱的另一項獨特風險因素是受傷。受傷是運動的一部分,有時會發生嚴重的傷害並且恢復期很長。這些損傷會對運動員的情緒造成重大影響,而且症狀可能嚴重到足以形成創傷後壓力疾患(PTSD)——例如通過侵入性想法或夢魘重現受傷情境等症狀。這些運動員需要密切監測憂鬱症的發展,有時會請精神科醫師協助促進復原過程。

憂鬱症狀也會以獨特的方式呈現,而能由教練或訓練員根據運動員的表現來確認。一位憂鬱的運動員可能對參加訓練的興趣下降,在比賽中看起來很疲憊或走神,或對錯誤過度自我批判。這些事情可能會被誤認是運動或表現的技術層面問題,精神科醫師必須確認這些跡象,並評估運動員是否患有憂鬱症。

❖ 焦慮症

對此族群的焦慮症研究很少,但運動員中常見的焦慮類型為表現焦慮[5]。運動員在表現之前總有高張的預期程度,並不會干擾他們生活的其他領域。表現焦慮是運動員來看運動精神科醫師的常見主訴。確定因應焦慮的方法,並將其降低到不影響表現的可控程度,是治療的主要目標。

❖ 注意力不足過動症

注意力不足過動症是一般人的常見診斷,學齡兒童的盛行率約為7-11%。因此將有相當數量的運動員患有此種疾病,並且年輕運動員中注意力不足過動症的盛行率可能會增加。身體活動及運動作為一種治療形式,能協助病人因應疾病。患有注意力不足過動症的運動員可能會發現學習一項運動的某些層面很

困難，例如學習劇本或與運動相關的某些規則。無法集中注意力或容易分心會影響表現。在許多情況下，興奮劑藥物是注意力不足過動症的一線治療方法，但也會給運動員帶來獨特的問題，因為這些藥物被認為是提高表現的藥物。他們通常需要治療空窗期，也會成為在該族群中適當治療疾病的障礙。此診斷還會增加自尊問題，也會影響表現。

❖ 飲食疾患

　　許多運動項目要求運動員需達到一定的體重等級才能參加比賽。運動中有一個概念稱為「縮減重量」（weight cutting），意即運動員會選擇以低於其自然體重的級別來進行比賽。為了實現此目標，他們必須接受嚴格的飲食限制，並經常採用各種脫水方案來實現此目標。此種行為、連同獲取運動優勢的願望，可能因而導致飲食疾患。相反的情況也是如此，即鼓勵運動員在大尺寸是競爭優勢的運動中增加身體重量。因此運動員中研究最多的精神疾病就是飲食疾患，也就不足為奇了。

　　一項針對挪威菁英男女運動員飲食疾患盛行率與一般人相比的研究，顯示與對照組（4.6%）相比，菁英運動員（13.5%）的飲食疾患比率更高[6]。他們還發現，女運動員比男運動員更容易出現飲食疾患。女運動員可能因嚴重熱量限制（包括慢性疲勞）、經期失調（包括無月經）及可能導致骨質疏鬆症的低骨質密度而提高嚴重醫療併發症風險[7]。這在強調瘦身和外表的運動中最為常見，例如摔角。

　　大多數運動員不符合特定飲食疾患的完整條例，相對他們關於飲食會有不健康的做法。通常適用於這些運動員的診斷為非特定的進食或飲食疾患。這能以多種方式呈現，運動員應接受不健康飲食習慣的篩檢。儘管飲食疾患主要影響女性運動員，但對男性和女性都進行篩檢相當重要。兩組人的風險因素包括飲食疾患家族史、飲食疾患個人史、女性以及情緒或焦慮疾患。

❖ 物質使用疾患

　　全國大學體育協會（NCAA）使用自陳回顧性調查，針對大學運動員的

物質使用習慣進行研究。酒精被發現是過去十二個月中使用最廣泛的藥物（80.5%），其次是大麻（38.4%）[8]及無煙菸品（22.5%）。該研究顯示，第三級別運動員及白種人的物質使用率最高。

　　使用酒精等物質的運動員會降低運動表現，並對健康造成負面影響。酒精是運動員最常用的物質，經常被認為是導致成績下降的原因。運動員會有增加問題飲酒的風險，以及更高的過度飲酒率。酒精會透過擾亂睡眠模式、降低抑制而導致更衝動及危險行為來影響表現。篩檢工具可用於澄清診斷及評估物質使用疾患的嚴重程度。

　　提高表現的藥物是運動中常見的問題，合成代謝類固醇、安非他命、人類生長激素及促紅血球生成素等藥物能在運動中提升競爭優勢。這些物質在所有級別的運動賽事中都是被禁止的。大多數運動員都會接受隨機藥物檢測，以協助確保競賽領域的公平性。在某些情況下，使用提高表現的藥物會造成精神症狀。攻擊性增加是使用合成代謝類固醇公認的副作用[9]。合成代謝類固醇也會引起情緒症狀。通常用於提高專注及注意力的安非他命則會增加易怒、導致睡眠差及食慾減退。想獲勝的額外壓力，會驅使運動員透過使用這些藥物來取得自覺的優勢。

運動員之精神治療

　　治療患有精神疾病的運動員有兩種主要方法：藥物治療及心理治療。眾所周知，精神藥物具有運動員可能無法忍受的副作用。大多數抗鬱劑都有造成鎮靜、體重增加及胃腸道不適的風險，這對運動表現會適得其反。如果運動員認為這些藥物會干擾他們的表現，就可能不願意服用這些藥物。有鑑於這些藥物可能提升表現的作用，用於治療注意力不足過動症的興奮劑藥物就需要治療空窗期。接受苯二氮平類藥物治療的焦慮症或恐慌症病人，在典型毒理學報告中呈現陽性時，會導致運動員受紀律處分。臨床醫師必須與病人討論藥物介入的利弊得失，以便運動員做出明智的選擇。

　　治療運動員的另一種主要方法是心理治療，此種介入目標是為減輕精神症狀、並改善運動表現。運動精神科醫師應該精通傳統的「運動心理學」，聚

焦於目標設定、自我對話、放鬆技巧及引導式想像。這些技巧能更聚焦於運動
賽事的表現層面，而較少關注特定精神疾病的治療。治療精神疾病的對談療法
的目標是減輕症狀、並恢復最佳表現。認知行為療法在各種情況下減輕精神症
狀，具有實證基礎。它有時間限制及手冊為基礎，成為忙碌運動員的理想選
擇。大多數其他形式的心理治療可能難以在運動族群中實施，並且支持其使用
的證據有限。

　　勇氣、樂觀、誠實及毅力的概念對於運動發展而言很重要。這是正向精神
醫學的重點，提升這些領域能改善運動表現。運動精神科醫師應使用生物心理
社會系統性論述來確認關鍵心理特質（韌性、樂觀、主宰感、自我效能及社會
投入）和環境因素（家庭動力、社會支持），因為它們與運動壓力的神經生物
學有關。協助運動員發展和利用這些特質能改善運動和生活。

應用

　　如何將正向精神醫學用於治療運動員？韌性及樂觀等特質不僅在整體幸福
感中發揮作用，還具有提高表現的潛力。評估並執行提高這些特質的策略，應
該是運動精神科醫師臨床實務的一部分。這些做法並不會取代目前針對精神疾
病的實證治療，但能用作輔助治療來支持或強化目前的治療。保持樂觀、做瑜
伽及每天的正念操練能提高幸福感及表現，應鼓勵患者執行此類生活方式介入
措施來改善及加強這些特質。

　　正向精神醫學原則可納入任何行為或心理社會介入措施。無論其他介入措
施如何，目標都是一致：減輕症狀、並預防復發。如今大多數精神科介入措施
大多聚焦二級與三級預防，相比之下，正向精神醫學則聚焦於初級預防。初級
預防的目標是預防精神疾病的發作，並加強培養韌性等關鍵人格特質[10]。韌性
與更好的健康預後、降低所有原因死亡的風險以及整體壽命的增加有關。在競
技運動的高壓力世界中，需要強烈關注提升此特質的療法。

　　立即執行正向精神醫學介入，能強化現有藥物治療或心理治療介入。增
加輔助措施的目的是要協助有部分反應的病人、並預防症狀復發。冥想、撰寫
感謝信、練習樂觀思考、善行及寬恕療法等介入措施，在其他精神疾病患者中

成效良好。藉由提升樂觀而形成的態度改變，能對掙扎於物質濫用者降低飲酒量，並改變年齡較大成年人對老化的態度。樂觀是運動員發展與提升的重要特質，擁有正向期望的態度能提高運動場上的表現，並提高運動場外的整體生活品質[11]。

基於正向精神醫學的生物介入潛力仍在發展中，隨著我們增加對神經可塑性及這些正向特質相關遺傳學的理解，可能會發展出提升適應性功能的藥物介入法。生物精神醫學的興趣領域包括提升下丘腦—腦下垂體—腎上腺軸、以及單胺、神經胜肽及其他壓力反應機制的適應功能。有鑑於競技運動中提升表現藥物的侷限性及藥檢，這些被開發出來的藥物，使用於運動族群之前需要進行倫理及法律審查。

健康飲食、正念冥想練習、感恩日誌及改善韌性與樂觀療法的概念能立即加入既有的治療計劃中。由於從慢性精神疾病的管理移轉為疾病過程的初級預防是正向精神醫學的目標，但所有醫療及心理介入目標仍應盡可能繼續處置及療癒疾病。介入措施還應最大化表現及生活品質。運動中的表現是關鍵，而任何能改善及維持韌性、樂觀和表現的介入與預防，都有助於防止精神疾病的發作或惡化。

總結

運動精神醫學和正向精神醫學都是一般精神醫學中相對較新的分支。運動員雖然通常被認為比一般人更有自信、更健康，但也無法免疫於精神疾病。競爭的需求會增加壓力程度，導致倦怠及表現下降。一般而言，運動族群對精神藥物的忍受度不佳，並且這些藥物的副作用會限制其潛在用途。

正向精神醫學及運動精神醫學並非互斥，反而能相互促進。正向心理態度、紓壓及視覺化的許多效益，已經成為運動員高成績表現的要素。隨著我們更多了解壓力的神經生物學及韌性的發展，就會出現更多的臨床應用。隨著更多研究的發展，焦點可從此族群的精神疾病管理移轉到初級預防。

關鍵重點

▶運動精神醫學是一般精神醫學的新興次專業，具有獨特的挑戰。

▶自信、勤奮及韌性的運動員仍易罹患盛行的精神疾病。

▶運動員常見的精神疾患包括憂鬱症、飲食疾患及廣泛性焦慮症。

▶及早偵測出有風險的運動員，並協助與專業聯繫，能提升運動員的幸福感、適應力及表現。

▶治療患有精神疾病的運動員的主要方法有兩種：藥物治療及心理治療。

▶精神藥物已知具有不良副作用，運動員可能無法忍受。

▶儘管認知行為療法在減輕各種情況下的精神症狀方面有實證基礎，但正向精神醫學能提高運動員的幸福感。

▶運動精神科醫師應使用生物心理社會之系統性論述來確認關鍵心理特質（韌性、樂觀、主宰感、自我效能及社會投入）與環境因素（家庭動力、社會支持），因為它們與運動中壓力的神經生物學有所關聯。

CHAPTER 20

—•—

正向家族及婚姻治療

by 埃布魯・西尼奇（Ebru Sinici）

> 健全關係家屋的概念，象徵著幸福夫妻的秘密。
>
> ——約翰・高特曼（John Gottman）

正向心理治療是一種源自四大學派的整合式取向：心理動力、存在主義─人本主義、行為主義及跨文化治療[1]。據其創立者所言，正向心理治療除具有其他治療理論的特點外，也有其個別特定的介入法則，是一種人本主義、資源導向、互補性、跨文化取向[2]。同時，也是一種基於人類正向概念化的心理動力取向，聚焦於化解衝突。「正向」一詞是正向心理治療中最重要的概念，來自拉丁文「positum」，意思是「臆測與證實的事物」。因此意味應該一起考量事件或情境的正向及負向層面。

正向心理治療有三項重要原則：平衡模式、諮詢（consultation）原則及希望原則。根據此概念，平衡的生活必須在身體、成就、接觸及意義／未來等四項維度中保持平衡，才有可能[3]。通常當人們面對問題、感到失望、耗竭或覺得生命無足輕重時，會需要參考此四項層面。為了心理健康、幸福、平靜，建

議在這四項層面面均衡分配時間、勞力、情感關係及靈性能量[4]。「諮詢原則」意指案主會與周遭人合作解決問題,而此種合作是透過每次療程及整個治療過程的五階段來執行。「希望原則」意指案主是解決個人問題的人才,並相信問題能被解決[5],而治療師最重要的目的是要揭示及培養此種信念與希望。

正向家族療法是用在家族及夫妻的正向心理治療形式。在家族取向中,個人作為系統的一部分會被分開處理,而介於他們之間的關係系統則會被完整地研究。在此,有一些不同方法來形塑此過程。所有這些都被稱為家族治療,並採用以下形式:個人/配偶、夫妻、核心家庭、大家庭及其他系統[6]。

與一個人/一位配偶一起工作:一開始,雖然將其稱為家族治療是沒有意義的,但在無法將其他涉入衝突者納入療程時,此取向是有必要的。在系統元素中單一變化會影響整個系統的信念背景下,該人會被賦予放棄病人角色、並在其案例中充當治療師的任務。此種情境能讓案主的行為改變,繼而對整個家庭產生療效。

與夫妻一起工作:在此,夫妻雙方都會參與治療,而他們在療程所表現出的行為也會反映出他們如何受到彼此的影響。在正向家族治療中,不會立即談論他們的衝突,而是要討論是什麼能將這對夫妻給掌握在一起,以及衝突如何在他們的關係中發揮功能,如此就能形成共同基礎來因應衝突的內容。此種情境能將此對夫妻帶到了一個新的位階,他們就能尋找各種方法來解決他們的問題。

與核心家庭一起工作:在此父母和孩子都會參與其中。衝突經歷及其解決盡可能在家庭內部持續進行。正向家族治療會使用五階段介入法來定義家庭規則及其概念化,家庭也會使用該系統來進行自助。此種取向有助於家人澄清、分辨個人立場,並使他們覺察到誤解。

與大家庭一起工作:除了核心家庭,其他密切接觸者也可能參與治療(祖母、祖父、阿姨、叔叔、家族朋友等)。團體的規模會因安排的理由而受到限制。家譜的概念通常是透過病人的記憶及經驗來發現,並在此採取實際形式。之後,可在療程中討論這些概念,而不會傷害某些家庭成員。

與其他系統一起工作:在此,治療超越了家庭的限制。外在接觸及社會機

構作為影響變數（教師、導師、醫師、診所人員等）來參與治療。使用於治療的系統能經過調整來涵蓋其他子系統，如工作機構、社會及政府團體。此種方法是對家族治療的補充，並驗證家族並非獨立且單一實體，而是生態環境的一部分。在正向家族治療中，我們嘗試採用社群心理學原則來治療個人、夫妻和家庭。因此，透過關注社會機構，正向家族治療會涵蓋從個別治療到社群心理學的光譜。無論人從哪裡開始，中心仍為家庭，因為家庭是個人經歷社會化的原生群體，它塑造目前的關係、並承載著情感意義[6]。

跨文化正向心理治療

在文化中有效的概念、常規、價值觀、行為模式、興趣及觀點會在跨文化的背景下處理。此種取向包括社群特徵，會使用社群常規及行為模式作為指引。客觀化這些價值觀的一種方法是比較國家的法律及司法常規。通常在一種文化中所見到的衝突、可能的解決方案及日常行為模式，在另一種文化中可能會有所不同。

在這一點上，跨文化取向試圖在各種觀點之間進行調解，並發現一種不同的溝通形式，有助於化解討論衝突時的偏見。這些偏見可以是德國人、美國人、伊朗人、土耳其人、農民、城市人等等。出於這些理由，有些跨文化定義的案例總是允許例外，也有個別情境的案例，例如「普魯士」中東人非常重視準時、規律及精確性；而「中東」的普魯士人則會對誤時展現高度容忍[6]。

正向家族治療相關的療法

❖ 以解決方案為中心的家族治療

在以解決方案為中心的治療中，焦點會在於可能有效益的解決方案，而非關注在問題上。一項基本假設為「變化是持續且無可避免的」，只需從一項小改變開始。改變系統的一小部分也會改變其他部分，「多米諾骨牌」成為一目了然的隱喻，意味小變化也能、甚至經常導致更大的變化，尤其當它們被注意到時。治療師要協助案主確認將來遇到問題時應該怎麼做[7]。

❖ 心理動力/經驗性家族治療

此種療法目的在於檢視家庭的潛意識功能,如連結家庭或干擾功能的力量。方法是透過對談,家庭成員說話的方式及開始說話能讓治療師從移情及反移情開啟工作。此外,治療師在沒有任何引導或建議的情況下執行一種特殊的傾聽,能支持關係及連結的交流。治療師試圖與每位家庭成員建立密切的聯繫。此法不僅在處理功能失調的關係或創傷事件後會很有用,也能處理教養、離婚及再婚等問題。事實上,很多再婚夫妻,都認為愛與善意會解決孩子之間的紛爭。然而,重組過程的內化總是需要一段適應過程。一些被定義為具有激發作用的支持性技巧能揭開家庭關係的動態[8]。

❖ 家譜療法

家譜療法是基於跨世代心理傳遞的理念,來使用家譜成為工具。過去幾代人的創傷、秘密、損失、死亡及遷徙都會轉移到下一代,而基於個人的心理結構是由其出生家庭所塑造的,藉由世代之間無形連結納入個人治療的概念,能因此拓寬家庭觀點。

生活中所遇到的某些困境並不屬於個人,而是經過第一代、第二代、甚至更早世代。家譜療法會檢視廣泛的家庭動態、個人在這些關係網絡中的定位、以及是如何受到影響。當能理解每個結是如何打在一起時,就能透過將它們轉移到未來世代,以避免重蹈覆徹。治療師通常會圍繞有助於交談的「家譜」圖來進行工作。有意義的童年及家族照片也用於視覺化家庭系統、並協助分析家譜[9]。

❖ 系統性家族治療

系統療法出現於1950年代的美國,並包含許多學派,會針對個人、夫妻及家庭。在個人層次迫使接受諮商的抱怨,在其出現的系統中也具有意義和功能。為能覺察該內涵,此取向必須基於治療聯盟,意即如果家人有渴望、並信任治療師,那麼與治療師的連結會讓每個人都能顯現出自我覺察力。在此一年的過程中,平均每兩週一次,來建立一種治療系統,不僅案主、還包括治

療師，而治療師的抱怨也會定期來提問。治療師有一種取向，讓每個人都能交談，並以不同的方式體驗家庭受阻的情境，其基本理念就是為家人提供更靈活的傾聽機會，之後在他們之間可以重複使用。另一種常用的技巧為「重新框架」（reframing），目的在於定義出一種情境，以便家庭成員能以不同方式來感知、並考量新的可能性[10]。

❖ 為人父母的夫妻治療

此種支持療法適用於為人父母而非婚姻生活方面所面臨困難的夫妻，該方法是根據兒童臨床經驗及實證基礎所開發出來的。當孩子罹患精神疾病時，需要個別治療；然而，在存在關係困難的情況下，與孩子一起工作、並同時專為父母設計療程，通常會有更顯著的成果。例如，在不同教育需求的案例、或是在父母離婚後，孩子或年輕人陷入忠誠衝突時，此種方法目的是將孩子的利益擺在父母溝通的核心[10]。

❖ 高特曼療法

此取向創設的目的在於協助夫妻學習如何深化親密感及關係中友誼的原始技巧。為確保衝突的有效管理，能提供處理可化解問題及針對僵局問題建立對話的方法。高特曼取向利用健全關係家屋的概念[譯註8]，象徵著幸福夫妻的秘密[11]。

❖ 整合式家族療法（完形療法）

整合式家族治療的目的是探索個人經歷、模式或實例，並整合且完成所有分開的拼圖。完形是一種創造或設計覺察度的過程，或者更確切地說，它是一種促成個人獲取流程理念的過程，例如「做了什麼、如何做、以及如何改變？」這是一種促進掌握、且同時學習接受的過程，試圖透過改變個人及聚焦於「此時此地」來改變家族[12]。

譯註8 高特曼健全家屋的概念如下—以信任及承諾為厚實的牆，涵蓋七個樓層，從底層往上分別為建立愛的地圖、分享喜愛與讚美、轉向取代遠離、正向觀點、管理衝突、實現生活夢想、創造共享意義。

正向家族治療的原則與相關治療工具

❖ 治療原則

- 自助：正向家族治療是一種協助解決家庭衝突的自助療法。例如，不會聚焦於孩子的問題或父母的衝突，而是教導整個家庭如何啟動他們既存的療癒能力，因此治療師的焦點是家庭。雖然是針對家庭，但治療是要處理既存的價值觀、印象、社會常規及文化特徵。在治療過程中會指導應用於家庭或夫妻的方法。因此，目的是希望讓病人在治療結束後能為自己或家人使用此種方法。

- 跨文化維度：家族或夫妻應該與他們的文化環境一起處理，因為並未獨立於文化環境。在正向家族治療中，認為只有在了解家庭的文化特徵後，才可能使用適當的療法、並充分滿足他們的需求。

- 內容概述：會試圖回答諸如「所有人都擁有什麼共通點？」之類的問題。可使用辨別分析量表及故事來做到此項目（如下）。

- 後設理論維度：正向家族治療整合許多理論的洞見來提供整體性取向，並提供一種架構，能在其中應用及整合不同的治療技巧。

- 家庭連結的相對性：正向家族治療是一種特殊形式的治療理念。雖然以家庭為中心，但治療並不限於家庭；家庭成員被視為個體，而社會因素也在治療中扮演部分角色。

- 人類的獨特性：在正向家族治療中，會試圖了解人對衝突所產生的心理及心身反應，而以個人敏感度是如何產生這些反應、以及內容為何，都會受到檢視。同時，理解這些支配日常生活的規則（包括反應、文化、傳統價值觀及信仰體系）也被認為是治療過程的重要因素[5]。

❖ 實際能力及辨別分析量表

　　辨別分析量表（DAI）是正向家族治療的基本工具之一，反映衝突背後的規則及組成內容，會呈現為個人疾病症狀背後的一系列重複行為或常規。在此量表範圍內的行為常規，如準時、開放、仁慈、清潔、忠誠與公平，稱為次發

實際能力[6]。DAI是一種量表，其中收集關於個人、文化及家庭衝突的相關概念，是決定實際能力的引導式量表。

　　實際能力來自家庭、社會價值觀及信仰體系的心理社會常規，構成定義家庭成員之間關係的規則。實際能力的顯著反映會隱藏在行為模式中，表面上似乎不太重要[13]。例如，對於不斷看著時鐘的老闆而言，準時是隱藏在此情境中的實際能力。針對此點，辨別分析會開始於對實際能力進行詳細評估，其中包含發展潛力及衝突潛力。也會收集類似此人何時生氣、正在接觸什麼以及解釋此情境的理由等訊息。透過此種分析，試圖了解個人對衝突是如何敏感，以及情緒衝突背後的真正理由、概念及特殊內容。

　　藉由應用到每個家庭成員的DAI，就能獲得有關整個家庭的資訊。在說明此情境的表格中，個人數據會顯示在「我」欄位，而對其妻或其他成員的評估則顯示在「配偶／伴侶／衝突者」欄位，而對此能力的評論則呈現在「自發性回答」欄位。此人可將這些關於自己及正在經歷衝突他者的評估一起審視，並能獲得整體的概覽。在此的評價是主觀評價，並非決定性的判斷。將家庭成員的個人標準與其他人的標準進行比較之後，就容易理解家庭成員的哪些能力較為發達、哪些則還有待提升。因此，能輕鬆確認這些衝突領域及其內容。

❖ 關係維度

　　根據正向心理治療，實際能力的發展取決於和父母或主要照顧者的關係、以及童年生活。佩塞施基安以關係維度的概念定義實際能力的發展以及如何理解。關係維度定義每個人會以某種方式參與其中的基本關係。這些關係以「我、你們、我們及原初（本源）我們」呈現（如圖20.1）。透過關係維度，正向家族治療還會展示人類的實際能力根據人、時間及環境條件是如何發展。

　　關係維度是關於在一個家族中的有效概念，而這些概念可以是產生這些行為及常規的動力，以及形成這些動力的習慣。這些概念在正向家族治療的社會生活中具有特殊的重要性，也是評論與環境關係的認知及情感結構。在此概念中有一些期待，例如對關係中的人採取批判及悲觀的傾向，或剛好相反，希望建立密切的關係。所定義的關係維度是能揭示個人成長的家庭概念、以及個人

圖 20.1 四關係維度

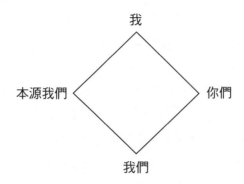

對這些概念的經歷。為理解衝突，首先必須了解其基礎結構及所包含的概念。關係維度有助於理解為何人會選擇拒絕某些關係，並呈現個人在家庭中的關係與價值觀，就能將與其他人的關係以及這些經歷所象徵的模式結合起來[14]。

　　「我維度」是以一個人與父母、手足之間的關係為模式所形成；「你們維度」是透過小時候體驗父母之間的關係而形成；「我們維度」是透過父母與他人關係的例子而形成；「本源我們維度」是透過體驗父母的生活意義、對信仰的態度以及與靈性的關係而形成。行為基礎及所使用的模式能幫助案主了解他們的情緒關係、問題根源，並提供從不同觀點來評估情境的資料。

❖ 互動三階段

　　人類會在已經建立與即將建立的每一種關係中遵循特定的互動階段。每個階段都有特定的特徵，而這些特徵有助於理解關係動態相關的需求與期望，並有助於理解及化解衝突。因此，人們在婚姻及其他伴侶關係中都會經歷三個階段：依附、分化及脫離。在每段親密關係和伴侶關係中，都會持續觀察得到這些轉變。在正向家族治療中，我們會討論「互動三階段[3]」：

- **依附階段**：每個人從出生開始，一生都需要與他人保持連結與親密。此種需求最能解釋個人尋找婚姻伴侶的原因，會希望與其他人在一起，以及對家庭社群的承諾。從「我想和配偶更常在一起、我需要她」這句話

就能理解，此人在婚姻關係中正處於依附階段。

- **分化階段：** 是透過取得社會期望行為來定義，此情境發生在個人辨識及
  學習能力的分化、以及使他能控制本性及社會性表現之次發能力的形成
  中。試圖吸引某人、提供建議、並試圖控制某人的態度及行為是此階段
  的顯著行為。能從「我有對伴侶／配偶提供建議嗎？當我的期待沒被滿
  足時，我的反應為何？」看出此人在婚姻關係中正處於分化階段。

- **脫離階段：** 這是個人與其親近者分開、正在觀望事物及開始承擔個人責
  任的階段。此階段能提供與其他人建立關係的機會，意味著擴展個人的
  資歷、嘗試新決定、或重新衡量舊的價值觀，也是成熟及成熟人格的特
  徵。從「我希望伴侶獨立嗎？我是否更願意讓她承擔責任？我認為他有
  照顧自己的權利嗎？」顯示此人在婚姻關係中正處於脫離階段[6]。

　　大多數人在依附與脫離之間交替，既想獨立、也發現無法管理個人的獨立
性。或者，雖想要愛及配偶的關注，卻因對自由的渴望而選擇迴避。我們稱此
種關係為「兩種不同的依戀」。此類人會受到突發的力量及難以想像的新可能
性所影響，而被視為一種不確定如何處理環境及個人的典型──「我既想要、
又不想要。」

❖ 臨床實例

　　此互動三階段可在各種人際關係中看到，每個人會因其他需求及期望，而
處於不同階段。

- 一位三歲多的女孩想和父親一起玩（依附階段），但父親退回說他沒有
  時間（分化階段）。
- 一位夥伴想要承諾，而另一位則認為應該提供訊息及警示。
- 一位職業婦女在晚上等著向她的丈夫表示熱情。但丈夫卻質疑說：「廚
  房不整潔，到處都是玩具。我為什麼要結婚？」
- 一位夥伴想要承諾，然而另一位卻給出與她預期不同的承諾。一位十八

歲的年輕人被邀請參加家庭派對,她在成年人中感到不舒服,正當她試圖透過與母親的親近來獲得自信時,母親卻用親吻讓她感到窒息,孩子因此感到非常丟臉。

- 一方需要訊息、警示及口頭指示,而另一方卻希望他獨立、自己做決定並支持他的配偶。例如,一位年輕男孩向母親尋求關於他愛、卻無法信任的年輕女友的建議。母親可能會拒絕他說:「你以前從來沒有問過我,你自己處理,怎麼不問問你爸?」

- 一位夥伴要求提供訊息,但沒有從被詢問者那裡得到,或以他不想要的方式取得。一位家庭主婦說:「上週洗衣機壞了,我想聽丈夫告訴我該怎麼做。不過,他卻給我上了一堂關於如何更謹慎使用機器的課。」

以下,夥伴之一需要訊息、警示及決策協助(分化階段),但另一方卻基於貼心與關注,希望達到承諾(依附)階段。

- 一位工作者想了解有關自己專業培訓的想法。如果訪客是母親,她可能會說:「很明顯,你有很多事情要做、而且看起來很糟,可以待在我身邊,我會讓你休息。」

- 夥伴之一想證明自己,另一方卻沒察覺出此種期望或取得的獨立性,相反地,想藉由提供想法及建議來控制。一位新婚婦女的母親前來探望,媽媽說:「我很高興我來了,這裏到處都是灰塵。現在,媽媽會教你如何清掃。」

以下,夥伴之一想要獨立和脫離,而另一方卻認定為依賴需求。

- 一位年輕女孩被另一個城市的大學錄取,而父親可能會拒絕,說:「你不能離那麼遠,可能有一些不好的事情會發生。沒必要上大學,就留在家裡就好[15]。」

這些互動類型可為分析介於夥伴之間或個人內在衝突提供方向。藉由這些幫助，就能對沒把握的問題得到很好的理解，也能因此考量個人的態度。

❖ 正向心理治療的五個階段（諮詢原則）

正向心理治療的核心概念就是五階段流程，作為形塑治療的指引。治療中透過五個階段應用時，正向心理治療還受益於其他治療取向的技巧。

觀察／拉開距離：此階段的基本目標是分析情境。首先，治療師會以客觀的方式傾聽而不會評論，並試圖了解案主的需求，以及所帶來的問題。因此，治療師會去檢視有關症狀及伴隨的行為情境與過去所有訊息來源。家族及夫妻有機會退一步來看看當前的情境。正向家族治療會使用多種工具來與問題保持距離。透過故事、諺語以及其他文化如何體驗，這些工具會被用來揭示新觀點。

完成問卷：在此階段，透過平衡模式，從四項生活維度收集過去五年所經歷的資訊。治療師試圖找出他們如何解決所面臨問題以及較多使用平衡模式的哪項維度。此外，還會檢視他們所使用實際能力的層次。此階段會使用辨別分析量表。

情境鼓勵：情境鼓勵在正向心理治療中具有核心意義。由於家族只會關注他們的問題，而無法認識到他們的正向層面及能力。在此階段，家族及夫妻會從現實的觀點在情境的正向層面上受到鼓勵。治療師也會嘗試協助他們找到新的替代想法。

說出內心話：在前幾階段中創造必要的治療環境後，此階段會開始探討基本衝突，並詢問對方對表面及更深層問題的想法。治療師會嘗試透過平衡模式及關係維度來協助家族解決他們的衝突，能讓他們了解彼此的想法與期待。此階段的主要目標是要強調家族與夫妻能做些什麼，來讓四項生活領域取得平衡。

擴展目標：在此階段，達成家族及夫妻的期待目標之後，會聚焦於他們未來想要的生活（短中長期）。在此階段，心理治療關係的主要目標是提供家族自助所需的訊息。因此，在治療結束之後，就能在生活中擁有一種專屬的自助方法。在此階段，家族在重啟神經質性限制（neurotic restrictions）之前，學會重新考量所追求的目標。在這樣做的同時，家族會使用平衡模式中的四項生活

維度，並規劃如何在生活中保持平衡，以及檢視當新衝突發生時，該用何種方法來處理它們[14]。

　　總之，正向家族治療，由於其結構化技術、以及作為跨文化、心理動力及系統導向療法，已被證明經過大約八至十二個療程就能達到成效，主要目標是協助病人善用自己的資源。

CHAPTER 21

正向教育學與輔導

by 伊凡卡・邦契娃（Ivanka Boncheva）；
斯特凡卡・唐契夫（Stefanka Tomcheva）；
斯內然卡・狄米特洛娃（Snezhanka Dimitrova）

幸福的秘訣

　　某位店主派他的兒子去向世界上最聰明的人學習幸福的秘訣。小伙子在沙漠中徘徊了四十天，終於來到一座位於山頂的美麗城堡，智者就住在其中。然而，我們的英雄並未找到一位聖人，而是在進入城堡的主殿時，看見一片繁忙的景象：商人來來往往，人們在角落裡交談，小管弦樂隊正演奏著輕柔的音樂，一張桌子上擺滿了那世界最美味的食物。後來發現智者正與眾人交談，男孩不得不苦等兩個小時，才輪到他引起智者的注意。智者專心聽著男孩解釋為什麼來這裏，之後則告訴他，現在沒時間解釋幸福的秘訣。

　　他建議男孩能環顧宮殿，並於兩小時後回來。「與此同時，我想請你做一件事，」智者說著遞給男孩一個茶匙、裡面盛著兩滴油。「當你四處遊蕩時，請隨身攜帶這把茶匙，而且不要讓油溢出來。」於是男孩開始在宮殿的許多樓梯爬上爬下，眼睛一直盯著湯匙。兩小時後，回到智者所在的房間。「嗯！」智者問道：「你看到掛在我餐廳牆上的波斯掛毯了嗎？你看到園藝大師用十年時間所打造的花園了嗎？你有沒有注意到我圖書館裡漂亮的羊皮紙？」

男孩很尷尬、並承認他什麼也沒看到。他唯一關心的就只是不要讓智者託付給他的油灑出來。「那就回去觀察我世界的奇觀吧！」智者說道。男孩鬆了口氣，拿起茶匙繼續探索宮殿，這次是觀察天花板與牆壁上的所有藝術品。他也欣賞了花園、周遭群山、美麗鮮花，以及所有上選美味。回到智者身邊，他將所見所聞詳細說了一遍。「可是我託付給你的那幾滴油呢？」智者問道。男孩低頭看他手上的茶匙，發現油早已流光了。

「好吧！我只能給你一個建議，」最聰明的智者說道。「幸福的秘訣就在於看見世界上所有的奇蹟，但也永遠不要忘記茶匙上的油。」

—— 保羅‧柯艾略（*Paulo Coelho*[14]）

教育學是一門教育及成長養育過程的科學。教育學的執行過程掌握在不同類型學校的教師手中。如今，教師主要優先考量的是教育、傳授特定領域的知識，包括倫理科學，這也是為何人們將某個學校學科的講師定義為「科任教師」的原因。而學校教育中，互動道德規則的實際教學，早在孩子與老師接觸那一刻起，教育過程就已開始。當孩子聽到如何在團體中行動的口頭要求，就是對其行為成就的道德性評價，在與老師及同學的實際互動過程中吸收倫理科學。在這些年中，此類溝通是基於教師的個人能力，而其行為會完全涵蓋採用「母親」及「父親」的社會角色。

教師在其專業成長過程中，無論個人特質，主要是發展及使用其次發（能力）品質——秩序、紀律、時間架構、成就及評估。這符合機構（學校）的目標及最初被賦予的社會任務——介紹適合兒童／青少年時期、在不同學科領域最基本要求的知識。

在某些情境下（主要是在下課休息期間，但也不完全是），當涉及到兒童／青少年之間的溝通時，教師會面臨年齡特殊性的挑戰。他們會被期待去修復同儕之間的互動或孩子與年齡較小或較大的學生接觸時所出現的特定情境。一般而言，教師會根據自己的個人特質承擔「教育者」的社會角色，而通常在此情境下，教師則必須扮演「父親」的角色，建立常規、並期待他們能確實遵守。他在觀察社會常規及社會公正方面變得嚴格、苛求與堅定。

在和專精心理治療（接受正向心理治療學院教練培訓）的學校心理師進行督導及巴林（Balint）團體期間，教師能不衝突地分享自己在解決日常學校情境過程中專業行為效能的不足之處。一方面，他們所能想到的理由在於只具有心理學的理論性知識；另一方面，則是教師在課堂上行為的特殊性。在那裡，他們就是傳授特定學科所需知識的人，態度是既苛求且總是在評價。

在心理學家—正向心理治療師的協助之下，教師們能學會：一、根據心理發展的特殊性，來確認兒童／青少年的心理需求；二、反思「學生—同學」之間外在衝突的心理內容，以及關於所揭開衝突情境中參與者起初內在衝突的角色；三、藉使用正向心理治療工具，能揭示扮演更成功教育者所需的能力；四、展現因應外在衝突的技巧。

一、根據心理發展的特殊性，來確認兒童／青少年的心理需求

由於個別年齡危機的特殊性，兒童／青少年主要是以其原初能力作出反應，他們衝動、無拘無束、直率、情緒高漲，且需要為自己辯護。特別是在那樣的年紀，社會互動形式本身尚未成熟，通常會導致兒童／青少年之間的衝突。這些情形會在學校出現，同樣也會發生在家庭環境中。老師們會分享父母經常不合時宜的介入，包括父母親自處理孩子的嘗試，導致自己孩子的不愉快。在大多數情況下，此類父母的涉入會帶給所有參與者不愉快的後果。他們會進一步反思兒童／青少年與老師及同學的關係，並為互動性衝突創造新的基礎。

二、反思「學生—同學」之間外在衝突的心理內容，
以及關於所揭開衝突情境中參與者起初內在衝突的角色

通常，每一方會使用當時已經建立好、穩定之因應內在衝突的個人能力來參與所揭開的外在衝突[5]。「學生—教師」之間的衝突也會循著相同的心理動力，而當教師出於解決衝突的希望，就有必要進入「學生—學生—教師」的衝突三角。

在課堂上的正式溝通當中，教師會根據個人實際衝突的內容來與學生接

觸，他會期待學生的行為是次發實際能力的展現——順服、紀律、責任、一致性、成就、秩序與準時；另一方面，學生則會以滿足個人需求的心智模式來與老師接觸——基本衝突的內容，他會期待從老師的態度來滿足原初（基本）實際能力——慈愛、保證、時間、耐心與希望。

德雷克斯（Dreikurs[2]）認定不當行為有四種主要目的：避免失敗、吸引關注、報復及權力——這些需求能定義出學生與教師之間常見衝突關係的本質。根據他的理論，這源自兒童／青少年有屬於同儕社會團體（原初能力：一體／整體）的需求。我們的心理治療實務[12]顯示學生的成長與發展只會改變個人需求的層次。介於六至十一歲的兒童需要在同儕中找到自己的定位；在十二至十四歲之間，他們則在與他人接觸時尋找個人的獨特性；十五至十六歲的青少年開始確認他們的社會「自我」；十七至十九歲的青少年目的在展示他們獨立處理問題關係的能力。根據學生年齡[11-13]，在我們執業過程中最常見學校衝突的案例如表21.1。

在這些案例中，所有參與者都會有一種被誤解的感受，意即他們的個人需求沒有被考量到，因而有病態性的準備來對抗。每個人的經歷都是一種心理動力類型的結果，由馬雅・安傑洛[1]的一段話做出很好的總結：「我能了解人們會忘記你所說過的話、會忘記你所做過的事，但人們永遠不會忘記你是如何對待他們。」

表21.1　根據學生年齡最常出現的學校衝突

問題	學生的行為	老師的行為
七至十一歲學生		
關於吸引關注、求助：製造噪音、違反課堂規則	發出奇怪的聲音、哭鬧、自行離開教室、敲東西製造噪音；上課時講話。	老師生氣的反應是懲罰孩子一在成績單註明負向標記或缺席；在全班面前，公開希望孩子解釋自己的行為；拒絕協助孩子讓任務更容易執行；在課堂上拒絕學生參與討論，以避免哭泣。

關於避免失敗：拒絕上課及／或到校；「逃入疾病」	拒絕書寫、閱讀及拒絕上學；心身反應—胃痛、嘔吐、眩暈等；無法與父母分開而進入學校；堅持在上課時間有重要人物在身邊。	老師對學生的無助狀態做出反應，並透過使任務更容易執行來表現出過度關心；關注症狀；允許一位家長在孩子上課時陪伴；免除學生上課；透過個別訓練，以彌補孩子在學齡要求方面的失敗感。
關於報復：攻擊及對立反抗行為	針對老師的對立反抗行為—拒絕完成被分派的任務；對同學進行言語及非言語攻擊—在下課時製造衝突、打破及破壞教室裡的物品、在同學的圖畫或筆記本上亂塗畫、取走別人的東西。	老師的反應是強加權威—給學生負向標記。懲罰、讓其獨自坐在辦公桌前或將其隔離在教室角落、要求離開教室、帶去見校長或學校心理師、安排與家長會面來抱怨學生問題；在全班面前訓斥學生；給學生貼上標籤：「你是一位非常不聽話的壞學生。」
青少年早期，十二至十四歲		
關於吸引關注：製造噪音、違反課堂規則、擾亂課堂	製造各種奇怪的噪音、在課堂上以任何可能的方式引起騷動、試圖隱藏噪音的來源並否認是自己所為。表現得像個小丑、利用一切機會製造騷動；當老師看著他或要求他停下來時，做出無辜的表情或手勢；享受自己的行為、刻意行事、刻意激怒老師。	對挑釁做出反應、感受到挑戰、被迫反擊、通常表現出敵對行為。通常在全班面前，對此類學生輕率而矛盾地發表意見；將學生從課堂上排除或無視於其行為。
關於避免失敗：極端化為野心過大或透過失敗來獲得肯定	很少執行分派的任務；不想完成他開始的事情，來證明自己的平庸；傾向於責怪他人或外在因素或拒絕完成被分派的作業、不學習、不準備、在考試及復習功課時刻意表現差。	失控、並將該學生變成課堂上討論的話題；以惱怒和生氣來反應；發出不會執行的威脅；將學生趕出教室、將其送到校長室或傳喚副校長／校長到班上。
關於報復：在牆壁及桌子上塗鴉；破壞學校財產；打架、威脅和欺凌他人	煽動、咒罵及毆打同學；表現出對學校及課外活動缺乏興趣。	採取過度的紀律處分或透過後果來對學生施壓；在其他學生或成人在場的情況下口頭羞辱、侮辱學生。將此學生歸類為難以或無望改變、忽視他、讓他自生自滅。

與權力相關：傾向貶低、侮辱教師的權威；漠視	違反規則、爭論；在課堂上因為瑣事引起騷動；盡最大努力刺激老師的反應、並使他心煩意亂。	情緒反應，允許自己被捲入其中；試圖透過諷刺來處理學生；認為是自己的問題。
青少年中期，十五至十六歲學生		
關於權力：公然貶低教師的權威、表現得漠不關心、勒索／操控其他人反對權威及反對學校規定	測試、嘗試及質疑教師的權威；通常試圖製造不和、並提出有爭議的問題；反對並公開反抗老師的每一項要求；攻擊、挑釁、還擊；不守規矩、抗拒懲罰。	情緒化反應、並參與其中；使用侮辱、諷刺、透過分數報復、標記污點及／或透過難以接受的方式進行懲罰。
關於吸引關注：製造噪音；不遵守課堂裡的規則；拒絕和／或反對；缺乏獨立	主動形式：學生表現出各種擾亂課堂動態、分散其他學生注意力的行為；轉移老師的注意力；衝動反應、不聽話、干擾他人、插嘴、打斷；表現出自控能力不足或缺乏自我控制； 被動形式：學生按照「緩慢而輕鬆步調」行事，不執行任務或自負地執行任務。	試圖讓其他學生站在他這邊；使用他不會實施或無法實施的威脅；對挑釁做出情緒反應；挑釁、指責；在全班面前，對此類學生公開批評；將學生從課堂上排除或無視於其行為。
關於報復：侵略、欺凌和暴力；激怒老師及學生	不斷威脅；吹噓／高談闊論；負向心態；對最輕微跡象的問題就採取攻擊行為；吸收教育內容的問題；公開羞辱他人。	不斷灌輸這樣的觀念：因為他的行為，沒有人喜歡或會喜歡他；公開訓斥他；試圖用承諾賄賂他；攻擊人格而非行為；無視他行為中正向／優勢的一面、以及他的潛力；為別人辯護，但從不為他辯護。
關於避免失敗：極端化為野心過大或透過失敗來獲得肯定；拒絕上課、輟學。	表現出優越感，行為傲慢自私；自信一表現得像個「明星」、誇大自己的能力；貶低別人；在學科的考試及評估過程中失敗或故意表現差；不預習課程；停止參加某些或所有課程。	與學生爭論、動氣；放棄此類型學生，認為他們缺乏發展真正潛力所需的條件。使用挑釁、忽視或安慰他；給予他特殊待遇，不同於對待其他學生的方式。賄賂他、試圖操控他或聲稱他被寵壞了，並將責任歸咎於他的家庭教養。

青少年晚期，十七至十九歲學生		
關於避免失敗：野心過大或失敗，不上課或上學	主動形式：挑釁、傲慢的行為、不遵守規則、不認為需要被告知該做什麼或如何做；嘗試、測試及質疑教師的權威；攆走老師；製造不和、公開爭論、好鬥。被動形式：不預習、專注於自己或他人的錯誤及弱點；失去動力；以失敗的心態處理作業、不想努力。	與學生爭論；與他競爭：「讓我們看看誰是對的！」親自接受挑戰。在全班面前批評或嘲笑他。設定不切實際的目標以試圖改變學生的行為；降低對他的期望；失控並把此學生變成課堂討論的中心。將他趕出課堂或做出不會執行的威脅。
關於權力：對抗、挑戰老師的權威；不顧他人而行事；勒索／操控他人來反駁權威及違反校規	用與教師相矛盾的事實及觀念來質疑教師的能力與權威、或尋求一種方式來表明教師的工作及觀點是不夠／微不足道的。表現出優越性，不允許任何人告訴他該做什麼或如何做；言語攻擊、對抗及破壞秩序、公開挑戰老師；批評、苛求、明目張膽地拒絕執行任務，拒絕遵守規則及談條件。	失去控制及自我控制；動氣，親自接受挑戰；表現出失望、煩惱及不耐煩；採取防衛姿態，讓學生看見自己害怕他。
關於報復：攻擊、欺凌及暴力、激怒老師和學生	身體及心理攻擊：學生侮辱老師、其他學生或兩者；不承認及反對規則、責任及義務；質疑老師的公平標準；已做好「戰鬥」準備；堅持認為存在不公正、並發表諸如「我是你所挑剔唯一的一位！」之類的陳述。	採取防衛姿態；苦惱、憤怒；表現對學生忽視的行為，證明他傲慢行為的成功。試圖透過後果來向他施壓；其他學生在場的情況下，口頭羞辱／侮辱學生；將他歸類為困難且無望；無視於他。
關於吸引關注：在課堂上不遵守規則、在做事時提問或干擾他人	大聲吵鬧、試圖不成熟行為或力量將他的風格強加於班上。上課經常遲到、從座位上起來，在教室裡走來走去；問不相干的問題；採取立場：「反對所有人及一切」，以引起注意；在錯誤的時間說出錯誤的事，毫無準備就說出來；穿著不尋常、奇怪或引人注目的衣服；有時會使用淫穢的字句或粗俗的言語。	試圖讓他平靜下來；開始將他視為缺乏因應課業及行為層次技巧；忽視學生的行為；草率形成對該學生具有爭議的意見；盡量不去注意他；將他趕出課堂；表現出對他及全班同學的厭煩及不耐煩；批評或嘲笑他。

三、藉使用正向心理治療工具，
能揭示扮演更成功教育者所需的能力

　　高效能的教師看起來就像好家長，透過心理治療師協助完成心理培訓的教師，已經對如何使用「平衡模式」的力量有著深層的心理知識[6]。透過系統性訓練及一系列的督導，教師們就能擁有「確認自己及學生之心理平衡內容的能力，以及無衝突溝通的技巧。」

❖ 正向心理治療之平衡模式

　　正向心理治療之平衡模式能引導教師，確認學生衝突行為過程的心理內容、定位及處理領域[10]。通曉此模式之後，教師會引入不同的經驗及舊取向的新思維來找出更精準的方法，以應對學生不被接受之行為。而教師所分享的內容顯示有重複某些策略的傾向。

　　在身體領域（身分——〔我是誰？〕；〔我是什麼？〕）教師會設法觀察、反思及對學生於團體中個人行為模式做出反應——此為連結與分辨的技巧，有必要融入自我及個人經驗。對個人而言，教師會採用角色行為的新表現，實踐人格特質、新的互動能力（主動性、反應性、被動性）及因應策略。

　　在成就領域（動機、成就、行為——〔什麼？〕、〔如何？〕、〔有多少？〕）蓋奇及柏林（Gage and Berliner[3]）用一張汽車圖片說明動機——「汽車的引擎：馬達」（強度）及「車輪」（方向），以駕駛汽車。透過對此圖片的討論，教師能因此確認心理問題，矯正及發展學生的重要實際能力而能在團體中取得成就，並倍增學生在學校內容的情緒投入。在個人層面，教師致力於啟發學生選擇目標、努力（勤奮）、毅力（一致性）及成就的能力。

　　在班級／團體層次的接觸領域（環境——〔何時？〕、〔在哪裡？〕、〔與誰？〕、〔如何？〕）教師觀察學校動態——計畫、激盪、規範、轉變[8]以及團體（班級）在互動能力感受上的成熟度：捍衛自我；個人在團體工作中的分配（責任及抱負）；對要求、常規、規則的反應；因應衝突情境、吸引盟友及反對他人的技巧；尋求及給予幫助；信任（相互依賴的能力）；分辨——在做決定

及實現目標與任務的能力和獨立性。

在個人層次的接觸領域　焦點在於和自己與他人的接觸內容。教師明白如何引導學生完成對他而言重要的主題，即關於建立堅強且穩定的自我形象：自我評價、自尊、自信及自我展現。透過與他人的接觸，教師能穩定互動能力（親近——距離），並使用新適應的角色行為來建立學生評價他人及隱藏需求的能力；在與他人接觸時獲得愉悅及滿足——接納、關注、耐心、信心、信任、時間及其他。

在幻想／未來領域（信念、價值觀、理由〔為什麼？〕）在概念層面上，教師設法觀察與發展學生的適應能力（彈性）及自我調節（不同角色行為）、抵抗及防衛機轉。在個別學生層次，教師對人生哲學、信念、態度等內容達到新程度的體悟；並致力於發展接納、堅持及忍受困境、穩定、成熟、實現及重新思考生活環境的能力。

已經採用正向概念後，教師會成為學生的良好角色典範、自己及學生心理健康的守護者。而當教師能確認每位參與者都能使用既有心理能力成為因應資源時，更能得到最成功的保證。透過與心理學家——正向心理治療師的合作，教師獲得使用跨文化取向的技巧，而能進行**正向重新詮釋**——是一種探索學生行為功能的技巧。

❖ 正向重新詮釋之實例或插曲

- 七歲的瓦西爾不想乖乖地坐著，在上課時，他突然起身、並離開教室。老師詮釋他的行為，認為這位主動且精力旺盛的孩子正在尋求多樣性、新鮮的活動。話雖如此，她也給瓦西爾瓦西爾機會去解決單元中不只一個、而是三到四個問題，來取代離開課堂。

- 八歲的伊凡、二年級學生，在課堂上吃餅乾、並擾亂秩序。其他學生被他所製造的噪音干擾及分心。老師注意到他的行為，說：「伊凡給了我們一個很好的例子，說明一個人在遇到困難時是如何能自娛自樂。」說這些話之後，老師督促伊凡分享在課程中是否有什麼阻礙他的事情，並指出可能他並非唯一遇到困境的人，其他學生也可能會有同樣的問題。

- 九歲的伊沃與米羅打架，因為米羅送給他一支鉛筆作為禮物，然後他又想要回來。他們都不相讓，衝突也擴大，班上其他孩子也參與其中。老師巧妙地告訴他們兩位：「你們兩位都明白如何為自己重要的事戰到最後一刻。伊沃，我明白對你而言公平非常重要；米羅，你送禮物的目的是為了讓你的朋友開心，但很明顯，你發現這支鉛筆對你而言很重要。現在，讓我們看看你們倆為如何以更好的方式來解決這種情況。」

- 九歲的米婭是一位害羞且缺乏安全感的孩子。她是一名三年級學生，當在全班面前被問到上課內容時，她覺得有困難。但在筆試中，米婭表現相當傑出。儘管如此，她的父母及老師還是覺得擔心。老師在接受正向心理治療培訓後，對全班講了以下故事：「你知道我們在閱讀書本時會得到什麼樣的樂趣呢？某些人透過書寫來表達自己的能力比口頭表達更好，那就是作家。他們知道如何成功地透過白紙黑字來安排自己的想法，但當他們不得不在人前說話時，他們會感到沒有安全感，而無法說什麼……」老師使用的跨文化取向將平和帶給每個人。

- 十一歲的維克多在英語課中當機，他的筆記本是空白的，當被詢問時，他保持沉默或粗魯地回答老師。教師為他的行為找到一項很好的應用，並說：「你有公開且誠實地說出你腦中想法的能力，捍衛自己的立場，那就讓我們在英語課做同樣的事。透過這樣的方法，即使在其他國家，您也會在每一種新的、無法預期的情境下取得成功。」

- 十六歲的西蒙會避開同學、喜歡獨處、行事防衛、拒絕規則參加團體活動，同學則經常會取笑他。老師對此回應地說：「西蒙是那些知道如何為耐心及禮貌留出空間及時間的人之一，他能持續捍衛個人利益，而尊重他的那些技能才是正確的。」

- 十七歲的赫里斯托表現出不友善、陰鬱、脾氣暴躁、悶悶不樂。他不喜歡任何事物或任何人。他也會做出有敵意的行為，並透過身體攻擊與他人「平起平坐」。他會明白宣示他的意圖及行動，以及如何因此感到驕傲。他經常發怒，且會長期懷恨在心。在另一次情境中，他的一些同學向老師告狀。老師將赫里斯托的報復性及惡意行為視為一種能力——固

執、無情是自信的表現；因此，他會在同學面前表現得更透明。

- 十八歲的米爾的行為顯示：「我是一個反叛者！」他是開放、直率的，總是反對所有人及任何事。他很少與人合作，總是知道自己反對什麼，但並不一定知道自己想要什麼。力求與眾不同，拒絕外界強加的一切，特別是權威。他認為自己被誤解、不被欣賞。老師希望米爾受到懲罰，將他轉為個別形式的教育。在教學委員會面前，班導師為米爾辯護，將他的行為詮釋為尋求協助及尋求一隻願意協助的手。

正向心理治療會指導教師確認到個人的原初及次發能力之間的連結。為此，可使用佩塞施基安及戴登巴赫（Deidenbach[7]）所設計的WIPPF（威斯巴登正向心理治療暨家族治療問卷），並將其改編為佩塞施基安及雷默斯[4]的現有版本WIPPF 2.0。確認每位學生行為中的此種相互連結性，特別是問題學生，會有助於教師找出合適的溝通方式。

四、展現因應外在衝突的技巧

練習新技巧，意即從個人的痛苦經驗中學習，並藉由理解來嘗試改變。佩塞施基安[5]的著名模式「我做了什麼vs我應該做什麼」（Ist-Wert vs Soll-Wert）對教師及年紀大一點的學生都有幫助。與心理學家——正向心理治療師的溝通、參加培訓研討會、以及接受自助的協助，都能提醒且激發教師進行反思和採取新的實踐方法。

表 21.2 呈現我們執業過程的案例，教師能用來確認、並分享他們在接受正向心理治療[9]方法培訓後所經歷的改變。

本章一開始，並非偶然，我們介紹保羅・柯艾略[14]的一則寓言[譯註9]。藉由寓言，我們就能舉例說明正向心理治療重要工具的使用——透過寓言、故事及語言圖片來進行治療，這是進入並協助解決衝突情境的間接方法。透過這套工

譯註9 故事的寓意——專注追求生命夢想與成就過程，也別忘了日常生活的品味和體驗（享受、健康和關係的維護）；另外有關學校教育，則是提醒老師在針對學科教導之外，也別忘了培養學生健全人格（心理及社會成長）的重要性。

表21.2 教師的省思與新的實用方法

我在培訓前做過／習慣去做的事情	作為更成功的教育者，我現在能做什麼
透過惱怒及懲罰一對紀律不佳記黑點、從課堂上趕出去、在記錄卡上寫下缺勤	我會指出問題、並給予因應機會。
我會要求學生解釋他的不良行為，並當著全班公開斥責他	我會對隱藏在學生不良行為背後的可能性提出一種正向的重新詮釋，並明示我對更好行為的具體期望。
在衝突情境下，我只會為自己辯護一只看見學生的弊病	我學會察覺每個人都部分參與衝突；我認為衝突是需要合作解決的問題。
我會把學生歸類為困難及無改變希望	我看見了正向、學生改變的資源。我會大聲、公開、善意地把這些說出來。
由於他缺乏紀律，我會向學生施壓，並透過給他低分來懲罰他	我學會分辨紀律及教育成就。我學會幫學生分別處理這兩方面的問題。

具的使用，教師能重新發現個人的教學能力——說明他們所教的內容。對他們而言會感到新鮮的是，他們可運用此種完全相同的能力來因應此時此地或課堂上情緒滿溢的衝突情境。

總結

　　正向心理治療（佩塞施基安所創）的技巧與工具能給當今教師們一種新的形象，並能復甦對教師工作的古老要求——不僅是傳授知識者，而且也是教育及引導兒童與青少年經歷心理及社會成長者。

CHAPTER 22

—— • ——

正向團體心理治療

by 艾娃・多比亞瓦（Ewa Dobiała）

> 我的夢想是專家們能對一個人、其人格與偏好有足夠了解，無論是
> 否為自閉症類群，都能真正尊重所有個體。
>
> ——安格涅絲卡（Agnieszka，一位亞斯伯格症個案）

在正向心理治療中，團體心理治療動力會反映在組成團體的個人及整個團體中。數十年來，代表不同取向的理論家和實踐者已經發展及描述此種多層次的理解：比昂（Bion, 1961）、伯恩（Berne,1966）、惠特克及利伯曼（Whitaker and Lieberman, 1964）、亞隆（Yalom, 1970）[6]。

從歷史來看，人類感知作為一種獨立實體與群體一部分的根源，可追溯到亞里斯多德主義。然而，符合當代心理學研究標準的第一個關於人群對個體影響的科學研究可追溯到1985年，由法國醫師暨社會心理學家列邦（G. LeBonn）所發表，他首先研究了人群心理學、並創造出「團體思維」一詞。社會心理學先驅主要是關注大團體（人群、民眾）機制，而佛洛伊德也在軍隊或國家等群體中進行了類似的觀察[12]。目前對團體治療的理解及應用的先驅是美國心理學

家勒溫（K. Lewin[9]），於1890年出生於大波蘭（即普魯士瓜分的波蘭地區），並於波茲南與柏林接受教育。

正向心理治療——有時被稱為正向跨文化心理治療——是一種資源導向、跨文化、本然及系統化整合療法，結合具系統性反思的心理動力理解與人本主義觀點。該方法的創立者[10]發展出一種原初（基本）與次發能力的概念，可使用相同概念架構來理解及描述內在與人際衝突動態[4]。此種對個體衝突的動力及起源的覺知，能因此運用在個別治療中處理內在衝突、以及在團體治療中處理人際衝突（如圖22.4）。

團體治療師的角色會隨著團體過程的接續階段、以及反映在每項維度所發生的不同過程而演進。在治療的初始階段，治療師扮演現象導師，幫助參與者設定界限、並說明目標。在接續階段，治療師除了扮演人際關係及團體維度中所經歷情緒、移情及反移情的涵容者，也會成為工具與方法的來源。除了治療關係之外，治療師還會調節團體環境與氛圍。治療師角色不僅取決於治療階段，還取決於所發生現象的層次。在團體治療中，內在動力會與人際、團體、系統動力、以及所發生的團體過程相重疊。所有這些層面會互相影響，因而能潛力化在給定層級所發生的過程，並充滿團體成員所貢獻的內容。

團體會發展出有意識及潛意識的動力互動型態，會隨時間推移而發展，並構成獨特的相伴經驗。這些融合過程組成社會環境，並決定團體成員如何體驗自己與彼此，因而影響他們在此社會環境中的行為。作為心理治療介入的部分，團體能在給定層面上受引導進行反思。針對團體需求而量身訂製的均衡介入措施，能讓團體發展順利移轉到接續階段。可實現的目標是由團體內的多元性及確保其最佳層次來決定。

定義與關鍵概念——
根據正向心理治療之團體心理治療層面（維度）

❖ 內在層面

正向心理治療已經發展出一種廣泛的概念工具來呈現內在動力（衝突類型：實際衝突、基本衝突、內在衝突與關鍵衝突（如圖 22.1——詳見第27

章）。治療過程的此層面目的在為參與者創造條件，以確認及表達個人衝突[5]。

這些衝突的內容會透過能力（原初／次發實際）來呈現，這些能力是基於個人的生命脈絡及其起源文化、且受其影響。透過深思他們的自我覺知能力（包括分離程度）、衝動控制能力（向外或向內導引）、連結能力（與自己及他人聯繫）、及覺察內在客體（如圖 22.2）[13]，有助於對個人在群體中的整合程度進行臨床反思。

圖 22.1　衝突操作化

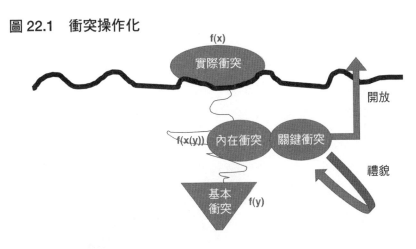

圖 22.2　個人內在空間

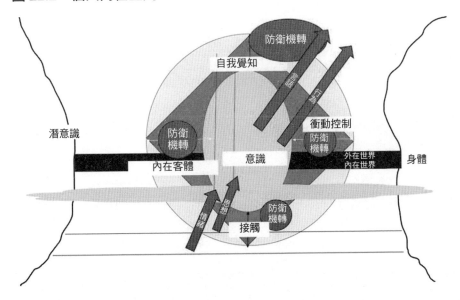

❖ 人際層面

團體治療的本質提供取得人際層面的絕佳管道（如圖 22.3），會出現在團體成員的每種雙人組合中。對人際衝突內容的認知及情緒洞察力使個人能將之與內在動力進行連結。正向心理治療架構提供一種敘述，以對個體具有治療意義的方式結合此兩項層面[11]。團體治療中的人際衝突提供面對及確認互動中個體的潛意識思維模式與主動能力（圖 22.4）。由於公開說出內心話，就可能來確定反映於實際衝突內容中的內在衝突內容。此外，正向心理治療強調文化差異層面，如實際、基本、內在及關鍵衝突的溝通型態、內容與經驗都會受社會及文化背景的影響（圖 22.5）。

圖 22.3　人際空間

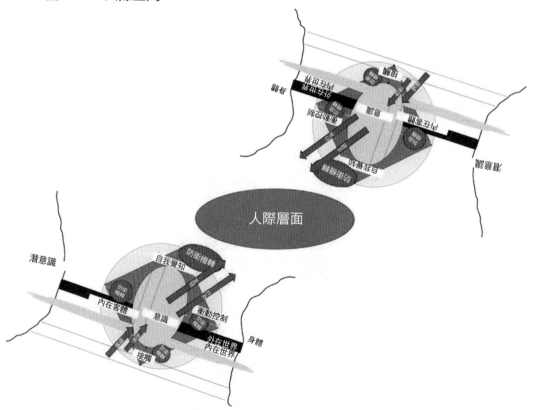

圖 22.4　人際衝突與內在衝突

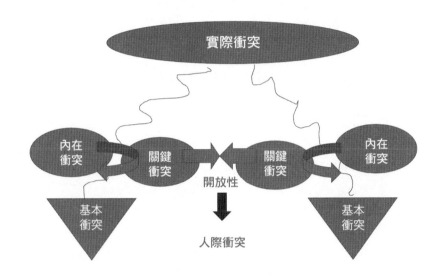

圖 22.5　文化背景對內在衝突動力的效應

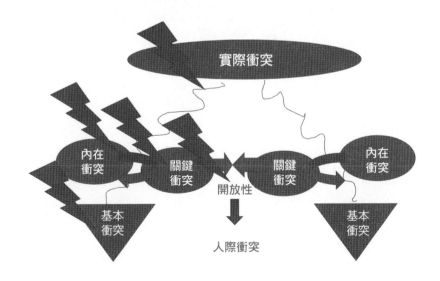

❖ 團體層面

除了一套正式及非正式準則與常規（圖 22.6）之外，每個團體都有個別意識及潛意識的信念與假設，適用於團體任務績效、決策及角色。正向心理治療師會反思每個團體中新發生的現象，以及屬於少數族群（國家、種族、性、自閉症等）的參與者所帶來的特殊跨文化調整。

圖 22.6　團體空間

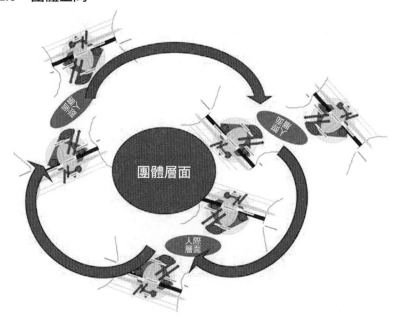

❖ 系統層面

就像其他社會系統一樣，治療系統相當複雜，由多種元素所組成（人：參與者及治療師；個人目標及期望、現實、共同目標及實現的方法、地點、時間、空間），且以議定的慣例邊界與外在分隔。一旦團體在凝聚階段穩定下來，最平衡（多層面）的治療作業就會出現在系統區域（圖 22.7）。

❖ 團體治療流程

「流程」（process）一詞表示發生於團體內部成員之間、及成員與治療師之

間的互動特質[14]，結合上述所有層面：內在、人際、團體與系統（如圖 22.8）。
在團體治療期間，治療師需要反思流程的內容及階段。隱喻地說，此流程可比
為一種操作系統，作為參與者內在及人際空間內容呈現的背景。代表不同心理
治療取向的理論家及實踐者所進行的觀察、臨床經驗與研究證實團體流程有某

圖 22.7　系統層面

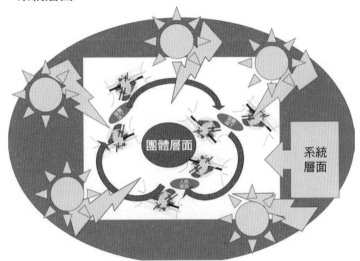

圖 22.8　多層面團體治療流程

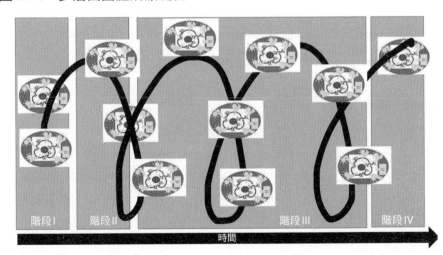

些順序及可重複性，而個別階段的流程及階段中參與者的需求都具有共通性，而且不因使用於表達治療內容的模式語言而有所不同。

在**形成期**，導向、試探性對話、尋找結構及對領導者的依賴成為主要內容[14]。團體發展的第二階段，即**風暴期**，會涉及衝突與阻抗。在此階段，控制權的紛爭會發生，對治療師的矛盾感、通常是敵意也會被激起。實際治療工作最可能在第三階段，形成**規範與執行期**，是成熟團體凝聚力階段，會對參與者的目標進行深度著墨，以及他們能以成熟態度尋找滿足個別需求的方法。每種療法都需要清楚的總結、目標擴展，並將治療體驗從參與者的資源轉移到他們的現實中。因此，我總是特別強調最後階段的**轉化期**，用來完成治療過程。

因此，治療師的角色包括有意識地支持通過後續階段的轉接，並使用此流程之自發性動力作為處理參與者所帶來內容的方法。

應用──正向心理治療之團體流程內容

擁有一個多層面空間、發生在那空間及時間中重疊的現象，治療師支持團體成員使用符合他們目標及需求的內容來加入空間。正向心理治療模式已經概念化心理治療流程的各種階段（觀察／拉開距離、問卷、情境鼓勵、說出內心話及擴展目標）、以及眾多治療工具（在前面章節中有詳細描述），在治療師的手中有多種用途，能反思關係及治療聯盟的角色（如圖 22.9）[3]。

考量治療師在團體治療期間的多種不同行為，以及根據介入程度，治療師需要扮演的不同角色，嘗試使用特定於正向心理治療的命名法來概念化、並從內容的角度來審視團體治療的各個階段似乎是合理的（如圖 22.10）。

❖ 階段I 團體形成期

團體發展最早期階段是為形成團體結構與定義工作原則：在系統層面，此階段會發展團體內的社會常規、以及行為與溝通模式；在人際層面，是建立團隊凝聚力與信任的階段；在個人層面，參與者會感受到歸屬需求，並確定在團體中自己的角色和位置。

在此階段，參與者所表現出來的關鍵衝突是介於禮貌與開放之間的衝突。

圖 22.9　治療流程與其個別內容之階段

圖 22.10　團體流程及心理治療流程互動階段

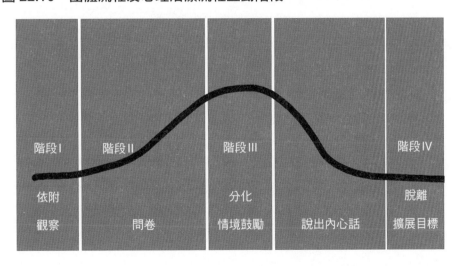

在此團體形成階段的擔憂可在不同程度上用語言表達出來，會涉及四種不同層面：1.內在；2.人際；3.團體；以及4.系統。

1.第一組問題表達出參與者源自內在空間的擔憂：

- 「為何我在這裡？」
- 「如何自我介紹？」
- 「我能在此安全地披露個人資訊嗎？」
- 「我能透露我是誰，而仍屬於此團體嗎？」
- 「團體小組會將我視為獨特的人嗎？」
- 「我會與團體其他人有太多不同嗎？」

2. 第二組問題表達出參與者對人際層面的擔憂：
- 「團體中有無其他人像我一樣？」
- 「他們能了解我嗎？」
- 「會有人想聽我說話嗎？」
- 「他們會怎麼看我？」
- 「他們會接受我嗎？」
- 「我會受到評斷？被拒絕？被嘲笑？」

3. 第三組問題與團體治療的常規與原則有關：
- 「在團體時段中我們要做什麼？」
- 「看起來像什麼樣子？」
- 「規則與期待是什麼？」

4. 第四組問題牽涉團體治療的系統層面：
- 「我分享的任何事情會被洩漏到團體之外嗎？」
- 「其他人能取得我的記錄嗎？」
- 「參加團體會不會影響我未來生活、就業等？」

在此階段，治療師應該促進關係建立、並處理上述所有領域中所出現的擔憂。治療師有意識地示範溝通方法，創造同意契約的空間來支持對團體規範及原則的定義，教育參與者關於團體過程的基本現象，並為團體工作提供結構。所提供結構數量需要被調整，以在結構需求及防止依賴之間取得平衡。然而，治療師的主要任務是培養信任的氛圍，讓參與者敢於開放，並在上述每個層級中推動每位參與者的處理動力。

❖ 階段 II　風暴期（衝突與阻抗）

此階段的主要挑戰包括權力、權威與控制問題。參與者不僅開始反思他們的共通點，也會反思他們的不同之處。他們會感受到團體流程對其內在經驗的影響，並且必須面對他們不同主動能力的挑戰，於是出現第一項實際衝突。團體流程同時發生於個人內在、人際、團體及系統層次。

- 於個人內在層面會遇到的挑戰包括：確認個人情緒；準備好表達困難情緒；準備好披露及探討個人對團體中所發生事情的反應；準備好處理而非避免人際衝突；促進／強化自主與獨立。
- 於人際層面會遇到的挑戰包括：發現個人原初及次發能力對團隊成員重要性的差異；接受及開放確認與理解所觀察到差異性的系統、文化或生物性原因；教導參與者不貼標籤地對其他參與者的行為做出反應。
- 於團體層面會遇到的挑戰包括：針對批評直接反應的示範行為；覺察團體角色分派；尊重其他團體成員的阻抗、並對不同阻抗表現出建設性反應。
- 於系統層面會遇到的挑戰包括：防止次團體形成及在團體之外表達困難情緒。

治療師在此階段會遇到的最大挑戰，就是需要以謹慎及敏感的態度進行介入，而涵容針對治療師角色的團體攻擊、並解除潛在代罪羔羊也會很困難。主要任務在於從一開始的分化過程就能提供足夠的支持，變成問卷階段的第一步，能為每位參與者打開一種讓他們審視個人模式（關係）維度、並反思個人焦慮掩飾策略的空間。透過培養表達差異及不滿的開放態度，治療師能因此鞏固參與者對團體規範的覺察。

❖ 階段 III　規範與執行期

規範形成與執行期只有在團隊發展的前兩個階段發生、並建設性地結束後才能達成。在此階段，團體成員之間的信任與凝聚力已經很高，並建立起能準

確表達情感的開放式溝通。回饋是自發性的,現在能被無需防衛地接收與接納。

使用正向心理治療之命名,這是進行深入完成問卷、情境鼓勵及說出內心話的階段。在個人內在層面,參與者的主要目標除了意識及潛意識的應對策略之外,就是要確認他們的個人基本衝突、了解內在衝突的動力;在人際層面,主要目標是確認並解決禮貌與開放之間的衝突,有意識地管理實際衝突,同時反思每個人能力的多元發展;團體及系統層級所發揮之團體功能通常是治療師技巧的衡量標準。如果治療師經常在前面階段就使用全團體介入,參與者就能維持他們的系統性功能。在此階段,治療師被視為經驗豐富的領導者,而非最高權威。團體成員對彼此都重要,系統會成為資源的來源,並為個別成長及人格整合提供空間。

❖ 階段IV　轉化期

在正向心理治療師的反思中,這是透過目標擴展及結束治療關係來進行治療流程收尾的階段。此階段參與者的主要任務是鞏固所學內容、並反思責任。正向心理治療師最後一次使用特定於他們所認同模式的工具,為參與者提供反思的空間:

- 對自己承擔責任的程度(個人內在層面)
- 對其配偶／伴侶、子女、父母、其他家庭成員(人際層面)的責任類型、範圍與限制
- 對朋友、熟識者、鄰居、其他團體成員的責任程度(團體層面)
- 個人對我們生命脈絡所在的世界及人類的責任(系統層面)

進入收尾階段,參與者會面臨控制因離別而引起的情緒需求,在某些情況下,這可能需要對未處理的議題及問題進行收尾。分離焦慮可能出現在團體過程的此階段,而治療師的作用是要確保參與者能表達出因即將完成治療而可能出現的所有情緒,並指出需要進一步治療關注的潛在領域。

臨床應用

除了學術知識及臨床經驗，正向心理治療還起源於佩塞施基安的個人生命歷史。離開家鄉（伊朗）前往新家（德國），他遇到集體主義社會與個人主義社會之間巨大的文化差異。考量到這些生活環境，「所有人都擁有什麼共通點？彼此之間又有何不同？」似乎在深層情感上是可理解的。此問題成為進一步發展心理治療概念及「正向」概念的研究假設與基礎[2]，模式的名稱由此而來。

跨文化觀點及強調資源與功能性挑戰的整體觀點，為那些接受治療的案主開闢出空間，他們極端地獨特，不適用於心理動力、系統性或認知行為療法的標準環境。除了移民團體或自閉症類群障礙症患者之外，一個很好的例子可以是多種族或少數族裔團體。

❖ 臨床實例：針對自閉症類群障礙症患者之正向團體治療─特定跨文化層面

自閉症類群障礙症（Autism spectrum disorder, ASD）作為一種非神經典型（non-neurotypical）的發展型態，影響大約1.5%（1:67）的一般人群。因此，佩塞施基安提問被引用成為ASD族群中團體治療的需求，「自閉症患者與神經典型者（一般人）都擁有什麼共通點？彼此之間又有何不同？」功能性、情感符碼、溝通及認知差異形成自閉症患者所描述的獨特文化基礎。知識、理解、尊重及對神經多樣性的開放態度是治療師要成為ASD治療團體領導者需要符合的基本條件。

自閉症患者溝通方式的差異比聽障者要微妙得多，而且通常很難為外人所察覺。然而，此種差異顯然存在，因為自閉症患者經常陳述，他們在與「同類」人溝通及理解方面幾乎沒有問題。因此，能說出一種文化：當跨越文化邊界時，就會出現溝通問題。

　　　　　　　　　　　　　　　　　　　　　　　　── 戴克（M. Dekker[1]）

❖ 階段I　形成期

團體的形成是基於信任及歸屬感的氛圍。生活經歷、無數的關係創傷、與

個人可能在兒童青少年時期所接觸過「治療」相關的頻繁醫源性創傷，使治療師難以引導團隊過渡到後續階段。治療師需要有特殊覺察，才能確保在人際和團體層面上產生聯繫、並建立關係。

以下是ASD患者具體表達的需求：

- 我對團體治療的主要期望是一種封閉式團體，最好是我已經在團體外所認識、且認為他們是安全的人。完全同質性—只有ASD及／或ADHD的患者、沒有明顯的合併症，如人格障礙或雙相性情感障礙，所有個案都被正式診斷為ASD。有人格障礙或雙相情感障礙者的存在將使我無法成為該團體的一員。我想這就是為什麼我從未決定參加任何公開團體治療的理由，例如在日間身心健康部門。——喬安娜，一位四十歲女性特殊教育家、亞斯伯格症

- 在團體治療，我期待於團體空間中能尊重我的獨特性（不要將我的感受視為笑話、刻薄或挑戰某人的權威）及量身訂製的目標設定，我的需求與其他團體成員的需求有所不同。——維洛妮卡，一位二十五歲的女性政治學畢業生、亞斯伯格症

- 我希望治療師能將ASD視為神經多樣性，不會有刻板印象、或利用應用行為分析（applied behavioral analysis, ABA）試圖壓抑團體成員的自閉症特徵。我希望治療師能確認自閉症患者的資源、並支持他們發展自我覺察能力。同時，治療師應該支持團體發展彼此見面及談論個人困境的能力。最重要的是，治療師需要了解自閉症類群在確認個人需求時可能會遇到的困難。——安格涅絲卡，一位三十歲的女性心理學家、亞斯伯格症

在形成階段，團體治療的ASD參與者可受益於學習治療過程的清晰結構（觀察／拉開距離、問卷、情境鼓勵、說出內心話及擴展目標），並因此感到安心。獨特的情感符碼、感官敏感性或語言處理可反映為生物跨文化的不同層面。透過引入此種敘述，治療師能打開一個對多樣性感興趣的空間，願意認識

它並了解它在個別參與者生活中的角色。因此，團體成員之間能發展關係，並能過渡到下一階段。

　　對處於初始階段的ASD個體，正向心理治療流程中有用的跨文化層面包括：清晰、結構良好的治療流程；圖像語言；在第一階段能觀察到個別參與者的感官、運動、情感、溝通或認知獨特性的跨文化反思。

❖ 階段II　風暴期

　　衝突與阻抗階段通常會是治療師要面臨的重大挑戰，而在ASD團體則更加困難。此種更大困難源自於可取得及可訓練的有用溝通策略數量相對較少，伴隨的情緒語言表達障礙及在此族群中相當普遍的關係創傷。

　　以下是ASD患者具體表達的需求：

- 我希望治療師保持警惕並防止團體將任何人當成代罪羔羊，我碰巧目睹過一次，我懷疑被當成代罪羔羊者與我一樣屬於自閉症類群。在團體治療中，我想學習如何成為團體的一員、而不會失去個人的特殊性。我想知道如何在團隊運作，同時又不會放棄自我，也不採取對自己而言完全不自然的行為。我願意接納、並被接納。不過，首先，我希望能被理解。我希望其他人不要對我的行為做出負向解釋，我過去在團體環境中從治療師那裡經歷過此種情況。我也希望團體治療不會變成自閉症的重新評估。我想得到的是強化而非被質疑。——伊莉莎白，一位三十歲的女性心理學家、亞斯伯格症

- 開始團體治療，我擔心治療師可能毫無準備，不知道該類群的人如何思考或感知，或者（同樣糟糕且危險）治療師可能是應用行為分析從業者。我也會擔心這個過程的不可預測性及「過度自發性」。——喬安娜，一位四十歲女性

- （我害怕）我向別人透露的任何內容可能會被用來對付自己；我會碰巧在一個團體中，在那裡我會受到嘲笑…… ——奧爾嘉，一位二十二歲女大學生、亞斯伯格症

強調跨文化的正向心理治療能從基於價值的角度來提供審視人際衝突的工具（如圖 22.4），分析情境以了解 ASD 個人在團體中常用的策略。對他們而言，理解是感覺安全必備的基本先決條件。反過來，這種安全感是初次嘗試進行情感確認及情感符碼辨識（通常為情緒語言表達障礙所掩蓋）必備的基本先決條件。

階段 II 中，正向跨文化心理治療過程對 ASD 患者的有用層面包括：可用於問卷階段的工具（辨別分析量表、威斯巴登心理治療暨家庭治療問卷）；圖像語言；對使用原初及次發能力表達的人際衝突進行反思；對互動階段（依附、分化／辨別及脫離）及其所產生動力的認識；對觀察到個別參與者的感官、運動、情感、溝通或認知獨特性的跨文化反思；使用跨文化案例。

❖ 階段 III　規範與執行期

正向心理治療的規範及執行階段包括問卷、情境鼓勵及說出內心話。在問卷層面，每位團體成員都能面對自己的模式維度、關係層面及生命脈絡，特別強調巨型及微型創傷、智慧、能力、以及它們如何發展。在與 ASD 案主合作時，情境鼓勵通常會被其他心理治療法所忽視。他們多年來被嘲笑、壓抑或羞辱的差異性，就正向而言，反而能構成個人最大的資源。說出心裏話是每項心理治療流程的高峰點。在此時刻，每位團體成員都能對個人內在動力獲得足夠的洞察力，並發展進一步整合他們人格結構所需的資源。

上述對心理治療的規範與執行階段的一般描述，適用於任何族群。在此階段與 ASD 患者合作需要了解他們感知的特殊性、並尊重他們的經歷。只有在治療過程中滿足並包容這些特殊性之後，個人才能在他們治療經驗的基礎上，建立、並發展出促進成長的敘述。

對處於階段 III 的 ASD 個體，正向心理治療流程的有用層面為：問卷階段工具——模式維度、關係層面、生命脈絡、家譜、智慧、平衡模式；微型創傷與巨型創傷理論；原初（基本）能力；「正向」（Positum）及其對 ASD 患者自我敘述的影響；除了人際動力之外，用語言表達出個人內在動力會表現為衝突形式（實際、內在、關鍵與基本），能結合個人一生所發展的主動能力；對觀

察到的個體參與者的感官、運動、情感、溝通或認知獨特性的跨文化反思；具有包容性及尊重跨文化層面的語言表達；使用跨文化案例。

❖ 階段IV　轉化期

團體治療的結束關聯到兩種主要方面：對責任模式的反思與結束關係的能力（脫離）。ASD患者在他們的責任模式中往往是「全有或全無」。有些人可能表現出習得的無助與順服（通常是他們接受過行為療法的副產品）；而其他、通常是智商高的人，往往過於承擔責任。此兩種態度都可能使他們特別脆弱，容易受到虐待與痛苦。意識到此點需要時間、並了解團隊及系統動力的運作原理。此外，對於ASD患者而言，團體治療的正向體驗通常可能是與另一位ASD患者建立安全關係的初次生活體驗。因此，結束治療可能會讓人感到哀痛與悲傷，這是治療師在構思心理治療流程時需要反思及考量的另一種層面。

對處於完成階段的ASD個人而言，正向心理治療流程的有用層面包括：責任；意識到互動的最後階段（脫離）；具有包容性及尊重跨文化層面的語言表達；擴展目標階段：制定出治療完成後接下來數週、數個月及數年的目標。

總結

由於心理治療過程及跨文化理念之個別、多維概念化的整體觀點，正向心理治療適用於非常不同族群的臨床實務中。儘管團體治療具有明顯的優勢，但無論採用何種模式，都應始終優先考慮兩種主要條件：團體成員選擇；參與者同意、預備及意願。而儘管這些都是治療師反思的標的，卻也常在制度上被忽視。

（在醫院）我與自閉症類群障礙症患者一起參加治療活動，主要是男孩，他們缺乏獨立性、對個人需求、性取向或診斷缺乏基本了解；既不上學、也不就業，靠補助過生活的人。與他們相比，我的問題完全不同，我似乎處於連續體的另一端。不用說，由於這些活動，我的功能受到了嚴重影響。這團體開始把我拖了下來。—— 維羅妮卡，一位二十五歲的政治系女畢業生，亞斯伯格症症

團體不當匹配（mismatch），即無視智力、獨立程度及伴隨心理健康狀況的差異，是阻礙有效心理治療過程發生的最常見因素。

許多人在保護個人身分的需求、人際分離及參與人際、團體或系統過程的影響之間存在一定程度的緊張與不確定性。此種現象的原因與本質是複雜且多維的。特別容易出現在所有少數族群的代表：族裔、宗教或神經發展[8]。關於這些層面的深度反思及理解對二十一世紀的治療師與全球社群提出特別的挑戰[7]。至少應該擔憂的是，正如ASD社群中所呈現的案例一般，治療過程所造成的虐待仍在世界許多地方被報導過。許多ASD個案從孩提時代起，就經常在違背他們意願且未經同意的情況下，接受許多針對讓他們的行為能適應神經典型世界需求及期望的各種「治療」。這導因於社會與治療師潛意識投射出對他們發展特異性的知識與理解的不足。

我的夢想是專家們能對一個人、其人格與偏好有足夠了解，無論是否為自閉症類群，都能真正尊重所有個體。因此，簡而言之，我的夢想是在我的一生中從沒有人（即沒有專家）會為我提供團體治療。……我顯然同意其他人之前所提到的（智力層級的匹配、沒有發言／參與壓力、沒有傲慢、智商匹配的團體及治療師）。然而，即使是這樣的評論，也會在我心中喚起對輕微社會創傷的強烈反應，特別對所有試圖證明「孤獨是不正常的」與病態的強迫性嘗試。我真的感到傷心，儘管我的診斷及我為自己身分而搏鬥，我仍然無法被理解—即使是那些類群中的人—而且，不管喜歡與否，我仍然必須因為（我）不願意參加團體會議而被認為是不行的。

——安格涅絲卡，一位四十一歲的女性IT專家、亞斯伯格症

團體治療是心理治療配備中最鋒利的工具之一，就像外科醫師手中的手術刀片一樣，可能會給參與者的生活帶來不可逆的改變，其影響取決於治療師的知識、經驗及個人偏好。因此，儘管這些變化能「療癒」並提高生活品質與舒適度，但也可能需要多年的藥物治療及／或心理治療才能補救其後果。

CHAPTER 23

———— · ————

組織及領導教練之
正向心理治療

by 尤里‧克拉夫琴科（Yuriy Kravchenko）

此問題出現：「是誰生病、誰需要被治療，一位看起來像病人者、他
的家人、他的伴侶、他的下屬與同事、社會及其結構，想要代表他
的公共利益的政治人、或是其他人，在呼喚他的治療師？」

——佩塞施基安

　　本章我們將會探討在與領導者、團隊及組織合作時所運用正向心理治療方
法的概念與實務。

　　在此所描述的取向是基於烏克蘭正向心理治療學院在過去二十年的發
展以及與超過四十多家中大型國際及本地公司（企業、公共、私人、非政
府組織）合作的經驗，員工人數從五十至一萬不等。其中包括Vodafone、
NovoNordisk、法國巴黎銀行、VTB、Metro Cash&Carry、Luxoft及SoftServe。
作者在此對所有個人、團隊及組織案主能成為最好的老師表示感謝。

　　為了讓讀者更容易瀏覽及吸收內容，本章根據佩塞施基安[55]的傳統五步驟
模式，將內容分成五個段落：

一、觀察：組織正向治療與整合教練（Organizational positive therapy and integral coaching, OPTIC）

二、問卷：正向組織治療系統（System of positive organizational therapy, SPOT）

三、鼓勵：「H」為導向三角（H-oriented triangle, HOT）

四、說出內心話：組織中之「訓練、關係、態度、諮詢／顧問／教練、鑰匙」系統（TRACK〔Training, Relations, Attitude, Consultation/Consulting/Coaching, Key〕system）

五、擴展目標：組織關係、領導及發展波浪模式（Waves of Organizational Relational, Leadership and Development, WORLD）

第一階段 觀察：組織正向治療與整合教練

❖ 透過OPTIC來觀察組織的請求

當我們首次開始與潛在案主合作時，我們會建議使用OPTIC模式，這是：

1. 一種我們將會採用取向名稱：組織正向治療與整合教練（OPTIC）如圖23.1。

2. 策略導向，我們將會在觀察期間討論：組織本身能藉由「正向」取向的稜鏡來理解其存在及問題的本質，在此案例運用正向心理治療模式及／或整合教練的可能展望。

3. 使用眼睛的象徵，既容易記憶、且能在案主的觀察階段提醒我們，此外：

  • 「瞳孔」本身藉由方法的核心象徵著一種特殊的願景：正向、跨文化、跨領域、聚焦衝突及資源、全面性、整合性及樂觀性；

  • 眼睛的「虹膜」，眾所周知會有不同的顏色及深淺，是一種移動的肌肉橫膈膜，象徵著各種工作（可移動、有力量）方法、模式及工具的圓形光譜；

  • 「眼球」區域──即眼睛本身作為一個器官──象徵組織本身、或看

見問題或任務並尋求協助的部分（如圖23.2）。

圖23.1　組織正向心理治療與整合教練

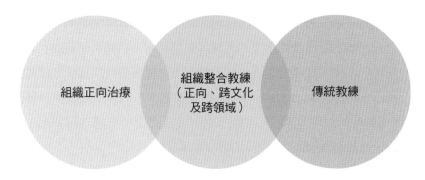

組織正向治療

組織整合教練
（正向、跨文化
及跨領域）

傳統教練

圖23.2　使用於組織觀察的「OPTIC」模式

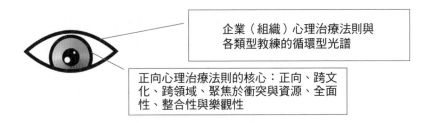

企業（組織）心理治療法則與
各類型教練的循環型光譜

正向心理治療法則的核心：正向、跨文
化、跨領域、聚焦於衝突與資源、全面
性、整合性與樂觀性

　　在進入工作及應用階段，我們先簡要地關注此觀點——人性及組織的正向
觀點。

❖ **正向心理治療中之人性觀與組織本質觀**

　　正向心理治療聚焦於人性，人是天生的白板，或人性中有一定的先決內
涵？有何其他選項？這會如何影響我們對人類大社群、系統及社會的想像？除
二十世紀思想家及實踐者：佛洛伊德、榮格、阿德勒、弗洛姆、馬斯洛、羅哲
斯、佩塞施基安之外，還有許多古代及傳統哲學家都提過這些問題。而且此議

題是世界上大多數傳統教義及宗教的基礎，這是一個重要的參照點；同時，其中有許多對人真實本性的覺察、認知或發現，不僅是一個參照點、而是最終目標。

正向心理治療提供一種廣泛、兼具樂觀與實際的人性概念：我們天生具有兩種基本能力——愛與求知。這些能力是我們本性、本質、最內在整體的一部分——透過潛能的開發及探索，因而變得更加明確。我們以相同的能力來談論組織。基於此，我們會透過此兩種基本能力的稜鏡來看待任何個人或整體人類系統（團隊、社群、組織、社會）。或許乍看之下，這似乎太簡單、甚至簡化（許多案主最初的反應方式），但後來證明這是一種富有成效的取向，為跨文化、存在主義及組織的整體理解開闢出新的觀點。

例如，對於組織中的存在主義教練，了解人及組織的存在本質相當重要。在傳統取向中，人性及其生活是通過「存在二分法」及「存在需求」（佛洛姆）、「存在條件／關切」（亞隆）、「存在動機」（弗蘭克、蘭格〔Längle〕）來考量。此傳統對存在主義心理治療有好處，但對存在主義教練而言則太「累贅」了。透過「愛」與「求知」（意味著透過原初及次發過程與能力）的觀點使得描述二分法、需求、關切與動機成為可能。有關組織中存在主義教練的更多訊息，請參閱關於存在主義教練的段落。

一個健康組織的任務之一，就是協助個人克服求知與愛的存在主義二分法，並將其轉變為一種存在主義辯證法。換句話說，透過人的自我實現，在他們分化過程表現出「多元中一體性」，以創造一種求知與愛的動態式整合。

❖ 與領導者、團隊及組織的工作模式

在此模式中，我們會使用規模化（scaling）取向，自2008年以來我們就已經使用於組織教練學校及企業培訓計劃：「領導者、團隊及組織系統的演變[38]」。

我們會於三種聚焦的規模開展工作：個別地與領導者及其生活；與一個團隊；與整個組織體系（包括領導者及團隊）。同時，我們能為每種規模在不同層次的深度上開展工作：治療（更深度且更久）及／或教練（個別規模則更加以未來為導向及短期；如表 23.1）。

表23.1　兩層次模式：教練及心理治療

	一般回顧（能藉初步會議或研究來實現）	個別地與領導者及其生活	與一個團隊	與整個組織體系
心理治療	＊問題存在於何種層級 －經源 －能量 －情緒 －存在 ＊如何知道此問題的存在？對誰而言才是問題？ －不是問題？ －此情境的跨文化觀點為何？ －要求來自何種層級與何人？ －何種層級擁有最多的資源？ －我們要達成的是什麼改變與結果、以及在何種層級？	企業治療成為一種組織心理治療（從組織中經過特訓的專家而來，以衝突及資源為中心的協助）	企業治療成為以下主題的心理治療訓練：非暴力溝通、跨文化取向、辨別分析、在團隊中解決問題的五步驟	企業心理治療成為組織體系不同層級的治療：目前經驗的覺知與與處理，目前及過去關係的經驗、組織文化、組織結構、衝突動力、組織文化
教練		－管理教練 －生活及健康教練 －存在主義教練 －垂直發展教練 －觀點教練	－心理動力教練 －存在主義動機教練 －教練培訓計畫「團隊的演進」	系統化組織教練所根據的模式：4E、4R、Umansky、Bion's、Adizes、Cook-Greuter、SAPE、4M、五步驟、DA-、TA-、EA-模式譯註10（Kravchenk&Konischev, 2018）

譯註10 Adizes 模式，即 PAEI 效能管理四角色模式──業績創造者（producer）、行政管理者（administrator）、企業家（entrepreneur）、整合者（integrator）；SAPE 模式：利益相關者校準提案要素（Stakeholder Alignment Proposition Elements）；4M 模式：動機（motivators）、示範（models）、指導者（mentors）、主宰感（mastery）；TA 模式：溝通分析（transactional analysis）；EA 模式：企業架構（enterprise architecture）；其他詳見內文。

第二階段 完成問卷：正向組織治療系統

此段落致力於完成問卷——五步驟過程中最深入且最系統化的部分。在此，我們會描述正向組織治療系統（SPOT）的特徵及原則（分別在〔SPOT主要特徵〕及〔SPOT主要原則〕段落），分享如何處理組織基本衝突的願景（在〔個人、團隊及組織基本衝突的心理治療〕段落），將所有內容摘錄於一張表中，並考量操作化心理動力診斷（OPD-2）的現代發展。我們以與組織合作時所使用的初次會談案例來結束此段落（附錄——組織FIND〔First Interview: From Needs to Development〕：初次會談——從需求到發展）。

正向心理治療的傳統方法，會在主要特徵及三項主要原則中進行描述，也都完全適用於組織。此外，我們也會簡要澄清該方法的具體特徵及原則是如何呈現於組織的工作中。

❖ SPOT主要特徵

整合式心理治療法 我們會考量使用任何方法或取向來讓組織能探勘及發展：精神分析、人際溝通分析、管理分析、認知行為取向、基模療法、完形治療、螺旋動力學、U形理論、訓練等。我們並不貶低其他方法，而是嘗試將所有這些方法整合起來，「匯聚成一種模式」。整合地圖（integral map）[68]在此方面也有所幫助。

人本心理動力療法 我們同時用「兩隻眼睛」來看（〔立體視覺〕——佩塞施基安）：

1. 我們會正向地看待人性，個人的基本及實際能力，並有助於在組織及工作場域實現、且自我揭示其潛力（這是**人本端**，所謂的〔正向過程〕）

2. 我們在人格、團隊及整個組織系統中看見心理動力，我們不僅從形式（症狀及症候群），而且在其內容中覺知心理動力——「在這背後的是什麼？」（這是**心理動力端**，即所謂的〔實質過程〕）。此種立體視覺讓我們能既樂觀又現實。在此，我們會使用人本導向的精神分析師的最佳實踐者：佛洛姆、寇哈特（Kohut）、溫尼考特（Winnicott）。

該療法兩端的實際執行案例就是由我們所開發的「心理動力學教練」（本書稍後會有相關訊息）。「教練」代表該療法人本主義、樂觀的一端，以及能看見並使用心理動力來工作的能力——現實的一端。

凝聚、整合性治療系統　正向心理治療不僅是一種整合性療法，也是一種致力於健康整合任何系統的統整性療法。基於兩種基本能力、三項原則、四項領域及五個步驟，我們會針對人、團隊及組織功能的情緒、認知、行為、幻想、生理、關係及靈性層面，進行整合、連結及凝聚。其他作者的正向發展成果也會對我們有所幫助[10]。

以衝突為核心的短期療法　如前所述，我們注意到組織中的心理動力過程，不僅會呈現在形式上，也會呈現於內容上。由於對衝突內容及動態的關注（個人內在、團隊內在、團隊之間或組織部門之間），該療法同時深入、精確且短期就能發揮作用。

具文化敏感度的療法　在此有四種規模：

1. 嚴格意義上，我們將在同組織中工作的人視為不同種族、國籍、次文化價值觀的載體，我們會協助領導者、經理及人力資源部門考量此點。

2. 組織不僅有「身體」（組織架構及物質基礎），還有「靈魂」（組織架構）。

3. 組織文化是「系統中的系統」、「文化中的文化」、「跨文化」、「過渡（transit）」文化；跨文化流程會發生在其中，不僅介於不同團隊文化之間，也會在管理文化及學習文化之間，在案主文化及團隊文化之間。

4. 組織文化、外在社會文化、組織參與者的文化會進行複雜交流及疊加狀態[24]。

使用故事、趣聞及智慧　「一句話說得合宜，就如金蘋果在銀網子裡。」（箴言25:11）。由於現代組織仍然非常「左腦系統」（針對次發能力、邏輯、計劃及數字），而圖像、隱喻及創造力的使用則能開啟新機會及資源的大門（右腦系統）。但更有價值的不僅是「切換大腦半球」，而是要連結兩者，因此故事、趣聞及智慧最適合用來連結語言（左）及想像（右）兩半球。例如，在團隊教練、企業會議及策略會議中，我們就能使用寓言、故事、神話及傳說作為

鏡子及媒介[60]。

創新的介入措施與技巧　同事們發展出心理吸血鬼（psychovampirism）預防[50]、壓力衝浪（surfing）[29、50]、健康教練[55]、決策方法、人力管理原則及管理策略等方法[22、25、26]。而我們進一步發展出心理動力教練及存在主義教練，來與團隊及領導者進行相關作業。

在心理治療、其他醫學專科、諮商、教育、預防、管理及培訓中的應用此方法已經運用在組織當中，但我們努力不讓它變成單一維度。例如，最初在健康照護領域發展出健康教練，目前我們則正在進行第二種安排：健康教練與壓力衝浪連結，正被移轉到組織和企業領域[36]。

❖ SPOT 主要原則

源自正向心理治療、並應用於正向組織治療的三項主要原則或支柱為：

希望原則：我們所抱持人本主義的希望，即人類對實現其能力與資質潛力的渴望是如此之大，以至於即使在片面發展的組織及人類系統中，人們也有很多機會展示其正向本質。組織、勞動及企業衝突有時會特別困難且危險，但往往為它們提供機會學習夥伴關係、開放性、合作及相互依存[53, 54, 69]，以及／或更好理解它們形成及發展的方式。

平衡原則：我們認為主要的平衡是組織結構及文化的發展、更新與復原的平衡，因此組織中的「硬」和「軟」流程能因而得到管理關注及時間。我們還會使用組織平衡模式及能力的辨別分析模式，無論在個人管理、生產關係或整個系統中進行情境及系統層面調和，都非常重要。我們一直在開發此種方法，自2000年於烏克蘭—德國正向心理治療中心、自2005年於烏克蘭正向跨文化心理治療暨管理學院[22, 25, 26]。

諮詢（consultation）原則：組織作為複雜的有機體，是相互關聯的系統[38]，在大多數情況下有足夠智慧來自我調節。更多時候，組織中的人及團隊並不需要「修復」或「治療」，而只是陪伴與支持。我們認為，最好的形式之一是針對心理預防及心理衛生（衡量一個組織的心理健康及情緒幸福感），以及教練技術（衡量橫向及縱向發展與新成就）。我們會在五步驟流程的基礎上來建立

大多數技術與流程，這對顧問、教練與自助都很有用。

❖ 個人、團隊及組織基本衝突的心理治療

> 你必須逆流而上才能到達源頭，到上游去尋找源頭。——佩塞施基安

基本衝突從最廣泛意義而言，就是我們理解介於過去（我們本身所攜帶的）與現在（我們周圍的）之間的衝突。此種基本衝突阻擋我們而無法邁向擺在眼前更美好的未來。若非此基本衝突，我們就能為自己組織更美好的未來，它會「迫使」我們只是處理過去，並使現在轉向。這是個人及其家庭、社群、團隊、組織及整個社會的普遍模式。基本衝突不能以簡單的方式解決，例如透過改變行為習慣、情緒宣洩、談判或平衡。

這是因為基本衝突包括早期自證價值的防衛機轉與因應策略。這些防衛及因應策略是經由過去的負向事件及創傷（這相當於第一軸）所驗證、並防護來對抗它們。同時，它們不容許實現新的潛力。於是出現一種惡性循環：為了保護自己免受最壞的影響，我們也要避免最好的，並且不斷重複此種心理動力循環。在教練的深度取向方面，基本衝突是指個人、領導者、團隊或整個系統不斷重複保護性心理動力模式，而非選擇實現他們的經濟（Economic）、能量（Energetic）、情感（Emotional）及存在（Existential）潛力的情境（根據4E系統來實現潛能）。

正向跨文化心理治療是一種以心理動力衝突為中心的療法。因此，我們非常關注基本衝突。同時，我們並不單獨考量基本衝突，而是結合實際、內在及關鍵衝突與資源。在此發展階段，正向跨文化心理治療方法提供一種相當成熟的衝突操作化技術[18, 20]，同時與操作化心理動力診斷（OPD）系統一致[50]。讓我們能以靈活且聚焦的方式來使用該系統，既可作為與個人、團隊、組織及整體社群作業的心理治療實務工具，也能透過深度教練（心理動力及存在主義）。

工作體系：《操作化心理動力診斷》、傳統方法、存在主義擴展、深度教練工具（如表23.2）

表23.2　工作體系，基於OPD的前四個軸度

OPD軸度（前四個軸度）	遵循傳統正向循證心理治療法	正向存在主義心理治療法之擴展	與團隊及組織之工作實務	深度教練（心理動力及存在主義）工具
軸度 I：疾病、治療、健康經驗	- 實證方法 - 詮釋疾病與健康、衝突與困境之跨文化取向 - 人性本質及其能力之正向觀點 - 希望原則 - 整體性認同	概念系統的介紹： 1. 正向存在主義詮釋（正向存在意義）[36, 43, 54] 2. 生存能力 [36] 3. 存在的擔憂／給定 [41] 4. 存在活動 [23, 27] 5. 存在身分 [13, 43] 6. 存在動機需要 [36] 7. 存在需要 [36] 8. 內部存在客體 [36] 9. 存在關係 [36]	- 以組織系統及團隊健康保健例作業，對負向事件進行正向存在詮釋（透過對存在動機及意義的理解 [42, 61] - 什麼存在的能力允許你發展這些挑戰及這些給定／關注	- 組織系統的心理動力健康教練：使用疾病 　- 心理動力 　- 因應 - 健康軸 　- 在教練中使用 4R [27, 69] 1. 什麼樣的意義／結果會給我們帶來？ 2. 這些變化的存在風險為何？ 3. 我們有哪些存在資源（活動、能力、身分）？ 4. 我們對新解決方案有哪些生存需求？它們將滿足哪些身分會擴展 [36]？哪些身分會擴展？
軸度 II：關係	- 辨別關係分析 - 關係的互動三階段 - 希望、平衡原則及關係發展的聯合審議	透過與內部存在客體（帶有正向存在灌注的故事英雄）的認同來建立關係，例如 H. Nassredin & Avicenna	- 發展存在關係概念為心理動力關係的替代選項 - 與領導者關係的存在分析 - 定義團隊中的存在動機	與教練建立存在關係（包括對抗方案主系統中的心理動力）及其使用實際 [55] 及系統之辨別分析
軸度 III：衝突	- 衝突及動力之操作化 - 實際、內在、基本及關鍵衝突	考量基本衝突（情感本質）與基本資源（存在本質）的辯證關係，在靈性層次解決關鍵衝突 [27]	層級為何： - 經濟性？能量？情緒性？存在性？衝突？需要在什麼層級解決衝突？	在三維協調系統中處理心理動力衝突： 1. 組織結構 2. 組織文化 3. 關係
軸度 IV：結構	- 現質學習及內建管道 - 傳統的四種態度、根深蒂固的保護性結構	- 存在性身分及命運的五個頂峰 [23] - 個體化 - 整合取向	- 基於 Umansky 模式與組織結構及組織成熟度 - 垂直發展與自我演進的執行 [3]	- 檢查組織結構是否符合組織目標 - 領導者的人格結構及組織結構如何相互作用？ - 針對觀點結構 [38, 39, 56, 57]

第三階段 鼓勵：兩個「HOT」模式

正向心理治療中的情境鼓勵是一個非常重要、關鍵、且核心的階段。「鼓勵」（encouragement）這個詞的基礎是「勇氣」，而「核心」（Core）及「勇氣」（Courage）這兩個詞有著共同的字源，是與案主工作的情感性及精力充沛的核心，「熱點」（hot spot）是最好形容。

為了方便記憶，我們使用兩個HOT模式。在實質「HOT」模式：「H」為導向三角（H-Oriented Triangle）段落中，我們描述了一種實質模式，能顯示在此階段與案主建立互動的重要主題及內容；而在流程「HOT」模式：掌控者意見三方對話（Holders Opinion Trialogue）段落中，我們會討論此種互動過程：與誰以及如何進行？

最後，在本段落中，我們所討論的健康教練實務都是基於正向心理治療。

❖ 實質「HOT」模式：H為導向的三角

與領導者、團隊和組織合作時的三種核心資源實質（如圖23.3）：

圖 23.3　實質「HOT」模式：H 為導向三角

1. 希望(Hope)
人本維度

2. 健康(Health)
心理動力維度

3. 習慣(Habit)
認知行為維度

1. 希望（Hope）：這是一種人本維度，對應於正向心理治療的第一原則。你有希望著什麼？而哪些希望已經被達成及哪些在組織中尚未達成？是什麼增強或削弱了希望？（更多細節可在組織初次會談第二段中找到）。

2. 健康（Health）：這是一項重要的焦點（心理動力維度），特別是對於企業（組織）心理治療。會從狹義、廣義及全面的意義上來考量健康，我們會談論團隊健康及系統性組織健康。我們不僅會談論身體健康，也包括心理健康、情緒健康（情緒滿意度）、存在主義健康（更多詳細內容，請參閱健康教練出版品，在其中會考量各種類型的健康[32-34, 37, 38, 40、45、46]），有助於考量的問題包括：我們在哪些方面已經是健康的？我們如何於存在、情感、能量及經濟層面上體驗此種健康？

3. 習慣（Habit）：既存有用及具建設性的習慣——是一種重要的可用資源（正向）——人們能夠且必須仰賴。我們已經擅長了什麼？我們不需要改變的是什麼？既存習慣是如何協助我們培養新習慣？

我們與個別案主或團隊，包括策略委員會及董事會，討論此三項重點。在我們看來，在這些主題三角中觀察關注的平衡相當重要，因為它是等邊且能同時考量案主的正向（人本）、心理動力及行為資源。

❖ 流程HOT模式：掌控者意見三方對話

一個臭雞蛋比一千個新鮮雞蛋更容易被記住。——東方智慧

鼓勵及尋找資源的第二項熱點（HOT spot）是讓最大數量變革過程的參與者（掌控者）參與對話。我們考量至少三方的立場：1. 變革的客戶；2. 案主（並不一定是客戶！）；3. 協助變革的專家（教練、顧問或心理治療師）。 如果把他們帶到一起，他們的對話通常會立即轉向問題及解決方案。同時，原本美好的事物就會被忽略。

正是在此資源階段讓這三方人馬參與到三方對話中，是建立堅實合作基礎的特殊機會。由於當我們著手解決問題時，對話及三方對話就會受到特殊的考驗。

第四階段 說出內心話及執行變革

❖ TRACK原則之系統

一個人能用一把小鑰匙打開大門。——佩塞施基安

第四階段相當於變革的執行與驗證。為了使介入具有系統性、準確度、方向性及安全性，我們發展出一種包含五項TRACK原則之系統。

- T——訓練（Training）：在行為層面的改變是必要且有時甚至能形成足夠程度的改變。正向心理治療是一種訓練日常生活中細小行為改變的療法，也適用於工作生活、企業及組織。
- R——關係（Relations）：正是組織中的心理治療觀點，讓人們進一步了解關係及／或關係中支持的改變對於引入變革的重要性。
- A——態度（Attitude）：態度層面的改變是一項重要的因素，在此正向心理治療會充分考量認知科學及實務的基礎。
- C——諮詢／顧問／教練（Consultation/Consulting/Coaching）：上面所描述的一切（變革的治療內容）都會存在，而且是以雙方關係規格的夥伴諮商及教練形式於一個組織中進行。
- K——鑰匙（Key）：企業心理治療師及顧問會以讓他們自己變得較不被需要的方式工作，因此「自助的鑰匙」（佩塞施基安）會漸漸地轉交到案主身上。

這些原則中的每一個都取自佩塞施基安的方法，並反映出正向心理治療取向如何改變的本質。這主要是一種聚焦的認知行為取向（T及A原則）。同時，我們深信行為層面（T）的改變是透過關係（R）——而僅改變態度（A）是不夠的。

正向心理治療是一種以關係為導向的療法。——哈米德・佩塞施基安

所有這些都是透過諮詢及顧問（C）來執行及鞏固，並以「自助鑰匙」（K）形式留在案主手中。這與正向心理治療的第三項基本原則相關：諮詢及自助原則。

　　同樣重要的是要注意在現代組織中，可觀察到從管理顧問到管理教練的轉變：典範的「軟化」及移轉到敏捷式（agile）管理[譯註11]。由於自1960年代以來，顧問業務已經傳到越來越多的國家、文化及經濟中，不僅成為一種「知識產業」，也成為一個「跨文化溝通產業[26, 30]」，同時在過去的七十年裡、特別是過去五十年，所有心理學及心理治療的進步方法也都朝跨文化主義方向發展。佩塞施基安的方法就是其中之一，在2000年代，它已經足夠成熟，成為管理顧問、教練及企業心理治療的深度跨文化方法論平台。

　　此外，在下個段落，我們會著眼於企業心理治療以及各類型教練和訓練的協助下所能做出改變程度；然後，在「正向心理動力教練的相關性與本質」、「心理動力導向教練之特定能力及在PPDC中聚焦心理動力要素」段落中，我們會描述一種最有趣且最現代類型的教練，在組織中越來越受歡迎：心理動力教練的正向取向；最後，在「工作團隊中之心理動力管理：團隊進化和領導者垂直發展的模式及工具」段落，我們會將團隊心理動力管理連結到他們的發展及領導者的發展上。

❖ 為了更好的正向未來，哪些方面會發生改變？結構、文化、衝突、關係、經驗

> 不要修理沒有損壞的東西。一把小鑰匙能打開一扇大門。——佩塞施基安
> 有高品質的現在才更容易獲得高品質的未來。
>
> ——蒂德科斯卡（I. Didkovska）

　　當我們與領導者、團隊或整個組織一起合作時，決定我們在教練或心理治療中改變的主題顯得特別重要。

- 關係中發生什麼事（例如，領導者與團隊之間、或團隊內部、或團隊之間）——這是正常現象、或需要介入嗎？要介入多深？選擇性或系統性？

譯註11 敏捷式管理（agile management）觀念源自軟體快速開發法，核心理念為：快速試誤、即時回應、選定優先順序機動調配資源、凝聚團隊價值，以更貼近客戶與市場需求。

- 衝突該如何處理？衝突有多深及是否「健康」？或者它是否已經正在破壞文化與結構？
- 我們能改變文化嗎？人格、團隊、組織？
- 結構如何改變、以及到什麼程度？領導者的人格結構和組織結構。

這些相互關聯問題的系統很複雜，但都能被解決。重要的是要記住：我們進行這些改變想要的是什麼？有何更好的正向未來？然而，不僅是「為何？」還有「為誰？」為此需要哪些資源？沿途及結果有什麼風險在等待著我們？組織教練學校[38]的培訓師柯尼斯契夫（S. Konischev）喜歡問學校的案主及學生：「如果你取得了最好的成果，會發生最糟的情況是什麼？」這個問題令人驚訝，有時也會令人震驚。但在大多數情況下，會轉變成有用思考方向。

無論我們與個人或人資系統合作，一方面會以辨別及分析法來處理這些議題[25, 53]；另一方面則是以整體（integral）法[3, 67, 68]。這在實務中意味著什麼？

首先，我們當然會考量，將在以下層面的介入「達到」多深（圖23.4）：

圖 23.4　組織體系的五個層級

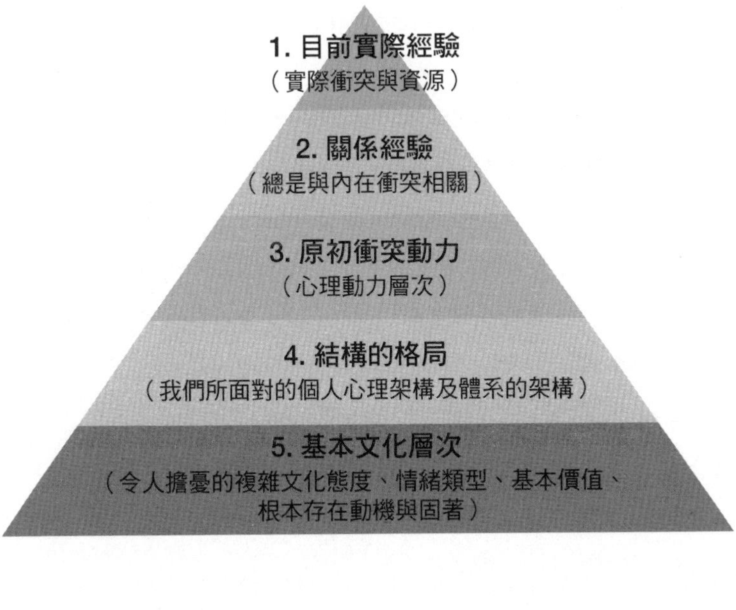

1. 目前實際經驗
（實際衝突與資源）

2. 關係經驗
（總是與內在衝突相關）

3. 原初衝突動力
（心理動力層次）

4. 結構的格局
（我們所面對的個人心理架構及體系的架構）

5. 基本文化層次
（令人擔憂的複雜文化態度、情緒類型、基本價值、根本存在動機與固著）

1. **目前實際經驗層次（實際衝突與實際資源）**：它的覺知與度過。例如，當一組團隊及一位領導者在截止日期前，似乎無法完成專案，他們將如何度過？他們的感受如何？他們會嘗試利用此次經驗來做些什麼？他們將如何因應（實際因應程度）？

2. **關係經驗層次**：我們經常在此發現積累的（過去）現實實際任務的經驗與目前關係中的實際經驗。例如，團隊針對最後期限而與前任經理們的過去關係中經歷了恐懼——當經理們在危機時期開始「壓迫」並威脅如果專案不能準時完成時就會被解僱。但在目前，例如，新經理正嘗試以夥伴—教練關係來建立一種新的經驗，因此他會經常聽取團隊成員的立場。然而，這會導致一些團隊成員之間的內部衝突，因為他們還無法調和威權關係的積累經驗及新夥伴關係的經驗。這些人的內心似乎在「順服與害怕」（就像以前一樣，可能會有用）或信任並開始表達（根據以前的經驗，冒險就可能因不合老闆的意見就會受到懲罰）之間感到左右為難。然後，我們應該以可取得的方式（教練、促進、調節）來協助實現並克服此層次的內在衝突。

3. **衝突動力層次（心理動力層次）**：在此，如果一個人具有心理動力思維及該方法之某種心理動力概念，那能被建設性地考量及理解的法則就有機會應驗。由於正向心理治療是一種心理動力方法，我們就有機會在此層次上運作：透過組織（企業）心理治療（如果我們想處理系統及其參與者的內在及基本衝突的動態）或透過心理動力教練（如果我們想處理內在／實際衝突、資源及行為改變的動態）。

4. **結構層次**：在此，我們談論的是個人、團隊及組織的一般性結構。這是相當複雜的層次，需要跨學門的深入知識和謹慎的執行[12, 25]。主要問題之一是領導者的人格結構及組織結構如何互動？我們能影響什麼、為何以及如何影響？也可在心理治療及深度教練（心理動力教練、存在主義教練）層次進行，當然顧問層次也是可能的，同樣需要管理決策。但無論如何，很大程度上取決於領導者人格結構的建設性取向[14, 16]、心理健康與情緒幸福感。

5. **文化層次**：在我們看來，這是最深的層次，因為文化內容會依工藝、英雄、傳統及實踐層面[53-55, 64]存在於個人與集體心理當中。首先，相當重要是尊重、考量、認識及整合此層面，然後再適度地嘗試去影響。如佩塞施基安所言：「舊習慣就像老朋友及客人一樣，應該禮貌地經前門護送，而不是從窗外扔出去。」由於正向心理治療方法的跨文化本質以及運用存在主義教練[50]來處理價值結構的可能性，因此有可能在文化層次進行此類工作。

❖ 正向心理動力教練的相關性與本質

從二十一世紀第一個十年的後半期開始，正向心理動力教練（Positive psychodynamic coaching, PPDC）僅於過去十至十五年才開始發展[31]。在我們看來，這是因為世界正變得更加動態性，而作為教練案主大宗的領導者，在一個複雜且奧妙的世界中承受著漸增的壓力。VUCA 世界——波動性（Volatility）、不確定性（Uncertainty）、複雜性（Complexity）、模糊性（Ambiguity），已經成為焦慮、壓力及內心衝突的原因之一，伴隨著個人內在、私人與企業生活、團隊及組織系統人際關係中漸增之心理動力。

由於 PPDC 盡可能接近以心理動力為導向的心理治療方法（包括正向心理治療方法，是一種心理動力、以衝突為中心的方法），對我們而言，找出此兩種方法之間的共通特性及差異似乎很重要，呈現於表 23.3 中。

可看出，與許多心理治療方法一樣，PPDC 是一種聚焦於處理衝突之心理動力內容的取向。此外，除了其他心理治療方法（包括正向心理治療）之外，PPDC 還聚焦於使用資源（個人、團隊或組織系統）。

而正向心理動力教練的特點在於，它聚焦於現在式的工作，會針對既有內在衝突（案主、個人或系統的內在現實）、以及實際衝突（大多為案主的外在現實），只是有時也會描述[70]關於基本衝突的個別概念與態度。這使得 PPDC 能夠導向現在及未來，並保持對案主內在及外在現實的關注平衡，也能讓 PPDC 療程盡可能地短期（相較於短期心理治療法），雖然它可能仍是為期最長的教練類型之一。

表23.3 心理動力導向心理治療與正向心理動力教練的比較

	心理動力導向心理治療	正向心理動力教練
使用心理動力學	是	是
衝突為核心	是	是
資源為核心	是，但並非所有（正向心理治療－是）	是
聚焦衝突	基本／內在衝突	內在／實際衝突
關注三種時態	・過去（50-80%） ・現在（50-80%） ・未來（0-20%）	・過去（0-20%） ・現在（50-80%） ・未來（50-80%）
案主的外在／內在現實	內在現實 >> 外在現實	內在現實 << 外在現實
短期治療時段	30-100 次（平均）	10-30 次
專家的特別能力	・心理動力思維 ・心理治療關係	・心理動力思維 ・正向教練世界觀 ・5C 能力
最終導向	・衝突解決 ・資源啟動（某些療法） ・擴展目標（正向暨存在主義心理治療）	所有教練之 4R： 1. 啟動資源（個人及體系） 2. 風險管理 3. 發展解決方案 4. 達成結果以及形成進一步願景

　　最後，使用傳統教練結構（4R模式——資源—解方—風險—結果〔resources-resolutions-risks-result〕）能讓我們不至迷失於心理動力過程、現象及心理防衛的「荒野」中，相對地：能有目的且足夠努力地轉向更大的資源、良好的更新解決方案及新的正向結果，同時全程考量到風險[38, 56]。但是心理動力教練究竟是如何進行的呢？它如何不與心理治療過程混淆？而心理動力和傳統教練之間有何區別？

　　要回答這些問題，最好從教練自身的觀點來看待 PPDC：一位心理動力導向的教練應該具備哪些能力？在PPDC中，我們會使用符合心理動力過程或現象的教練或領導者特定能力之5C模式。

❖ 心理動力導向教練之特定能力及在PPDC中聚焦於心理動力要素

　　因此，我們鼓勵那些希望能使用個人、團隊或組織心理動力來進行有效會

談及工作的教練們，能發展他們的5C能力。

1. **接觸（Contacting）**：在此能力中，我們不僅將「接觸」視為一種事件或生活現實，也視為一種敏感、且並不總是能持續的過程。而此種接觸可能會中斷及不穩定，例如因心理動力現象及心理防衛機制而可能會中斷接觸。因此，我們會關注接觸過程，如同接觸本身，也會偏好使用「在關係中接觸」模式[10, 11]。

2. **涵容（Containment）**：此處，我們會比精神分析傳統中更狹義地使用此名詞，是指教練能夠同時承受自己與案主之心理動力情緒、幻想、威脅及意圖之能力。非常重要的是：這必須不僅是負向的！例如，自戀式心理動力學的理想化通常令人愉悅，然而，它也需要涵容、而非回應[25]。

3. **肯定（Confirmation）**：當然，我們會超越宗教含義來使用此名詞，我們理解它具有肯定、評價、支持及維護案主經驗的能力。同時，並不意味我們同意此經驗，而是對存在（正向──給定、實際）及經驗價值的肯定，以及對其主觀重要性的認可[10]。

4. **面質（Confrontation）**：通常，這是許多心理治療法及一般傳統教練的傳統能力。然而，在PPDC中，我們會非常有目的地且有針對性地使用面質（以下我們描述它首先應該被導向〔批評及期待的力量〕；其次是針對因應機制，但著眼於限制、而非破壞；為此，面質必須帶有同理心[70, 71]）。我們遵循正向心理治療中一項非常重要的原則：面質與支持的平衡。面質是被單獨列出來的一種分別的、第四種能力（只是第四種！）。同時，支持來自於前三種能力的系統：接觸、涵容與肯定。因此，在我們的方法中達成重要的平衡：「愛」與「求知」的平衡、接納與公正的平衡，禮貌與開放的平衡，既存現在與期望未來的平衡。

5. **協議（Contracting）**：這是最終、整合階段，同時也是能力。PPDC的特別之處在於它需要時間來讓案主簽訂合約（在活躍的心理動力之下，要簽訂成人式且成熟的合約幾乎是不可能的）。在此情況下，合約並非PPDC的初始條件，而是主要產品。套用佛洛伊德的話，關於PPDC的

此項重要目標,我們可這樣說:存在潛意識心理動力情節之地,必定會出現有意識的成熟契約。

我們得到的並不一定是我們所應得的,但我們設法達成協議。

❖ 工作團隊中之心理動力管理:團隊進化及領導者垂直發展之模式及工具

從教練及企業心理治療師的角度來看,協助領導者、經理及管理者的重要任務之一是在工作團體中對他們進行心理動力管理方面的培訓。透過心理動力學,我們能理解精神、心理生理能量、以及認知注意力的方向,並不在於取得結果、尋求資源與解決方案,而是以場景為基礎的基本衝突宣洩行為、人際衝突的非建設性解決、對變革的不適切阻抗,以及被動行為。

我們提供給領導者及管理者的初始立場,在於他們自己對存在於團隊中的心理動力負有部分責任。我們教給導者詢問自己的關鍵問題之一如下:「我如何用我的習慣、思維、行為、人格,或許還有個人的心理動力,促使團隊做出團體的心理動力反應(答案)?」

此外,關於團隊的心理動力如何與領導者的個人心理動力連結的關鍵時刻之一,涵蓋於將給定工作團體(團隊)的目前成熟度與領導者成熟度相連結。在此,我們需考量常見於我們實務當中的幾種可能選項:

- **選項1**:領導者的成熟度領先團隊。然後我們會詢問團隊發生了什麼事、以及「將引擎從貨車拉走」的感覺如何?或者,也許他們有不同的處境?也有「引擎」會拆毀「幾輛貨車」,並拖著它們向前,然而團隊(剩下的貨車)卻持續慣性移動、並慢慢停了下來,或是完全不動。在此種情況下,團隊的心理動力學(心理動力現象、過程及表現)往往是一種呼喚領導者轉身,並為落後的團隊或其部分而掉頭回去。這就像一個孩子透過哭聲來吸引父母的注意力、並尋求幫助。通常這可能具有自我挫敗(自虐)、憂鬱(犧牲)、戲劇化(歇斯底里)的心理動力型態。在 比昂(Bion)模式中[譯註12],這可能對應於依賴(dependency)的基本

假設[25]。

- **選項 2：**團隊在其發展方面領先於領導者。在此種情況下，我們對領導者的理解、思考、感受及行為特別感興趣，還有他有何種幻想？是否他會害怕不再為團隊所需要。事實上，根據烏曼斯基（Umansky）模式[38]，團隊已經達到成熟的「自主」程度；而根據庫克—格羅特(Cook-Greuter)模式[39]，團隊則期望領導者成為「策略家」，這正是團隊的需求。但如果領導者處於其管理邏輯發展的較低進化階段（例如正處於〔外交官〕或〔專家〕層次，則有利於〔連結〕及〔合作〕），那團隊就可能會：

  1. 貶低這樣的領導者（自戀型心理動力）

  2. 責怪這樣的領導者（偏執型心理動力）

  3. 在道德上「粉碎」這樣的領導者或向他宣戰（反社會型心理動力）

  4. 隔離、並免於和這樣的領導者互動（類精神分裂型心理動力）

  5. 退行到領導者的層次

  6. 去到潛意識場景之一，根據比昂[25]，相當於戰鬥—逃跑或配對的基本假設。

　　如果出現此種現象，那教練就必須同時與領導者及團隊一起處理相當複雜的工作。同時，如果企業心理治療師可協助領導者及團隊到至少能覺察到他們的性格特點及支持心理動力的防衛機轉，那就更好。

　　主要的小任務就是協助理解領導者及團隊目前進化發展的程度、並協助建立之間的關聯性。同時，我們用於覺察及關聯的兩個主要工作模式為團隊進化的烏曼斯基模式（上箭頭）及領導者自我進化的庫克—格羅特模式（下箭頭）。在教練實務中，我們以圖23.5所顯示的方式來將它們視覺化地併列在一起。

譯註12 根據比昂模式，針對團體動力有三項基本假設，分別為：一、依賴（dependency）：團體的基本目標是透過一個特定人獲得安全感，讓未成熟的成員受其保護；二、戰或逃（fight or flight）：團體成員表現出不惜代價以保護自己，並透過逃離、與某人或事進行戰鬥來實現；三、配對（pairing）：團體存在的基本假設認為兩人相遇只為一個目的—繁衍（性），透過持續互動來推動團體，其他成員則以一種解脫感和充滿希望的期待來專注聆聽。

圖 23.5　雙重進化：團隊與領導

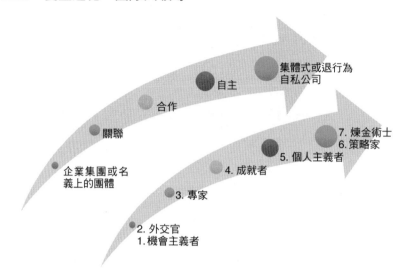

集體式或退行為
自私公司

自主

合作

關聯

7. 煉金術士
6. 策略家

企業集團或名
義上的團體

5. 個人主義者

4. 成就者

3. 專家

2. 外交官
1. 機會主義者

第五階段 擴展與領導者及組織合作的目標

在本章的第五階段、也是最後部分，會專門討論組織中的正向心理治療，並談到新視野、擴展目標與存在主義教練等主題。在與案主合作的此步驟，我們再次回到「一切對一切」的雙向影響、以及這對案主的未來意味著什麼。在組織中，我們有時會提供「水上漣漪」的隱喻：我所做的（或不做的）如何影響我的環境？我周圍的系統？社會？世界？未來？傳統上，這些問題與領導者有關，但是：

1. 首先，我們相信每個人至少對自己而言就是一位領導者。因此，向任何人提出這些問題都適合。

我要如何來影響環境，以及如何以我實際與內在情境、甚至基本衝突來服務人類？──佩塞施基安

2. 其次，我們注意到有比領導更深層的事情，即關係。畢竟，領導是一種特殊種類的關係。

為了實際運用這些概念，我們會使用「組織關係、領導力及發展波浪

圖 23.6 組織關係、領導及發展波浪（WORLD) 模式

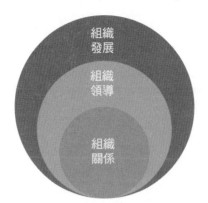

（WORLD）模式」（圖 23.6）。

WORLD 模式顯示如何透過改變組織中的態度與關係，就能對領導力產生正向影響。藉助領導力，「水分流的波浪」──改變、情感及存在主義成長的浪潮──得以進入人員及團隊發展的維度。

接續段落，我們會在正向心理治療的概念及內容層面，看看我們如何將智慧帶入「WORLD」當中，之後我們會描述存在主義教練的基礎──我們的發展──成為此階段的主要工具（〔存在主義教練指導：正向與實際取向〕段落）。最後，我們會以需要進一步討論及考量的結束思維來總結此章。

❖ 領導者進化中所需之正向心理治療智慧

在組織中應用正向心理治療時，我們特別重視垂直發展、領導者的進化 [3,11]、螺旋動力學 [1,19,21] 及整合模式 [67,68]。庫克—格羅特及托伯特（Cook-Greuter and Torbert）與類同模式則基於對人們正在發展的理解，持續重新思考分化與整合之間的平衡，因此會與作為整合方法的正向心理治療及其辨別分析相當吻合 [55,60]。在進化的每個層級，領導者及團隊的任務是整合先前層級的內容，並學習區分（辨別）新內容。

智慧就是注意到佩塞施基安之能力。

本章的範疇並不允許描述我們使用的所有經驗和工具，因此我們在表 23.4

中簡要描述領導者演進的層級與正向心理治療內容之間的對應關係：這些是能被仰賴而進一步發展、並往下一階段推進，也是很重要可使用的內容。同時，我們隱喻式地將每個層級描述為一種特殊智慧。

表23.4　領導者及體系的垂直發展與認同擴展

自我發展階段與領導者行動邏輯	使用正向心理治療及某種特殊類別智慧的語言來有意義地描述各個發展階段
團結階段 反諷主義者 （Ironist）	・「聰明且單純靈魂的智慧」（見蘇菲派學者沙河〔Idries Shah〕）^{譯註13} ・實際能力：「整體」；「多元中一體性」的原則 ・領域：未來／幻想／靈性；我、你們、我們是世界的一部分 ・身分：我、你們、我們（認同人性，是本源我們的一部分）、本源我們（人類最大的我們——我們的祖先與後代）
建構一意識階段 煉金術士 （Alchemist）	・「深奧療癒者的智慧」（阿維森納〔Avicenna〕，中世紀波斯哲學家、醫學家） ・實際能力：信仰／意義 ・領域：未來／幻想 ・身分：我、你們、我們、本源我們；從我們擴展到本源我們、擴大全球認同 ・「命運的第四個巔峰」（卡瑞卡許〔Vladimir Karikash〕所提^{譯註14}）：「身為一個人。」
自主階段 策略家 （Strategist）	・「人類發明家的智慧」（如達文西） ・身分：我、你們、我們；認同那些原則相似、志同道合者 ・正面思維、解決衝突的智慧、全球認同的發展；對這些領域的新理解：工作、接觸及未來
個別化階段 具同理心的個人主義者	・「公正帕迪沙（padishahs^{譯註15}）的智慧」 ・以和諧平衡模式為例 ・原初及次發能力之平衡 ・團隊不是一種機械，而是一種有機體 ・培養跨文化敏感度及尊重差異 ・身分——我、你們：「自我的追尋」原則（佛洛姆） ・我好，你也好 ・存在主義能力：「做我自己」、並讓別人也一樣
良知階段 理性主義者、成就者、成功領導者	・「誠實科學家的智慧」 ・次發能力的辨別與原初能力的發展 ・步驟：完成問卷／辨別分析 ・身分：我、你們（與志同道合者的身分認同）
自我覺察階段 專家、技師	・「專家技術的智慧」（如資訊科技工程師） ・領域：工作／思維／邏輯；次發能力 ・我（Me）：自尊建立在「求知」的能力上 ・步驟：完成問卷／因果分析 ・身分：我（I）、我（Me）、我自己（Myself）

墨守成規者階段 外交官	·「有禮貌政治家的智慧」 ·領域：接觸／傳統及工作／邏輯；理性／務實／適應性使用接 　觸以謀取利益；為了安全和生存的「禮貌」 ·步驟：觀察 ·身分：我（I）、我（Me）、我自己（Myself）
防衛階段 機會主義者、操控 者	·「靈巧獵人的智慧」 ·領域：身體／感覺／生存。未分化的原初能力；次發能力不足 ·步驟：觀察及拉開距離；從合併（新生兒的共生）中分離趨勢 　的開始 ·身分：我（I）、我（Me）、我自己（Myself）

❖ 存在主義教練：正向與實際取向

　　對於二十及二十一世紀的存在主義學派[2, 4, 5, 13, 43, 44, 48, 61, 62, 65, 69]，我們應用一種整合、跨領域及跨文化的原則，當然，還有對存在關注的實際取向與對個人存在本質的正向取向，首要則是關於其存在能力[35, 36, 47]。

　　我們在這些現代西方學派中加入東方深厚傳統的存在智慧：主要是蘇菲派及禪宗佛教的智慧，此外還有基督教神祕主義者的智慧[54]。在存在主義尋找意義的關鍵時刻，我們也會使用佩塞施基安所著《意義的追尋》[59, 60]中的概念與智慧。在存在主義教練中，佩塞施基安對意義追尋的觀點相當具有包容性，原因至少有兩項：

1. 它們與艾瑞克森[6-9]的模式、垂直發展的衍生概念[3]、及成人成長與螺旋動力學是一致的。從教練的觀點而言，這非常重要！
2. 它們包含與弗蘭克的意義療法及存在主義分析相似（靈性上相近）的價值觀，也使得處於現代發展階段的「維也納第三學派」（蘭格）存在主義分析概念能完美地整合入我們正向存在主義教練的實務當中[36]。

　　我們從根本上區分出存在主義心理治療、存在主義諮商及存在主義教練。

譯註13 反諷主義者，如尼采、海德格、傅科（Foucault）等。
譯註14 五個巔峰分別為：兒子／女兒；男人／女人；父親／母親；一個人；宇宙的一部份。
譯註15 帕迪沙（padishahs）：古波斯至尊王者。

存在主義教練是這三種實務中最年輕的一種，其目標是已經準備好、並能自我省思及做出改變生命過程之存在性決定的健康案主（個人、團隊或組織）。

從我們的觀點而言，存在主義心理治療除了與存在終極關懷的成熟面對，會更聚焦於痛苦及創傷的存在性治療。更精確地說，針對心理治療過程中的存在性成熟：存在能力的發展[35, 36, 41, 42, 47]及存在認同的擴展[23]。

存在主義諮商則有助於在四種存在主義世界[譯註16]之一當中反思性地處理當前的生活情境及事件[4, 5]。從正向存在主義心理治療的觀點而言，存在主義諮商對應於實際衝突層級，在此簡單的認知行為療法並不足以因應，因為實際衝突情境本身會影響深層領域（如佩塞施基安平衡模式之生命意義領域）及／或連結存在身分之一[23, 28]。

存在主義教練的一項特點是它會處於4R教練空間：資源—解方—風險—結果，意味著我們會與案主一起關注結果。於存在主義教練中，我們談論的正是關於存在主義結果。此種存在主義結果可以包括發現或創造意義、做出重要決定、改變生活方式、處理會導致更大內在自由的問題、探索個人新的存在主義身分、過渡到新的「命運巔峰[23, 28]」、在整合式靈性層次[27]化解關鍵衝突[54, 55]。最終，存在主義教練所關注的終極目標是協助案主實現其圓滿的存在性。

總結

❖ 和人及組織有關的衝突與發展概念

正向心理治療一方面是一種心理動力療法，意味著了解不同層次（基本衝突、內在衝突、實際衝突、關鍵衝突）的心理衝突動態相當重要；另一方面，正向心理治療認為人一生的發展是一項重要因素：首要是在基本能力的基礎上，藉由實際能力的分化，並將這些能力融入（稱為流程整合）四項生活（領域）品質當中。

同時，正向心理治療中此種對發展議題的彈性及辨別取向，相當於現代發展科學中的最先進觀點：

譯註16 四種存在主義世界：身體、心理、社會及靈性。

我們必須記住，成熟可能會相當不均勻；一個人可擁有某種非常發達的能力，但例如在性慾、獨處能力、哀悼能力或對競爭的舒適感等領域，卻又受苦於嚴重的缺陷。「固著」（Fixation）並非一種單純、單維的事情[49]。

——麥威廉（N. McWilliams）

正向心理治療的兩項維度——衝突之心理動力及透過能力分化與整合的持續發展——在科學、方法論及實務上都非常重要，而我們會在這兩項維度內進行實務工作。

❖ 整體作為克服異化的綜合性任務

從實際能力「整體」（integrity）的觀點而言，辨別分析量表[55]之最終原初實際能力，是所有類型教練的任務，將在此進行描述。此項任務包括加強及改善個人或人類體系（家庭、社區、團隊、組織、社會）之內部可靠關係。許多研究人員及執業者聲稱不團結及異化是一種日益嚴重的問題[17,59]，教練任務也會試圖克服此問題[58]。

❖ 在心理動力教練中處理內在敵人及其他「內在客體」

在正向心理動力教練中，當我們遇到內在客體的影響及反對時（高爾威〔T. Gallwey〕最初稱他們為內在反對者），我們不會與其爭鬥、也不會去對抗。即使是以力量（大多數情況下，我們挑出批評、貶損、期待及懲罰〔羞辱〕的力量）或部分形式出現，我們仍會視其為「有生命的個體」，並試圖建立定期、尊重的對話。透過此種方式，我們會「人性化」這些力量或部分，並開始人道地對待：關注、尊重、公平的評估、肯定其價值[42]。後者可透過正向的存在主義及跨文化詮釋來成功地完成[36,50,52,54,56,60]。

支持非暴力、但結構化對話的最終目標是邀請「內在英雄」一起合作。

- 教練：史蒂夫，是什麼阻礙你開始過更充實的生活、並做出讓自己滿意的決定？

- 史蒂夫：他是我的內在批評者、內在反對者。
- 教練：他是在說什麼？
- 史蒂夫：他說，既然我仍無法讓自己的生活井然有序，現在我也會失敗、且我必須保持低調。
- 教練：史蒂夫，我們可能不會調查你內在反對者的來歷，也不會和他對抗，我們只會更清楚地了解他。

❖ 在心理動力教練中處理「內在客體」

在與「內在反對者」的關係中，我們會遵循基模治療執行的建議[71]，並面質此內在客體及其心理動力。然而，這是一種解決此時此地問題的短期策略。從長遠來看（問題的系統性解決及案主隨後的垂直發展），我們建議將「內在反對者」的面質視為情感性演進四階段中的第二個階段[69]。根據維因霍爾德（Weinhold）模式，我們會經歷發展的四個階段：共依附（codependence）、反依賴、獨立、相互依存（interdependence）。我們認為，在處理內在客體時，必須經歷此四階段。

❖ 面對基本衝突的兩種層次的工作：「私密性」核心及「外顯性」周邊

在基本衝突中，我們考量兩種層次：基本衝突的現象（外顯性）；基本衝突的本質（親密性）。在正向心理治療中，重要的是要尊重地接受心理防衛及因應機轉的確定性，意味著我們相信一個人的正向本性，並信任所表現出來的樣子、並加以考量。

我們不尋求立即穿透「私密性」，於最初期先處理「外顯性」，之後我們會逐漸且小心地從「外顯性」（我們所觀察到的）的現象轉到內容。在此就有機會接觸到基本衝突中的「私密性」。在與領導者、團隊及組織合作時，這會特別有價值。

❖ 正向心理治療的多功能性成為組織中的療法

我們也會針對正向心理治療的多元觀點提供一些重要論述：

附錄：組織初次會談──從需求到發展（FIND）

	1. 概覽	2. 分析	3. 資源	4. 結果	5. 擴展
我的組織 （Organization）	O-1.1. 愛與需求知能力是如何出現在組織當中？ O-1.2. 關於我在組織菱形（平衡模式）（＋）中哪些為強項（＋）及弱項（－）？ O-1.3. 組織的隱喻為何？是關於什麼的？	O-2.1. 在組織的歷史中哪項大事件最具代表性？ O-2.2 什麼樣小事件在每年內不斷發生而造成微創傷？而什麼事件帶來幸福、成功與健康？	O-3.1. 因組織而要多出一種實際能力，會是哪一種？ O-3.2. 如果組織舉辦一個流動的饗宴，那會是慶祝什麼？	O-4.1. 一年來組織主要成就及聰明決策為何？ O-4.2. 我們組織中誰會發展為最有發展的領導者？ O-4.3. 什麼必須被改變？	O-5.1. 五年內我們如何看見組織的未來？ O-5.2. 我們服務的組織在世界中服務了什麼？發展了什麼？
我的團隊 （Team）	T-1.1. 團隊是有機體或機械體？像什麼？如何運作？ T-1.2. 如果我團隊像部落，我們會根據哪種法則存活？我們會歌頌何種傳統？軍隊的外套為何？ T-1.3. 何為團隊的希望？	T-2.1. 團隊一年前和現在的辨別分析力組成為何？ T-2.2. 何種實際能力表現較好？一年來哪些能力發展出來了為何？ T-2.3. 團隊得到何種微細創傷？與何種能力相關？ T-2.4. 何種衝突及壓力處理方式較為特殊？哪些未發展出來？	T-3.1. 團隊最喜歡慶祝的事件為何？ T-3.2. 在每項 E 層次中，會有何種資源？（經濟能量、情緒、存在） T-3.3. 關於3H，何者為正向？（希望？健康？習慣？）	T-4.1. 有何需求會在每種 E 層次改變任何事？ T-4.2. 有何新的壓力及衝突處理方式需要被發展？ T-4.3. 最失期的步驟為何？ T-4.4. 誰／什麼會干擾／幫助？我們該如何因應？	T-5.1. 我們的團隊移動到世界的哪一邊？ 東邊：社群（敏銳；智慧；效能） 西邊：理性。 南邊：接觸、表達、情感； 北邊：節儉、克制、活力。
我自己 （My Self）	S-1.1. 我那種希望被實現？哪些希望不在組織中？還有何種希望？有何新希望誕生？ S-1.2. 如果我的組織角色沒有名字，但在某位聰明敏銳的者觀察密切找我長達一年，那他會稱呼我的角色為何？	S-2.1. 根據基本整合運動、關於組織，我會移動到何處？ 1. 與組織融合：彼此交融。 2. 與組織分離。 3. 分化：持續與組織接觸、並彈性區分身分。 4. 移動到與組織自主相互依存階段。	S-3.1. 最讚賞自己的什麼？（前五項） S-3.2. 最享受何種成就？ S-3.3. 在組織中、何種價值最會被強調？何種需求最會被滿足？ S-3.4. 在組織中我會發展何種能力？ S-3.5. 在工作中何時感到快樂？	S-4.1. 我個人需要增加／減少、擴充什麼、才能使各種自己及組織的關係變得更健康、有生產性、更有發展？ *在我的活動 *在我的能力（基本、實際） *在我的身份	S-5.1. 組織給我何種發展經驗，讓我開始成為不一樣（專業、生活）的人？ S-5.2. 當我 75 歲時，在組織中工作將會如何重要？ S-5.3. 當忌者其他地球，這些事情當中的哪些將必然都是好的？

1. 正向心理治療成為正向精神分析：此法能更深入地探索領導者、團隊組織的潛意識層次；同時，處理過程會採焦點式、安全性、以資源及解決方案為導向。這就是正向心理治療有時會稱為「正向精神分析」的原因。

2. 正向心理治療是透過辨別能力來學習智慧：正向心理治療法的核心就是辨別分析，而事實上，我們學會辨別重要細節及細微差別，就是智慧的面向之一。我們會協助領導者、經理及團隊變得既靈巧、又聰明。

3. 正向心理治療成為分化（differentiation）與整合（integration）的平衡：正向心理治療是一種整合性療法，同時基於辨別（differentiation）分析。因此，正向心理治療具有兩個平衡的極點：分化與整合。這與領導者的垂直發展模式相吻合，使我們能持續使用這些模式。

CHAPTER 24

———— ● ————

男性之心理治療實務

by 克勞蒂雅・克利斯特（Claudia Christ）；
斐迪南・米特雷納（Ferdinand Mitterlehner）

男孩享樂的事物，大多會被禁止；男孩特別擅長的事，哪裡都不需要——無論在幼稚園、或學校。

——沃爾夫岡・伯格曼（Wolfgang Bergmann）

　　近年來，關於男性自我形象的負向變化及整體心身健康狀態變差警訊的新聞報導越來越多[1-3]。位於德國科隆的未來研究院（Zukunftsinstitut）則將男性描述為「二十一世紀心理社會的問題兒童[4]」。其他的報導頭條包括：「說話或喝酒」（Reden oder saufen）或「女人一生病，男人就會死。」平均而言，德國男性的壽命比女性少約七年，工作歲月則明顯更長、有時會在非常危險的條件下工作（熱、冷、夜班、體力勞動）、更多飲酒及吸毒，並且幾乎與女性同樣經常成為身體、心理及機構式暴力的受害者[5-8]。與壓力相關的憂鬱症[9, 10]或焦慮症等精神疾病很少被及時發現，而心理治療對男性而言依然被視為「不酷」的作為。為何圍繞在「心理」概念的一切依然如此有爭議？或者，換個說法，正向心理療法能做什麼來改善男性健康的生物、心理及社會狀態？

多年來，我們一直在理論及實務中努力找出男性需要什麼樣的心理治療服務、如何以建設性的方式使用這些服務、以及所接受的協助如何更好地整合來提升男性的自我形象[11-14]。心理治療環境應該要如何設計才能符合男性的需求？我們並不希望將心理治療分成「女性」或「男性」的治療形式，然而只要多考量幾項因素，也能讓男性更容易取得心理治療服務[15]。能觸動男性尋求治療的的出發點似乎相當複雜：當男人表現出痛苦及脆弱，他的「男子氣概」可能會受到周邊人士的質疑；而當男人不立即談論他的感受，則可能會被認為是冷漠、冷酷、難以被信任或無心。而超過80%的治療師是女性，甚至治療師辦公室的環境對於一些「硬漢」而言也令人卻步。因此，我們希望促進具有性別敏感度的取向。

男性之生物、心理及社會健康

我們肯定認為健康會受到身體─生物因素、心理韌性及社會投入之間的交互影響[16]。於1986年，全世界國家在渥太華舉行會議，在全球公認的憲章中確定「所有人都應該享有健康」的目標[17]。特別針對男性強調以下幾點：

- 工作及休閒應該成為人們健康的來源，而社會組織工作的方式應該有助於創造一個健康的社會。
- 透過健康促進能創造安全、刺激、令人滿意及愉悅的生活與工作條件。
- 健康是由人們在日常生活環境中創造及生活出來的，在其中學習、工作、遊戲與相愛。（〈渥太華健康促進憲章〉，1986年）

該憲章表明，每個國家都應創造條件，在所有生活領域都能帶來健康。對於男性而言，特別適用在極端生理或心理條件下所進行的工作。

關於一位建築工人的這份報導著實令人心碎：三十五年來，他一直在自己的工作崗位上苦苦掙扎。如今，他難以置信、沮喪、自暴自棄、身心俱疲，因為他的養老金並不足以滿足他的日常需求：「我一生都在勞苦，但如今卻一無所有。」

許多公司已經確認必須照顧員工，包括實施職業安全措施、健康的餐廳食物、低門檻的諮商服務、後勤培訓等，除降低員工生病及提前離職，對於減少無法工作時間也非常重要。然而，除健康的情境條件之外，個人行為對於保護自我健康的建設性長期架構也具有決定性。速食、便利店食品、外帶或「外衝」咖啡都是非常劣質的營養來源，即使偶用水果奶昔也無濟於事。不幸的是，食品工業實際上無益於擺脫超重的現實。事實上，它還會促進文明病，如糖尿病、高血壓、骨科疾患等。酒精或尼古丁等化學物質只會添增更多風險因素，而藉由所有的糖、脂肪、酒精等，我們的神經性獎酬系統會被激活，不禁想要越來越多。此外，媒體消費也將我們變成沙發馬鈴薯，這對我們的整體健康更為不利[18]。

正向心理治療之平衡模式

根據正向心理治療所設計之平衡模式是記錄療程中特定生物、心理及社會健康狀態的個別層面之間交互作用的優質工具[19]。該模式易於理解且可被視覺化，不論教育程度或母語為何，都能快速顯示與病人相關作業的明確行動領域，能據此發展治療目標。這些目標的機構性、人際或內在心理層面都能因此得到澄清，必要時治療過程也能以視覺化呈現。即使在治療結束後，平衡模式也適用於定期進行自我評估[20]：「我個人的生活支柱還處於平衡狀態嗎？」；「我是否過於忽視某項個別領域？」；「最近發生的事件是否對我個別的生活領域造成強烈影響？以什麼方式？我能改變什麼？」

在平衡模式的協助之下，心理治療的第一步就是低門檻、結構化及全面性。圖 24.1 顯示「身體／心靈」、「工作／財務」、「家庭／接觸」和「願景／使命」等四項生活領域的概況。此模式適合快速向病人及案主來解釋，也適用於變革型教練領域。

概述平衡模式之後，就能透過使用特定問題來擴展此四項生活領域。然而也可讓病人／案主自由報告、並讓他們能根據平衡模式來建構個人觀點，因而使治療師快速了解病人的生活情境。

在對話中擴展四項領域有助於創造出一種完全屬於個人的生物、心理及社

圖 24.1 根據正向心理治療之平衡模式概覽

男性之平衡模式概覽

會健康模式，繼而讓案主發展個人目標。例如，一種「假設如此」所設計的提問：「目前的情境對您生活的四項領域有何影響？」接下來，就能藉提問來評估「未來狀態」：「六個月後你會進展到哪裡？」透過對治療關係進行反思，就能反映有關連結模式、適應不良的反應模式及內在心理阻抗等議題，繼而揭示深度心理及心理動力層面。圖 24.2 摘要出針對男性心理治療及診療業務的最重要擴展點。

圖 24.2 為治療男性而擴展之平衡模式

平衡模式之四項領域：男性之主要考量因素

為順利執行專業治療工作，本章特別從男性觀點來呈現此四項領域。根據經驗，在治療開始時就能概述工作時程，通常會讓男性會感到放鬆[12]，甚至能因此討論令人尷尬的議題；同時，也可完成由安東諾夫斯基（A. Antonovsky）在「可理解」（Comprehensibility）[譯註17]中所描述個人主題的分類[21]，因而讓治療變得更加容易、且降低門檻。即使經過幾小時的治療或輔導，也能為行為改變奠下基礎、或能重新定義評估標準。

對男性而言，清楚選擇的主題、日常要求的引導、與治療師「平視等級」的會面、對解決工作生活問題的期望以及「有類似情境經歷者坐在我對面」的感受都特別重要。「我們也會建議專門針對男性的優質治療師，有如優秀的船長，能快速了解情境、並做好準備[22]。」

平衡模式：身體與心靈

身體＋心靈
健康食物、每天運動、壓力調節、正念、性、享樂、情緒調節、預防性體檢、以及節制藥物與酒精。

❖「無風險，更有趣」：最佳可能性身體健康的一般原則

已經提及眾所周知的身體健康基礎，如健康飲食和運動[23]。即使可能未接受過正統醫學培訓的治療師，也必須考量一般的醫療史、用藥史來快速確認心身的關聯性。會因癌症預防、早期偵測心血管危險因素、睡眠呼吸中止、甲狀腺或血糖值檢查、椎間盤突出的鑑別診斷等問題而就醫者，女性通常比男性更常見，大多因這些業務的營業時段往往與男性工作時間相左。因此，在治療期間有必要注意體檢。

廣泛性焦慮症導致高血壓或甲狀腺功能亢進的情況並不少見，很多時候憂

譯註17 安東諾夫斯基提出凝聚感（sense of coherence）三要素為可理解性（comprehensibility）、可處理(manageable)、有意義(meaningful)，可用「凝聚感量表」（13題，1-7分）來量測，研究顯示此量表總分數能預測正向健康預後。

鬱症發作也會由睡眠呼吸終止或某些激素濃度過低所引起[24]。

所幸男性經常會在一般科醫師或會診醫師的建議之下接受治療。正如馮─烏斯庫爾（T. von Uexküll）所言：「沒有什麼是單純的身體因素，有的只是心身疾病[25]。」

讀看看這位大學學歷的四十歲男性，在自傷後不斷地到診所就醫時的說法：「它又再度發生了：我因壓力太大而割傷自己、運動時扭傷腳踝……等等。我想省思自己的處境、並改變它。」

❖「少即是多」：壓力調節與正念

許多精神及身體疾病目前被歸類為壓力疾患，而許多人將他們的職業及個人日常生活視為恆常性壓力。法律要求德國公司必須對員工進行「心理風險評估」。在許多文化中，倦怠的概念是社會所公認的問題，同時此現象會對尋求治療的男性中建立一定的信心。當被標記為倦怠的受害者時，個人就能說是受到勢不可擋的壓力所致，且已經達到「個人極限」，或他們「不能再這樣下去了」。

我們會遇到越來越多的年輕成人，他們無法應對現代社會的壓力，並因憂鬱及疲憊等症狀來尋求心理治療。特別是生活在單收入情境中的男性往往會過度壓迫自己。諸如「一切都很好」或「最終一切都會變好」之類的陳述，都只不過是長期壓力症狀的瑣碎藉口。倦怠或壓力相關疾病的最初警訊包括：睡眠障礙、頻繁感染、背痛、注意力難以集中、社交退縮、勃起功能障礙、攻擊或冒險行為等。

數據顯示，憂鬱症（由耗竭所造成）患者中只有一半能被確認出來，而且其中只有一小部分人能得到適當治療——是一種駭人的想法（現實）。因此，心理治療應該積極解決壓力調節與身體覺察的問題[26]。如此，就能設計出提高調節能力之個別化有意義的措施。相較之下，即使在深度心理學環境中，男性也需要更多敏感化的心理衛教及具體實用建議，能將治療中獲得的洞見轉化為日常生活所用，而對治療的正向態度及正向心理治療的介入技巧會相當有幫助。

❖「享受你的性愛」：關於性事

在驅力理論中，佛洛伊德概述驅力或活力感，並強調滿足性需求及慾望的重要性。由於相關理論[27]與心理治療過程中所產生性記憶與現實之間的差異似乎頗大，因此應積極處理男性對於性相關主題的治療，不應進行論斷及羞辱。例如，可詢問以下的樣本問題：

- 你對自己的性生活滿意嗎？
- 20%的男性（11%的女性）會在工作中看色情媒體，那你呢？
- 你有可能活出你的性幻想嗎？
- 您是否患有勃起功能障礙？
- 您對自己的性別角色感到滿意嗎？
- 對同性戀性行為的看法呢？
- 您是否服用任何藥物，如威而鋼？

臨床案例

- 一位因心臟病發作而患有廣泛性焦慮症的銀行員，在一次療程中羞愧地問道：「我可以再服用威而鋼嗎？我感覺對不起年輕妻子。」
- 在療程中，一家連鎖飯店的設施經理患有睡眠障礙、憂鬱症及血糖控制不良的糖尿病，暗示在童年時期所經歷的潛意識創傷。在治療中有機會談論它之後，血糖值調節的問題就自然解決了。
- 在與一名年輕同性戀男子進行療程期間，很明顯他是要透過頻繁、無保護的性交來表現出自毀行為。在療程中，此類行為能被成功地限制住：「我只是在尋求與人的親密及舒適感。」他在經歷面質的問題後如此回答。

由於性別認同及性的想法已經漸漸被接受（或至少更頻繁地被討論著），「性別爭議」也變得越來越複雜，因此相關問題的心理治療也變得越來越重要。

❖「停止啟動」：關於成癮

一位正在接受治療的四十五歲記者說：「我喝太多紅酒了，在壓力大時我

會抽超過四十支菸。我覺得損害自己身體已經到了擔心隨時會心臟病發作的程度。我也是一位惡名昭彰的悲觀主義者。」

　　成癮是一項重要問題，尤其是在男性當中，通常暗示著更深層的心理衝突，會伴隨著自尊心、孩子氣、退行需求或「自我治療」嘗試等問題。成癮通常是一種緩慢到不會被察覺的過程，這與「太少」的想法有關（獲得太少、變成太少、經歷太少認可）。成癮的特性包括：成癮是一種非常緩慢的過程；成癮主要意味著最渴望……；「我需要更多」而不是「變成更多」；「我是誰？我該做什麼？我該往哪裏去？」；迷失自我；發展出「狹窄視野」（tunnel vision）。

　　有無數物質及非物質基礎的成癮形式（如圖 24.3）。除了酒精、賭博及毒品等普遍存在的成癮現象之外，我們也觀察到對體型、健康飲食及整型手術上癮的情形明顯增加。不適當、必須完美、需要達到某種專業目標的感受會導致

圖 24.3　成癮的種類：各類有害性依賴概覽

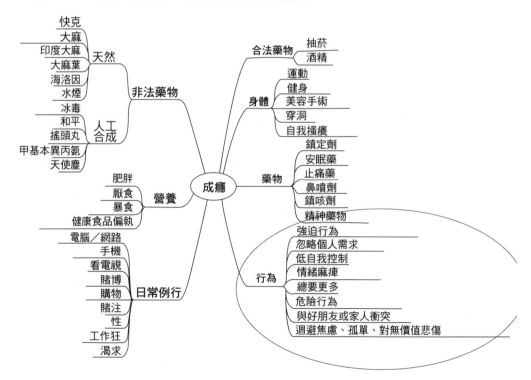

視野狹窄、自尊心降低，並因而助長成癮行為。

在針對男性的心理治療工作中，必須處理及省思可能的成癮行為、並執行健康促進行為。可能上癮的初期警訊如下：忽視個人需求；情緒麻痺；危險行為（運動、魯莽駕駛、性行為）；與密友或家人發生衝突；避免焦慮情緒及負向效應，如內疚、羞愧與憤怒。

❖「負向及厭惡正在摧毀你的心」：造成心血管疾病風險的情緒性因素

在醫學生理學名詞中，通常會認為身體疾病的風險因素為血糖值升高或血壓變化；而在心理—心臟學領域的研究（即關於心理因素對心血管疾病可能影響的問題）顯示，情緒性經驗——就像在實驗室中可測量的風險因素一般——對血管壁的鈣化及心臟的泵血能力有所影響。

當嚴重的情緒壓力引發心臟病發作時，專家們也會用「心碎症候群」（broken heart syndrome）來形容這種情況。男性還會出現所謂的「滿足危機」（gratification crises[28, 29]），會發生於自我、自尊心、自我價值感、自主性自我控制、尊嚴及自我效能被非常嚴重地觸犯時。

臨床案例：一位四十八歲男性被雇主解僱之後，被送往醫院住院三天。他罹患嚴重的心臟病發作，在此事件發生後不得不提前退休。在被雇主解僱後，他的生活發生天翻地覆的變化，尤其在收到雇主的解僱信之後，他所努力的一切全都結束了。在治療支持下、很長一段時間之後，他已能完全適應新的生活情境，並因而「康復」。

以下情緒特徵是心血管系統的「毒藥」：較糟的準備、完美主義、怨恨、不公平、負向性、評值、競爭行為。

在近期的療程中，一位三十六歲的病人嘲諷地說：「就我而言，你不妨把清單上所有的項目都打勾！」

在治療中詢問早期負向性的心智模式、並尋找這些思維模式的起源，來和病人一起發展新的思維概念，至關重要。如上述病人喝了太多紅酒，之前也從未反思過自己的負向態度，經治療後能因此對自己的生活成就及個人能力獲得更開放性的觀點。

平衡模型：工作和財務

> **工作＋財務**
>
> 良好的學校教育
>
> 沒有倦怠
>
> 無失業
>
> 良好的經濟基礎

❖「何為男孩真正的需要」：良好的學校教育

除了家庭，學校也是獲得社會及職業整合所需基礎的重要環境。生命中沒有哪個階段會像童年及青春期一般，在動作技巧、心智能力、社交技巧與荷爾蒙領域，是如此結構化且豐富的發展。這十八年是一種「所有感官快速興奮」的時期，既可開啟新方向、也能關閉許多路徑。在此生命階段，嚴重的創傷通常也會產生恆久性後果。

因此，我們希望在家庭生活及學校營造出健康成長的環境，應該涵蓋以下層面：創造一個安全、肯定、平靜與設定明確界限的激發性環境；個人經歷、犯錯、無聊與挫折的創意空間；健康心理動作發展的自由；測試體能自由；透過一般基礎教育來學習；透過健康及預防行為來學習；透過工藝來學習；透過相互尊重的社交互動來學習；學習價值觀；學習並遵守規則與限制；學習生活技能與基本知識（如法律、金融、生態等）；儘早承擔責任；音樂、藝術、文學、表演等領域的誘導式發展。

男孩更會將學校當成聚會場所、而非教育機構。坐在課桌前八小時，如同玩八小時電子遊戲一樣對學習不利，反而會特別將男孩轉成所謂的「教育失敗者」。40％的男孩能獲得大學入學的一般資格；在女孩中，則有60％；90％注意力不足過動症兒童是男性。

在現代社會中，似乎幾乎沒有孩子不會被貼上諸如「天才」、「情緒化」、「閱讀障礙」、「數學障礙」、「過動」、「社交低能」或「過度敏感」等標籤。為什麼我們不再使用家庭和學校空間，作為教育年輕人成為負責任、社會投入

及接受良好教育的環境？

❖「對你的工作感到滿意」：工作

「那些享受工作的人，也會在生活中有許多快樂時光。」（這是引述於一位在阿富汗駐軍九年的德國朋友）此則引文已經說明了一切，由於我們一生中大約有四十年的時間都在工作以謀生、並存退休金，因此充分利用我們在那裡的時間非常重要。教育及職業培訓越好，就業市場的機會就越多。職業身分賦予目的性、並有助於個人誠信[30]。可理解的是，從積極工作的生活過渡到退休年齡，對許多男性而言都是一項個人挑戰[31]。

「工作之輪[32]」（如圖 24.4 所示）詳盡概述工作的不同層面，可用於創造結構化省思。從方法論觀點而言，教練與心理治療之間的轉換肯定是流暢的。由於工作本身就是一個非常重要的維度，特別對（單收入）男性的生活而言，此

圖 24.4　工作之輪

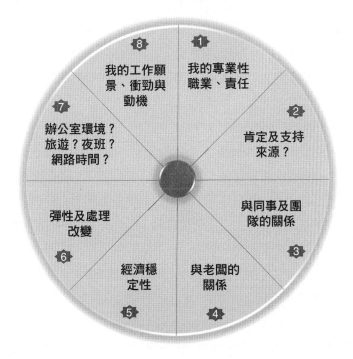

模式能一再反複地使用以進行自我反思。明確詢問與同事或上司之間相處的困擾、財務安全/不安全感、缺少或能得到他人的支持，以及自己的工作動機，能為討論該主題提供具體的切入點。

幾個月前，一位五十四歲的行銷主管說：「我的工作對我而言完全無意義。」而一位年輕實習生這樣描述他的情況：「我的上司只批評我，我不知道怎麼做才能改善。」

該模式可用於治療工作來揭示內在心理議題、意義的主觀歸因、社會優勢/衝突、以及工作環境中的機構式影響。諸如「我總是在和老闆爭執」之類的陳述，可能暗示潛在的連結問題或適應不良的關係型態。也可在轉化過程中，使用此模式作為從現狀順利過渡到未來狀態的方法。

❖「注意你的極限」：倦怠

現代工作環境對我們的要求很高，尤其是精神上，包括被賦予高彈性、高執行壓力、高速需求、壓力更大的情境、更少逃避的機會、持續可及、人手不足、更多的個人責任等。這些壓力因素可能導致身心耗竭，因而導致臨床憂鬱症或廣泛性焦慮症。

工作場域的問題往往會導致男性第一次尋求心理治療[33, 34]；另一項原因是他們經常被精神科或一般科醫師轉診。身為治療師，重要的是要鼓勵男性立即處理主題、且不要等待太久。憂鬱症、尤其男性憂鬱症，可能被輕看為「一切都很好」、或被視為「發洩式行為」。

原則上，對男性進行治療需考量以下層面：男性通常會淡化他們的症狀：「一切都好！」；男性憂鬱症通常未被發現——其症狀可能為衝動駕駛、酗酒、暴力、攻擊行為等；失業及缺乏認知是倦怠的風險因子；由於倦怠/憂鬱而缺勤的天數增加；假性出席（人們在該請病假時卻不請，結果只有身體在現場）；缺勤（人們會假裝生病來逃避工作）。

在我們的線上接觸（服務）形式中，人們會選擇倦怠作為他們對任何其他疾病尋求治療的理由。

平衡模型：家庭和接觸

> **家庭 ＋ 接觸**
>
> 活躍的家庭時間
>
> 積極接觸與社交生活
>
> 與朋友共度時光
>
> 做一個良好的男性角色榜樣

❖ 家人和朋友：歸屬感

　　心理動力診斷工具 OPD-2[35] 中可能存在的基本衝突之一，就是在歸屬感與自主性之間取得平衡。知道我們「屬於某個地方」，在社會中佔有一席之地，或者更廣泛地說，參與社交，能帶給我們一種目的感及被需要的感受。「我們想要成為什麼樣的人」及「我們應該成為什麼樣的人」兩個問題必須由自己來回答。

　　臉書（Facebook）、推特（Twitter）、Instagram 等全球線上社交網絡比以往任何時候都更受歡迎。每種生活方式、每種性別認同都會接收到「喜歡」、並被接受。在一個凡事皆有可能的世界裡，我們要如何知道哪種生活方式才最適合我們？

　　「家庭」概念最近已經成為一個激烈的戰場，家庭生活的法律、心理、跨文化及開放等層面正在被討論著。我們最常問病人的問題之一是：「當您談論『我們』（WE）時，您究竟指的是誰？」誰才真正是「我們」的一部分？關係不再是不言自明的（家庭＝父親、母親、孩子），而是需要一個明確的定義。

　　因此，歸屬感及社會關係總是需要重新建立，類似於恆動機而非固定物。誰會在生活中陪伴我們、我們能信任誰、誰會在困境中來幫助我們？很多時候，治療師是值得信任的重要人物，因為這段專用於聆聽的時間、以及他能將個人興趣擺在一旁，對病人而言已經變得很特別的事。

　　在治療環境中，我們會詢問原生家庭與目前家庭的傳記歷史。特別基於深度心理學，我們想了解早期的連結型態、童年時期的重要照顧者、父母家庭的

氛圍以及基本需求的滿足,以更能了解病人的生活動態。尤其是某些深度心理學至關重要的問題,就是關係如何被形塑、在整個生命過程中圍繞重要議題的張力狀態是如何被解決。

❖「我是誰?」:DISC 模式

所謂的DISC(Dominant, Influential, Steady, Compliant)模式(圖 24.5)是一種簡化、且易於理解的模式,適用於具有不同人格及社會關係的病人/案主[36]。一方面,會決定我們是以人為中心、或是以任務為中心,以及我們是否積極或善於反思。在DISC模式中,有四種主要的行為型態:主導型(dominant)、影響型(influential)、穩定型(steady)及順從型(compliant)。通常,每種型態都各有優點及缺點,我們會根據情境扮演不同角色。

「我甚至沒覺察到在與人的互動中自己是如此苛求……」一位行銷經理解釋說。治療師表示在療程中,他持續讓人有一種必須快速執行的感受。

圖 24.5　以 DISC 模式圖示人格特質

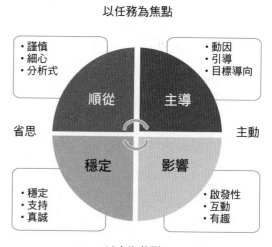

DISC 模式
(源自 WM Marston, 1928)

此模式提供一種共通語言,能使人們更了解自己、並於工作、銷售關係、領導地位或其他關係中調整與他人的行為。
所以,你的人格特質為何?

以任務為焦點

- 謹慎
- 細心
- 分析式

順從

- 動因
- 引導
- 目標導向

主導

省思　　　　　　　　　　主動

穩定

影響

- 穩定
- 支持
- 真誠

- 啟發性
- 互動
- 有趣

以人為焦點

在此案例中，教練與心理治療的界限再次變得模糊。我們考量模式應該有助於向病人解釋心理的複雜性，因此他們就能成為「自己個人的專家」。而重複出現、單維的關係型態，會被其他人視為是干擾且有壓力，可在治療環境中針對心理動力學診斷工具（OPD-2[35]）中的軸II中來處理。

❖ 做一位好父親：身為父親的男人

「對兒童最有影響力的角色典範，就是在餐桌時坐在他們對面的人。」

男性與女性有所不同，而父親對待孩子的方式也不同於母親，如果能各司其職就很好。研究顯示，每週工作超過五十五小時、且無法陪伴孩子的父親是不被他們視為照顧者，這會導致兒子的行為異常數量高於平均水準[37]。除了伴侶之外，與孩子共度美好時光是角色典範成為有效的重要因素。在治療環境中，我們會詢問男性關於他們與自己父親的經歷及回憶。有時，運用家譜也有助於發現家族史中的某些型態。病人的哪個男性角色典範變得顯著？我想成為哪類的父親？作為伴侶，我想扮演哪類的角色？

在分離期間，父親繼續扮演那個特定角色也很重要。在治療中，我們看到許多類型的父親：從既不支付贍養費、也不照顧孩子的冷漠父親，到極端盡責父親，卻被所有可想像（法律）手段隔絕而難以扮演孩子父親的角色。處理這些分離的方式對兒童的心理健康也至關重要。

❖「歃血兄弟」：男人之間的友誼

家庭中的大多數社會接觸大多來自婦女、並由其維持；另一方面，許多男人之間的友誼大多基於共同活動，如運動、看足球、騎摩托車、參加俱樂部、做手工或參加烹飪課程。重要的是要不斷培養關係，不要讓他們成為家庭及工作的犧牲者。

「騎摩托車沿著66號公路前行，一直是我的夢想。說實話，我只是在工作，照顧我的母親和伴侶……」一位三十七歲的汽車租賃企業主說道。他因憂鬱症而尋求心理治療。

❖ 加害者或受害者

眾所周知，男性和女性一樣，都會成為家庭、心理或機構暴力（政治、機構、工作、網路霸凌等）的受害者。90%以上的監獄囚犯是男性。然而，當談到性暴力時，女性更常是受害者[38, 39]。暴力是一種絕對的「禁區」、觸犯界限，有時反而還會衍生暴力（鬥毆、性犯罪或其他犯罪）或自我傷害傾向（身體疾病、成癮行為、衝突生活方式的傾向）。身為治療師，我們需要更大的勇氣在心理治療期間來解決病人的受暴經歷，以更好地處理這些「創傷」。

當有人說話挑釁時，他就會明白……

❖ 抵制暴力行為的發作！

心理治療需要在暴力議題上採取明確的立場，需要更好地教育民眾。經歷過暴力的男人往往不會說出來，因為他們感到羞愧，而且他們的性別認同不容許他們這麼做。對此話題，我們需要保持敏感度。

由於有問題的社會關係，男性會尋求心理治療的其他理由為：分離困難；無子女；外在關係；與父母脫離的問題；因性別認同所產生的不安全感；未滿足的性慾望；財務困境；法律困擾；來自跨文化、跨宗教網絡關係的不同價值觀。

平衡模式：願景與使命

願景＋使命
嗜好
內在價值
靈性
文化、傳統、儀式
虛擬世界願景的規範

如果你要造一條船，不要召集人們去撿木頭，也不要給他們分配任務及工作，而是要教他們如何嚮往無邊無際、遼闊的大海。——聖修伯里（A. Saint-Exupéry）

❖ 願景是強大的：願景、目標、傳統

我們需要願景、內在形象、目標，來將自己嵌入更大的參照架構中，如文化、傳統與神聖事物的連結、過充實的生活[11]。宗教創立者、文學家及以靈性為導向的科學家（如榮格）已經處理過如何在內心深處將所有人凝聚在一起的問題。

一種眾所周知的概念，就是榮格將「集體潛意識」描述為潛意識的超個人層面：「但此個人層面是植基於一種更深的層面上，它並非來自個人經驗、也非個人所取得[40]。」反而，榮格將其視為跨文化、源自於神話、童話故事及儀式。一旦普遍的原型能被確認出來，人類心理的共通性及個人生活中的成就會變得更加清晰且明確。

作為願景探索或願景工作的一部分，我們會向男性提出以下問題，作為心理操練的形式：

* 在你生活中真正想要的是什麼？
* 您目前的願景是什麼？
* 不要失去熱情
* 追隨你的直覺力量
* 保持好奇
* 過時了？以全新的方式探索自己、並簡化你的生活
* 你有嗜好及資源嗎？

在生活自然且顯著的變化中，總是會對自己人生的願景及使命有重新調整的需求。美國猶太裔心理學家暨德國起源的心理治療師艾瑞克森概述我們領域中最知名的自我發展社會心理階段，每一階段的變化都會與新的意義問題、生命改變、執行能力、社會改變及新的認同問題有關。改變就會需要新的願景！如表 24.1 所示，達克（Dücker）已經以一種易於理解的方式概述了這些階段，並強調社會架構[41]。

表24.1　根據達克的改變階段

心理社會危機	信任的相關人	心理社會關係	社會規則內容
信任 vs 不信任	母親	接受、給予	對孩子滋養與照顧、支持
自主 vs 羞恥／疑惑	父母	抑制、給予	練習順服、自我價值
進取 vs 愧疚	家族	行動、假扮	父母及偶像成為角色典範
目的感 vs 自卑	鄰居、學校同儕團體	做某些事、 創造、質疑	環境中的事與人
發現認同 vs 角色混淆	同儕團體、角色典範、偶像	我是誰？	意見、情緒、理念、思想
親密與團結 vs 孤單	朋友、性伴侶、競爭對手	藉由不熟悉事務來自我探索	合作與競爭
創造力 vs 自我隔絕	工作場域、家務	創造、關懷	養育與傳統
統整 vs 絕望	所有人類、神聖實體	接受自我發展及幻滅	智慧或僵化

❖ 離開你的舒適圈：改變

　　在走出舒適圈之前，你永遠不會改變你的生活；改變始於你舒適圈的盡頭。——羅伊・班尼特（RT Bennet）

　　我們的習慣和社交夥伴的每一次變化及由此產生的適應，都會要求我們離開自己的「舒適圈[42]」。我們在挑戰中成長，一步一步地、就像一條蛻皮的蛇，目的就是為了更新。此過程與複雜的情緒有關，如恐懼、不確定和疑惑。無論「過去是什麼」都不再適用，但「現在是什麼」還未成形，有必要踏上未知的領域、越來越依靠本能、個人的專注力、新的視野。精神支柱、儀式、與更偉大事物相連的感覺都會有所幫助：

- 你的舒適圈讓你感到安全，但它也會是停滯不前的地方。
- 每個變化過程都會讓你不舒服
- 舊情境已成歷史，新情境也非一日所能建成
- 您需要良好且強大的願景來完成整個過程

- 你會感到不確定、緊張、有時帶攻擊性、沮喪或充滿希望——這完全正常
- 更新之後並非百分百完美，需要時間來成長
- 靈性可給你基本的信任、團結與意義

　　一位四十六歲的企業經濟學家說，每當他的老闆控訴他工作不力時，他都會陷入徹底的無助狀態。他已經把自己的部門管好、努力工作、且很受員工歡迎。而他所經歷的無助是如此劇烈，以至於他幾乎無法以理性的方式來反應。

　　我們能夠推論出，這些情境讓他想起年老的數學老師，在學校裡折磨他長達兩年的時間，就連辦公室的氣味也會讓他想起舊教室。此外，他還有存在的不安全感。使用這些發現，病人就能改變他的生活：他與老闆開誠布公地談，減少工作時間、花更多時間與家人及朋友相處，並開始從現實的觀點來看待他的財務狀況。在平衡模式的幫助下，此變化過程能被視覺化，並突顯出所有個別生活領域的重要變化。

❖ 探索並尊重你的資源

　　在治療男性時，必須詢問他們有關技能、嗜好及資源，以啟動正向聯想。固著於精神問題及症狀，並無助於建立有意義的願景。

　　在一家大型航空公司對工程師進行為期數個月的韌性培訓計畫開始之際，我們詢問參與者的嗜好。難以置信的是，有許多令人興奮的事情曝光：有人建造了壁爐、有人剛剛修復了他的第三輛老爺車、有人則工作並同時斜槓經營雞尾酒吧、有人騎自行車穿越中國、也有人是照顧他下肢癱瘓的朋友。

　　堅冰被打破，為建設性工作創造出空間（儘管最初我們是被派去處理潛在的身體壓力因素及再就業發展）。

❖ 性別敏感取向之臨床應用

　　除了以教練為導向的方法論中基於理論的培訓工具之外，治療師還能使用自己的人格，包括性取向及關係技巧作為工具。因此，需要正念來釐清基於

治療師及案主的性別所發展出的工作及轉移關係到底像什麼樣[43]。我們會倡導一種對性別敏感的治療取向。此外，在確定尋求心理治療的目的、方式和原因時，女性與男性案主之間似乎存在許多差異[34]，而這些差異呈現在表 24.2。

表24.2 兩性心理性別差異

男性	女性
主動應對，「宣洩行為」	更多的情緒，例如：懷疑、內疚、沮喪、恐懼、悲傷、擔心，焦慮
侵略性的因應機制	更依賴正向回饋、低自信心
容易上癮	較少行動導向
較多自殺	更強的外向性、同理心、關係導向，較差的分化？（照顧成本）
以行動為導向	更頻繁地談論情緒
較少以關係為導向	會因自己的身體、社交技能或表現而覺得尷尬
對疾病症狀的認知度較低	母親及更年期的角色轉變
較不願意尋求幫助	憂鬱性無力感、無助或依賴感
較常不談論感受	
避免尷尬的話題	
傾向於淡化處境	
需要肯定	

❖ 男人想要什麼：治療環境的特點

到目前為止，很少有關於治療環境中男性與女性接受治療所需差異的研究。一個加拿大網站（www.mantherapy.org [15]）推動並執行一個創新的線上平台，作為提供男性低門檻治療的一種模式。目的是建立一個放鬆的環境，鼓勵男性來自我反思，以減少成癮、自殺企圖及憂鬱症。在網站上，虛擬的治療師馬哈葛尼（Mahagony）醫師坐在一個房間裡，擺滿典型「男子氣概」的裝飾品（運動證書、狩獵獎杯、一張大木桌），並開誠佈公、機智地跟這些男性對話。他以平視的眼光對待他們，更像是朋友、而非治療師。還有以幽默風格、易懂語言所設計的自我測試。馬哈葛尼醫師還會透過實際例子來展示為何改變是有

可能的，因而能讓自己敞開心扉。

在針對男性的執業環境中，有必要考量以下重點[44]：

非語言：握手、微笑問候、眼神交流；正式的尊重，如即使遲到、也不會被請走；治療範圍內的男性特質；治療師的衣著與衛生；飲料；療程之外的用藥問題；治療師透過自我揭露來提供情緒支持；明確處理相關主題；治療師的表現不要像個專家，而是一位教練；治療師還會詢問超出問題領域的主題；治療師大多是經過推薦所選，通常案主已經透過聽講座或在線上查找來收集治療師的相關資訊，幾乎不存在「盲選」的問題；需要案主配合；治療師指導案主技能；治療師會推薦書籍、電影與教育材料；會使用問卷調查及家庭作業；治療師推薦一位律師、財務諮詢師及社會服務；整合額外的人員，如伴侶、同事、主管等。

為我們的同行所提供自我省思的快速旅程[12]：

- 我如何以一種讓男性感到被接受的方式設計我的執業模式？
- 我怎樣才能脫離特定性別的思維模式，並整合男性與女性的理想角色？
- 身為治療師，我怎樣才能更好地了解一個人及其各項層面？
- 專家是如何在心理治療期間贏得男性的信任？
- 我要如何理解症狀背後的人？
- 男性的哪些需求會受到壓抑？
- 男性會用什麼來代替他的實際需要及慾望？
- 我該如何理解男性的勇氣、憤怒及報復的感受，以及內疚與羞恥的感受？
- 我如何打破無力感、憤怒、攻擊及內疚的鎖鏈？
- 我如何理解男性需要的跨世代任務？
- 想要女性關注、卻同時又拒絕關注：男性如何才能擺脫此種兩難困境？
- 我如何才能讓男人願意進行實驗？
- 我該如何喚醒強壯男性內心的好奇男孩？
- 我該如何療癒男性與其父親／祖父的關係？

- 我怎樣才能幫助依然故我的男性，能將自己理解為他父母的兒子？
- 我怎樣才能以富成效的方式讓伴侶或其他相關者參與其中？
- 當我治療男性時，我能使用哪些不同的技巧？
- 我如何與男性群體一起工作？

❖ 臨床案例

一位五十三歲的男性在一般科醫師的推薦下前來尋求治療，他說：「我最近經歷了許多……」在平衡模式及廣闊回憶的幫助下，我們很快發現了病人生活中的各種障礙[12]。圖 24.6 顯示了此病人的平衡模式。

透過提問，他與父母的處境和關係變得非常清楚：他了解到，身為一個男人，必須「支持女性」、並實現父親寄予他的運動員期望。當我們讓他創造個人所屬的家譜時，父親的地位高於其他所有人，而病人對自己的家人所知不

圖 24.6 改編的平衡模式

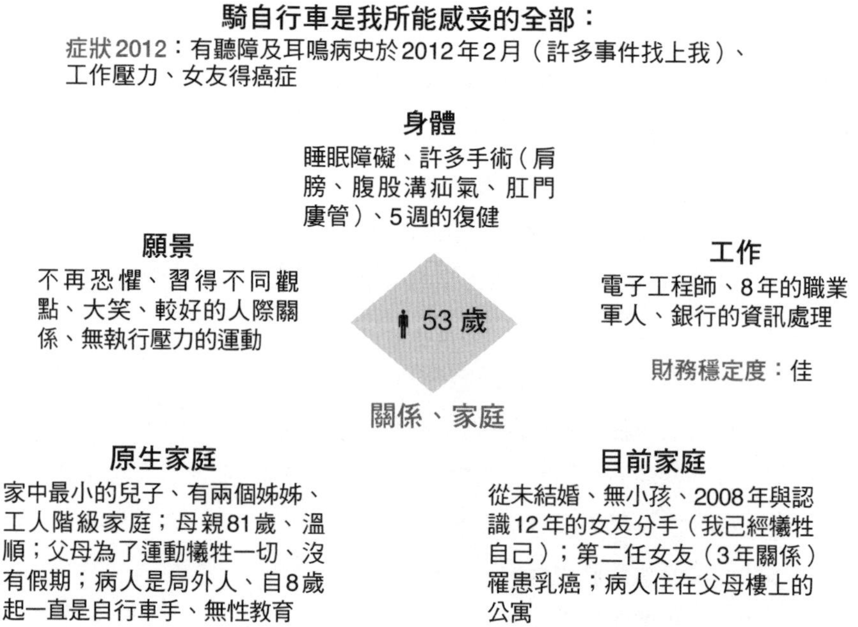

騎自行車是我所能感受的全部：
症狀 2012：有聽障及耳鳴病史於 2012 年 2 月（許多事件找上我）、
工作壓力、女友得癌症

身體
睡眠障礙、許多手術（肩膀、腹股溝疝氣、肛門瘻管）、5 週的復健

願景
不再恐懼、習得不同觀點、大笑、較好的人際關係、無執行壓力的運動

♦ 53 歲

工作
電子工程師、8 年的職業軍人、銀行的資訊處理

財務穩定度：佳

關係、家庭

原生家庭
家中最小的兒子、有兩個姊姊、工人階級家庭；母親 81 歲、溫順；父母為了運動犧牲一切、沒有假期；病人是局外人、自 8 歲起一直是自行車手、無性教育

目前家庭
從未結婚、無小孩、2008 年與認識 12 年的女友分手（我已經犧牲自己）；第二任女友（3 年關係）罹患乳癌；病人住在父母樓上的公寓

多。「嚴以律己」是他成長過程中的核心準則之一，體現在他對自行車運動長達一年的追求。家裡沒有人可以對談，「情緒」是一種陌生的概念。病人實現他理想化的父母願望，並潛意識禁止自己「擴展」並建立屬於自己的家庭。根據艾瑞克森的理論，第七階段「親密與孤單」結果顯然是轉向後者。

對平和、安全及情感關注的內在渴望，只能透過許多身體疾病來「獲得」。對他而言，醫院是一個平和及關懷的地方。同時，醫院也是一個能以憤怒的形式來發生攻擊的地方，被導向嚴格的父母、運動或醫療系統（透過要求多次手術來呈現）。而透過對同事及上司表現出攻擊行為，病人開始將攻擊性轉移到工作領域。

只有在過一段時間之後，才有可能讓病人軟化他的「硬殼」。他聯繫到自己的姊妹們、並能享受此項運動（〔我現在能快樂地騎自行車了〕），並理解到自己非常害怕失去父母。他嘗試與父親交談，而父親也想多了解這「迷失的一代」。女友透過簡訊和他分手，讓他一度陷入危機。然而，不久之後，他在約會網路平台上找到了新的女友，和她在一起，他才第一次體驗到新的連結模式，並能互惠！

總結

在正向心理治療平衡模式的協助下，生活中最重要的領域可用結構化、及性別敏感的方式記錄下來。男性並不需要「不同」形式的治療，治療師只需要了解特定的「男性議題」、男性關係以及症狀的男性觀點。重要是在低門檻的情境下來與這些男人會面，並更多是充當教練而非上司。環境設置也應該滿足男性的需求，而每位治療師都應該能針對個人主題進行自我省思！當遇到可理解的行動想法時，男性才會感到更安全，因而能在第二階段更輕鬆地陳述令人尷尬及關鍵的主題。已開發可視覺化的主題、療程間隔時間的明確任務、資源啟動、書籍推薦或身體活動建議等都能啟動改變過程。納入重要參照人物及免費使用技術媒體也能帶來幫助[14]。

關鍵重點

▶與女性（全球）相比，男性的身心健康狀況較差、工作年歲較長、在危險條件下工作、很少接受體檢、成癮行為的可能性更高、輕忽症狀、藉由認同架構（及社會義務）被迫扮演「強壯的男人」；性別敏感心理治療；正向心理治療平衡模式；個別生物、心理及社會健康模式；具體行動計劃、健康行為、性、壓力調節、工作條件、家庭、父親身分、處理暴力、發展願景及資源、平視治療、與男性相關的議題。

PART

5

理論基礎與訓練

本篇會詳細介紹正向心理學（佩塞施基安所創）之理論基礎。

第25章：重新回顧正向心理治療之理論與歷史根源。

第26章：討論正向心理治療之初次會談流程，以及辨別分析量表，最後會附錄半結構式初次會談問卷。

第27章：針對衝突模式來解釋正向心理治療四項衝突的背景理論：實際、關鍵、基本及內在衝突。

第28章：論述正向心理治療相關故事、趣聞及幽默之特殊用途。除列出故事的功能，也會摘錄在烏克蘭使用心理治療工具的經驗。

第29章 針對心理治療之督導，提供督導理論模式及受督導者成為治療師專業發展之關係。

第30章：從正向心理學觀點來討論靈性及正向介入。

第31章：運用存在主義之正向心理治療，強調正向心理治療與存在哲學相似之處，特別是共同聚焦於意義、責任與能力。

第32章：討論其他模式如何與正向心理治療整合，以及合併應用方法。

第33章：介紹在巴西執行正向心理治療的經驗以及如何應用在發現生命意義。

第34章：基於衣索匹亞的臨床經驗，介紹如何應用正向心理治療工具、正向詮釋成為案主在確認及替代謬誤思考的工具。

CHAPTER 25

—●—

正向心理治療之理論
基礎與歷史根源

by 阿諾・雷默斯（Arno Remmers）

> 如果佛洛依德提供我們心理學生病的一半，那我們就必須用健康的
> 一半來填滿。
> ——馬斯洛[1]

❖ 人本心理學為根源

　　在佩塞施基安著作《正向心理治療》（1987）中第一章關於治療的正向觀點，他解釋如下：「由於許多現存心理治療流程會將困擾與疾病當成起始點，然而考量預防醫學與心理治療則需要不同的推進模式，要從個人的發展、潛能及能力，而非困擾來開始。」需求階層理論及人本心理學創立者馬斯洛領悟「聚焦人們正向品質的重要性，而非將其視為一袋症狀[2]」。他也是最早使用正向心理學（1954）一詞的心理學家。人本心理學家「相信每個人都有實現完全潛能的強烈慾望、並達到自我實現階層」。人本心理學的主要重點在於「強調人類正向潛能[3]」，以及當所有基本與心理需求都能被滿足且個人潛能完全被實現時，就能達到心理發展的最終階層[4]。

正向心理治療的理念從1960年代開始，於1968年飛往美國的途中，由佩塞施基安的妻子瑪妮耶（家族治療師）所提出的口頭訊息有關。當時在美國，馬斯洛及羅哲斯正處發展人本心理學及心理治療時期，而美國人本心理學會創立於1962年。人本心理學家受到高德斯坦的影響，他認為「自我實現就是盡可能去發展個人能力來實現的傾向」、「在任何時刻，正如在既定環境的確切時刻、確切與世界接觸的情境下，個人都有去實現所有能力、完全潛能的基本傾向[5]」、「心理治療的療癒力量就是一個人能實現自我、發揮潛力的傾向……以表現及活化個人的所有能力[6]」。

使用在正向心理治療中的「實際能力」（actual capacities）一詞與人本傳統一致，佩塞施基安提到：「辨別分析法（differentiation analysis）的根源可追溯到傳統心理治療學派[7]，由於在日常生活中實際能力會以相當多元的方式來呈現，也在各種時刻持續被用到。」佩塞施基安於1974年九月發表演講〈實際能力成為化解衝突的內涵與社會組織觀點[8]〉，同月另一場於以色列特拉維夫所舉辦的第12屆內科學國際會議中所發表的演講〈常規衝突（norm conflicts）對心身症發展之意義〉。實際能力是從不同文化病人所進行心理治療會談之因素分析中所產生出來[9]。

佩塞施基安（1977）與其他學者所使用的名詞相比較，包括馬斯洛的形容：「自我實現的人都有如下共通的特質：真實、純潔、誠實、完美、一致、正直、完整傾向、秩序、接納、獨特、公平等。」恩格勒（Engler[10]）評論：「自我與自我實現概念的用處是持續去吸引討論與辯證。」佩塞施基安想要使用個人發展之「實際能力」名稱來創造出一種「實用、易理解且系統化」的心理治療模式。

佩塞施基安因個人的跨文化經歷而特別會去關注社會化過程中心理社會常規之重要性、以及人際與內在衝突的產生。他「發現所呈現症狀，通常與那些源自許多重複行為模式的衝突有關聯性」。因此「發展出一種問卷用來描述核心衝突領域的的內容要素。在教養及心理治療領域所呈現的衝突潛質與發展，通常會顯現在道德與信仰層面，常規性地反映為**美德**。而出自心理治療相關的行為與態度常規而發展出的辨別分析量表（Differentiation-Analytic Inventory,

DAI）具有相對詳盡的分類體系。我把這些涵蓋的行為常規稱為**實際能力**，我認為這樣的表示是必要的，因為這些常規是人類發展與生俱來的能力。它們屬於發展層面，其形塑過程會受合適或壓抑的環境影響來推進或抑制[7]」。

此名詞及佩塞施基安的方法與早期的人本心理學內容類同。相異點在於此法是使用結構式的取向，包括半結構式的初次會談、五階段治療流程、家庭、自助、使用視覺化模式（如平衡模式、四關係維度）、故事[11]、諺語，並使用問卷來評估實際能力及衝突反應。治療過程可使用五階段發展來觀察。在這方面，正向心理治療較接近阿德勒學派，也是以結構方式來執行五階段個別心理治療流程及第六階段為自助。阿德勒學派對佩塞施基安有重要影響，尤其是在正向心理學中合併心理動力及人本背景，以及過程中應用家庭型態、自助、鼓勵、或實際能力成為心理動力之衝突內容。

❖ 衝突、人格、關係及症狀之心理動力理論

佩塞施基安於德國法蘭克福的大學附設精神專科醫院工作，並接受精神分析師的面談及訓練。他師從瑞士知名分析師，如巴塞爾的孟幫他執行精神分析自我體驗、與他亦師亦友的巴特蓋、以及貝內德蒂。他們的影響鼓勵他去發展心理動力衝突理論，以符合1970年代在德國能進行清楚的心理動力診斷。

與心理社會常規連結，佩塞施基安於1987年自問以下問題：衝突是如何產生的？這些衝突要如何被適當地描述？潛藏在心理、心身症困擾及人際退縮等症狀背後的原因為何？這些困擾如何能被適當地治療？他認為是因為：部分意識化的**實際衝突**情境導致潛意識的**內在衝突**，會喚醒之前的**基本衝突**。

從1968年起，佩塞施基安發展出辨別分析法或辨別分析理論，並於1974年在研討會中發表，為當時的精神分析添加工具，主要是關注心理性慾發展階段（如口腔、肛門及伊底帕斯期），以及介於原慾與超我之間自主及衝突的發展。

藉由辨別分析，案主及治療師可找出早期階段重要的特殊內容及價值，而且至今依然重要：如父母的耐心、信任的發展、體驗無條件接受的愛，這些都是在口腔期能夠成功發展的心理前提。這些能力（capacities）即為「原初」（primary），藉由父母的直接行為及透過示範而被烙印在兒童心裏。原初能力

如耐心（對自己和他人）、信任（對自己、他人或命運）、擁有並給予時間等，都是新生兒童發展的基本需求。兒童需要溫暖、時間、耐心及同理、無條件接納，以發展他們適合自己年齡的內在平衡。因此，精神分析發展心理學的這些階段就會被填滿有關衝突內容的特殊名詞，可被定義為「能力」，就能被所有人理解、並連結到文化價值。

案主和父母及其他照顧者相處的經驗，他們的價值、能力及社會常規可用四種關係維度來描述。這些會透過兒童與父母的直接關係、透過照顧者彼此之間、與其他人的關係、及與他們生命哲學的經歷而發生。因此病人的實際症狀就可被理解為：一方面是內在衝突情境的表現；另一方面則是文化的烙印，接收病人社會體系中的社會功能。這對連結及關連能力、信任相對於不信任的早期發展、對生命的基本態度、認同及自我形象是男或是女等議題而言，都是真實的。總結，原初實際能力藉由雙向互動在此領域被發展，也顯示原初照顧者的示範功能。

這相當於精神分析理論中自我客體的經驗，以及自我及客體呈現的發展。祖父母擔任傳統及偏好原初能力之跨世代傳遞者，在他們獨立的角色中也相當重要，特別是在擴大的三角關係中，由於對孫子們特殊形式的接納，因而對他們自尊心的發展也扮演重要的角色[12]。藉由關係維度、使用「社會本源（sociogenesis）及社會動力」之名詞，佩塞施基安明確能擴展寇哈特及康伯格（Kohut and Kernberg）自我客體理論，並應用此類更廣泛的心理動力及社會動力概念。佩塞施基安變成在治療及諮商中個別心理治療理論與集體主義文化需求之間的銜接支持者。

個別心理動力衝突理論及心理本源（psychogenesis）可使用社會動力及社會本源[13]模式來補強，也對個別導向的心理動力治療提供相當的助力。莫瑞諾是佩塞施基安的老師之一、社會演劇及社會計量學的發明者。佩塞施基安使用此名詞「社會本源及社會動力」來描述家庭及文化價值體系的動力及衍生過程，以及使用實際能力的概念。如此，它就會變成系統學派與人本及心理動力理解之間的橋樑。由於健康或困擾及個別心理動力形成的內心概況，可透過家庭、社會、文化及超越關係所烙印社會本源及價值體系的概念來理解，並形成

文化烙印的社會動力。

　　佩塞施基安模式也會離開精神分析傳統的缺陷、本能及病理導向，並回到案主的「潛力」，另一個為人本學者所使用的名詞，如馬斯洛（1987）：「遭壓抑、片面未解封的能力可能是在心理及人際領域衝突與困擾的來源。所表現出來的問題，如焦慮、攻擊、行為、憂鬱及其他心身困擾。由於衝突會從個人發展過程中面對環境的衝擊而來，因此會出現我們必須尋求解決的問題與任務。基於此，一項基本的差異會顯明：傳統精神醫學及心理治療會把困擾、衝突與疾病當成出發點，因此目標就會如此訂定──去療癒疾病、去除困擾。但被忽略的是，困擾並非首要，會被這些困擾間接或直接影響的**能力**（capacities）才是。」

　　其他基於「深度心理學」取向中，在德國稱為Tiefenpsychologie，是一種短期心理動力治療，正向心理治療確認出一種心理動力致病因子，可用微型創傷（microtrauma）理論來細分與補充。意即重複性潛意識價值衝突並不會每次都很顯著，但日積月累之後，就會對個人平衡及內在衝突解決能力造成困擾。因此對古早基本概念及基本衝突的不斷重複小碰觸之後，症狀就會成為身體及靈魂的潛意識答案及語言。

　　「衝突」（conflict，從拉丁文confligere而來，意即撞擊、打鬥）代表內在及外在價值與觀念的明顯失調、或內在矛盾。情緒、情感及身體反應的連結可被理解為信號燈，顯示內在價值及實際能力分佈的衝突。在正向心理治療中，會因此提問：「到底是什麼觸發情緒？」衝突反應、防衛機制及阻抗都會被視為能力，並從功能性的角度來看待。

　　平衡模式擴充佛洛伊德「原慾」的概念，而類似阿德勒所提一般及利社會（pro-social）生命能量的四項領域：身體、活動、社會趨力及存在或靈性動機。會影響實際日常生活、功能與症狀群的衝突反應領域，可在此四領域中被清楚標示。

　　與他人的互動可使用基於特殊發展心理學的互動三階段來形容。人類互動的正常階段就是從傳統的打招呼、會談到分離。「哈囉！」表示依附，接著常見的問句「你好嗎？」並開始引入話題、且同時交換訊息。「再見！」只是

脫離的訊號,也傳達再見面的意願。因此在正向心理治療互動三階段可被理解為見面的三階段,在其中一位想趨近另一位,並期待未來能扮演一種角色。情感與情緒是互動內容的外在表現,藉此可發現價值與價值衝突(實際能力)。關係模式根據此互動三階段來形容,並探索未知的另一面。以夥伴情境來看個人的發展,一個人會持續透過不同階段,並表現出以下原則:發展原則、分化原則及聯合原則。而在人類關係中,這些原則相當於互動三階段:結合(依附)、分化及斷開(脫離、分開),可見於每次衝突及每次會面當中[7]。它們架構出所有人類社會的生活[11]。

在心理動力理論中,互動三階段代表有關分化之依賴及自主雙元性的擴增。乍看很類似馮—格薩特爾(V. von Gebsattel)所形容醫療意義的三步驟,被呼叫到急診室、為診斷而拉開距離、在治療中成為夥伴[14]。由於弗蘭克及格薩特爾有密切接觸,而佩塞施基安又是弗蘭克的學生,可能因此格薩特爾的醫療會面三階段對互動三階段的構思有所影響。佩塞施基安將互動階段奠基於兒童發展的歷史,之後把它們帶進治療流程、人類互動的一般型態、及如上的互動分析。

佩塞施基安的長期夥伴及朋友瑞士精神分析師巴特蓋形容正向心理治療為:「一種深度心理學方法,所呈現的不只是個人的潛意識,也是闡述心理動力的集合體/典型。相較於分析式或複雜心理學,潛意識更容易使用跨文化比較來理解。」

因此,正向心理治療可基於心理動力衝突理論而被清楚定義。兒童早期經驗的基本衝突是使用佛洛伊德的名詞,而內在衝突的定義較接近當代的心理動力治療。無論如何,內在及基本衝突就存在於原初能力需求及呈現為次發能力的社會常規之間[15]。因此案主就可使用實際能力的名詞,如信任、誠實、公平、秩序或希望,來簡單了解他們過去潛意識的衝突動力及衝突起源。

❖ 跨文化心理治療:第四種方法

1955年由蒙特婁McGill大學的精神醫學專家維寇爾(E. Wittkower)、及人類學系專家弗萊德(J. Fried)共同創設一項跨文化精神醫學計畫。美國精神醫

學會則於1964年設立跨文化精神醫學委員會，接著加拿大精神學會則於1967年設立。

　　跨文化精神醫學主要是在處理不同國家精神疾病的相異之處，但跨文化心理治療當時則尚未被發展。佩塞施基安接著於1968年創設跨文化心理治療，且從1970年開始，使用跨文化心理治療成為他的取向。佩塞施基安身為治療師，不僅會審視文化中的觀點，也看重跨文化觀點：「跨文化主義可被定義為：從他人身上看見自己。跨文化也可被形容為從所有人類文化延伸，牽涉、包含、或合併超過一種文化要素。」、「跨文化主義最早由歐提茲（F. Ortiz）於1940年所定義，幾乎同時發生兩階段合成，一方面是針對過去異族通婚的去文化性，從現在來看，則為新共同文化的再發明；根據塔希納理（L. Tassinari）的說法，跨文化主義是一種新形式的人類主義，是基於摒除強烈傳統認同及文化的理念──那是帝國主義君權合併教條式宗教價值的產品[16, 17]。」

　　因此我們回到人本取向，讓跨文化心理治療成為可能。在治療中轉移不同文化的知識與智慧，及諮商是在別人中看見自己，都是治療的新取向，也是為何正向心理治療能夠在許多不同的文化及國家當中被接受的理由。

　　文化及信仰在正向心理治療中會被清楚地呈現，類似弗蘭克之意義療法及亞隆之存在心理治療所使用的信念。榮格及佩塞施基安都會使用個人跨文化及信仰衝突的特殊經驗當成出發點，以及全然個人的動機來發現解決方案。結果兩種模式的治療終結時，都會見到跨文化觀察及更深度經驗，以及病人的個人發展會成為過程的核心。

　　由於兩位都是實證主義學家及實用主義者，他們已經把這樣的視野帶進心理治療中。使用故事、概念或象徵、夢境或飄過的影像，他們就能透過人性的共同寶藏來創造。除了個人發展所受到文化影響的相關集體潛意識影響之外，兩種模式都有利用人格分類的系統、四種個人能量的分布領域及兩種針對衝突的表達來進行治療。無論如何，除了理論有所不同之外，他們所發展的模式結果也大不相同。

　　根據佩塞施基安，愛的能力相當於互動的情緒內容，例如耐心、時間、愛、性、示範及信任；求知能力則組成社會常規，例如準時、秩序、順服、勤

奮、信心或公平。這些特徵都能在所有文化中發現,而從不同種人及文化所進行的評價都有所不同。此外,也有從人類歷史所傳承而來的內容,根據榮格所言,會從集體潛意識領域表現在象徵性圖像中。佩塞施基安治療法也會針對這些具象徵性的影像去探索其內容及社會文化評價。

❖ 認知行為治療

有時也會這麼說,佩塞施基安協助建立行為治療、心理動力治療及其他治療的橋樑。正向心理治療有根源於行為治療嗎?戴登巴赫過去曾是一位僧侶,目前則是心理學家,也是自1986年起佩塞施基安最積極的同事之一,已經被訓練成為行為治療師。他對正向心理學發展的影響也相當顯著,特別在於系統化WIPPF及半結構式初次會談(1988)。另一位佩塞施基安早期的醫療同事熊恩(CD Schön),也是其相關文章的貢獻者,曾與行為治療師、FBS及FBB(德文)問卷作者法蘭克福教授修伍德(L. Süllwold)討論,並針對兩種療法形成共通性及整合性的了解。佩塞施基安也曾在《正向心理治療及其他理論》書中章節討論過與行為治療的關係。

《認知行為治療》是由貝克在1976年出版[18]。佩塞施基安所提出的「概念」(concept)與Beck所提出「認知」(cognition)[19]的形容相當類似。「概念」是基於「實際能力」,如同「美德」或「價值」,與認知行為治療[19,20]中的「認知」相比擬。它們也是認知行為治療能讓案主及治療師了解的橋樑。然而正向心理治療發展這些能力及概念,是獨立於認知行為治療之外,而是植基於人本及心理動力基礎。正向心理治療變成一種轉譯其他心理治療模式,成為案主及治療師可理解語言之整合性工具。

❖ 正向心理學

佩塞施基安正向心理治療[7]與塞利格曼正向心理學[20]在治療流程結構及理論背景有所不同。正向心理治療以健康本源及心理動力為導向,並且認為是內在潛意識衝突會造成症狀,而塞利格曼取向只是基於習得的無助及習得的快樂。在一項針對四十位憂鬱型情感疾患學生及四十六位憂鬱症患者的研究當

中，塞利格曼及同事也使用「正向心理治療」一詞[22]，並應用美德訓練。

　　除了使用正向心理學技巧來加強生活的投入及意義，正向情緒的強化在治療中顯得相當重要（相對於塞利格曼習得的無助理論），而非直接處理憂鬱症狀。塞利格曼嘗試使用三種科學驗證的名詞來解釋幸福的意義：正向情緒（愉悅的生命）、投入（投入的生命）及意義（有意義的生命）。每項治療的練習都被設計用來推動一項或更多要素[22]，也使用從行為治療而來的練習及方法，並辨識出二十四種性格優勢及六種美德。治療中的步驟包括導向的促進、投入、愉悅及展示正向資源。

　　塞利格曼的觀點乍看之下與佩塞施基安非常類似，但如果從佩塞施基安所整合的心理動力及人本治療取向來看則大不相同。心理治療長久以來完全被用來試著去修補負向，目前已經是要往正向推動的時機。很可惜的是，佩塞施基安的著作《正向心理治療》早在1987年以英文出版，也出現在美國大學的圖書館，但卻從未於此背景中被提及。

　　佩塞施基安的概念成為心理健康、家族治療及心身症的療法，最早被使用在歐洲，之後於1970年代在全球發表[7, 12]。塞利格曼的同事、《希望手冊》的作者斯奈德（CR Snyder）於2000年被邀請到第二屆正向心理治療世界大會中。初次接觸到正向心理治療的理論、實務及國際傳播，之後他帶回美國。德國醫學期刊發表一篇論文，將兩種方法並排比較，之後由亨力奇（Chriatian Henrichs）進行評論[23]。寇普（T. Cope）則比較正向心理學及正向心理治療的發展與背景[24]。

　　塞利格曼及拉希德於2006年使用「正向心理治療」一詞，但並未提及佩塞施基安。拉希德參加2014年在土耳其凱梅爾所舉辦的世界正向心理治療學會的研討會，而且針對兩種方法進行圓桌討論。佩塞施基安正向心理治療從1968年被發展、1977年正式發表，基於人本及動力背景、並使用結構化治療流程來治療病人及家庭，並應用於跨文化、心理健康及心身症療法。塞利格曼正向心理學則基於行為理論的心理背景、及習得的無助與習得的快樂研究，將介入措施用在健康者身上，至今已達成圓滿及美德發展的目標[25]。

❖ 家族治療

　　家族治療主要發展於美國、義大利及德國,同時期佩塞施基安也建立正向心理治療及辨別分析法。當時是各種不同系統派家族治療的發展階段,如帕拉佐利(MS Palazzoli)、帕羅奧圖(Palo Alto)學派、薩提爾(V. Satyr)也使用正向概念。佩塞施基安的理念是要合併個別治療與伴侶及家族治療,且同時適用於集體主義及個人主義文化。他了解家庭功能的症狀,使用家族治療工具不單為個別成員考量如何自助,也希望所有家人都能將症狀視為家族系統衝突的表現。不同於系統派治療,佩塞施基安治療法獨特的地方在於家族治療中自助所使用的工具,例如辨別分析量表、WIPPF、平衡模式、四關係維度、初次會談架構及五階段自助概念[26, 27]。

❖ 自助、教育及五階段之流程取向

　　阿德勒與佩塞施基安有很多類似的連結:他們都會走出辦公室去教導一般人心理治療及教育知識;他們會聚焦於公共衛生、醫療及心理預防、社會福利,也希望每位案主都能夠有擁有個人型態的治療;他們也都發展出溝通、治療及自助的五階段流程模式。阿德勒心理治療之個別治療基本結構包含五階段及追蹤,而這些階段對案主及治療師都有不同的任務。

　　在阿德勒及佩塞施基安取向的第一階段中,治療師都會提供溫暖、接納並激發希望、給與案主肯定及鼓勵;第二階段阿德勒學派則會聚焦收集案主的資料,如同佩塞施基安的問卷;阿德勒會使用澄清及鼓勵,也類似佩塞施基安第三階段的情境鼓勵;接下來是阿德勒針對覺察進行詮釋及確認,也像佩塞施基安說出內心話的第四階段;最後改變及挑戰階段,也類似佩塞施基安的擴展目標。因此關於治療及教育,他們有著非常類似的思考方式,也可理解兩種學派至今都還能被用於教養、自助及教育領域。

　　五階段概念也類似莫瑞諾所描述心理演劇五階段中有關團體及溝通的自然法則、巴特蓋之團體治療流程的五階段、以及阿德勒治療的五階段、外加一段自助。佩塞施基安關於五階段的理念為溝通流程創出一種系統化且單純的技巧。

正向心理治療架構與其他取向之比較

1. 佩塞施基安之正向取向非常類似於同時期帕拉佐利的家族治療，也非常類似於德國跨文化精神科醫師曼佐斯（Mentzos）稍晚所理解的「功能障礙的功能[28]」。此外，齊格（G. Zeig）解釋說：「並不只有案主的個別能力，甚至案主的問題都能被用來建構出解決方案。」佩塞施基安很早就將正向取向應用在心身醫學。

2. 跨文化取向會比較來自不同文化的概念，會使用其他文化而來的故事，就像在西方文化中的東方故事會讓其他文化觀點的人們感到訝異。因此在催眠治療中，如米爾頓·艾瑞克森也會使用故事。佩塞施基安很清楚定義使用故事及諺語的跨文化取向來改變案主的觀點，能用新的方法來審視自己的情境以及症狀的功能。

3. 佩塞施基安之後的初次會談，是由他的同事戴登巴赫及哈米德·佩塞施基安所設計的一種與案主的半結構式會談，也是心理動力治療會收集案主所有資訊最早的學派之一，治療師就能藉此進行治療規劃。哈米德·佩塞施基安於1988年所發表的論文，是正向心理治療最早的博士論文。正向心理治療的初次會談也最早在此論文中被架構出來，也發表初次會談問卷，並進行心理動力研究。隨即在1988年不久之後正式發表初次會談問卷，以及針對正向心理治療的WIPPF問卷。這是之後半結構式心理動力初次會談的前身，是心理動力心理治療最早出現的問卷之一。

4. 平衡模式對治療、自助、家族治療及許多其他領域的用處是非常知名的。生命能量四項領域的平衡模式，可與佛洛伊德的原慾架構擴增、阿德勒的生活目標及榮格的四項功能（感知、思考、情感、直覺）相比擬。平衡模式代表人格的結構模式，提供這些缺陷領域一種新的平衡，因此在治療架構中就能達到新的合成。至於《操作化心理動力診斷》（OPD-2）描述人格架構中可見的基本能力，類似求知能力的四種方法[7]：

   • 感知（senses）方法：相當於OPD-2所描述能感知自我及他人的結構

化能力，在此前提下呈現出「身體—自我—情感[11]」。

- 推理（reason）方法：在平衡模式中則為現實查核（reality check），藉此問題能被系統化解決[11]，並主導我們的活動。與OPD-2導向我們內在及外在衝動的結構化能力相關。

- 傳統（tradition）方法：一種建立與逃離關係的能力[11]，類似於OPD-2中與自己的情緒性溝通（內在對話），在同理心的結構化能力下和他人溝通，以及連結與思考關於他人的預期。

- 直覺（intuition）方法：被形容為第四項領域，即意義、未來及幻想。佩塞施基安定義是一種在自己思考當中的想像能力，能讓與伴侶痛苦分手的視野突然顯現。直覺與想像力能讓人超越眼前的現實，進而形容一種行動意義、生命意義、願望、未來或烏托邦的圖像[11]。在OPD-2人格結構的第四項能力就是「形成依附的能力」[21]，包括對能提供支持者的想像力，對理想者的連結及與他人的外在連結。在佩塞施基安的架構中，可理解這是一種想像能力，藉此幫助孩童能想像他的媽媽及情緒親密的人，即使獨處一小段時間，藉著想像這些人就能平靜下來。但相對於那些具有結構化困擾者，卻難以喚起這些想像的形象。在此情況下，平衡模式四項領域的分佈可呈現為OPD-2[21]（2006）結構模式之前身。

5. 辨別分析法是基於人本心理學及心理動力治療的根源，具有和人本及心理動力治療真實的連結。

6. 求知及愛的基本能力相當類似於人本取向，而且是基於巴哈伊信仰的個人經驗。

7. 互動三階段類似於依賴與自主二元性分化過程中的擴增模式，也如格薩特爾對醫病關係的形容，分別為召喚到急診階段、診斷時的距離性、治療期成為夥伴[14]。佩塞施基安將互動階段奠基於兒童發展歷史，然後帶進入治療過程及一般互動形態，並進行如上之互動分析，結果除了將互動三階段運用到治療關係、伴侶諮商及兒童青少年治療之外，還因而創出關於正向心理治療的互動分析。

8. 四關係維度能擴展寇哈特及康伯格的分析式自體及客體理論，因此不會只有客體及主體，即正向心理治療之「我」維度，還有父母夥伴關係的「你們」維度、父母與其他人的關係的「我們」維度，以及獨有的「本源我們」維度，描述原初重要他者的關係，如父母及祖父母所擁有的生命哲學與信仰背景。擁有這四種不同的主觀關係，自我客體理論就能被擴展，相信此獨特取向會對心理動力治療的未來產生重大影響。

9. 語言、故事及寓言能提供敘事及聯想取向，在心理動力治療中相當獨特，不過這些也存在於催眠治療，但不見於其他心理動力治療。如同榮格所使用的童話，佩塞施基安療法會使用更廣泛的敘事治療與聯想工具。「使用從東方及其他文化而來的故事及寓言，目的是要去確認並促進個人自助的潛力。在心理治療中，藉著聽聞從許多文化而來的諺語象徵意義及古老智慧言語，因而會有更正向的自我觀點[29]。」

10. 個人及家族治療之五階段概念，就像手上的五根指頭，相當類似於巴特蓋在團體治療中所述團體發展之自然過程、也如莫瑞諾對心理劇的形容及阿德勒用來推進病人教育。佩塞施基安的獨特貢獻在於此流程模式目前已存在心理動力治療中，而五階段成為案主及治療師最終能發現正確自助方法的準則。治療研究也顯示我們越能處理好困難治療情境，就能反映出更好的治療關係，並得到更好的治療成果。

總結：正向心理治療在心理治療領域之定位

從科學觀點而言，可在人本心理學及心理動力治療發現正向心理治療的根源。如寇普[30]於2009年所言，也能從創立者的信仰生活哲學中找到其他淵源。此外，正向心理學的架構也植基於其他現代治療的科學理論。至於佩塞施基安療法的獨特發展，能擴大心理動力及人本心理治療理論與實務，創造出跨文化心理治療及整合式取向來執行，並考量案主個人的需求、健康本源、家族治療及自助工具。

正向心理治療最早是為心理健康、心身醫學、預防及心理治療而發展成為基礎的正向心身醫學治療模式，已經在德國為數千位醫師所使用。也被應用到

某些醫院及威斯巴登心理治療學院心理動力治療之國家級核可的訓練計劃。

正向心理療法也自1992年被應用於德國的諮商界，在某些國家如保加利亞自1992年也應用於教育界，至於中國則自2014年開始用來訓練精神疾病專業社工如何去面對家屬及預防倦怠。這也是一種課題，就是如何將治療能力應用到傳統心理治療及諮商領域之外。一項植基於正向心理治療的特殊化兒童及青年治療訓練計劃，在保加利亞自2006年開始被發展出來，之後則擴及烏克蘭、俄羅斯。於德國、保加利亞、賽普勒斯、中國、玻利維亞及烏克蘭的同仁也在正向家族治療及諮商領域有特殊的專精。此療法已經成為一座橋樑，能將他們的心理治療能力與經驗分享給其他社會及文化領域中不同的專家。

CHAPTER 26

———•———

正向心理治療之初次會談

by 哈米德・佩塞施基安（Hamid Peseschkian）；

阿諾・雷默斯（Arno Remmers）

心理治療中以下因素較具效力：協助衝突解決、理解與澄清；治療
關係品質；能樂觀尋求心理治療成果、並給予協助；無關技巧之治
療師人格與成熟度。　　　　　　　　　　　　——克勞斯・葛勞

　　半結構式「正向心理學初次會談」的使用，能讓案主及治療師共同確認案主之特殊心理動力、自傳式特徵及資源，對了解其健康或疾病狀態的起源及發展相當重要，是短期治療的一種系統性起始點。最早由佩塞施基安[4]設計，由哈米德・佩塞施基安[5]在自己的論文[14]中完成架構。合併威斯巴登正向心理治療及家族治療問卷（WIPPF）、病人的治療日曆（時間表）及治療師的日曆，被發表稱為「初次會談問卷[5]」（如附錄有完整的內容），相當於身體醫學中的醫療歷史及身體檢查。

　　過去針對初次面談的工具，包括阿格蘭德（Argelander）的初次會談[10]及杜爾森（A. Dührssen）的心理動力初次會談[9]。進一步研究發現初次會談具有診斷、治療、預後價值及形成假說功能[11]。正向心理治療之初次會談則包括這些功

能及許多其他要素；會特別關注心身醫療歷史、關係因素[12]以及治療聯盟；也包括確認期望效果[12]、特別是對有效治療的希望[16, 17]。這些在不同情境都有用，如個別、兒童、青少年、婚姻及家族治療；諮商、教練及在不同文化的應用。

架構

正向心理治療的初次會談包括必要的主要問題、及可選擇的次要問題，視每種情境主要問題的答案而定。其中會有開放性及封閉性問題[14]。初次會談可用在初次見面或早期多次的療程中，形成引導目標的初步期，以便之後療程在特殊領域能進行得更深入。初次會談可分為四項領域：

1. 社會人口學資料
2. 目前歷史及主要抱怨
3. 心理社會情境　3.1 實際衝突：巨型創傷——過去幾年的壓力事件
　　　　　　　　　　　　　　　微型創傷——日常生活衝突（實際能力）
　　　　　　　　3.2 平衡模式：病人目前生活情境
　　　　　　　　3.3 基本衝突：兒時經驗與概念發展
4. 診斷反思與推進流程

上述架構會涵蓋於正向心理治療互動三階段：依附、分化及脫離[3]。初次會談情境中，**依附**意味著病人的發展關係及觀察周遭情境的能力。在治療流程的情境中，持續進行各式樣的提問，會幫助開啟對話氣氛、並形成發現病人內心有關既存信任與希望的基礎；第二階段是**分化**，會收集病人心理社會情境及價值相關的資料；第三階段是**脫離**，會對病人解釋診斷及討論未來程序（治療計畫）。病人的希望會藉使用故事、諺語及譬喻來改變觀點而被強化。治療關係基礎建立之後，就會針對進一步的任務及治療方式和病人簽訂知情同意。

社會人口學資料所產生的共同客觀資料，能解鎖目前壓力生活事件及主觀經驗的來源。在執行中，也有另外一項重要的功能。在開始的療程中，為了將個人主觀經驗放進這些情境當中，治療師會用簡短形式去取得最重要的資料

（如年齡、家庭情境、專業能力、父母、兄弟、姐妹等）。一般病人檔案能藉由紀錄額外的客觀資料（如教育、伴侶、關係等）來強化，而近期的資料對建立專業完整報告相當重要。不過這些紀錄大部分都沒辦法在初次療程就能完成，有許多病人會認為一開始就被問這麼多客觀資料，會有相當顯著的負荷卸除感，也只有經過此階段，他們才能呈現主觀的痛苦。

　　實際歷史會從促使病人尋求治療的當下主觀抱怨及問題開始。治療師在早期階段也會努力探索**症狀的功能**，佩塞施基安稱之為「**正向內涵**」，試著去發現初步可能的解釋，例如害怕孤單代表對與他人接觸的需求；心身抱怨代表心理衝突的身體表現；告訴病人有嚴重的濕疹代表某些事情已經潛入你的皮下；聽力喪失意味不再需要去聽某些事情或某些人。心理動力的發展如同拼圖，必須藉深層潛意識心理探索來尋找圖塊[18]。這些困擾的象徵功能，會是拼圖中最早且最重要的圖塊之一。簡而言之：病人會隱藏某些事情或撒謊，除了他們的症狀。我們會得到對症狀的理解、開始的時間，以及它們成為了解重要內在衝突的催化劑。此段落會涵蓋過去疾病、治療及風險因子。

　　在處理社會人口學資料及目前抱怨之後，我們會開始詢問有關壓力生活事件的問題，這對病人及治療師而言，是一種很自然的話題移轉。正向心理治療初次會談在此段落的開放性問句如下：過去這些年來，你及你的家庭發生了什麼事？

　　這些重大生活事件（分離、失業、疾病、重要他人死亡等，以及正向內涵的事件如生孩子、婚姻或新工作）大多會在早先處理自傳式療程中提到，但現在能在不同生活領域更仔細地探索。這些事件會由治療師記錄在平衡模式中，以便之後更特定地進行探索。在所有生活領域中的事件，都可被詢問及處理。本章作者們喜歡在此情境下詢問疾病或問題對病人及四項生活領域環境的影響：你的疾病會對你的身體健康、工作、家庭及未來觀會造成什麼樣的影響？

　　目前問題對病人的衝擊也會被清楚看見，可預備在此時或之後的療程進行探索。然而初次療程最重要就是社會人口學資料、實際抱怨的症狀、對壓力生活事件及因應方法的探問。至於對目前平衡模式四項領域中的目前生活情境相關問題、能量的分布及對病人自尊心具重要性的特殊生活領域，就會被連結到

疾病對四項生活領域的影響。藉由圖像式的呈現，病人一方面開始了解到過去
生活方式中對片面領域的偏重；另一方面則會在治療架構中可在其他領域找到
發展的可能性。正向心理治療的重要工具就是視覺化，為病人創造理解情境及
症狀的個人模式，並發現個人生活的象徵或故事。

　　正向心理治療有一項突出的特色，就是會去形容及理解童年早期的烙印情
境，因而發現導致基本衝突的基本概念。在初次會談中，病人會被問到許多有
關四種關係維度情境的問題，如與父母的關係、父母彼此之間的關係、他父母
與社會的關係及他們的價值體系。透過這些提問，有時會讓精神分析同仁感到
驚訝，為何一個人會如此快速地確認基本衝突，藉由簡短且圖示化呈現，這些
問題會對童年早期情境及目前概念與能力有很好的掌握。當然這些信念會在心
理治療本身更深入地探索。而這些問題則能顯明基本情境，進而對初始心理動
力假說的形成奠下基礎。

　　目前正向心理治療會對病人提供解釋，也會要求病人針對會談中對他最重
要的事、及他們對其反思能力所認定的結論進行摘要說明。治療師也會提供某
些摘錄性觀察、對主要症狀評估的觀點、可能的基本衝突及其實際表現。以下
是每位病人都會提到的重要問題：「如何從此往前推進、什麼事情會持續跟著
我、有任何希望能讓我走出此情境？」視病人狀況而定，有可能給予病人家庭
作業且於下次帶來，就是寫下這些壓力生活事件的細節、在家中討論已經發覺
的主題。如果可行，會給予〈在旅途中〉[19]這一則故事，成為個人情境的聯想
工具。這些方法都是在預備初始階段的病人自助及自我探索，盡可能更早降低
對治療的依賴。

　　佩塞施基安之初次會談，是為了回應所提客觀及主觀資料的覺察，如阿
格蘭德也會把這些資料當成前提[10]。阿格蘭德的「情境描述」如同對相遇情境
的印象，也會在正向心理治療中使用其他傳統名詞，如實際能力來描述不同互
動型態的類別。在正向心理治療初次會談中，心理動力初次會談[9]會強調社會
關係結構及同時系統化呈現家族的特殊重要性，而藉刻意收集與考量的社會資
源，就能進行治療計畫。所呈現的模式也會澄清能成為心理動力治療計畫的因
素與題材。操作化心理動力診斷[13]會去診斷心理動力所定義的衝突內容、關係

模式以及人格的結構要素，這些都會在目前關係中持續出現，並主導許多關係
事件。正向心理治療初次會談中，這些層面會根據內容進行細緻的分辨，也會
去定義出歷史意義，而且關係的歷史會被溯源、並與家庭概念背景進行連結。
至於心理動力治療準則中有關此流程的使用，在「初次會談」一書當中有清楚
的描述[7]。

初次會談及治療所需的治療態度及能力

在心理治療中會需要採取各類型的行為：如針對深度憂鬱病人的支持性
協助、情感性疾患的架構、在述說故事或隱喻之後的自由聯想、令人驚訝的或
推遲的主題。兼具理性與感性的全面式接納、支持、驚訝、額外及意料之外的
行為，在案主照護過程特別有效。葛勞[20]等認為在心理治療中以下因素較具效
力：協助衝突解決、理解與澄清；治療關係品質；能樂觀尋求心理治療成果、
並給予協助；無關技巧之治療師人格與成熟度。

完整初次會談所需的能力[3]：

1. **觀察／拉開距離**：能以同理心耐心聆聽、接納與理解、添增其他觀點的
   能力。在正向心理治療中，治療師需要有對案主敏感的能力、第一時間
   聚焦於能力上、用正向內涵來看待症狀的功能、能跨文化比較其他的觀
   點、視覺化、發現病人能接受的語言、用看似拉開距離的方式來看待並
   改變觀點。
2. **完成問卷**：能夠精確詢問及定義內容、能力、歷史、衝突領域及案主對
   衝突反應等能力。
3. **情境鼓勵**：能鼓勵病人自助（支持、自助及病人成為其環境的治療師）
   及發展資源；在此步驟中能將病人及周遭環境視為理解病程與自助的積
   極角色。
4. **說出內心話**：在針對問題領域坦誠諮商中解決問題的能力；衝突會在其
   矛盾之中接續被疏通，但務必考量不同的方法與結果；要能看見四種關
   係領域的責任。也包括成為訓練領域之治療關係中的關鍵衝突──禮貌

及開放與實際能力的互動經驗。

5. **擴展目標**：在解決衝突之後能探問未來的能力，問病人將來還有什麼需要被療癒的。在此步驟中就能看見衝突與針對治療的回饋，並成為一種回顧、摘要、測試新概念、策略與新觀點的機會。

整體治療流程主要是導向未來及導向改變，並藉由對目前有效的概念來理解過去。在治療聯盟中，此過程會被反思與檢測，何種階段正持續進行，以及藉問題來啟動下一階段。啟動每次療程目標的第一步就是依附，並以回饋與觀點成為最後一步來結束。至於移轉步驟的速度會根據對話的流動而有所不同，同樣的流程也會被應用到治療師個人訓練及被督導的個別經驗中。

實際執行初次會談流程之五階段

治療五階段會為單一療程或全部療程提供溝通流程的架構，在其中也會自發地結束。治療師會藉由適當態度、開放性提問、故事、聯想觸發點及重現過去提過的話題來推動流程。正向心理治療的五階段模式會對治療師及病人提供起始點與安全感，並預備好病人去處理衝突及自助，特別是在接近治療結束的時段。

階段一：觀察及拉開距離階段

實際歷史會從促使病人尋求治療的目前主觀抱怨及問題開始。治療師會努力去探索症狀的功能，並得到對症狀的理解、開始的時間，以及它們成為了解重要內在衝突的催化劑。此段落會涵蓋過去疾病、治療及風險因子的提問。困擾與疾病會被視為針對衝突、疾病功能、其意義及後續正向層面的反應能力[6]。

治療師一開始會使用的內在態度如：「在與案主保持治療關係的當下做好自己、及對案主與其獨特性觀點的改變保持敏感性及開放態度。」這是以潛能為導向的人本取向，具備接納、一種類似羅哲斯所主張兼具誠實與敏感的關係。在每項描述、與彼此或與他人的治療情境、發展與改變的可能性時，都能聚焦於案主的能力，就能協助將觀點改變成對全部情境與症狀的正向詮釋。能

力一詞的意義接近於馬斯洛所形容個人的發展意念，重點在於聚焦人們正向品質的重要性，而非將其視為一袋症狀。

病人會開始於一種情緒性的假設、症狀的描述以及對生活的衝擊。他會被引導從痛苦的抽象階段進到具體化、描述性的觀點。他也會在使用譬喻及跨文化的比較之下，去了解在四項生活領域中症狀所帶來的功能與影響。作為治療的一部分，病人也會被詢問去觀察他所經歷情境及特別和衝突有關的個人情緒，並盡可能自發地把它寫下來、不要改變內容。從一位觀察者的角度來審視他個人的衝突，能夠協助病人與其衝突情境得到一種漸增的距離。他會因此變成自己與環境的觀察者。此階段的重要影響在於衝突情境中，能夠得到高度的負荷卸除感。

同樣的方法，觀察階段從治療開始，就會對生活伴侶之間或工作場域的人際關係有所幫助，因為病人會變得較少批評，以及所有的衝突與傷害也能因此被避免。病人會被告知在第四階段就能談論所有的事情，以及他自己必須、或與衝突伴侶一起為之後三個階段預做心理預備。過去的片面認知會被擴展，以提供流程下個階段的預備。

第一階段的提問：

- 你是指誰呢？能因此發現關於動機及可邀請的他人來參與案主的治療。
- 是誰帶你來見我的呢？能因此了解症狀及其他諮詢的理由。
- 你能描述這會如何影響你的生活？能看見症狀或衝突的影響。
- 最早發生在你身上是什麼時候？何時開始惡化？最後再來比較時間表。
- 能告訴我多些關於它的事情嗎？能開放更自由溝通的空間。
- 你是怎麼來因應它的呢？能發現案主尋求協助與自助的個人活動。

案主能在情緒安全的氣氛之下自由地說話，治療師同時也會對反映案主的情境與情感表現主動的興趣。可觀察到在自發性表達與取得資訊之間維持平衡，能因此顯示人格、希望、焦慮及治療動機的可能彈性。在此時治療師可使用平衡模式的格式或一般紙張的適當位置寫下案主的表現，第二階段則會使用

格式中的問題來對病人進行更有系統的提問。

❖ 案例一階段一：觀察及拉開距離

在初次會談中一位病人的情境與痛苦[3]：在她擔任中學老師的父親猝死之後，這位二十四歲的經濟系學生開始為漸增的恐慌發作所苦，並表現以心臟為主的生命徵象症狀。她之前關於長途旅行的焦慮變得更加嚴重，直到她完全無法單獨離開家，或如果被陪伴也不能離開超過四百米。她整年都沒辦法上學，而且被要求放棄實習的工作，這攸關她的學費。所有的醫學分析都無法顯現具體的疾病證據。她被診斷為懼曠症、合併恐慌發作，在母親及朋友的催促下來面見治療師。此治療發生在東南歐的國家。

病人在父親陪伴下長大，可跟父親詢問任何事情。父親教她去信任精準、理性解釋、愛、以及希望。父親是他的偶像，是一位勤奮、盡責、跡近學究氣息的男人，會藉由秩序的邏輯原則，將他對世界的理解傳給女兒；母親的概念則是保護及信任、超級友善、順服式忠誠、而且給她足夠的母愛。對丈夫則表現出順服與忠誠，在每件事情上都能連結並倚賴他。女兒則在這種互相依賴的和諧伴侶關係下，成為外在世界的保護傘，而父親的解釋以及對依賴的確切性也成為她安全感與信任的基礎。

見面的第一步驟及早期使用正向心理治療工具（是以治療師的想法做紀錄）：

- 女病人：在八月時，變得非常糟，我變得非常害怕離開家，而且也越來越常單獨待在家裡。
- 治療師（具同理心、思考著平衡模式，特別是身體領域）：你是怎樣的感覺呢？能夠多形容些嗎？
- 病人：開始會有心臟蹦跳的發作、手腳非常冰冷、顫抖，我的眼睛看出去都覺得霧霧的，然後我的心臟會痛，有時候會持續好幾天。
- 治療師（詮釋）：聽起來好像有些可怕的事情發生在你的心臟，不過就我的理解這是極端恐懼所表現出來的身體徵象？

- 病人：是的，就好像每天我都快死掉了，但無論如何我還是活了下來。
- 治療師（引入拉開距離）：你能說說到底發生什麼樣的事情，以及即使它是這麼糟，你的感覺又如何？
- 病人：我不希望這樣的事情會發生在任何人身上。
- 治療師（希望探索恐懼的功能、預備進行正向詮釋，如果可能是由病人自己來進行，他已經知道病人的智識能力。）：你在焦慮什麼？每個人都認識焦慮嗎？為何我們會出現焦慮呢？
- 病人（思索著）：「對我而言焦慮可以保護我們，以免事情變得更糟。如果我們都沒有焦慮的話，可能會不知道該做什麼？我想，可能會有更多的戰爭。」然後她持續談論東南歐國家的歷史情境及最近剛達成的和平。
- 治療師（思考這樣的合理化，很像病人的聰明父親，因此希望能夠把焦點帶回到病人身上）：如果焦慮對所有的人類都很重要，且如果焦慮能說話的話，它會對人類說些什麼呢？
- 病人：直到現在我的腦海裡還總是想著父親，關於他的死以及之後會發生什麼樣的事。跟爹地在一起，我會有強烈的安全感，當他生病時，我總是會避免去想到有關他的死去（停頓）。
- 治療師：有人說：「焦慮就像一支放大鏡。」關於這件事，你會想到什麼？
- 病人：對我而言，焦慮意味著我的母親也會在某一天死去。很幸運的，她目前還很健康，但就在我父親之後，我的祖父也死掉了。對這樣的事情，我還沒有準備好，而且我們也從來沒有像這樣去談論相關的事情，而我也會在任何時間死去。目前我還年輕，而且正常而言也不應該去想這樣的事情。
- 治療師（想著在病人對焦慮的功能有個人洞見之後，她有提到家人且對存在目的議題保持開放的態度，因此她目前已更適合開始討論依附與脫離的議題。由於治療師認為病人對母親有相當強的依附感，以及有必要能從父母及治療師來脫離。他期待去移動到分化階段，並想著家庭資源）：從這個角度來看，你的母親又如何呢？
- 病人：她只是沒有表現出來，但我想對這樣的事情，她應該也有一段

難熬的時光，但她試著比我更堅強。

- 治療師：你能有時候也能跟母親談一下這樣的事情嗎？
- 病人：最好是在這裡，就像她第一次來的時候。如果你在這裡，或許她就願意談論。但是她私底下並不會跟我談這樣的事。

治療師認為把媽媽拉進來這個主題，是一個很好的建議。

❖ 治療式自助工具

藉由正向內涵、跨文化案例、諺語、語言闡述或故事來視覺化案主的經驗，在初次會談就能開始改變觀點，並鼓勵儘早自助與自主。要病人寫下關於症狀，如想法、身體症狀及恐懼，就能讓他們為自己採取觀察者的角色。給病人在《正向心理治療的東方故事》[19]書中的一個故事，他們就能與別人分享，能因此促進病人個人活動與自尊感。一種具支持性的結構化治療流程、對內在痛苦的無條件接納以及對隱藏之潛意識慾望的關注性理解，所有這些都是成功治療的先決條件。如果病人與治療師能對適時的故事、跨文化案例及確認焦慮的功能一起發展出敏感度，這會是發現那些隱藏在背後主題的起點。

階段二：完成問卷

在此階段中，案主的日常生活、社會人口學資料、重要生活事件及主觀經驗的資料都會被摘錄，就能看清楚到底有哪些事會對病人現有問題造成衝擊，如無望感等。探索此問題的預備可以在此階段或稍後的階段。在平衡模式四項領域中所呈現目前生活情境、能量分布及對病人自尊心有重要性的特殊生活領域之問題，會連結到疾病對四項生活領域所造成影響的相關性，並分類在平衡模式中。我們許多執行正向心理治療的同事喜歡在此情境下，詢問疾病或問題對病人及四項生活領域中環境的影響：你的疾病對你的身體健康、工作、家庭及未來觀有何影響？

藉由圖26.1的呈現，病人一方面開始會覺察到自己的生活方式明顯偏重某種領域，然而在治療架構下，就有機會去發展其他領域的可能性。視覺化是正向

心理治療重要的結構化工具，為病人創造出對情境與症狀的個人理解模式。初次面談中，我們能問的四項生活領域如下：身體：活動與知覺，如飲食、愛、性、睡眠、放鬆、運動、外觀與衣著；成就：專業成就與能力，如貿易、家管、園藝、基本或進階教育、金錢管理；接觸：關係與接觸風格，與同伴、親人、朋友、熟識者或陌生人、社會投入與活動；意義：未來計畫，信仰與靈性活動、目標和意義、冥想、反思、死亡、信念、觀點、視野發展、想像力及幻想。

　　有這些資料後，我們就能如此形容：案主的日常生活，他的能量是如何平衡、症狀發生在哪些領域（如圖26.2）；症狀對這些生活領域的影響，也就是症狀的功能（如框1）；資源與如何去鼓勵（運用）它們；對病人自助的目標與計畫；人格能力（人格架構，OPD-2軸度Ⅴ）；治療目標與主題。

圖 26.1　正向心理治療之平衡模式

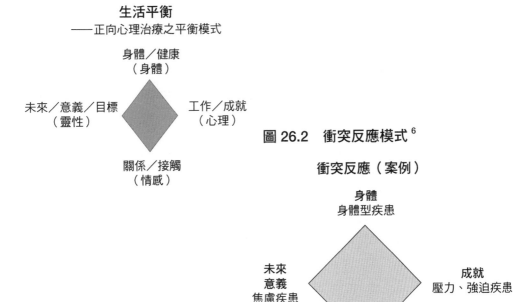

生活平衡
——正向心理治療之平衡模式

身體／健康
（身體）

未來／意義／目標
（靈性）

工作／成就
（心理）

關係／接觸
（情感）

圖 26.2　衝突反應模式 [6]

衝突反應（案例）

身體
身體型疾患

未來
意義
焦慮疾患

成就
壓力、強迫疾患

接觸
憂鬱反應

框1　發現症狀之功能的問題

· 你的抱怨如何影響你的身體健康？　　　· 自從你生病後會更加依賴誰？

· 因為症狀你能好好睡覺並享受飲食嗎？　· 什麼樣的接觸最會因你的疾病而受苦？

· 你的抱怨會影響你的表現嗎？　　　　　· 有這樣的病況你會如何看待自己的未來？

· 有這些疼痛你還能工作嗎？　　　　　　· 什麼樣的計劃最因你的疾病而受阻？

· 當你坐立不安時還能專心工作嗎？　　　· 因疾病你的生活已經有何改變？

· 你的伴侶（家庭）對你的疼痛有何反應？· 你最怕什麼樣的事？

· 你所愛的生活會因為疼痛而有所改變嗎？· 你認為最需要改變的事情為何？[註1]

· 誰能了解你的痛苦？

　　有心身症困擾的病人會發現第二階段的平衡模式有特別的助益，因為視覺化能協助澄清問題及預備自助。當他們把過去幾年生活中所發生的事件放進平衡模式的四項領域時，病人通常會感到驚訝，並把它們視為催化劑，也因而了解它們會對改變生活所具有的影響。

　　我們會在療程中把症狀、衝突反應及資源放進平衡模式。最終病人會把它們分到四項領域，因此能理解他們的生活情境及困擾的影響。平衡模式使用四項生活領域呈現典型衝突模式的概念化基礎。我們會逃入疾病中或過度鍛鍊身體；逃入活動及成就領域（對過度負荷及適應困擾感的合理化）、逃入拒絕去做事；逃入孤單或群聚（伴隨理想化或棄絕，造成情緒困擾及社會行為改變）；逃入幻想及思考世界（對焦慮感、畏懼、恐慌發作、扭曲困擾、成癮行為的否認，如進入缺乏想像力[21]）。

　　有了平衡模式，就有可能去了解治療關係會成為病人潛意識內容的鏡子，當我在四項領域中描述時，我是如何與案主去發現到底它的意義為何？透過感受與情緒、理性思考、與案主的關係型態、直覺與幻想，平衡模式也能協助治療師去澄清及了解自己的反移情。

註1 Boessmann U, Remmers A, Hubner G: Wirksam behandeln. Bonn 2005 p 75

❖ 實際能力之辨別分析量表

　　在此階段主要任務是要確認關聯性，澄清個人實際能力之前的歷史，並預備理解及解決衝突，同時要去分享概念及誤解的背景，因而發展出一種讓自己了解它們的方法。病人習慣將人格視為無法改變的態度，會因根據在生活歷史中的意義，而會被視為是相對的。實際能力的重要性，會藉著實際能力量表的連結而能進行綜合判斷。特殊衝突內容的分析會成為情緒的觸發點，在諮商或治療中，聚焦於內在與外在衝突或價值會引至衝突內容的能力上。導致痛苦或身體症狀的情緒，會以衝突的相反觀念而被理解為價值所發揮的功能。透過這樣的連結，以衝突為核心的流程較不會聚焦在觸發點上，而是在確認並疏通導致它們的衝突上。

❖ 辨別分析量表之應用

　　「此項能力對你們中的哪位更重要或不重要？你可以如所述地把它標示出來。最後部分你可以寫下自發地出現在你內心的情境或情緒」。（如表26.1）

表26.1　辨別分析量表

實際能力	我	我的伴侶	自發性情境、情緒
1. 準時			
2. 清潔			
3. 秩序			
4. 順服			
5. 禮貌／有禮			
6. 誠實			
7. 忠誠			
8. 公平／正義			
9. 勤奮／成就			
10. 節儉			
11. 可靠／精準			
12. 時間			
13. 耐心			

14. 接觸			
15. 愛／接納			
16. 性／親密			
17. 信任			
18. 信心			
19. 懷疑			
20. 希望			
21. 信仰			
在格中標示：+++; ++; +; +/-			

❖ 辨別分析量表 [4]

實際衝突 能力代表價值、需求、社會常規、或美德，會因衝突反應而造成情緒與症狀。使用辨別分析量表當成社會常規（次發實際能力 1-11）及需求（原初實際能力 12-21）的量表，就可能發現關於實際能力與攸關這些價值之微創事件經歷之間的潛意識連結 [4]。針對病人及伴侶／孩子／同事之間的比較，就能帶出更多涵蓋這些內容的事件。藉著比較目前與更早的事件，就能發現這些內在、潛意識的衝突。

基本衝突與四關係維度 正向心理治療有一項突出的特色，就是會去形容及理解童年早期的烙印情境，因而發現導致基本衝突的基本概念，第 25 章中針對衝突模式會有更詳盡的解釋。在初次會談中，病人會被問到許多有關四關係維度情境的問題，如與父母的關係、父母彼此之間的關係、父母與社會的關係及他們的價值體系。這些能顯現基本情境的問題，形成可被闡述的心理動力初始假說基礎。

關於情緒重要他人的早期經驗視覺化，能擴增傳統客體—主體觀點到四種關係（模式）維度：

- 「我」：病人與母親、父親、或其他童年親密相關者，特別要詢問這些人在照顧案主時的時間或耐心，以及這些親密關係者是用什麼樣的方法來為案主做出示範。它也代表兒童的客體—主體經驗。

- 「你們」：父母之間的關係或最親密者彼此之間的關係，會針對個人與其他人之間的關係提供另一種觀點：最親密關係的伴侶是如何影響案主？這些在日後會潛意識調節攸關原初及次發能力之個人親密關係型態。
- 「我們」：可觀察及體驗之父母或親近者與其他人的關係，如家族、鄰居、社群或團體。
- 「本源我們」：父母與文化、世界、靈性及生命哲學的關係。是由佩塞施基安所新創立，也受到弗蘭克、榮格（父母的信仰、文化及意義）的影響。

❖ 人格型態能力（四項領域）及脆弱領域

藉由平衡模式能將實際生活情境視覺化，就能顯示人格特徵及狀態、衝突反應、或生命較脆弱領域。《操作化心理動力診斷》（OPD-2）[13]也談到人格結構中四種可觀察的基本能力，類似於求知能力的四種方法[4]。WIPPF[5]（威斯巴登正向心理治療及家族治療問卷）提供行為領域的完整摘錄，其中會有藉其他人正向或負向評價的特質，來顯示病人及他的伴侶、或衝突伴侶所擁有特殊形態的能力，其中也會有巨型創傷、微型創傷或衝突反應的案例。WIPPF問卷會提醒找出角色典範。

WIPPF最重要的用途是在個別治療中，藉由最常使用的評估、且經內容辨別流程，病人能因而了解他們的資源、衝突內容、衝突反應及關於關係維度的心理動力源頭。可以針對每種能力而決定個人的程度、對他人的期待及內化的理想。從此澄清時刻（〔Aha!〕時刻），關係事件就能與它們建立連結。如果伴侶、夫妻、孩子、同事或他人的關係已在WIPPF填寫，透過比較就能清楚顯示哪些領域有達成共識，而衝突就會被侷限在實際能力的小區上。常見於伴侶的普遍化衝突能因此被避免。如果伴侶能主動涉入，WIPPF就能引導接納，自助就能被促進，為過去的衝突所進行的治療就能更快地發展。能被應用到婚姻與家族治療、教練、心理諮商及對孩子的支持，有或無照顧者陪同皆可。

❖ 案例一階段二：完成問卷

治療師會使用平衡模式來對病人說明她生活的完整圖像，並確認她的資源

與衝突領域。最後她的各種焦慮會被定義，如同她會感覺到安全的領域。呈現在此的療程，病人正在對自己卸除負荷，第一次能夠看見自己許多能力可當作發展的資源。稍後治療師從辨別分析量表中讀到她的實際能力時會問說：「對每項能力，有什麼會自發地出現在你的腦中？」

關於清潔時她回答「水、沐浴」；關於順服回答「小心、別犯錯」；關於禮貌則是「在別人面前隱藏自我」（不要將自己洩漏給他人）；她將忠誠連結家庭、公平連結到「個人的價值」、信任連結到「愚蠢」；至於希望則沒有出現內容，對時間的回答為「不朽」；而對愛與性，則回答「美女」。

在之後的療程，她闡明這些與經驗及生動描述情境的關聯性。治療師站在提問者的角色，希望了解病人內在及外在的世界，而病人就是那位要提供解釋的人。禮貌與成就對她而言很重要，而小心、缺乏信任、錯置的希望、片面的接觸及性，應該會成為未來治療關係及家庭領域的探討對象，特別在第四階段。

在使用辨別分析聯想的作業之後，她繼而進行WIPPF問卷。結果顯示病人對許多原初能力給予相當高的評價（除了愛與信任），而非次發性能力。關係維度也顯示對父母的依附、父母之間的共生關係有非常高的評價，而他們的生活哲學對病人也有強烈的影響力。在討論中，也有釐清保護性的教養及家庭有限的相處關係。這就是她幾乎天真且原始的期望及父親死後入侵她腦海的基礎，即父親的生命觀點藉由「理性」強烈地掌控著她。顯示在WIPPF中的衝突反應，則是朝向「逃入接觸及幻想」。

階段三：情境鼓勵

❖ 症狀、能力及社會環境成為資源

此階段會強調特殊資源的發展，治療關係最重要的層面就是對優勢的省思，並持續聚焦於病人及參照者（reference person）所擁有的能力上。為了與衝突伴侶建立新的關係，病人與治療師必須審視那些被說出來的能力，如果可能由病人自己來為它們命名。病人與治療師會一起審視那些與衝突伴侶關係對應的能力，這些對病人而言都相當重要。因此病人與治療師要能在與衝突伴侶關係的能力當中去梳理出意義。基於在前兩階段所得到的內容，可使用情境鼓

勵與讚賞，以取代對伴侶的批評。病人與治療師會去整理過去在平衡模式與短暫觸及領域中所建立的資源、以及未被實現的潛能及願望。目標需要達到生活能量的平衡，並分布在四項領域中，即身體、成就、接觸及意義—幻想，這是對健康與堅毅能力較佳的情況。而平衡或失衡狀態也會變成病人用來強化領域成為資源的工具。最終目標是要恢復四項領域的平衡。

　　無論是否被主動或間接討論，對參照者關係的連結具有特別有價值，特別在處理自助的使用方面。關於特殊困擾以及處理方法的資訊，例如使用藥物、放鬆技巧、諮商服務，都會成為第三階段流程中的支持任務。

　　佩塞施基安強調在第三階段，衝突伴侶會被預備如果遇到批評時，要能夠穩住，特別是在第四階段說出內心話時自然就會出現。不再指出病人或親近者的缺陷、或建議不要把目標設得太高，而是強調要開始去看待偏重片面發展的正向層面。因此病人會得到鼓勵，自我價值的脆弱性也能被強化，能因此創造出針對缺陷領域分析的基礎。例如一位會成就看得很重的男人，會因此每天長時間工作，在初期並不會被質疑、或建議他花更多的時間陪伴家人。一開始他對成就的傾向及工作動機，會被看見、並確認是一種能力。這對病人而言是一種建設性經驗，而且對治療師與病人關係的建立，既重要且卓有成效。

❖ 案例—階段三：情境鼓勵

老虎與甜葡萄

　　在不幸的一天，有位流浪漢正在逃跑，因為有一隻老虎正在追趕他。他一直跑，直到抵達一座峭壁的邊緣，而他必須爬下去。他抓著粗壯的藤蔓，而且那隻老虎就在他上面狂吼著。突然另一陣恐怖的吼叫聲從下面傳上來，「喔！不！」原來有第二隻恐怖的老虎也正從下面看著他。這男人就這樣懸吊在藤蔓上、介於兩隻老虎之間。此時，有兩隻老鼠、一黑一白，也正爬到岩盤上，它們開始快樂地啃著葡萄樹的根。於是藤蔓在流浪漢的負重之下開始彎了下來。但是在陽光的照射下，他發現一株葡萄藤覆蓋著小又多汁的葡萄。於是他用一手緊攀藤蔓，然後奮力用另一手去摘一串又一串葡萄。他喊出：「這些葡萄嚐起來味道多甜美啊！」（由雷默斯所摘錄之蒙古故事）

　　在此焦點會放在正向再詮釋內涵與資源（治療所使用故事〈老虎與甜葡萄〉）。

- 治療師：很高興你在這裡，這段時程過得如何呢？
- 病人：今天只有朋友陪著我，他在外面的車子等著，每件事情都是母親不在場而完成（註：她過去都由母親陪伴）。
- 治療師：對你而言那樣感覺如何呢？
- 病人：在上次治療結束之後就感覺好些了，我有花許多時間去想你所告訴我關於男人、葡萄與老虎的故事。我對自己說，面對老虎的威脅，就是處於危險情境，葡萄對我而言不可能會是甜的。我會想到他的情境有多恐怖，也會對之後他能有多快樂感到迷惘。但事情總是那樣，四月的豪雨會帶來五月的花。我突然了解到，我有多麼親愛的一位朋友，他已經歷過那些別人無法忍受的事。
- 治療師：（對病人而言，了解這些言語，代表能往前走一步，而當她驚訝於朋友的耐心，就是往自主方向分化的開始）「今天你完全單獨來到這裡，而且沒有母親的陪伴。你似乎對之前的故事感到不太舒服，我已經有了這樣的印象，你似乎已經克服去想這些不愉快念頭的阻力。全部靠自己完成這樣的事，感覺如何呢？
- 病人：今天我確實希望再度從我們上次會面中得到某些事情，所以我才能靠自己來完成。
- 治療師（會暫時放下個人的活動，並給病人一項她有信心能完成的作業）：如果你喜歡的話，當你在家時可以寫下所有會讓你感到焦慮的事情，而在另一行則寫下同時會讓你覺得安全與安心的所有事情。當你將它們寫下之後，或許可與你的朋友做討論。你對這樣的建議有何想法呢？

　　藉此方法在第三階段就能建立好信任關係，也會讓下一個階段進行開放性溝通成為可能，因為在其中情緒及實際能力會被重新審視，早期經驗會被想

起、並根據議題來組織且變得清晰。

階段四：說出內心話

為了繼續對過去的無言或滔滔不絕，這對衝突而言都是常見的，新建立的溝通必須被逐步帶進社會環境。經歷過第三階段所建立的現有關係之後，讓開放性溝通成為可能，於是在第四階段我們將會討論經驗的正向及負向特徵。在此階段，情緒及實際能力會被重新審視，早期經驗會被想起、並根據議題來組織且變得清晰。在早年與他人所經歷願望、期望及恐懼的轉移，或是治療師確認為指向痛苦內容信號的情緒都會被一併探究。在此最早期階段，對治療師有以下要求：必須保持開放態度、隨時準備成為面質的夥伴以及當病人在治療關係中實驗行為改變時，能夠表現出尊敬的態度。

治療師在支持病人時，必須達成介於禮貌、開放性及對改變負起責任的平衡狀態。聚焦於核心衝突議題、針對關鍵衝突的處理、禮貌─誠實、以及藉由病人積極將參照者引入治療，都是屬於第四階段的任務。治療師會呈現家族團體的概念，如果適當的話，也會把家族帶進治療中。家庭概念與潛意識的基本衝突就能於當下被疏通。在每位都能藉由情境觀察、衝突內容分析與雙向鼓勵來確認他人優勢之後，說出內心話，意即開放討論的時間已到。衝突伴侶目前已經處在能接受批評或至少能夠談論出來的狀態。經驗顯示許多人會傾向直接講出問題，藉此來傷害對方，在那之後必須經過許多小時的鼓勵來修復。

❖ 案例─階段四：說出內心話

在第四階段，病人對父親尚未準備好的哀傷──主要實際衝突現身。她潛意識地站在兩極之間：一方面父親的理性解釋，如同她所經歷的能力，如可靠、忠誠及順服，已經將信任、確定性及希望注入她的內心；另一方面，目前卻正經歷對父母伴侶中有紀律、具支持性偶像的失落。在治療中此項基本衝突自然現身：情緒溫暖及兒童早期的信任（原初能力）已經因著理性解釋及可靠（次發能力）變得有條件化，因此無法被內化成無條件的能力。她對獨立發展衍生出這樣的概念：「我必須在智識方面獨立，然後我會去問那位我最認識的

人，爹地！」因此，對病人而言，獨立意味著盲目地信任他的父親。由於失去智識的支持，獨立思考對她而言也是一樣。病人的潛意識、內在矛盾與基本衝突的重要部分所仰賴的，都因在家庭中滿足原初需求，卻必須決定於對次發能力的適應。因此形成內在衝突：如果某些事情沒有藉由勤於智識的可靠夥伴來解釋，就會意義、支持及信任全失。

除了在三角或伴侶關係依然可信靠之外，因尚未體會對自己的信心、希望及意義感，病人在孤單及離家時，會因存在焦慮的症狀而發展出懼曠症及恐慌發作。這樣的妥協、基本衝突就不再有用：沒有任何人像我的父親會引導我，也沒有任何人能負責來解釋事情。因著她的症狀，所以還能被母親及朋友支持著，藉此才能在家感覺到沒有症狀。在此早期階段，治療師必須保持開放態度、隨時準備成為面質的夥伴以及當病人在治療關係中實驗行為改變時，能夠表現尊敬的態度。

階段五：擴展目標

病人會被要求應該考量以下的問題：「如果不再有此項問題時，我將會做什麼？」

此階段會從初次療程開始伴隨著病人，具有預防復發功能、形成主動式而非反應性的發展、預防病人在治療成功之後會回到使用症狀成為釋放的方法。之後病人會被引導從治療師進行自我脫離，然後發展出過去所忽略的新能力。也會與治療師一起發展出微型目標及巨型目標。對可見未來的目標能根據平衡模式來決定。

❖ 案例一階段五：擴展目標

「如果不再有此項問題時，我將會做什麼？」此問題的種子會從初階段遠眺未來開始就已植入病人的心中，藉由觀察個人的情緒及思考、在家寫下故事、與親友討論治療中所浮現的主題，使用四項生活領域來形容，並成為一種個人積極參與治療的動機。

附錄：正向心理治療之初次會談

（由佩塞施基安醫師及戴登巴赫心理師合作所創）

••

由醫師／治療師、協同病人（伴侶、家族）所完成

姓_____名_____出生日期_____

病歷號_____檢查日期_____

I. 介紹問題：

1. 姓名等（填在上面）_____

2. 轉介自：_____

3. 伴侶（家人）對治療的態度：_____

4. 病人對症狀的未來展望：_____

5. 細節簡述（詳述於70-82）：_____

II. 病人目前的個人情境：

6. 目前症狀：_____

7. 症狀的正向詮釋：_____

8. 過去的治療：_____

9. 過去治療的結果：_____

10. 對症狀的自發性評論、對症狀的假定理由：_____

11. 症狀的初始動力：□症狀／創傷突然發生；□因疾病而漸進開始；□其他

12. 症狀第一次發生的時間：_____

13. 過去開刀、疾病與住院史：_____

14. 風險因子：_____

15. 家族既往病歷及家族成員疾病：_____

16. 身體檢查：血壓_____ 體重_____ 身高_____；

　　營養狀態：□正常　　□肥胖　　□過瘦；

　　一般身體狀況：□好　　□中等　　□差；

　　一般印象：□與年紀相符　　□看起來更年輕　　□提早老化

III. 病人的心理社會情境:

實際衝突（Actual Conflict, AC）

17. 過去5-10年，發生了什麼事？請寫下十件:

18. 實際衝突起始點（年）：在症狀之前的AC＿＿＿＿＿＿；在症狀增加之前的AC＿＿＿
    ＿＿＿＿＿＿；在症狀之後的AC：＿＿＿＿＿＿＿＿＿＿＿＿＿＿＿＿

19. 疾病對你一般健康的影響：口強 口中 口無；自發性答案：＿＿＿＿＿＿＿＿＿

20. 疾病對你工作的影響：口強 口中 口弱 口無 口不相關；自發性答案：＿＿＿＿＿

21. 疾病對伴侶及家庭的影響：口強 口中 口弱 口無 口不相關；自發性答案：＿＿＿＿

22. 疾病對關係及接觸的影響：口強 口中 口弱 口無 口不相關；自發性答案：＿＿＿＿

23. 疾病對你個人的未來及未來展望的影響：口強 口中 口弱 口無 口不相關；自發
    性答案：＿＿＿＿＿＿＿＿＿＿＿＿＿＿＿＿＿＿＿＿＿

24. 你最近有內在不安或緊張感？口有 口無 口不知道；自發性答案：＿＿＿＿＿＿

衝突管理的四項領域（求知能力）

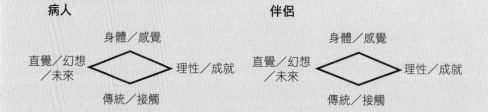

領域：身體／感覺

25. 健康及身體議題對你及伴侶的重要性如何？

非常重要（+2）；重要（+1）；中等（-1）；不重要（-2）

	+2	+1	-1	-2
身體照顧／審美				
運動				
放鬆				
營養				
睡眠				
性				
身體接觸／親密				
疼痛				

領域：成就

26.專業與工作對你的角色及意義如何？對你的伴侶呢？口非常重要 口重要 口中等 口不重要；自發性答案：＿＿＿＿＿＿＿＿＿＿

27.你滿意於現在的工作情境嗎？口是 口一般開心 口不；自發性答案：＿＿＿＿＿＿＿＿

領域：接觸

28.社會接觸（客人、朋友、家人、鄰居、同事）對你的角色及意義如何？對你的伴侶呢？口非常重要 口重要 口一般重要 口不重要；自發性答案：＿＿＿＿＿＿＿＿＿＿

29.你會注意社會事件（政治、俱樂部、環保、公民法案）嗎？你的伴侶呢？口非常重要 口重要 口中等 口不重要；自發性答案：＿＿＿＿＿＿＿＿＿＿

30.你會接觸不同文化及背景的人嗎？你的伴侶呢？口經常 口有時 口很少 口從未；自發性答案：＿＿＿＿＿＿＿＿＿＿

31.不同文化及背景的人在哪方面會吸引你？你的伴侶呢？自發性答案：＿＿＿＿＿＿＿＿

32.遇見不同文化及背景的人時會看見國際問題及可能性嗎？你的伴侶呢？自發性答案：＿＿＿＿＿＿＿＿＿＿

33.你對伴侶關係感到滿意及愉悅嗎？你的伴侶呢？口經常 口有時 口很少 口從不；自發性答案：＿＿＿＿＿＿＿＿＿＿

領域：幻想／未來

34.你會思考自己及家庭的未來嗎？你的伴侶呢？口經常 口有時 口很少 口從不；自發性答案：＿＿＿＿＿＿＿＿＿＿

35.你會擔心你未來的專精職業嗎？你的伴侶呢？口是 口否 口不相關

36.你會去思考遙遠的未來及全球人類的未來嗎？你的伴侶呢？口經常 口有時 口很少 口從不；自發性答案：＿＿＿＿＿＿＿＿＿＿

37.你對未來感到有希望嗎？你的伴侶呢？口經常 口有時 口很少 口從不；自發性答案：＿＿＿＿＿＿＿＿＿＿

38.你會思考關於生命意義、死後生命的問題嗎？你的伴侶呢？口經常 口有時 口很少 口從不；自發性答案：＿＿＿＿＿＿＿＿＿＿

39.你相信有死後的生命嗎？你的伴侶呢？口是 口否 口不知道；理由：＿＿＿＿＿＿＿＿

40.四項處理衝突領域的結果：

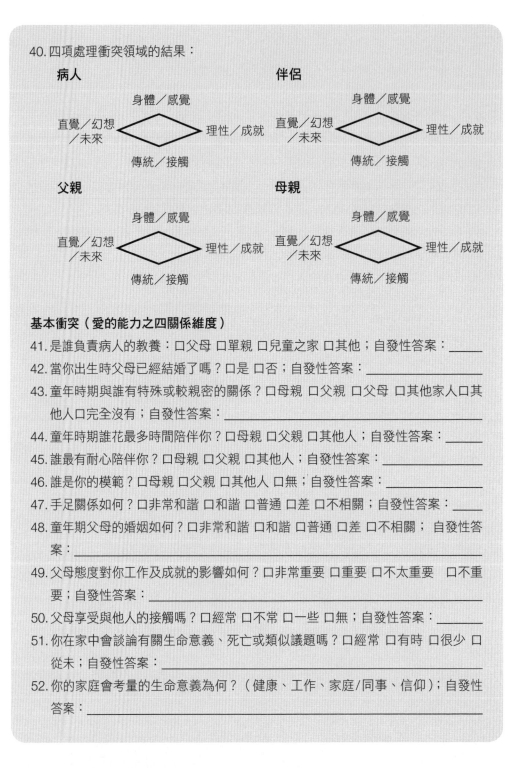

病人

身體／感覺

直覺／幻想／未來 — 理性／成就

傳統／接觸

伴侶

身體／感覺

直覺／幻想／未來 — 理性／成就

傳統／接觸

父親

身體／感覺

直覺／幻想／未來 — 理性／成就

傳統／接觸

母親

身體／感覺

直覺／幻想／未來 — 理性／成就

傳統／接觸

基本衝突（愛的能力之四關係維度）

41.是誰負責病人的教養：□父母 □單親 □兒童之家 □其他；自發性答案：＿＿＿＿＿

42.當你出生時父母已經結婚了嗎？□是 □否；自發性答案：＿＿＿＿＿＿＿＿＿＿＿＿

43.童年時期與誰有特殊或較親密的關係？□母親 □父親 □父母 □其他家人 □其他人 □完全沒有；自發性答案：＿＿＿＿＿＿＿＿＿＿＿＿＿＿＿＿＿＿＿＿＿＿＿＿

44.童年時期誰花最多時間陪伴你？□母親 □父親 □其他人；自發性答案：＿＿＿＿＿

45.誰最有耐心陪伴你？□母親 □父親 □其他人；自發性答案：＿＿＿＿＿＿＿＿＿

46.誰是你的模範？□母親 □父親 □其他人 □無；自發性答案：＿＿＿＿＿＿＿＿

47.手足關係如何？□非常和諧 □和諧 □普通 □差 □不相關；自發性答案：＿＿＿

48.童年期父母的婚姻如何？□非常和諧 □和諧 □普通 □差 □不相關；自發性答案：＿＿＿＿＿＿＿＿＿＿＿＿＿＿＿＿＿＿＿＿＿＿＿＿＿＿＿＿＿＿＿＿＿＿＿＿

49.父母態度對你工作及成就的影響如何？□非常重要 □重要 □不太重要 □不重要；自發性答案：＿＿＿＿＿＿＿＿＿＿＿＿＿＿＿＿＿＿＿＿＿＿＿＿＿＿＿＿＿

50.父母享受與他人的接觸嗎？□經常 □不常 □一些 □無；自發性答案：＿＿＿＿＿

51.你在家中會談論有關生命意義、死亡或類似議題嗎？□經常 □有時 □很少 □從未；自發性答案：＿＿＿＿＿＿＿＿＿＿＿＿＿＿＿＿＿＿＿＿＿＿＿＿＿＿＿

52.你的家庭會考量的生命意義為何？（健康、工作、家庭/同事、信仰）；自發性答案：＿＿＿＿＿＿＿＿＿＿＿＿＿＿＿＿＿＿＿＿＿＿＿＿＿＿＿＿＿＿＿＿＿＿＿

53. 你在家裡的座右銘為何？自發性答案：_____

54. 何種諺語、隱喻、或觀念對你最重要？自發性答案：_____

55. 你最喜歡的作者？自發性答案：_____

56. 誰會為你讀或說故事？（父親、母親、祖父母、幼稚園老師等）；自發性答案：
_____

57. 你還記得講故事的情境嗎？你感覺如何？自發性答案：_____

愛的能力（基本衝突）及四關係維度領域的發現

58. 對病人及家屬解釋診斷：

病人

父母／手足—小孩
我
本源我們　　　　　　你們
父母—信仰　◇　　父母之間
我們
父母環境

父母及手足對病人的關係

	母親	父親
時間		
耐心		
模範		

伴侶

父母／手足—小孩
我
本源我們　　　　　　你們
父母—信仰　◇　　父母之間
我們
父母環境

父母及手足對病人的關係

	母親	父親
時間		
耐心		
模範		

59. 辨別分析量表（DAI）—簡式

實際能力	病人 +/-	伴侶 +/-	自發性答案
1. 準時			
2. 乾淨			
3. 秩序			
4. 順服			
5. 禮貌／有禮			

6. 誠實／誠心			
7. 忠誠			
8. 公平（正義）			
9. 勤奮／成就			
10. 節儉			
11. 可靠／精準			
12. 愛			
13. 耐心			
14. 時間			
15. 信任／希望			
16. 接觸			
17. 性			
18. 信仰			
19. 懷疑			
20. 希望			
21. 信心			

辨別分析量表的發現

60. 對病人及家屬描述辨別分析量表中關於內在衝突的內容：_____

61. 初次會談的哪部分對你最重要？能用你自己的語言來解釋嗎？

62. 解釋未來的流程：（考量五階段中的治療計畫）

63. 你是良好的聆聽者嗎？自發性答案：_____

64. 你能提出精準的問題嗎？自發性答案：_____

65. 你能鼓勵自己和其他人嗎？自發性答案：_____

66. 你能用適當態度對別人解釋你的問題嗎？自發性答案：_____

67. 雖然有這些問題，你依然覺得樂觀嗎？自發性答案：_____

68. 接下來五年你有任何願望及期望嗎？自發性答案：_____

69. 診斷、用藥：_____

社會人口學資料

70. 年齡：_____歲；伴侶年齡：_____歲

71. 性別：口男 口女

72. 婚姻狀態：口已婚，自何時：＿＿＿＿＿；口單身、無固定伴侶；口單身、有固定

伴侶；口離婚；口喪偶；口分居；口再婚（配偶死亡、離婚）；口喪偶或離婚、

有穩定伴侶

73. 孩子數：＿＿＿＿＿＿＿＿＿＿＿＿＿＿；孩子年齡：＿＿＿＿＿＿＿＿＿＿＿

74. 專業（教育）：＿＿＿＿＿＿＿＿＿＿＿＿＿＿＿＿＿＿＿＿＿＿＿＿＿＿＿

75. 學歷：口啟智、身障特教學校；口小學 口國中 口高中 口大學

76. 目前工作及成就：＿＿＿＿＿＿＿＿＿＿＿＿＿＿＿＿＿＿＿＿＿＿＿＿＿

77. 伴侶的工作：＿＿＿＿＿＿＿＿＿＿＿＿＿＿＿＿＿＿＿＿＿＿＿＿＿＿＿＿

78. 病人父母的家庭情境：

口父母均健在：何時結婚？＿＿＿＿＿；父親年齡：＿＿＿＿＿；母親年齡：＿＿＿＿＿；

口只有一位健在，誰？＿＿＿＿＿＿＿＿＿死亡年：＿＿＿＿＿＿＿＿＿；

口父母均亡；死亡年：父親＿＿＿＿＿＿＿＿＿；母親＿＿＿＿＿＿＿＿＿；

口其他家庭情境（寄養父母、生養父母、兒童之家）：＿＿＿＿＿＿＿＿＿

79. 父母的職業：父親＿＿＿＿＿＿＿＿＿＿；母親＿＿＿＿＿＿＿＿＿＿＿

80. 手足數：＿＿＿＿＿＿＿＿＿＿＿＿＿；手足年齡：＿＿＿＿＿＿＿＿＿＿

81. 信仰：何種？＿＿＿＿＿＿＿＿＿＿；口無宗教信仰；口已離開教堂

82. 國籍/族裔：＿＿＿＿＿＿＿＿＿＿＿＿＿＿＿＿＿＿＿＿＿＿＿＿＿

CHAPTER 27

正向心理治療之衝突模式

by 邁克森·岡察洛夫（Maksim Goncharov）

事實上我們無法避免所有衝突，只能努力學習如何去管理它們。

衝突（從拉丁文confligere而來，意指撞擊或打鬥）的一般含義是指個人的內在掙扎（動機、願望、價值及理念之間）或許多人之間因不同立場而產生[29, 33]。衝突是普遍的現象，但衝突並非如一般人所認為的吵架或醜聞，而是介於願望與現實之間的差距。

衝突隨時都在發生，而並非所有衝突都會對我們有顯著的影響，因此衝突有必要分出有用的類別。正向心理治療中共有四種衝突：實際（actual）衝突、基本（basic）衝突、內在（internal）衝突及關鍵（key）衝突。正向心理治療的衝突模式有相當堅實的內在一致性與實際應用，因此是一種協助案主疏通問題相當有用的臨床工具[譯註18]。

譯註18 如能克服最激烈的衝突，就會留下一種不易被侵擾的安全與平靜感。正是需要這些激烈衝突及其烈焰，才能造就既珍貴且持久的成果。——榮格

關鍵定義—實際衝突

在精神科醫師佩塞施基安的著作中，描述實際衝突是一種發生在現下的急性或慢性的情境，例如職業或環境改變、家庭事件（如離婚和結婚）、財務困境、親密者的死亡等[34-38]。然而實際衝突並非只是一項事件，而是指因此事件所造成的各種情境（如圖27.1）。

圖 27.1　實際衝突

事件 ⟶ 情境

問題情境也可能在很久之前所發生，例如許多年或甚至幾十年，但至今仍存在現實中，例如進入家庭生活、離婚、改變工作環境或搬家，都能觸發長期不滿的情境及影響生活品質。啟動實際衝突的事件一開始是中性的，但因著對個人的重要性而沾染個人色彩，而此重要性是由抵觸到從兒時養育過程中所傳承的價值（實際能力）來決定[34, 42, 48]。

並非每樣無法滿足我們期望的情境都會出現顯著衝突，例如趕不上巴士與失去好友的含義有所不同。如同其他衝突，實際衝突是基於價值觀的抵觸，如果目前的生活情境會影響從兒時發展而來的重要價值與需求，就會產生衝突性壓力[10, 14, 15]。

當價值與個人自我覺知連結得更重要且深層時，就會產生更突顯的內在要求（期望），而當未得到滿足時，就會造成更顯著的失望[13, 34, 45]。例如一個人在生活中堅持此原則：「我本身是一位準時的人」，而當遇到他人或自己不準時，就會經歷較大的衝突性壓力。因此實際衝突是一種外在、現下的情境，其重要性會視介於期望與現實或所觀察到的差距程度而定，差距越大，衝突就越嚴重、所產生的衝突壓力就越大，個人所經歷的衝突實情（actuality）就越明顯[2, 19, 21]，可用圖27.2來表示。

因此我們就能得到一項事實：**實際衝突就是現下衝突（問題）性的生活情境，導致因期望及現實之間的差距而造成情緒性壓力**。實際衝突也是一種外在

圖 27.2　衝突實情

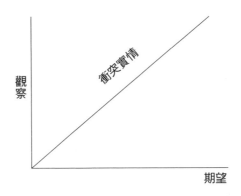

情境會發生並測試我們內在價值的強度[19]。實際衝突也可獨立於現下問題情境而存在，可能會變成啟動**基本衝突**的觸發點，並形成進一步的衝突動力，例如離婚會再度觸動女性早年對父親的失落感，因為她再度失去所愛的人，在此實際衝突再度開啟舊傷痕、並測試既存的家庭概念，也為既存的衝突添增動能[36]，稍後會再討論此點。

　　同時也可能發生許多實際衝突，可依重要性來排行，如工作、健康狀況、家庭或關係困境等。一般而言，我們都能對實際衝突處理得相當好。實際衝突通常是意識上能覺察的衝突，意即能加以命名或文字描述，因此能被處理並解決。但實際衝突也可能會潛意識存在著，除依賴與其他情境之外，還包括心身症、焦慮症及精神病症等。這些案例中，個人通常只能覺察症狀，並固著於能被詳細描述的痛苦上，卻無法了解症狀的潛在原因。對案主而言，並無法將症狀與衝突生活情境相連結。

　　臨床實務中，無法覺察實際衝突也會成為診斷條例的一項，並代表較低的心理覺察力（psychological mindedness），此外也可能是心理防衛或結構完整性降低的影響[19, 31, 46]。實際衝突總會創造出能量，如果這份能量沒有適當的出口，就會形成衝突性張力，繼而導致症狀或疾病的形成（如圖27.3）。

　　在心理治療過程中，我們會試著往回推、並從衝突症狀退後一步來想，就能因此得到疏通症狀背後原因的機會。並非每項發生在個人生活中的衝突情

圖 27.3　衝突性張力

衝突 ⟶ 衝突性張力 ⟶ 症狀

境都會製造出衝突性張力，出現與否會視個人齊備狀態（readiness）而定，通常是由基本衝突來決定。換句話說實際衝突的能量本身並不足以製造出衝突動力及形塑疾病的症狀，而是需要從**基本衝突**得到額外的動能。至於實際衝突是如何興起的？佩塞施基安描述實際衝突原因的兩種主要分類：巨型創傷（macrotrauma）及微型創傷（microtrauma）（如圖27.4）。前者相對容易追溯因果關係的連結，後者則相當困難。

　　巨型創傷就是生活事件，如失業、破產、搬家、親人死亡等，基本上都是相對較大的事件，幾乎都能擾亂任何人，只是不能光記住負向事件、也要關注正向事件[4, 40]。一般人都很容易描述生活事件對生活情境的影響，並告訴我們發生的確切時間。當精神科醫師詢問病人有關疾患之前的生活時，事實上就是要發現這些巨型創傷。如果有任何發現，就可能被分類為心因性或外因性疾患。壓力強度及負向影響程度會與案主的個人及文化特質有關[12, 21, 43, 50]，在臨床實務上必須加以考量。

　　第二類就是微型創傷，相對於前一類，這是由較不重要的事件所累積而成，如伴侶的不準時、下屬的不被信任及不公平、孩子的叛逆等。或許你會注意到這些微型事件能用實際能力來清楚地形容，也就是這類瑣事，讓生活以「滴水穿石」的原則運作著。相對於巨型創傷，個人無法精準描述事件的發生時間，甚至會用更廣泛的時間序列來形容：「過去幾年我們都一直在爭吵」、

圖 27.4　實際衝突原因

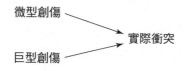

「我們的關係已經從5-6年前就改變了」等。不斷出現衝突就會導致再創傷化、消耗資源、再現情境及造成慢性化，而一項實際衝突也可因外在壓力、過度負荷及個人既定能力等組合而成[20, 35]。

❖ 實際衝突之運作法則

　　由於正向心理治療屬於心理動力療法，因此我們不會只聚焦症狀上，例如恐懼和憂鬱，而會試著回答此問題：「在這些症狀背後形成衝突的內容為何？」就像其他心理動力架構，實際衝突需要診斷與運作法則，而運作法則是基於診斷的三項層面：一、定位；二、內容；三、對衝突的反應。

❖ 定位

　　實際衝突的定位是一種由衝突所主導的領域，我們會使用正向心理治療平衡模式中的四項領域／維度／生活領域（身體／健康、活動／成就、接觸／關係、意義／未來）來描述實際衝突的定位。

- 身體／健康領域的實際衝突：創傷或疾病、被告知診斷、器官或系統等障礙、不滿意個人外表等。
- 活動／成就領域的實際衝突：工作場域問題、關於從屬或忠誠的問題。
- 接觸／關係領域的實際衝突：緊張關係、和伴侶、父母或親密者的誤解、家庭紛爭、孤單、無法進行對話等。
- 意義／未來領域的實際衝突：失去人生方向、死亡、意義或目標、焦慮、僵局、理想破滅等。

　　因此實際衝突的定位能幫助我們確認及定位生活領域，在其中所出現關於理想與現實之間的差距[19]。

❖ 內容

　　實際衝突總是會圍繞在某些價值上[23, 25, 26]。正向心理治療中的價值會用實

際能力（actual capacities）的相關名詞來形容，依其心理內容，這些能力可分成兩類：原初及次發能力。次發能力是與知識傳承相關，因此代表求知的基本能力，也反映出個人所屬社會團體的價值與常規；原初能力則代表愛的基本能力，是個人生命與他人接觸的第一天開始所形成而來。如附表27.1所列次發與原初能力。

表 27.1　實際能力

原初能力	次發能力
時間	準時
耐心	清潔
接觸	秩序
愛／接納	順服
性	禮貌
信任	誠實
信心	精準
懷疑	忠誠
希望	公平
信仰	勤奮
模範	節儉
一體／整體	良知

除了上述功能，實際能力也同時代表核心衝突議題，意即案主可能會被現下生活環境中的社會常規與價值所創傷。當某人的期望行為無法對應所觀察到的行為時，就會讓案主感受到衝突性張力[27, 28, 39]。例如：當實際衝突位於成就領域，且實際衝突的內容為信任與順服，意即案主在成就領域可能會從某人身上期待更多的信任與忠誠。

通常實際衝突的內容會以次發實際能力來形容，因為它們是行為常規且相對容易被觀察到。然而原初實際能力也同時會出現在實際衝突的內容當中，例如耐心、性與信任[30, 34, 36, 37]。這些實際衝突的內容並無法從案主的描述就能立即做出決定，例：「你不尊重我」，所宣稱的（原初）實際能力：**接納／愛**。但

如果衝突伴侶並未公開表達不尊重，意即案主自行詮釋伴侶的行為是不尊重，此時就需澄清，例如：「你不尊重我，因為你遲到且讓我等（**準時**）」，或「你不尊重我，因為你不**順服**我」，此時準時、順服變成尊重的條件。

　　必須強調的重點在於，實際衝突總是存在信念或價值的內容，而在生活情境中並無法獲得期待的滿意，因此感到挫折。進一步分析能澄清關於這些涉入衝突之實際能力脆弱的理由。能理解及命名實際衝突的能力，會被視為良好結構完整性及心理覺察力的適當診斷條件[19, 32, 33]。

❖ 對衝突之反應

　　雖然有文化及社會差異、個人的特殊性，我們還是能發現所有人都會使用相同形式的典型衝突反應來克服他們的問題[16, 49]。當我們有問題時（如生氣、變得憂鬱及感覺被誤解、生活在持續壓力當中、或失去生命意義），所有這些困難都能呈現在四項生活領域中。它能提供一種人們如何看待自己及周遭世界的圖像，以及辨識與現實控制是如何發生。換句話說，這四項生活領域能用來處理我們的衝突[9, 38]。因此，我們就能擬出四種常見處理衝突的方法（如圖27.5）：

圖 27.5　平衡模式中處理衝突的四種方法

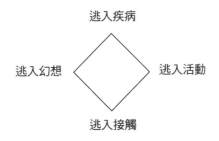

1. 「逃入疾病」或「逃入身體／症狀」：意即案主對衝突的反應會開始去經歷病痛、更關注身體及健康、更努力減重、運動或變苗條。對衝突的身體反應可能如下：改變身體活動（運動——〔堅持住、停止變

老〕、睡眠〔用睡來克服衝突、睡眠疾患〕、食物〔貪食——用吃來克服哀傷；拒食——瘦身狂熱〕、性慾〔唐璜症候群、色情狂、戒色〕）與心身症反應。此外，從疾病得到次發性收穫的事件也被分類為逃入疾病。

2. 逃入活動：牽涉到對衝突反應的情境，個人會增加活動與生產力、尋求達成更佳的成果、把更多的工作加在自己身上、清理公寓、在工作上承擔更多責任等。

3. 逃入接觸：會表現為尋求陪伴以解決衝突，如與朋友碰面、與父母在電話中聊天、使用社會網絡等。

4. 逃入幻想：亦即會活在夢幻當中，或使用另一種較不痛苦且更有吸引力的方法，可以是讀書、看電影或玩電腦遊戲。此外，也會包括酒精或藥物的使用、及自殺行為等。

　　一般而言，我們會使用所有方法當成衝突解決的資源，例如對問題情境的反應，我們會變得悲傷或憤怒（身體／感知），因此我們能覺察與表達情緒；我們會想做一些關於它的事情，於是想辦法做一些有用的事（活動／成就）；我們也能與他人分享經驗、逃離、尋求支持與協助（接觸／溝通）；我們也可能會思考後果、發現新計畫、新的意義（未來／幻想）。也就是說我們會發揮四種生活領域的能力當作資源，因而更容易克服這些困境。適當處理實際衝突，就能即時解決問題情境，並維持平衡及良好的生活品質。例如，當你的健康已經惡化，就需要投入更多的注意，去接受所需的檢查與治療。即使此事件被認為無趣，但聚焦投入能量在此衝突領域，也能讓我們在受傷害程度最少下解脫。

　　雖然上述解決困難的取向看起來似乎很自然，但我們通常不會表現得如此理性[5, 19, 22]。例如在伴侶關係出現問題情境，會用工作來填滿自己、試著減少與伴侶的溝通，亦即實際衝突出現在接觸領域，卻用「逃入活動」來處理；或是相反地，案主在工作上有嚴重的問題，不是在工作上去解決，反而只是對朋友或伴侶抱怨（逃入接觸）或是試著用酒精來轉移（逃入幻想）。此類衝突反應

稱為轉移，出現這些反應的理由，必須從家庭概念中來尋求。

　　即使衝突來自一位夥伴的關係，但卻用另外一位夥伴的關係來處理，這並非是一種適當投入衝突解決的方式。雖然我們會從這樣的衝突處理過程當中得到某些解脫及支持，但遲早我們都要將所有努力轉回到形成實際衝突的領域及內容上，這是有效衝突管理的保證。意即實際衝突必須在源起的領域中來解決，設定源起的目標、聚焦在源起的主題。事實上我們無法避免所有衝突，只能努力學習如何去管理它們。

　　實際衝突會鼓勵人們去找出方法，並使用四項生活領域可得的方法。在臨床實務中，四種處理衝突方式能協助我們確認案主確切是如何進行[9, 34]。在此我們能預測案主是如何使用四種處理衝突方法去對應所發生的實際衝突，以及處理實際衝突主要會與哪種生活領域有關。例如在成就領域中關於信任與順服所衍生衝突的反應，案主傾向「逃入」聊天、並和親人討論衝突。

　　為能精準診斷實際衝突，必須以簡短描述的形式來論述。例如：當我不斷跟下屬解釋我對他的期望、但他卻無法完成，我就會覺得瘋狂、無法平靜下來，直到我能跟某人討論此事。

　　關於此實際衝突的系統性論述，應該**定位**在成就領域（與下屬的衝突），但對衝突的**反應**主要是透過逃入溝通（接觸）以及情緒反應（身體）來處理，而實際衝突的**內容**則包括盡責與順服（高期待與低成就）。由於案主能與他人分享情緒經驗，能因此降低衝突性張力、回歸常態，較有機會以理性來處理後續成就領域的衝突。

　　然而必須清楚分辨衝突及對衝突的反應，問題在於當衝突出現在某一領域（如接觸），卻在完全不同領域進行處理（如幻想），此時衝突被解決的機會不大，因為衝突性張力及內容依然存在。

　　頭痛、胃腸道疾病、睡眠疾患、類風濕性疾病、疼痛、氣喘、心臟病理、性疾患、成癮、畏懼症、憂鬱症、強迫症等，如今都能以經歷與處理精神及心理社會衝突的名詞來考量，因此所有類別的精神疾病及心身症都能歸入此模式當中（如圖27.6）。

圖 27.6 精神疾病與心身症分佈在四項生活領域模式

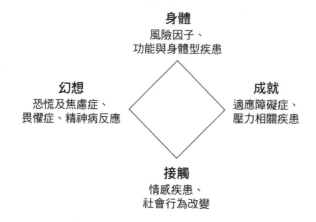

身體
風險因子、
功能與身體型疾患

幻想
恐慌及焦慮症、
畏懼症、精神病反應

成就
適應障礙症、
壓力相關疾患

接觸
情感疾患、
社會行為改變

關鍵衝突

在佩塞施基安的著作中，針對關鍵衝突的描述相當簡單，然而它對衝突反應及症狀形成的調節則扮演重要角色（如圖27.7）。

圖 27.7 衝突性張力

衝突 ⟶ 衝突性張力 ⟶ 症狀

每種衝突都會製造能量，但基於某種理由此能量沒有被釋放，就會形成衝突性張力，在持續被阻擋的狀況下就會導致症狀與疾患。當衝突性張力已然成形，就會在不遠的將來被使用到。基本上只有兩種選項：往外在世界釋放或持續待在裡面。在此就是所謂的「開啟點」，意即衝突處理的進一步方向需要在此決定[38]，因而形成一種新領域的衝突。在實際衝突接收到個別意義之後，此衝突的經歷及對它的反應正面臨另一項衝突，稱為**關鍵衝突**。因此，關鍵衝突只在有實際衝突時才會存在。

關鍵衝突之所以稱為關鍵，是因為它就像一把鑰匙能夠針對衝突反應開或關（如圖27.8）。會出現一種選擇，是要讓衝突反應藉「誠實」（honesty）展現

圖 27.8　實際與關鍵衝突

給他人、或是藉「禮貌」（courtesy）將它隱藏起來。實質而言，關鍵衝突就是兩種能力的二分法：誠實（開放、率直、真誠）與禮貌（有禮）。因此關鍵衝突就像要把我們的反應導引向外或向內的一個開關。進入一項衝突中，我們會有一種選擇：需要開放性（向外）的回應或隱藏式（向內）的反應。

　　在此基礎上，誠實或率直可理解為開放性表達個人需求、真實想法與情感的能力，而不管他人的後果及反應，也就是一種說「不」的能力，以及拒絕、為自己辯護、堅持、容許受攻擊的風險等能力。例如：「我總是能說我所想的，無論他們喜歡或不喜歡。」（如圖27.9）此外，誠實也是一種說出內心話的條件之一，讓個人經驗能被評估。然而如果誠實或率直太過頭，也可能阻擋適當的溝通。此外，誠實也是一種與自己保持接觸及對個人擁有真實表現（揭露）保持坦承的能力。因此，真誠（sincerity）的含義包括一致性（congruence）與真實性（authenticity）。

　　第二項要素為禮貌或有禮，可理解為一種對社會環境攻擊的抑制能力、避免衝突的能力、考量別人態度的能力、說「好」的能力或接受直覺式失敗代價及潛在恐懼情緒反應的能力。例如：我很害怕公開表達我的意見，因為我不想失去在別人眼中的好印象。有禮可理解為能與他人維持接觸的需求及維持接觸的能力。這兩種能力——誠實與禮貌都攸關衝突是否能解決或是否被進一步發

圖 27.9　關鍵衝突之潛在預後

展及強化。

由於衝突就是介於雙方利益之間的衝擊,為了有效管理衝突,有需要他方的介入:任何個人或同一人的其他需求。因此,衝突內容必須被理解且說出來,才能提供適當覺知衝突內容的機會。由此就能分辨出三種處理衝突的觀點及模式(如圖27.10)。

圖 27.10 關鍵衝突流程中三項可能觀點

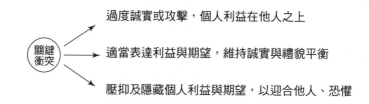

在關鍵衝突中使用禮貌,一個人就會刻意去抑制攻擊性,並創造出一種內在衝突性張力,最終可能導致症狀或疾患。大部份接受心理治療的病人會使用禮貌來處理衝突,那是因為禮貌能讓人避免升高、或縮小情境性衝突。如果將禮貌比喻成一種容器壁,那微型衝突(微型創傷)進入之後就會下降(被包容);而誠實則是能排出內容物的容器閾值或一個洞(出口),就能看見當誠實閾值越高、誠實表現看起來就越強烈。當誠實累積到一定程度的量時,看起來就像巨浪、甚至海嘯:強烈、攻擊性、甚至破壞性。因此誠實會被強化並伴隨許多複雜的情緒(如圖27.11)。而當誠實的閾值降低之後,強度就會明顯下降,就比較容易被處理(如圖27.12)。

從佩塞施基安書中所提的案例,能理解關鍵衝突是意識可覺察到的,因為案主能說出它們被開放(誠實)或關閉(禮貌)的理由。關鍵衝突會處理有意識的內容,事實上它就是一種內在衝突,也能導致症狀形成,因為它會產生強烈情緒,如恐懼或憤怒。然而並非每種內在衝突都是關鍵衝突,相對於內在衝突,如我們所見,關鍵衝突是它的意識性類同物。要開啟或關閉某些事情,你就必須了解正要開啟或關閉的是什麼(如圖27.13)。

圖 27.11　高誠實閾值

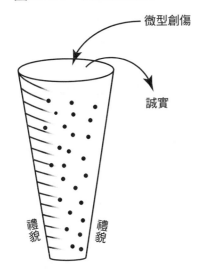

圖 27.12　低誠實閾值

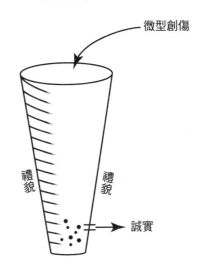

圖 27.13　實際與關鍵衝突、及覺察度

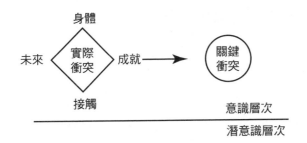

　　關鍵衝突是一種介於兩種需求之間的有意識內在衝突，表達個人利益（開放／誠實）的需求，因此會與個人保持接觸；以及不想跟個人態度相妥協（一致性）的需求，因此會和他人保持接觸（禮貌／有禮）[19]。因此關鍵衝突可稱為一種衝突中的衝突，因為它總是發生於意識性選擇形成張力時：去捍衛利益的重大衝突或隱藏起來。對等取得此兩種處理衝突的能力，能讓人維持與自己或他人的平衡。

在正向心理治療模式中，我們會認為關鍵衝突「禮貌（有禮）—誠實（真誠）」在症狀發生的如下流程當中，為最脆弱的地方：禮貌的反應相當於中樞神經系統內分泌與中介機轉、以及恐懼反應；而在中樞神經系統，誠實的反應相當於攻擊[37, 38]。達到強烈程度的誠實看起來就像攻擊；同時攻擊實質上也會與誠實連結。生理上而言，誠實會啟動交感神經系統、並要求一種主動態勢及行動預備。因此個人潛在的問題更像是會發生在接觸及成就領域（如圖27.14）。

至於極端程度的禮貌看起來就像恐懼，會啟動副交感神經、並導致被動防衛的態勢。因此潛在問題最有可能位於身體及幻想（未來）領域，例如心身症、畏懼症或焦慮症。因此如果誠實會尖銳化衝突，禮貌則會讓它變成慢性。然而，比起過度的禮貌，堅持並直接說出事實，反而會有較多機會理解抱怨、並能適當回應。關鍵衝突會處理有意識的內容，如目前的衝突性生活情境（實際衝突），或有意識的家庭概念（基本衝突），就能被說出來（宣告）。

為評估病人的衝突狀況及其溝通能力，會找出他們在特定情境中對開放

圖 27.14　關鍵衝突與症狀形成

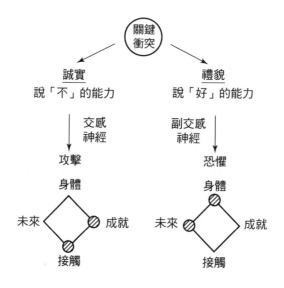

性—禮貌之經驗及態度的例子[1, 7]。在心理治療過程中，關鍵衝突會於對衝突及其內容有更多理解之後，在說出內心話階段進行積極討論。關鍵衝突的出現可視為一種說出個人情緒的機會，與他人保持接觸則是一種正向訊號。而將衝突說出來也是案主覺察力增加的訊號，此種覺察能提供更多選擇、並擴充反應的選項。

基本衝突

我們會失敗的原因通常就是所謂的「生活概念」，確實就是我們所傳承的家庭概念，在心理學或心理治療中稱為基本概念，因為它們植基於我們的生活基礎當中，如童年[6, 36]。這些概念用另外一種說法，就是從父母、父母般的人物、老師或重要他人所傳承而來、並植入或深植在生活中的觀念，因而成為我們角色典範的生活手冊。

何為生活概念？這些概念是情緒性及認知性的架構，能定義我們與自己、他人及與環境關係的詮釋方法，也是一種關於世界如何運作及如何去處理的信念。換句話說，它們也是心理透鏡，藉著它們就能觀察現實、並理解我們的態度，那也是為什麼此類概念有時候聽起來就像一種座右銘或口號。

由於我們會聚焦於內化的常規與習慣，因此這些概念總是能提供動機來引導我們的行為，且對我們的生活具有如此巨大的影響，並不令人驚訝。這些長期概念未必會進到我們的意識當中，甚至不會被覺察到，那是因為在兒童期我們沒有其他選項，也會把它們視為理所當然。只有透過不同於往常的現實衝擊，它們才會讓我們覺察到，就在那裡，它們不再發揮功能、符合情緒需求及成為可靠指引。在童年時期的生活現實當中，並不會有太多選擇，我們只是單純地接受它們。

或許目前越來越清楚，並非我們所經歷的每件事情，都會全然對我們有所幫助。有些事情確實能提供很大的幫助，並提升我們的生活，但有些只會變成夢魘，非常有可能造成未來的衝突與問題。很幸運的，並非每一種家庭概念都會在未來變成衝突，某些觀念潛在確實更具衝突性，例如此種觀念「等你有高學歷，才能過快樂的生活」會比另一種觀念「快樂在任何情況下都是可能的」

更為狹窄且較具衝突性。基於不同理由而無機會取得較高學歷，一個人就可能會認為自己注定不幸，而缺乏教育的事實則會更確信自己是不快樂的。為了讓生活變得更快樂，此人就必須克服許多關於過去信念的疑慮，但最好把此類不合時宜的信念都當成**迷信**（superstitions）。

基本觀念並不必然都建立在價值上，眾所周知的價值也未必具有普及性，而是相當具有文化決定性。換句話說，在一種文化中被認為有價值、但在另外一個文化中卻認定絕對沒有價值，這很正常且自然。目前也越來越清楚，我們已經明白有多少問題是我們自己所編造及發明而來，並人為地製造出額外的困境。

以下就是一些其他家庭概念的例子：「當你有所成就才能有所價值」、「合夥是很辛苦的工作」、「我的孩子必須比我過得更好」、「我的孩子必須活得跟我一樣」、「上帝正在降下懲罰」、「所有人都性本善」、「不要相信任何人」、「你只能信任親人」、「客人只會帶來花費」、「同情對每個人而言都是不夠用的」。

家庭概念在童年期相當好用，但在成年生活則可能變成實質負擔，不再符合滿足我們情緒需求的功能，因而會見到家庭或基本概念會轉變成基本衝突。因此，**由於現下衝突性生活情境（導因於實際衝突），基本衝突變成一種功能失調的家庭概念**，再也無法滿足我們的情緒需求[19]。

發生在實際衝突的能量會因加入基本衝突的內容而倍增，並導致**潛意識內在衝突**的形成。因此基本衝突也能想像成一隻被喚醒的狗，有相當長的時間這隻狗正在睡覺而且不會出聲。但現在由於實際衝突，狗已經被喚醒，且藉由防衛過往的價值而讓我們經驗到。以下的模式是與在原生家庭團體中運作的概念有關，我們會依照兩種情況來進行分析：概念必須與社會化相關；必須考量到與外界的關係。乘載這些概念的是父母、手足、祖父母或那些可替代這些功能的人[38]。

❖ 基本衝突之運作法則

如同實際衝突，基本衝突也需要診斷及運作法則，不像實際衝突，基本衝突的運作法則僅基於兩種診斷層面：定位及內容。

❖ 基本衝突之定位

基本衝突可用我們都擁有的四種概念來形容，並以圖27.15來呈現：

1. 概念「我」——在童年時期父母及手足對我們的態度。
2. 概念「你們」——在童年時期父母對彼此的態度。
3. 概念「我們」——在童年時期父母對周遭世界及社會環境的態度。
4. 概念「本源／原初我們」——在童年時期父母對世界觀及當時生命意義
   等問題的態度。

圖 27.15　四關係維度

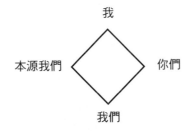

這四種概念分類分別描述四種關係維度：對自己的態度、對伴侶的態度、
對社會的態度、及對世界觀的態度。據此，這些態度會變成我們對未來所有關
係層面之個人態度形塑的起始點。實際衝突多數為一種外在情境，也就是關於
某人，而基本衝突則總是關於我們。

概念「我」代表著我們、關於我們、我們所擁有的價值及其重要性，它會
形容我們用什麼來鼓勵自己，以及用什麼來懲罰自己。此外，此概念也會定義
我們維持及保存個人價值的方式。例如：「沒有人愛我，而且我不愛自己」、
「我是一個快樂的人，我所做的每件事情都能證明，我信任我自己」、「我總
是需要別人來幫助我」、「一開始是我，然後才會是其他人」、「我是一位失敗
者，是一個沒天分的人」、「那又怎樣，每件事情都是無意義的」。

概念「你們」形容我們對伴侶關係的理念，攸關伴侶關係如何持續、發揮

功能及受到支持。此模式也是父母在彼此關係中所傳遞給我們的樣本。例如：「我要建立與父母一樣的和諧家庭」或「我絕對不可能結婚；我不可能有小孩，因為不想繼續所有父母曾參與的鳥事」、「婚姻是一種負擔」。

概念「我們」形容與個人周遭環境及社會發展關係。在此一個人會考量如何去感受、期待什麼及如何互動。例如：「客人是上帝的禮物」、「親戚就像靴子，當一個人越靠近他們，他們就擠得越兇」、「你什麼都不是，你所屬的人們才是一切」、「我們要靠自己，因為其他人也是靠自己」、「我們是一根樹枝的所有葉子及一棵樹的所有果實」、「在地窖裡有一隻老鼠，也比在房子裡有親戚還好」。

「本源我們」的概念則形容家庭的意識形態，包含針對清楚生活目標及價值、信仰、生命哲學及世界觀等重要理念，也就是決定生活任務性質的基本價值觀。例如：「存在一種更高權力者，既慈善且公義」、「世界被創造得非常舒適」、「活在當下的愉悅，別管死亡及死後會發生什麼事」。

因此在案主形容中，我們會發現所有的家庭概念，都會分佈在此四類概念當中。可用圖示來表示如下：

概念「當我有所成就，才有所價值」是定位在「我」概念中（如圖27.16）；概念「婚姻就只是扶養孩子的工作」是形容伴侶價值的理念，可歸在概念「你們」中（如圖27.17）；概念「你只能相信親戚」標示出一個友善的社會群體，在其中你會感受到安全且可以歸到概念「我們」（如圖27.18）；概念「孩子是主要的生命意義」可歸類為「本源我們」概念，並形容有意義的生命導向（如圖27.19）。

因此任何由案主所形成的概念，都能歸類到四種基本衝突的概念當中。

❖ 基本衝突之內容

概念總是圍繞著**價值**排列，在正向心理治療中則稱為**實際能力**。**關係**被稱為**原初實際能力**，藉由其他人如何花時間在我們身上，就能了解我們是如何被對待與接納，他人是如何耐心對待我們、他人是如何對我們展現疼愛等。**對愛的需求也是任何人的基本需求**，我們需要被愛、接納、欣賞、讚美及肯定，並

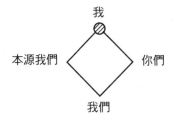

圖 27.16　基本衝突定位在「我」觀念

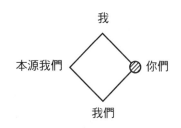

圖 27.17　基本衝突定位在「你們」觀念

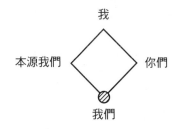

圖 27.18　基本衝突定位在「我們」觀念

圖 27.19　基本衝突定位在「本源我們」觀念

期待針對我們的缺點或其他方面給予時間與耐心，這些就是我們的情緒需求。

　　有些時候，在教育過程中相當常見的事，**次發能力**會取代原初能力。此時，**愛就變得不是無條件的，意即只有某些條件下才會存在**，例如：「我父親只在我毫無爭論且無疑地執行他所要求我去做的事，才會對我表示耐心與溫和（順服）。」在此例子中，順服變成從父親得到時間、親密、注意及關心的可靠方法；另例：「當我母親生氣時，我若能幫她打掃房子，就能讓她平靜下來。」在此，秩序與清潔會讓一個人得到愛、耐心及可能的接觸；再舉一個我們相當熟悉的例子：「當我有所成就，才有所價值。」是位在概念「我」，含有情緒需求的要素，藉由關係（愛的原初能力）及社會常規來表示，藉此情緒需求才能被滿足——勤奮。表示如圖27.20。

　　基本衝突的內容需要使用兩種實際能力來形容。一種形容情緒需求，為原初實際能力；第二種就是社會常規，藉此情緒需求才能被滿足，是為次發實際能力。例如：愛——順服、時間——勤奮、接觸——忠誠、信心——信任；例

圖 27.20 基本衝突之定位與內容

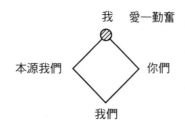

如：禮貌、一體／整體——秩序（規則）、性——清潔、耐心——節儉等。這些都只是一些潛在衝突內容的例子，實際能力會表現在不同的組合當中。如果孩子是在有條件愛的氛圍下長大，要得到愛，就必須滿足一定的條件：讀好書、協助家務、既順服且勤奮等。

例如：「如果我幫助母親整理家務，母親就會變得親切及溫柔，也會對我多一些寬容（愛——清潔、秩序）。」因此基本衝突會標示出一種穩定的反應型態，在童年時期多少能符合那年齡層次的情緒需求。在此個案中，要從母親得到更多情緒溫暖，案主必須符合秩序的需求。次發能力也是家庭文化的社會常規，必須被遵守才能滿足情緒及年齡特別的需求，這些需求被稱為原初能力。一方面能讓一個人介於此發展階段的需求之間，去發現有創意的妥協（包括防衛機轉）；另一方面則能適應社會常規，因此得到進入下階段發展的機會。

內在衝突

在意識及潛意識層次，不同動機的主導性有所不同[24, 44, 47]。例如，一個人明明在**意識**中想要做什麼，結果卻是根據**潛意識**層次所主控的誘導指令來執行。在此案例中，我們正使用持續為內在衝突所撕裂的不調和（disharmonious）性格在處理事情。內在衝突是加上心理動力能量或衝突動力的結果。持續進行中的心理動力是一個人**先決（predetermined）的經驗型態**，在相關情境中會導致類似的行為模式，個人並無法察覺、個人的自由意志也無法克服它們，稱為「**神經質性固著**」（neurotic fixation）[3, 17, 41]。因此內在衝突也被稱為神經質性，強調其功能失調。

　　類似的衝突只會在某些條件下興起，這些條件同時是外在及內在。衝突的外在條件大多會侷限於此事實：當某些深層、積極動機與個人關係滿足變成不可能或遭受威脅時；而心理衝突的內在條件可被縮減為一種矛盾：介於個人不同動機與關係之間，如債務及個人利益，或介於個人能力與期望之間。當然心理衝突的內在條件並不會自發性興起，相對會起因於外在條件與個人歷史。

　　內在衝突是一種由同時存在的相反、甚至互斥的努力、慾望或理想所造成潛意識需求的衝突：例如，因無法忍受的關係（實際情境）而想解除婚約的願望，以及在教育美德（基本概念）中對離婚的一種道德性禁令[19]。

　　於此連結中，內在衝突就會被經歷為一種暫時性的高情緒張力狀態，會感覺到無法解決及鎖死的情境。此項不滿源自不可能使用在童年時期對滿足情緒需求有效的方法來克服此問題。於此衝突中，個人會重複他舊有的行為模式，但不再有用。結果也是原初及次發能力之間的衝突，也與基本衝突有著相同的內容。

　　不像如上所述的實際及基本衝突，內在衝突看起來並不相同，因此必須被形容為基本衝突型態（如圖2.4所示，基本衝突加上實際衝突，會成為實際內在潛意識衝突）。內在衝突是一種在**人格內部**所揭開利益或希望的潛意識衝突，會表現為基本衝突的重複性失功能衝突型態，而基本衝突的反覆性衝突型態不再能解決衝突，只會造成內在衝突的額外張力。

描述四類衝突之案例

　　實際情境（衝突）一位三十五歲女性近來經歷與丈夫關系的惡化。他們開始更常為瑣事爭吵（**關鍵衝突—誠實**），主要在於公平（次發能力）的主題，如家庭中誰或哪類責任需要被承擔。過一段時間之後，他們開始減少溝通。丈夫開始給予較少的關注與時間，也開始花更多時間在工作上（逃入活動）；而案主則更加投入家務（逃入活動），並感到孤單且丈夫也更少愛她。

　　基本情境（衝突）在童年時期，案主的母親大多數時間忙於家務、相當冷酷且對情緒貪婪的女性。她從未有任何自由時間，例如陪她的女兒玩。有時為得到母親的溫暖與接納，案主必須去清掃房子或幫助母親做家事（清潔／順

服），這會讓母親高興一些，情緒上也能顯得溫暖及柔和一些，因此女兒才能經歷接納與愛的情感（有條件的愛）。

內在衝突 目前案主感覺缺乏丈夫的愛，她潛意識地複製基本衝突的型態（愛——清潔、秩序）。當丈夫回家時，她又開始打掃房子，因此沒時間陪丈夫。丈夫看她忙著清掃，就回房間去，當見到丈夫又沒關注及鼓勵她，因此感覺到被拒絕，就更加積極地逃入家務（成就）中（如圖27.21）。而一小時後，她經歷了高血壓危機[19]。

發生什麼事？案主的實際衝突位於接觸領域、發生在與丈夫的關係上。內容方面，實際衝突連結到公平的主題，她期望更多的公平，表現於期待丈夫協助家務，例如案主認為丈夫必須協助她清掃房子。但丈夫則認為不需要：「它已經夠乾淨了」或「我已經辛苦工作了一整天」，然而案主對公平的觀點和期待並未得到滿足。雖然她的衝突已經藉由在家中「逃入活動」來處理，她的丈夫也同樣使用在工作上的「逃入活動」來處理相同的衝突。結果還是一樣，由於所需的能量並未投注其中，此關係的衝突仍無法解決。

案主的基本概念中的一項，就是必須得到時間與愛，因此愛被認為是不會自己出現的，而是必須被賺取，看起來更像公平。這也能解釋案主會對公平的主題特別敏感，為了從母親那兒賺取愛、時間及關注，她就必須藉由清潔、秩

圖 27.21　內在衝突發生圖

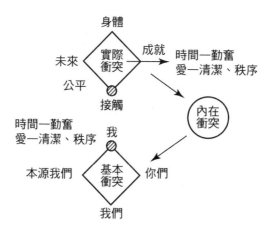

序與勤奮的協助來達成目的。只有對這些常規進行回應，母親才會滿足女兒情感上的情緒需求，因此她也會藉由這些社會價值來維持自我價值觀。目前當案主覺得缺乏愛，她對愛的需求因此被實際化，這原本是潛意識嘗試去賺取、並關聯到基本概念的型態。

在此有一個重點，當無法執行童年時期的功能時，基本概念就會變成基本衝突：「為滿足對愛的情緒需求」，案主會不斷地訴諸習慣模式，但用於目前的問題情境時，結果是無效的。內在衝突已經造成漸增的張力，此時高血壓症狀出現後，會執行「暫時性妥協解決方案」的功能。此時情境正在改變，丈夫決定暫時離開工作、並給與妻子更多的時間與關注。案主暫時不會再回到習慣性的模式，因為此功能「已經為症狀所取代」，由於出現新的實際情境，衝突暫時失去相關性（如圖27.22）。

心理動力衝突是內在、潛意識衝突，因此必須從外在或內在的壓力性衝突需求來釐清。內在潛意識衝突會在精神疾病及心身症起源扮演關鍵性角色，而潛意識內在衝突是由正好相反的動機群所造成潛意識的內在衝擊，例如希望得到照顧以及獨立自足之間的基本需求[8, 11, 18]。內在衝突的張力會維持到實際衝突得到解決、基本概念被更新為止。

圖 27.22　症狀形成之衝突動力圖像

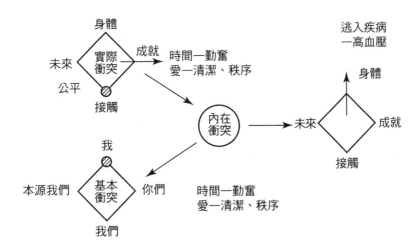

正向心理治療中衝突之互動與關聯性

衝突處理絕對且合理會被定義為心理治療的目標。為更了解衝突動力的形成，有必要清楚理解各種衝突之間是如何互動。在佛洛伊德發現潛意識、並創造出個人的心理工具模式之後，「覺察層次」（level of awareness）已經深植於心理動力心理治療之中，之後也不斷以冰山做比較，甚至出現所謂的冰山模式，用來描述心理經驗的表面及水下的部分。

並非所有衝突都能被覺察到，上層部分明顯比起下層少非常多，代表能覺察或意識到的內容，如症狀與疾患。**實際衝突**較常是有意識的，但有時也會藏在表層底下的深度，因此並不容易被偵測。更深層存在的則是潛意識的衝突與結構能力，如圖27.23所示。實際衝突通常是可覺察的，但有時也未必如此，它是流動的而且是位於意識的邊緣，可比喻成在水上的釣魚浮標。當實際衝突接近**基本衝突**時，就會藏入水下變得較難被覺察，甚至變成潛意識。有關衝突彼此關係的地理位置、意即可覺察層次，如圖27.24所示。**關鍵衝突**是實際衝突的衍生物，也是有意識的，但**內在衝突**則是從實際與基本衝突互動而來，則是潛意識的（如圖27.25）。

圖 27.23　冰山模式

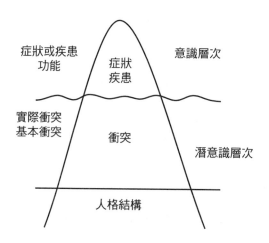

圖 27.24　正向心理學衝突之地形模式

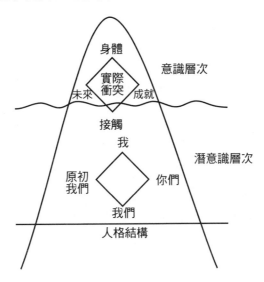

圖 27.25　正向心理學關鍵與內在衝突之地形模式

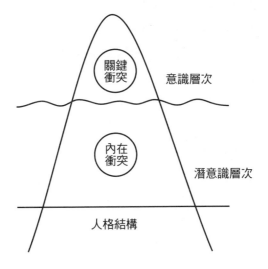

❖ 實際衝突與關鍵衝突

　　事實上關鍵衝突是從實際衝突衍生而來，因為沒有它是無法存在的。關

鍵衝突會透過實際衝突、並將衝突能量導引向外或向內。兩種衝突都是有意識的，也通常表現在與他人的關係當中。在心理治療過程，我們會教案主去理解個人衝突以及習慣的反應方式，也會協助他們學習如何建設性地分享他們的經驗、並**維持誠實與禮貌的平衡**，以及如何去建立一種公平且開放的協商和有效的對話。

❖ 基本衝突與關鍵衝突

我們能討論自我探索的程度以及自我覺察能力的提升，並藉由家庭傳統相關家庭觀念的理解來達成。簡而言之，潛意識的經驗無法說出來，然而在心理治療過程中，藉由治療師的協助，案主的覺察力通常會增加，並提升他能說出這些發現的能力。然而這也有可能獨立發生，特別當案主已經具備技巧來靠自己進行疏通時。家庭概念可架構於誠實與禮貌的價值上，繼而影響它們在衝突處理的表現。

❖ 內在衝突與關鍵衝突

這些衝突在個人當中被揭露之後，顯得類似。然而不像內在衝突，關鍵衝突是有意識的，而**內在衝突則是實際與基本衝突的衍生物**。只有在覺察或可能解決之後，內在衝突才有可能被說出來。通常會發生在心理治療過程中，經過所有衝突的動力分析之後，只有在那時，將它說出來的能力才會有意識地顯現。

❖ 實際能力與關鍵衝突

屬於文化價值的實際能力，會涵蓋於所有衝突當中，而社會價值是非常活躍的心理動力單位。在此，個人談論實際能力的能耐可能會有很大差異，例如當討論到節儉、信仰或性時，會比談論準時或秩序來的更加困難，端看這些能力的文化價值。

CHAPTER 28

—●—

正向心理治療中使用
故事、趣聞及幽默

by 奧爾嘉·利特夫年科（Olga Lytvynenko）；
柳德米拉·茲拉托娃（Liudmyla Zlatova）；
沃洛迪米爾·卡瑞卡許（Volodymyr Karikash）；
特蒂雅納·朱瑪蒂（Tetiana Zhumatii）

> 提醒你四個方向：身體、工作、友誼及未來觀……過著快樂且滿足
> 的生活，就要一直記著這件事情，並保持四項領域平衡；它能幫助
> 你在競爭中成功，並提供你力量、穩定及心靈平靜。
>
> ——理查·威靈格羅爾（R. Werringloer）

　　正向心理治療有許多能用來協助病人的治療技巧，某些是全新的、也有
許多是根源於幾千年來的世界文化層面。自遠古時代，人類就會使用故事、諺
語、笑話及幽默來將傳統與經驗傳遞到下一代，並於艱困情境中彼此支持。即
使短的諺語也能把許多家族、人類及世代的濃縮知識涵蓋於其中，因此那些口
耳傳遞的知識會代代相傳，並保留住最重要的部分，讓聆聽者自己汲取其中的
珍寶。

　　每個世代都會出現關於人類及其在世界地位的當代神話觀，因而會有新的
政治及信仰神話、童話故事、史詩、社會表徵、國家認同及家庭故事在文化層
面產出。這些故事如同人類文化的傳統現象，具有多種形式及體裁的民間傳說

與創作文本,包括英雄史詩、傳說、神話及各式樣的童話故事,也可能是日常的傳說、故事、寓言故事及趣聞,目前也有一些電影或電視劇的故事也算新型的傳播方式。所有這些現象都屬於對世界的隱喻式理解,能用於心理治療實務當中。

背景

正向心理治療在實務中能無限量使用故事及幽默,如同過去人們會藉由故事、童話、寓言及幽默來支持朋友,正向心理治療也使用它們來為病人進行心理照護及心理治療。

正向心理治療也會整合其他模式的概念性理念(精神分析、認知行為治療、人本取向、系統性心理治療等),而在許多方面使用適當方法及技巧來處理隱喻。同時正向心理治療取向也有許多不同點及特殊之處,正向心理治療整體概念的特殊之處就是以**跨文化取向**來面對主要問題:「我們到底有什麼共通及不同之處?」在此背景下,病人的文化隱喻會扮演形成共同情緒—語義之治療性接觸領域的角色,而其他文化隱喻也會有新奇效應,並帶來新經驗的對照性概念。

佩塞施基安是首位使用寓言及幽默來治療病人的心理治療師,他會去尋找及欣賞簡單且易懂的故事,並成功用於治療中。他的著作《東方故事成為正向心理治療工具——商人與鸚鵡》已成為經典,經常為各種代表性心理治療領域所引用[1]。為說出故事及寓言的治療特性、指出它們能讓病人使用成為隱喻,並考量浮現的經驗、情緒與洞見,佩塞施基安將「歷史功能」的概念引進科學性討論中[1],這些功能包括:鏡像、典範、中介者、知識庫、傳統之傳遞媒介、協助退行及成為對照觀點。

科學性討論之歷史功能

❖ 鏡像效應

寓言內容成為反映出個人內在世界的鏡像,因此能促進對自我的認同。「透過除去情緒壓力,故事能協助案主從旁來觀察他們的問題,如此就能定義

出循常衝突解決模式的態度[1]。」「歷史本身也會變成一面能反映的鏡子，並反映出能導致省思的內容[1]。」

❖ 典範效應

　　寓言能回映各種衝突情境，並提出可能的解決方案或提示個人解決衝突嘗試的結果，因而能協助個人學習使用此模式。故事則會用演算法的形式來顯示衝突情境、並提供解決問題的各種選項，「能讓個人針對故事內容及其中所描述事件有不同的詮釋方式，來跟個人的情境內容進行比較。故事能提供不同的行動選項，因而在我們的思考及情感中，能在尋常的衝突情境找出不尋常的答案[1]。」

❖ 中介者功能

　　寓言扮演病人及治療師之間的中介者，因而能降低病人的阻抗。個人對新事物及失去原本所擁有事物的恐懼，透過將情境嚴重性移轉到故事的想像世界中而減弱。自童年時期對有趣新鮮事所習慣性發揮的想像力，能容許案主如其所是，並不需談論關於自己，而是只針對故事人物來解決重大衝突。討論故事裏的英雄，案主會與治療師形成團隊，因此「病人—治療師」情境，就會變成「病人—故事—治療師」情境[1]。

❖ 知識庫效應（經驗的儲存）

　　心理治療工作結束之後，寓言持續會在個人日常生活中運作著。得力於它們的意象，故事會很容易被回憶，因此在療程結束之後，會持續在病人的日常生活中運作著，一種類似於歷史所描述的情境會從記憶中升起，或針對其中所興起的個別議題而出現一種思考需求。

　　在變動中的情況下，病人可能會用不同的方式來詮釋相同的故事內容。他會擴充初期對歷史的理解、並吸收新的生命態勢，能協助了解個人的神話。因此故事扮演一種經驗的儲存，在心理治療工作結束後，持續能對病人發揮效益，並讓他能從治療師脫離而變得更加獨立[1]。

❖ 故事成為傳統之傳遞媒介

　　藉由描述個人情境，故事能將他們帶離個人經驗的限制，然後求助於文化傳統及不同時代的經驗。作為傳統的承載者，故事能反映不同的文化，會包含普遍接受的遊戲規則、概念、行為常規，以及專屬特定文化、熟悉此文化環境中可被接受的問題解決方式。屬於其他文化的故事，也能傳達關於在這些文化環境中被認為重要的遊戲及生活原則的訊息，並代表其他的思考模式。熟悉它們能協助擴展個人的概念、原則、價值及衝突解決方法的知識庫[1]。屬於其他文化的故事，也能協助克服我們時代的特有問題、以及令人遺憾的偏見、隱藏的嫌惡[1]。

❖ 故事協助退行

　　寓言能協助病人回到早先快樂的當下情境，那會造成驚訝及迷惑，也開啟進入幻想世界、象徵性思考及「不怕被懲罰或評斷地直接進入」之門。寓言能協助喚醒治療中病人的兒時及創造性動力。回到個人早期發展階段，會由主題相關所選擇的故事來主導，並能漸進式執行。然而對只有微弱發音「我」的病人、意即虛弱表現的個別性而言，只有非常小心的治療取向，才可能不會造成發展的退化[1]。

❖ 故事成為對照觀點

　　對病人而言，寓言聽起來不見得能被普遍接受，但能對他提供建議：「病人能接受或拒絕一種替代性觀念，故事只是一種人類溝通的特別方式，牽涉到概念的交換[1]。」每個人都會暫時認同異己的觀點，並查核哪些是自己所能接受的，哪些能協助更好去因應實際生活情境，哪些適合、哪些該拒絕。換句話說，對話雙方都需要時間才能從接收資訊中得出一種或另一種結論[1]。

❖ 觀點改變

　　寓言可能會超乎預期地為病人帶來新的體驗、以及發生在意識中態度的改變[1]。「聆聽或閱讀者會得到一種清楚的概念，關於態度的改變如何去影響他的

生活原則。另類的概念以及在故事中所提供的方法，會邀請讀者去進行態度的改變、實驗非比尋常的概念及可能的解決方案。此點並非要誘使個人放棄自己在許多生命演變過程中所證實的觀點，而是有些事情會與位置的改變相連結：結果顯示，熟悉的情境可用不同的角度來觀看，能因而給出一種不同的特質，因此有時位置的改變，基本上也會帶來問題的解決方案[1]。」

　　在《商人與鸚鵡》書中的第二章，佩塞施基安描述在不同治療情境中使用故事的治療真實案例。他針對寓言的評論可成為執業心理師與心理治療師的工作指引，而病人—故事—治療師模式已經成功整合入正向心理治療中。

在治療中使用故事

❖ 案例一

　　一位四十三歲的病人因急性哀傷而求助於心理治療師，由於她僅二十一歲的兒子已經自殺身亡，在那時該婦女已經離婚一段很長的時間。由於兒子悲劇性的死亡，使得她處於完全孤立狀態，並持續想念死去的孩子。所有意義盡失，她不再碰觸兒子房內的事物，也否認自己的失落。在持續三個月的治療後，情緒張力強度已經稍微減緩，治療師採用波斯的寓言——玻璃棺。

玻璃棺

　　東方有位國王娶了一位非常漂亮的妻子，對她的疼愛超過一切。她的美貌照亮出國王生命的光輝。當國王閒暇無事時，只想做一件事—就是靠近她。然而突然間他的妻子死了，讓國王陷入深度哀傷。他宣稱：「我不再和我所愛的年輕妻子分開，即便死了，也要讓她美麗的容貌不朽。」於是他訂製一口玻璃棺，將妻子的身體放在宮殿最大廳堂的高臺上。他把自己的床靠近她，如此不想和他的所愛離開一分鐘。站在死去妻子的身旁，他能因此感到慰藉與平和。

　　但夏天是如此悶熱，即使宮殿房間的冷度，妻子的身體也漸漸地瓦解，可怕的屍斑出現在死者漂亮的額頭上，她漂亮的臉蛋也一天天開始變色浮腫，但充滿愛的國王並未注意到。很快解體的腐朽味充滿整個大廳，以至於沒有一

位僕人敢不搗著鼻子走進去。國王自己也把床搬到隔壁房間,雖然所有的窗戶都已經敞開,但腐朽的味道還是跟隨著他,使用粉紅香膏都無濟於事。最終他用一塊綠色布簾綁在鼻子上,算是一種個人尊嚴的象徵,但還是無濟於事。

於是所有的僕人及朋友都離開他,只有巨大閃亮的蒼蠅在四周亂竄。國王因而昏倒,醫生則下令將國王搬到偌大的宮殿花園。等國王醒來之後,他感覺到一陣新鮮的微風,玫瑰香氣讓他感到開心,噴泉的聲音也相當悅耳。對他而言,偉大的愛仍然存在。幾天之後,國王的生命力及健康都恢復了。他長時間端詳著插著一朵玫瑰花的杯子,突然回想起他的妻子活著時有多漂亮,以及她的身體一天天變得有多麼噁心。他撕掉玫瑰、撒在棺上,並下令僕人把妻子的身體埋進土裡(波斯歷史故事)[1]。

病人沉寂了一段時間,然後說相同的棺木正處在她的房子裡。此寓言故事成為一面鏡子,讓她走出否認階段。之後的時段,再回到玻璃棺的影像時,治療師與病人同時都能了解正在進行著的是什麼。此則寓言故事也扮演延長功能,成為進一步治療的媒介。

寓言及故事的傳統,仍然深受正向心理治療師歡迎且經常使用。同樣的寓言會對不同的病人形成獨特的影響與洞見。同時,正向心理治療是一種動力型發展中的療法,在其中傳統治療病人的技巧會與新療法緊密交雜在一起,並整合相近模式的強項。心理治療師能將不同版本的故事應用於工作當中、而在情境鼓勵時也使用幽默來緩解病人的張力與焦慮。

在進階的個案中,病人能獨立寫下一則故事或童話故事來協助揭開生活情境、限制、能力及資源的主觀看法。有時要求病人寫下故事或童話之最戲劇化且樂觀的結尾,也會相當有用。在任何個案當中,隱喻的使用能容許運用病人三種方向的主觀現實:神話性、認知性及反思性;同時能視治療任務來自由運用三種時間架構——過去、現在與未來。

在治療中使用童話故事

在心理學領域中有一種研究童話故事與神話的興趣,心理學傳統也會不

斷轉向分析童話故事。佛洛伊德本身也相信在神話與童話故事、民間傳說與歌曲、尋常及詩意式幻想中，相同的象徵都能用來進行夢的解析[8]。

在正向心理學中，有許多童話故事不同的使用方法，能成為協助與發展的工具：將童話故事當成一種隱喻、從童話故事提取內容、討論行為、動機及情節、甚至將整個童話故事或個人事件用心理演劇方式演出。也可能使用童話故事成為寓言及創造性工作，運用其中的情節及英雄，包括分析、敘事、重寫及創造個人童話故事，以成為自我實現的預言。

由病人運用隱喻形式所創造的角色能反映個人心理流程，並能以環境友善形式的認同與自我反思來感覺、活化及分析，以提供個人適應的資源[7]。童話故事及寓言被廣泛使用成為提供診斷及治療的故事。聆聽及感受童話故事，個人能因此認同其中角色，將童話故事嵌入個人生活情境以進行形塑，成為一種澄清內在衝突、解釋動機的機會，以建立意識和潛意識的連結。

在正向心理學中使用童話故事的主要目的，是藉由個人經驗及生活來發現資源、發現新策略、成功社會化可能性、適應及因應生活挑戰的能力等，來學習正向心理治療的基本原則。**寫出一個童話故事**成為個人或家庭諮商的一部分，也能符合正向心理治療的五階段策略。諮商階段與童話故事敘事階段能連結、並讓案主形成對問題如童話般的解決方案，不只能協助架構流程，甚至達到治療效果[7]。

階段一　觀察：我們會建議使用某些傳統起始方式來開展童話故事，病人會從童話故事開始的時間去描述主要人物、述說他們的生活情境（實際情境）。

階段二　問卷：在此階段，童話故事隱喻地形容發生在病人生活中的挑戰、症狀或實際衝突，需要對此要求進行系統化論述。

階段三　情境鼓勵：在此事件後病人的生活有何改變，挑戰為何？他如何去克服、展現什麼樣的技巧？

階段四　說出內心話：在此虛構階段，案主會描述事件的發生、建議解決的方法、尋求神奇的協助者、及神奇物件來克服所有困難及完成英雄旅程。

階段五　擴展目標：在此階段病人會描述英雄經過試煉後的結果，會做出什麼樣的結論、會帶什麼樣的東西進到自己的生活當中。

在故事的結尾有可能針對整個故事的寓意提供一種隱喻式的釐清，了解象徵性的功能及任務、症狀、衝突及在病人生活中的表現等。在書寫及閱讀之後，能討論病人對於個人所擁有童話故事的感受、分析人物的動機及行為，必要的是──能一再書寫及重寫此童話故事[7]。

正向心理治療的童話故事分析能處理實際與關鍵衝突，也能偵測病人的基本及內在衝突。在建構童話故事情節中，家庭情境、概念及信念的邏輯，以及強烈的情緒經驗，都能清楚呈現。在治療過程中寫下一個童話故事，未必總能足以得到治療成果[7]。

❖ 案例二

階段一 觀察與拉開距離：一位三十一歲已婚女病人、有一個孩子。她來接受治療的要求是要去除皮疹，最早出現於六個月前的症狀。皮疹會在全身間歇性出現、又消失。如果病人感覺煩躁，就會去抓身體，然後紅疹就會出現在皮膚上。除了責任與準時之外，她所宣稱最顯著的實際能力之一是順服。在她的生活當中，有一個選擇新工作的困難，可能會改變她的專業，與此相關的則是在家庭中會有一種新的生活方式。該女性開始覺得煩躁、並注意到皮膚的刺激感。

階段二 問卷：藉由探問澄清式問題，就有可能發現病人非常質疑個人的能力及發現工作的機會。她的家庭概念之一就是：「生活中沒什麼事情是容易的，總是需要花很大的功夫。」由於害怕在新事業的失敗、以及可能讓所愛的人失望，讓該女性感到無力，也阻止她向前進。

階段三 情境鼓勵：在治療中的一個重點，就是要確認病人的優勢，例如耐心、勤奮、精確及良好的信念。嘗試在事業中表現完美，造成該女性的焦慮，眾多任務之一就是要把注意力聚焦於她在生活中已經達成的目標，並學習肯定自我及個人成就。

階段四 說出內心話：在此階段中，病人被要求寫下一個童話故事，在其中她能隱喻性地確認其症狀、並反映情境的神奇解決。

心身症狀故事

從前有一位聰明的小女孩名叫麗娜，她深受父母喜愛、喜歡穿紫色衣服，如此就會感到舒適。她也喜歡讀不同的書和進入幻想世界，以經歷各種人物的世界。在她的世界中每件事都美麗，但從這事件開始⋯⋯有一天走在舒服的夏天午後，她遇見索西雅，是一隻恐怖、令人噁心的生物，比最壞的蟾蜍還要壞，全身長滿膿包，出現在麗娜的路上，雖然笑著，但這並不會看起來更愉悅。麗娜感受到第一件事情就是恐怖！這無恥的疙瘩女人對著她打招呼、叫她的名字、且抱住她。「哈囉！我的女孩。哈囉！麗娜。我看見你如此悲傷、孤單⋯⋯我也是，你和我如此相像，就讓我們一起走吧！」

麗娜並不知道要回答什麼，她並不想要這樣的朋友，但也沒有其他人，而且不能用外表來評斷一個人。我們必須先談談，她想著，這樣的認識或許會有用。

「來吧！」麗娜回答著。「讓我們一起走。」

「我看起來悲傷，對你而言。」

「憂鬱⋯⋯」麗娜為某些理由一直說著。

然後索西雅就利用這些片語，一字一字地塞進她的信心當中，並進入她靈魂最秘密的角落、且佔滿所有空間。因此麗娜的生命甚至變得更加孤單，沒有人會靠近她、不想跟她說話且不想看著她，她甚至也沒有注意到身上所出現的皮疹。索西雅用自己的方式來安慰她：「你看，你並不需要它！絕對地！只有我，我才是你真正的朋友，我愛、且欣賞你。」然後麗娜就沒有別的選擇，只能選擇相信它，但在她的靈魂中，麗娜感覺很糟；她的靈魂越來越困頓。

在一個美好的夏日，兩個分不開的不幸朋友，出去例行性散步，然後男巫師出現了，既漂亮、聰明、有著靈活的眼神，更重要的是，他對麗娜有非常真誠的興趣。許多年來這是第一次！他走過來見她，然後建議她要去一趟偉大的熱氣球飛行。當然麗娜感到非常有興趣，而且用雙手來歡迎。但索西雅睡不著，她也想跟巫師一起飛，她必須出現在那兒。

然後巫師建議索西雅，說她可以去到跟她一樣醜陋生物的國家，稱為

「美女國」，而且能免費去到一個美麗的天堂。索西雅感到高興，立即忘了她的朋友、以及忠誠的友誼。她跳進熱氣球，然後就飛走了……他們再也沒見過她。

巫師與麗娜還留在地上，看著熱氣球的影像，很快地越來越小。

故事的寓意：我們必須學會分辨自己和他人的願望。

此故事能協助我們去揭露**關鍵衝突（介於誠實與禮貌之間）**。病人的禮貌並沒有讓她去限制與討厭的人溝通，因此她持續在壓力之下，而此種約束導致皮疹。皮膚作為外在世界與人體之間的界線，也開始用皮疹來回應。此故事也協助病人能看見在生活中到底發生什麼樣的事。故事的最後有一個快樂的結局，而且在**擴展目標**階段，治療師會將病人的注意力轉移到如何解決症狀及問題相關聯的內在資源及知識。

在正向心理治療中，也有其他使用童話故事的原創性療法。在威靈格羅爾的著作《小小風箏飛行者》中，建議將作者的童話故事應用在教育心理學中，成為一種對兒童及父母的正向取向教育及**教育心理學**素材[3]。成為平衡模式的隱喻形象，是正向心理學基本概念之一，作者創造出風箏的形象。風箏是菱形，實際上就是一種**平衡模式**，父親使用兒童能了解的童話故事說法，對年輕的駕駛員解釋每種領域的意義。

你有看到這四邊形就像鑽石的形狀嗎？這形狀是安全飛行的基礎，它是根據人類的比例來設計，因此相當容易在空中來控制。此鑽石也能提醒你四個方向：身體、工作、友誼及未來觀。此四項領域就是生命的歸屬。如果你要如同風箏一樣過著快樂且滿足的生活，就要一直記著這件事情，並保持四項領域的平衡；它能幫助你在競爭中成功，並提供你力量、穩定及心靈平靜[3]。

因此處在目前發展階段的正向心理治療，持續在開發佩塞施基安的理念，並藉由不同型態故事的協助，提出新的病人治療方法。

電影如同故事：在團體治療中使用電影

當今所有形式的故事都能被看見且重現於影片中。影片可以是短片、戲劇、有心理情節、浪漫、涵蓋神話等。經常病人會在治療中主動想起某部影片情節，將自己和有名的電影人物做比較，並讓自己認同他們。我們能說在現代治療階段中，使用故事、寓言、童話故事、諺語及隱喻也會連結到電影故事。影片也能在情境鼓勵及說出內心話階段被回想起來，因此它所包括的不只是故事，也會有影像、完整的圖片。

在我們的治療中，會將電影的治療方法應用於實務上。一種封閉式動力團體的治療、包含八至十位病人，通常一個月一次、持續六小時。在歡迎與分享中，參與者會一起觀看由治療師基於團體目標及心理動力而事先選定的影片。在每次時段中，團體會一起觀賞並討論一部新影片的故事。針對影片討論會以強調現象開始，如在觀賞過程所覺察到的情感、情緒及身體感受，之後治療師會邀請團體成員一起分析劇情，並試著去思考如何回應每位成員的個人故事[5]。

❖ 案例三：「怪物來敲門」

在**觀察階段**，觀賞於2016所推出的電影《怪物來敲門》（*A Monster Calls*）（導演：巴亞納〔JA Bayona〕）。此影片是有關主角康納的生活當中發生巨型創傷的故事。他是一位十二歲的男孩，母親得了絕症，父親則長時間與新家庭住在另外一個國家。他必須提早成長，卻感覺到強烈恐懼、害怕失去母親。有一棵神奇的樹前來幫助孩子，那是一棵巨大的怪物紅豆杉，此怪物告訴他許多故事，以預備男孩接受無法避免的失落。

在**問卷階段**，團體成員針對情節本身、主角、在不同情節中的特殊情緒點上，交換彼此的情緒、情感、感受及體驗。

在**情境鼓勵階段**，團體領導者會先確認協助主角處理情境的資源及心智能力。藉使用幻想、透過夢境及想像力來處理創傷，協助男孩度過難忍哀傷的艱困情境、並預備他去過沒有母親的生活。因著創意能力，讓他有承受的力量。

在**說出內心話階段**，團體成員自發地開始回憶及談到個人生活中的創傷情

境，以及他們如何帶著哀傷過生活、分享他們如何克服痛苦、接受失落，他們個人經歷為何，之後揭露他們對主角世界的更多參與及認同。

擴展目標階段，是要去整合及吸收所得到的經驗，團體成員有機會能在安全空間處理巨型創傷經驗，給予彼此許多溫暖感謝及支持話語。

得力於使用電影歷史來進行團體治療，參與者就能認同主角、他的生活方式、資源及克服艱困生活挑戰的能力。

正向心理治療中使用幽默及軼事趣聞

一般而言，幽默指的是一種親切的嘲笑態度，表現對現實感的情緒性感受。幽默是張力釋放的方式之一，能將負向情感轉變為另一個極端，成為笑聲的來源。幽默的角色會連結到保護人類「我」，因為它容許一個人維持自我控制、尊嚴及在極端情境下的自我控制。在心理學上，此類對幽默的了解源自佛洛伊德，對他而言幽默是一種感受愉悅的方法，即使在它之前仍會有痛苦情感[2]。幽默會壓抑此情感的發展。此外，幽默的愉悅能從這些個案中產生，是因情感未實現的發展，「它源自情感花費的節省。」佛洛依德認為幽默能被理解為一種保護功能的最極致方法[2]。

因此在精神分析傳統中，幽默經常被定義為一種保護功能，而在正向心理治療中，佩塞施基安會建議使用寓言及故事不只為釋放病人的張力，同時也成為在有限時間情境下的介入。此功能可藉由佩塞施基安告訴病人、一位挫折父親的寓言〈一個好案例〉來發揮，是《商人與鸚鵡》[1]書中的簡短案例。為了細緻感受在每個特殊療程介入的可能性，一定需要直覺與專業精神。

軼事在正向心理治療中扮演特殊角色，軼事會包含簡短故事及無法預期且荒謬的結局，因此能促成進一步溝通、必須去接觸。由於是一則短故事，軼事帶著充滿情緒的**隱喻**，首先這個關聯到知名軼事及會變成諺語的詞句，能使用某些感受與情緒的轉移來溝通資訊，並發現接觸的共通點[4]。簡短機智的內容也能簡單記憶、降低壓力、展現個人的**實際能力**。軼事能協助結合目標、改變熟悉理念、讓感知現實變得容易些，並對情緒狀態有正向效益。在**情境鼓勵階段**成為另類觀點，治療師能使用軼事來治療病人，成為最容易取得且可理解之

展現新行為型態的方式。

　　軼事除了寓言之外還有個別的**道德價值**。初看可能會被隱藏，藉由幽默就能從軼事當中學到一課，不僅較易記憶、將病人從羞愧、尷尬、憤怒及其他沉重的情緒帶出來，也能協助克服阻抗。但幽默性治療故事的目標並沒有太多說教意味，因而有機會想像一種值得模仿的生活情境，並發現自己在其中。

　　因此在軼事當中，會有一種資源可用在諮商或心理治療之**激發與鼓勵**形成階段，來發現**實際能力**及其運用；在**說出內心話階段**，軼事也能協助複雜情緒再利用，接納和討論阻抗及改變態勢等。由於簡短、幽默及隱喻，軼事能被用於針對情境的**正向詮釋**。

❖ 案例四：幽默

　　「莫伊沙，我聽說你已經離婚第四次了！難道所有女人都這麼挑剔嗎？」「不，只有我媽。」

　　軼事很清楚在暗示嚴重的母親影響及缺乏分離。在此，母親是那位破壞兒子生活的女人，但卻沒有明顯對她的批評。軼事從一開始就會變成一種**跨文化現象**，因為它已經在特殊地區被述說一段長時間，也變成文化的一部分，某種程度上，是關於一個人、宗教或專業的濃縮性訊息內容。軼事易於閱讀和記憶，能成為一種**模式**及**跨文化溝通方式**。由於共通利益及問題，在一個地區從不同國家來的軼事，經常會一致，能成為一種發展共通議題的好誘因。對自我及與其他文化連結者的覺察，會對跨文化溝通有幫助[4]。因此軼事也能扮演**社會心理治療師的功能**[4]。

　　在每個文化及國家社區，能發現一系列流行的軼事，強調一種或多種心智特點、及所發展的實際能力。這些軼事易於辨識，因為單一**詞句**、一種**隱喻**，就很清楚所說的是哪類故事。有此特殊敘事形式，軼事似乎也是故事的另一種特徵，屬於此類特別型態——**識別功能**[4]。藉識別功能，同一地區的住民能使用一套周知的隱喻，成為一種識別標記及同一社區的訊號。相同功能也可使用在介於病人及治療師之間的接觸，能提供安全接觸及快速建立治療聯盟。

❖ 案例五：軼事

一位法國人、一位美國人及一位烏克蘭人，被告知他們能騎馬到多遠，視野所見的土地就全送給他。法國人騎了一公里，就停下馬來，然後說：「這對我而言已經足夠，我會在這裡蓋一間房、一座花園，然後我會在陽光走廊下休息，而且也會有一座葡萄園。」美國人只騎了三公里，然後停下馬說：「我已經足夠了，我的房舍會在這裡，會有一座草坪、也有一座直升機的廣場，甚至有一座高爾夫球場。」

烏克蘭人會跳上馬然後一直騎一直騎……，他會騎到那匹馬跌倒為止。那位烏克蘭人還會站起來，繼續跑、繼續跑……，最後跌倒在地上。他已經感覺到他再也不能跑了，然後開始爬、繼續爬、全身都受傷了，直到他再也不能爬為止。它從頭上脫下頭盔，用最後的力氣丟掉之後，然後呻吟地說：「在那裡，我也會種黃瓜。」

類似的軼事也會發現在保加利亞、摩爾多瓦及其他住在烏克蘭南方國家。此種幽默及隱喻性說詞「也會種黃瓜」可改變成為「竟然為了種番茄」或「對我而言則是辣椒。」這些是連結及辨識的隱喻，是針對渴求及成就更多的人，也準備更努力工作直到老年，這種為達成目標而吃苦的能力。有許多**次發性實際能力**會脫穎而出，例如：勤奮、節儉、盡責；以及**原發性實際能力**：耐心、希望、信仰、對能力的信心及果斷。

日常生活軼事的角色，在正向及跨文化層面變得相當重要，因此能廣泛應用於心理治療實務。

❖ 案例六：使用幽默

老爹—心理治療師在晚上醒來然後走到冰箱前，他打開門然後看見已經凍僵的兒子在那兒。「老爸，請救我，把我從這裡帶出去。」兒子要求道。「你就留在那兒好了。」父親回答，然後把冰箱門關起來。

此則軼事是由正向心理治療團體指導老師針對個人經驗所說出來的，在那

裡候選心理治療師要檢視自己、面對複雜的經驗、阻抗以及在他們各自的冰箱中，需要在當下給自己時間活下來及再思考。此則諷刺且幽默形式的軼事，能舒緩流程的複雜性，並強調它的需求性。此句「你就留在哪兒好了」、及「你已經從冰箱出來了嗎？」會說明一種專業成長的特殊情境，在變成心理治療師之前所需要的空間與時間。

佩塞施基安在每本著作中都會描述使用故事於各種生活情境。他強調：「如果他們能及時應用，而且與建議同步，可視為醫師治療努力的起始點、並對改變病人生活態勢及行為有所貢獻。然而來自治療師的不正確劑量、不真誠及過度強調道德性，則反而會造成傷害[1]。」

總結

最後使用佩塞施基安的話語來總結正向心理治療師工作中關於寓言及故事角色的討論：「除特別具有娛樂性、詩意且生動呈現，它們還含有某些不可預期、難以預見的特性。原本尋常的思想及願望過程，會以一種完全不同的光芒乍現。過去相當罕見的一種不同思考模式，對我而言變得既親近且清楚。此種態勢的改變，我相信是這些故事的最重要功能。」

因此，故事及幽默是正向心理治療師取之不盡的資源，也是治療病人所有階段中的啟發與支持來源[1]。

CHAPTER 29

正向心理治療之督導

by 帕維爾・弗羅洛夫（Pavel Frolov）

在督導時段，如果受督導者未曾笑過至少一次，就等於浪費此時段。

　　正向心理治療於1968年創立，成為辨別分析法；首部著作則發表於1977年。之後正向心理治療不僅發展成學術性、而更多則為臨床療法，意即更多從醫療實務中吸取知識、而從學術過程則居次。正向心理治療督導，則更是導向於醫院服務病人之專業心理治療師的需求，而非學術研究者。即使正向心理治療制式化的訓練在稍後才建立，但督導已經被使用幾十年，同時針對已完成教育的臨床治療師，以及在心理治療教育過程的受訓者。

　　沒有單一的督導定義，而可能是最詳實之一的，就是基於伯納德及古德易（Bernard and Goodyear[2]）著作中米爾恩及沃特金斯（Milne and Watkins[9]）的定義：

　　由認證督導者所正式提供以工作為核心、以關係為基礎的教育及訓練，並管理、支持、發展及評估同事的工作。不同於一般活動，如指導及治療，

而是結合評估要素及義務性質。督導者所使用的主要方法,包括對受督導者的表現進行矯正式回饋、教導及協同目標設定。督導的目標是規範性(例如個案管理品質控制議題)、恢復性(如鼓勵情緒性經驗及處理、協助因應及復原)與成型性(如維持及促進受督導者的專業、能力及一般成效)。

於辛普森─紹斯沃德(Simpson-Southward)[16]等的研究中,分析五十二種不同督導模式,即使對督導的形式與型態,所有模式都使用不同取向,但所有當代取向都相對能整合於「督導成為專業活動」的觀點中。

針對督導成為專業活動如此廣泛的觀點,能確認出許多熟悉功能,如:

1. 成為一位適任的治療師。米爾恩及沃特金斯[9]說:「督導最被確認的功能就是能夠讓受督導者成為適任的心理治療師。」
2. 發展治療師的能力。此功能會特別提到治療師在日常工作過程中需要持續發展,而督導者的首要任務就是必須培養受督導者成長的能力、強調專業品質。
3. 創造專業認同、讓受督導者融入發展倫理取向,並符合專業期待。
4. 提供受督導者有發展某些能力的機會(達成某種品質),督導者會指出缺乏何種特殊能力、並需對他進行培養以變成專家。

所有上述的督導功能基本上能確保執行主要功能:提供安全且有效的治療,例如臨床效益。雖然大部的專家會同意心理治療專業發展督導的重要性,但會被忽略的是督導的首要目標:促進安全及有效的臨床執業,意即有效的督導能改善病人的治療預後。

根據督導者能力地圖[13]的描述,督導者的共同能力包括:教導在倫理標準內的治療行為;根據組織及政府法令來調整督導內容;發展文化考量差異的處理技巧;建立及維持督導聯盟;強化受督導者的能力程度;根據個人知識與經驗的限制來確認與執行。

沃特金斯[21]認定督導專業能力的六項基本領域:對各種模式、方法及督導

介入措施的知識及了解；能指出倫理及法律層面的知識與能力；在督導流程架構中管理關係的知識與技巧；能傳達判斷及評估的技巧；能創造對取向的差異與多元保持開放心態之治療環境的知識與技巧；能自我省思、並於督導流程中執行適當的自我評估。

由於在督導架構中這些能力的多元與互補特性，任何時刻都不會有優先選擇順序或在其中做選擇的問題。一般而言在所有案例中，它們都很重要，也全部會呈現於每次督導時段中，因此當下任務就是根據每位受督導者的每次個別督導時段中，依照比例運用適合的能力。此比例會決定是否督導者更具支持性、成功形成督導聯盟及發展督導關係；或是否更聚焦於某些治療情境層面；或是否針對受督導者行為的倫理考量進行質問。能力的分佈會依照許多因素而有所不同：病人的個別特質、受督導者的需求、個人特質及專業經驗、督導關係的階段、及特別督導時段的階段等。

正向督導是基於具有能力及發展傾向的個人概念，並基於文化情境而同時擁有優點及弱點，能提供社會常規的理解，是一種針對所謂「實際能力」的跨文化分析[19]。這些重要概念之一存在於實際能力的內在特質，就是他們的發展傾向。因此往前看，也可以說，正向心理治療督導廣義上而言，不僅意謂著對參與者治療情境的理性了解，也是基於受督導者及治療情境中病人的需求，而對個人實際能力的發展。在專業督導、模式與任務、以及督導者本身專業的形成過程，會受到重複性審視及發展。在過去數十年督導的研究與發展期間，處理介於督導與受督導者之間的關係，可被理解為專業活動中相當重要的部分[1]。

根據正向心理學理論，原初實際能力，如信任、接納（愛）、耐心、希望、信心、內在一體性等，無法僅透過思考它們或理性了解就能發展完成。這些能力必須藉著案例（典範），即和重要他人的實際關係來發展。因此受督導者缺乏這些原初能力是後遺症發生的主因，甚至因此無法成為治療師。

同時次發實際能力，如公平、勤奮（成就）、精準、信任、忠誠、準時、節儉、順服等也會由督導者示範出來，一方面會回應督導者本身的價值與習慣心態；另一方面也會形成某些情境，如清楚、穩定及可控的督導關係，能減輕焦慮、並創造出安全的互動環境。次發能力能在督導中發展出來，是藉由鼓勵

他們在督導及治療工作中表現出來，而非透過督導者直接的訓練。雖然，平心而論，督導者所提供禮貌、開放、準時、節儉及公正等示範，對最終結果也可能有用。

因此督導關係是必要的環境，此空間也是督導者以適當的衡量及態度展現能力的地方，在那時他會信任受督導者、其意見、印象及結論；在困難及困惑時，支持他；在沮喪時，鼓勵他；在無助時，鼓舞他；並耐心忍受他的限制及做某些事情的無能；並將受督導者聚焦於他的價值及倫理上；讓他能探索發生在治療情境中的意義。

由於受督導者經歷如此深刻、誠摯及與督導者一致性的互動，能讓他聚焦於自己使用實際能力的方法、並將它們使用在和病人的關係上，如同督導者將它們使用在督導聯盟一般。因此它不僅是一種病人對當下治療情境理解的理性深化過程，也經由督導能讓受督導者得到情緒性的發展。過往受督導者所表達的意見，僅僅是模仿督導者的行為，以及只說出督導想要聽的內容[3]。

然而經驗顯示，此樣貌必須在初期階段就能形成督導聯盟才有可能，也是受督導者從督導者得到支持需求的一種表現。未來關係的技巧及經驗會內化，成為受督導者個人的內涵，並用在未來專業的發展上。因此即使在督導關係的早期階段，通常只是藉由使用相同語言、表達或語調來模仿；經過一段時間之後，這些表現背後的實際能力就會發展出來，模擬的行為及內在價值（觀念）會內化，並形成所謂的「內在督導者[18]」。在此階段督導的行為、態度與價值的不同層面會內化，成為受督導者更自主及獨立工作的內在支持，並發展出個人的治療風格。

正向心理治療督導五階段

在正向心理治療中有一種特殊的五階段專業行動策略，可使用於督導過程[11]。正向心理治療是一種半結構化療法，能成為受督導者專業發展的重要工具。由於督導也是一種半結構式流程，在每階段中督導者及受督導者都有清楚定義的階段及任務，。

雖然每種接續的階段內容，隨著不同個案、從督導者到受督導者都會有很

大的不同，然而階段本身的順序性對所有督導者及每次特殊的督導則都維持不變，約略如下：階段一：觀察與拉開距離；階段二：完成問卷；階段三：情境鼓勵；階段四：說出內心話；階段五：擴展目標。

❖ 階段一：觀察與拉開距離

在第一階段，除促使他將此個案帶來接受督導的困境之外，督導也會給受督導者空間及時間來自發地陳述相關個案、制式化層面（持續時間、頻率）、病人的困難內容、他的經驗及心理治療目標、受督導者個人的經驗。在此階段，督導者會鼓勵敘述、情緒性支持受督導者、觀察他的表現及經驗、建立假說及結論、收集浮現的問題，但並不會在此階段把它們帶出來。在此階段及下一階段中，督導者有一種源自人格概念及其發展的特殊任務。

督導者的任務是要偵測及確認受督導者在治療情境中有價值且有用行為的某些層面，除了在治療情境中由受督導者所表現出來的實際能力，還包括成功的介入、有趣的詮釋。督導者的重要技巧就是要能看見受督導者的成功與能力，以及精確地將它們說出來，這在正向心理治療中相當關鍵，且必須被大幅度地發展。它的重要性也會在階段三的形容中分開解釋。而在此階段，督導者會建立所謂的督導聯盟，它的重要性不言可喻，也是眾多督導目標之一，能提供成功經驗及覺察失誤與限制。重要是要能同理受督導者，在情緒上支持他，從督導的第一階段起就能鼓勵他的努力。

督導如同心理治療，並不必然是舒服的過程。很重要的是，督導者與受督導者必須建立良好的學習聯盟[20]。學習聯盟意味著督導者與受督導者是具有共同目標的聯盟。事實上在各種研究當中，已經證實督導聯盟可能是「有效督導的核心[5]」。通常第一階段會完成於受督導者已經很自發地報告所有的資料，而督導者也已經澄清受督導者在個案中的困境以及對督導的期待。而在督導架構中最常見的要求是關於受督導者的多元性需求：

1. 要了解治療個案困難的本質。
2. 更加了解病人、確認臨床特性（疾病的本質與層次）。

3. 了解治療行動介入的適當性。

4. 了解失誤或錯誤決定，並評估後果。

5. 了解關係的動力，以及在與病人關係中所揭露衝突的原因、本質及內容。

6. 了解個人的反移情經驗在此個案所造成的困境。

7. 探索對病人態度及行為的潛意識層面。

8. 表達治療師本身複雜或難以接受的情感，例如憤怒、恐懼、焦慮或恐慌、無助或失望的情緒。

9. 能針對因治療個案複雜度所導致困難的內在情境提供支持。

10. 探索專業限制及影響此特殊個案效益的內在衝突。

11. 能見到當下情境的專業優勢與技巧。

12. 確認病人的外在及內在資源，以及他所能依賴的治療情境本身。

13. 了解此個案治療架構中的未來前景與可能策略。

14. 能判定具有倫理挑戰情境及潛在法律後遺症等的專業行為。

在澄清這些要求之後，能建立關於此次督導目標的口頭共識，也能紀錄在督導契約中。

❖ 階段二：完成問卷

在此階段發言權會轉向督導者，此時他已經有足夠的資訊能系統化論述問題，並基於受督導者的要求，也是藉詢問來澄清治療個案所有層面的時候。視受督導者所表示的期望與需求，所有治療及督導流程的內容都能探討。因此所謂督導的七眼模式[6]中任何一個部分都能成為研究的主題：

1. 病人的情境與療程的內容。

2. 在治療過程由受督導者所使用的技巧性工具及介入措施。

3. 在受督導者與其病人治療關係之內容與動力。

4. 治療師個人的流程（反移情及其他主觀經驗）。

5. 受督導者及督導者之間的督導關係。

6. 督導者的流程（督導者對受督導者及治療情境的反移情）。

7. 環境層面（情境中更廣泛的跨文化背景）。

　　無論受督導者的請求為何，總是會處理與病人及其情境分析直接相關的因素：病人的平衡模式、確認實際衝突與其動力、關於實際能力的內容、領域及病人偏好處理的方法，如各種衝突、基本衝突、其內容及與實際情境的連結、家庭觀念及其來源，以及正向心理治療之辨別分析的概念部分。

　　此階段要求督導者要有足夠的開放性與直接性來進行必要的提問，並澄清所有治療情境層面，使用轉移及反轉移的情緒經驗進入衝突內容、能力、關係型態等的轉譯能力，來定義內容、歷史、動力及可能性[14]。督導者適當處理個人關鍵衝突的能力，意即能維持直接性與禮貌之間的平衡，在小心考量受督導者忍受面質的能力之後，提出較為尖銳的問題，在此階段都相當重要。此階段結束之後，無論關於複雜督導體系的哪些部分，督導者必須收集足夠的資訊與概念化以符合受督導者的要求，

❖ 階段三：情境鼓勵

　　由於是督導過程較為獨立的部分，因此情境鼓勵階段相對獨特，其中也有關於督導者所需面臨的重要任務。事實上，受督導者通常不會期待在督導過程覺得舒服，反而是處於相對脆弱的態勢，因為傳統上督導就是要面臨困難治療個案，使得受督導者會出現最顯著、難以覺得驕傲的內在衝突與困境。必須從督導者尋求協助，因而不會太有成就感或自信，反而會感到困惑且一再質疑自己的行動、能力或進一步的工作策略，並添增額外的自我批評。此類狀態對複雜治療情境的理性分析、或啟發專業性好奇心及創意過程並無任何幫助，因而在此階段的主要任務就是要去鼓舞受督導者。督導者必須特別聚焦於受督導者的成就與成果方面、而非失策及錯誤上。

　　此階段，督導者會投入足夠時間去分析他所提供的意見是否被受督導者正確及成功使用。督導者也會誠實且真摯地分享在督導時段的個案報告中，他所

注意到之前兩階段關於受督導者的實際能力與在治療病人及治療情境的表現。督導者也必須指出有用的受督導者─病人關係的層面、任何成功的介入措施、證明有效之受督導者的能力及特質、及已經發展成熟的技巧及能力：任何會從督導者得到的專業尊崇、認可、甚至欣賞的內容。此階段也會特別去注意嫻熟的督導者能提供平行式、而非垂直或階層式的關係，這能讓受督導者感到更有信心，讓他能從自己及病人身上學習到一種尊敬的態度。

　　非常重要的是督導者必須具有情境鼓勵的技巧，而且任何被強調的事情都必須基於客觀的現實，避免毫無根據的讚美。由督導者所提供的平衡意見，必須是聚焦於前兩階段正向層面的結果、以及對受督導者優勢及行為印象所進行的評論。這不能變成只是一種「情緒上的賄賂」、或對受督導者的諂媚。此階段受督導者已經有充足的資訊來肯定什麼已經正確且成功地完成。除了受督導者的內在能力之外，督導者會去關注情境的優勢、以及受督導者在工作上所仰賴的治療情境之外在資源。

　　此階段的結果是對在治療中所發生事情的一種更高階的態度、放鬆的感受、受督導者壓力、罪惡感及無望感的降低、關於治療現實的希望與鼓舞感受、以及個人的能力與行動。一段時間之後，藉由規則參與督導、觀察督導者的行為，受督導者學習對自己更加客觀、聚焦於個人優勢、看見個人技巧、能夠建立在它們之上、並準備好確認成就與成果，因此發展出對自己成為心理治療師更有覺知、且整體性的理解與接納。

　　更有甚者，個人必須承認那些在治療情境中被督導的困境，通常與原初實際能力的缺陷有關，例如希望、接納、信任及耐心等。特別在此階段，由督導者對受督導者所表現的關係部分，會被吸收且複製在之後關於病人的治療情境中。只有當督導者不會只是建議受督導者必須在治療情境中如何去表現，而是督導者必須在督導的架構下，在與受督導者的人際關係生動的領域中，去表現所有這些原初實際能力之後，才有可能實現。平心而論，我們必須承認少數幾種文化沒有發展出對成功及健康領域的關注技巧，此項能力不只對受督導者覺得困難，甚至對督導者也是，因此會特別注意在正向心理治療的督導訓練中發展此項能力。

此取向的根本是要聚焦於督導者，能展示他的實際能力，因為它們會在督導過程中連結到各式樣的情緒及行為。因此督導者會為受督導者創造情境來發展目前的能力，並確認受督導者的發展領域。為發展出實際能力，督導者必須確認那些已經完全發展、以及那些正在發展的需求，他也必須把握機會創造讓這些發展能發生的情境。此領域的成功發展主要必須仰賴支持及接納關係、尊重與優點的確認，是情境鼓勵階段的最首要目標。至於受督導者的自我表露在有效督導關係中相當常見、且可接受的部分，能讓受督導者在臨床督導中得到新的知識[17]。除了如何去經歷與受督導者的關係之外，此階段督導者的自我表露，分享個人困難、失敗或成功的經驗，也能創造更溫暖、及更受信任的關係[7]。

雖然從受督導者方面會出現不同型態的關係，所有督導者必須建立及發展督導關係。由一群研究者[4]所執行的研究之一，發現治療師的工作能由督導及獨立的評斷者來進行不同的評估，而所有由研究者選擇的三種模式督導者，對受督導者的評價高於獨立評斷者。這相當有趣，這些解釋從督導者對受督導者表現過度的忠誠，到他們有更多專業性投入治療情境的背景、以及他們對受督導者情境的了解。

然而可能理由之一，是因為督導者能看見從過去工作來分辨出受督導者目前工作的動力，以及能看見關於受督導者的發展前景，就好像他已經變得更有經驗；也有一種可能，這是對受督導者鼓舞的潛意識機制，此時督導者會用發展的名詞來評估他們、並承認成功的進展，而那些只是他們在未來才能達成的；有可能更精準的就是真正需要去鼓舞受督導者、活化他們的樂觀、讓他們能夠啟動進行工作及持續發展的力量。因此督導者的最重要功能之一，就是能看見潛能，而且督導者必須費心去辨別它，成為例行性督導責任之一。

除了評估整體的治療情境之外，當督導中的參與者能了解病人及受督導者的優勢與資源為何，此時他們才能夠順利進展到下一階段。

❖ 階段四：說出內心話

就是在此階段，才會更詳盡討論在治療中到底發生什麼事。督導才會基於受督導者的要求及他個人對情境的看法，來分享他的觀察、假說及結論。受督

導者有能力去面對個人失誤與限制經驗的質問，在情緒上是無障礙的，因為已經良好執行的上階段，那時焦慮及不安全感已經降低。在此階段督導者必須承接一項重要角色，那是在前幾階段有機會能觀察在治療情境中到底發生什麼樣的事情，而目前就能夠表達他的觀察。督導者必須不止是概念化，也必須清楚表達出他的結論與觀察。督導者必須有足夠的開放性、避免任何的批評，但他仍然可以告訴受督導者什麼事情是白費力氣或已經失去什麼。

在說出內心話階段，督導者在督導中有分享自己反移情經驗的機會，那對於說明及解釋什麼正發生在與病人治療情境當中會非常有用。因此當相信在督導關係的動力經常能夠鏡映治療關係的動力時，一般可接受的平行過程概念會因此非常有用。督導者被期待不只是分享對受督導者情境及困境的看法，也會提供受督導者空間能主動參與創造新的概念、從督導工作中得到結論。相當常見，如果工作能夠正確執行，受督導者就能看見過去所未曾看見的內容。此階段通常是督導者及受督導者對治療情境共同創造出一種全面且詳盡的觀點，這已經變成督導研究的主題。

此階段結束時，通常會提到受督導者關於為督導所呈現困境的原因及本質的興趣，但是未來所需的策略及實際行動問題則還沒，而此任務會形成督導的最後階段。

❖ 階段五：擴展目標

此階段，在治療情境中到底發生什麼樣的事情已經相當清楚，督導者及受督導者已經發展出一種對未來治療行動的計劃，或至少能夠規劃出治療情境未來的發展方向。除了符合受督導者的需求，重要的是督導者能在回饋中擴展關於所發生事情的觀點，不僅是在由受督導者所提的有興趣領域，也會在那些可能逃過受督導者眼光的領域。在所呈現的治療情境中及受督導者本身成為專家方面看見發展領域的能力，也是正向心理治療督導者最重要技巧之一[11]。

由於督導的目標與主題不同於治療目標，那些關於在督導中所出現且影響專業行為的心理治療師個人事務，經常也會被點出，但並不會被疏通。他們會被建議在督導外的個人治療架構中進行探究。

督導之跨文化取向

　　督導者重要的能力之一就是跨文化取向，其中主要目標就是能了解及接納所有督導參與者之間的相似及不同處：督導者、受督導者及病人。雖然文化敏感度是一種要求個人願意去注意種族及族裔議題的能力[8]，在正向心理治療中跨文化取向會使用較廣泛的背景來考量，是一種能看見病人的獨特個別性及資源的能力，而在督導案例中，受督導者在他們特別社會及文化環境中有三個層面：

1. 全面性層面，意味著在不同洲、國家、州層次、而不只是國家文化之最廣泛情境的相似及相異處。因此在此層次所謂差異必須涵蓋最大範圍的人類生活、關係及傳統。
2. 廣義的跨文化取向，意味著在一個國家層次、但不同族裔團體的相似與相異處（如雖是同樣的公民、貨幣、憲法及法律，俄羅斯是由198種不同的族裔群體所代表而組成），而且每個族裔都是個別——有時相當不同、甚至相反的——習慣與傳統的乘載者。
3. 以較為窄義而言，跨文化取向能夠容許存在相似及相異處，即使個人屬於相同的文化、說著相同的語言、在相同城市被養育、甚至成長於同一棟大樓中，即使在相同社區、不同家庭的這些層面也會有相當大的差異，可能會發現如何在家庭中建立關係的理念、什麼樣的價值觀對生活最重要、以及個人的價值觀等都有顯著的不同。因此這些相似及相異的乘載者就是父母的家庭，成為家庭文化的敘述與乘載者。

　　在此情境下，跨文化取向意味著督導者的推動能力，並非基於他們個人的文化價值與經驗，而是要基於受督導者的文化價值與傳統，以及他所運作中的文化。這並不能解讀為督導者要去排斥個人的文化，而是必須被清楚了解與接納，但也必須能夠被理解且經驗為他的文化，而非只是在此文化中被養育長大就顯得較為優越。這也不意味著要放棄個人的文化、其價值與傳統，相反地，

最好能被督導者完全了解、支持與發展。

在此督導者被要求能去了解受督導者的文化，很精準地視為有相對價值，並能確認受督導者及病人文化的相同價值。除了在不欺騙自己及受督導者而能預估忍受及接納的差異限制之外，督導者能為了解及支持受督導者或病人而將個人文化價值暫時移位的能力，則是相當重要的能力之一。跨文化取向也意味著能夠從習慣的文化觀點跳脫的能力，以了解並分享其他的文化觀點，即在此個案中的受督導者或其病人。

❖ **臨床案例**

在督導期間，督導者談論一對跨國婚姻（日本及俄羅斯）家庭治療之困難，在研究家庭衝突時，包括在家庭治療中所出現嚴重考驗的觸發點，就是發現日本丈夫已經好幾個月規則出現引起嫉妒的事項，持續參與所謂的 *pinsaro*（粉紅沙龍、口交酒吧），因而很少與妻子性愛。對受督導者而言，處理家庭情境的主要困境在於夫妻雙方都不會特別去關注此情境，甚至認為這是一種惱人的誤解，他們在婚姻當中的主要困境是缺乏時間相處在一起及給予彼此關注。

在反移情當中，受督導者有許多經歷，包括在婚姻中完全拒絕她丈夫此類行為的相關攻擊、以及無法想像這竟然不太會去傷害伴侶。督導者認為如此缺乏興趣及反應，是因為在夫妻雙方的心理防衛機轉所致。憤怒及強烈的攻擊性使得聚焦衝突的其他層面以及整體家庭情境變得非常困難。有一項質疑是，病人們可能是展現阻抗、或故意誤導治療師，因此嚴重阻撓治療聯盟的發展。在督導過程中，受督導者被賦予一項任務，就是從跨文化觀點去研究日本一般家庭文化中有關性方面的傳統，特別是保留給粉紅沙龍的空間。

在執行此項研究之後，受督導者學習到此行為不僅合法，而且只有在某些情境或條件下才偶爾會感到困擾，因而很容易在家庭衝突中被所有參與者給跳過。因此受督導者必須擴展對性與家庭行為條件化常規的概念，基本上與她個人文化有相當大的不同。最後她開始將家庭文化傳統分開（必須注意，這是在許多次個人療程之後所進行的完全揭露），因此她就能聚焦於由家庭所呈現的其他家庭關係層面，來協助此夫妻。經過更多跨文化教育之後，督導者必需研

究個人的限制、擴展跨文化經驗、並能抗拒去窄化偏好病人型態或其困境本質的傾向，如只是讓自己限制到基督信仰、只有一種族裔群體、種族或專業性代表的受暴婦女等。

一方面跨文化差異越大，就越困難去了解、接納及分享另一個人的傳統，也會在一位專家身上造成更多的情緒反應；另一方面督導者有越多及多元文化背景專家共事的跨文化經驗，就比較容易接受個人文化傳統的相對價值，因此能在許多層面接受多元性。

這也就是為什麼在持續性學徒制、好奇心及開放性的精神當中，無論他們的跨文化差異，督導者必須能吸引並留住有其他文化及傳統的受督導者。結果當受督導者能學習不同的特質，能讓他愛上另外一種文化，他就能學習去了解及尊重它的傳統、並真誠地接受與其個人文化及傳統的差異。因此受過跨文化教育的督導者也就是能經歷處理不同文化的代表性，能確認它們的平等與價值、並了解如何去處理文化的相似及相異處。

在督導中使用隱喻及幽默

身為正向心理治療的創立者，佩塞施基安的祖籍是波斯人，也是在這樣的文化被養育成人，而此療法的治療要素之一就是使用隱喻，最早是波斯的寓言故事。而在二十一歲時，從東方遷移到西方文化後，發現其主要是使用理性思考、並忽略想像及幻想的能力，因此佩塞施基安開始在心理治療概念上發展使用隱喻的理念，目前也積極使用於督導中。一段時間之後，治療寓言的列表越來越長，隱喻的功能也被描述的更詳盡[10-12]，以及隱喻式表達的療法也變得更為多元。

使用隱喻的主要理念，就是要從習慣性的理性思考移開、並啟動受督導者的想像力，給他機會能跳脫對所發生事情的尋常觀點、激發更多情緒、啟動創意思考、改變並擴展觀點。所有這些在督導情境當中都會相當有用，特別當受督導者感受到困擾、挫折及無助時。

使用隱喻能提供治療情境中病人或治療師行為的擴展式觀點，能協助在一種不同、有時無法預期的情況下，去看到底發生什麼事情，並於治療情境中提

供關於治療情境中行為的另類方法、反映受督導者閃避行為的某些層面。在督導時使用隱喻的美妙之處，在於它們的幽默及悖論、會剝除所感受到戲劇性及絕望的複雜情境、並誇張化結局的終局性。也會移除受督導者對困境、無助、失望等感受，例如自認為獨特，並將信心帶到解決問題的能力上。

督導者會使用的隱喻不只是東方、佛教或其他的寓言故事，也會從個人生活經歷、身為治療師的個人經驗、其他督導個案、電影中的片段、電影節目、書籍、諺語等而來。因此受督導者最好能發現個人使用於治療情境的隱喻。隱喻的功能中之一在於其充滿情緒性、也是個人經驗的儲存器，因此對受督導者及督導者而言，就相當容易在持續協同事件中，能取得過去的發現與結論、並將它們涵蓋於一種或其他隱喻的形式中。

此外督導的經驗會逐漸填滿個人的隱喻，這具有非常特殊且個人的意義，只有在督導的兩位參與者能了解，會變成互動的成果及協助創造獨特的聯盟，這對有效的督導是相當重要的。如同正向心理治療所有工具，督導者不僅必須擁有設計有用隱喻的能力，也會基於對特殊治療個案的適當性、受督導者經驗及關係階段的本質，在緩和時機來使用它們。無論如何，要去改述佩塞施基安關於在治療情境中幽默的重要性與可用性的話語，我會說：「在督導時段，如果受督導者未曾笑過至少一次，就等於浪費此時段。」

團體督導

由於督導過程已經被完整結構化，也由於能提實用效益及教學效果，因此能應用到團體督導上。在正向心理治療團體督導的許多形式中，最常用的是會聚焦在一次時段、一位受督導者的一位個案上，團體其他成員會成為參與者，而督導者會協助受督導者來處理此個案的困境。因此督導者會讓其他的參與者成為他的協同督導者，能讓受督導者使用團體其他參與者的觀點來擴增對個案的看法。

在團體督導中，所有參與者的任務及行動順序都非常相像。然而督導者必須記住在團體工作情境中，受督導者是被觀察與討論的焦點，相當容易受到團體成員的批評與論斷，特別會是從最有最有影響力的參與者——督導者。他們

不僅僅是觀察進行中的督導，也會主動參與、並反映督導者的鼓勵去仿效他的行動。每個階段都已清楚規劃、都有其個別清楚的目標。

　　督導者及團體的整體目標是要為受督導者創造情境去感覺舒適，因此能對情緒性及智識化的經驗保持開放的態度，而不需要自我防衛，如此就能從督導流程得到最多的收穫。事實上，團體督導進行順利最典型的徵象，就是當參與者會一來再來、而且試著帶來由團體督導者所選擇的案例。團體督導者必須關注個人的反移情反應及相對的行為，因基於多年的觀察，正是督導者的行為、而非他的話語或說教式的介紹，來決定參與者會學習到什麼。當督導者能提供越多的支持，團體就能更加支持受督導者；反之亦然：當督導者越挑剔，那其他參與者也更可能聚焦在受督導者的錯誤及疏忽、並表達批評。

　　有關督導領域的最現代研究，可使用此話語來結論：我們還沒有足夠證據來確認督導對病人預後的效益[20, 22]。因此我們必須利用此種專業活動的形式、並僅仰賴實際經驗以及我們個人主觀對其價值的評估，如此我們才能繼續參與督導，並在它的效能已經被科學證實之後來進行發展。

　　贊同雷默斯[15]關於正向心理治療師的身分，在此引用他有關正向督導的話語：

　　在與受督導者的互動中，我會將自己視為一位學習者。而成為今日的正向督導者，我的責任是要使用正向資源為導引之取向，並為明日的世界而將自己及受督導者預備好，去解決我們所面臨的衝突及面對未來。

CHAPTER 30

—— • ——

正向精神醫學及心理學之靈性與信仰

by 馬克‧法瑪多（Mark Famador）

> 我們所得到的愉悅通常經由感官而來，屬身體層次；幸福是一種正向
> 情緒，屬心理層次；福佑則比愉悅及幸福來的更高階，屬靈性層次。

　　本章首要目標是澄清靈性成為正向心理學基礎的概念；其次是要說明信仰
及靈性並非兩個互斥的名詞。信仰及靈性對心理滿意度都具有正向相關性，然
而對於其運作法則、概念及層面仍有許多的混淆。信仰能協助我們去處理生活
中的悲傷、讓我們看見生命的意義、及活在與超然存在的關連當中，能協助個
人及所有人類促進內在及外在的平靜、和諧與道德；靈性則是更高階地運作，
關乎靈魂、並導向個人意義的追尋及反映正向情緒。由於正向心理學是心理學
的一部分，也承擔在生命中滋養正向度之機制及機會的解碼任務。

　　這些概念在人類歷史中如何演化，是既有趣且迷人的旅程[1]。也有許多
哲學家對此概念「終極現實」（ultimate reality）有所貢獻，成為信仰及靈性
既獨特且核心的理念。法國智者、哲學家及劇作家馬塞爾（G. Marcel, 1889-
1973），是一位無神論存在哲學（此取向的觀點認為生命的經歷與互動是無意義

的）的知名反對者，並使用神的概念來奮戰。從職涯開始，馬塞爾關於宗教信
仰的著作，是對哲學最深遠的貢獻之一。其主要興趣在於對信仰經驗的詮釋，
也就是「人類與終極現實的關係」。正向心理學概念，也會在中世紀聖人——
依納爵‧羅耀拉（Ignatius of Loyola）的生命背景中進行探索，這些信仰及靈性
的概念與維度將會變得更加清晰。

　　直到十九世紀初期，精神醫學及信仰都還密切地連結，當時宗教機構會負
責精神病患的照護責任。一項重大的改變開始發生於沙考特（Charcot）及他
的學生佛洛伊德，將信仰與歇斯底里症和精神官能症連結在一起。艾里斯（A.
Ellis）於1980年寫道：「信仰與情緒及精神疾病有無可辯駁的因果關係。」更
極端的說法，認為所有宗教經驗都已被標示為精神病。所有這些事件創造出信
仰與心理健康之間的分流，一直持續至今。但（感謝神），於1994年，「信仰
或靈性問題」已經在《精神疾病診斷與統計手冊第四版》（*DSM-IV*）被引入成
為一種新的診斷分類，並建議專家們應該尊重病人的信仰及儀式。

定義與概念

　　靈性通常是指與超然存在、神聖或終極現實相關連的人類經驗層面，會
與生命的價值、意義及目的密切相關。靈性可能會在個別化或社區和傳統中發
展；信仰則被視為靈性的機構化層面，通常會使用信仰體系及關乎社區或社群
所舉辦神聖習俗的名詞來定義（科尼格〔H. Koenig〕等）。

　　正向心理學是基於個人特殊模式，從十八世紀末在美國流行文化中所
發展出來。此模式稱為正向個人主義（positive individualism），是從艾默生
（Emerson）藉由防衛、對抗清教主義之超驗主義開始，認為個人是神聖的一部
分，也是一種能自我驅使、探索及無止境自我發展的本質。目前正向心理學已
經從正向個人主義中最顯著的形而上層面移轉出來，但還是維持著其歷史性、
非社交性及個人主觀的概念。由於信仰、靈性與心理幸福感有正向相關性[1]，
我們會特別在此把幸福感定義為「生活的最佳體驗」。

　　正向心理學涵蓋全人、個人的優勢與弱點，如同老梗說的「不遮醜」。因
此就要把生命活到個人所能衡量的最極致，依據彼得森的話語而言：「正向心

理學也是一種如何讓生命最值得活的科學性心理學[3]。」弗蘭克是意義療法（一種存在分析形式）的創立者，在面對大屠殺期間從集中營倖存的不確定性，藉由生命意義嘗試去和命運掙鬥。在最暢銷著作《意義的追尋》[8,編註1]中，他分享在面對苦難時，因個人的掙鬥而發現意義、實現與幸福。

　　從古希臘到現代的哲學家都在為一個基本的問題深思：「我是誰？」。蘇格拉底深信：「未經檢視的生活並不值得過。」哲學家暨柏拉圖的學生亞里士多德則強調發展卓越與達成性格美德的重要性，而最高的目的就是要生活得好、有意義、過著幸福或圓滿人生、在生活表現良好。幸福（Eudaimonia）在此定義為「與卓越（arete）一致的靈魂活動」，而卓越在此定義為一種經由重複、執行或練習所得到的特殊智慧與知識。美德在此就是道德性美德或性格的卓越、能夠表現卓越的潛質（希臘文hexis），這是一個人經過養育、及部分是行動習慣的結果所發展而成[8]。

　　簡而言之，正向心理學就是努力藉由讓生命有意義來使人變得幸福。採用古希臘哲學家的思考流程，認為一個有意義的生命就是過著有美德的生命。而有美德的生命部分是從家庭教養而來的發展經驗；其他部分（我會認為）則是持續重複及練習的結果。正向心理學是一種「內在原則」，去尋求實現關於自己及人類潛力的真理，目標是藉由特殊形式的意識、默想或祈禱狀態，去發現個人真實且一致的自我。這不僅是大腦的活動、更多是在心靈層次，會有直覺式知識從成功嘗試錯誤流程而生成，在其中也能探索個人失調的依附，目的是為了自由地追求導向圓滿且幸福人生的道路[2]。

　　正向心理學也是一種必然會導向更加自我實現且服務他人的動力流程，就是所謂知行合一[9]。它並非單一形式、而是具普遍性，在於它有啟發所有文化能達成更好自我的潛能。此理念「更好自我」並非相對性的，而是能普及到全人類。為了培養個人天分且讓生命更加實現，正向心理學會聚焦於三種人類經驗領域（如塞利格曼所形容）。此三領域也會協助定義正向心理學觀點的範疇與方向。

編註1　中譯本有兩個版本，一為譯自美國版的《活出意義來》（光啟文化），一為譯自德文原典、並結合美國版增訂內容的《向生命說 YES》（啟示出版）。

在**主觀層次**，正向心理學著重正向主觀狀態或正向情緒，如幸福、愉悅、生活滿意、放鬆、愛、親密及滿足；在**個人層次**，正向心理學聚焦於研究個人特質、或經過時間考驗、更長久且持續的行為模式。此研究也會包括個別特質如勇氣、毅力、誠實、或智慧，因此正向心理學包括研究正向行為及特質，在歷史上已經被用來定義性格優勢或美德；最後則是**團體或社會層次**，正向心理學會聚焦於正向機構的發展、創造及維持。在此領域中，正向心理學關注一些議題如公民美德的發展、健康家庭暨社群的創造、及研究健康工作環境與正向社區。

塞利格曼及契克森米哈伊形容正向心理學為正向人類功能的心理學，能協助建立圓滿的個人與社區[9]。另一種在正向心理學被廣泛研究的觀點就是「心流」，契克森米哈伊（1990）已經針對心流進行廣泛論述。心流是人們會完全投入一種活動的狀態，因此其他事情變得不再重要；此經驗是如此愉悅，以至於人們即使付出極大代價，也會去做，而且單純就只是為了去做[9]。契克森米哈伊藉由心流的概念及其特質來研究數百位專家，如藝術家、運動員、音樂家、圍棋大師及外科醫師。

之後他的研究團隊以及全世界的同事們，也會談數千位屬於不同文化及年齡群、不同生活步調的人，並試著去衡量主觀人類經驗的品質，就是所謂的主觀幸福感。論文中描述社會中信仰與靈性的調查結果、靈性與信仰的定義、正向心理學及正向精神醫學，也描述這些調查與各種哲學、信仰及神學觀點定義之間的關聯性。最終完稿、進行總結論述之前，則詳細地以依納爵的靈性來強調此論文的主題。

某些正向統計與哲學性解釋

柏拉圖曾說人不僅清醒、而且會「對其意識保持警覺」。科學家相信意識及思考完全是大腦的物質產物，是由大腦神經元的電路及化學改變所創造而來。由於相信靈性的哲學家宣稱靈性關乎靈魂，且會導向追求「個人意義」。有人提議說靈性與信仰有所不同，然而在靈性、信仰及心理健康之間存在密切關係。科學喚起身體的舒適性；靈性則帶來心理的平靜、提升我們的意識，而

正向價值、態度、信念及力量會從靈性操練而來，且對福佑感有明顯貢獻。

　　然而靈性並不只是追隨福佑感而已，靈性具有深刻的心理生物學基礎，也是需要被理解的現實。**我們所得到的愉悅（pleasure）通常經由感官而來，屬身體層次；而幸福（happiness）是一種正向情緒，屬心理層次；福佑（bliss）則比愉悅及幸福來的更高階，屬靈性層次**。此種正向情緒的階層能協助我們澄清靈性概念、以及與心理健康的相近性[1]。

　　不同的靈性傳統所顯示心靈本質、意識與生命意義的現實，都能藉由一種直覺式、統整性與經驗形式的認知來理解[1, 8]。科學性的參考架構必須對此提出證據，此架構也會更加激發對神經性、生理性、心理性與社會情境的科學探究，有助於了解神秘經驗的發生、以及此類靈性操練對健康、心理幸福感及社會功能的效益。人類演化也有一種往意識靈性化發展的新趨勢，而所提出的新科學性參考架構能加速對靈性化流程的理解，將會對全球性型態意識之興起做出重大貢獻。如果人類要成功解決所面臨的全球性危機、並智慧地創造一種對地球上全人類與各形式生命有利的未來，此類型態意識的發展是絕對必要的。

　　從2005年五月起，蓋洛普公司詢問美國人去評價信仰對他們生命的重要程度。在這些調查報告中，55%將信仰評價為非常重要、28%則將信仰評價為重要；只有16%認為信仰一點都不重要。彼得森及塞利格曼（2004）觀察到靈性是普世性的：「雖然靈性信仰的特殊內容有所不同，但所有文化都有一種終極、超然、神聖與神聖力量的概念。」如果對超然的信仰為大多數人類經驗的一部分，豈不好奇為何對靈性與信仰的研究在此領域竟如此的不足？一種解釋認為靈性的概念並無法符合目前的研究模式（請問今天聖靈感動你的程度如何？請用七分量表來評分）。即使要對我們所認為的信仰與我們所認為的靈性之間繪出概念性區分都非常困難。帕格曼斯及馬霍尼（2002）在著作《正向心理學手冊》中有關靈性的章節，嘗試對此做出區分如下：

　　我們偏好以傳統角度將信仰一詞用在廣泛的個人及機構領域，提供多種目的，可以世俗、也能神聖；靈性則代表信仰之關鍵且獨特的功能。此章節中，靈性定義為尋求神聖……人類可使用無限種途徑嘗試去探索及保存神

聖……途徑牽涉到信仰體系，包括那些傳統的組織性宗教（如基督新教、羅馬天主教、猶太教、印度教、佛教、回教）、新興靈性運動（如女權主義、女神教、生態學、靈性組織），以及個別化的世界觀。

2008年所舉辦信仰與大眾生活的皮尤（Pew）研究論壇有以下發現[24]：

1. 92%美國人相信有神或普世靈體（universal spirit）的存在；63%美國女性、44%美國男性說信仰對他們的生活非常重要。
2. 美國人幾乎一致認為他們相信神（92%）、大多數相信有死後的生命（74%）、及相信聖經是神的話語（63%）。
3. 多數美國人（54%）表示相當規則參與宗教活動（至少每月一至兩次）、39%表示每週都會參與敬拜活動。
4. 美國人也會參與各種秘密靈修活動，而且58%表示會每天祈禱。
5. 沒有參與任何特殊宗教傳統者不必然缺乏信仰或靈修。事實上41%未參與宗教傳統者表示，信仰至少某種程度對生活是重要的、70%表示他們相信神、27%表示他們一年內至少也會有好幾次參與宗教活動。

信仰取向或因應型態

知名人格理論學家奧爾波特（G. Allport）將內在與外在信仰導向做了區分。外在導向者會去尋求宗教，因為能提供安慰及安全感，也會被罪惡感、或外在壓力來源（家族、社會壓力等）所驅動；相對地，內在導向者更多是受信仰所驅動，並尋求生命意義與目標。某些證據顯示內在導向者較能克服壓力生活事件，因為此取向讓他能發現所發生事情的意義。其他研究者則強調個人信仰／靈性問題解決型式的不同是如何影響我們因應逆境的能力，確認如下四種型式[25]：

1. 協同型式——此型式個人會認為自己與神同工來處理手上的問題。
2. 推遲型式——此型式個人會更被動，他們等待神來處理情境。

3. 自我導向型式——此型式個人會當家作主，雖然他們相信更高權力者，但他們信靠自己來解決／處理任何問題。

4. 投降型式——個人會清楚決定放棄那些真正超越他們所能控制的情境。

協同型式似乎在更廣泛的情境更具適應性，因為個人會感覺被賦權（因為有神的同在）、並有動機去做任何能改善情境的事；自我導向型式者一般而言也是有效，大多是因為人們傾向於更能將情境視為可控；而明顯的例外就是當情境過於極端（從客觀標準而言）以及相當不可控時，如親屬死亡，投降及推遲型式者總是最具適應性，因為無任何事可做來預防或去除此事件，放棄控制反而能為不知所措者提供撫慰。

正向心理學之靈性解釋

喬布拉（D. Chopra）醫師是一位暢銷作家、教師、喬布拉健康中心的創立者。在著作《持久幸福的九個關鍵》中，他根據古代吠檀多哲學來寫作，認為有兩類的幸福。第一類是來自一些事情，會轉變成我們所喜歡的方式，如得到我們所想要的，我們會說：「我會感到快樂是因為……因為我有家庭和朋友、因為我獲得升遷、因為我有錢及安全感。」此類幸福先天上是稍縱即逝，因為它仰賴外在理由，因此也會在任何時候被取走；第二類幸福，相對是一種存在狀態、而非某些我們去做或達成的事情，並不依靠我們的情緒或外在環境。真實的幸福來自與我們核心深層、無限覺醒狀態之間有一種無法撼動的連結，此種存在狀態是我們所擁有的內在喜樂，能在當下活出豐富與精彩，也是我們所能覺察得到的自顯明本質（self-luminous essence）。

持久幸福的九個關鍵：

1. 聆聽你身體的智慧，它會經由舒適或不舒適的徵象來自我表現。

2. 活在當下，因為這是你唯一能擁有的時刻。不要去與無窮盡的事物爭鬥，相對地要與它合而為一。

3. 放棄對外在核可的需求，在此實現路上具有相當大的自由。

4. 當你發現自己用憤怒或與任何人、環境作對來反應時，就能了解到你終究還是在跟自己爭鬥。當你放棄憤怒，就能療癒自己且與宇宙流合作。

5. 了解此世界之外在情境會反映出內在現實，那些你會反應最強烈的人，無論是愛或恨，都是你內在世界的投射。

6. 去除論斷的負擔，你就會感覺更加輕盈。記住每位你寬恕的人，都會添加對你自己的愛。

7. 藉著最滋養的食物、經驗與環境來支持你的身體和心靈。你的身體不只是一種生命支持體系，它是一種載具、能帶你走向演進的旅程。不要用毒素來污染你的身體，無論是食物、飲料或有毒的情緒。

8. 用愛來驅動行為以取代用恐懼去驅動行為，恐懼是記憶的產物，都著墨於過去。

9. 了解物質世界只不過是內在智慧的鏡像，而智慧就是所有物質與能量不可見的組織者，而既然此智慧的一部分住在你的心中，你就已經享有宇宙的組織力量。活在平衡與單純中，這對你和地球都是至善之舉。

神經學基礎

幸福就是追求那些我們所享受的事，如同希金斯及喬治（Higgins and George）在《臨床精神醫學之神經科學：行為與精神疾病之病理生理學》[15]書中所言，幸福顯然是具有神經科學基礎的。幸福是圍繞在基因的「設定點」（set point）交雜且緊密地波動著。在正向心理學的背景下，有意義的生命會超越從生物學觀點對愉悅的單純追求。人類大腦具有所謂的「享樂熱點」（hedonistic hot spots，如在眶額皮質、杏仁核及腹側蒼白球）；而「有意義」則會整合大腦的所有功能。神經影像學研究顯示冥想會造成前額葉的活化、丘腦的活化以及抑制丘腦網狀核，以及造成顳葉功能性的傳入阻滯；至於冥想操練所造成的神經化學變化，則會牽涉到所有主要的神經傳導物質系統。

神經傳導物質的改變能夠降低焦慮與憂鬱症狀，也能部分解釋冥想的精神病致因性（psychotogenic）特質。此回顧強調冥想操練中可觀察到牽涉多重神經結構、神經生理學及神經化學轉變。與負向情緒如恐懼的研究相比，正向情

緒流程與相關的正向情感狀態的神經生物學，直到最近才受到科學性的關注。生物學理論將正向情感概念化後會關聯到：一、徵象（sign）：顯示身體正經由體內平衡系統回復平穩；二、效益（utility）預估：有利的神經經濟學觀點；三、趨進（approach）與其他本能行為：成形中的神經行為學觀點。

　　事實上有許多獨特形式的正向情感，都與和其他哺乳類共有的古老新皮質下邊緣腦區有密切關聯性。目前所匯集的證據顯示，預期性（滿足慾望）的正向情緒狀態會去啟動邊緣系統的各個區域，特別包括腹側紋狀體的多巴胺系統。

　　與多巴胺機轉無關、而是使用在腹側紋狀體、杏仁核與眶前額皮質之類鴉片及GABA受體，對闡述圓滿的正向情緒狀態（如感官性愉悅）及中介身體平衡滿足感的各類神經胜肽，顯得相當重要。

宗教觀點

❖ 佛教

　　對佛陀而言，通往幸福的道路是從了解痛苦的根本原因開始。因佛陀會關心受苦而認為他是悲觀者的看法，是沒抓對重點。事實上他是一位相當有技巧的醫師，能打破我們受苦的壞消息，還會給予一種積極主動的療程，隱喻如下：醫藥就是佛陀針對智慧與慈悲的教導，稱為法（Dharma）；而會鼓勵並告訴我們如何服藥的護理師則是佛教徒社群，或僧伽（Sangha）。此疾病要得到療癒，只有透過遵從醫師的建議與療程——八正道，牽涉到心靈控制的核心。在佛教中，此種療法並非簡單易吞的藥，必須每天進行正念思考與行動操練，因此我們自己就能藉由個人經驗來進行科學性測試。

　　冥想當然是最知名的操練工具，但相對於一般人的認知，它並非關於與世界脫離，相對是一種訓練心靈不要沉浸於過去或未來的工具，而是要活在當下，也只在這樣的時刻，我們才有可能去體驗平靜。冥想（meditation）一詞是從拉丁文動詞「meditari」而來，意即「思考、默觀、策劃與沉思[9]」，實際操練方式會隨信仰不同而異，基本上都會聚焦於訓練心靈達到特殊目標。世上有許多冥想技巧，針對冥想的科學研究也很清楚顯示，對注意力及情緒相當重

要的大腦迴路，可藉由冥想操練來改變，能從我們的系統去除所有的冤仇與碎裂，進而重新得到平安與喜樂。

閱讀或聆聽經典、正向文獻、以及求教於智者，都能協助我們培養靈性覺察，並對生命、其目的或功能得到深刻理解，這也是依納爵在家裡療養、並閱讀記載耶穌及聖人生命書籍時的體驗。生命是由特殊且無暇的自然法則所規範，有如必須被理解且遵從的因果法則，如同諺語所言：「要怎麼收穫，先那麼栽。」當我們能涵納個人所帶業力帳戶（karmic account）責任的覺察，就能因此有所收穫，之後我們的情緒動盪幅度就會降低。

在自我投入的流程中，冥想的功效至關重要。至高無上平靜的黃金時刻能照亮昇華內在旅程的道路。當我們在冥想中推進，就能漸漸與內在核心連結，而那些未被探索及接觸的領域就會變得更為熟悉。我們潛意識的壓抑、怨恨、及埋藏在潛意識心靈最黑暗場域中的傷害，開始會浮出表面。一段時間之後，藉由規則冥想所產生的強烈力量與純粹，能夠去除所有的毒素，因而形成寧靜、幸福與健康的生命[16]。

❖ 印度教

《法句經》（*Dhammapada*）是佛陀最早知名的名言集，第一、二節中談到苦與樂，因此發現佛教有很多談論幸福的主題時，並不會感到訝異。佛陀同時代的人總形容他永遠掛著微笑，而佛陀的畫像幾乎在臉上呈現一抹微笑。但此微笑並非代表自我滿足、物質豐富、有名望，佛陀的微笑是來自於內在深沉的寧靜。

印度心理學確認三種層次的訊息處理流程，分別為大腦、心靈及意識層次[17]。傳統印度心理學認為人是「涵納意識」（consciousness embodied）的存在體。在印度，「正向思考的咒語」（mantra）為：「生命是我們個人思想的體現。」正向思想會帶來人生的正向發展、並給個人帶來成就。印度咒語能與潛意識心靈同工、並轉化個人潛力，念誦一則強大的咒語就能激起許多的正向思考，咒語能和生命的細緻力量相連結，並協助我們連結到宇宙的超然力量。按照建議流程重複唸誦精選的咒語，能因得到咒語的力量，而對態度、傾向、能力、信心度與人生忍受力產生正向改變。

❖ 錫克教

錫克意即「原則」，而先知稱為「古魯」（gurus），意即教師。古魯‧那納克（Guru Nanak Dev）於1469年創立錫克教（Sikhism）。錫克教強調性別平等、相信科學、接受其他宗教、冥想、相信民主、及日常生活的靈性，所有這些都是錫克教的正向心理特質。不同的研究也顯示那些接受宗教心理治療的案主，會比那些僅接受支持性心理治療與單純服用藥物者，焦慮症狀有顯著更快地改善[18, 19]。

❖ 伊斯蘭教

伊斯蘭教（Islam）學者艾里亞斯（AA Elias）於2016年六月四日發表：「以真主之名，至仁者、至慈者」，提到無論好或壞的思想，都有一種強烈能力來決定我們的情感、情緒狀態以及最終能影響我們的行為。伊斯蘭教能教我們針對真主指示、真主之名與屬性，將行為省思（tafakkur）、深度思考導引到祂的福佑與美好、末後的希望與樂觀。

以正向態度來控制我們的思考流程，就能增加祈禱與崇拜的效能、同時也能讓我們解除屬世思想所造成的憤怒、憂鬱及焦慮。相對於一般信仰，我們就能控制那些所選擇依循的思想。雖然我們無法對某時間出現在腦中的特殊思想做選擇，但我們確實能選擇忽略或追隨。我們的自發性思想就只是內在的絮語，因此此法則就是必須投入正向想法、並保持心靈平靜。

艾布‧胡萊勒（A. Hurairah）發表說：「真主的先知，願平安與福佑歸於他，說：『任何信真主與信末日者，願他能說好話或保持沈默。』」鐵密濟聖訓集（1987）中的聖訓實錄也記載著：「正向思想就能創造良好情緒、良好行為、心靈平靜、感恩、冷靜、滿足或其他正向情緒狀態。」

這些都是對真主的真實想法：「末後的盼望、先知、我們的福佑、善行等。」都能在心中創造智慧與啟示，而負向思想會帶來負向情緒、憤怒、羨慕、嫉妒、厭惡、焦慮、憂鬱及其他負向情緒狀態。這些都是關乎世界、我們的資產及狀態、我們不喜歡的人或錯待我們的人等想法。這些思想的原因來自於對世界與物質生活的妄念，會遮蓋心靈、並妨害它的純化。

❖ 蘇菲派

基於可蘭經及先知穆罕默德（公元610年創立伊斯蘭教）教導的蘇菲派（Sufism），在形成過程也受到基督教禁慾主義及印度教的影響，源起可追溯至第八至九世紀。蘇菲行者最為世人所知的就是富含文學、詩、說故事的傳統，並且會在故事、音樂及舞蹈中使用巧妙的隱喻。蘇菲派認為愛、信仰、經驗及知識是解決我們存在性矛盾的核心概念，最終能理解並經驗個人的神聖、或藉由漸進式揭開隱藏美麗及知識面紗的流程，而能與至高無上者結合。

魯米（Rumi）認為愛就是大自然創造力量的來源。在心理學的說法，尋求知識可形容為漸進式問題解決，來揭開面紗之後所隱藏的珍寶——與萬物本質結合形式的真正知識。蘇菲行者拒絕單一救恩路徑的教條，他們深信使用呼吸、冥想、音樂及舞蹈的策略[21]。

❖ 巴哈伊信仰

巴哈伊信仰提供心理學家及精神科醫師一種既有趣且有挑戰性的背景：是世上最年輕的一神論宗教（創立於1844年[14]）。它面臨宗教歷史中集體主義禧年之後所出現之個人主義的挑戰；也是世界上文化最多元的社群之一（巴哈伊存在於超過兩百個國家）；目的就是要將多元的人類整合在一起；讓科學與信仰融合，也是它的主要準則之一；數千頁原始且一致經典的存在以及自傳式文獻，能提供獨立研究的可能性；只須提出某些層面就能讓心理學家與此信仰的相遇變得相當有趣（從佩塞施基安，2018）[14]。

基於人類的正向概念，認為人是座礦場、「富含無可估量價值的寶石。教育本身就能展露它的珍寶、並讓人類能因而獲益。」（巴哈歐拉，1994）巴哈伊教義能提供非常正向且鼓勵對生命的展望：

關於靈性的幸福，這是人類生活真實的基礎，因為生命被創造目的就是為了幸福，而不是為了痛苦；為了愉悅，而不是悲傷；幸福帶來生命，痛苦導致死亡；靈性的幸福是永生的。這能成為一道光，而不會被黑暗所跟隨；這是一項榮耀，而不會被羞恥所跟隨；這是生命，而不會被死亡所跟隨；這

是一種存在，而不會被滅絕所跟隨。此種偉大的福佑及珍貴的禮物，只有藉
神的引導才能得到。（阿博都巴哈，1985）[11]

此重要發現——真實的幸福來自於將你的努力轉向去服務他人——是與
巴哈伊教義相符。以下格言也會提供巴哈伊對服務的價值觀，因為它關乎我們
內在的愉悅與幸福：「不要成為你情緒的奴隸，反而要成為主人。但如果你是
如此憤怒、憂鬱及痛苦，即使在祈禱中，你的靈魂也因而無法釋放與平靜。因
此，快速離開，然後把快樂送給某個人——低潮或哀傷的人、或罪惡、無辜的
受苦者！犧牲你自己、天分、時間及你的餘生給其他人，給那些必須背負比你
更沉重負荷的人——然後你不愉快的情緒，就會在祝福、滿足地順服於神的過
程中消融[13]（引用蘭內斯〔Langness〕，2017）。

❖ 猶太教

猶太教（Judaism）絕對是一種樂觀的宗教，正向思考在一般及特別服事神
者的猶太世界觀裡面扮演非常重要的角色，所有在妥拉（Torah）經典（摩西五
經）中的故事都是正向的。個人或猶太國家都曾經歷過困境或痛苦的挫折，但
最終他們成功、達成美好且繁榮，特別關於亞當悔改與人類延續、諾亞及其後
代從洪水中倖存、亞伯拉罕將神的訊息散播給全人類、部族出埃及的救贖，到
猶太人接受應許之地。事實上所有這些美好的經歷，並不是發生在寧靜、穩定
與繁榮的情境，而是面臨巨大個人及國家障礙與困境的背景下，更加顯示出猶
太人的樂觀，並不僅出於一種天性，而是必須克服過程中的一切困難。

猶太文獻中沒有悲劇一詞，而猶太哲學中也沒有宿命論。即使受苦中的約
伯也會在苦難當中被指導及提升，最後高升成就真實的偉大。先知應許的訊息
與猶太教中的彌賽亞年代的傳奇理念也都展示絕對的樂觀。猶太人本身即使當
下面臨相當可怕的現實，仍能維持如此光輝的未來觀信仰，必然會鼓勵正向思
考。祈禱是猶太人樂觀的另一種例子，一個人需要接受當下的不完美，而事實
上希伯來文祈禱的名詞tefilla，意味著摔角。在祈禱中，一個人會和自己、個
人現實、甚至和神摔角，就是為了讓事情變得更好。也就是說，猶太人的正向

思考必要時也能讓一個人去接受當下的不完美。此外，猶太人樂觀能擴展超越對亮麗未來的盼望，包括照亮顯然黯淡的當下。

如果在改善現實上已經盡了全力，但事情並沒有變得更好，猶太教會教導一個人必須接受（至少暫時）現狀、認定此現實是神的旨意（至少暫時）、且實質上是最好的安排。因此能從「將一個壞情境轉變成最好」的理念擴展為「能洞見似乎是壞情境、卻仍是最好的情境」，可用一則關於拉比阿基瓦（Akiva）的知名故事說明。

在旅途中

拉比在旅途中，然後需要夜宿。當進入城鎮、要求住宿時，很快都被拒絕。在宣稱「無論神做什麼，都是最好的」之後，他在附近的森林搭起帳篷、點亮蠟燭、並為公雞和驢子做準備，希望能早起出發。入夜之後，一陣風吹來把蠟燭吹熄，陷入完全的黑暗中，他宣稱：「一切都是最好的。」一隻野貓來吃掉公雞，讓他無法早起：「一切都是最好的。」一隻獅子來吃掉那隻驢子、取走他的交通工具：「一切都是最好的。」直到早晨，他看到整座城已經被強盜入侵及掠奪、所有居民都被殺。當拉比想著：如果已經入住城鎮；或在森林中紮營、蠟燭點亮著，就會被看見；若這隻貓喵叫或驢子嘶吼，就會被聽見。之後，他再次堅定地宣告：「所有神的作為，都是為最好而做！」

有一種有趣且值得思考的想法，我們的思想是否對現實有實質的作用，例如悲觀會孕育負向現實，而樂觀確實能創造正向現實。猶太教神秘及哈西迪教義充滿此類理念，不只我們所做及所說對物質及靈性世界的好或壞有影響，即使某些微細且無形、如思想也有這樣的作用在。而事實上，既然神想讓存在變成現實（依聖經創世記的記載，神說：『要有光』，可理解為是神意志的展現，因為神並未說話），而且既然人是由神的形像所創（不能用文字來理解、而是要用我們行使意志的能力），因此如同神想著創造，我們的思想也能創造現實，而且它相當正向地值得正向思考！（www.rabbiulman.com）

拉比布拉克曼及賈菲（L. Brackman and S. Jaffe[22]）在新書《企業成功的猶

太智慧：從妥拉及其他古冊而來的教導》中寫著：「思想上的樂觀能孕育成功。」那些本質上樂觀、正向、愉悅且充滿歡樂的人，會比負向的人更容易中選，更有機會贏得合約與完成銷售。妥拉教義強調樂觀及正向思考是吸引成功與正向成果的關鍵，同時也強調思想本身並不會成就任何事情，只有**思想合併正向思考的行動**，才能讓夢想實現且帶來成功。。

❖ 基督宗教

正向思考的概念能帶來正向成果的概念，可追溯到〈創世紀〉挪亞與洪水的故事。而皮爾（Peale）最暢銷書籍《正向思考的力量》[23]於1952年十月出版，在一個特別的年代問世，當時國家的靈性觀、個體性與信仰已經轉向，冷戰成為許多美國人漸增的關切焦點。這些因素、皮爾人氣漸增而成為能鼓動人心的公眾人物，加上書中清晰的文筆，推動《正向思考的力量》成為一本提供自助的書籍。

他也提出「克服不適切態度與學習操練信心」的十項法則：模擬出你自己成功的樣貌；想出一種正向想法來淹沒負向思考；縮小化障礙；不要嘗試去複製他人；每天重複說十次：「如果神跟我們同在，誰還能抵擋我們？」；尋求諮商師的協助；每天重複說十次：「藉基督賜給我力量，凡事都能做。」；發展強烈的自尊心；確認你已經交託在神的手中；相信你已經從神接收到力量。

下個章節則描述創造平靜心靈的重要性，並可藉由啟發性閱讀、清空個人的心靈和視覺化來達成。皮爾接著談到如何得到持續性的能量，並說：「神是所有能量的來源。」心靈會控制身體如何感受，因此拋掉負向能量與情緒，能夠從神支取無限的能量。之後他也談到祈禱的療癒力量，以及如何療癒從負向環境所產生的身體及情緒問題。在書中的第五、六章，他強調幸福是藉選擇而生，而憂慮只會抑制幸福，因此必須停止。正向思考的下一步，總是能相信成功、而不相信失敗，因為大部分障礙「本質上都是心理因素」。習慣性的憂慮是可藉由清空心靈以及正向確信來克服的障礙。他也提到向神求助能夠解決個人的問題，並得到身體及情緒上的療癒。

在第十二章當中，他提到釋放憤怒、擁抱寧靜感，能夠改善身體疾病，如

濕疹。之後他也提到釋放正向思考力，能戲劇化地改變生命的外貌，因此經由神的幫助進行放鬆訓練，就能夠創造滿意的生命。第十五章則舉出實例，並談到關於如何讓別人來喜歡你的原則：記住名字、慷慨的讚美他人、變成好人緣者，以及當問題出現立刻就能冷靜地解決。他持續提到如何藉由祈禱、冥想、社交及維持日常例行生活來克服內心的痛苦。終章再度強調要過平和與正向生活，必須尋求更高等力量來協助的重要性。他用一段祈禱語來當作書本的結束，並鼓勵讀者能遵循他的技巧，並活出更圓滿的生命。他寫道：「我為你祈禱，神將會幫助你──因此要相信、並成功地活著。」

❖ 依納爵靈性與正向心理學

　　依納爵是天主教修會耶穌會的創立者，也是《神操》（*spiritual exercises*）的作者，最早出版於1548年。對依納爵而言，生命的意義可以從他生活的座右銘或頌歌「為神更偉大的光輝而行」（Ad Majorem Dei Gloriam）中找到。他於1491年在西班牙北邊的巴斯克區出生，是家中十三位孩子中最年幼的一位，大部分年輕時光都渴望成為那個年代及年齡最理想的男人，就是成為朝臣或軍人。年輕的依納爵是喜歡和女人在一起的男人、且個性魯莽，於1521年在法國軍隊中因戰爭成傷，迫使他必須在西班牙羅耀拉的家庭城堡中療養。在病床上，他經歷一場深度的對話，「在他內心鼓動起一種陌生的願望──要變成聖人、並服務天主。」漸漸地決定從朝臣的雄心轉移，並展開持續多年的朝聖旅程，終於將他帶進巴黎大學就讀神學院。

　　在那裏，他召集一群朋友輾轉來到教宗面前，祈求建立一個新的修會。於1540年耶穌會終於由教宗保祿三世正式核准。對依納爵而言，此類平和與幸福是透過省察（examen）來尋求，更細微處在之後會進一步解釋。目標就是卸除負荷，然後我們就能在生活中推進。

　　以下是依納爵的生命、祈禱與作品中的簡要重點：

1. 依納爵走向耶穌的旅程，就是堅持這是一種行動、積極進展、並走向根本的決定，就是要活出和耶穌的眼光與價值相調和的人生。

2. 探索個人的真我、並對自己信實，是一種能引致與天主更加合一或親密的動力。此類的溝通是靈性的獨特形式，也能引領進一步的行動或服務。

3. 依納爵神慰（consolation）與神枯（desolation）的概念，有如對正向及負向情緒的行動，很類似塞利格曼所形容人類主觀層次經驗，如愉悅、生活滿意、放鬆、愛、親密與滿足，而主觀幸福感「是一個人對自己認知與情感的評估」。

4. 探索天主的意志，如之前所形容（是與個人最深的渴望及意志合一或一致），將帶來真正持久的幸福、愉悅、滿意、平和與滿足。

5. 依納爵：「意識省察的概念，是一種冥想式祈禱的形式，因而學習到如何分辨內在屬天主的活動與那些不屬天主的活動。」

6. 依納爵靈性的核心信念是「在我們內心的戰鬥就是要去做對的事、以及走向天主的旅程。」早先在對話中，他能確認推動他走向天主（當他思考服務神就感覺得到神慰）或推動他轉離開天主（轉向追求功名的計畫時的枯乾情感）的不同。依納爵相信這位有辨別能力的人，能分辨這兩股力量、並做出正確的選擇，在依納爵靈性中稱為「神類辨別」（discernment of spirits）[6]。

靈性與祈禱

❖ 祈禱與正向心理學

在正向心理學定義的背景下，祈禱的目的與意義，就是能探索個人生命的目的與意義，是一種關於「汝」（Thou）的旅程、令人敬畏的神秘經驗（mysterium tremendum）。馬塞爾形容這樣的「汝」為「可及性」（disponibilité）。在依納爵《神操》一書是人類的指引，能更加了解依納爵所謂「基督徒生活的根本真理」：創造是一種愛的行動、人類對創造物、罪惡及寬恕的管理；耶穌的生命與工作成為原則的典範；耶穌的苦路、死亡與重生（天主教成為逾越節奧蹟）、以及將人類的生命能夠完全交託在慈愛的神手上——首要任務就是要全心、全靈、全意、全力愛主你的神；其次是要愛人如己。

因此我們才能更清楚了解對伊納爵而言，哪類的生活是才值得過。他形容自己的靈性就是走向天主的旅程。根據另一位耶穌會作家格雷（H. Gray）神父所言，依納爵將生活幾乎所有事情改變成為旅程的一部分，成為能促進或阻礙推進的創造性現實。對依納爵而言，靈性是攸關在所有事物中發現天主。他的靈性是基於此項認知：在地球表面上所有其他事物都是為人類而創造，能協助他達成受造的目的。

夏爾馬（S. Sharma）在論文〈靈性、瑜珈、信仰與心理健康〉中，形容靈性為「關乎靈魂、及導向個人意義的追尋。」、「一位有靈性的人很快就會理解到在他心中的個人，就是在全部中的個人，因此能經歷神格的體驗。」對依納爵而言，那種層面的生命能帶給所有人類生命的意義與目的，就是去渴望及選擇那些能引導我們達成所有人受造目的之道路，就是「讚美、崇拜、服務神——我們的主[6]。」在此生中過得不快樂對所有人類而言，可能是普世性恐懼與焦慮的來源。

❖ 信仰之正向性與臨床精神醫學之靈性

雖然在歷史上以宗教之名進行過許多恐怖的暴行，研究則顯示信仰與靈性信念對人及社會有顯著正向效益。針對信仰及因應的研究也顯示，信仰的效益會透過你有多虔誠——你的信仰型式或導向——會比你是否有信仰來的重要。

有兩種關於信仰型式的思考方法：在文獻中針對信仰及靈性是如何正向影響，被討論過的機轉就是在那些有信仰的生命中，藉由增加社會支持、提升正向情緒的重要性，如利他、感恩及寬恕等；此外，信仰也會提升正向的世界觀、回答許多為什麼的問題、提升意義、能排除不適應的因應方式、並促進其他導向[27]。

下列是在彼得森及塞利格曼著作《性格優勢與美德：手冊與分類》[26]中，針對信仰效益的內容回顧摘要：

- 許多研究顯示信仰的層次，對提升憂鬱症、創傷導因情形、物質濫用疾患等的預後，有相當持續性的關係。

- 信仰被發現能對許多身體及精神疾病合併憂鬱症的病患，提升緩解程度。

- 負向的信仰因應模式（如對神憤怒、感覺被拋棄），就會在信仰社群造成負向支持，而失去信仰與較高的憂鬱指數相關。

- 研究也顯示在有信仰的人當中，有較低度的焦慮。關於在物質濫用者的信仰參與部分，在信仰程度越高的人，90%發現較不會有物質濫用。在某些方面過於挑剔會造成更多的罪惡感及焦慮。特別是在有信仰的年輕人，較不會出現抽菸、藥物與酒精濫用。

- 病人報告信仰能夠減輕精神病症狀、自殺企圖的風險、物質使用、對治療的不遵從性、社交孤立。

- 信仰與較高度的強迫人格特質相關，但不會與較高程度的強迫症狀相關。

- 投入信仰操練的年輕人（如出席教堂活動），能有較高的成績表現及較晚出現性行為。

- 有信仰對建立關係有正向影響，積極參與信仰活動較不會經歷婚姻衝突、也較可能認為夫妻具有支持性。

- 有信仰的父母更可能持續教養孩子，也較不會與青少年期子女出現高度衝突關係。

- 信仰及操練對出現美德具有預測性，如利他、志願服務、慈悲與寬恕，而教堂也會主動鼓勵展現這些攸關社區幸福感的價值（志願服務與慈善事業）。

總結

　　根據帕克（Park）所言，幸福的重要關聯性本質上是社會性的[4]。相對於幸福與健康有著中等程度的人口統計學關聯性，有信仰則是一項較大的關聯因子（除了朋友數、感恩、成為部分社群或結婚、有工作之外）。

　　然而信仰在此定義為一種特殊傳統，或舉依納爵為例，是某種推進的方式。而他的推進方式是基於個人的生命歷史，走向真實自我的旅程，會帶領他

來到此種稱為「最圓滿的」(the fullest)生命。他達成實踐真實自我的方法，稱為「神操」，目的是要去探索及追蹤此願望或選擇，能引導我們抵達目標：追隨耶穌典範的目標。依納爵默觀並非一種理性（邏輯）分析、也非尋求科學的精確性，而是一種經驗及辨別的方法，也就是評估依納爵所稱「神慰」及「神枯」的靈性情感。

我們不僅能藉過著靈性生活來探索個人的真我，此靈性生活也是我們的橋樑、與神溝通或連結的方式（祂會主動嘗試在此世界中與我們溝通）。此關係會藉由祈禱、特別是「意識省察」來滋養及強化，藉此省察就能分辨哪些是從神而來、以及哪些是從我們「人性本質的敵人」而來[6]。探索何為從神而來，等同發現真我。傳道者約翰在其給早期的基督徒的信件中，簡潔說出此論點「發現真我如同發現神」：「我們是屬神的，認識神的就聽從我們；不屬神的就不聽從我們。從此我們可以認出真理的靈和謬妄的靈來。」（約翰一書4:6-7）[10]

此最終的神慰或塞利格曼所形容的主觀幸福感，並非此物質世界現實中隨時可得的事物，而是個人必須透過耐心、熱切且積極去尋求。一種祈禱的生命需要堅強的意志力，依納爵在之後坦承，即使此項願望也是從神而來的恩賜。契克森米哈伊則嘗試透過「心流」概念來形容此願望。在萬物發現神的願望，也會藉由靈性或祈禱生活來導引，至於過靈性生活最終會引致發現真我，而活出真我就能過著幸福且愉悅的生活。

對依納爵而言，那是一種帶我們前往服務的生命：「在行動中保持默觀的能力。」藉由正確使用依納爵神操，一個人就能主動「為神更偉大的光輝而行」（耶穌會的座右銘），並成為簡化生活方式的指引。

CHAPTER 31

運用存在主義之
正向心理治療

by 安德烈・馬賽（Andre Marseille）；艾瑞克・梅西亞斯（Erick Messias）

聰明人想知道所有事；但智者並不需知道所有事。——佩塞施基安

雖然現代文明科技與醫療顯著進步，但觀察當今世界仍充滿經濟不穩定性、人口結構變動以及戰爭威脅等景象。此外，人性對流離失所移民與難民之基本需求、受非必要監禁而死亡的孩童、以及漸增證據顯示正在惡化的地球氣候等議題已變得去敏感化，因而出現許多新且前所未見的挑戰。全世界新的種族及族裔分佈正在發展中，如有些遷移的族群能成功吸收主流文化的常規，但也有些是被拒絕、種族化、或被貼上少數族群標籤，例如弱勢的棕色或黑色少數族群[1,2]。這相對於科技與經濟的快速發展步調，創造出如此嚴重失衡——且不穩定——的世界。事實上VUCA世界——代表易變、不確定、複雜及模糊——已被提出用來形容後冷戰環境。

活在世界上，人類需要有改變及調適能力，而且要針對變動中的個人需求、環境要求與機會進行調適。面對全球化、壽命增長及科技進展，以至於擁有「終生職業」的概念不再存在，結果越來越多年輕人經歷到「發現自我」的

困難。如今生活在跨文化世界的人,面對安身立命處所縮減及令人驚恐的失序,持續曝露於焦慮及困惑的極端狀態[3]。許多曾報導過此類新聞且佔過社會媒體版面的專家,形容這些事件都是全球化附帶產生的後果,也有人將它們視為存在危機。

全球化不僅對心理健康專業提出新形式挑戰,也將主權國家理念、文化、操作及資源加速整合,成為一種更中心化的存在[4]。結果全球化讓許多既有治療概念顯得有所不足,因為它們無法容納快速變動的價值觀、多元文化景象及全世界人民新興的特性。雖然世界編年史中人類展現較為黑暗的衝動,正向心理治療對人性還是採取一種人本、正向及樂觀的看法。在正向心理治療中,改變總是有可能發生,如同德國作家赫賽(H. Hesse)[5]所說:「在每個開始之際,都會出現神奇力量[譯註19]。」

存在主義哲學中,此概念就是「成為」(becoming)[6]。根據德國哲學家海德格(Heidegger)[7]所言,成為是形容「據我們所知,人類是未完成狀態,總是對世界作出反應,且不斷鮮活地推動自己向前,一直到死為止。」據許多東方對自然的觀點,如印度教與佛教徒,認為生命只不過是一系列的轉變[8]。存在主義哲學家沙特(Sartre)[9]認為只要人類還活著,他們永遠都必須再造自己。精神科醫師暨心理治療師弗蘭克[10]認為從存在觀點,能讓人類在生命中發現意義,而意義有可能是存在主義者的首要關注點。

本章會說明存在主義哲學與正向心理治療,是如何協助人類對生命的核心議題發展更多洞見及意義,也會討論文化、軼事、人類能力及意義之間的關係。根據正向心理治療創立者佩塞施基安[11]所提,人類天生有兩種支撐意識的能力:**愛及求知的基本能力**,構成潛意識的內容。運用存在主義概念的正向心理治療,強調人類**改變及發展生命意義的基本能力**,以及一個人如何發揮這些能力。

文化與文化適應

佩塞施基安將人類能力類比為泥土中的種子,就像人類未發展的能力,

譯註19 在每個開始之際,都會出現神奇力量,保護我們並告訴我們如何生活。——赫賽

種子富含尚未被開發的潛能，如能適當栽培（如沃土、雨水及一位有愛心的園丁），它們就會開花，而基本能力也是如此。一個人的意識是如何形塑、他的能力是如何發展，都深深關聯於生態系統、或他們所成長的文化。人類也是文化的副產品[12]，而文化是一種生物心理社會趨勢，如同人類歷史本身一樣久遠。雖然存在許多文化的定義，就效益而言，文化具有持久性、長期信念、傳統與操作流程等形式，超過千年來已經定義並分辨出許多社群[7]。根據馮崔斯（Vontress[6]），文化同時具有可見及不可見、意識及潛意識、認知性及情感性等特質。

戴維斯（Davis[13]）在其著作《社會階層對學習的影響》中，如此解釋文化：

文化可定義為個人學習符合社群的所有行為。文化不僅能指導個人確認某些現象、現象的某些象徵、以及之間的邏輯關係，也會設定人類問題的目標，並指導人們推論（邏輯）原則，去分辨在特定文化中什麼才是有利的事。

學習是一種過程，如同許多人類學家所提，所有人類問題解決方式都會包括文化學習[13]。而文化適應或涵化（acculturation）如同蘇利文（HS Sullivan[14]）所形容，是一種共識驗證（consensual validation）的過程。在其模式中，共識驗證就是藉由人際互動及自我評價來測試個人對更大世界文化認同的流程，也是個人與一人或多人針對其情緒、思想與人際關係達成健康共識的流程，而此共識會透過強調其健全性之重複性驗證來進行評價[14]。

在正向心理學中，佩塞施基安指出每個人無論他的組成（如年齡、性別、種族、類型、疾病或社會異常性）或文化，都擁有兩種能力：愛的能力（情緒性）及求知能力（學習）。兩者都無法逃脫文化、文化適應及共識驗證流程的影響。基於文化多元性，人類的基本能力會分化，隨時間會形成基本特質的凝聚架構（人格），而所分化出能力的表現能定義個人的獨特性，因此基本能力以及支撐它們的能力都會在所有文化當中運作。至於差異只會存在某些文化會比其他更認定某項能力，以及從不同文化而來的人們是如何去表現。

雖然存在這些文化差異，正向心理治療提出關於人類存在的兩項根本問

題：一、所有人都擁有什麼共通點？二、彼此之間又有何不同？在許多層面，存在主義與正向心理治療都認為文化就是兩問題的答案。文化會將人們密不可分地連結到經驗上，因此文化類同於經驗。在許多事情中，文化提供人們一種透鏡來詮釋經驗，甚至文化也會容許人們將他們的經驗定錨於歷史與基礎中，並藉此自由地探索他們的思想、價值觀、信念與決策的根源及變化的本質[16]。

人類學家沙皮爾（E. Sapir）認為「文化的真正核心在於特定個人之間的互動」、以及「這些人群中的每一位都能潛意識地從參與這些互動當中為自己從意義的世界中提取所需[17]。」涵蓋在文化適應流程裡的是一種持續性的自我評估流程，會在許多因素之間擺動，如文化、經驗與發展。

正向心理治療

原本稱為辨別分析法，正向暨跨文化心理治療於1977年成為正式名稱，創立者佩塞施基安是伊朗裔醫師、之後成為德國公民以及巴哈伊信仰的成員，直到2010英年早逝。關於醫療科技針對病人所進行統整性療癒之不足，他深感不滿，並開始不斷努力研究超過二十種東方及西方文化。藉他的努力，發現雖然人類具有文化差異，但人們還是會在人生旅途中展現相同的內在能力。此外，他也觀察到人類傾向以大致上相似的方式去詮釋及解決挑戰。

他形容正向心理治療是一種心理療癒之心理治療法，是從心理動力、行為心理學及心身醫學中汲取科學基礎，以及從巴哈伊信仰的著作中得到哲學性啟發。正向心理學核心理念當中基本上是人本的，也就是說正向心理學以正向角度來看待人類本質。正向心理治療中的positive（正向）一詞是從古拉丁文positum或positivus而來，意即實際、真實、具體[18]。本章會討論三種正向心理治療的重要觀點：生活平衡、生命能量及能力。

❖ 平衡模式

佩塞施基安[11]強調所有的存在能經由四項生活領域來詮釋。一個人會將努力（生命能量）應用在互相連結且相互依賴的生活領域，來決定他所經驗生活平衡的範圍。在圖31.1中，佩塞施基安[18]形容平衡模式具有四項能掌握所有存

圖31.1　生活平衡模式（Peseschkian, 1987, 2000）

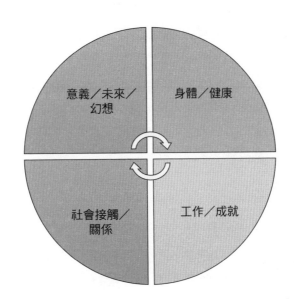

在的領域。平衡是關於個人能將生命能量均等運用在四項生活領域：身體／健康；工作／成就；社會接觸／關係；未來／幻想與意義。

身體／健康：此領域是指身體、五官、健康及外表。一開始，兒童發展有必要與環境接觸，在嬰兒期此接觸一開始主要透過感官。根據佩塞施基安[20]，身體領域包括「對生命的基本生物要素：代謝過程、反射、遺傳、身體成熟度、身體器官功能、感官功能及必要需求。」在此領域中，一個人會關心身體健康、外表及自我覺察。

工作／成就：此領域是關於成就，以及如何整合入自我概念中。思考和理解讓人能以系統化方式去解決問題及最佳化成就。藉著工作、學校、運動或職業，以最操作性的概念而言，工作成就領域會用到所有個人能力去執行任務與解決問題。它是一種現實感的測試，此領域對自尊心與自我價值也有強烈的意涵。在此領域中個人會關注競爭、任務及自我效能。

接觸／關係：此領域代表個人建立與培養關係的能力，包括對自己、他人、對個人伴侶與家庭、及與其他人的關係。個人的人格特別會在發展最劇烈

階段中受那些親近者所影響。根據蘇利文所言，人格發展開始於嬰兒期、延伸到青少年早期，並以重要方式成長直到青少年晚期，「對個人已發展之人格結構有一種傾向，就是持續以其廣泛、概括性輪廓來進行[21]。」

　　未來／幻想／意義：此領域是指某些信仰傳統所稱的靈感、以及某些心理理論所稱的直覺，在此也是幻想能超越當下現實，並得到意義及未來方向。此領域中，會考量想像力、目標、價值及美德等概念。個人也可能將此領域當成生命羅盤來靈性、情緒性及心理性地引導他們，也會添增個人創意思考或跳脫框架的能力來處理生命挑戰。

❖ **生命能量**

　　超過數百年來，許多世界文化已經形容過生命能量的信念。在許多方法中，生命能量都具有普世特質，例如生命能量存在許多傳統，如中國的「氣」（chi）、印度的「風」（prana）、古希臘「元氣」（pneuma）、拉丁的「精神」（spiritus）、希伯來的「靈」（ruach）以及哲學的「活力」（vitalism）。以G領域（G-field）而言，是由英國物理學家洛奇（OJ Lodge, 1851-1940）所創造的表達方式，從二十世紀初開始將遍布宇宙的生命力量用在他的理論中，就他的觀點而言，物質是此類能量的濃縮形式。

　　根據佩塞施基安所言，每個人會使用100%的生命能量來運作，雖然生命能量相當多，但個人可將生命能量視為一種努力（effort）。當治療師要求案主去考量他的生活平衡，就是在要求他考量要如何將生命能量運用在四項存在領域中。生活平衡的概念是一種簡單的算術，而理想的生活平衡就是將生命能量平均分配（25% × 4）在四項領域中。意即一個人將努力平衡應用到他的健康、職業、家庭及朋友、目標及價值中。萬一他的生活平衡模式顯示出如圖31.2[19, 20]案例中的狀態，那到底是什麼事情導致此種失衡？針對此狀態討論的本質，能創造出豐碩治療性討論的基礎。

　　在蘇利文[14]著作《精神醫學之人際理論》中，他形容能量的概念對人際存在是必要的，並將人格概念化成為能量系統，而能量是以張力或能量轉化的方式存在。張力是從未滿足的需求（食物）或慾望（觸摸）所產生的能量，能量

圖 31.2　生活能量分佈模式（Peseschkian, 1980）

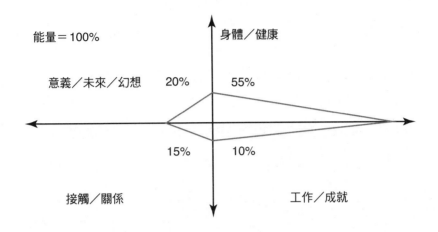

置換自然會牽涉到潛在能量（張力）的轉化成為實際能量置換（行為），目的
是為了滿足需求或降低焦慮。當張力被滿足時是有益處或輔助性的；未被滿足
時就會造成傷害性焦慮。蘇利文使用「整合」或「統整」來形容讓人們聚合或
推離的能量置換過程，並說：「任何發生在我們身上的事，都能從我們的——
意識或潛意識、知情或不知情——中得到某種提示，以符合標示我們整合傾向
或人際流程之發展及優化理論[14]。」

❖ **能力**

　　從正向心理治療觀點，任何人際關係，實際上不只是衝突、還會發展出可
能性。然而這些身體、心理及靈性能力需要經過分化而發展。在此，文化及共
識驗證扮演關鍵角色。根據佩塞施基安[15]：「此兩種能力——求知及愛，是意義
能力發展的基礎。」他進一步解釋說，人類基本能力會在世界中表現為社會常
規、家庭常規、行為模式、價值體系、內在及外在衝突的來源。正向心理治療
在基本能力與實際（原初／次發）能力之間作出區分。基本能力是由原初及次
發能力所支撐，被認為是潛意識及心理社會互動的具體內容。

　　愛的能力：愛的基本能力是情緒性、情感及驅力的領域[15]。愛的能力一開

始是本能性的表現，換言之人類會表現情緒需求、並渴望有滋養的照顧者、伴侶或朋友來給予滿足，是一種簡單的情緒互動流程[14]。愛的能力是人際關係中表達的核心形式，且為**一種愛與被愛的能力**[14]。當一個人去愛且被回饋愛時，就是從他人接受某些事情、而回饋也能被接受。一旦此能力順利發展之後，其他相關的（原初）能力也會發展出來。如表31.1所詳列原初能力。

表31.1　情緒性的原初能力

愛的能力	定義	可能性
愛	出於親屬關係或個人連結所產生的強烈情感；為其他人的好處表現無私的忠誠及仁慈的關懷。	崇拜、愛慕、喜歡、投入、激情、柔情、熱情
示範	製造一種表徵或模擬；從模仿特定典範來架構或塑造；成為某些事情的經常性微型表徵。	展示、復刻、塑造、模仿、指導、學習
奴役	在此情況中，個人特別在決定行動過程和生活方式缺乏自由。	束縛、奴隸、附庸、依賴、順服、屈從
懷疑	質疑真實性，不確定或產生疑惑；認為不可能；對干擾決策的信念或意見的不確定性。	猶豫、不確定性、保留、不信任、猜疑、懷疑
信任	確定信任某人或模式的人格、能力、優勢或真實性；有信心的希望和期待。	信任、期望、希望相信、確信、推測、（絕望）
性	表現性感的品質和狀態；表現性接受度和性趣，特別當過度時。	自尊、價值、信任、忠誠、愛
信心	對個人力量的感受或知覺、信靠個人的環境；信心或相信自己能以正確、適當或有效率的方法行動。	自我信任、鎮定、肯定、精力、確信（不確定性）
和睦	一種和諧的狀況，合一的品質或狀態。	和諧、愜意、符合、調和、（失序）
時間	從過去、現在到未來接續的事件來衡量非特定性的延續。	節奏、時刻、階段、年代、速度、當時
接觸	明顯地碰觸或兩個天體的觸角互相碰觸；在初蝕、交會、掩蔽過程中，一個天體圓盤和另一個的陰影重疊。	連結、互動、溝通
耐心	能力、習慣、持久的事實、持續性、堅持。	耐力、忍受、持續力、剛毅、毅力（無耐心、喜怒無常）
信仰	對責任或個人表現忠貞、對某人或某事強烈的相信或信任、相信神的存在、強烈的宗教情感或信念。	信任、確信、信念、忠實、持續性、忠貞（懷疑）

希望	珍惜期待性的願望：希望某事發生或實現、對達成或實現期待之渴望。	期望、願望、渴望、樂觀、信心（絕望）
來源	Merriam-Webster 線上字典	Peseschkian[19]；Meriam-Webster.com

　　原初及次發能力就是實際能力，換言之，它們之所以是實際的，是因為會在日常生活中實現，且以許多形式出現在日常人際互動中。它們並非只是假說或抽象概念，如原慾、自我、超我概念，而是相當具有動態性的互動現實。這些動態性能力已經在哲學或信仰文獻稱為美德，對人類而言既天生且基本。於我們內在愛的基本能力中，一個人能學習去信任、以及如何去消除基本存在性與人際焦慮，如愛、失望、孤單、信任、安全等。

　　求知能力：根據佩塞施基安所言，人的本性就是會提出問題、並尋求問題的答案。求知能力就是一個人能學習且將所學教導他人[20]。此項能力對個人自我價值感、自尊、效能及整體目的有深刻的意涵。佩塞施基安[19]推論說：「個人求知能力並不只會受到社會經驗所制約，也會受潛意識心靈影響。」隨著認知架構成熟過程，求知能力最早是由分辨個人與非個人開始，每個人都會獨特地且依照個人天生特質、家庭、環境、社會、文化及從其他人習得的世界觀來發展。我們會從測試世界所學來的以及對世界如何運作所提出的假設開始，這些能力會為家庭所強化，或是被置之不理、受壓抑。如表31.2詳列次發能力。

表31.2　求知的次發能力

求知能力	定義	可能性
準時	準時、迅速	可信任、規律、時間管理（晚到、遲到）
秩序	乾淨、有秩序、適切、有組織的品質或狀態。	秩序、整潔、一致、對稱（失序、凌亂）
清潔	清潔的品質或狀態：保持個人或周遭環境的清潔。	清潔、衛生、純淨（髒）
正義／公平	根據法律或平等原則來建立或決定權力：正義、無私或公平的品質。	公正、無私、合理性、正直、守法（不公平、不正義）
勤奮	穩定、認真、且積極的努力：堅持地應用；堅持且持續地應用努力，特別是符合法律要求。	勤奮、認真、仔細、注意、小心（粗心）

真實／誠實	真實事物、事件、或事實、與事實或現實相符的屬性（如說明）；對原典或標準的忠實。	正直、道德、善良、正義、榮譽、真誠、品格（不道德、不真誠）
可靠	可被信任、依靠的狀態或品質；能創造相同結果的能力。	可信靠、一致性、堅定、值得信任（不可信任）
節儉	儉約、吝惜的品質；小心管理，特別是金錢。	簡約、細心、謹慎、小心（奢靡）
覺知	具有心理本領，不為睡眠、頭昏或僵呆所鈍化；體認、理解或具某種程度控制或觀察的關注；能夠思想、意志、設計或知覺，或為其所標示。	覺察、靜觀、認識、有知覺、明智的（不察、不在意）
禮貌	刻意修飾態度的行為、或對他人遵從：有禮的行為、斟酌、合作、慷慨提供某些事物（如禮物或特權）	有禮、體貼、禮貌、殷勤、柔和。
順服	一種順從的行動或事例	順從、隨和、差別、溫順（違背）
忠誠	在感情或忠實上堅定不移、堅定遵守承諾或遵守義務	真實、可信、誠實、忠心耿耿、可信任（不實際、不忠）
來源	Merriam-Webster 線上字典	Peseschkian[19]；Meriam-Webster.com

　　愛與求知的基本能力會形成個人與生命交涉的基礎，而原初及次發實際能力也是人際生活中具體、可觀察表徵的反映，這正是佩塞施基安的本意，特別當他解釋我們的能力以及如何將它們表現出來會構成潛意識的內容。身為人類，愛及求知的基本能力、以及人們持續透過親近者所進行之自我評價來認識自己的方法，也會受到廣大文化與周遭世界影響。

　　個人愛及求知的基本能力會激發意識中能協助與存在交涉之無數複雜能力，如自我覺察及自我評價能力、內觀及自我省思能力，讓人能對自己發展出洞見。它是一種複雜的能力，因而需要合併原初及次發能力。例如，內觀需要其他能力，如時間、耐心、愛、懷疑、信心及誠實。此外，既然許多文化會整合過去及未來觀點，來協助他們決定所擁有不同能力的價值，而「**成為**」與「**形成意義**」的複雜能力並非靜態，而是有機且流動的過程。

存在主義

於1945年之後，存在主義風靡全歐洲。隨著第三帝國的隕落，許多活在二戰後的歐洲人認為信仰已讓他們感到失望，必須尋求其他方法來將意義帶進生活當中，於是存在主義快速填滿面對困難社會及經濟年代的空窗期。最暢銷的《巴黎世界報》（*Le Monde*）嘗試去了解存在主義，經過某些考量之後，結論出一項卓越的觀察：「存在主義如同真實的信仰，無法被研究，就只是存在著。」

戴維斯及米勒（Davis and Miller[23]）從海德格、齊克果及尼采的觀點概述存在主義如下：

　　有非常多關於人性本質的錯誤。人是一種存在式的存有，其生命超過邏輯所能理解，而且必須探索存在的意義。人類困境無法從大眾所感興趣的題材去發現答案，而哲學必須被活化、有些事情必須用行動來證明……[23]

大致類似的方法，佩塞施基安認為人類本質上充滿可能性，且常援引一段話：「將人視為富含無可估量價值的礦場[24]。」正向心理治療要求一個人必須「成為你自己」（becomes yourself），這是與存在主義、許多心理動力學派、靈性及信仰傳統所共享的信念。

然而許多人已經將存在主義詮釋成一種描繪人類刻薄、污穢且混亂的存在哲學，卻完全忽略存在主義的主要重點。存在主義是一種學說，確認每項真理及行動必然包含環境及人類主觀性[9]。雖然存在主義的核心是一種極為哲學性的行動，但它也證實對目標或生命意義的追尋是一種已進行幾世紀的古老旅程。雅典及羅馬哲學家，如蘇格拉底、柏拉圖、亞里士多德、伊比鳩魯、愛比克泰德及馬可·奧理略等，超過兩千年前就在尋求並沉思一種更有意義且圓滿的生命[23]。存在主義者不只聚焦關注生命及死亡，也包括誠實、忠誠、責任承擔及自由等題材，也認為生活品質是重要議題。如表31.3所詳列一般存在主義的議題。

人類並不會憑空經歷生活或存在性議題。賓斯汪格（L. Binswanger[25]）認為人類生活在互相重疊、且緊密連結的存在領域。根據賓斯汪格[26]所言，這

表31.3　存在議題

一般存在議題	定義	可能性
生命	一種原則或力量，被認為是與眾不同特質之生命存有的基礎；一種有機狀態就是具有代謝能力、成長、對刺激反應及再生；身體及心理經驗的順序構成個人的存在。	活力、能量、存在、存有、時間、生活、精力
死亡	所有生命功能恆久停止：生命結束；不再活著的狀態。	滅亡、崩塌、失去、哀傷、死亡、過度、結束
責任	道德、法律、或心理責任承擔	責任、承擔、連結、過錯、任務、信任、可靠
承擔	一種接受責任的義務或意願、或對個人行動負責	負責、責任、義務、有罪
自由	無必要性、強迫或在思想、選擇、行動有所限制	自由、自主、獨立、選擇、主權、直率、一致、抑制、自我決定
孤單	無陪伴狀態、無人拜訪、產生一種暗淡或枯乾感	孤獨、孤立、隔離、精神病、冷漠
意義	一種隱藏或特殊重要性的意涵；有些事情在打算或預期	感官、價值、重要性、需要
成為	改變成某些事情的持續性可能及能力	吸引力、迷人、改變、成長、強化、成熟、開花
勇氣	去冒險、堅持及忍受危險、恐懼或困難的心理或道德力量。	勇敢、勇氣、毅力、大膽、價值、怯懦
焦慮	害怕性不安或神經質，經常超過一種瀕臨或預期性疾病；心理挫折性擔憂或興趣	擔憂、煩惱、神經質、不安、生氣、恐懼、再保證、平靜
恐懼	一種不悅、總是強烈的情緒，是由對危險、深度敬重或敬畏的預期或覺察而來	恐懼、挫折、焦慮、擔憂、畏懼、惶恐、害怕

來源：由 Marseille（2019,2011）所製，在 Meriam-Webster.com/ Merriam-Webster 線上字典

些領域定義出他所謂的「在世存有」（being-in-the-world）。特別是，此種互相重疊存在領域包括身體層面（Umwelt）、社會層面（Mitwelt）、心理或內在層面（Eigenwelt）。未滿足於賓斯汪格之三種存在層面，范杜爾岑—史密斯（E.

van Deurzen-Smith）則加上第四種層面 —— 靈性層面（Uberwelt）來解釋許多存在哲學家的靈性探索，包括雅士培（KT Jaspers）、海德格、田立克（PJ Tillich）、布伯（M. Buber）、馬塞爾。圖31.3就是對賓斯汪格及范杜爾岑構成在世存有之生命領域之概念圖示。

圖 31.3　Binswanger's「存在於世界」模式 [25,27]（由 Marseille 所製，2019）

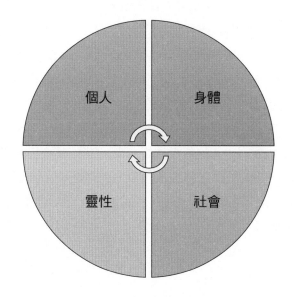

身體就是生物世界的限制，不僅對空間、或存在領域都是真的：只有能被感官所覺察的才是真的。馮崔斯指出基因天賦與生命經驗會由他們所生活的生態系統來形塑，兒童發展一開始也需要與環境接觸。在此領域中，與物理環境的自然和諧相處並非事先設定好的，因此在身體的目標就是去發現個人的定位或與自然和諧相處[28]。

社會層面就是人際世界，人是一種歷史性的存在，他的關係、以及和世界的接觸會反映出歷史與傳統。不同社群會擁有互不相同的價值或神聖傳統。在生命中，個人會由其集體經驗與成就來模塑。此外，他也站在自己文化與家庭的歷史中，與他人和諧共處是動態性的、而不總是給定的。因此社會層面的目

標就是一個人能與他人進行連結，是一種愛與被愛的能力。

老子[29]曾說：「知人者智，自知者明。」心理／內在層面就是個人世界，無論如何共享親密，是他人無法經驗或完全理解的私人領域，於此存在著個人的意識。心理／內在層面也內涵著遠超過個人世界的內容，是複雜認知功能發生之處，伴隨存性焦慮。心理／內在層面會透過自我評價及使用防衛機轉來進行保護，並提醒人們自己是獨特的。既然無人能完全通曉一個人的此部分，我們在世界上終究是孤獨的，心理／內在層面也是人的意識中最為個人的部分。

靈性層面就是靈性世界，將我們連結到那些來去者，以及一種超越受時間限制現實之領域。對存在主義洞見的尋求並非新穎，全世界哲學家如孔子、老子、佛陀等都已對生命意義進行深思。佩塞施基安經常引用中式格言：「飲水思源[18]。」亦即每項行為都有附帶的意義，而此意義都具有文化烙印。如同正向心理治療，存在主義在確認個人獨特屬性與能力時，會深度考量關於存在的重要議題。由於個人愛與求知的基本能力、以及支撐它們的次發實際能力，一個人因而能「**成為**」；換言之，個人總是有能力去改變。最令人關切的問題是：「人們能如何改變？」答案仍難以捉摸，但這也是為何人們會去求助於諮商及心理治療專家的核心。

❖ 內觀能力

契克森米哈伊[30]在著作《值得活的生命》中提到，人類大腦具有進行意識自我省思能力是相當獨特的。於存在主義中，自我省思、慈悲、個人思想或尊重他人都是核心議題[31]。

存在主義者會將內觀（introspect）能力及自我省思視為一種深度思考個人存在之日常性的能力，有助於探索及調解與平凡世俗之隔閡[12]。施耐德（Schneider[32]）寫道：「藉由個人探索、與他人親密或自我省思來活化生命者，是少之又少。既然生命對某些人而言已經變得更容易管理，因此也變得相應較少去投入。」存在主義者與佛教徒共享此信念，通往意義性存在的道路包括慈悲、自我覺察、自我省思及對個人情緒進行超然分析（detached analysis）。

在任何文化年代，由於人們必須基於過去、現在、未來所完成之自我整

合，來不斷嘗試創造一致性認同，因此是否有一項重要的原初能力，會特別強調自我省思能力[33, 34]？個人「**成為**」的能力是一種重要的複雜能力，因為必須鞏固所有原初及次發能力。個人對於改變與成長、形成意義能力的自覺性，能藉由自我省思過程來產生共鳴。當一個人停下腳步、並問自己：「為何我的房間總是看起來如此髒亂？」或「為何我無法找到任何東西？」這些問題會反映出秩序的能力，還有準時。無論何種方法，自我省思過程能讓他有機會在某種生活層面發現新的意義。沙特寫道：「人就是在這些獨特處境下創造自身的一種存有，此即存在主義之第一原則[35]。」

❖ 勇氣（行動）能力

Courage（勇氣）一詞來自拉丁文cor，亦即「heart」（心臟）[36]。齊克果認為真理最終只能從存有而來、而非思考，人們最缺乏的就是能帶著熱情與承諾來活著的勇氣；梅（May[37]）則認為勇氣就是能質疑「原本」（as is）生命的能力。存在主義者相信勇氣能力會協助個人覺察及接受個人的死亡，勇氣也能給予人們去面對自己與接受他們真正是誰所需的意志[6, 38]。

勇氣的能力相當複雜，因它是一種能力，不只需要合併原初及次發能力，也需要行動或決策。勇氣也能協助人們避開對他人意見的擔憂，人們也會有勇氣較不需要在意為不真誠而進行評價與連結，或勉強自己去符合不適用或陌生的認同。勇氣意即會去質疑一個人所害怕的事、而非只是逃避。

齊克果認為勇氣能協助人們去處理活著的焦慮。存在主義認為如果不透過勇氣來面對生命會有後遺症，齊克果[39]在《焦慮的概念》中提說：「人們當缺乏勇氣時，就可能會失去自我。」他如此解釋，恐懼會連結到一種避免痛苦、忽略靈性存有的傾向；由於此種恐懼，人們反而會被這世界所吞噬。齊克果也推論說，有勇氣者當知道有求於他時，也會準備好去受苦[39]。依此觀點，行動勇氣、冒險去經歷存在的深淵，事實上可能是人們發展真正生命目的與意義感的唯一方法。帶勇氣行動的能力可能是最重要的，因為它能讓人們好好活著，如存在主義者所言「更真實地活著。」

運用存在主義之正向心理治療

運用存在主義之正向心理治療，涵蓋人性本善、意識及自我覺察之存在觀；人類意識包含會受世界、特別是文化經驗所影響的內在能力，也認為人類具有駕馭生命能量的能力，讓他們有能力去成就或改變。人類依靠基本、原初及次發能力來闖蕩世界及了解人類意識的複雜性。愛與求知的基本能力、同時也強調許多原初及次發能力，當合併起來就能創造改變與成長的無限可能，並構成潛意識的內容。

❖ 有意義的決策模式

當個人必須考量重大生命經驗或決策時，存在主義的正向心理治療會鼓勵他去考量手上的經驗、連結經驗的情緒、事實、及背景（如對某人死亡的哀傷、考量升遷、搬進自己的家、決定買什麼車或結婚等），最終則是關於它必須去做些什麼。

當個人分派生命能量時，認知的邏輯流程會牽涉投入各種能力、並考量所運用的存在主義議題，例如當個人面對失去親密家人時，必須投入許多能力。自我會從經驗中興起[40, 41]，賓斯汪格認為意義來自個人根本性地沈浸於和人類連結的世界中[42]。經驗則是重要及不重要時刻的組合，某些經驗會改變個人的生活，某些則不會。雖然經驗對存在是基本的，也對個人是獨特的。既然人能自由選擇[40, 43]，就有能力跳過既定內容，並如其所願地看待事情[40]。

經驗給予人關於自由的感受，也給人自由去「指名替代選項、想像事情更好的狀態、並與他人分享改變的計畫[40]」。由於自由是存在諮商的核心目標，能讓人確認可自由選擇目標、且必須為任何決定負責。參考圖31.4.。

有意義的決策模式（meaningful decision-making model, MDM）是一種存在主義者及正向心理治療師都會使用的方法，能協助確認個人自由及承擔創造生命意義責任的重要性。MDM模式也闡明合併正向心理治療及存在主義概念是如何並聯運作。如同平衡模式，MDM也是相當直接且簡單。生活平衡模式的目標是要協助個人藉由內觀及較佳決策來達成生活平衡，也會再一次使用生命

圖 31.4　有意義的決策模式 (由 Marseille 所製，2018)

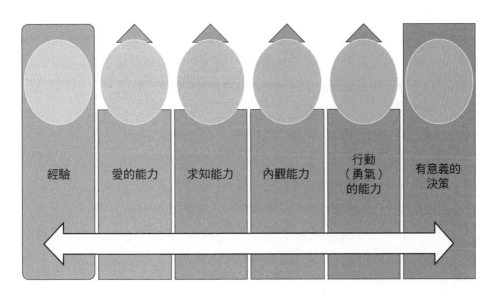

能量的概念。假設一個人必須為一份工作做出重大決定，MDM模式會簡單的認為個人在做出關於任何生活層面（此案例是指工作）之重大決定（行動）之前，必須均等地將生命能量分配到四種能力上（愛、求知、內觀、勇氣）。以下是一個基本案例，關於個人如何使用MDM模式。

　　朵依已經得到一份工作邀約，但她必須決定是否接受：

- **25%：愛的能力**——她對此項工作的感覺如何？這是一種生涯職業或僅只協助她能得到更大型職涯目標的跳板？這屬於她的領域嗎？當她思考此工作時，什麼樣的**原初能力**已經被激發？

- **25%：求知能力**——她已經知道所有該知道的工作內容嗎？此工作在什麼樣的城市？天氣有所不同嗎？是更鄉下或都市？此工作的多樣性看起來如何？這些利益有符合她的需求嗎？當她想到關於此工作時，有哪些**次發能力**會被激發？

- **25%：內觀能力**——她有過類似工作經驗嗎？她對這些工作感覺如何？

在她決定接下工作之前還有多少思考時間？此工作有符合她的長期計畫嗎？在之前她有在此類環境中做過嗎？如果有，她能回想起有過什麼樣的感受嗎？有朋友及家人能分享有用的相關資訊嗎？

- **25%：勇氣能力**——在考量所有事情之後，她真的能做下決定嗎？改變之後會感覺如何快活？接受工作及搬家的整體利弊得失為何？不搬家的整體利弊得失為何？

根據佩塞施基安[44]所言：「好的治療中，25%時間必須談論關於過去、25%關於現在、50%關於未來的可能性。」藉由存在主義諮商來強調當下，並運用存在主義概念之正向心理治療，治療師在探索案主的生命過程，必須考量所有三種層面的時間是如何衝擊他的自我感及世界觀。由於自由理論上是無邊界的，且時間與經驗密不可分，因此治療師必須釐清——案主必須理解過去、曉透當下、並擘劃未來。

總結

運用存在主義之正向心理治療會嘗試去「陪伴」、「站在一旁」、或藉探索其當下「與他人或治療師共處」的意識經驗來靠近案主[6]。正向心理治療中，為培養案主的存在感，治療師會藉由故事及智慧語錄來提供案主新觀點與靈感。無論如何使用各種治療策略，在正向心理治療中運用存在主義，並透過他們自己的基本、原初及次發能力，能協助治療師幫助案主探索個人存在、目的及生命可能性之深層根本問題。

沙特認為存在主義的核心主題就是「存在先於本質」，意即個人最重要的考量就在於他們是「獨特的——獨立行動與責任、有意識的存在」——而非標籤、角色、偏見、定義或其他分類所能定義者。一個人選擇如何過生活，就會構成「真實的本質」[45]。運用存在主義之正向心理治療是一種治療師所使用的方法，在全球化挑戰及科技發達的世界，能協助案主處理跨文化及存在議題。

CHAPTER 32

——•——

正向心理治療與
其他心理治療法

by 克里斯汀‧亨力奇（Christian Henrichs）；

加布里埃拉‧胡姆（Gabriela Hum）

> 正向心理治療會成為通往人類內在意識深處的旅程，以了解人已經
> 成為了什麼；同時也是外在世界的旅程，以了解人在一生中如何適
> 應社會環境和其起源文化。

1977年，佩塞施基安在他的第一本著作中明確將他的取向稱為「正向心理治療」。他解釋說：「雖然許多現有的心理治療程序，都以困擾與疾病為出發點，但一般預防、預防性醫學及心理治療需要不同的處理模式，應該要從人的發展可能性及能力開始，而非障礙[14]。」人本取向心理學的創立者之一、以需求金字塔聞名的馬斯洛認為：「聚焦人們正向品質的重要性，而非將其視為一袋症狀。」1954年，馬斯洛也是第一位使用「正向心理學」一詞的心理學家[8]。

人本取向心理學家提倡每個人都有一種潛在的願望，即實現自己的完全潛能，達到「自我實現」的程度。總之，人本取向心理學強調「人類的正向潛能[18]」如今，正向心理治療（佩塞施基安所創）將自己視為一種具有跨文化觀點的人本心理動力取向，這幾乎能總結它的核心關係、以及如何對其進行分類。

就其創立者的主要培訓背景及目前最突顯的呈現內容而言，正向心理治療是心理治療的一種心理動力模式。佩塞施基安關於對他有個別影響的人當中，提到他的教學分析師孟（佛洛伊德的學生）、精神分析師費弗爾斯（C. Fervers）及來自柏林的自體訓練創立者舒茲（JH Schulz），兩人曾一起上過私人課程[21]。如今，正向心理治療的「母學院」威斯巴登心理治療學院（WIAP）已發展成為德國領先的心理動力學院之一。

然而，本著他的時代精神，即1960年代末、1970年代初，佩塞施基安也是以人本主義語彙為主。此外，佩塞施基安——正如他經常說的那樣——也受到從伊朗到西德移民的極大影響，這反映在正向心理治療的跨文化觀點中[21]。

佩塞施基安曾經在他的講座中說：「人的靈魂本性是善的；不幸的是，它容易異化。」這段話指向正向心理治療當中如今稱為「人的正向形象」，可以用人類的高貴、世界公民身分及從巴哈伊信仰（佩塞施基安的宗教信仰，如〔那確實是一個人，如今他致力於為全人類服務……地球只是一個國家，而人類為其公民[1]。〕）所習得的理念來做最好的摘述。佩塞施基安出生於此宗教社群，並且終生都屬活躍成員。正向心理治療基於人類的正向形象及對文化的同理心，似乎散發著巴哈伊教義的精神，宣稱要著眼於全球化時代的人類概況。

廣義而言，人類潛能、目標及向善轉化的理念是為許多人本主義取向所共有（一個例子是莫瑞諾聲稱每個人都有自己的創造潛能，能透過遊戲來解鎖）。此種人本主義觀點可能與經典的精神分析或行為取向形成對比，後者具有更多機械論及決定論的典範（例如史金納〔Skinner〕的名言：給我一個孩子，我將會把他塑造為任何可能）。

❖ 基本假設

在正向心理治療中，人類的正面形象是清晰理論思路的起點，其中所有概念及模式都以能力為基礎。正如佩塞施基安在許多講座中所言，在歌德論述之後得到解放：「我們應該按照人類本來面目及可能的樣子來看待。」正向心理治療理論的核心是假設我們所有人都具有愛與求知的基本能力，而在同樣受巴哈伊啟發的喬丹（D. Jordan[5]）在教學的「Anisa模式」中，也做出類似的假設。

在正向心理治療中，所有模式及概念都是從這些愛與求知的能力中所衍生及闡述而來。有可能認為正向心理治療能力（capacity）的概念在最廣泛意義上會與慾力（libido）的精神分析假設有所關聯。進一步闡述此比較，正向心理治療愛的基本能力類似於精神分析的慾望原則；而求知能力類似於現實原則。這表明兩層意義：正向心理治療與精神分析的深層關連及其對人類形象的徹底改變。

此種根本性的變化不僅具有理論意義，且具有實踐意義，因為治療師成為雙人心理學、或甚至是多人心理學中的共同代理人（以古典精神分析及行為治療為代表的單人心理學相比）。在能力發展的過程中，病人及治療師都能互相積極肯定人類對愛和求知的渴望。佩塞施基安會以狹義、更廣泛及全面的意義上談到心理治療，都是指對現下疾病的治療、病人在生活中行動能力的發展、以及社會和文化條件本身的變化。當然，這種說法遠遠超出了單人心理學。

正如佩塞施基安所言，我們在生活中所成為的是三種條件的結果：身體、環境與時間條件[22]。這意味著經驗與關係的影響、以及我們的生物學傾向。在此，與其說是這些因素的靜態權重問題，不如說是它們如何及時相互作用的問題：在展開及相互交換的過程中——與社會、文化、時代精神及信仰（如佩塞施基安所說，賦予意義與發現意義的維度）。在此過程中，有意識的自我省思與社會學習的協商過程相當重要。佩塞施基安曾說我們就像一封用隱形墨水所寫的信，我們在生活中會變成什麼樣，取決於將熱量放在字母上的位置。

努力尋求整合

對人類有機體成熟過程的理解能再次與精神分析連結起來，即性心理發展的階段。在此，從口腔、肛門、伊底帕斯階段之身體、環境和時間的條件，也與人類能力（capacities）相互類比。然而，包括「固著」（fixation）一詞在內的精神分析概念，仍具相當機械化的特性。在正向心理治療中，這些經典的發展階段會影響一個人，並反映於對當前互動情境的理解：於人際互動模式中[11]。在此，依附、分化及脫離階段有助於描述及分析由移情與反移情所形成的有意識及無意識的交流程度。同樣，當精神分析傳統能與人本前提的轉化、務實的治

療取向相結合，就能為病人賦權，並成為其正向發展的推動者。

正向心理治療中的跨文化觀點不僅指向文化的重要性，也在正向心理治療的病因學概念及其介入（如介入中的理論、故事及諺語所顯示的關係維度與實際能力）中是顯而易見的。對於佩塞施基安而言，「跨文化」還意味著心理治療中的跨學派與整合層面。他經常用大象和盲人的傳統東方故事來描述心理治療的概況（如下所示），他們往往只看見整體的一部分。他想超越片面、或甚至只是意識形態觀點，並試圖加以整合。他因此創造出一句名言：「單獨工作者能加值，但團結工作者卻能加乘。」

盲人與大象

一群盲人聽說有一種奇怪的動物，叫做大象，已經被帶到了鎮上，但沒有人知道它的形狀和形式。出於好奇，他們說：「我們必須通過觸摸來檢查和了解它，這是我們的能力。」於是，他們出去找、且找到了，就開始摸索著。第一個把手放在軀體上的人說：「這人就像一條大蛇。」另一隻手伸到耳邊，就好像一把扇子；另一位手放在腿上的，說大象是一根柱子、像樹幹；而把手放在大象側邊的，說大象是一堵牆；另一位摸到了尾巴，把它描述為一根繩子。最後一位摸了摸它的象牙，說大象堅硬光滑、像矛一樣。（印度傳統故事，摘自《東方故事成為正向心理治療工具：商人與鸚鵡》[12]）

也就是說，他費很大的功夫在為精神分析與認知行為療法之間城牆搭起橋樑。這再次反映於他的個人關係中：戴登巴赫是他個人執業中最重要的同事之一，是一名行為治療師，與其合著具有策略上相當重要的威斯巴登正向心理治療和家庭治療問卷（WIPPF）[16]。此外，諸如在某些介入（正向心理治療中的〔心理血清〕）階段，如關於實際能力的面質層次、自我暗示或說出內心話等介入措施（例如，類似於艾里斯的ABC技術的〔情境調控〕），都在正向心理治療發展早期就已經顯示出認知行為治療的語彙。

最後則應該從歷史觀點與正向心理治療的關係中點出：在它向東方國家擴展時所擁有的學習經驗。蘇聯解體後，在一些敬業培訓師的倡議下，正向心理

治療於東歐國家受到積極推行。結果是，如今某些正向心理治療最強大的中心出現於東歐國家，如烏克蘭、保加利亞和羅馬尼亞。當時，東歐的心理學情境已經完全改觀，巨大的變化也帶來機會，因此於保加利亞，正向心理治療與心理劇之間的關係影響了正向心理治療本身的執業。在德國，正向心理治療與來自海德堡系統及催眠治療教師之間也有類似相互啟發的合作關係。

❖ 辨別分析

　　《辨別分析法》[10]（1974）的出版在歷史上先於《正向心理治療》[14]（1977）。事實上，正向心理治療可理解為早期辨別分析概念的擴展版本。佩塞施基安解釋為什麼選擇「實際能力」這名詞，因為在日常生活中，它們以最多樣化的方式、時時刻刻都不斷地會被提及。我們在日常生活中強調某些（原初及次發）實際能力，例如禮貌或秩序——資源或美德——我們習慣使用它們來面對生活，而其他能力則相對未發展或未分化。治療的目的是讓患者覺察到這些能力，並在發現新能力或辨別過於僵化能力的過程中陪伴患者。此描述個人成長的過程，是正向心理治療的人本觀點。

　　雖然精神分析教我們揭露精神官能症，行為主義則教我們揭穿精神官能症，但正向心理治療則使心理治療重新人性化，就像存在主義及人本主義療法一樣。雖然具有心理動力根源，但正向心理治療接受這樣一種觀點，即從常態性原則開始，並僅將治療重點放在辨識疾病上是不切實際的。人的先天能力及資源在心理治療方面同等重要。佛洛伊德認為精神分析的目的是使無意識成為意識，從而促進解放[19]；阿德勒認為個體心理學的目的是增加責任感[24]；弗蘭克認為存在主義心理治療的目的是提高覺察程度及責任感[23]。而在正向心理治療中，介入措施目的在於精鍊及擴大個人能力，並對個人的實際能力（原初和次發）進行辨別[15]。

　　在正向心理治療中，另一個需要考慮的因素為過去所經歷的困境，嘗試確認出病人在這些經歷中所發現及運用的資源。正如佩塞施基安所說：「一位正常人並非完全沒有問題的人，而是能處理所出現問題的人[15]。」

　　實際能力是正向心理治療衝突模式的核心，該模式具有生物根源，並展

現出正向心理治療的心理動力學觀點。在此有必要指出，日常生活中很容易就能觀察到實際能力（具有明確的運作法則，如本書初次會談章節中所描述的 WIPPF），此事實在主流心理動力治療開始將它們的概念形成運作法則之前（例如，在1990年代初期於德國的OPD小組中[9]），就已經被詳細闡述了。也可以說，實際能力也會在認知行為層面上運作：它們牽涉到態度、自動化認知、行為技能及習慣。這很容易理解，特別是當個人在某一時刻（可能具有認知、行為、心理動力、文化和人本觀點）去省思一項實際能力的不同層次時，如「禮貌」。

如正向心理治療所見，症狀是一種潛意識交流的方式。找出症狀的目的，為它進行正向詮釋，就能引出實際衝突、並改善病人與自己或他人之間的困擾關係。它能指出所涉及的能力，闡明需求及特長，但也指出缺乏及妥協。在正向心理治療中，症狀被視為通往更完整圖像的入口，而不僅僅是作為認知行為療法中的技術性目標。

正向心理治療會成為**通往人類內在意識深處的旅程**，以了解人已經變成了什麼；同時也是**外在世界的旅程**，以了解人在一生中如何適應社會環境和其起源文化。此雙重取向——內在和外在——使得正向心理治療成為一項獨特的療法，能將在你面前的人、以及他的理解列為優先事項。藉由認識到文化是人類現實中基本的決定因素，並將其核心模式概念化，如實際能力或平衡模式，正向心理治療——如今通常稱為正向暨跨文化心理治療——超越了傳統的心理動力及人本主義取向[7]。

雖然佛洛伊德認識到文化的情緒重要性〈文明中的不安[6]〉，但仍只是間接模式化：在精神分析中，超我是在與父母的互動中形塑，他們會使用對社會需求的理解來面質孩子。在正向心理治療中，實際能力（可能部分被視為超我的內容）也是進行主體互動之個人領域中的實體，牽涉多重媒介及不同時間點的文化背景。

❖ **治療性理解**

心理治療的實證趨勢（特別為認知行為學派所接受，但最近也被心理動力

學派所接受）挑戰了不同的心理治療傳統。在此，正向心理治療能提出備受讚譽的有效性研究成果[17]。由於此項研究中，佩塞施基安被授予理查‧梅滕品質保證獎章，這是中歐著名的科學獎項。

　　正向心理治療介入會聚焦於理解衝突（包括基本及實際衝突）的心理動力，而這些衝突代表症狀出現的源頭。正如在心理動力學派，是藉由探索過去及分析治療與現實生活中的移情—反移情之情境來處理衝突。換言之，正向心理治療就是基於心理動力衝突理論，衝突主要存在於原初能力的需求與次發能力所代表的社會常規之間[18]。此外，還會協助病人根據實際能力來理解他們最初的潛意識衝突內容。

　　除了先前所研究霍姆斯及拉赫（Holmes and Rahe）生活事件量表中的巨型創傷理論之外，佩塞施基安所創的微型創傷理論（這些小事件加總構成內在衝突）擴大了對實際衝突的描述。此外，在正向心理治療中，治療師將實際衝突轉譯為病人較少操練或未分化的實際能力。發現實際衝突中所涉及的能力是線索的一角，之後我們會循線來探索內心衝突及其動力概況。此種轉譯能讓病人更容易理解，因為所使用的術語與病人在治療中所使用的日常用語非常相似。透過這樣的轉譯，正向心理治療為治療過程帶來所屬的貢獻，對病人而言更加人性化，更容易將其進一步運用到他的日常生活中。所有這些轉譯方法也再次將正向心理治療連結到人本主義取向。

　　不同於傳統精神分析治療師的行為會受到限制、且技術上保持中性，在正向心理治療中，病人隱約會從治療關係中學習、並作為模範。在此，各互動階段會被體驗，而且病人會明確覺察到他所操練過的階段及需要更多操練的階段（在此所談特定於正向心理治療的互動三階段：依附、分化和脫離）。

　　正向心理治療發展成為一種不僅適用於個人、且適用於家庭的介入方法。在佩塞施基安創立正向心理治療及辨別分析期間，家族治療已經在全球風行。佩塞施基安的想法是將個別治療與家族治療相結合[13]。這也是為何正向心理治療在個人主義文化及集體主義文化中都會被接受的原因。正向心理治療會以其在家庭中的功能來理解症狀，並為個人及整個家庭的自助提供家族治療工具，不會將症狀視為單屬家庭中個人的症狀，而是將症狀視為家庭系統衝突的一種

表現[13]。與其他家族治療取向相比，提供自助的工具尤其重要，如辨別分析量表、WIPPF、平衡模式、關係維度或五階段流程。

❖ 介入措施

佩塞施基安在他的治療過程中經常使用幽默，他曾經對培訓小組說：「在療程中，如果我們未曾笑過至少一次，就等於沒有成果。」幽默作為一種成熟的防衛機轉，連同隱喻的使用及創造力的激發（昇華），是正向心理治療的基本方法之一[3]。

如果我們看看弗蘭克[2]描述的有效治療要素，就會注意到正向心理治療是如何遵循以下普遍有效的治療原則：

1. **感情投入的治療關係**：充滿信任、以病人為優先。它對人的正向形象是以人性本善為前提，治療關係是透過使用諺語、故事、通俗易懂且尊重的語言所培養出來的。正向詮釋強化關係，同時也挑戰持續至今的關係障礙。

2. **病人容易理解的解釋性原則**：但仍然足以複雜到能讓治療師處理潛意識生活的各個層面。自始至終，在正向心理治療中，都會使用病人容易理解的名詞，例如提及公平、成就、秩序及耐心等能力，有助於病人毫不費力地理解內心衝突及其運作方式。

3. **病人的情境分析，能提供他控制疾病的可能性**：在正向心理治療中，我們從這樣一個前提開始，即病人具備發展症狀與處理它們所需的一切。疾病是一種情境，過去問題解決方法已達極限，病人正處於發現生活處理新方法的邊緣。因此，疾病成為機會、症狀則變成夥伴，治療過程變成處理生活議題的工作模式。

4. **傳達希望**：目的是為了在接受痛苦的同時、也能終結病人的失志與苦惱，學會忍受痛苦、並找出痛苦的意義。

5. **分析及傳遞成功經驗**：提供病人更多的信心與能力。正向心理治療會聚焦病人之前處理類似情境的成功經驗，並強調這些經驗所使用的資源與

能力。

6. 鼓勵將體驗情緒的作為當成改變態度及行為的前提：能透過提供故事及
諺語、激活過去的經驗、經由可理解的模式及啟動資源以提升靈感與共
鳴、及改變人際互動來實現。

❖ 五階段流程

正向心理治療的結構化階段（五階段流程：觀察／拉開距離、完成問卷、
情境鼓勵、說出內心話及擴展目標）使得介入——至少在傳統理解上——不像
精神分析過程的開放程度，能讓「轉化性精神官能症」自由發展。然而，較新
的心理動力取向（例如，韋勒〔Wöller〕針對邊緣性疾患所設計、資源為基礎
的心理動力療法[20]）也採取更為結構化的流程。正向心理療法並不像認知行為
治療式的手冊化，而是採半結構化模式。此外，在初次會談中組織病人資訊的
半結構化方式，以及在不同階段給予家庭作業及自我省思練習，則更像是認知
行為取向。於治療初期透過諸如「當症狀不再存在時，您的生活將會如何？」
等問題來促進對目標及未來視覺化的明確關注，能將正向心理治療與短期且以
解決方法為導向的療法連結起來。

在觀察／拉開距離階段，治療師與病人會往後退一步，從另一種觀點來看
待病人的情境。這牽涉到治療師對正展開的場景及移情—反移情（心理動力層
面）的觀察，也包括治療師採取更積極、同理及專注的態度（類似於以案主為
中心的治療）。焦點不僅止於症狀，而且還會從更廣泛的意義上來看待情境，
包括優勢、機會及文化層面。在此，正向心理治療在處理願望上與人本取向相
關；在目標設定方面與解決方案為導向的療法相關；在日常生活中促進症狀觀
察方面則與認知行為療法相關。此外，還會觀察病人對問題的理解，以及他的
目標是否更與症狀相關，還是更傾向於關係及自我理解，這也會影響日後實際
介入措施的選擇，是否更多在認知行為或心理動力層面上。

完成問卷階段使用不同的模式進行分析及自我反思（辨別分析量表、平衡
模式等）來促進病人的理解。在技術程序的層面上，類似於認知行為取向；而
推理本身則更像是一種心理動力取向。在此第二階段中，治療師關心的是找出

與病人目前經歷相似的先前經歷：現在與過去的相互作用（實際衝突，基本衝突）、對早期情結及客體關係的理解（關係維度）、目前的代償失調（微型創傷、生活事件、實際能力、互動階段）及目前的代償（平衡模式）。此外，也會強調其他資源與病人的學習型態（系統化觀點）。

　　情境鼓勵階段具有與催眠療法及解決方案療法相當的資源啟動層面。此外，還應用強化練習，例如放鬆技巧（行為層面）。傳記式渴望、補償及學習會受到讚賞（人本及心理動力層面）。對症狀及衝突的正向重新評估使病人的「自我」準備好更輕鬆地激活儲存於潛意識中與衝突相關的記憶，從而減弱阻抗並促進日後的再處理。正如佩塞施基安所說，階段三到五變成「麻醉、手術及善後護理」。

　　在說出內心話階段，是要促進解決──介於開放與禮貌之間──的關鍵衝突。與此相關聯的，就是解決內在衝突（心理動力層面）、發展受忽視的溝通技巧（行為層面）、重新調整人際關係（家庭諮商、伴侶團體──系統性層面）。故事及隱喻的使用是治療核心要素之一，都會用在說出內心話及觀察／拉開距離階段。正如佩塞施基安在《商人與鸚鵡》書中所言，故事的角色是要肯定既有常規或使某些既有常規變得更加彈性，而不需直接回答病人的問題[12]。透過此種體驗式介入方式，正向心理治療會指向人本療法、艾瑞克森（M. Erikson）催眠療法，以及──透過其集體化觀點──指向榮格分析療法中所使用的象徵主義；另一方面，正如著名的奧地利心理學家霍夫斯泰特（P. Hofstätter）所言[14]，使用故事可與古典精神分析中的夢境解析進行比較。

　　擴展目標階段，即介入的最後階段，能將病人與現下生活情境中的潛能與對未來的創造性期待連結起來，此要素能將正向心理療法連結到存在主義療法。然而，於治療結束時期的正向心理療法中，針對時間的三個層面──過去、現在與未來──被認為能將病人的完整生活與發展過程連結起來，則比存在療法做得更多。

總結

　　貝內德蒂於1977年表示，佩塞施基安的正向心理治療是心理動力及行為取

向的非凡集合體，因此也代表對整合心理治療學派關係作出重要貢獻[14]。從當今觀點，正向心理治療也可被視為資源導向及短期治療等一般理念的先驅及持續推動者。在第一次出版時，這些想法受到爭議性的討論，如今它們已經越來越成為最先進的療法[4,19,20]。正向心理治療服膺於此要求「成為你自己」，也能在許多人本及靈性傳統中發現。如今生活現實被認為會受到越來越多人的全球性影響，這也是正向心理治療將文化維度整合入治療工作中，並超越既存取向的原因。

CHAPTER 33

———— • ————

正向心理治療與生命意義

by 山姆・哈吉・西魯斯（Sam Hadji Cyrous）

> 當我們說人會對自己負責時，並非認為他只會對自己的個別性負責，而是說他必須對所有人負責……我們選擇的總是更好的，除非對所有人都更好，否則沒有什麼對我們更好。
>
> ——沙特

　　人類是會被故事所感動的動物。當感覺良好，就會坐下、並告訴朋友關於我們最棒的故事；而當感到失望時，則會訴說痛苦與悲哀的故事。在喪禮時，會回憶關於離世者最棒的故事；生日時，則會使用剛結束循環的主角來標示一個新循環的開始。當身體生病時，我們的身體也會像有一個想訴說的故事般反應著（被錯待的肝、被貧養的胃）；罹患精神疾病時，總會想像不實的情境（典型的錯亂，呈現在許多精神疾病狀況）。當我們休息時，大腦會告訴我們不可思議的故事，許多時候會受到過去事件所啟發，其他時候則會回顧我們到底活過什麼，也有更多時候是完全無感或沒有清楚意義。

　　由人類所產生的挑戰並不是去接受那些故事，而是在每個單一時刻去尋求了解它們的意義。以下就是一則單純、簡短及有意義的故事：

我有一次夢見與神對話。

「請進。」神說。「嗯！你想要訪談我？」「如果祢有時間的話。」我說。神微笑地說：「我的時間是永恆，足以做所有事；你心中有何提問？」第一個出現在我心中的問題是：「關於人類有什麼最讓你感到驚訝？」神回答：「就是他們厭倦當小孩、急著長大，然後又渴望再度成為小孩；他們失去健康來賺取錢財，然後又失去錢財來回復健康；他們會焦慮地思考未來、忘記當下，因此他們既沒活在當下、也沒活在未來；他們活著就好像絕對不會死一般，然後死了就好像從來沒有活過⋯⋯」

夢中訪談者所闡述的許多問題，都是由匿名的網路寫手所告訴我們的（且經常歸到達賴喇嘛）。然而首要、最極致的問題就是詢問造物主關於祂的創造物最令祂感到驚訝的是什麼！而更棒的是，此問題被建構的方法就是：此事實——我們總是徒勞地活在惡性循環當中。

我們會犧牲身體健康來追求職業成就，之後我們必須會犧牲勝利、生產性及工作時間來回復身體健康。同樣的，我們也會犧牲家庭關係、友誼、及對孩子的愛，希望供給他們那些我們從來都不曾擁有的事，卻總是忘記要在重要時刻為他們真正現身在那兒。最終，我們看不見自己真實的有限性，總是錯過生命所供給我們的瞬間，因為我們害怕生命會在我們達成最渴望的事情之前，太快自我結束。而荒謬之至，就是看著大多數人從未發現自己真正渴望的是什麼！

如同佛洛伊德[1]的話語用最較強度回應著：「我們只能說：『所有生命的目標就是死亡。』」總之，如同薩拉馬戈（José Saramago）的小說《當死亡暫停時》，如果死亡真的停止運作時，又會如何？老化、疾病、意外、以及無止境地關閉時間之門，都會讓我們去思考，而且會在今天就去關注對方及關係中的你們，今天就去拜訪對方，並告訴對方我們的感受為何。然而，當死亡暫停，我們將會失去停止這一刻的機會，也會失去團結及將我們繫在一起的連結。省思我們的生命意義，就是要了解我們是誰，以及如何在有限性之下將生活過得平衡。

意義、故事與心理治療

佩塞施基安[2]宣稱:「與這些問題(意義)緊密連結的,就是關於未來的問題。」對正向暨跨文化心理治療的創立者而言:「時間並非秩序的正規格式,而是衝突出現與被解決的層面。」因此治療師的角色就是成為學習過程的促進者,而病人則會處理「他們的情境,以及盡可能地(然後變成能)發現對未來的適當態度。」

這取決於我們去了解現在、過去與未來之間的連結。在療程中,我會邀請病人選擇以下句子中的一個、並進行評論。在對話結束之後,我會邀請他們選擇另一句子,此時他們發現想選的句子竟與初次療程所選的是同一句子時,他們的反應通常會充滿驚訝與熱情。

- 在閱讀此現實之後,我感覺到自己的工作有意義。
- 在閱讀此現實之後,我會清楚看見是什麼驅動著我。
- 在閱讀此現實之後,我會了解犧牲是值得的。
- 當我夢想未來,我能了解許多路徑。
- 當我夢想未來,我感覺必須被獎酬。
- 當我夢想未來,我會清楚看見結果。
- 當我觀看人生的後視鏡,我會看到我是誰、以及我是如何進步。
- 當我觀看人生的後視鏡,我會了解我全部做對了。
- 當我觀看人生的後視鏡,我會感覺到已經成就多少。

這些句子是一份邀請,用來隱喻式地閱讀現在(閱讀現實)、過去(後視鏡)及未來(夢想),同時也為了觸及我們行動的自由與後續責任。透過每項選擇,病人因而能了解他們現在所處位置、以及過去之所在。在此項練習當中,人們不僅選擇聚焦於現在,也會回顧過去,並覺知從一開始在他們心中就有一種能發現療癒及克服挑戰的能力,進一步肯定佩塞施基安的說法[2]:「健康不只是一個人沒有任何問題,而是一個人必須學習如何去處理它們。」——這

句話肯定**希望原則**——是正向心理治療的骨幹：病人天生就具有「能力與潛力……能讓他們去發現新穎、不同、甚至是更好的解決方法……會帶給他們的不只是疾病，也會帶來克服疾病的能力[3]。」如同沙特[4]「存在與虛無」一書所言，我們的生活方式讓我們無可迴避地必須為度過的生命時光負責，因此我們會帶來內在挑戰、也有擊敗它們的能力；我們會帶來個人的戰爭、也能找到和平的機轉：

> 此情境屬於我，因為它是我個人自由選擇的形象，任何呈現在我面前的事情，都屬於我，也能代表我、象徵著我。並非我能決定事情的逆境係數，也無法自己決定它們的不可預測性。因此，人生中並無意外，突然爆發且牽涉到我的社群事件，不必然是從外在而來。如果我在戰爭當中被推動著，這戰爭就是屬於我的戰爭，它就在我的形象當中，是我應得的。

在許多方面類似於約伯的故事，透過巴哈伊版本的描述，能讓我們學到重要的功課：

> 上帝肯定約伯的先知地位，他相當富有、擁有一大片土地、且與他的妻子和家庭生活過得既奢華且幸福。由於被神授權來指引人們走向正義與真理的道路，他也奉獻自己生命於社群中來完成此項使命。他呼召他們全都歸到神的名下，但他們卻因嫉妒而控訴他的不真誠，並說他會對神忠誠，單單只是因為神所賜予的豐盛與物質財富。
>
> 為了在世人眼前展現他的忠誠，神用許多的磨難來圍繞著他。每天都有一件新的災難臨到他，首先是奪走兒子們的性命、所有財產也被移除、穀倉則被焚毀；之後他得病、身體染上許多疾病、甚至全身長滿膿瘡。即使出現這些災難，他依然對主保持感謝的心，而且耐心地用一種順服與超脫的靈性來忍受困境。但他的痛苦並不僅止於此，他被迫離開村莊，因為沒人會去幫助他，除了他的妻子，她相信他而且盡其所能來減輕他的痛苦。最終，他變得極為貧困、且許多天都沒有食物。約伯還是保持耐心、順服神的意志、且

透過試煉而增加對主的感謝與忠誠。最終已經證明他能超脫於豐富的財產，神再度賜予約伯所有從他身上取走的東西。他的教義散播、話語穿透真誠者的心，能讓他們確認及了解他的身分[5]。

　　透過述說，此故事會帶來參雜的省思。在某些情況下，人們會聽過故事後會感到更加混亂。在一位特殊案例，聽完故事之後，直白地拒絕如此具攻擊性的神，因祂會去懲罰那些祂宣稱所愛的人，這會讓我在訴說此故事時，腦中會出現的第一個問題：這故事僅適合於有信仰的人嗎？

　　當被問到此問題時，病人受邀請一起來將事情看得更加清晰。人們會理解，藉由將它帶離信仰領域、並放進個人現實中，從最多元的年齡群體而來的各種性別的成人與年輕人，可能開始會去質疑自己在生命過程中的行動與個人責任，甚至會有一種時刻、地點及情境，在其中他們無法為選擇與行動負責。他們會因此了解到，無關一位殘酷、給試煉之神的存在與否，而是在面對生命的改變與機會時，我們不能、也無法控制，只能看著似乎反而是它們在控制著我們。而當我們將焦點從此問題轉開之後，我們反而預見能協助我們解決問題的許多內容。這也是為何我會要求病人來思考此故事的功能，如佩塞施基安[3]已經用以下問題來指導我們：

- 你看見主角身上有那些能力？
- 你知道有其他類似的故事嗎？
- 你認為這是真實或只是虛構的故事？

　　曾經歷過不公正苦難的形象，能讓聆聽故事的我們更能去認同故事的主題、省思關於個人的生命（鏡像功能）、能測試新的反應模式來應用於將他們帶來療程中的衝突上（示範功能）。

　　主要重點在於激發他們去思考以下問題：

- 我們所經歷的苦難故事為何，以及如何去面對它們？

佩塞施基安[2]提醒我們：「此主題在於兩種各有光明及黑暗面的可能性是如何地衝突。」或如王爾德（O. Wilde[6]）著作《道林‧格雷（Dorian Gray）的圖像》中詩一般的話語，在主人翁的吶喊中闡明：「在我們每個人心中都有天堂和地獄。」也是經由此種在天堂與地獄之間持續走動的隱喻式啟示，讓我們在個人的存在中發現意義。

由於這樣的事情可能發生，我們有必要提供心理治療性協助來思考：

- 是什麼讓我們變得獨特？
- 是什麼讓我們連結在一起？

有一則個人的省思：「我的基因源自波斯父母、但出生為烏拉圭嬰孩、巴西的兒童、葡萄牙的青年，接著以下的問題讓我感到困惑：我們潛在是同一個人嗎？或我們的多元性讓我們更加強壯？這些問題在心中困繞我許多年。直到有一天，當我開始注意且欣賞典型葡萄牙鋪路的石頭，每一塊都受到外在限制、有時醜陋、還有不完美的邊線。我們人類不就像這樣，每個人都有各自不完美的方式？只有當我們將這些石塊鋪在一起、用最美麗的方式創造鋪面，也只有那些能看透全景、而非只是單一石塊者，才能真正看見其美貌。」

同樣地，「如果所有人都是完美的，那每個人都很容易被任何人取代。」如同在哥德式德國教堂中所見被完美切割與拚成的馬賽克和貼花玻璃[7]。也如同死亡，一種時間的限制，是一種意義的建構要素，而我們的不完美也是限制、且能協助我們在生命中發現意義。所以，藉著獨特性及因此的不同、或歧異，最終我們的多元性意味著獨特性與無法重複的個別性（individuality）。佩塞施基安曾接受其心理治療指導、甚至曾在越南及其他處所共事過的弗蘭克如此說：

此種個別性的重要性、人類性格的意義，無論如何總是關乎社群。就像鑲嵌物的獨特性只有在與全部的馬賽克相關之後才能突顯其價值，因此人類性格的獨特性會完全在於完整全體中的角色才能發現其意義。因此人類所帶

性格的意義會指出超越個人的限制、直達社群；而被導引至社群之後，個人的意義就能超越自己[7]。

　　我們正在談論關於社群能讓個人及群體發展出完全的潛能，是一種社群與個人發展的雙重關係，在此個人能發現其生命意義。就像因著我們的限制，我們就能個別地發展：我們身體的限制就是用來被超越的；心理狀況就是我們會試著去克服的；而社會規則就是我們要嘗試去改變的。由於這些限制，我們就能個別地、且集體地進化。

藉故事尋求意義：運用佩塞施基安之平衡模式

　　佩塞施基安強調我們所有人都擁有兩種能力，第一種為愛的能力；第二種為求知能力。前者能提供情緒連結而給予及接受愛，後者能提供理性連結而學習與教導。或許第三種能力對我們的領域相當重要——**能自由且獨立地尋求存在意義的能力**——是一種前理性、前情緒、人類特有的內在能力，也是一種某些人可能忽略的能力（由於恐懼、無知、未準備、缺乏省思……）。很多時候，此種尋求存在意義過程的異化使得我們陷入憂鬱或痛苦的症狀，甚至是自殺的想法或行動。

　　尋求了解我們個人的極限，以便我們之後能愛並了解它們，這就是轉變。如果我們能在平衡模式的領域中思考，其中有四項維度必須維持平衡，我們就能意識到某些病人是如何來到療程、以及治療過程應該是如何。此項植基於正向心理治療的概念能告訴我們，我們有身體維度及受自然法則支配的物理身體；成就維度，容許具體及堅實的目標（通常轉向我們現在稱為專業的職業）；關係維度，一個人能發現傳統與家庭、朋友及其他關係；最後則是一項超然、直覺的維度，變成了夢想與未來的領域。

　　這是能團結全人類的重點。我們會尋求生活在這些限制中的每種方式，能帶著我們在生活中發現意義，或以佩塞施基安[2]的話說——「雖然所有文化與社會差異、以及個人的特殊性，我們也觀察到所有人都可以歸納出典型的處理衝突方法，因此他們就能克服自己的問題。」——雖然我們在提出的本質上有所

不同，但在克服這些問題及衝突方面則是一致的。

佩塞施基安[2]指導說，我們首先需要「針對何為我及非我做出整體性區分」，這也是治療師的角色，要協助會談中的病人去發現他們在所有維度中介於我及非我的界線。當我們能轉向**身體維度**，我們的身體對對衝突做出反應——頭痛、器官及肌肉疼痛、許多組織的心理身體化現象、睡眠、性及飲食的困難。我們發現自己所謂的醜陋形象（成年、體重、皺紋、或全面老化），之後是與它奮戰、或是接受它。我們可能是道林·格雷，他的鏡像隨著不惜一切代價保護自己的身體而變得日漸醜陋和衰老；或我們可能是史蒂芬·霍金，能接受自己的身體限制、並克服它們，留下身為當代最偉大天才之一的傳奇。

我會持續邀請病人來思考他們的身體——這是你想要的身體嗎？你會如何去探索它？身體障礙為何？你喜歡去看鏡子中的自己嗎？你會欣賞食物，吃得太快或太慢？其中一些問題，在我們身體已成為空廟的後現代社會中，會引起痛苦，因為大多數人無法覺察、甚至不知道如何處理自己身體的極限，或甚至不尊重他人的身體（會假設他們擁有他人，有時甚至會出現肢體或性暴力）。因此有必要去教育青少年世代能去認識他們的身體、並接受他們所表現的多樣性，儘管他們也有相似之處。

當聚焦**成就維度**時，我們將工作與個人的存在混淆，任何批評都被個人化，為了不想聽，只好埋頭苦幹、或逃避批評且一起工作。我們會生活在難以實現的期望中，害怕失敗、害怕探究我們是誰、害怕從規劃中走出來、害怕替代方案及嘲笑。問題會發生於恐懼之前的猶豫、其他人對個人能力與競爭力的看法、及對嘲笑的驚恐，能更好地理解我們在這個維度的生活方式及其侷限性。

有一次於療程中，一位病人、是巴西公立高中教師，在初次療程中告訴我，他厭倦於感覺像是西西弗斯，總是將無用的石頭推上山。對此，我提供一種對比式詢問，為何不嘗試成為普羅米修斯，他也有必須完成的使命，並因違反規範而冒著永恆的詛咒，由於他就是將知識火焰傳給人類的那一位，最終則成為人類真正的英雄。隨著更多療程的進行，他宣稱漸漸地成為普羅米修斯，為他的學生做到最好：超越提供他衝突的成就維度限制，並達成將知識分享給

他人的意義。

在**接觸維度**中，我們的焦點是關係。當衝突於此興起，我們會變得依賴他人、或太獨立，因為我們不知道如何去與人連結。情緒可能處於持續沸騰狀態、或因明顯的恐懼而完全退縮。因此重要的是要詢問他們如何在家庭、夫妻生活及朋友當中或之間度過自己的限制。**你會向誰表達你的情緒？ 你在表達它們時有何困難嗎？ 在對自己不想成為別人希望中的你感到厭惡之前，感覺如何？ 在發現對方並非你所認為的那位之前，你的感受如何？**

我們發現羅密歐與茱麗葉、以及瑪吉努與萊利（Majnún and Laylí）的二分法：此兩種情況都顯示對方的缺席導致了明顯的分離。但於第一種情況下，分離讓我們陷入毫無意義的痛苦，因為兩位都死了，也意味著他們最終不會在一起；而在第二種情況中，兩者被併排埋葬，意味著來世，還會有重逢的希望。透過閱讀這兩本小說，我們學習到一種我們都擁有的感覺，但我們的不同之處在於是否會生活在此維度的衝突中，卻看不見它的意義；或相反地，在情緒所導致痛苦的限制中發現意義。

最後，意義及未來的維度，也許是讓我們真正成為人類的維度。從寓意而言，這將是攀登及追尋山峰的登山者維度；當他只看見前方的烏雲、卻看不見頂峰時，就可能會放棄；另一位登山者會從稀薄的空氣和強風中來了解已經接近峰頂，並未因此放棄旅程。正是在此，我們才有了詮釋現實的能力；在之前的維度中，我們可能只會看見、工作、喜歡她與否，但在此我們能夠詮釋現實，當然，我們也可能甚至是錯的！

這是一種「即使」的維度：即使身體有狀況、即使有批評和恐懼、即使我們的感情，我們還是能創造出不同情勢、並改變生態系統——這是無限制的、可能性的維度，因此也是我所做的及／或決定不做的責任維度。更深層次的衝突在此搖擺不定，介於是否要與我們的本質相聯繫、接受我們是誰或與之抗爭，以及接受沒有責任的自由生活（放縱？一時興起？）或無法選擇自由的責任生活（因此而有罪）。它或許也是此種維度：「在我們存在的核心中，在為一切事物服務的傾向中，善與惡、美與醜、生與死。」這就是謝勒（Scheler[8]）所稱為的謙遜。

正是從四項維度所呈現給我們的限制之間的平衡中，我們才能尋求生命的意義。它就像一座公平的花園，我們的身體維度使我們能種植花朵；透過成就維度，我們會根據它們對陽光和養分的需求，來設定每一朵花的位置；透過接觸維度，我們會讓那些需要獨處或存在的人感到通體舒暢；最後，透過未來維度，我們在幾個月前就能預見花園的模樣，了解到我們的努力會得到回報。花園的意義不在於做任何事情的可能性，而在於知道做什麼、何時做以及如何做的限制。花園的意義不在於現在、也不在於過去，而在於能在今天處理過去所學，並創造出一個繽紛多彩的未來。

這或許是沙特[9]所宣稱的倫理，他說：

而且，當我們說人會對自己負責時，並非認為他只會對自己的個別性負責，而是說他必須對所有人負責……當我們說人選擇自己時，意思是我們每個人都必須選擇他自己，但這也意味著在為自己選擇時，他也為所有人做出選擇……在此或彼之間做出選擇，同時也確認了被選擇者的價值，因為我們永遠無法選擇更糟的。我們選擇的總是更好的，除非對所有人都更好，否則沒有什麼對我們更好。

在此我們能學到什麼？一、我們的幸福與全體的幸福相互關聯；二、倫理就是自由且負責任地選擇那些我們所有人在平等情況下都會選擇的東西。只有我們能尊重此規則，才有可能為我們的生活尋找出真正的意義。我們的責任是與全人類共存。用曼德拉的話而言，正是在與他人的關係中，我們發現了一種意義：「生活中重要的不僅僅是我們已經活過的事實，而是我們能為他人生活做出改變，來決定我們所過生活的重要性。」

門成為生命的隱喻

為結束此主題，使用正向心理治療架構中關於生命意義的一句結語：我們需要去認識關於生命界線的美好隱喻，而針對界線有比門更好的隱喻嗎？

門代表介於我們所選與決定不選、以及介於選擇與主動開啟它們之間的界

線。它們也是生命的界線，自從世界之門開啟而出生，以及在死亡關閉生命之門前的界線。它們也是分開情緒在兩旁的邊界，如悲傷與快樂；也是在另一邊讓我們充滿恐懼的邊界。

於中世紀，在門上標示著「X」代表在房內有瘟疫；在安達盧西亞，有許多時刻，會有許多城市的門為旅客而開，能讓他們看見內在花園的美麗；在印度，使用班丹瓦爾（Bandanwar）來裝飾門面是相當重要的事，將它們懸掛在門上來吸引並取悅財富之神（Lakshmi），這些是遊客最先見到用來歡迎他們的物件；在伊斯蘭傳統，可發現有八扇門的天堂神殿（Jannah），每扇門都代表一種真實信仰者必備的靈性操練及美德。約翰回想起耶穌曾將自己稱為「門」，藉此一個人必須進入才能得救（約翰福音10:9）。同樣地，巴哈伊信仰則稱呼兩位創立者「The Báb」，阿拉伯語意即「門」，通過此門，會為人類帶來一個新紀元，能將人類的現在、過去及未來結合與分開。

門會限制我們的空間，從身體維度的眼光來看會將它們視為結構（會詢問它們的材質、厚度、尺寸、顏色及是否美觀）、在某些方面將它們全部理解為均等、在其他方面則有所不同；當眼光轉向成就維度，則會認為某些具有較佳的安全功能、評估不用鑰匙打開它們的容易程度、複製鑰匙的容易程度、害怕某些事情會出錯、事情會順利的保證、以及他們所覺知門的策略性優勢及弱點；而從接觸維度的眼光來看待門，會去思考將門內的人團結起來、將門外的人分隔開來，將群體中的人與不在群體中的人區分開來。

總是透過何為是及何為非之間的界線，我們才能掌握到真正是什麼！當我們將這些維度都連結到未來維度之後，就能理解門必須使用正確方法來開啟。如果我們握住厚重的一面，要將它往內開是有困難的；如果許多人想要進來，將門往內開就能帶來新人、新理念及新資訊，沒有事先出去或誰／什麼應該離開；如果卡住，去拉它只會增加開門的困難度，因我們需要做的就只是去推它來開啟。這也能說明為何未來維度是如此相關，也是此項最後維度較可能讓人理解此門是要由內往外開，並容許我們對多元、相異、外在、及新穎的事情保持開放性，如此我才能帶著非我的部分來發現幸福。

使用弗蘭克歸於齊克果的話語：「幸福之門只能由內往外開。」換言之，

在正向心理治療中，幸福之門只有當我們明白其機轉、喜愛我們所發現的事、及最終會想辦法打開它時，才會真正開啟。

CHAPTER 34

—◆—

正向詮釋成為心理治療之工具

by 索羅門・阿比比・沃爾德馬里安（Solomon Abebe Woldemariam）

憂鬱症……也能被視為對深度情緒化的反應能力……憂鬱症狀態也
代表一種冬眠的狀態，在其中病人會漸漸地建造新的能量故事。

人類是由思想所主導，我們的今日通常是由昨日的思想而來、並建造明日的生命：我們的生命是從心靈的創造而來。佛陀針對此點說明得非常清楚：「如果人用不純淨的心靈說話或行動，痛苦就會跟隨而來，如同車輪會跟著拖車的牲畜而行；而如果人用純淨的心靈說話或行動，愉悅就會如影隨形[4]。」清楚表明個人思想及情緒能影響其心理健康；相對地負向情緒則對心理能量有負向的衝擊，負向影響其身體、成就、社會接觸及靈性，並損及其健康。

與此連結，甘地曾說：「人只不過是思想的產物，他想什麼、就會變成那樣[6]。」思想有巨大力量能化無形成為有形，因此認識到我們所想、所行及所言都會回到自己身上至為重要。如果人能動用能力來改變思想，就有能力改變全世界[11]。非理性思想及認知謬誤經常會主導我們的生命，而且這些思想相當惱人、令人洩氣，有時甚至相當危險。

在衣索比亞有一項針對140位案主的人誌學研究，顯示出有以下的非理性思想或思考謬誤：全有或全無、過度類化、篩除正向、讀心術（mind reading）、災難化、情緒化推理、標籤化、算命（fortune telling）及個人化[1]。經過正向詮釋之後，大多數案主會解釋說，正向詮釋會為生活創造真實的價值、協助他們去確認及建造更長久的技巧。大多數回應者肯定正向詮釋能支持發展其他生活技巧、增加可能性的感受、支持他們減輕日常壓力且強化信心、驅動心靈去發展新技巧與資源，能讓他們在身體、成就、社會接觸及靈性領域創造平和且平衡的生活原則。由於童年經驗及文化影響，個人因而缺乏正向詮釋問題的能力，也因此成為惡化的心理健康、及受苦於不同心理社會問題的觸發因素。在此流程中，意識及潛意識心靈扮演重要角色。

意識心靈的責任是要篩選及審查源自外界的思想、以及篩選進入潛意識心靈的訊息。當意識心靈認定且確信為真，潛意識心靈就會接受且通關[10]。另一方面，也會承擔責任來執行從意識心靈所接受的思想，意即接收成就，就會促進執行成就；接收失敗，就會促進執行失敗。如果你在潛意識心靈沃土中播種，就能在身體及環境豐收。

人類心靈扮演播種技巧，種瓜得瓜、種豆得豆。同樣的類比，我們種下正向思想，就會得到正向思想；種下負向思想，就會得到負向思想。每個人的生命掌握在自己手中，並為他所做的決定負責[7]。而正向詮釋扮演移動者及搖動者，能協助個人生命創造穩定的心理優勢：正向地管理思想、調整情緒及行為，無論在任何環境。當人能改變非理性信念成為非武斷、彈性的偏好，就能減少許多困擾[1,2]。

關鍵名詞定義

❖ 思想

思想是在腦中思考或突發所產生的一種意念或意見。這些思想可能帶著正向或負向的情緒評價。個人生活的幸福決定於他們的思想品質[8]，如負向思想會創造負向行動及情緒；正向思想則能創造正向行動及情緒[9]。

❖ 正向詮釋

正向詮釋是一種用於正向心理治療的技巧，藉由對問題重新詮釋及避免被動態度來運作，能因此反映出案主的能力。藉由此種詮釋，治療師不僅能處理疾病，也能處理從家庭傳統所傳承過來關於疾病的主觀意念。相應於此，憂鬱症不只是被理解為悲傷或煩躁的情緒、顯著的被動態度，也能被視為對深度情緒化的反應能力[12]。針對憂鬱症再詮釋的另一種方法，就是將它視為發病之前可及能量耗竭的結果，憂鬱症狀態也代表一種冬眠的狀態，在其中病人會漸漸地建造新的能量故事[3]。

❖ 非理性思想或認知扭曲

非理性思想是個人可能會陷入或執迷的不真實、且通常是負向的思考型態。這些思想可能令人憤怒、氣餒、甚至有時相當危險。思考謬誤佔非理性思想的大部分。最常見的思考謬誤或認知扭曲就是：全有或全無思考、過度推論、篩除正向、讀心術、災難化、情緒性推理、標籤化、及算命[5]。

應用

正向詮釋是正向心理治療的概念，類似認知行為治療的重新建構。正向詮釋在五階段正向心理治療會談中可能會用到：拉開距離／觀察、完成問卷、情境鼓勵、說出內心話及擴展目標。為帶來有效的正向詮釋，治療師必須對以下幾點保持好奇：

1. 了解正向詮釋在案主文化情境的地位。
2. 支持案主來定義正向詮釋。
3. 確認影響正向詮釋的個別及社會因素。
4. 確認正向詮釋的障礙。

治療師必須成為正向理解過程中的促進者，而且必須避免提出建議、主導及論斷案主。治療師也必須支持案主來正向地詮釋他們的問題，並在各會談階

段、每時段都能細心地追蹤流程。為了維持正向詮釋及消除潛在的復發,案主必須在正向心理治療中接受規律查核、或重新詮釋他們的問題。正向再詮釋基本上能提供重新思考舊概念的刺激,以及看見病人是否能取得替代性的詮釋與治療形式[12]。

　　此外治療師必須聚焦採取正向詮釋過程的重大障礙:個人、社會及環境障礙。正向詮釋的個人障礙包括缺乏資訊、低風險感知、對利益缺乏感知、缺乏技巧與信心;社會障礙者包括同儕影響、社會常規及對於何為正常的感知;環境障礙包括貧窮、法律、精神衛生政策、缺乏心理社會服務。正向詮釋的主要任務就是能夠讓案主對其疾病發展出替代性態度,以及吸引治療師能在治療中盡可能保持彈性。表34.1闡明正向詮釋過程中的改變觀點[12]。

表34.1　正向詮釋過程中的改變觀點

傳統詮釋	正向詮釋
憂鬱症	
沮喪感、普遍的被動態度、靈性的沮喪、耗竭	對待著深度情緒衝突的反應能力
畏懼症	
害怕某些物件,如老鼠、狗、蜘蛛、或特殊情境	對被視為帶威脅性情境或物件的避開能力
尿床	
是一種膀胱失控性排空的特殊形式;通常發生在夜間、躺在床上睡覺時	早點甦醒的能力、當面對困難情境時不會忘記的反應方法;低頭哭泣的能力
妄想	
瘋狂、精神失常、具有主要瘋狂念頭的精神疾病(被害、誇大、關係或其他妄想)	看見自己成為世界及其神秘力量中心點的能力

臨床案例:帶有深度情緒衝突的反應能力

　　案主是有一對子女的四十八歲工程師,當他的一處建築工地發生火災時,還正面臨離婚過程。此外,他損失一大筆錢且改變信仰兩次。他在伊索比亞的阿迪斯阿貝巴主要被診斷為憂鬱症,並於醫院接受兩週的密集藥物治療後,案

主被轉介到正向心理治療部門。

　　在首次談會中，案主被觀察到具有以下非理性思想或思考謬誤：持續性悲傷、焦慮及空洞情緒無望感、悲觀、罪惡感、無價值感及無助感；對嗜好及活動失去興趣或愉悅，包括性；能量降低、疲憊、感覺反應變慢。他甚至不願意接受正向心理治療，但仍期待適當的治療能夠消除他的非理性思想及思考謬誤，能因此回歸正常生活、並與妻子和解、重啟過去的事業、及去除迷信的思想。

　　治療師一開始要求案主對他個人問題進行正向詮釋。他回答：「憂鬱就是憂鬱，就是對所有的事情缺乏興趣。」然後治療師支持案主將其問題詮釋為對帶有深度情緒衝突的反應能力，並細心觀察及查核案主在五階段會談中的改變。

　　此流程也會放大到針對他的關係維度，包括時間、信任及希望維度。在會談中，他了解到他的生活要素失去平衡，並決定對他的身體、未來觀及社會接觸給予適當的關注。在結束階段，案主解釋著說正向詮釋能在生命中創造真實的價值，並協助他確認及建造長久的技巧。此外，正向詮釋也能支持案主去看見其他生活技巧、並給予增加可能性感受的機會。此外，他也注意到正向詮釋能支持他降低日常壓力、強化自信、推動他的心靈去發展新的技巧與資源。透過正向詮釋，他就能在平衡模式中的身體、成就、社會接觸及靈性領域創造出平和且平衡的生活原則。

總結

　　正向詮釋能成為一種引導來形塑案主的非理性思考扭曲或思考謬誤。正向心理治療中，病人會來到心理治療室，並不只帶來問題、同時也帶著解方。雙方的關係必須像治療師面對治療師一般，案主不會單純被視為病人，這樣的關係能為支持案主正向詮釋問題打開一扇窗。正向詮釋會受個人、社會及環境因素合併影響，因此必須花一些時間來有效地進行有影響力的正向詮釋。

　　正向詮釋提供一項工具，能協助案主確認及替代非理性思考，包括全有或全無思考、過度推論、篩除正向、讀心術、災難化、情緒性推理、標籤化、及

算命。復發或挫折在五階段諮詢過程是相當常見的，因此面對人生必然的挫折時，能適時改變過去會對自己說出貶損話語的習慣，轉而肯定自己的努力，是訓練樂觀的核心技巧[13]。因此，治療師必須小心地追蹤，並檢查每次療程的正向詮釋狀態。

關鍵重點

在正向心理治療中進行正向詮釋時必須特別注意以下重點：

▶病人要被告知在進入治療室不僅是帶來問題，也會帶著潛在解方。

▶了解案主對於正向詮釋的經驗與文化價值。

▶分辨案主在正向詮釋過程中的個人、社會與環境障礙。

▶支持案主去正向詮釋問題、且使用能力或潛力來推動詮釋。然後正向詮釋就能為案主創造出良好基礎，並移除其非理性思考或思考謬誤。

▶復發或挫折在案主當中是相當常見的。因此，治療師必須在五階段會談中提醒及支持案主對其問題進行再度詮釋。

作者群及其背景

1. **弗朗西斯・阿吉拉爾（Francis Aguilar）醫師**：美國紐澤西州肯頓鎮，羅文大學柯柏醫學院／柯柏大學附設醫院精神科（Cooper Medical School of Rowan University/Cooper University Hospital, Department of Psychiatry）

2. **伊凡卡・邦契娃（Ivanka Boncheva）博士／教授**：保加利亞瓦爾納，正向心理治療學會（Society for Positive Psychotherapy）

3. **康斯薇露・卡甘德（Consuelo Cagande）醫師**：美國賓州費城，費城兒童醫院兒童青少年精神醫學暨行為科學科（Department of Child & Adolescent Psychiatry and Behavioral Sciences, Children's Hospital of Philadelphia）

4. **埃布魯・恰基奇（Ebru Çakıcı）博士／教授**：賽普勒斯尼克西亞，近東大學心理系（Near East University Psychology Department）

5. **恩維爾・契斯科（Enver Çesko）理學碩士**：科索沃普利斯提納，科索沃心理治療學會（Kosovo Association for Psychotherapy）

6. **邁克森・契科馬列夫（Maksim Chekmarev）醫師**：私人診所、俄羅斯布拉戈維申斯克，兒童權利專員下屬阿穆爾地區公共專家理事會（Amur Regional Public Expert Council Under the Commissioner for Children Rights）

7. **克勞蒂雅・克利斯特（Claudia Christ）醫師／博士**：德國威斯巴登，奎倫學院（Akademie an den Quellen）、法蘭克福應用科學大學（the University of Applied Sciences Frankfurt）

8. **羅曼・西斯爾斯基（Roman Ciesielski）醫師／博士**：波蘭弗羅茨瓦夫，弗羅茨瓦夫心理治療研究所（Wrocławski Instytut Psychoterapii）

9. **山姆・哈吉・西魯斯（Sam Hadji Cyrous）博士**：巴西巴西利亞，巴西利亞大學（Un-iversidade de Brasília）

10. **羅蜜卡・達爾（Romika Dhar）醫師**：美國西維吉尼亞州摩根敦，西維

吉尼亞大學醫學院醫學系老年暨安寧緩和醫學科（Section of Geriatrics, Palliative Medicine and Hospice, Department of Medicine, West Virginia University School of Medicine）

11. **斯內然卡・狄米特洛娃（Snezhanka Dimitrova）理學碩士：**保加利亞瓦爾納，正向心理治療學會

12. **艾娃・多比亞瓦（Ewa Dobiała）醫師：**波蘭萊什諾，普羅迪斯特基金會萊什諾精神醫學及心理治療中心（Center for Psychiatry and Psychotherapy in Leszno, Prodeste Foundation）

13. **吉娜・紐森姆・鄧肯（Gina Newsome Duncan）醫師：**美國北卡羅萊納州夏洛特，伊斯托弗心理暨精神醫學組織（Eastover Psychological and Psychiatric Group）

14. **法耶茲・埃爾－賈巴拉維（Fayez El-Gabalawi）醫師：**美國賓州費城，湯瑪士傑佛遜大學附設醫院（Thomas Jefferson University Hospital）

15. **阿里・艾爾馬茲（Ali Eryılmaz）博士／教授：**土耳其伊斯坦堡，伊爾第茲科技大學心理諮商暨輔導系教育組（Yıldız Technical University, Faculty of Education, Psychological Counseling and Guidance Department）

16. **馬克・法瑪多（Mark Famador）醫師：**美國賓州費城，德雷塞爾大學／哈尼曼大學附設醫院（Drexel University/Hahnemann University Hospital）

17. **維多莉亞・弗林（Victoria Flynn）醫師：**美國阿肯色州小石城，阿肯色大學醫學院精神醫學系（Department of Psychiatry, College of Medicine, University of Arkansas for Medical Sciences）

18. **帕維爾・弗羅洛夫（Pavel Frolov）醫師／博士：**俄羅斯哈巴羅夫斯科，正向心理治療中心（Center for Positive Psychotherapy）

19. **拉瑪・拉奧・哥吉尼尼（Rama Rao Gogineni）醫師／教授：**美國紐澤西州肯頓鎮，羅文大學柯柏醫學院／柯柏醫療體系

20. **邁克森・岡察洛夫（Maksim Goncharov）醫師／博士：**俄羅斯莫斯科，正向心理治療中心

21. **克里斯汀・亨力奇（Christian Henrichs）心理學哲學碩士：**德國科隆，

私人心理治療所、德國正向暨跨文化心理治療學會（German Association for Positive and Transcultural Psychotherapy）

22. 加布里埃拉・胡姆（**Gabriela Hum**）理學碩士：羅馬尼亞盧日那波卡，羅馬尼亞正向心理治療學會、私人心理治療所

23. 沃洛迪米爾・卡瑞卡許（**Volodymyr Karikash**）博士：烏克蘭切爾卡瑟，烏克蘭正向心理治療學院（Ukrainian Institute of Positive Psychotherapy）

24. 伊萬・基里洛夫（**Ivan Kirillov**）醫師／博士：土耳其伊斯坦堡，諮詢暨健康服務公司正向教育部門（Positum Education, Consultancy and Health Services Inc.）

25. 尤里・克拉夫琴科（**Yuriy Kravchenko**）教育碩士：烏克蘭基輔，組織教練學院「金質教練」（School of Organizational Coaching"Golden Staff"）

26. 帕特里克・拉烏（**Patrick Lau**）醫師：美國賓州赫爾希鎮，賓州赫爾希醫學中心（Penn State Hershey Medical Center）

27. 奧爾嘉・利特夫年科（**Olga Lytvynenko**）心理學博士／副教授：烏克蘭奧德薩，奧德薩梅契尼可夫國立大學，南烏克蘭心理學、心理治療暨管理研究所（Odessa National I. I. Mechnikov University, South Ukrainian Institute of Psychology, Psychotherapy and Management）

28. 薩爾曼・馬吉德（**Salman Majeed**）醫師：美國賓州赫爾希鎮，賓州赫爾希醫學中心（Penn State Hershey Medical Center）

29. 安德烈・馬賽（**Andre R. Marseille**）博士／教授：美國巴爾的摩，約翰霍普金斯大學教育學院、芝加哥職業心理學院（Chicago School of Professional Psychology, John Hopkins University, School of Education）

30. 波蕾特・梅塔（**Paulette Mehta**）醫師：美國阿肯色州小石城，阿肯色大學醫學院暨中央阿肯色榮民醫療照護體系－內科暨血液腫瘤科（Internal Medicine and Hematology/Oncology, University of Arkansas for Medical Sciences and Central Arkansas Veterans Healthcare System）

31. 艾瑞克・梅西亞斯（**Erick Messias**）醫師／博士：美國阿肯色州小石城，阿肯色大學醫學院精神科

32. **克里斯多福・米爾本（Christopher Milburn）醫師**：美國紐澤西州肯頓鎮，羅文大學柯柏醫學院／柯柏醫療體系

33. **斐迪南・米特雷納（Ferdinand Mitterlehner）文學暨理學碩士**：德國威斯巴登，奎倫學院

34. **哈米德・佩塞施基安（Hamid Peseschkian）醫師**：德國威斯巴登，威斯巴登心理治療學院（Wiesbaden Academy of Psychotherapy）、世界正向暨跨文化心理治療學會（World Association for Positive and Transcultural Psychotherapy）

35. **納拉辛哈・潘寧蒂（Narsimha R. Pinninti）醫師**：美國紐澤西州史丹佛，羅文大學整骨醫學院（Rowan University School of Osteopathic Medicine）；美國紐澤西州蒙荷里，歐克斯整合照護中心－認證社區心理健康診所（Oaks Integrated Care）

36. **阿諾・雷默斯（Arno Remmers）醫師**：德國威斯巴登，威斯巴登心理治療學院、世界正向暨跨文化心理治療學會

37. **華特・羅德斯（Walter Rhoades）醫師**：美國紐澤西州史丹佛，羅文大學整骨醫學院；美國紐澤西州蒙荷里，歐克斯整合照護中心－認證社區心理健康診所

38. **蓋瑞特・羅西（Garrett Rossi）醫師**：美國紐澤西州肯頓鎮，羅文大學柯柏醫學院／柯柏醫療體系

39. **拉比亞・薩爾曼（Rabia Salman）醫師**：美國賓州赫爾希鎮，賓州赫爾希醫學中心（Penn State Hershey Medical Center）

40. **圖格巴・薩熱（Tuğba Sarı）博士／副教授**：土耳其安塔利亞，阿科丹尼茲科技大學心理諮商暨輔導系教育組（Assistant Professor Faculty of Education, Department of Psychological Counseling and Guidance, Akdeniz University）

41. **艾倫・丹尼爾・施萊希特（Alan Daniel Schlechter）醫師**：美國紐約市，紐約大學朗恭醫學中心兒童青少年精神醫學科（Department of Child and Adolescent Psychiatry, NYU Langone Health）、哈森菲爾德兒童醫院兒童研究

中心兒童青少年精神醫學科（Department of Child and Adolescent Psychiatry, Child Study Center, Hassenfeld Children's Hospital）、貝爾維尤醫院心兒童青少年精神醫學門診（Outpatient Child and Adolescent Psychiatry, Bellevue Hospital）

42. **施里達・夏爾瑪（Shridhar Sharma）醫師／教授：** 印度新德里，國立醫學院（National Academy of Medical Sciences）

43. **埃布魯・西尼奇（Ebru Sinici）理學碩士：** 土耳其安卡拉，居爾哈尼綜合醫學大學（University of Health Sciences Gulhane Complex）

44. **斯特凡卡・唐契夫（Stefanka Tomcheva）博士：** 保加利亞舒門，正向心理治療學會

45. **莎米達・特里帕蒂（Samidha Tripathi）醫師：** 美國阿肯色州小石城，阿肯色大學醫學院精神科

46. **索羅門・阿比比・沃爾德馬里安（Solomon Abebe Woldemariam）文學碩士：** 衣索比亞阿迪斯阿貝巴，哈塞特心理治療中心（Haset Psychotherapy Center）

47. **特蒂雅納・朱瑪蒂（Tetiana Zhumatii）理學碩士：** 烏克蘭波爾達瓦區克勒曼楚，私人心理治療所

48. **柳德米拉・茲拉托娃（Liudmyla Zlatova）文學碩士：** 烏克蘭奧德薩，奧德薩梅契尼可夫國立大學，南烏克蘭心理學、心理治療暨管理研究所

致謝

·······

此著作從構想到誕生，總共超過三年時間，要整合這群全心奉獻的專家作者們，確實是大挑戰。全書共有三十四章，由來自五大洲、十三國[譯註20]、四十八位作者共同完成，堪稱全球性教科書，撰寫過程確實需要大量團隊、整合與毅力。首先，我們要感謝這些作者們投入許多心力與時間，無償地撰寫這些原創篇章。藉由他們努力不懈的彙整，讓此本綜合性的全球教科書得以順利問世。

在此，也要特別感謝三位知名教授，從起初的構想到整個創作過程，都能不斷地啟發與激勵我們。第一位是夏爾馬（Shridhar Sharma）教授，是印度精神醫學與心理治療始祖之一，於2016年在亞特蘭大所舉辦美國精神醫學年會期間，開始與其他同道們初次接觸，也促成2017年舉辦第一屆「正向精神醫學、正向心理治療、正向心理學」聯合討論會；第二位是迪利普‧傑斯特教授，正向精神醫學的創始者，從最初就支持此書的創作概念，甚至同意撰寫推薦序，此外他也主持上述研討會，在此一併致上謝忱；第三位是來自Copper醫學院暨附設醫院的哥吉尼尼（Rama Rao Gogineni）教授，他一聽到此書的計畫就相當興奮，並引介Springer出版社，甚至協助編著者找到書中的許多作者。

最後，我們也要感謝出版社發行人珀索德（Nadina Persaud）女士的大力支持，她同時也是Clinical Medicine編輯，以及著作專案經理人賈甘納森（Prakash Jagannathan）先生。沒有他們持續大力且耐心的支持，此書也難以順利付梓。還要感謝這許多來自不同文化及語言背景的作者們，他們都能面對不同時區的挑戰，讓創作流程無比順暢。

譯註20 作者群分別來自以下十三個國家—美國、保加利亞、賽普勒斯（Cyprus）、科索沃（Kosovo）、俄國、德國、波蘭、巴西、土耳其、羅馬尼亞、烏克蘭、印度、衣索比亞。

參考文獻

序言

1. Herodotus, Macaulay GC. The History of Herodotus. London/New York: Macmillan and Co; 1890. 2 p.
2. Aristotle, Thomson JAK, Tredennick H. The ethics of Aristotle: the Nicomachean ethics. Revised ed. Harmondsworth; New York(etc.): Penguin; 1976. 383 p. (Penguin classics).
3. Fowler RD, Seligman MEP, Koocher GP. The APA 1998 annual report. Am Psychol. 1999;54(8):537–68.
4. Peseschkian, N. Positive psychotherapy. Theory and practice of a new method. Frankfurt: Fischer 1977(German original edition; first English edition by Springer, Heidelberg, New York, 1987).
5. WAPP(Internet).(cited 2019-08-17). Available from: http://www.posi- tum.org/
6. Jeste DV. Response to the presidential address. Am J Psychiatry. 2012;3.

第1章

1. Global Burden of Disease Study 2013. Global, regional, and national incidence, prevalence, and years lived with disability for 301 acute and chronic diseases and injuries in 188 countries, 1990–2013: a systematic analysis for the global burden of dis- ease study 2013. Lancet. 2015;386(9995):743–800. https://doi.org/10.1016/S0140-6736(15)60692-4.
2. Leucht S, Hierl S, Kissling W, Dold M, Davis JM. Putting the efficacy of psychiatric and general medicine medication into perspective: review of meta-analyses. Br J Psychiatry. 2012;200(2):97–106. https://doi.org/10.1192/bjp.bp.111.096594.

3. Fowler RD, Seligman MEP, Koocher GP. The APA 1998 annual report. Am Psychol. 1999;54(8):537–68. https://doi.org/10.1037/0003-066X.54.8.537.
4. Jeste DV. Response to the presidential address. Am J Psychiatry. 2012;10:3.
5. Peseschkian N. Positive psychotherapy in medical practice. A new model in the treatment of psychiatric and psychosomatic disorders. ZFA(Stuttgart). 1981;57(11):795–805.
6. Jeste DV, Palmer BW, Rettew DC, Boardman S. Positive psychiatry: its time has come. J Clin Psychiatry. 2015;76 (6):675–83. https://doi.org/10.4088/JCP.14nr09599.
7. Peterson C, Seligman MEP. Character strengths and virtues: a handbook and classification. Washington, D.C.: American Psychological Association; Oxford University Press; 2004.
8. Peseschkian N. In search of meaning. Positive psychotherapy step by step. Bloomington, USA: AuthorHouse; 2016
9. Nugent C. SAMHSA's working definition of recovery.
10. Richardson GE, Waite PJ. Mental health promotion through resilience and resiliency education. Int J Emerg Ment Health. 2002;4(1):65–75.
11. Maslow AH. A theory of human motivation. Psychol Rev. 1943;50(4):370–96. https://doi.org/10.1037/ h0054346.
12. Mueser KT, Penn D, Addington J, et al. The NAVIGATE program for first episode psychosis: rationale, overview, and description of psychosocial components.

Psychiatr Serv. 2015;66(7):680–90. https:// doi.org/10.1176/appi.ps.201400413.

13. Mark KM, Stevelink SAM, Choi J, Fear NT. Post- traumatic growth in the military: a systematic review. Occup Environ Med. 2018;75(12):904–15. https:// doi.org/10.1136/ oemed-2018-105166.

14. Greene N, McGovern K. Gratitude, psychological Well-being, and perceptions of posttraumatic growth in adults who lost a parent in childhood. Death Stud. 2017;41(7):436–46. https://doi.org/10.1080/0748118 7.2017.1296505.

15. Taylor CT, Lyubomirsky S, Stein MB. Upregulating the positive affect system in anxiety and depression:

16. outcomes of a positive activity intervention. Depress Anxiety. 2017;34(3):267–80. https:// doi.org/10.1002/ da.22593.

17. Chakhssi F, Kraiss JT, Sommers-Spijkerman M, Bohlmeijer ET. The effect of positive psychology interventions on Well-being and distress in clinical samples with psychiatric or somatic disorders: a systematic review and meta-analysis. BMC Psychiatry. 2018;18(1):211. https://doi.org/10.1186/ s12888-018-1739-2.

18. Sin NL, Lyubomirsky S. Enhancing Well-being and alleviating depressive symptoms with positive psychology interventions: a practice-friendly meta- analysis. J Clin Psychol. 2009;65(5):467–87. https:// doi.org/10.1002/jclp.20593.

19. Meeks TW, Jeste DV. Neurobiology of wisdom: a literature overview. Arch Gen Psychiatry. 2009;66(4):355– 65. https://doi.org/10.1001/archgenpsychiatry.2009.8.

20. Brookings JB, Bolton B. Confirmatory factor analysis of the interpersonal support evaluation list. Am J Community Psychol. 1988;16(1):137–47.

21. Jeste DV, Palmer BW, Saks ER. Why we need positive psychiatry for schizophrenia and other psychotic disorders. Schizophr Bull.

2017;43(2):227–9. https:// doi.org/10.1093/ schbul/sbw184.

22. Strength-based positive interventions: further evidence for their potential in enhancing well-being and alleviating depression|SpringerLink. https://link.springer.com/article/10.1007/s10902-012-9380-0. Accessed 25 Jan 2019.

23. Dubois CM, Beach SR, Kashdan TB, et al. Positive psychological attributes and cardiac outcomes: associations, mechanisms, and interventions. Psychosomatics. 2012;53(4):303–18. https://doi. org/10.1016/ j.psym.2012.04.004.

第2章

1. Antonovsky A. Health, stress, and coping. New perspectives on mental and physical well-being. San Francisco: Jossey-Bass; 1979.

2. Bahá'u'lláh. Gleanings from the Writings of Bahá'u'lláh. Wilmette: US Bahá'í Publishing Trust; 1990.（pocket-size edition）.

3. Boessmann U, Peseschkian N. Positive Ordnung- stherapie. Stuttgart: Hippokrates; 1995.

4. Cope TA. Positive Psychotherapy's theory of the capacity to know as explication of unconscious con- tents. J Relig Health. 2007;48(1):79–89.

5. Fonagy P, Moran GS, Edgcumbe R, Kennedy H, Target M. The roles of mental representations and mental processes in therapeutic action. Psychoanal Study Child. 1993;48:9–48.

6. Frank JD. Persuasion and healing: a comparative study of psychotherapy. 3rd ed. Baltimore: Hopkins Univ. Press; 1991.

7. Grawe K, Donati R, Bernauer F. Psychotherapie im Wandel: Von der Konfession zur Profession. Göttingen: Hogrefe Verlag für Psychologie; 1994.

8. Hoffman E. The right to be human: a biography of Abraham Maslow. New York:

St. Martin's Press; 1988. p. 109.

9. Hübner G. Burnout. Lenzkirch: Lenzkircher Verlagsbuchhandel; 2009.

10. Hubble MA, Duncan BL, Miller SD. The heart & soul of change: what works in therapy. Washington, DC: American Psychological Association; 1999.

11. Jork K, Peseschkian N. Salutogenese und Positive Psychotherapie. Bern, Stuttgart: Hans Huber Verlag; 2003/2006.

12. Kirillov IO. Supervision in positive psychotherapy (Unpublished doctoral dissertation). St. Petersburg: Bekhterev Federal Neuropsychiatric Research Institute; 2002. In Russian.

13. Kohut H. Narzißmus. Eine Theorie der psychoanalytischen Benhandlung narzißtischer Persönlichkeitsstörungen. Frankfurt/M: Suhrkamp; 1973.

14. Kornbichler T, Peseschkian M. Nossrat Peseschkian: Morgenland–Abendland; Positive Psychotherapie im Dialog der Kulturen. Frankfurt am Main: Fischer Taschenbuch Verlag; 2003.

15. Lambert NJ. Psychotherapy outcome research: implications for integrative and eclectic therapists. In: Goldfried M, Norcross JC, editors. Handbook of psychotherapy integration. New York: Basic Books; 1992.

16. Lapworth P, Sills C. Integration in counselling & psychotherapy. Los Angeles: SAGE; 2010.

17. Maslow AH. Motivation and personality. New York: Harper & Row; 1954.

18. Mentzos S. Lehrbuch der Psychodynamik. Die Funktion der Dysfunktionalität psychischer Störungen. 7. Auflage. Göttingen: Vandenhoeck & Ruprecht; 2015.

19. Moghaddam FM, Harre R. But is it science? Traditional and alternative approaches to the study of social behavior. World Psychology. 1995;1(4):47–78.

20. Norcross JC, Goldfried MR. Handbook of psycho- therapy integration. New York: Oxford University Press; 2003.

21. Peev I. Позитивната психотерапия в модерната армия и общество. Военно издателство, София（Positive Psychotherapy in army and society）. Sofia: Voenno Izdatelstvo; 2002.

22. Peseschkian H. Psycho-soziale Aspekte beim lumbalen Bandscheibenvorfall（Psychosocial aspects of lumbar disc herniation. Doctoral dissertation. University of Mainz, Medical Faculty; 1988.

23. Peseschkian H. Osnovy pozitivnoj psichoterapii（Basics of positive psychotherapy）. Archangelsk: Publications of the Medical School; 1993. (in Russian).

24. Peseschkian H. Die Anwendung der Positiven Psychotherapie im Managementtraining. In: Graf J,（ed）. Seminare 2002 – Das Jahrbuch der Management- Weiterbildung (ManagerSeminare). Bonn: Gerhard May Verlags GmbH; 2001.

25. Peseschkian H. Die russische Seele im Spiegel der Psychotherapie. Ein Beitrag zur Entwicklung einer transkulturellen Psychotherapie. Berlin: VWB; 2002.

26. Peseschkian H, Peseschkian N. Der Mensch ist seinem Wesen nach gut. Die Notwendigkeit eines positiven Menschenbildes für Priester und Ärzte im Zeitalter multikultureller Gesellschaften. In: Paris W, Ausserer O (eds.). Glaube und Medizin. Meran: Alfred und Söhne; 1993.

27. Peseschkian H, Remmers A. Positive Psychotherapie. Wege der Psychotherapie. München: Ernst Reinhardt Verlag; 2013.

28. Peseschkian N. Schatten auf der Sonnenuhr: Erziehung, Selbsthilfe, Psychotherapie. Wiesbaden: Verlag Medical Tribune; 1974.

29. Peseschkian N. Positive Psychotherapie. Theorie und Praxis einer neuen Methode. Frankfurt: Fischer; 1977. 30.

30. Peseschkian N. Positive Psychotherapie – Beispiele für eine transkulturelle Analyse. Zeitschrift für Positive Psychotherapie. 1979;1(1):25–33.

31. Peseschkian N. Psychotherapy of everyday life. Training in partnership and self-help with 250 case histories. Heidelberg: Springer; 1985a. (first German edition in 1974, latest English edition in 2016 by AuthorHouse UK)

32. Peseschkian N. In search of meaning. A psychotherapy of small steps. Heidelberg; New York: Springer; 1985b. (first German edition in 1983, latest English edition in 2016 by AuthorHouse UK)

33. Peseschkian N. Positive family therapy. The family as therapist. Berlin, Heidelberg: Springer; 1986. ((irst German edition in 1980, latest English edition in 2016 by AuthorHouse UK)

34. Peseschkian N. Positive Psychotherapy. Theory and practice of a new method. Berlin, Heidelberg: Springer-Verlag; 1987. (first German edition in 1977)

35. Peseschkian N. Positive psychosomatics. Clinical manual of positive psychotherapy. AuthorHouse UK; 2016. (German original in 1991)

36. Peseschkian N. Oriental stories as techniques in positive psychotherapy: The merchant and the par- rot. Bloomington, USA: AuthorHouse; 2016. (first German edition in 1979)

37. Peseschkian N, Deidenbach H. Wiesbadener Inventar zur Positiven Psychotherapie und Familientherapie WIPPF. Berlin: Springer; 1988.

38. Peseschkian N, Peseschkian N, Peseschkian H. Lebensfreude statt Stress. 2nd ed. Stuttgart: TRIAS; 2009.

39. Reimer C, Eckert J, Hautzinger M, Wilke E. Psychotherapie: Ein Lehrbuch für Ärzte und Psychologen. Heidelberg: Springer; 2000.

40. Remmers A. An integrated model for salutogenesis and prevention in education, organization, therapy, self-help and family consultation, based on positive family psychotherapy (Realized projects and experiences in Bulgaria 1992–1994). 1995.

41. Robinson DJ. The psychiatric interview explained. 2nd ed. Port Huron: Rapid Psychler Press; 2005.

42. Seiwert L. Balance your life. Die Kunst, sich selbst zuführen. München: Piper; 2010.

43. Seligman M, Rashid T, Parks T. Positive psychotherapy. Am Psychol. 2006;61(8):774–88.

44. Snyder CR. Handbook of hope: theory, measures & applications. San Diego: Academic Press; 2000.

45. Syrous S. Positive and cross-cultural psychotherapy. Nossrat Peseschkian—his life and work. In: Leeming DA, editor. Encyclopedia of psychology and religion. 2nd ed. New York: Springer; 2014.

46. Tritt J, Loew TH, Meyer M, Werner B, Peseschkian N. Positive psychotherapy: effectiveness of an interdisciplinary approach. Eur J Psychiatry. 1999;13(4):231–41.

47. Wampold B. How important are the common fac- tors in psychotherapy? An update. World Psychiatry. 2015;14(3):270–7.

第3章

1. Akın-Little KA, Little SG. A preventative model of school consultation: Incorporating perspectives from positive psychology. Psychol Sch. 2004;41(1):155–62.

2. Bursuk LI. The effects of a school-based cognitive- behavioral intervention program on the depression scores of sixth-grade students: A comparison outcome study. Doctoral thesis, The University of Arizona. 1998.

3. Diener E. Subjective Well-being. Psychol Bull. 1984;95(3):542–75.

4. Diener E. Subjective Well-being: the science of happiness and a proposal for a national index. Am Psychol. 2000;55(1):34–43.

5. Diener E. Guidelines for national indicators of subjective Well-being and illbeing. Appl Res Quality Life. 2006;1:151–7.

6. Diener E, Seligman MEP. Very happy people. Psychol Sci. 2002;13(1):80–3.

7. Diener E, Oishi S, Lucas RE. Subjective well-being: the science of happiness and life satisfaction. The Oxford handbook of positive psychology. New York: Oxford Library; 2009.

8. Diener E, Suh E, Oishi S. Recent findings on subjective well-being. Indian J Clin Psychol. 1997; 24:25–41.

9. Diener E, Suh EM, Lucas RE, Smith HL. Subjective Well-being: three decades of progress. Psychol Bull. 1999;125(2):276–302.

10. Doğan T. Positive psychology. Retrieved from http:// www.tayfundogan.net/pozitif-psikoloji/.

11. Ergüner TB, Işık T. Eğitimde Pozitif Psikoloji Uygulamaları. Ankara: Pegem Akademi; 2015.

12. Eryılmaz A. Using of positive psychology on psycho- logical counseling and guidance context on character strength and preventive services. J Happiness Well- Being. 2013;3(1):1–22.

13. Fredrickson BL. The role of positive emotions in pos- itive psychology. Am Psychol. 2001;56:218–26.

14. Gable SL, Haidt J. What (and why) is positive psychology? Rev Gen Psychol. 2005;9(2):103–10.

15. Hefferon K, Boniwell I. Positive psychology. New York: McGraw Hill; 2010.

16. Howard KI, Lueger RJ, Maling MS, Martinovich Z. A phase model of psycho-therapy outcome: causal mediation of change. J Consult Clin Psychol. 1993;61(4):678.

17. Keyes CLM, Shmotkin D, Ryff CD. Optimizing Well-being: the emiprical encounter of two traditions. J Pers Soc Psychol. 2002;82(6):1007–23.

18. Krok D. The role of meaning in life within the relations of religious coping and psychological Well-being. J Relig Health. 2015;54(6):2292–308.

19. Lee GR, Seccombe K, Shehan CL. Marital status and personal happiness: an analysis of trend data. J Marriage Fam. 1991;53(4):839–44.

20. Linley A, Joseph S, Harrington S, Wood AM. Positive psychology: past, present, and （possible） future. J Posit Psychol. 2006;1:3–16.

21. Lyubomirsky S, Sheldon KM, Schkade D. Pursuing happiness: the architecture of sustainable change. Rev Gen Psychol. 2005;9(2):111–31.

22. Park N, Peterson C. The cultivation of character strengths. In: Ferrari M, Potworowski G, editors. Teaching for wisdom. Dordrecht: Springer; 2008.

23. Park N, Peterson C, Seligman MEP. Strengths of character and Well-being. J Soc Clin Psychol. 2004;23(5):603–19. https://doi.org/10.1521/ jscp.23.5.603.50748.

24. Peterson C. A primer in positive psychology. New York: Oxford University Press; 2006.

25. Peterson C, Steen TA. Optimistic explanatory style. In: Synder CR, Lopez J, editors. Handbook of positive psychology. New York: Oxford University Press; 2005. p. 244–55.

26. Peterson C, Ruch W, Beermann U, Park N, Seligman ME. Strengths of character, orientations to happiness, and life satisfaction. J Posit Psychol. 2007;2(3):149–56.

27. Ryan MR, Deci EL. Self-determination theory and the facilitation of intrinsic motivation, social development, and Well-being. Am Psychol. 2000;55(1):68–78.

28. Ryff CD. Happiness is everything, or is it? Explorations of the meaning of psychological wellbeing. J Pers Soc Psychol. 1989;57:1069–81.

29. Ryff CD. Psychological Well-being in adult life. Curr Dir Psychol Sci. 1995;4(4):99–104.

30. Ryff CD, Keyes CLM. The structure of psychological Well-being revisited. J Pers Soc Psychol. 1995;69(4):719–27.

31. Ryff CD, Singer BH. Know thyself and become what you are: a eudaimonic approach

to psychological Well-being. J Happiness Stud. 2008;9(1):13–39.

32. Seligman MEP. Learned optimism: how to change your mind and your life. New York: Free Press; 1998.

33. Seligman MEP. The president's address. Am Psychol. 1999;54:559–62.

34. Seligman MEP. Authentic happiness. New York: Free Press; 2002.

35. Seligman ME, Csikszentmihalyi M. Positive psychology: an introduction. Am Psychol. 2000;55:5–14.

36. Seligman MEP. The optimistic child: a proven pro- gram to safeguard children against depression and build lifelong resilience. New York: Houghton Mifflin Company; 2007.

37. Seligman MEP, Gillham J(Eds). The science of optimism and hope: Research essays in honor of Martin EP Seligman. Philadelphia: Templeton Foundation Press; 2000.

38. Sheldon KM, King L. Why positive psychology is necessary. Am Psychol. 2001;56(3):216–7. https:// doi.org/ 10. 1037/ 0003-066X.56.3.216.

39. World Health Organization. World health report. 2004. http://apps.who.int/iris/bitstream/10665/42891 /1/924156265X.pdf

40. Maddux J. In: Lopez S, Snyder C, editors. Stopping the 'madness': positive psychology and the deconstruction of the illlness ideology and the DSM. Oxford handbook of positive psychology. New York: Oxford University Press; 2009.

41. Seligman MEP. Flourish: a visionary new understanding of happiness and well-being. New York: Free Press; 2013.

42. Gander F, Proyer R, Ruch W. Positive psychology interventions addressing pleasure, engagement, meaning, positive relationships, and accomplishment increase Well-being and ameliorate depressive symptoms: a randomized, placebo-controlled online study. Front Psychol. 2016;686(7) https://doi.org/10.3389/ fpsyg.2016.00686.

43. Masefield J, Vansittart P. John Masefield's letters from the front, 1915–1917. Constable & Company Limited. 1984.

44. Diener E, Larsen RJ. The experience of emotional well-being. In: Lewis M, Haviland JM, editors. Handbook of emotions. New York: Guilford Press; 1993. p. 405–15.

45. Lyubomirsky S, Sheldon KM, Schkade D. Pursuing happiness: the architecture of sustainable change. Rev Gen Psychol. 2005;9:111–31.

46. Fredrickson BL. The role of positive emotions in positive psychology: the broaden-and-build theory of positive emotions. Am Psychol. 2001;56(3):218–26. https://doi.org/10.1037/0003-066X.56.3.218.

47. Fredrickson BL, Joiner T. Positive emotions trig- ger upward spirals toward emotional Well-being. Psychol Sci. 2002;13(2):172–5. https://doi. org/10.1111/1467-9280.00431.

48. Fredrickson BL, Tugade MM, Waugh CE, Larkin GR. What good are positive emotions in crisis? A prospective study of resilience and emotions following the terrorist attacks on the United States on September 11th, 2001. J Pers Soc Psychol. 2003;84(2):365–76. https:// doi.org/10.1037/0022-3514.84.2.365.

49. Lyubomirsky S, King L, Diener E. The benefits of frequent positive affect: does happiness Lead to success? Psychol Bull. 2005;131(6):803–55. https://doi. org/10.1037/0033-2909.131.6.803.

50. Cohen S, Alper CM, Doyle WJ, Treanor JJ, Turner RB. Positive emotional style predicts resistance to illness after experimental exposure to rhinovirus or influenza a virus. Psychosom Med. 2006;68(6):809–15.

51. Csikszentmihalyi M. Flow: the psychology of optimal experience. New York: Harper and Row; 1990. p. 3.

52. Csikszentmihalyi M. Finding flow: the psychology of engagement with everyday life. New York: Basic Books; 1997.

53. Csikszentmihalyi M. The flow experience

and its significance for human psychology. In: Csikszentmihalyi M, Csikszentmihalyi IS, editors. Optimal experience: psychological studies of flow in conscious- ness. New York: Cambridge University Press; 1988. p. 15–35.

54. Csikszentmihalyi M, LeFevre J. Optimal experience in work and leisure. J Pers Soc Psychol. 1989;56(5):815– 22. https://doi.org/10.1037/0022-3514.56.5.815.

55. Nakamura J, Csikszentmihaly M. Flow theory and research. Handbook of positive psychology. New York: Oxford University Press; 2009. p. 195–206.

56. Peterson C, Seligman MEP. Character strengths and virtues: a handbook and classification. New York: Oxford University Press, American Psychological Association; 2004. VIA adult instruments avail- able from https://www.viacharacter.org/www/ VIA-Assessments.

57. Park N, Peterson C. Character strengths and happiness among young children: content analysis of parental descriptions. J Happiness Stud. 2006;7:323–41.

58. Christopher P. Pursuing the good life: 100 reflections in positive psychology. New York: Oxford University Press; 2013. p. 81.

59. Smith T. Relationships matter: Progress and challenges in research on the health effects of inti- mate relationships. (editorial). Psychosom Med. 2019;81(1):2–6.

60. Stanton SCE, Selcuk E, Farrell AK, Slatcher RB, Ong AD. Perceived partner responsiveness, daily negative affect reactivity, and all-cause mortality: a 20-year longitudinal study. Psychosom Med. New York: Oxford University Press; 2019;81:7–15.

61. Lerner D, Schlechter A. U thrive. New York: Little, Brown; 2017.

62. Eagan K, Stolzenberg EB, Ramirez JJ, Aragon MC, Suchard MR, Hurtado S. The American freshman: national norms fall, vol. 2014. Los Angeles: Higher Education Research Institute, UCLA; 2014.

63. Chotpitayasunondh V, Douglas KM. The effects of "phubbing" on social interaction. J Appl Soc Psychol. 2018;13:304–16.

64. Nietzsche F. Unknown source. (Cited 2019). Available from https://www.goodreads.com/quotes/471936-to- live-is-to-suffer-to-survive-is-to-find.

65. Steger MF. Experiencing meaning in life: optimal functioning at the nexus of Well-being, psychopathology, and spirituality. In: Wong PTP, editor. Personality and clinical psychology series. The human quest for meaning: theories, research, and applications. New York: Routledge/Taylor & Francis Group; 2012. p. 165–84.

66. Steger MF. Meaning in life. In: Oxford handbook of positive psychology, 2nd, edited by: Lopez, SJ. Oxford, UK: Oxford University Press; 2009. p. 679–87.

67. Baumeister RF. Meanings of life. New York: Guilford; 1991.

68. Ho MY, Cheung FM, Cheung SF. The role of meaning in life and optimism in promoting Well-being. Personal Individ Differ. 2010;48(5):658–63.

69. Schueller SM, Seligman MEP. Pursuit of pleasure, engagement, and meaning: relationships to subjective and objective measures of Well-being. J Posit Psychol. 2010;5(4):253–63.

70. Mascaro N, Rosen DH. The role of exist-ential meaning as a buffer against stress. J Humanist Psychol. 2006;46(2):168–90.

71. Stillman TF, Lambert NM, Fincham FD, Baumeister RF. Meaning as magnetic force: evidence that meaning in life promotes interpersonal appeal. Soc Psychol Personal Sci. 2011;2(1):13–20.

72. Steger MF. Making Meaning in Life. Psychol Inq. 2012;23(4):381–5. https://doi.org/10.1080/10478 40X.2012.720832.

73. Walton GM, Logel C, Peach JM, Spencer SJ, Zanna MP. Two brief interventions

to mitigate a "chilly cli- mate" transform women's experience, relationships, and achievement in engineering. J Educ Psychol. 2015;107(2):468–85.

74. Elinor Smith Quotes. BrainyQuote.com. n.d. (Cited 2019 Jan) Available from BrainyQuote. com Web site: https://www.brainyquote.com/ quotes/ elinor_smith_120920.

75. Duckworth AL, Peterson C, Matthews MD, Kelly DR. Grit: perseverance and passion for long-term goals. J Pers Soc Psychol. 2007;92(6):1087–101.

76. Sheldon KM, Cooper ML. Goal striving within agentic and communal roles: separate but functionally similar pathways to enhanced Well-being. J Pers. 2008;76(3):415–47.

77. Sheldon KM. Assessing the sustainability of goal- based changes in adjustment over a four-year period. J Res Pers. 2008;42:223–9.

78. Brandtstadter J, Rothermund K. The life-course dynamics of goal pursuit and goal adjustment: a two- process framework. Dev Rev. 2002;22:117–50.

79. Messersmith EE, Schulenberg JE. Goal attainment, goal striving, and well- being during the transition to adulthood: A ten-year U.S. national longitudinal study. In Shulman S, Nurmi J-E (eds.), The role of goals in navigating individual lives during emerging adulthood. New Directions for Child and Adolescent Development. 2010;130:27–40.

80. Butler J, Kern ML. The PERMA-Profiler: A brief mutidimensional measure of flourishing. 2015. (Cited 2019 Jan) Available from http:// www.peggykern.org/ questionnaires.html.

81. Lerner D. Positive excellence: an exploration of the potential impact of positive psychology on the road to excellence and expertise (master's thesis). PA: University of Pennsylvania. p. 61.

82. Ericsson KA, Krampe RT, Tesch-Römer C. The role of deliberate practice in the acquisition of expert performance. Psychol Rev. 1993;100(3):363–406.

83. Vallerand RJ, Blanchard C, Mageau GA, Koestner R, Leonard M, Ratelle C, et al.

Les Passions de l'Âme: On Obsessive and harmonious passion. J Pers Soc Psychol. 2003;85(4):756–67.

84. Carpentier J, Mageau GA, Vallerand RJ. Ruminations and flow: why do people with a more harmonious passion experience higher Well-being? J Happiness Stud. 2012;13(3):501–18.

第4章

1. Andersson G, Titov N, Dear BF, Rozental A, Carlbring P. Internet-delivered psychological treatments: from innovation to implementation. World Psych. 2019;18:20–8.

2. Duckworth AL, Seligman MEP. The science and practice of self-control. Perspect Psychol Sci. 2017;12(5):715– 8. https://doi. org/10.1177/1745691617690880.

3. Felitti VJ, Anda RF, Nordenberg D, Williamson DF, Spitz AM, Edwards V, et al. Relationship of child- hood abuse and household dysfunction to many of the leading causes of death in adults the adverse childhood experiences (ACE) study. Am J Prev Med. 1998;14:245–58.

4. Grebosz-Haring K, Thun-Hohenstein L. Effects of group singing versus group music listening on hospitalized children and adolescents with mental disorders: a pilot study. Heliyon. 2018:e01014. https://doi. org/10.1016/j.heliyon.2018.e01014.

5. Herres J, Caporino NE, Cummings CM, Kendall PC. Emotional reactivity to daily events in youth with anxiety disorders. Anxiety Stress Coping. 2018;31(4):387–401. https://doi.org/10.1080/106158 06.2018.1472492.

6. Jeste DV, Palmer BW, Rettew DC, Boardman S. Positive psychiatry: its time has come. J Clin Psychiatry. 2015;76(6):675–83.

7. Mc Lafferty M, O'Neill S, Murphy S, Armour C, Ferry F, Bunting B. The moderating impact of childhood adversity profiles and conflict on psychological health and suicidal

behavior in the Northern Ireland population. Psychiatry Res. 2018;262:213–20. https://doi.org/10.1016/j.psychres.2018.02.024.

8. López A, Sanderman R, Schroevers MJ. Mindfulness and self-compassion as unique and common predictors of affect in the general population. Mindfulness. 2016;7:1289–96. https://doi.org/10.1007/s12671- 016-0568-y.

9. Mongrain M, Anselmo-Matthews T. Do positive psychology exercises work? A replication of Seligman et al. J Clin Psych. 2012;68(4). First published: 27 March 2012）https://doi.org/10.1002/jclp.21839.

10. Ng ZJ, Huebner SE, Hills KJ. Life satisfaction and academic performance in early adolescents: evidence for reciprocal association. J School Psychol. 2015;53(6):479–91.

11. Orchard F, Pass L, Shirley Reynolds I. Am worth- less and kind'; the specificity of positive and negative self-evaluation in adolescent depression. Br J Clin Psychol. 2018:1–14. https://doi.org/10.1111/bjc.12215.

12. Rettew D. Child positive psychiatry. In: Jeste D, Palmer B, editors. Positive psychiatry: a clinical hand- book. 1st ed. USA: American Psychiatric Publishing; 2015. Chapter 14.

13. Rettew D, Althoff R, Dumenci L, Ayer L, Hudziak J. Latent profiles of temperament and their relations to psychopathology and wellness. J Am Acad Child Adolescent Psychiatry. 2008 March;47(3):273–81.

14. Rosenberg AR, Bradford MC, Barton KS, Etsekson N, McCauley E, Randall Curtis J, et al. Hope and benefit finding: results from the PRISM ran- domized controlled trial. Pediatr Blood Cancer. 2019;66(1):e27485. First published: 30 September 2018. https://doi.org/10.1002/pbc.27485.

15. Platania-Solazzo A, Field TM, Blank J, Seligman F, Kuhn C, Schanberg S, Saab P. Relaxation therapy reduces anxiety in child and adolescent psychiatric patients. Acta Paedopsychiatr. 1992;55(2):115–20.

16. 16.Wertheim ES. Positive mental health, Western society and the family. Int J Soc Psychiatry. 1975;21(4):247–55. https://doi.org/10.1177/ 002076407502100402.

17. Schwind JS, Formby CB, Susan L. Santangelo, Norman SA, Brown R, et al. Earthquake exposures and mental health outcomes in children and adolescents from Phulpingdanda village, Nepal: a cross-sectional study. Child Adolesc Psychiatry Ment Health. 2018;12(1).

第5章

1. Jaques E. Death and the mid-life crisis. Int J Psychoanal. 1965;46:502–14.

2. Stone AA, Schwartz JE, Broderick JE, Deaton A. A snapshot of the age distribution of psychological Well-being in the United States. Proc Natl Acad Sci. 2010;107:9985–90.

3. Patten SB, Gordon-Brown L, Meadows G. Simulation studies of age-specific lifetime major depression prevalence. BMC Psychiatry. 2010;10:85.

4. Weiss A, King JE, Inoue-Murayama M, Matsuzawa T, Oswald AJ. Evidence for a midlife crisis in great apes consistent with the U-shape in human Well-being. Proc Natl Acad Sci U S A. 2012;109:19949–52.

5. McGinnis D. Resilience, life events, and Well-being during midlife: examining resilience subgroups. J Adult Dev. 2018;25:198–221.

6. Lachman ME, Teshale S, Agrigoroaei S. Midlife as a pivotal period in the life course: balancing growth and decline at the crossroads of youth and old age. Int J Behav Dev. 2015;39:20–31.

7. MIDUS – Midlife in the United States, A National Longitudinal Study of Health and Well-being (Internet). (cited 2019 Feb 23). Available from: http:// midus.wisc.edu/.

8. Lachman ME. Mind the gap in the middle:

a call to study midlife. Res Hum Dev. 2015;12:327–34.

9. Sliwinski MJ, Almeida DM, Smyth J, Stawski RS. Intraindividual change and variability in daily stress processes: findings from two measurement- burst diary studies. Psychol Aging. 2009;24:828–40.

10. Nicolson P. Midlife: generativity versus stagnation. A critical approach to human growth and. Development. 2014:218–36.

11. Kets de Vries MFR. Organizational sleepwalkers: emotional distress at midlife. Hum Relat. 1999;52:1377–401.

12. Anderson K. Mid-life transition (Internet). Probe Ministries. 2005 (cited 2019 Feb 23). Available from: https://probe.org/mid-life-transition/

13. Kübler-Ross E. On death and dying. 1969.

14. Leggett D. The aging work force – helping employees navigate midlife. AAOHN J. 2007;55:169–75.

15. Ano GG, Vasconcelles EB. Religious coping and psychological adjustment to stress: a meta-analysis. J Clin Psychol. 2005;61:461–80.

16. Anda RF, Felitti VJ, Bremner JD, Walker JD, Whitfield C, Perry BD, et al. The enduring effects of abuse and related adverse experiences in childhood. A convergence of evidence from neurobiology and epidemiology. Eur Arch Psychiatry Clin Neurosci. 2006;256:174–86.

17. Banjare P, Dwivedi R, Pradhan J. Factors associated with the life satisfaction amongst the rural elderly in Odisha. India Health Qual Life Outcomes. 2015;13:201.

18. Krause N. Assessing the relationships among wisdom, humility, and life satisfaction. J Adult Dev. 2016;23:140–9.

19. Krause N. Lifetime trauma, emotional support, and life satisfaction among older adults. Gerontologist. 2004;44:615–23.

20. Seery MD, Alison Holman E, Silver RC. Whatever does not kill us: cumulative lifetime adversity, vulnerability, and resilience. J Pers Soc Psychol. 2010;99:1025–41.

21. Hughes K, Lowey H, Quigg Z, Bellis MA. Relationships between adverse childhood experiences and adult mental Well-being: results from an English national household survey. BMC Public Health. 2016;16:222.

22. Danielson R, Sanders GF. An effective measure of childhood adversity that is valid with older adults. Child Abuse Negl. 2018;82:156–67.

23. Ryff C, Friedman E, Fuller-Rowell T, Love G, Miyamoto Y, Morozink J, et al. Varieties of resilience in MIDUS. Soc Personal Psychol Compass. 2012;6:792–806.

24. Website (Internet). (cited 2019 Feb 24). Available from: http://www.nia.nih.gov/sites/default/files/nia_ reversibility_network_meeting_summary.pdf.

25. Overholser JC. Sense of humor when coping with life stress. Pers Individ Dif. 1992;13:799–804.

26. Peterson C, Park N, Pole N, D'Andrea W, Seligman MEP. Strengths of character and posttraumatic growth. J Trauma Stress. 2008;21:214–7.

27. Galloway G. Individual differences in personal humor styles: identification of prominent patterns and their associates. Pers Individ Dif. 2010;48:563–7.

28. Kuiper NA. Humor and resiliency: towards a process model of coping and growth (Internet). PsycEXTRA Dataset. 2012. Available from: https:// doi.org/10.1037/e617822012-012.

29. Choi NG, Kim J. The effect of time volunteering and charitable donations in later life on psychological wellbeing. Ageing Soc. 2010;31:590–610.

30. Almeida DM, Horn MC. Is daily life more stressful 34. during middle adulthood? (Internet). PsycEXTRA Dataset. Available from: https://doi.org/10.1037/ 35. e316982004-001.

31. Lachman ME. Development in midlife. Annu

Rev Psychol. 2004;55:305–31.

32. Lachman ME, Agrigoroaei S. Promoting functional health in midlife and old age: long-term protective effects of control beliefs, social support, and physical exercise. PLoS One. 2010;5:e13297.

33. Robinson OC, Wright GRT. The prevalence, types and perceived outcomes of crisis episodes in early adult- hood and midlife. Int J Behav Dev. 2013;37:407–16.

34. Wethington E. Expecting stress: Americans and the "midlife Crisis." 2000.

35. Freund AM, Ritter JO. Midlife crisis: a debate. Gerontology. 2009;55:582–91.

36. Hofmann SG, Sawyer AT, Fang A, Asnaani A. Emotion dysregulation model of mood and anxiety disorders. Depress Anxiety. 2012;29(5):409–16.

第6章

1. World Health Organization. Global strategy on occupational health for all: the way to health at work, recommendation of the Second Meeting of the WHO Collaborating Centers in Occupational Health, 11–14 October 1994, Beijing, China.

2. Jeste DV, Palmer BW. American Psychiatric Publishing, editors. Positive psychiatry: a clinical handbook. 1st ed. Washington, D.C.: American Psychiatric Publishing, a division of American Psychiatric Association; 2015. 363 p.

3. Rashid T, Seligman MEP. Positive psychotherapy: clinician manual (Internet). 2018 (cited 2019 Jan 13）. Available from: https://doi.org/10.1093/ medpsych/9780195325386.001.0001.

4. Seligman MEP, Steen TA, Park N, Peterson C. Positive psychology Progress: empirical validation of interventions. Am Psychol. 2005;60(5):410–21.

5. Summers RF, Jeste DV, American Psychiatric Association Publishing, editors. Positive psychiatry: a casebook. Washington, D.C: American Psychiatric Association Publishing; 2019. p. 235.

6. Maslach C, Jackson SE, Leiter MP. Maslach Burnout Inventory.

7. Sablik Z, Samborska-Sablik A, Drożdż J. Systematic review/meta-analysis universality of physicians' burnout syndrome as a result of experiencing difficulty in relationship with patients. Arch Med Sci. 2013;3:398–403.

8. Dyrbye L, Shanafelt T. A narrative review on burnout experienced by medical students and residents. Med Educ. 2016;50(1):132–49.

9. Dyrbye LN, West CP, Satele D, Boone S, Tan L, Sloan J, et al. Burnout among U.S. medical students, residents, and early career physicians relative to the general U.S. population. Acad Med. 2014;89(3):443–51.

10. Messias E, Gathright MM, Freeman ES, Flynn V, Atkinson T, Thrush CR, et al. Differences in burnout prevalence between clinical professionals and biomedical scientists in an academic medical Centre: a cross-sectional survey. BMJ Open. 2019;9(2):bmjopen-2018-023506.

11. Shanafelt TD, Noseworthy JH. Executive leadership and physician Well-being. Mayo Clin Proc. 2017 Jan;92(1):129–46.

12. Shanafelt T, Goh J, Sinsky C. The business case for investing in physician Well-being. JAMA Intern Med. 2017;177(12):1826.

13. West CP, Dyrbye LN, Erwin PJ, Shanafelt TD. Interventions to prevent and reduce physician burnout: a systematic review and meta-analysis. Lancet. 2016;388(10057):2272–81.

14. Palamara K, Kauffman C, Stone VE, Bazari H, Donelan K. Promoting success: a professional development coaching program for interns in medicine. J Grad Med Educ. 2015;7(4):630–7.

15. Ammentorp J, Jensen HI, Uhrenfeldt L. Danish health Professionals' experiences of being coached: a pilot study. J Contin Educ Heal Prof. 2013;33(1):41–7.

16. International Coach Federation. Core

competencies. n.d. (online)Available at: https://coachfederation.org/ core-competencies (Accessed 1 Jan 2019).

17. Knight ZG. A proposed model of psychodynamic psychotherapy linked to Erik Erikson's eight stages of psychosocial development. Clin Psychol Psychother. 2017;24(5):1047–58.

18. Darling-Fisher CS. Measuring Eriksonian development in the adult: the modified Erikson psychosocial stage inventory. Psychol Rep. 1988;62(3):747–54.

19. Darling-Fisher CS. Application of the modified Erikson psychosocial stage inventory: 25 years in review. West J Nurs Res. 2019;41(3):431–58.

20. Peterson C, Seligman MEP. Character strengths and virtues: a handbook and classification. Washington, DC: American Psychological Association; Oxford University Press; 2004. 800 p.

21. Schiefele U, Krapp A, Winteler A. Interest as a predictor of academic achievement: a meta-analysis of research. In KA Renninger, S. Hidi & A. Krapp(eds), The role of interest in learning and development. Hillsdale, NJ:Erlbaum; 1992. 183-212 p.

22. Harackiewicz JM, Barron KE, Tauer JM, Elliot AJ. Predicting success in college: a longitudinal study of achievement goals and ability measures as predictors of interest and performance from fresh- man year through graduation. J Educ Psychol. 2002;94(3):562.

23. Jones-Schenk J. Character: we are all works in Progress. Bleich MR, Jones-Schenk J editors. J Contin Educ Nurs. 2018;49(8):343–4.

24. Renninger KA, Hidi S, Krapp A. The development and function of interests during the critical transition from home to preschool. In: The role of interest in learning and development. Lawrence Erlbaum Associates, Publishers, Hillsdale, NJ; 2015. p. 397–429.

25. Ryan RM, Frederick C. On energy, personality, and health: subjective vitality as a dynamic reflection of Well-being. Duke Univ Press. 1997;65(3):529–65.

26. Nix GA, Ryan RM, Manly JB, Deci EL. Revitalization through self-regulation: the effects of autonomous and controlled motivation on happiness and vitality. J Exp Soc Psychol. 1999;35(3):266–84.

27. van Scheppingen AR, de Vroome EMM, ten Have KCJM, Zwetsloot GIJM, Wiezer N, van Mechelen W. Vitality at work and its associations with lifestyle, self-determination, organizational culture, and with employees' performance and sustainable employabil- ity. Work. 2015;52(1):45–55.

28. Jakobsen MD, Sundstrup E, Brandt M, Andersen LL. Psychosocial benefits of workplace physical exercise: cluster randomized controlled trial. BMC public health. 2017 17(1) (cited 2019 Feb 13). Available from: http://bmcpublichealth. biomedcentral.com/ articles/10.1186/s12889-017-4728-3.

29. Hendriksen IJM, Bernaards CM, Steijn WMP, Hildebrandt VH. Longitudinal relationship between sitting time on a working day and vitality, work performance, Presenteeism, and sickness absence. J Occup Environ Med. 2016;58(8):784–9.

30. Hendriksen IJM, Snoijer M, de Kok BPH, van Vilsteren J, Hofstetter H. Effectiveness of a multi- level workplace health promotion program on vitality, health, and work-related outcomes. J Occup Environ Med. 2016;58(6):575–83.

31. Ryan RM, Weinstein N, Bernstein J, Brown KW, Mistretta L, Gagné M. Vitalizing effects of being outdoors and in nature. J Environ Psychol. 2010;30(2):159–68.

32. Irby DM. Faculty development and academic vitality. Acad Med. 1993;68(10):760–3.

33. Kasser VG, Ryan RM. The relation of psychological needs for autonomy and relatedness to vitality, Well- being, and

mortality in a nursing Home1. J Appl Soc Psychol. 1999;29(5):935–54.

34. Harvard Business Review Press, editor. HBR's 10 must reads on emotional intelligence. Boston: Harvard Business Review Press; 2015. 166 p. (HBR's 10 must reads series).

35. Urch Druskat V, Wolff SB. Building the Emotional Intelligence of Groups. In: HBR's 10 must reads on emotional intelligence. Boston: Harvard Business Review Press; 2015. p. 71–92. (HBR's 10 must reads series).

36. Jackman JM, Strober MH. Fear of feedback. In: HBR's 10 must reads on emotional intelligence. Boston: Harvard Business Review Press; 2015. p. 127–40. (HBR's 10 must reads series)

37. Cheng S-T, Tsui PK, Lam JHM. Improving mental health in health care practitioners: randomized con- trolled trial of a gratitude intervention. J Consult Clin Psychol. 2015;83(1):177–86.

38. Stegen A, Wankier J. Generating gratitude in the workplace to improve faculty job satisfaction. J Nurs Educ. 2018;57(6):375–8.

39. Maslow AH. Religions, values and peak experiences. New York: Penguin Books; 1994. 123 p. (Penguin compass)

40. Fryer-Edwards K, Van Eaton E, Goldstein EA, Kimball HR, Veith RC, Pellegrini CA, et al. Overcoming institutional challenges through continuous professionalism improvement: the University of Washington experience. Acad Med. 2007 Nov;82(11):1073–8.

41. Wilkinson H, Whittington R, Perry L, Eames C. Examining the relationship between burnout and empathy in healthcare professionals: a systematic review. Burn Res. 2017;6:18–29.

42. Maslach C, Leiter MP. Early predictors of job burnout and engagement. J Appl Psychol. 2008; 93(3):498–512.

43. Maslach C, Leiter MP. Understanding the burnout experience: recent research and its implications for psychiatry. World Psychiatry. 2016;15(2):103–11.

44. Schaufeli WB, Leiter MP, Maslach C. Burnout: 35 years of research and practice. Career Dev Int. 2009;14(3):204–20.

45. Demerouti E, Bakker AB, Leiter M. Burnout and job performance: the moderating role of selection, optimization, and compensation strategies. J Occup Health Psychol. 2014;19(1):96–107.

46. Cherniss C. Staff burnout: job stress in the human ser- vices. Beverly Hills: Sage Publications; 1980.

47. Bakker AB, Demerouti E. The job demands-resources model: state of the art. J Manag Psychol. 2007;22(3):309–28.

48. Freedy J, Hobfoll SE. Conservation of resources: A general stress theory applied to burnout. In Professional burnout. Routledge; 2017. p. 115–29.

49. Leiter MP, Maslach C. Areas of worklife: a structured approach to organizational predictors of job burnout. In: Research in Occupational Stress and Well-being (Internet). Bingley: Emerald（MCB UP）; 2003 (cited 2019 Jan 22）. p. 91–134. Available from: https://www.emeraldinsight.com/ 10.1016/S1479-3555（03）03003-8

50. Messias E, Flynn V. The tired, retired, and recovered physician: professional burnout versus major depressive disorder. Am J Psychiatry. 2018;175(8):716–9.

51. Bianchi R, Schonfeld IS, Laurent E. Burnout–depression overlap: a review. Clin Psychol Rev. 2015;36:28–41.

52. Creedy DK, Sidebotham M, Gamble J, Pallant J, Fenwick J. Prevalence of burnout, depression, anxiety and stress in Australian midwives: a cross-sectional survey. BMC Pregnancy Childbirth (Internet). 2017;17(1). (cited 2018 Jul 31）. Available from: http://bmcpregnancychildbirth.biomedcentral.com/articles/ 10.1186/s12884-016-1212-5.

53. Goldhagen BE, Kingsolver K, Stinnett SS,

Rosdahl JA. Stress and burnout in residents: impact of mindfulness-based resilience training. Adv Med Educ Pract. 2015;6:525–32.

54. Barbosa P, Raymond G, Zlotnick C, Wilk J, Toomey IIIR, Mitchell IIIJ. Mindfulness-based stress reduction training is associated with greater empathy and reduced anxiety for graduate healthcare students. Educ Health. 2013;26(1):9.

55. Fortney L, Luchterhand C, Zakletskaia L, Zgierska A, Rakel D. Abbreviated mindfulness intervention for job satisfaction, quality of life, and compassion in primary care clinicians: a pilot study. Ann Fam Med. 2013;11(5):412–20.

56. Rosdahl J, Goldhagen B, Kingsolver K, Stinnett S. Stress and burnout in residents: impact of mindfulness-based resilience training. Adv Med Educ Pract. 2015;6:525–32.

57. Dyrbye LN, Massie FS, Eacker A, Harper W, Power D, Durning SJ, et al. Relationship between burnout and professional conduct and attitudes among US medical students. JAMA. 2010;304(11):1173.

58. Jager AJ, Tutty MA, Kao AC. Association between physician burnout and identification with medicine as a calling. Mayo Clin Proc. 2017;92(3):415–22.

59. Kalani S, Azadfallah P, Oreyzi H, Adibi P. Interventions for physician burnout: a systematic review of systematic reviews. Int J Prev Med. 2018;9(1):81.

60. Linzer M, Poplau S, Grossman E, Varkey A, Yale S, Williams E, et al. A cluster randomized trial of interventions to improve work conditions and clinician burnout in primary care: results from the healthy work place (HWP) study. J Gen Intern Med. 2015;30(8):1105–11.

61. West CP, Dyrbye LN, Rabatin JT, Call TG, Davidson JH, Multari A, et al. Intervention to promote physician Well-being, job satisfaction, and professional- ism: a randomized clinical trial. JAMA Intern Med. 2014;174(4):527.

62. Ahola K, Honkonen T, Virtanen M, Kivimki M, Isomets E, Aromaa A, et al. Interventions in relation to occupational burnout: the population- based health 2000 study. J Occup Environ Med. 2007;49(9):943–52.

63. Awa WL, Plaumann M, Walter U. Burnout prevention: a review of intervention programs. Patient Educ Couns. 2010;78(2):184–90.

64. Kelly JD. Your best life: breaking the cycle: the power of gratitude. Clin Orthop Relat Res. 2016;474(12):2594–7.

65. Ghandeharioun A, Azaria A, Taylor S, Picard RW. "Kind and grateful": a context-sensitive smart- phone app utilizing inspirational content to pro- mote gratitude. Psychol Well-Being (Internet). 2016;6(1). (cited 2019 Feb 15) Available from: http://psywb.springeropen.com/articles/10.1186/ s13612-016-0046-2.

66. 66. Edgoose JYC, Regner CJ, Zakletskaia LIBREATHEOUT, Randomized Controlled A. Trial of a structured intervention to improve clinician satisfaction with "difficult" visits. J Am Board Fam Med. 2015;28(1):13–20.

67. Swensen S, Kabcenell A, Shanafelt T. Physician- organization collaboration reduces physician burnout and promotes engagement: the Mayo Clinic experience. J Healthc Manag. 2016;61(2):105–27.

68. Gazelle G, Liebschutz JM, Riess H. Physician burnout: coaching a way out. J Gen Intern Med. 2015;30(4):508–13.

69. Gardiner M, Kearns H, Tiggemann M. Effectiveness of cognitive behavioural coaching in improving the Well-being and retention of rural general practitioners: cognitive Behavioural coaching. Aust J Rural Health. 2013;21(3):183–9.

70. National Academy of Sciences (U.S.), National Academy of Engineering, Institute

of Medicine (U.S.), editors. Adviser, teacher, role model, friend: on being a mentor to students in science and engineering. Washington, D.C.: National Academy Press; 1997. 84 p.

71. Rogers D. Which educational interventions improve healthcare professionals' resilience? Med Teach. 2016;38(12):1236–41.

72. Novack D, Suchman A, Clark W, Epstein R, Najberg E, Kaplan C. Calibrating the physician: personal awareness and effective patient care. JAMA. 1997;278(6):502–9.

73. Bickel J. Looking for mentor replacement therapy? A coach may be the answer. J Am Med Womens Assoc 1972. 2003;58(4):210–1.

第7章

1. C.D.C. U.S. Population Data 2019. https:// www.cdc. gov/nchs/fastats/life-expectancy. htm.

2. C.D.C. Causes of death in the U.S.at https:// www.cdc. gov/nchs/data/dvs/lead1900_98. pdf, accessed June 2019. Accessed 10 June 2019.

3. Depp CA, Jeste DV. Definitions and predictors of successful aging: a com-prehensive review of larger quantitative studies. Am J Geriatr Psychiatry. 2006;14:6–20.

4. Martin P, Kelly N, Kahana B, et al. Defining successful aging: a tangible or elusive concept? Gerontologist. 2015;55:14–25.

5. Garfein AJ, Herzog AR. Robust aging among the young-old, old-old, and oldest-old. J Gerontol B Psychol Sci Soc Sci. 1995;50:77.

6. Phelan EA, Anderson LA, LaCroix AZ, Larson EB. Older adults' views of "successful aging" – how do they compare with researchers' definitions? J Am Geriatr Soc. 2004;52:211–6.

7. Palmer BW, Martin AS, Depp CA, Glorioso DK, Jeste DV. Wellness within illness: happiness in schizophrenia. Schizophr Res. 2014;159:151–6.

8. Rana BK, Darst BF, Bloss C, et al. Candidate SNP associations of optimism and resilience in older adults: exploratory study of 935 community- dwelling adults. Am J Geriatr Psychiatry. 2014;22:1006.e5.

9. Edmonds EC, Martin AS, Palmer BW, Eyler LT, Rana BK, Jeste DV. Positive mental health in schizophrenia and healthy comparison groups: relation- ships with overall health and biomarkers. Aging Ment Health. 2018;22:354–62.

10. Vahia IV, Depp CA, Palmer BW, et al. Correlates of spirituality in older women. Aging Ment Health. 2011;15:97–102.

11. Boccardi V, Pelini L, Ercolani S, Ruggiero C, Mecocci P. From cellular senescence to Alzheimer's disease: the role of telomere shortening. Ageing Res Rev. 2015;22:1–8.

12. Rea IM, Gibson DS, McGilligan V, McNerlan SE, Alexander HD, Age ROA. Age-related diseases: role of inflammation triggers and cytokines. Front Immunol. 2018;9:586.

13. Gaser C, Franke K, Kloppel S, Koutsouleris N, Sauer H. Alzheimer's disease neuroimaging initiative. BrainAGE in mild cognitive impaired patients: predicting the conversion to Alzheimer's disease. PLoS One. 2013;8:e67346.

14. Vahia IV, Thompson WK, Depp CA, Allison M, Jeste DV. Developing a dimensional model for successful cognitive and emotional aging. Int Psychogeriatr. 2012;24:515–23.

15. McGaugh James L. The "Decade of the Brain". 1990. Accessed 12 June 2019, at https://www. psychologicalscience.org/ observer/the-decade- of-the-brain.

16. Gulyaeva NV. Molecular mechanisms of neuroplasticity: an expanding universe. Biochemistry (Mosc). 2017;82:237–42.

17. Jeste DV, Lee EE. The emerging empirical science of wisdom: definition, measurement, neurobiology, longevity, and interventions. Harv Rev Psychiatry. 2019;27:127–40.

18. Jeste DV, Savla GN, Thompson WK, et al. Association between older age and more

successful aging: critical role of resilience and depression. Am J Psychiatry. 2013;170:188–96.

19. Jeste DV, Oswald AJ. Individual and societal wisdom: explaining the paradox of human aging and high Well-being. Psychiatry. 2014;77:317–30.

20. Framingham Heart Study. Accessed 10 June 2019, at Framingham Heart Study. https://www.framingham-heartstudy.org.

21. Baltimore Longitudinal Study of Aging. Accessed 10 June 2019, at https://www.blsa.nih.gov/.

22. Insights into Determinants of Exceptional Aging and Longevity (IDEAL Study). Accessed 10 June 2019, at http://grantome.com/grant/NIH/ ZIA-AG000972-06.

23. Nurses' Health Study. Anonymous. Accessed 10 June 2019, at https://www.nurseshealthstudy.org/.

24. Womens' Health Initiative. Accessed June 2019 at https://www.nhlbi.nih.gov/science/womens-health-initiative-whi.

25. The MacArthur Studies on Successful Aging. Accessed June 2019 at https://www.macfound.org/networks/ past-research-network-on-successful-aging/.

26. The Berlin Aging Studies. Accessed June 2019 at https://link.springer.com/content/pdf/10.1007/978-981-287-080-3_44-1.pdf.

27. The Nun study. Anonymous. Accessed 12 June 2019, at https://www.psychiatry.umn.edu/research/ research-labs-and-programs/nun-study.

28. The Successful Aging evaluation study(SAGe). Accessed at https://medschool.ucsd.edu/research/aging/research/Pages/SAGE-Study.aspx.

29. The New England Centenarian Study. Accessed June 2019, at https://www.bumc.bu.edu/centenarian/.

30. Busse EW, Maddox GL. The Duke longitudinal studies of normal aging 1955–1980: overview of history, design, and findings. Springer Publishing Co Inc; 1985.

31. Havighurst RJ. Personality and patterns of aging. Gerontologist. 1968;8:20–3.

32. Roos NP, Havens B. Predictors of successful aging: a twelve-year study of Manitoba elderly. Am J Public Health. 1991;81:63–8.

33. Gelber RP, Launer LJ, White LR. The Honolulu-Asia aging study: epidemiologic and neuropathologic research on cognitive impairment. Curr Alzheimer Res. 2012;9:664–72.

34. Reed DM, Foley DJ, White LR, Heimovitz H, Burchfiel CM, Masaki K. Predictors of healthy aging in men with high life expectancies. Am J Public Health. 1998;88:1463–8.

35. Hogan DB, Fung TS, Ebly EM. Health, function and survival of a cohort of very old Canadians: results from the second wave of the Canadian study of health and aging. Can J Public Health. 1999;90:338–42.

36. Leveille SG, Guralnik JM, Ferrucci L, Langlois JA. Aging successfully until death in old age: opportunities for increasing active life expectancy. Am J Epidemiol. 1999;149:654–64.

37. Burke GL, Arnold AM, Bild DE, et al. Factors associated with healthy aging: the cardiovascular health study. J Am Geriatr Soc. 2001;49:254–62.

38. Vaillant GE, Vaillant CO. Natural history of male psychological health, XII: a 45-year study of predictors of successful aging at age 65. Am J Psychiatry. 1990;147:31–7.

39. Guralnik JM, Kaplan GA. Predictors of healthy aging: prospective evidence from the Alameda County study. Am J Public Health. 1989; 79:703–8.

40. Boisvert-Vigneault K, Payette H, Audet M, Gaudreau P, Belanger M, Dionne IJ. Relationships between physical activity across lifetime and health outcomes in older adults: results from the NuAge cohort. Prev Med. 2016;91:37–42.

41. Inouye SK, Marcantonio ER, Kosar CM, et

al. The short-term and long-term relationship between delirium and cognitive trajectory in older surgical patients. Alzheimers Dement. 2016;12:766–75.

42. Lee LO, Aldwin CM, Kubzansky LD, et al. Do cherished children age successfully? Longitudinal findings from the veterans affairs normative aging study. Psychol Aging. 2015;30:894–910.

43. Franzon K, Byberg L, Sjogren P, Zethelius B, Cederholm T, Kilander L. Predictors of independent aging and survival: a 16-year follow-up report in octogenarian men. J Am Geriatr Soc. 2017;65:1953–60.

44. Strandberg TE, Salomaa V, Strandberg AY, et al. Cohort profile: the Helsinki businessmen study (HBS). Int J Epidemiol. 2016;1074h:45.

45. Rozanova J, Noulas P, Southwick SM, Pietrzak RH. Perceptions of determinants of successful aging among older U.S. veterans: results from the National Health and resilience in veterans study. Am J Geriatr Psychiatry. 2015;23:744–53.

46. Kok AA, Aartsen MJ, Deeg DJ, Huisman M. Capturing the diversity of successful aging: an operational definition based on 16-year trajectories of functioning. Gerontologist. 2017;57:240–51.

47. Jefferson AL, Gifford KA, Acosta LM, et al. The Vanderbilt memory & aging project: study design and baseline cohort overview. J Alzheimers Dis. 2016;52:539–59.

48. Deal JA, Albert MS, Arnold M, et al. A randomized feasibility pilot trial of hearing treatment for reducing cognitive decline: results from the aging and cognitive health evaluation in elders pilot study. Alzheimers Dement(N Y). 2017;3:410–5.

49. Wijeratne C, Peisah C, Earl J, Luscombe G. Occupational determinants of successful aging in older physicians. Am J Geriatr Psychiatry. 2018;26:200–8.

50. Laursen TM, Musliner KL, Benros ME, Vestergaard M, Munk-Olsen T. Mortality and life expectancy in persons with severe unipolar depression. J Affect Disord. 2016;193:203–7.

51. Hjorthoj C, Sturup AE, McGrath JJ, Nordentoft M. Years of potential life lost and life expectancy in schizophrenia: a systematic review and meta- analysis. Lancet Psychiatry. 2017;4:295–301.

52. Messias EL. The doctor weighs In: Positive psychiatry: what is it and why we need it. 2019. Accessed June 2019 at https://thedoctorweighsin.com/ positive-psychiatry/.

53. Folsom DP, Depp C, Palmer BW, et al. Physical and mental health-related quality of life among older people with schizophrenia. Schizophr Res. 2009;108:207–13.

54. Auslander LA, Jeste DV. Sustained remission of schizophrenia among community-dwelling older outpatients. Am J Psychiatry. 2004;161:1490–3.

55. Irwin KE. Expanding access to cancer clinical trials to the mentally ill. J Clin Oncology. 2019;37(18):1524–28.

56. Huff C. Shrinking the psychiatrist shortage. Manag Care. 2018;27:20–2.

57. Wilbanks L, Spollen J, Messias E. Factors influencing medical school graduates toward a career in psychiatry: analysis from the 2011–2013 Association of American Medical Colleges graduation questionnaire. Acad Psychiatry. 2016;40:255–60.

58. Ray-Griffith SL, Krain L, Messias E, Wilkins KM. Fostering medical student interest in geriatrics and geriatric psychiatry. Acad Psychiatry. 2016;40:960–1.

59. Mokdad AH, Marks JS, Stroup DF, Gerberding JL. Actual causes of death in the United States, 2000. JAMA. 2004;291:1238–45.

60. Speakman JR, Mitchell SE, Mazidi M. Calories or protein? The effect of dietary restriction on lifespan in rodents is explained by calories alone. Exp Gerontol. 2016;86:28–38.

61. Witte AV, Fobker M, Gellner R, Knecht S, Floel A. Caloric restriction improves memory in elderly humans. Proc Natl Acad Sci U S A. 2009;106:1255–60.

62. Manchishi SM, Cui RJ, Zou XH, Cheng ZQ, Li BJ. Effect of caloric restriction on depression. J Cell Mol Med. 2018;22:2528–35.

63. Aridi YS, Walker JL, Wright ORL. The association between the Mediterranean dietary pattern and cognitive health: a systematic review. Nutrients. 2017;9. https://doi.org/10.3390/nu9070674.

64. Petersson SD, Philippou E. Mediterranean diet, cognitive function, and dementia: a systematic review of the evidence. Adv Nutr. 2016;7:889–904.

65. Kiely DK, Wolf PA, Cupples LA, Beiser AS, Kannel WB. Physical activity and stroke risk: the Framingham study. Am J Epidemiol. 1994;140:608–20.

66. Hillman CH, Erickson KI, Kramer AF. Be smart, exercise your heart: exercise effects on brain and cognition. Nat Rev Neurosci. 2008;9:58–65.

67. Brown BM, Peiffer JJ, Martins RN. Multiple effects of physical activity on molecular and cognitive signs of brain aging: can exercise slow neurodegeneration and delay Alzheimer's disease? Mol Psychiatry. 2013;18:864–74.

68. Lautenschlager NT, Cox KL, Flicker L, et al. Effect of physical activity on cognitive function in older adults at risk for Alzheimer disease: a randomized trial. JAMA. 2008;300:1027–37.

69. Wegner M, Helmich I, Machado S, Nardi AE, Arias- Carrion O, Budde H. Effects of exercise on anxiety and depression disorders: review of metaanalyses and neurobiological mechanisms. CNS Neurol Disord Drug Targets. 2014;13:1002–14.

70. Josefsson T, Lindwall M, Archer T. Physical exercise intervention in depressive disorders:

meta-analysis and systematic review. Scand J Med Sci Sports. 2014;24:259–72.

71. Firth J, Stubbs B, Rosenbaum S, et al. Aerobic exercise improves cognitive functioning in people with schizophrenia: a systematic review and Meta- analysis. Schizophr Bull. 2017;43:546–56.

72. Erickson KI, Voss MW, Prakash RS, et al. Exercise training increases size of hippocampus and improves memory. Proc Natl Acad Sci U S A. 2011;108:3017–22.

73. Castel A, Lluch C, Ribas J, Borras L, Molto E. Effects of a cognitive stimulation program on psychological Well-being in a sample of elderly long- term care hospital inpatients. Aging Ment Health. 2017;21:88–94.

74. Kelly ME, Loughrey D, Lawlor BA, Robertson IH, Walsh C, Brennan S. The impact of cognitive training and mental stimulation on cognitive and everyday functioning of healthy older adults: a systematic review and meta-analysis. Ageing Res Rev. 2014;15:28–43.

75. Grimaud E, Taconnat L, Clarys D. Cognitive stimulation in healthy older adults: a cognitive stimulation program using leisure activities com- pared to a conventional cognitive stimulation program. Geriatr Psychol Neuropsychiatr Vieil. 2017;15:214–23.

76. Street TD, Lacey SJ, Langdon RR. Gaming your way to health: a systematic review of exergaming programs to increase health and exercise behaviors in adults. Games Health J. 2017;6:136–46.

77. Nagano Y, Ishida K, Tani T, Kawasaki M, Ikeuchi M. Short and long-term effects of exergaming for the elderly. Springerplus. 2016;5:793.

78. Lee EE, Depp C, Palmer BW, et al. High prevalence and adverse health effects of loneliness in community-dwelling adults across the lifespan: role of wisdom as a protective factor. Int Psychogeriatr. 2018;10:1–16.

79. Gopnik A. Can we live longer but stay younger? The New Yorker May 2019.

80. Towards an age friendly world. World Health Organization. Accessed June, 2019 at https://www. who.int/ageing/age-friendly-world/en/.

81. Anonymous AARP Network of Age-Friendly States and Communities. 2019. Accessed June 2019 at https://www.aarp.org/ livable-communities/ network-age-friendly-communities/.

82. Uddin MZ, Khaksar W, Torresen J. Ambient sensors for elderly care and independent living: a survey. Sensors（Basel）. 2018;18. https://doi.org/10.3390/ s18072027.

83. Pigini L, Bovi G, Panzarino C, et al. Pilot test of a new personal health system integrating environmental and wearable sensors for Telemonitoring and Care of Elderly People at home (SMARTA project). Gerontology. 2017;63:281–6.

84. Majumder S, Mondal T, Deen MJ. Wearable sensors for remote health monitoring. Sensors (Basel). 2017;17 https://doi.org/10.3390/ s17010130.

85. Rius-Ottenheim N, Kromhout D, van der Mast RC, Zitman FG, Geleijnse JM, Giltay EJ. Dispositional optimism and loneliness in older men. Int J Geriatr Psychiatry. 2012;27:151–9.

86. Bangen KJ, Meeks TW, Jeste DV. Defining and assessing wisdom: a review of the literature. Am J Geriatr Psychiatry. 2013;21:1254–66.

87. Meeks TW, Jeste DV. Neurobiology of wisdom: a literature overview. Arch Gen Psychiatry. 2009;66:355–65.

88. Montross-Thomas LP, Joseph J, Edmonds EC, Palinkas LA, Jeste DV. Reflections on wisdom at the end of life: qualitative study of hospice patients aged 58-97 years. Int Psychogeriatr. 2018;30:1759–66.

89. Sikora SA. The University of Arizona College of medicine optimal aging program: stepping in the shadows of successful aging. Gerontol Geriatr Educ. 2006;27:59–68.

90. Experience Corps. American Associated of Retired Persons. Accessed June 2019., at https://www.aarp. org/experience-corps/.

91. Bowles N. These millenenials got new roommates. They're nuns. New York Times; 2019.

92. Sperduti M, Makowski D, Blonde P, Piolino P. Meditation and successful aging: can meditative practices counteract age-related cognitive decline? Geriatr Psychol Neuropsychiatr Vieil. 2017;15:205–13.

93. Sperduti M, Makowski D, Piolino P. The protective role of long-term meditation on the decline of the executive component of attention in aging: a preliminary cross-sectional study. Neuropsychol Dev Cogn B Aging Neuropsychol Cogn. 2016;23:691–702.

94. Luders E, Cherbuin N, Gaser C. Estimating brain age using high-resolution pattern recognition: younger brains in long-term meditation practitio- ners. NeuroImage. 2016;134:508–13.

95. Luders E. Exploring age-related brain degeneration in meditation practitioners. Ann N Y Acad Sci. 2014;1307:82–8.

96. Chetelat G, Lutz A, Arenaza-Urquijo E, Collette F, Klimecki O, Marchant N. Why could meditation practice help promote mental health and Well-being in aging? Alzheimers Res Ther. 2018;10:5.

97. Epel E, Daubenmier J, Moskowitz JT, Folkman S, Blackburn E. Can meditation slow rate of cellular aging? Cognitive stress, mindfulness, and telomeres. Ann N Y Acad Sci. 2009;1172:34–53.

98. Le Nguyen KD, Lin J, Algoe SB, et al. Loving- kindness meditation slows biological aging in novices: evidence from a 12-week randomized controlled trial. Psychoneuroendocrinology. 2019;108:20–7.

99. Sessa B. The 21st century psychedelic renaissance: heroic steps forward on the back of an elephant. Psychopharmacology. 2018;235:551–60.

100. Kvam TM, Stewart LH, Andreassen OA. Psychedelic drugs in the treatment of anxiety, depression and addiction. Tidsskr Nor Laegeforen. 2018;138. https://doi.org/10.4045/tidsskr.17.1110. Print 2018 Nov 13.

101. Molero P, Ramos-Quiroga JA, Martin-Santos R, Calvo-Sanchez E, Gutierrez-Rojas L, Meana JJ. Antidepressant efficacy and tolerability of ket- amine and Esketamine: a critical review. CNS Drugs. 2018;32:411–20.

102. Summers JJ, Kang N, Cauraugh JH. Does transcranial direct current stimulation enhance cognitive and motor functions in the ageing brain? A systematic review and meta- analysis. Ageing Res Rev. 2016;25:42–54.

103. Jeste DV, Palmer BW. A call for a new positive psychiatry of ageing. Br J Psychiatry. 2013;202:81–3.

104. Jeste DV. Positive psychiatry comes of age. Int Psychogeriatr. 2018;30:1735–8.

第8章

1. 'Abdu'l-Bahá. The four criteria of comprehension. In: Some answered questions. Haifa: Bahá'í World Centre; 2014. p. 343–5.

2. Covey SR. The 7 habits of highly effective people. 25th anniversary edition. Schuster: Simon; 2013.

3. Jacobi J. Die Psychologie von C. G. Jung. Zürich: Rascher; 1959.

4. Jork K, Peseschkian N. Salutogenese und Positive Psychotherapie. 2nd ed. Bern Stuttgart: Hans Huber; 2006.

5. OPD Task Force. Operationalized psychodynamic diagnosis OPD-2. Manual of diagnosis and treatment planning. Göttingen: Hogrefe; 2008.

6. Peseschkian H. Die russische Seele im Spiegel der Psychotherapie. Ein Beitrag zur Entwicklung einer transkulturellen Psychotherapie. Berlin: VWB Verlag; 2002.

7. Peseschkian H, Remmers A. Positive Psychotherapie. Munich: Ernst Reinhardt; 2013.

8. Peseschkian N. Positive family therapy. The family as therapist. Berlin, Heidelberg: Springer; 1986. (first German edition in 1980, latest English edition in 2016 by AuthorHouse UK).

9. Peseschkian N. Positive psychotherapy: theory and practice of a new method. Berlin, New York: Springer; 1987. (first German edition in 1977).

10. Remmers A. New trends in psychodynamic psycho- therapy. Keynote lecture 18 October 2007. 4th World Conference on Positive Psychotherapy, Nikosia, 2007.

11. Remmers A. Carl Gustav Jung und Nossrat Peseschkian—Gründer transkultureller Psycho- therapieformen—ihre Bedeutung für eine positive tran- skulturelle Kurzzeitpsychotherapie. Lecture 2. World Conference on Positive Psychotherapy, Wiesbaden, 5–9 July 2000.

第9章

1. Akiskal H. Mood disorders: introduction and over- view. In: comprehensive textbook of psychiatry. Baltimore: Williams and Wilkins; 1995.

2. Ferrari AJ, Charlson FJ, Norman RE, Patten SB, Freedman G, Murray CJL, et al. Burden of depressive disorders by country, sex, age, and year: findings from the global burden of disease study 2010. PLoS Med. 2013;10(11):e1001547.

3. Kessler RC, Bromet EJ. The epidemiology of depression across cultures. Annu Rev Public Health. 2013;34:119–38.

4. Cipriani A, Furukawa TA, Salanti G, Chaimani A, Atkinson LZ, Ogawa Y, et al. Comparative efficacy

5. and acceptability of 21 antidepressant drugs for the acute treatment of adults with major depressive disorder: a systematic

review and network meta-analysis. Lancet. 2018;391(10128):1357–66.

6. Seligman MEP, Steen TA, Park N, Peterson C. Positive psychology progress: empirical validation of interventions. Am Psychol. 2005;60(5):410–21.

7. Tritt K, Loew TH, Meyer M, Werner B, Peseschkian N. Positive psychotherapy: effectiveness of an interdisciplinary approach. Eur J Psychiatry. 1999;13(4):231–42.

8. Sin NL, Lyubomirsky S. Enhancing Well-being and alleviating depressive symptoms with positive psychology interventions: a practice-friendly meta- analysis. J Clin Psychol. 2009;65(5):467–87.

9. Rettew DC. Better than better: the new focus on Well- being in child psychiatry. Child Adolesc Psychiatr Clin N Am. 2019;28(2):127–35.

10. Jeste DV, Palmer BW, Rettew DC, Boardman S. Positive psychiatry: its time has come. J Clin Psychiatry. 2015;76(6):675–83.

第10章

1. Crocq MA. A history of anxiety: from Hippocrates to DSM. Dialogues Clin Neurosci. 2015;17(3):319.

2. Smith WD, editor. Hippocrates. Cambridge, MA: Harvard University Press; 1994.

3. Cicero. Tusculan disputations（Ciceron, Tusculanes）. Les Belles Lettres. 2002.

4. Bandelow B, Michaelis S. Epidemiology of anxiety disorders in the 21st century. Dialogues Clin Neurosci. 2015;17(3):327.

5. Ruscio AM, Stein DJ, Chiu WT, Kessler RC. The epidemiology of obsessive-compulsive disorder in the National Comorbidity Survey Replication. Mol Psychiatry. 2010;15(1):53.

6. Shalev A, Liberzon I, Marmar C. Post-traumatic stress disorder. N Engl J Med. 2017;376(25):2459–69.

7. Kessler RC, Berglund P, Demler O, Jin R, Merikangas KR, Walters EE. Lifetime prevalence and age-of- onset distributions of DSM-IV disorders in the National Comorbidity Survey Replication. Arch Gen Psychiatry. 2005;62(6):593–602.

8. Calling S, Midlöv P, Johansson SE, Sundquist K, Sundquist J. Longitudinal trends in self-reported anxiety. Effects of age and birth cohort during 25 years. BMC Psychiatry. 2017;17(1):119.

9. Rynn MA, Brawman-Mintzer O. Generalized anxiety disorder: acute and chronic treatment. CNS Spectr. 2004;9(10):716–23.

10. Fox AS, Oler JA, Shackman AJ, Shelton SE, Raveendran M, McKay DR, Converse AK, Alexander A, Davidson RJ, Blangero J, Rogers J. Intergenerational neural mediators of early-life anxious temperament. Proc Natl Acad Sci. 2015;112(29):9118–22.

11. Martin EI, Ressler KJ, Binder E, Nemeroff CB. The neurobiology of anxiety disorders: brain imaging, genetics, and psychoneuroendocrinology. Psychiatric Clin. 2009;32(3):549–75.

12. Epicurus|Internet Encyclopedia of Philosophy. Iep. utm.edu. 2019. (cited 29 January 2019).

13. Bowlby J. Attachment and loss: volume II: separation, anxiety and anger. In: Attachment and loss: vol- ume II: separation, anxiety and anger. London: The Hogarth Press and the Institute of Psycho-Analysis; 1973. p. 1–429.

14. Schimmenti A, Bifulco A. Linking lack of care in childhood to anxiety disorders in emerging adulthood: the role of attachment styles. Child Adolesc Mental Health. 2015;20(1):41–8.

15. Bandura A, Walters RH. Social learning theory. Englewood Cliffs: Prentice-hall; 1977.

16. Weems CF, Costa NM, Dehon C, Berman SL. Paul Tillich's theory of existential anxiety: a preliminary conceptual and empirical examination. Anxiety. Stress Coping. 2004;17(4):383–99.

17. Clark DA, Beck AT. Cognitive therapy of anxiety disorders: science and practice. New York: Guilford Press; 2011.

18. Salkovskis PM. Cognitive-behavioral approaches to the understanding of obsessional problems. In: Rapee RM, editor. Current controversies in the anxiety disorders. New York: Guilford. 1996:103–33.

19. Budhwani H, Hearld KR, Chavez-Yenter D. Generalized anxiety disorder in racial and ethnic minorities: a case of nativity and contextual factors. J Affect Disord. 2015;175:275–80.

20. Stafford M, Chandola T, Marmot M. Association between fear of crime and mental health and physical functioning. Am J Public Health. 2007;97(11):2076–81.

21. Sudak DM. Cognitive behavioral therapy for clinicians. Philadelphia: Lippincott Williams & Wilkins; 2006.

22. Hofmann SG, Sawyer AT, Witt AA, Oh D. The effect of mindfulness-based therapy on anxiety and depression: a meta-analytic review. J Consult Clin Psychol. 2010;78(2):169.

23. Frewen PA, Evans EM, Maraj N, Dozois DJ, Partridge K. Letting go: mindfulness and negative automatic thinking. Cogn Ther Res. 2008;32(6):758–74.

24. Bandura A. Regulation of cognitive processes through perceived self-efficacy. Dev Psychol. 1989;25(5):729.

25. Lee JS, Ahn YS, Jeong KS, Chae JH, Choi KS. Resilience buffers the impact of traumatic events on the development of PTSD symptoms in firefighters. J Affect Disord. 2014;162:128–33.

26. van der Walt L, Suliman S, Martin L, Lammers K, Seedat S. Resilience and post-traumatic stress disorder in the acute aftermath of rape: a comparative analysis of adolescents versus adults. J Child Adolescent Mental Health. 2014;26(3):239–49.

27. Wrenn GL, Wingo AP, Moore R, Pelletier T, Gutman AR, Bradley B, Ressler KJ. The effect of resilience on posttraumatic stress disorder in trauma-exposed inner-city primary care patients. J Natl Med Assoc. 2011;103(7):560–6.

28. Horn SR, Feder A. Understanding resilience and preventing and treating PTSD. Harv Rev Psychiatry. 2018;26(3):158–74.

29. Frank DL, Khorshid L, Kiffer JF, Moravec CS, McKee MG. Biofeedback in medicine: who, when, why and how? Ment Health Fam Med. 2010;7(2):85.

30. Schwartz MS, Andrasik F. Biofeedback: a practitioner's guide. 2nd ed. New York: Guilford Press.

31. Ratanasiripong P, Kaewboonchoo O, Ratanasiripong N, Hanklang S, Chumchai P. Biofeedback intervention for stress, anxiety, and depression among gradu- ate students in public health nursing. Nursing Res Pract. 2015;1:1–5.

32. Wood AM, Linley PA, Maltby J, Kashdan TB, Hurling R. Using personal and psychological strengths leads to increases in well-being over time: a longitudinal study and the development of the strengths use questionnaire. Personal Individ Differ. 2011;50(1):15–9.

33. Jeste DV, Palmer BW, Rettew DC, Boardman S. Positive psychiatry: its time has come. J Clin Psychiatry. 2015;76(6):675.

34. Gnocchi D, Bruscalupi G. Circadian Rhythms and Hormonal Homeostasis: Pathophysiological Implications. Biology (Basel). 2017;6(1). https://doi.org/10.3390/biology6010010.

35. Jayakody K, Gunadasa S, Hosker C. Exercise for anxiety disorders: systematic review. Br J Sports Med. 2014;48(3):187–96.

36. Anderson EH, Shivakumar G. Effects of exercise and physical activity on anxiety. Front Psych. 2013;4:27.

37. Koenig HG. Research on religion, spirituality, and mental health: a review. Can J Psychiatr. 2009;54(5):283–91.

38. Wills TA, Shinar O. Measuring perceived and received social support. Social support measurement and intervention: a guide for

health and social scientists. 2000;4.

39. Maheri A, Sadeghi R, Shojaeizadeh D, Tol A, Yaseri M, Rohban A. Depression, anxiety, and perceived social support among adults with beta-thalassemia major: cross-sectional study. Korean J Family Med. 2018;39(2):101.

40. Dour HJ, Wiley JF, Roy-Byrne P, Stein MB, Sullivan G, Sherbourne CD, Bystritsky A, Rose RD, Craske MG. Perceived social support mediates anxiety and depressive symptom changes following primary care intervention. Depress Anxiety. 2014;31(5):436–42.

41. Salmon G, James A, Smith DM. Bullying in schools: self-reported anxiety, depression, and self-esteem in secondary school children. BMJ. 1998;317（7163）:924–5.

第11章

1. Seligman ME, Rashid T, Parks AC. Positive psycho-therapy. Am Psychol. 2006;61(8):774–88.

2. Beck AT. The current state of cognitive therapy: a 40-year retrospective. Arch Gen Psychiatry. 2005;62(9):953–9.

3. Kuyken W, Padesky C, Dudley R. Coll-aborative case conceptualization. New York: Guildfor Press; 2009.

4. Beck J. Cognitive behavior therapy: basics and beyond second ed. New York: Guilford press; 2011. 391 p

5. Hodgekins J, Fowler D. CBT and recovery from psychosis in the ISREP trial: mediating effects of hope and positive beliefs on activity. Psychiatr Serv. 2010;61(3):321–4.

6. Maryla S. Agnieszka. Ż. Positive inter-ventions in the therapy of schizophrenia patients. Curr Problems Psychiatry. 2018;19(4):1–9.

7. Arciniegas DB. Psychosis. Continuum (Minneapolis, Minn). Behav Neurol Neuropsychiatry. 2015;21(3):715–36.

8. Wood L, Alsawy S. Recovery in psychosis from a service user perspective: a systematic review and thematic synthesis of current qualitative evidence. Community Ment Health J. 2018;54(6):793–804.

9. Esterberg ML, Compton MT. The psychosis continuum and categorical versus dimensional diagnostic approaches. Curr Psychiatry Rep. 2009;11(3):179–84.

10. Pradhan B, Pinninti N, Rathod S, editors. Brief interventions for psychosis: a clinical compendium. Switzerland: Springer; 2016.

11. Harding CMZJ. Empirical correction of seven myths about schizophrenia with implications for treatment. Acta Psychiatr Scand. 1994;90:140–6.

12. (NFCMH) PsNfcomh. Achieving the promise: trans- forming the mental health care in America. Rockville. 2003.

13. Fisher DM, PhD recovery from schizophrenia: from seclusion to empowerment http://www.medscape- com/viewarticle/523539. 2006.

14. Farkas M. The vision of recovery today: what it is and what it means for services. World Psychiatry. 2007;6(2):68–74.

15. NICE. Schizophrenia: core interventions in the treatment and management of schizophrenia in adults in primary and secondary care. 2008. https://pathways.nice.org.uk/pathways/psychosis-and-schizophrenia.

16. Kingdon DG, Kirschen H. Who does not get cognitive- behavioral therapy for schizophrenia when therapy is readily available? Psychiatr Serv. 2006;57(12):1792–4.

17. Byrne L, Stratford A, Davidson L. The global need for lived experience leadership. Psychiatr Rehabil J. 2018;41(1):76–9.

18. Byrne L, Happell B, Reid-Searl K. Lived experience practitioners and the medical model: world's colliding? J Ment Health. 2016;25(3):217–23.

19. Pinninti N. Addressing the imbalance of power in a traditional doctor patient relationship. Psychiatr Rehabil J. 2010;33:177–9.

20. Pinninti NR, Bokkala-Pinninti S. Shared decision making and humanistic care.

Psychiatr Serv. 2007;58(3):414–5.

21. Yalom ID. The gift of therapy. New York: Harper Collins Publishers; 2002.

22. Rathod S, Kingdon D, Pinninti NR, Turkington D, Pheri P. Cultural adaptation of CBT for serious mental illness: a guide for training and practice. West Sussex: Blackwell; 2015. 266 p

23. Johnson DP, Penn DL, Fredrickson BL, Kring AM, Meyer PS, Catalino LI, et al. A pilot study of loving-kindness meditation for the negative symptoms of schizophrenia. Schizophr Res. 2011;129(2–3):137–40.

24. Kim J, Na H. Effects of a positive psy-chotherapy program on positive affect, interpersonal relations, resilience, and mental health recovery in community- dwelling people with schizophrenia. J Korean Acad Nurs. 2017;47(5):638–50.

25. Nguyen A, Frobert L, McCluskey I, Golay P, Bonsack C, Favrod J. Development of the positive emotions program for schizophrenia: an intervention to improve pleasure and motivation in schizophrenia. Front Psych. 2016;7:13.

26. Favrod J, Nguyen A, Fankhauser C, Ismailaj A, Hasler JD, Ringuet A, et al. Positive emotions program for schizophrenia (PEPS): a pilot intervention to reduce anhedonia and apathy. BMC Psychiatry. 2015;15:231.

27. Riches S, Schrank B, Rashid T, Slade M. WELLFOCUS PPT: modifying positive psychotherapy for psychosis. Psychotherapy (Chic). 2016;53(1):68–77.

28. Schrank B, Brownell T, Jakaite Z, Larkin C, Pesola F, Riches S, et al. Evaluation of a positive psycho- therapy group intervention for people with psychosis: pilot randomised controlled trial. Epidemiol Psychiatr Sci. 2016;25(3):235–46.

29. Brownell T, Schrank B, Jakaite Z, Larkin C, Slade M. Mental health service user experience of positive psychotherapy. J Clin Psychol. 2015;71(1):85–92.

30. Klapcinski MM, Rymaszewska J. Open dialogue approach - about the phenomenon of Scandinavian psychiatry. Psychiatr Pol. 2015;49(6):1179–90.

31. Yeager K, Cutler D, Svendsen D, Sills G. Modern community mental health. NY: Oxford University Press; 2013.

32. Pinninti NR, Fisher J, Thompson K, Steer R. Feasibility and usefulness of training assertive com- munity treatment team in cognitive behavioral therapy. Community Ment Health J. 2010;46(4):337–41.

33. Pinninti NR, Schmidt LT, Snyder RP. Case manager as therapy extender for cognitive behavior therapy of serious mental illness: a case report. Community Ment Health J. 2013;50(4):422–26.

第12章

1. White W, Coon B. Methadone and the anti-medication bias in addiction treatment. Counselor. 2003;4(5):58–63.

2. White WL. Addiction recovery: its definition and conceptual boundaries. J Subst Abus Treat. 2007;33:229–41.

3. Krentzman AR. Review of the application of positive psychology to substance use, addiction, and recovery research. Psychol Addict Behav. 2013;27(1):151–65.

4. Krentzman AR, Barker SL. Counselors' perspectives of positive psychology for the treatment of addiction: a mixed methods pilot study. Alcohol Treat Q. 2016;34(4):370–85.

5. American Psychiatric Association. Diag-nostic and statistical manual of mental disorders. 5th ed. Arlington: American Psychiatric Publishing; 2013.

6. Ries RK, Fiellin DA, Miller SC, Saitz R. The ASAM principles of addiction medicine. Philadelphia: Wolters Kluwer Health; 2014.

7. The Betty Ford Institute Consensus Panel. What is recovery? A working definition from the Betty Ford Institute. J Subst Abus Treat. 2007;33:221–8.

8. Witbrodt J, Kaskutas LA, Grella CE. How do recovery definitions distinguish recovering individuals? Five typologies. Drug Alcohol Depend. 2015;148:109–17.

9. Kownacki RJ, Shadish WR. Does alcoholics anonymous work? The results from a meta-analysis of controlled experiments. Subst Use Misuse. 1999;34(13):1897–916.

10. Tonigan SJ, Toscova R, Miller WR. Meta-analysis of the literature on alcoholics anonymous: sample and study characteristics moderate findings. J Stud Alcohol. 1996;57(1):65–72.

11. Ferri M, Amato L, Davoli M. Alcoholics Anonymous and other 12-step programmes for alcohol dependence（Review）. Cochrane Database Syst Rev. 2006;(3): CD005032.

12. Kaskutas LA. Alcoholics anonymous effectiveness: faith meets science. J Addict Dis. 2009;28(2):145–57.

13. Connery HS, McHugh RK, Greenfield SF. Does AA work? That's(in part)up to you. Curr Psychiatr Ther. 2005;4(5):56–66.

14. Narcotics Anonymous World Services. 2019. www.NA.org. Retrieved from www.NA.org: www.na.org/ admin/include/spaw2/uploads/pdf/pr/2306_NA_ PRMAT_1021.pdf.

15. National Institute on Drug Abuse. 2019. National Institute on Drug Abuse: Effective Treatments for Opioid Addiction. Retrieved from www.dru- gabuse.gov: https://www.drugabuse.gov/publi- cations/effective-treatments-opioid-addiction/ effective-treatments-opioid-addiction.

16. Longabaugh R, Wirtz PW, Mattson ME, Meyers JK. Project MATCH hypotheses: results and causal chain analyses. Providence: National Institute of Health; 2001. publication number 01-4238.

17. Zemansky TR. The risen Phoenix: positive trans- formation within the context of long-term recovery in alcoholics anonymous. Ann Arbor: ProQuest Information and Learning Company; 2005.

18. McCullough ME, Emmons RA, Tsang J-A. The grateful disposition: a conceptual and empirical topography. J Pers Soc Psychol. 2002;82(1):112–27.

19. Akhtar M, Boniwell I. Applying positive psychology to alcohol-misusing adolescents: a group intervention. Group. 2010;20(3):6–31.

20. Krentzman AR, Mannella KA, Hassett AL, Barnett NP, Cranford JA, Brower KJ, et al. Feasibility, accept- ability, and impact of a web-based gratitude exercise among individuals in outpatient treatment for alcohol use disorder. J Posit Psychol. 2015;10(6):477–88.

21. Taylor SE, Kemeny ME, Reed GM, Bower JE, Gruenewald TL. Psychological resources, positive illusions, and health. Am Psychol. 2000;55:99–109.

22. Kurtines WM, Ball LR, Wood GH. Personality characteristics of long-term recovered alcoholics: a comparative analysis. J ConsultClin Psychol. 1978;46(5):971–7.

23. Kairouz S, Dube L. Abstinence and well-being among members of alcoholics anonymous: personal experience and social perceptions. J Soc Psychol. 2000;140(5):565–79.

24. Allen JP, Pollitt MJ, Nieuwsma JA, Blazer DG. Recovery on higher ground: spirituality in the treatment of substance abuse. Curr Psychiatr Ther. 2014;13:24–40.

25. Smith TB, McCullough ME, Poll J. Religiousness and depression: evidence for a main effect and the moderating influence of stressful life events. Psychol Bull. 2003;129(4):614–36.

26. Elkins DN, Hedstrom LJ, Hughes LL, Leaf JA, Saunders C. Toward a humanistic phenomonological spirituality. J Humanist Psychol. 1988;28(4):5–18.

27. Cook CC. Addiction and spirituality. Addiction. 2004:539–51.

28. George LK, Larsons DB, Koenig HG,

McCullough ME. Spirituality and health: what we know, what we need to know. J Soc Clin Psychol. 2000;19(1):. Psychology module）:102.

29. Compton WC, Hoffman EL. Positive psychology: the science of happiness and flourishing. Belmont: Wadsworth; 2013.

30. Nelson B, Kaminsky DB. When religion opens the door. Cancer Cytopathol. 2017;125(12):885–6.

31. Lambert NM, Fincham FD, Braithwaite SR, Graham SM. Can prayer increase gratitude? Psychol Religion Spirituality. 2009;1(3):139–49.

32. Kaskutas L, Bond J, Weisner C. The role of religion, spirituality and alcoholics anonymous in sustained sobreity. Alcohol Treat Q. 2003;21(1):1–16.

33. Kelly JF, Stout RL, Magill M, Tonigan JS, Pagano ME. Spirituality in recovery: a lagged mediational analysis of alcoholics anonymous' principal theoretical mechanism of behavior change. Alcohol Clin Exp Res. 2011;35(3):454–63.

34. Zemore SE. A role for spiritual change in the benefits of 12-step involvement. Alcohol Clin Exp Res. 2007;31（S3）:76S–9S.

35. Puchalski C, Romer AL. Taking a spiritual history allows clinicians to understand patients more fully. J Palliat Med. 2000;3(1):129–37.

36. Anandarajah G, Hight E. Spirituality and medical practice: using the HOPE questions as a practical tool for spiritual assessment. Am Fam Physician. 2001;63(1):81–8.

37. Saguil A, Phelps K. The spiritual assessment. Am Fam Physician. 2012;86(6):546–50.

38. Luadet AB, White WL. Recovery capital as prospective predictor of sustained recovery, life satisfaction and stress among former poly-substance users. Subst Use Misuse. 2008;43(1):27–54.

39. ASAM Board of Directors. Public policy statement: definition of addiction. Chevy Chase: American Society of Addiction Medicine; 2011.

40. 40. Dennis M, Scott C, Funk R, Foss M. The duration and correlates of addiction and treatment careers. J Subst Abus Treat. 2005;28:S51–62.

41. Compton GE. 2001. Quality of life factors among recovering alcoholics. Wester Michican University, Kalamazoo: Unpublished doctoral dissertation, UMI.

42. Vilsaint CL, Kelly JF, Bergman BG, Groshkova T, Best D. Development and validation of a Brief Assessment of Recovery Capital (BARC-10) for alcohol and drug use disorder. Drug Alcohol Depend. 2017;177:71–6.

43. Rettie HC, Hogan LM, Cox WM. The recovery strengths questionnaire for alcohol and drug use disorders. Drug Alcohol Rev. 2019;38:209–15.

44. Groshkova T, Best D, White W. The assessment of recovery capital: properties and psychometrics of a measure of addiction recovery strengths. Drug Alcohol Rev. 2013;32:187–94.

45. Arndt S, Sahker E, Hedden S. Does the assessment of recovery capital scale reflect a single or multiple domains. Subst Abuse Rehab. 2017;8:39–43.

46. Cummins RA, Gullone E. Why we should not use 5-point Likert scales: The case for subjective quality of life measurement. Proceedings, Second International Conference on Quality of Life in Cities, 74–93. 2000.

第13章

1. Peseschkian N. Positive psychotherapy: theory and practice of a new method. Berlin/Heidelberg: Springer; 1987 (Original German edition: 1977).

2. Battegay R. The hunger diseases. New York; 1991.

3. Peseschkian N. Positive psychosomatics. Clinical manual of positive psychotherapy. Bloomington: AuthorHouse UK; 2016

(Original German edition: 1991).

4. Guidelines for the treatment of eating disorders: inter- national comparisons. http://psyandneuro.ru/stati/ guidline-eating-disoders/

5. Ромацкий В.В., Сёмин И.Р. Феноменология и классификация расстройства пищевого поведения（аналитический обзор литературы, часть 1）Бюллетень сибирской медицины No3, 2006. С. 61–69.

6. Ромацкий В.В., Сёмин И.Р. Феноменология и классификация расстройства пищевого поведения（аналитический обзор литературы, часть 2）Бюллетень сибирской медицины No4, 2006. С. 83–89.

7. Адамс К. Дневник как путь к себе. 22 практики для самопознания и личного развития. Москва; 2018.

8. Уайт М. Карты нарративной практики. Введение в нарративную терапию. Москва; 2010.

9. Гончаров М.А. Операционализация конфликтов в позитивной психотерапии. Хабаровск; 2015.

10. Гончаров М.А. Психотерапия: четыре вещи, без которых она невозможна. Психотерапия No7, 2013. С 41–45.

11. Тейяр де Шарден П. Феномен человека. Москва; 2011.

12. Бергсон А. Творческая эволюция. Москва; 2015.

13. Психиатрия. Национальное руководство под редакцией Ю.А. Александровского и Н.Г. Незнанова. Москва, 2018.

14. Бьюдженталь Д. Москва; 2015.

第14章

1. Aldwin C, Levenson M. Posttraumatic growth: a developmental perspective. Psychol Inq. 2004;15(1):19–22. Retrieved from http://www.jstor. org/stable/20447195.

2. APA. DSM-5 tanı ölçütleri. Ankara: Hekimler Yayın Birliği; 2013.

3. Breslau N. The epidemiology of trauma, PTSD, and other post trauma disorders. Trauma Violence Abuse. 2009;10(3):198–210.

4. Bjorck JP, Byron KJ. Does stress-related growth involve constructive changes in coping intentions? J Posit Psychol. 2014;9(2):97–107.

5. Cope TA. Positive psychotherapy's theory of the capacity to know as explication of unconscious con- tents. J Relig Health. 2009;48(1):79–89.

6. Eryılmaz A. Using of positive psychotherapy narratives at school. Int J Human Soc Sci. 2010;5:420–2. 7.

7. Eryılmaz AN. Investigating of the relationships between adults' subjective well-being and primary- secondary capabilities with respect to positive psychotherapy. J Clin Psychiatry. 2011;14(1):17–28.

8. Eryılmaz A. Extending the goals program for adoles- cents with respect to positive psychotherapy. Eğitim ve Bilim. 2012;37（164）:3–19.

9. Eryılmaz A. Pozitif grup psikoterapisinin etkililiğinin incelenmesi: Bir ön çalışma. Kesit Akademi Dergisi. 2015;1(2):13–24.

10. Eryılmaz A. Comparison of young adults who were got diagnosed depression and not diagnosed with respect to positive psychotherapy constructs. Akademik Bakış Uluslararası Hakemli Sosyal Bilimler Dergisi. 2016;53:294–303.

11. Eryılmaz A. Positive psychotherapies. Psikiyatride Güncel Yaklaşımlar-Curr Approaches Psychiatry. 2017;9(3):346–62.

12. Garland SN, Carlson LE, Cook S, Lansdell L, Speca M. A non-randomized comparison of mindfulness- based stress reduction and healing arts programs for facilitating post-traumatic growth and spirituality in cancer outpatients. Support Care Cancer. 2007;15(8):949–61.

13. Hagenaars MA, van Minnen A. Posttraumatic growth in exposure therapy for PTSD. J

Trauma Stress. 2010;23(4):504–8.

14. Joseph S. Client-centered therapy, post-traumatic stress disorder and post-traumatic growth: theoretical perspectives and practical implications. Psychol Psychother Theory Res Pract. 2004;77(1):101–19.

15. Joseph S. What does not kill us: the new psychology of post traumatic growth? New York: Basic Books; 2011. 16.

16. Joseph S, Williams R, Yule W. Changes in outlook following disaster: the preliminary development of a measure to assess positive and negative responses. J Trauma Stress. 1993;6:271–9.

17. Kleim B, Ehlers A. Evidence for a curvilinear relationship between posttraumatic growth and post trauma depression and PTSD in assault survivors. J Trauma Stress. 2009a;22:45–52.

18. Kleim B, Ehlers A. Evidence for a curvilinear relationship between posttraumatic growth and post trauma depression and PTSD in assault survivors. J Trauma Stress. 2009b;22:45–52.

19. Lee Duckworth A, Steen TA, Seligman ME. Positive psychology in clinical practice. Annu Rev Clin Psychol. 2005;1:629–51.

20. Linley PA, Joseph S. Positive change following trauma and adversity: a review. J Trauma Stress. 2004;17(1):11–21.

21. Moore SA, Varra AA, Michael ST, Simpson TL. Stress-related growth, positive reframing, and emotional processing in the prediction of post-trauma functioning among veterans in mental health treatment. Psychol Trauma: Theory Res Practice Policy. 2010;2(2):93–6.

22. McCann L, Pearlman LA. Psychological trauma and adult survivor theory: therapy and transformation. New York: Routledge; 2015.

23. McMillen JC, Fisher RH. The perceived benefits scales: measuring perceived positive life changes after negative events. Soc Work Res. 1998;22(3):173–87.

24. National Center for PTS. How common is PTSD? U.S.: Department of Veterans Affairs; 2015. Retrieved from https://www.ptsd.va.gov/.

25. Nelson SD. The posttraumatic growth path: an emerging model for prevention and treatment of trauma- related behavioral health conditions. J Psychother Integr. 2011;21(1):1–42.

26. Piaget J. Biology and knowledge. Chicago: University of Chicago Press; 1971.

27. Peseschkian N. Positive psychotherapy of every- day life. A self-help guide for individuals, couples and families with 250 case stories. Bloomington: AuthorHouse UK; 2016a. (first German edition, 1974)

28. Peseschkian N. Oriental stories as techniques in positive psychotherapy: the merchant and the par- rot. Bloomington: AuthorHouse UK; 2016b. (first German edition, 1979)

29. Peseschkian N. Positive psychotherapy: theory and practice of a new method. Berlin: Springer; 1987. (first German edition, 1977)

30. Peseschkian N. Positive psychotherapy: a transcultural and interdisciplinary approach to psychotherapy. Psychother Psychosom. 1990;53(1–4):39–45.

31. Peseschkian N. Positive family therapy: positive psychotherapy manual for therapists and families. Bloomington: AuthorHouse UK; 2016c. (first German edition, 1980)

32. Peseschkian N, Tritt K. Positive psychotherapy effectiveness study and quality assurance. Eur J Psychother Counselling Health. 1998;1(1):93–104.

33. Post Traumatic Growth Research Group. 2014. What is PTG? UNC Charlotte Department of Psychology. Retrieved from https://ptgi.uncc.edu/.

34. Sarı T. Pozitif psikoterapi: Gelişimi, temel ilke ve yöntemleri ve Türk kültürüne uygulanabilirliği. J Happiness Well-Being. 2015;3(2):182–203.

35. Shapiro F. EMDR, adaptive information processing, and case conceptualization. J EMDR Pract Res. 2007;1(2):68–87.

36. Sin NL, Lyubomirsky S. Enhancing well-being and alleviating depressive symptoms

with positive psychology interventions: a practice-friendly meta-analysis. J Clin Psychol. 2009;65(5):467–87.

37. Spiers T, Harrington G. A brief history of trauma. In: Spiers T, editor. Trauma: a practitioner's guide to counseling. New York: Taylor and Francis Inc; 2001. p. 213–21.

38. Stephen J. What doesn't kill us: the new psychology of posttraumatic growth. New York: Basic Books; 2011.

39. Taubman-Ben-Ari O, Weintroub A. Meaning in life and personal growth among pediatric physicians and nurses. Death Stud. 2008;32(7):621–45.

40. Tedeschi RG, Calhoun LG. The posttraumatic growth inventory: measuring the positive legacy of trauma. J Trauma Stress. 1996;9:455–71.

41. Tedeschi RG, Calhoun LG. Posttraumatic growth: conceptual foundations and empirical evidence. Psychol Inq. 2004;15(1):1–18.

42. Tedeschi RG, Park CL, Calhoun LG. Posttraumatic growth: conceptual issues. In: Tedeschi RG, Park CL, Calhoun LG, editors. Posttraumatic growth: positive changes in the aftermath of crisis. London: Lawrence Erlbaum Associates Publishers; 1998. p. 1–23.

43. Tritt K, Loew TH, Meyer M, Werner B, Peseschkian N. Positive psychotherapy: effectiveness of an interdisciplinary approach. Eur J Psychiatry. 1999;13(4):231–42.

44. Zoellner T, Rabe S, Karl A, Maercker A. Post- traumatic growth as outcome of a cognitive-behavioral therapy trial for motor vehicle accident survivors with PTSD. Psychol Psychother Theory Res Pract. 2011;84(2):201–13.

第15章

1. Aisenstein M. Beyond the dualism of psyche and soma. J Amer Acad Psycho Anal Dynam Psychiatry. 2008;36(1):103–23.

2. Aisenstein M. (2010). The mysterious leap of the somatic into the psyche. E. R. Aisemberg, Psychosomatics today: a psychoanalytic perspective (pp. 47–62). London: Karnac. (Jaron S., trans.).

3. Antonovsky A. Health, stress and coping. San Francisco: Jossey-Bass; 1979.

4. Black DN, Seritan AL, Taber KH, Hurley RA. Conversion hysteria: lessons from functional imaging. J Neuropsychiatry Clin Neurosci. 2004;16:245–51.

5. Boncheva I. Psychosomatic "arc" in the psychotherapeutic practice. J IMAB. 2012;18(3):330–3.

6. Cortese S, Kelly C, Chabernaud C, Proal E, Di Martino A, Milham MP, Castellanos FX. Toward systems neuroscience of ADHD: a meta-analysis of 55 fMRI studies. Am J Psychiatry. 2012;169:1038–55.

7. Fava GA, Cosci F, Sonino N. Current psychosomatic practice. Psychother Psychosom. 2017;86(1):13–30.

8. Fonagy P, Gyorgy G. Affect regulation, mentalization, and the development of the self. London: Karnac; 2004.

9. Griffies WS. Believing in the patient's capacity to know his mind: a psychoanalytic case study of fibro- myalgia. Psychoanal Inq. 2010;30:390–404.

10. Halligan PW, Athwal BS, Oakley DA, Frackowiak RS. Imaging hypnotic paralysis: implications for con- version hysteria (letter). Lancet. 2000;355:986–7.

11. Harvey SB, Stanton BR, David AS. Conversion dis- order: towards a neurobiological understanding. Neuropsychiatr Dis Treat. 2006;2(1):13–20.

12. Kirillov I. Stress surfing. Moscow: Alpina; 2016.

13. Kohutis EA. Concreteness, dreams and metaphor: their import in a somatizing patient. J Amer Acad Psychoanal Dynam Psychiatry. 2008;36(1):143–63.

14. Kohutis EA. Concreteness, metaphor, and psycho- somatic disorders: bridging the gap.

Psychoanal Inq. 2010;30:416–29.

15. Marshall JC, Halligan PW, Fink GR, Wade DT, Frackowiak RS. The functional anatomy of a hysterical paralysis. Cognition. 1997;64:B1–8.

16. Marty P, De M'Urzan M. La pensée opératoire (Mentalization and action bound thinking). Revue française de psychanalyse. 1963;37:345–56. (Reprinted in Revue française de psychosomatique, 1994;6:197–207).

17. Maunder RG, Hunter JJ. Attachment relationships as determinants of physical health. J Amer Acad Psychoanal Dynam Psychiatry. 2008;36(1):11–32.

18. Miller MA, Rahe RH. Life changes scaling for the 1990s. J Psychosom Res. 1997;43:279–92.

19. OPD Task Force, Editors. Operationalized psycho- dynamic diagnosis OPD-2. Manual of diagnosis and treatment planning. Cambridge: Hogrefe & Huber Publishers; 2008.

20. Peseschkian N. Positive psychotherapy. Berlin, Heidelberg: Springer; 1987 (first German edition in 1977).

21. Peseschkian N. Positive psychosomatics. Clinical manual of positive psychotherapy. Bloomington: Author House UK; 2016.（first German edition in 1991）.

22. Peseschkian N, Deidenbach H. Wiesbadener Inventar zur Positiven Psychotherapie und Familientherapie. Berlin, Heidelberg: Springer; 1988.

23. Purper-Ouakil D, Ramoz N, Lepagnol-Bestel AM, Gorwood P, Simonneau M. Neurobiology of attention deficit/hyperactivity disorder. Pediatr Res. 2011;69:69–76.

24. Remmers A. The psychosomatic arc in therapy. Conference on Psychosomatic Treatment of WIP, Wroclav, 2018.

25. Saj A, Raz N, Levin N, Ben-Hur T, Arzy S. Disturbed mental imagery of affected body-parts in patients with hysterical conversion paraplegia correlates with patho- logical

limbic activity. Brain Sci. 2014;4(2):396–404.

26. Sloate PL. Superego and sexuality: an analysis of a psychosomatic solution. Psychoanal Inq. 2010;30:457–73.

27. Smadja C. The place of affect in the psychosomatic economy（A. Weller, trans.）. In: Aisenstein M, Aisemberg ER, editors. Psychosomatics today: a psychoanalytic perspective. London: Karnac; 2010. p. 145–61.

28. Taylor GJ. The challenge of chronic pain: a psycho- analytic approach. J Amer Acad Psychoanal Dynam Psychiatry. 2008;36(1):49–68.

29. Taylor GJ, Bagby RM, Parker JDA. Disorders of affect regulation: alexithymia in medical and psychiatric illness. New York: Cambridge University Press; 1997.

30. Yasky J, King R, O'Brien T. Challenges in treating patients with psychosomatic disorders: some patterns of resistance. Psychoanal Psychother. 2013;27（(2):124–39.

第16章

1. Peseschkian N. search of meaning. Positive Psychotherapy step by step. Bloomington: AuthorHouse UK; 2016.（first German edition in 1983）

2. Erikson EH, Erikson JM. The life cycle completed（extended ed.）. New York: W. W. Norton & Company; 1997.（published 1998）

3. Duvall EM. Marriage and family development. 5th ed. Philadelphia: Lippincott; 1977.

4. Bowlby J. Attachment and loss, vol. 1. Attachment. New York: Basic Books; 1969.

5. Bowlby J. Attachment and loss, vol. 2. Separation. New York: Basic Books; 1973.

6. Ainsworth MDS, Bell SM, Stayton D. Infant-mother attachment and social development. In: Richards MP, editor. The introduction of the child into a social world. London: Cambridge University Press; 1974. p. 99–135.

7. Ainsworth MS, Blehar MC, Waters E, Wall

S. Patterns of attachment: a psychological study of the Strange Situation. Hillsdale, NJ: Erlbaum; 1978.

8. Peseschkian N. Positive psychotherapy of everyday life. Bloomington, USA: AuthorHouse; 2016.

9. Ciesielski R. Potencjalności aktywne, mikrotraumy i analiza różnicowa. Transkulturowa Psychoterapia Pozytywna. (in Polish)

10. Peseschkian N. Positive Psychotherapy – theory and practice of a new Method. Berlin-Heidelberg-New York: Springer; 1987. (first German edition in 1977)

11. Ciesielski R. Pięć etapów Transkulturowej Psychoterapii Pozytywnej. Wrocław: Opis pro- cesu terapeutycznego oraz strategii samopomocy Wydawnictwo Continuo; 2016. (in Polish)

第17章

1. Pawelski JO. Defining the 'positive' in positive psychology: part II. A normative analysis. J Posit Psychol. 2016;11:357–65.

2. Jeste DV, Palmer BW, Rettew DC, Boardman S. Positive psychiatry: its time has come. J Clin Psychiatry. 2015;76:675.

3. Seligman MEP. Positive psychology, positive prevention, and positive therapy. Handb Posit Psychol. 2002;2:3–12.

4. Peterson C, Seligman MEP. Character strengths and virtues: a handbook and classification. New York: Oxford University Press; 2004.

5. Ruiz P, Primm A. Disparities in psychiatric care: clinical and cross-cultural perspectives. Hagerstown: Lippincott Williams & Wilkins; 2010.

6. Primm AB, Vasquez MJT, Mays RA, Sammons-Posey D, McKnight-Eily LR, Presley-Cantrell LR, McGuire LC, Chapman DP, Perry GS, et al. The role of public health in addressing racial and ethnic disparities in mental health and mental illness. Prev Chronic Dis. 2010;7(1). http://www.cdc.gov/pcd/ issues/2010/ jan/09_0125.htm. Accessed 18 December 2018.

7. Sriwattanakomen R, Ford AF, Thomas SB, Miller MD, Stack JA, Morse JQ, et al. Preventing depression in later life: translation from concept to experimental design andimplementation. Am J Geriatr Psychiatry. 2008;16:460–68.

8. Lopez SJ, Prosser EC, Edwards LM, Magyar-Moe JL, Neufeld JE, Rasmussen HN. Putting positive psychology in a multicultural context. In: Snyder CR, Lopez SJ, editors. Handbook of Positive Psychology. New York: Oxford University Press; 2002. p. 700–14.

9. Constantine MG, Sue DW. Factors contributing to optimal human functioning in people of color in the United States. Couns Psychol. 2006;34:228–44.

10. Seligman MEP, Steen TA, Park N, Peterson C. Positive psychology progress: empirical validation of interventions. Am Psychol. 2005;60:410.

11. Becker D, Marecek J. Dreaming the American dream: individualism and positive psychology. Soc Personal Psychol Compass. 2008;2:1767–80.

12. Seligman MEP, Csikszentmihalyi M. Positive psychology: an introduction. Washington, D.C.: American Psychological Association; 2000.

13. Peterson C. The values in action (VIA) classification of strengths. In: Csikszentmihalyi M, Csikszentmihalyi IS, editors. A life worth living: Contributions to positive psychology. New York: Oxford University Press; 2006. p. 29–48.

14. Seligman MEP. Flourish: A visionary new under- standing of happiness and well-being. New York: Simon and Schuster; 2012.

15. Ackerman C, Pennock SF. What is positive psychology & why is it important? Definitions + Examples. https://positive-psychologyprogram.com/what-is-positive-

psychology-definition/. Accessed 21 Dec 2018.

16. Seligman MEP, Rashid T, Parks AC. Positive psycho- therapy. Am Psychol. 2006;61:774–88.

17. Peseschkian N. Positive psychotherapy: theory and practice of a new method. Berlin Heidelberg: Springer Science & Business Media; 2012.

18. Peseschkian N. Positive psychotherapy of everyday life. Bloomington, USA: AuthorHouse; 2016.

19. Breland-noble AM, Bell C, Nicolas G. Family first: the development of an evidence-based family intervention for increasing participation in psychiatric clinical care and research in depressed African American adolescents. Fam Process. 2006;45:153–69.

20. Sin NL, Lyubomirsky S. Enhancing well-being and alleviating depressive symptoms with positive psychology interventions: a practice-friendly meta- analysis. J Clin Psychol. 2009;65:467–87.

21. Mizell CA. Life course influences on African American men's depression: adolescent parental composition, self-concept, and adult earnings. J Black Stud. 1999;29:467–90.

22. Khaw D, Kern M. A cross-cultural comparison of the PERMA model of well-being. Undergrad J of Psychol Berkeley, Univ Calif. 2014;8:10–23.

23. Chau WW-Y. The Relationship between Acculturative Stress and Spirituality among Chinese Immigrant College Students in the United States. Online Submiss. 2006.

24. Arnett JJ. Conceptions of the transition to adult- hood among emerging adults in American ethnic groups. New Dir Child Adolesc Dev. 2003;2003: 63–76.

25. Gurley D, Novins DK, Jones MC, Beals J, Shore JH, Manson SM. Comparative use of biomedical services and traditional healing options by American Indian veterans. Psychiatr Serv. 2001;52:68–74.

26. Waldron I. The marginalization of african indigenous healing traditions within western medicine: reconciling ideological tensions & contradictions along the epistemological terrain. 2010.

27. Gee GC. A multilevel analysis of the relationship between institutional and individual racial dis- crimination and health status. Am J Public Health. 2008;98:S48–56.

28. Keyes CLM. The black–white paradox in health: flourishing in the face of social inequality and dis- crimination. J Pers. 2009;77:1677–706.

29. Hamilton JB, Stewart JM, Thompson K, Alvarez C, Best NC, Amoah K, Carlton-LaNey IB. Younger African American adults' use of religious songs to manage stressful life events. J Relig Health. 2017;56:329–44.

30. Saleebey D. The strengths perspective in social work practice: extensions and cautions. Soc Work. 1996;41:296–305.

31. Seligman MEP. Authentic happiness: using the new positive psychology to realize your potential for lasting fulfillment. New York: Simon and Schuster; 2004.

32. Bolier L, Haverman M, Westerhof GJ, Riper H, Smit F, Bohlmeijer E. Positive psychology interventions: a meta-analysis of randomized controlled studies. BMC Public Health. 2013;13:119.

33. Proyer RT, Gander F, Wellenzohn S, Ruch W. Strengths-based positive psychology interventions: a randomized placebo-controlled online trial on long-term effects for a signature strengths-vs. a lesser strengths-intervention. Front Psychol. 2015;6:456.

34. Xie H. Strengths-based approach for mental health recovery. Iran J Psychiatry Behav Sci. 2013;7:5.

35. Campinha-Bacote J. The process of cultural competence in the delivery of healthcare services: a model of care. J Transcult Nurs. 2002;13:181–4.

36. Giglio J. The impact of patients' and therapists' religious values on psychotherapy. Psychiatr

Serv. 1993;44:768–71.

37. Blass DM. A pragmatic approach to teaching psychiatry residents the assessment and treatment of religious patients. Acad Psychiatry. 2007;31:25–31.

38. Hays PA. Addressing cultural complexities in practice: assessment, diagnosis, and therapy. Washington, D.C.: American Psychological Association; 2008.

39. Brown DL, Tylka TL. Racial discrimination and resilience in African American young adults: examining racial socialization as a moderator. J Black Psychol. 2011;37:259–85.

40. King SV, Burgess EO, Akinyela M, Counts-Spriggs M, Parker N. "Your body is God's Temple" the spiritualization of health beliefs in multigenerational African American families. Res Aging. 2005;27:420–46.

41. Luthar SS, Lyman EL, Crossman EJ. Resilience and positive psychology. In: Lewis MM, Rudolph KD, editors. Handbook of developmental psychopathology. New York: Springer; 2014. p. 125–40.

42. Earvolino-Ramirez M. Resilience: a concept analysis. In: Nursing forum. Wiley Online Library; 2007. p. 73–82. 42 No: 2. Malden, USA: Blackwell Publishing Inc.

43. McRae MB, Carey PM, Anderson-Scott R. Black churches as therapeutic systems: a group process perspective. Heal Educ Behav. 1998;25:778–89.

44. Arnett JJ. Emerging adulthood (s). Bridg cult dev approaches to Psychol new synth theory. Res Policy. 2010:255–75.

45. Duncan GN, Ahmed AO, Mabe PA, Anderson B, Fenley G, Rollock M. Shared decision-making. In: Singh, et al., editors. Handbook of recovery in inpatient psychiatry. New York: Springer; 2016. p. 99–123.

46. Giger JN, Appel SJ, Davidhizar R, Davis C. Church and spirituality in the lives of the African American community. J Transcult Nurs. 2008;19:375–83.

47. Michael YL, Farquhar SA, Wiggins N, Green MK. Findings from a community-based participatory prevention research intervention designed to increase social capital in Latino and African American communities. J Immigr Minor Health. 2008;10:281–9.

48. Pargament KI, Mahoney A. Discovering and con- serving the sacred. In: Snyder CR, Lopez SJ, editors. Handbook of positive psychology. New York: Oxford University Press; 2005. p. 646–59.

49. Pietrowsky R, Mikutta J. Effects of positive psychology interventions in depressive patients—a randomized control study. Psychology. 2012;3:1067.

50. Alim TN, Feder A, Graves RE, Wang Y, Weaver J, Westphal M, Alonso A, Aigbogun NU, Smith BW, Doucette JT. Trauma, resilience, and recovery in a high-risk African-American population. Am J Psychiatry. 2008;165:1566–75.

51. Authentic Happiness. https://www.auth-entichappi- ness.sas.upenn.edu.

52. Karenga M. The African American holiday of Kwanzaa: a celebration of family, community & culture. Los Angeles: Univ of Sankore Pr; 1988.

第18章

1. Abu Baker K, Dwairy M. Cultural norms versus state law in treating incest: a suggested model for Arab families. Child Abuse Negl. 2003;27:109–23.

2. Aponte JF, Rivers RY, Wohl J, editors. Psychological interventions and cultural diversity. Boston: Allyn & Bacon; 1995.

3. Tseng W-SH, Streltzer J, editors. Culture and psycho- therapy. A guide to clinical practice. Washington, D.C./ London: American Psychiatric Press; 2001. p. 266.

4. Boncheva I. Psychotherapeutic competence (Бончева Ив. Психотерапевтичната компетентност.). Известия на съюза на учените—Варна (J Counc Sci Varna) 2008;1/2009, том XIV:36–40 (Bulgarian

language).

5. Cesko E. Transcultural psychotherapy: new perspectives in clinical application. Psychotherapie- Wissenschaft. 2018;8(2):57–61.

6. Cope AT. The inherently integrative approach of positive psychotherapy. J Psychother Integr. 2010;20(2):203–50.

7. DeVos AG. Cross-cultural studies of mental disorders. In: Arieti S, Caplan G, editors. America handbook of psychiatry, volume 2: Basic Book; 1974. E-Book 2015 International Psychotherapy Institute, Copyright 1974, by Basic Book.

8. Eryilmaz A. Using of positive psychotherapy narratives at school. Int J Human Soc Sci. 2010;5(7):420–2.

9. Foster RMP, Moskowitz M, Javier RA, editors. Reaching across boundaries of culture and class: widening the scope of psychotherapy. Jason Aronson: Northvale; 1996.

10. Goncharov M. Operationalisation of counter-transference in positive psychotherapy. Int J Psychother. 2012;16(3):27–43. ISSN 1356-9082.

11. Greene B, editor. Ethnic and cultural diversity among lesbians and gay men. Thousand Oaks: SAGE; 1997.

12. Hedges EL. Cross-cultural encounters from the psychotherapy literature: International Psychotherapy Institute; 2012, e-Book 2017.

13. Henrichs CC. Psychodynamic positive psychotherapy emphasizes the impact of culture in the time of globalization. Psychology. 2012;3(12A):1148–52. Published Online December 2012 in SciRes (http:// www.SciRP.org/journal/psych).

14. Hübner G. Burnout, Lenzkircher Verlagsbuchhandel, Lenzkirch; 2009. ISBN 978-3-9811581-4-4.

15. Kirillov I. *Positive psychotherapy in progress, part I,* theoretical reflections. Moscow: Moscow Center of Positive Psychotherapy; 2015.

16. Peseschkian H. Die russische Seele im Spiegel der Psychotherapie. Ein Beitrag zur Entwicklung einer transkulturellen Psychotherapie. Berlin: VWB; 2002.

17. Peseschkian N. Positive family therapy. Positive psychotherapy manual for therapists and families. Bloomington, USA: AuthorHouse; 2016.

18. Peseschkian N. In search of meaning. Positive psychotherapy step by step. Bloomington, USA: AuthorHouse; 2016.

19. Peseschkian N. Positive psychotherapy of everyday life. Bloomington, USA: AuthorHouse; 2016.

20. Peseschkian N. Oriental stories as techniques in positive psychotherapy. Bloomington, USA: AuthorHouse; 2016.

21. Peseschkian N. Positive psychotherapy, theory and practice of a new method. Berlin: Springer; 1988.

22. Peseschkian N. If you want something you never had, then do something you never did. New Delhi: New Dawn Press Group; 2005.

23. Peseschkian N. Life is a paradise. New Delhi: New Dawn Press Group; 2006.

24. Peseschkian N. Positive psychosomatics. Clinical manual of positive psychotherapy. Bloomington, USA: AuthorHouse; 2016.

25. Remmers A. Identity and responsibility: the positive psychotherapist in the intercultural society of the 21st century. World Conference for Positive Psychotherapy, Keynote Lecture. Kemer. Turkey. November 2014:18.

26. Shedler J. The efficacy of psychodynamic psycho- therapy. Am Psychol. 2010;65 (2):98–109.

27. Zacharias S. Mexican "curanderismo" as ethnopsychotherapy: a qualitative study on treatment practices, effectiveness, and mechanisms of change. Int J Disabil Dev Ed. 2006;53(4):381–400.

第19章

1. Gulliver A, et al. The mental health of Australian elite athletes. J Sci Med Sport. 2015;18(3):255–61.

2. Schaal K, Tafflet M, Nassif H, Thibault V, Pichard C, et al. Psychological balance in high level athletes: gender-based differences and sport-specific patterns. PLoS One. 2011;6(5):e19007.

3. Proctor SL, Boan-Lenzo C. Prevalence of depressive symptoms in male intercollegiate student-athletes and nonathletes. J Clin Sport Psychol. 2010;4:204–20.

4. Yang J, Peek-Asa C, Corlette JD, et al. Prevalence of and risk factors associated with symptoms of depression in competitive collegiate student athletes. Clin. J Sports Med. 2007;17:481–7.

5. Patel DR, et al. Sport-related performance anxiety in young female athletes. J Pediatr Adolesc Gynecol. 2010;23(6):325–35.

6. Sundgot-Borgen J, Torstveit MK. Prevalence of eating disorders in elite athletes is higher than in the general population. Clin J Sport Med. 2004;14(1):25–32.

7. Johnson C, Powers P, Dick R. Athletes and eating disorders: the national collegiate athletic association study. Int J Eat Disord. 1999;26:179–88.

8. Green GA, Uryasz FD, Petr TA, Bray CD. Study of substance use and abuse habits of college student- athletes. Clin J Sport Med. 2001;11(1):51–6.

9. Clark A, Henderson P. Behavioral and physiological response to anabolic-androgenic steroids. Neurosci Biobehav Rev. 2003;27(5):413–43.

10. Jeste DV, Palmer BW, editors. Positive psychiatry. Arlington: American Psychiatric Publishing; 2015.

11. Jeste DV, Savla GN, Thompson WK, et al. Association between older age and more successful aging: critical role of resilience and depression. Am J Psychiatry. 2013;170:188–96.

第20章

1. Sinici E. May positive psychotherapy be effective in treatment-resistant obsessive-compulsive disorder? A case report. Clin Psychiatry J. 2018;21:407–13.

2. Peseschkian N. Positive psychotherapy of everyday life. Bloomington, USA: AuthorHouse; 2016.

3. Peseschkian N. Positive psychotherapy. Heidelberg, Berlin/New York: Springer; 1987 (first German edition in 1977, first Turkish edition in 2015).

4. Sinici E. A balance model for patients with post-traumatic stress disorder. Int J Psychother. 2015;19:3.

5. Sarı T. Positive psychotherapy: development, basic principles and methods and it's applicability to Turkish culture. J Happiness Well-Being. 2015;3:182–203.

6. Peseschkian N. Positive family therapy. Positive psychotherapy manual for therapists and families. Bloomington, USA: AuthorHouse; 2016.

7. www.usefulconversations.com. Alınma tarihi: 15 Dec. 2018.

8. www.belgeler.com/blg/2dw/aileterapileri. Alınma tarihi: 15 Dec 2018.

9. Hellinger B. Sevgi Düzenleri. İstanbul: Sistem Publication; 2010.

10. http://psikiyatriksosyalhizmet.com/wpcontent/ uploads/2010/02/aile_cift_terapisi.pdf. Alınma tarihi: 15 Dec 2018.

11. Nazlı S. Aile Danışmanlığı. İstanbul: Nobel Publication; 2001.

12. Gürsoy Ü. Üniversite Öğrencilerinin Gestalt Temas Biçimleri ile Yaşam Doyumları ile Arasındaki ilişkinin İncelenmesi. İstanbul: Yüksek Lisans Tezi; 2009.

13. Sinici E, Sarı T, Maden Ö. Primary and secondary capacities of post-traumatic stress disorder patients in terms of positive psychotherapy. Int J Psychother. 2014;18(3):22–34.

14. Hayran R. Pozitif Aile Terapisi (Positive

family therapy). Turkey Clin Psychiatry-Spec Top. 2013;6(1):44–54.

15. Sinici E. Unpublished positive psychotherapy master education course notes; 2013.

第21章

1. Angelou Maya. https://myzitate.de/maya-angelou/. Accessed August 2018.

2. Dreikurs R. Psychology in the classroom. 2nd ed. New York: Harper & Row; 1968.

3. Gage NL, Berliner DC. Educational psychology. 3rd ed. Boston: Houghton Mifflin; 1984.

4. Peseschkian H, Remmers A. Positive psychotherapy. Munich, Basel: Ernst Reinhardt Verlag; 2013.

5. Peseschkian N. Positive Psychotherapie. Theorie und Praxis einer neuen Methode. Fischer, Frankfurt/M, 1977（latest English version "Positive psychotherapy" in 2016 by Author House）.

6. Peseschkian N. Positive Familientherapie. Fischer Taschenbuchverlag, Frankfurt/M, 1980（latest English version "Positive family therapy" in 2016 by Author House）.

7. Peseschkian N, Deidenbach H. Wiesbadener Inventar zur Positiven Psychotherapie und Familientherapie（WIPF）. Heidelberg: Springer; 1988.

8. Tuckman B. Developmental sequence in small groups (PDF). Group facilitation: a research and applications journal. 2001. p. 71–2. Archived (PDF) from the original on 29 November 2015. Retrieved 2 Dec 2015. Website at: https://en.wikipedia.org/wiki/Tuckman%27s_stages_of_group_development. Accessed Oct 2018.

9. Бончева Ив. Психологична психотерапия. Психотерапевтична компетентност. Славена, Варна, 2013.

10. Бончева Ив. В разпознаване на детската агресия. Стратегии за овладяване и преобразуване. Превенции, Варна, 2015.

11. Димитрова Сн. Психотерапия за детето и неговите родители. Принтекс ООД, 2015.

12. Томчева Ст. Възпитателно въздействие чрез група. Предизвикателствата на съвремието и качеството на образованието. Научно-практическа конференция. Сборник с доклади. Том I. Издателство "Фабер", 2007, стр. 266–70.

13. Томчева Ст. Динамика на формиране на агресивно поведение при 18-годишни ученици с регистрирани агресивни прояви в училище. Дисертационен труд за придобиване на образователна и научна степен "Доктор". МУ "Проф. д-р Параскев Стоянов" – Варна, 2013.

14. П. Куельо. Алхимикът. Обсидиан. 2014 (P. Coelho. The Alchemist).

第22章

1. Dekker M. gramme/handouts/Autistic-Culture-07-Oct-1999.pdf.

2. Boncheva I. The concept of "Positum" in mental health care (Bulgarian). Psychological psychotherapy; Slavena; Warna: 2013.

3. Cope T. The inherently integrative approach of positive psychotherapy. J Psychother Integr. 2010;20(2):203–50.

4. Dobiała E, Winkler P. Positive psy-chotherapy according to Seligman and positive psychotherapy according to Peseschkian: a comparison. Int J Psychother. 2016;20(3):3.

5. Goncharov M. Operationalisation of countertransference in positive psychotherapy. Int J Psychother. 2012;16(3):27–43.

6. Feder B, Ronal R (eds). Beyond the hot seat: gestalt approaches to group. Montclair, NJ, USA: Beefeeder Press; 1980.

7. Henrichs C. Psychodynamic positive psychotherapy emphasizes the impact of culture in the time of globalization. Psychology. 2012;3（12A）:1148–52.

8. Huysse-Gaytandjieva A, Boncheva I. Why do we fail to adapt to a different culture? A development of a therapeutic approach. Int J Psychother. 2013;17(3):43–58.

9. Lewin K. Resolving social conflicts. Selected Papers on Group Dynamics. Social Forces. 1948;27(2):167–8.

10. PeseschkianN. Positive psychotherapy. Bloomington: Author House UK; 2016. (First German edition 1977).

11. Peseschkian N. The importance of social norms in positive psychotherapy concerning the transcultural aspect. Empirical research on the basis of "Wiesbaden Differentiation Analytic Questionnaire" WDF (German) Habilitation Medical Faculty, University of Frankfurt/M; 1988.

12. Rutan SJ, Stone WN, Shay JJ. Psychodynamic group psychotherapy. 5th ed. New York: The Guilford Press; 2014. ISBN 9781462516506.

13. Zimmermann J, Ehrenthal JC, Horz S, Rentrop M, Rost R, Schauenburg H, Schneider W, Waage M, Cierpka M. Neue Validierungsstudien zur Operationalisierten Psychodynamischen Diagnostik (OPD2). Psychotherapeut. 2010;55:69–73.

14. Yalom I, Leszcz M. Theory and practice of group psychotherapy. 5th ed. New York: Perseus Books; 2005.

第23章

1. Beck DE, Cowan CC. Spiral dynamics. Oxford: Blackwell Publishing; 2006.

2. Bugental JFT. The art of the psychotherapist. New York, London: W.W.Norton & Company; 1987.

3. Cook-Greuter SR. Ego development: nine levels of increasing embrace. S.Cook-Greuters; 1985.

4. van Deurzen E. Existential counselling & psychotherapy in practice. Thousand Oaks: SAGE Publications; 2012.

5. van Deurzen E. editor. Existential perspectives on coaching. Houndmills: Palgrave Macmillan; 2012.

6. Erikson EH. Childhood and Society. New York: Norton; 1993.

7. Erikson EH. Identity: youth and crisis. New York: Norton; 1994.

8. Erikson EH. The life cycle completed. New York: Norton; 1998.

9. Erikson EH. Insight and responsibility. New York: Norton; 1994.

10. Erskine R, Moursund J, Trautmann R. Beyond empathy: a therapy of contact-in relationships. Routledge; 2014.

11. Fisher D, Torbert WR. Personal and organizational transformation. London: McGraw-Hill; 1995.

12. Fisher D, Rooke D, Torbert W. Personal and organizational transformations. Edge\Work Press; 2002.

13. Frankl V. Man's search for meaning. Beacon Press; 2006.

14. Fromm E. Man for himself. Holt Paperbacks; 1990.

15. Fromm E. Escape from freedom. Holt Paperbacks; 1994.

16. Fromm E. The art of loving. New York: Harper Perennial Modern Classics; 2006.

17. Fromm E. The heart of man: its genius for good and evil: Lantern Books; 2010.

18. Goncharov M. Operationalization of the conflicts in positive psychotherapy. Khabarovsk (Russian). 2015.

19. Graves CW. The never ending quest. Santa Barbara: ECLET; 2005.

20. Hare RD. Without conscience. The disturbing world of the psychopaths among us: The Guilford Press; 1999.

21. Hum G, Ilea R. Using the balance model in organizational training. Positum no.2, Moscow (Russian language); 2004.

22. Karikash V, Kravchenko Y. Personnel management. Cherkassy Institute of Management (Russian language). 2002.

23. Karikash VI. Five pinnacles on the lifeline: psychotherapy via existential identity transformation. Positum-Ukraine No.3. 2009.

24. Kegan R, Lahey LL. An everyone culture. Boston, Harvard Business Review; 2016.

25. Kernberg OF. Ideology, conflict and leadership in groups and organization. Moscow, Class (Russian language); 2015.

26. Kipping M, Engwall L. Management consulting. Emergence and dynamics of a knowledge industry. Oxford University Press; 2002.

27. Kirichenko S. Lessons of inevitable. Predefined and conditional destiny. Positum-Ukraine No.3, Kyiv (Russian language); 2009.

28. Kirillov I. Basic course positive psychodynamic psychotherapy. Riga: Megapressgroup (Russian language); 2007.

29. Kirillov I. From struggle with stress to stress surfing. Positum-Ukraine No.3, Kyiv (Russian language); 2009.

30. Kornbichler T, Peseschkian M. Nossrat Peseschkian. Positive psychotherapy in dialogue between the cultures. Vash Dom: Ukraine; 2004.

31. Korotov K, et al. Tricky coaching. Difficult cases in leadership coaching. New York: Palgrave Macmillian; 2012.

32. Kravchenko Y. Coaching and psycho-therapy: beginning of a common history. Positum-Ukraine No.1, Kyiv (Ukrainian language); 2007.

33. Kravchenko Y. Health coaching. Actual problems of psychology. Kyiv: Institute of Psychology; 2008.

34. Kravchenko Y. Training and coaching as a T&D couple. HR Magazine; 2009.

35. Kravchenko Y. Payback for leadership. Existential Burnout of a Manager. "HR-Brand", St. Petersburg; 2015.

36. Kravchenko Y. Contribution of the Ukrainian School of Positive Existential Psychotherapy and Existential Coaching to the Development and Modernization of Cross-Cultural Psychological Practice. Development and modernization of science. Lublin: Baltija Publishing; 2017.

37. Kravchenko Y, Dubravin D, Azimova Z. Why do not whales drown? Prospects for the integration of coach- ing and training technologies based on a positive cross-cultural approach. Positum-Ukraine No.3, Kyiv (Russian language); 2009.

38. Kravchenko Y, Konischev S. Program of the school of organizational coaching. Golden Staff; 2018.

39. Kravchenko Y, Konischev S. Program of the leader- ship coaching school. Golden Staff; 2019.

40. Laloux F. Reinventing organizations. Nelson Pearker; 2014.

41. Langle A. Life full of meaning. Genesis (Russian language). 2004.

42. Langle A. Fundamental motivations of existence. Existential analysis no 1. 2009.

43. Langle A. Emotions and existence. Humanitarian Center (Russian language). 2011.

44. Langle A. Reach for life. Existential analysis of depression. Genesis (Russian language). 2013.

45. Lencioni P. The five dysfunctions of a team. A leader- ship fable. Jossey-Bass. A Wiley Imprint; 2002.

46. Ludeman K, Erlandson E. Alpha male syndrome. Boston: Harvard Business School Press; 2006.

47. Maslow A. Religions, values and peace-experience. Penguin books; 1976.

48. May R. The art of counselling. Amereon Press; 2011.

49. McWilliams N. (1999). Psychoanalytic case formulation. New York: Guilford Press.

50. Operationalized Psychodynamic Diagnosis OPD-2. Göttingen: Hogrefe; 2008.

51. Peseschkian H, Voigt C. Psychovampires. A positive approach to energy suckers. Bloomington: AuthorHouse UK; 2009. (First German edition in 2009).

52. Peseschkian H. Basics of positive psychotherapy. Arkhangelsk medical institute (Russian language); 1993.

53. Peseschkian N. In search of meaning. Positive psychotherapy step by step. Bloomington,

USA: AuthorHouse; 2016.

54. Peseschkian N. Oriental stories as techniques in positive psychotherapy. Bloomington, USA: AuthorHouse; 2016.

55. Peseschkian N. Positive psychotherapy – theory and practice of a new method. Heildelberg: Springer; 1987.

56. Peseschkian N. Life is a paradise to which we can find the key. New Dawn Press; 2006.

57. Peseschkian N. The role of identity and culture in the modern world. Positum-Ukraine no.1, Kyiv (Russian language); 2007.

58. Peseschkian N. 33 and one form of partnership. Inst. pozitivnoy psikhoterapii (Russian); 2009.

59. Peseschkian N. If you want something you never had, then do something you never did. Sterling Publications; 2011.

60. Peseschkian N. Psychotherapy of everyday life. AuthorHouse UK; 2016.

61. Peseschkian N, Battegay R. Ladder to happiness. Positum-Ukraine no.3, Kyiv (Russian language); 2009.

62. Peseschkian N. Positive psychotherapy. In: Pritz A. Globalized psychotherapy. Vienna: Facultas Universitätsverlag; 2002.

63. Rosenberg M. Nonviolent communication. Language of life. Sofia (Russian language); 2018.

64. Shein EH. Organizational culture and leadership. Hoboken: Wiley; 2016.

65. Spinelli E, Horner C. An existential approach to coaching psychology. Handbook of coaching psychology. London: Routledge; 2008.

66. Whitmore J. Coaching for performance. The principles and practice of coaching and leadership. London: Nicholas Brealey; 2017.

67. Willber K. A brief history of everything. Boston: Shambhala Publications; 1996.

68. Willber K. Integral psychology: consciousness, Spirit, psychology, therapy. Boston: Shambhala Publications; 2000.

69. Yalom ID. Existential psychotherapy. New York: Basic Books; 1980.

70. Young JE. Cognitive therapy for personality disorders: a Schema-focused approach. Sarasota: Professional Resource Exchange; 1990.

71. Young JE, Klosko S, Weishaar ME. Schema therapy: a practitioner's guide. New York: Guilford; 2003.

72. Zimbardo PG, Coulombe ND. Man disconnected: how technology has sabotaged what it means to be male. London: Rider; 2015.

第24章

1. Brand-Eins-Verlag. Die Welt in Zahlen 2012. Hamburg: Brand-Eins-Verlag; 2011.

2. Hammer E. Männer altern anders. Eine Gebrauchsanweisung. Freiburg im Breisgau: Herder; 2007.

3. Bönt R. Das entehrte Geschlecht. Ein notwendiges Manifest für den Mann. München: Pantheon; 2012.

4. Zukunftsinstitut. Die Männerstudie. Strategien für ein erfolgreiches Marketing. Kelkheim: Zukunftsinsitut Köln; 2008.

5. Statistisches Bundesamt. Strafvollzug – Demographische und kriminologische Merkmale der Strafgefangenen. Wiesbaden: Fachserie 10.4.18; 2011.

6. Statistisches Bundesamt. Gesundheit. Diagnosedaten der Patienten und Patientinnen in Krankenhäusern. Fachserie 12.6.2.1. Wiesbaden: Statistisches Bundesamt; 2015.

7. Lenz K, Adler M. Geschlechterbeziehungen: Einführung in die sozialwissenschaftliche Geschlechterforschung. Band 2 Weinheim: Juventa; 2011.

8. Jungnitz L, Lenz HJ, et al. Gewalt gegen Männer. Personale Gewaltwiderfahrnisse von Männern in Deutschland. Opladen: Barbara Budrich; 2007.

9. Mitchell A, Vaze A, Rao S. Clinical diagnosis of depression in primary care: a meta-analysis. Lancet. 2009;374(9690):609–19.

10. Lingam R, Scott J. Treatment non-adherence in affective disorders. Acta Psychiatr Scand. 2002;105(3):164–72.

11. Christ C, Mitterlehner F. No Bullshit. Mutiger Mann sein. Gütersloh: Gütersloher Verlags Haus; 2017.

12. Christ C, Mitterlehner F. Männerwelten. Männer in Psychotherapie und Beratung. Stuttgart: Schattauer; 2013.

13. Christ C, Mitterlehner F. Tiefenpsychologische Kurzzeittherapie. geleitet. strukturiert. patientenori- entiert. Psychotherapie CIP-Medien. 2018:57–69.

14. Christ C, Mitterlehner F. Psychotherapielei(ch) tfaden. Schwierige Situationen professionell meistern. Stuttgart: Schattauer; 2017.

15. mantherapy.org online mental health awarness campaign. (Online).; 2012 (cited 2012 12 15). Available from: http://mantherpy.org.

16. Von Uexküll T. Psychosomatik als Suche nach dem verlorenen lebenden Körper. Psychotherapie, Psychosomatik, Med. Psychologie. 1991;12:482–8.

17. Weltgesundheitsorganisation. euro.who. int/./ottawa- charter-for-health-promotion. (Online).; 1986 (cited 2018 12 15). Available from: http://euro.woh.int/.

18. Anderssen E. Why guys won't get off the couch – to get on the couch. The Globe and Mail. 2012;14（F6）.

19. Peseschkian N. Positive family therapy. Positive psychotherapy manual for therapists and families. AuthorHouse: Bloomington, USA; 2016.

20. Christ C, Mitterlehner F. Akademie-Fragebogen zur Bournout-Gefährdung. 2011. Psychologisches stan- dardisiertes Testverfahren.

21. Antonovsky A. Salutogenese. Zur Ent- mystifizierung der Gesundheit. Tübingen: DGVT-Verlag; 1997.

22. Good G, Robertson J. "To accept a pilot?" Adressing mens's ambivalence and altering. Their expectancies about therapy. Psychotherapy（Chic）. 2010;47(3):306–15.

23. Bundesministerium für Gesundheit. Froböse I, Schaller A, Feodoroff B, Biallas B. Broschuere_ Männer_in_Bewegung. (Online).; 2011 (cited 2012 12 15）. Available from: http://www.bmg.bund.de.

24. Fahlenkamp D, Schmailzl K, et al. Der alternde Mann. Theorie und Praxis der Testosterontherapie. Berlin: Springer; 2000.

25. Bartens W. zum-geburtstag-von-thure-von-uexkuell- der-menschenarzt. (Online).; 2008 (cited 2019 01 15). Available from: https:// www.sueddetusche.de/wissen.

26. Huppertz M. Achtsamkeitsübungen. Experimente mit anderem Lebensgefühl. Paderborn: Junfermann; 2015.

27. Sigusch V. Neosexualität. Über den kulturellen Wandel von Liebe und Perversion. Frankfurt am Main: Campus（Kindle-Ausgabe）; 2005.

28. Sigrist J, Starke D, et al. The measurement of effort- reward imbalance at work: European comparisons. Soc Sci Med. 2004;58(8):1483–99.

29. Sigrist J. Soziale Krisen und Gesundheit. Göttingen: Hogrefe; 1996.

30. Petzold H. Integrative Therapie. Modelle, Theorien und Methoden für eine schulenübergreifende Psychotherapie. Band 1 Klinische Philosophie. Paderborn: Junfermann; 1993.

31. Holmes T, Rahe R. The social readjustment rating scale. J Psychosomatic Res. 1967;11(2):213–8.

32. Full Circle Global, Gillian B. Executiv coaching prac- tice. Edingburgh: Full Circle Development Ltd.

33. Leithner-Dziubas K, Springer-Kremser M. Geschlechtsgebundene Aspekte in der Psychotherapie. Spectrum Psychiatrie. 2009:14–6.

34. Sellschopp-Rüppel A. Geschlechtsspezifische Aspekte in der Psychotherapie. In: Senf W, Broda M, editors. Praxis der Psychotherapie.

Stuttgart: Thieme; 2005. p. 114–9.

35. Arbeitskreis OPD. Operationalisierte Psychodynamische Diagnostik OPD-2. Das Manual für Diagnostik und Therapieplanung. Bern: Hans Huber; 2006.

36. Gay F. Persönliche Stärke ist kein Zufall - Das DISG- Persönlichkeitsprofil Offenbach am Main: Gabal; 2007.

37. Kvalevaag A, Ramchandani P, et al. Paternal mental health and socioemotional and behavioral development in their children. Pediatrics. 2013;131(2):e463–9.

38. Bundeskriminalamt. Polizeiliche Kriminalstatistik. (Online).; 2016 (cited 2017 04 17). Available from: http://www.bka.de/DE/Aktuelle Informationen/Statistiken Lagebilder/PolizeilicheKriminalstatistik.

39. Pech D. "Neue Männer" und Gewalt. Gewaltfacetten in reflexiven männlichen Selbstbeschreibungen. Opladen: Barbara Budrich; 2002.

40. Von Franz ML, Henderson J. Der Mensch und seine Symbole. Solothurn: Walter; 1999.

41. Duecker. de Entwicklungspsychologie des Kindesund Jugendalters. (Online).; 1999 (cited 2018 12 15). Available from: http://duecker.psycho.uni-osna- brueck.de.

42. Petzold H. Integrative Therapie. Modelle, Theorien und Methoden für eine schulenübergreifende Psychotherapie. Band 3 Klinische Praxeologie. Paderborn: Junfermann; 1993.

43. Thomä H, Kächele H. Lehrbuch der psychoanalytischen Therapie. Band 2 Praxis. Heidelberg: Springer; 1997.

44. Bedi R, Richards M. What a Man wants: The male perspective on therapeutic alliance formation. Psychotherapy (Chic). 2011;48(4):381–90.

第25章

1. Maslow AH. Toward a psychology of being. New York, John Wiley; 1968.

2. Hoffman E. The right to be human: a biography of Abraham Maslow. New York: St. Martin's Press; 1988.

3. Schacter DL, Gilbert DT, Wegner DM. Psychology. 2nd ed. New York: Worth; 2011.

4. Maslow AH. Motivation and personality. New York: Harper & Row; 1954.

5. Goldstein K. The organism: a holistic approach to biology derived from pathological data in man. New York: American Book Company; 1939.

6. Rogers C. On becoming a person. Mariner Books; 1995.

7. Peseschkian N. Positive psychotherapy. New York: Springer; 1987. (in German in 1977).

8. Peseschkian N. Actual capacities as aspects of con- notation and social organization of conflict handling. 5th international congress on Society for Psychiatry in Athens; 1974.

9. Peseschkian N. Die Bedeutung sozialer Normen in der Positiven Psychotherapie unter dem transkulturellen Gesichtspunkt. Empirische Untersuchungen auf der Grundlage des Wiesbadener Differenzierungsanalytischen Fragebogens (WDF). Habilitation Medical Faculty, University Frankfurt am Main; 1988.

10. Engler B. Personality theories. 8th edition. Wadsworth Publishing; 2008.

11. Peseschkian N. Positive Familientherapie. Frankfurt: Fischer; 1980.

12. Peseschkian N. Positive Psychotherapie. Frankfurt: Fischer; 1977. German.

13. Peseschkian N. Positive Psychosomatics. Bloomington, USA: AuthorHouse; 2016

14. Gebsattel VH. Gedanken zu einer anthropologischen Psychotherapie. In: Frankl VE, Gebsattel VE v, Schultz JH, editors. Handbuch der neurosenlehre und psychotherapie. band. München/Berlin: Urban und Schwarzenberg; 1959. p. 3.

15. Goncharov M. Conflict operationalization. Khabarovsk; 2015.

16. Tassinari L. Transculturalism. In: Cuccioletta D. Multiculturalism or Transculturalism:

Towards a Cosmopolitan Citizenship. London Journal of Canadian Studies, vol. 17. (2001/2002).

17. Peseschkian H. Positive psychotherapy as a transcultural approach in Russian psychotherapy. Postdoctoral Dissertation. St. Petersburg, Russia: Bekhterev Institute; 1998.

18. Beck AT, Rush AJ, Shaw BF, Emery G. Cognitive therapy of depression. New York: The Guilford Press; 1979.

19. Beck AT, Freeman AM. Cognitive therapy of personality disorders. New York: Guilford Press; 1990.

20. Seligman MEP, Csikszentmihalyi M. Positive Psychology: an introduction. Am Psychol. 2000; 55(1):5–14.

21. Cierpka M, et al. OPD-2. Bern: Huber; 2006.

22. Seligman MEP, Rashid T, Parks AC. Positive Psychotherapy. Am Psychol. 2006;61(8):774–88.

23. Peseschkian H, Remmers A. Positive Psychotherapie. Munich: Reinhardt Verlag; 2013.

24. Cope TA. The inherently integrative approach of positive psychotherapy. J Psychother Integr. 2010;20(2):203–50.

25. Dobiala E, Winkler P. 'Positive psychotherapy' according to Seligman and 'Positive Psychotherapy' according to Peseschkian: a comparison. Int J Psychother. 2016;30(3):5–13.

26. Eslyuk RP. The systemic principles in psychology and psychotherapy. Kharkov: The Novoe Slovo; 2012. 27.

27. Peseschkian N. Positive family therapy. The family as therapist. Springer, Berlin, Heidelberg, New York; 1986. (first German edition in 1980, latest English edition in 2016 by AuthorHouse UK).

28. Mentzos S. Lehrbuch der Psychodynamik. Die Funktion der Dysfunktionalität. 7th edition. Vandenhoeck & Ruprecht; 2015.

29. Battegay R. In: Jork K, Peseschkian N, editors. Salutogenese und Positive Psychotherapie. Bern: Huber; 2006.

30. Cope T. Positive psychotherapy's theory of the capacity to know as explication of unconscious contents. J Relig Health. 2009;48:79–89.

第26章

1. Boessmann U, Remmers A. Wirksam behandeln. Bonn: Deutscher Psychologen Verlag; 2005.

2. Kirillov I. Basic course in positive psychotherapy (Russian language). Moscow: Land of Oz Publisher; 2019.

3. Peseschkian H, Remmers A. Positive Psychotherapie. Wege der Psychotherapie. München: Ernst Reinhardt Verlag; 2013.

4. Peseschkian N. Positive psychotherapie. Frankfurt: Fischer; 1977.（first English edition in 1987）.

5. Peseschkian N, Deidenbach H. Wiesbadener Inventar zur Positiven Psychotherapie und Familientherapie WIPPF. Berlin, Heidelberg: Springer; 1988.

6. Peseschkian N. Positive psychosomatics. Clinical manual of positive psychotherapy. Bloomington: AuthorHouse; 2016.

7. Remmers A, Boessmann U. Das Erstinterview. Bonn: dpv; 2011.

8. Tritt J, Loew TH, Meyer M, Werner B, Peseschkian N. Positive psychotherapy: effectiveness of an interdisciplinary approach. Eur J Psychiatry. 1999;13(4):231–41.

9. Dührssen A. Die biographische Anamnese unter tief- enpsychologischem Aspekt. Göttingen: Vandenhoeck & Ruprecht; 1981.

10. Argelander H. Das erstinterview in der psychotherapie. Wissenschaftlicher Buchverlag: Darmstadt; 1970.

11. Reimer C, Rüger U. Psychodynamische psychotherapien. Berlin: Springer; 2000.

12. Lambert MJ. Psychotherapy outcome research: implications for integrative and eclectic therapists. In: Norcross JC, Goldfried MR, editors. Handbook of psychotherapy

integration. New York: Basic Books; 1992. p. 94–129.

13. Arbeitskreis OPD. Operationalisierte Psychodynamische Diagnostik OPD-2. Das Manual für Diagnostik und Therapieplanung. Huber Verlag: Bern; 2006.

14. Peseschkian H. Psycho-soziale Aspekte beim lumbalen Bandscheibenvorfall (Psychosocial aspects of lumbar disc herniation). Doctoral dissertation: Medical Faculty, University of Mainz; 1988.

15. Hubble MA, Duncan BL, Miller SD. The heart & soul of change: what works in therapy. Washington, DC: American Psychological Association; 1999.

16. Snyder CR. Handbook of hope: theory, measures & applications. San Diego, CA: Academic Press; 2000.

17. Frank JD. Persuasion and healing : a comparative study of psychotherapy (3rd ed.). Baltimore: Hopkins Univ. Press; 1991.

18. Elgeti H. Einführung in die Tiefenpsychologische Anamneseerhebung und die Erstellung eines Berichtes zum Psychotherapie-Erstantrag. Materialien des Instituts für Psychotherapeutische Ausund Weiterbildung. Hanover: School of Medicine; 2004.

19. Peseschkian N. Oriental stories as te-chniques in positive psychotherapy. Bloomington: AuthorHouse; 2016.

20. Grawe K, Donati R, Bernauer F. Psych-otherapie im Wandel : Von der Konfession zur Profession. Göttingen: Hogrefe; 1994.

21. Jork K, Peseschkian N. Salutogenese und positive psychotherapie. Hans Huber Verlag: Bern, Stuttgart; 2003/2006.

22. Peseschkian N. Positive family therapy. Positive psychotherapy manual for therapists and families. Bloomington: AuthorHouse; 2016.

第27章

1. Abrams D, Hogg MA, Hinkle S, Otten S. The social identity perspective on small groups. In: Poole MS, Hollingshead AB, editors. Theories of small groups: interdisciplinary perspectives. Thousand Oaks: Sage; 2005.

2. American Psychological Association. Ethical principles of psychologists and code of conduct. American Psychologist; 2002. Retrieved from http://apa.org/ethics/code/index.aspx?item=3.

3. Bach G. (1914) Fight with me in group therapy. In: Wolberg LR, Bisno ML, editors. Managing conflict. London: Sage; 1988.

4. Benjamin LS, Rothweiler JC. The use of structural analysis of social behavior (SASB) as an assessment tool. Annu Rev Clin Psychol. 2006;2:83.

5. Bisno H. Managing conflict. London: Sage; 1988.

6. Blood RO. Resolving family conflicts. J Confl Resolut. 1960;4:209–19.

7. Burlingame GM, Fuhriman A. Small group research and dynamical systems theory: conceptual and meth- odological considerations, a reply to McGrath (1997). Group Dyn Theory Res Pract. 1997;1(1):1–28.

8. Carson RC. Interaction concepts of personality. Chicago: Aldine; 1969; Cartwright D. and Zander A. (eds) (1968) Group dynamics: research and theory. 2nd edn. New York: Row, Peterson and Co.

9. Cornelius H, Faire S. Everyone can win: how to resolve conflict. Melbourne: Simon and Schuster; 1989.

10. Cowger CG. Conflict and conflict management in working with groups. Social Work with Groups. 1979;2:309–20.

11. Crits-Christoph P, Cooper A, Luborsky L. The accuracy of therapists' interpretations and the outcome of dynamic psychotherapy. J Consult Clin Psychol. 1988;56:490.

12. De Mare R, Piper R, Thompson S. Koinonia: from hate, through dialogue to culture in the large group. London: Karnac; 1991.

13. De Rubeis RJ, Brotman MA, Gibbons CJ. A conceptual and methodological analysis of the nonspecifics argument. Clin Psychol Sci Pract. 2005;12:174–83.

14. Deutsch M. The resolution of conflict: constructive and destructive processes, vol. 17. New Haven: Yale University Press; 1973. p. 248.

15. Donahue WA, Kolt R. Managing interpersonal conflict. London: Sage; 1993.

16. Doob L. Conflict resolution. In: Kuper A, Kuper J, editors. The social science encyclopedia. London: Routledge and Kegan Paul; 1985.

17. Fisher RJ. Third party consultation as a method of intergroup conflict resolution: a review of studies. J Confl Resolut. 1983;27:302–34.

18. Gabbard GO. Long-term psychodynamic psycho- therapy. 3rd edition. Washington, D.C.: American Psychiatric Association; 2017.

19. Goncharov M. Conflict operationalization in positive psychotherapy. Russia, Khabarovsk; 2015. «Omega-Press».

20. Grawe K. Psychological therapy. Bern: Hogrefe & Huber; 2004.

21. Hays PA. Addressing cultural complexities in practice: a framework for clinicians and counselors. Washington, D.C: APA; 2001.

22. Heider S. Conflict resolution: a framework for integration. J Integrative and Eclectic Psychotherapy. 1987;6:334–50.

23. Horowitz LM, Alden LE, Wiggins JS, Pincus AL. Inventory of interpersonal problems manual; 2000.

24. Horowitz LM. Interpersonal foundations of psycho- pathology. Washington, DC: American Psychological Association; 2004.

25. Huber D, Henrich G, Klug G. The inventory of interpersonal problems (IIP): sensitivity to change. Psychother Res. 2007;17:474.

26. Hughes J, Barkham M. Scoping the inventory of interpersonal problems, its derivatives and short forms: 1988-2004. Clinical Psychology and Psychotherapy. 2005;12:475.

27. Kelly TA. The role of values in psychotherapy: review and methodological critique. Clin Psychol Rev. 1990;10:171–86.

28. Kelly TA, Strupp HH. Patient and therapist values in psychotherapy: perceived changes, assimilation, similarity, and outcome. J Consult Clin Psychol. 1992;60:34.

29. Kyle GB. Predicting conflict in group psychotherapy: a model integrating interpersonal and group-as-A- whole theories. Wright State University; 2011.

30. Locke KD. Interpersonal problems and interpersonal expectations in everyday life. J Soc Clin Psychol. 2005;24:915.

31. Locke KD, Sadler P. Self-efficacy, values, and complementarity in dyadic interactions: integrating inter- personal and social-cognitive theory. Personal Soc Psychol Bull. 2007;33:94.

32. Lovaglia M, Mannix EA, Samuelson CD, Sell J, Wilson RK. Conflict, power, and status in groups. In: Poole MS, Hollingshead AB, editors. Theories of small groups: interdisciplinary perspectives. Thousand Oaks, CA: Sage; 2005.

33. Operationalized Psychodynamic Diagnosis (OPD-2). Manual of Diagnosis and Treatment Planning. OPD task force. 2008 by Hogrefe & Huber Publishers.

34. Peseschkian N. Positive psychotherapy. Heidelberg/ New York: Springer; 1987.

35. Peseschkian N. In search of meaning. Positive psychotherapy step by step. Bloomington, USA: AuthorHouse; 2016.

36. Peseschkian N. Positive family therapy. Positive psychotherapy manual for therapists and families. Bloomington, USA: AuthorHouse; 2016.

37. Peseschkian N. Positive psychosomatics. Clinical manual of positive psychotherapy. Bloomington, USA: AuthorHouse; 2016.

38. Peseschkian N. Positive psychotherapy of everyday life. Bloomington, USA:

AuthorHouse; 2016.

39. Rokeach M. The nature of human values. New York: Free Press; 1973.

40. Sadock BJ, Sadock VA, Ruiz P. Kaplan and Sadock's comprehensive textbook of Psychiatry. tenth edition. Wolters Kluwer. Vol. 1.

41. Sharpless BA, Barber JP. A conceptual and empirical review of the meaning, measurement development, working through core conflicts 11 and teaching of intervention competence. Clin Psychol Rev. 2009;29:47.

42. Sholevar GP. The handbook of marriage and marital therapy. New York: Medical and Scientific Books; 1981.

43. Strupp HH. Humanism and psychotherapy: a personal statement of the therapist's essential values. Psychotherapy: Theory, Research and Practice. 1980;17:396.

44. Teyber E, McClure FH. Interpersonal process in therapy: an integrative model. 6th ed. Belmont: Brooks/ Cole; 2011.

45. Van Dijke M, & Poppe M. Social comparison of power: interpersonal versus intergroup effects. Group Dynamics: Theory, Research, and Practice; 2004.

46. Weiss J. How psychotherapy works. New York: Guilford Press; 1993.

47. Wilmot, W, 2005. Interpersonal conflict. McGraw-hill Human/Social Science/languages; 7th edition.

48. Woodward LE, Murrell SA, Bettler RF Jr. Stability, reliability, and norms for the inventory of interpersonal problems. Psychother Res. 2005;15:272.

49. Yalom ID, Leszcz M. The theory and practice of group psychotherapy. 5th ed. New York: Basic Books; 2005.

50. Yalom ID. The theory and practice of group psychotherapy. 2nd ed. New York: Basic Books; 1975.

第28章

1. Peseschkian N. Der Kaufmann und der Papagei. Orientalische Geschichten als Medien in der Psychotherapie, 1979, Fischer, Frankfurt (latest English edition in 2016: "Oriental Stories in Positive Psychotherapy", AuthorHouse).

2. Freud S. Der Witz und seine Beziehung zum Unbewussten. Leipzig/Vienna: Franz Deuticke, 1905. p. 128.

3. Werringloer R. The little kite flyer. How to teach our children the art of flying. Bielefeld: tao.de in J. Kamphausen Mediengruppe. 2015. 127 pp.

4. Златова Л.С. Использование одесских анекдотов в работе позитивного психотерапевта как транскультуральное явление / Л. С. Златова // Позитивната психотерапія пред предизвикателствата на настоящето / Сборник статии от 12 международна конференция на позитивна психотерапия. Пловдив 2017. – Варна: Изд-во Славена, 2017. – С.57–70.

5. Карикаш В. Триединая природа субъективного / В. Карикаш // Научно-практический журнал « Позитум Украина» – 2013. – No5. – c. 43–53.

6. Литвиненко О.Д. Використання казкотерапії у програмі групової психокорекційної роботи / О.Д. Литвиненко // Вісник Одеського національного університету. – Одеса. – 2016. – Т. 21. Вип.1(39). Психологія. – С. 116–123.

7. Литвиненко О.Д. Сказкоанализ и сказкотерапия в позитум подходе /О.Д. Литвиненко // Позитивната психотерапия пред предизвикательствата на настоящето / Сборник статии от 12 международна конференция на позитивна психотерапия. Пловдив 2017. – Варна: Изд-во Славена, 2017. – С.34–40.

8. Фрейд 3. Психология бессознательного: Сб. произведений / сост., науч. ред., авт. вступ. ст.М. Г. Ярошевский. – М.: Просвещение,1990. – 448 с.

第29章

1. Bernard JM. Tracing the development of clinical supervision. Clin Superv. 2006;24(1–2):3–21.

2. Bernard JM, Goodyear R. Fundamentals of clinical supervision. 5th ed. Boston: Allyn & Bacon; 2014.

3. Debell D. A critical digest of the literature on psychoanalytic supervision. J Am Psychoanal Assoc. 1963;11:546–75.

4. Dennhag I, Gibbson MBC, Barber JP, Gallop R, Crits- Christoph P. Do supervisors and independent judges agree on evaluations of therapist adherence and competence in the treatment of cocaine dependence? Psychother Res. 2012;22(6):720–30.

5. Inman A, Ladany N. Research: the state of the field. In: Hess A, Hess K, Hess T, editors. Psychotherapy supervision: theory, research and practice. 2nd ed. Hoboken: Wiley; 2008. p. 500–17.

6. Hawkins P, Shohet R. Supervision in the helping professions. Philadelphia: Open University Press; 2012.

7. Ladany N, Walker JA, Melincoff DS. Supervisory style self- disclosure. Couns Educ Superv. 2001;40(4):263–75.

8. Leong FTL, Gupta A. Culture and race in counseling and psychotherapy: a critical review of the literature. In: Brown SD, Lent RW, editors. Handbook of counselling psychology. New York: Wiley; 2008. p. 320–37.

9. Milne DL, Watkins CE Jr. Defining and understanding clinical supervision. A functional approach. In: Watkins Jr CE, Milne DL, editors. The Wiley International handbook of clinical supervision. New York: Wiley; 2014. p. 3–20.

10. Peseschkian N. Oriental stories as techniques in positive psychotherapy. Bloomington, USA: AuthorHouse; 2016.

11. Peseschkian N. Positive psychotherapy. Theory and practice of a new method. Berlin/ Heidelberg: Springer; 1987.

12. Peseschkian N. Positive psychosomatics. Clinical manual of positive psychotherapy. Bloomington, USA: AuthorHouse; 2016.

13. Pilling S, Roth A. The competent clinical supervisor. In: Watkins Jr CE, Milne DL, editors. The Wiley International handbook of clinical super vision. New York: Wiley; 2014. p. 6.

14. Remmers A Five competences of the positive psychotherapists. 2016. https://doi.org/10.13140/ RG.2.1.3243.5604. Retrieved from https://www.researchgate.net/publication/301628609/.

15. Remmers A. Identity and responsibility: the positive psychotherapist in the intercultural society of the 21st century. 2014. Retrieved from https://www.academia. edu/11661564/.

16. Simpson-Southward C, Waller G, Hardy G. How do we know what makes for 'best practice' in clinical supervision for psychological therapists? A content analysis of supervisory models and approaches. Clin Psychol Psychother. 2017;24:1228–45.

17. Starr F, Ciclitira K, Marzano L, Brunswick N, Costa A. Comfort and challenge: a thematic analysis of female clinicians' experiences of supervision. Psychol Psychother Theory Res Pract. 2012;86:334–51.

18. Teitelbaum SH. Supertransference: the role of the Supervisor's blind spots. Psychoanal Psychol. 1990;7(2):243–58.

19. Tritt K, Loew TH, Meyer M, Werner B, Peseschkian N. Positive psychotherapy: effectiveness of an interdisciplinary approach. Eur J Psychiatry. 1999; 13(4)）:231–41.

20. Watkins CE. Does psychotherapy supervision con- tribute to patient outcomes? Considering thirty years of research. Clin Superv. 2011;30:235–56.

21. Watkins CE. On psychotherapy supervision competencies in an international perspective: a short report. Int J Psychother. 2013;17(1):78–83.

22. White E, Winstanley J. A randomized controlled trial of clinical supervision: selected findings from a novel Australian attempt to establish the evidence base for causal relationships with quality of care and patient outcomes, as an informed contribution to mental health nursing. J Res Nurs. 2010;15:151–67.

第30章

1. Sharma S. Understanding the relationship between religiousness, spirituality positive psychology. 2012.

2. James Martin SJ. The Jesuit guide to almost everything. A spirituality for real life. New York: HarperCollins Publishers; 2010.

3. Saddock BJ, Alcott V, Ruiz P. Kaplan and Saddock's comprehensive textbook of psychiatry, vol. II. 9th ed. Philadelphia: Lippincott Williams and Wilkins; 2009. p. 2939–52.

4. Park N. Positive psychology. In: Saddock BJ, Saddock VA, Ruiz P, editors. Kaplan and Saddocks comprehensive textbook of psychiatry. 10th ed. Philadelphia: Lippincott Williams and Wilkins; 2017;2:2841–1855.

5. Silf M. Inner compass. An invitation to Ignatian spirituality. Chicago: Loyola Press; 1999.

6. Puhl SJ, Louis J. The spiritual exercises of Ignatius. London: St. Paul Publications; 1999.

7. Venancio Calpotura SJ. Ignatian spirituality. Philippines: Jesuit Communications Foundation Inc; .2007

8. Wikipedia. The Free Encyclopedia.

9. Rao KR. Positive psychology from the perspective of Indian psychology.

10. The New American Bible. Catholic Bible Press; 1987.

11. 11. Abdu'l-Baha. The divine art of living. Wilmette: Bahá'í Publishing Trust; 1985.

12. Bahá'u'lláh. Writings of Bahá'u'lláh: a compilation. 2nd revised ed. New Delhi: Bahá'í Publishing Trust; .1994.

13. Langness D. How to Find Faith and Happiness. 2017. From: http://www.bahaiteachings.org from Nov 20, 2017.

14. Peseschkian H. Bahá'í: a psychological perspective. In: Leeming DA editor. Encyclopedia of psychology and religion. Springer; 2018. https://doi. org/10.1007/978-3-642-27771-9_9350-4

15. Higgins G. The neuroscience of clinical psychiatry. The Pathophysiology of Behavior and Mental Illness, LWW; 2013.

16. Sharma S. Understanding the relationship between religiousness, spirituality and positive psychology. Golpark: Ramkrishna Mission Institute of Culture; .2012

17. Ramakrishna Rao K. Towards a spiritual psychology an Indian perspective. www.metanexus.net/archive/ conference2004/pdf/rao.pdf.

18. Singh K. The Sikh spiritual model of counseling. Spiritual Health Int. 2008;9:32–43. https://doi. org/10.1002/shi.331. Published online 12 December 2007 in Wiley InterScience (www.interscience.wiley.com).

19. Religion and Spirituality Across Cultures pp 125–136|Cite as Sikhism and Positive Psychology.

20. Elias AA. The marvel of positive thinking in Islam. The marvel of positive thinking in Islam | Faith in Allah الإيمان بالله https://abuaminaelias.com/the- marvel-of-positive-thinking-in-islam/. 4 June 2016.

21. Krishna Kumar V, Ph.D. Creativity: a perspective from Sufism; Love, faith, and experience as paths to true knowledge psychology today Posted May 18, 2014.

22. Brackman L, Jaffe S. Jewish wisdom for business success: lessons for the Torah and other ancient texts. Independently published 3 Feb 2019.

23. Peale NV. The power of positive thinking. Touchstone; .2003

24. U.S. Religious Landscape Survey: religious beliefs and practices. https://www.pewforum.

org/2008/.../u- s-religious-landscape-survey-religious-beliefs.

25. Moltafet G, Mazidi M, Sadati S. Personality traits, religious orientation and happiness. Procedia Soc Behav Sci. 2010;9:63–9.

26. Peterson C, Seligman MEP. Character strengths and virtues: a handbook and classification. Washington, D.C.: American Psychological Association Oxford University Press; 2004.

27. Dein S. Religion, spirituality, and mental health. Psychiatric Times. 2010;27(1).

第31章

1. Glover S. Separate visual representations in the planning and control of action. Behav Brain Sci. 2004;27:3–24. https://doi.org/10.1017/2FS01405 25X04000020.

2. Golash-Boza T. Human rights in a globalizing world: who pays the human cost of migration? J Lat Am Stud. 2006;2(4):l34–46.

3. Mendelowitz E. Reminiscences. J Humanist Psychol. 2009;49(4):435–40.

4. Arystanbekova A. Globalizacya. Almaty: Izdatelstvo Daik Press; 2007. 302 p.

5. Hesse H. Steppenwolf. Pinguin; 1999.

6. Vontress J, Epp. Cross-cultural counseling. A casebook. Alexandria VA: American Counseling Association; 1999. p. 242.

7. Goldmark P. We are all minorities now. In: Alfred Herrhausen Society for International Dialogue, editors. The end of tolerance? London: Nicholas Brealey Publishing; 2002. p. 53–59.

8. Watts AW. The philosophies of Asia. Tuttle Publishing; 1995.

9. Sartre J-P. Being and nothingness, translated by Barnes, Hazel E. London: Routledge; 1958.

10. Frankl VE. Man's search for meaning: an introduction to Logotherapy. Boston: Beacon Press, University of Michigan; 1963. p. 142.

11. Peseschkian N. Schatten auf der Sonnenuhr. Wiesbaden: Medical Tribune; 1974.

12. Vontress CE. Culture and counseling. ORPC. 2003;10(3) https://doi.org/10.9707/2307-0919.1092.

13. Davis A. Social-class influences upon learning. Cambridge, MA: Harvard University Press; 1948.

14. Sullivan HS. The interpersonal theory of psychiatry. New York: W.W. Norton & Company; 1953.

15. Peseschkian N. In search of meaning. Positive psychotherapy step by step. Bloomington, USA: AuthorHouse; 2016

16. Patterson O. A poverty of the mind. New York Times. 2006;26:27.

17. Sapir E. Cultural anthropology and psychiatry. J Abnorm Soc Psychol. 1932;27:229–42.

18. Cope T. Fear of Jung: the complex doctrine and emo- tional sciences. UK: Karnac Press; 2006.

19. Peseschkian N. Positive psychotherapy: theory and practice of a new method. Berlin, New York: Springer; 1987.（in German 1977）.

20. Peseschkian N. Positive family therapy. Bloomington, USA: AuthorHouse; 2016.

21. Sullivan HS. The psychiatric interview (No. 506). New York: W.W. Norton & Company; 1954.

22. Allport GW. Becoming: basic considerations for a psychology of personality. New Haven: Yale University Press; 1955. p. 84.

23. Davis E, Miller D. The philosophic process in physical education. Philadelphia: Lea and Febiger; 1967.

24. Bahá'u'lláh. Gleanings from the writings of Bahá'u'lláh. Wilmette, Ill., USA: Baháí Publishing Trust; 1976.

25. Binswanger L. Existential analysis and psychotherapy. New York: Dutton; 1962.

26. Binswanger L. In: Needleman J, editor. Being-in- the-World: selected papers of Ludwig Binswanger. New York: Harper Torchbooks; 1963.

27. Binswanger L. Being-in-the-world: selected

papers of Ludwig Binswanger. London: Souvenir Press; 1975.

28. von Uexküll T. The sign theory of Jakob von Uexküll. In: Krampen M, et al., editors. Classics of semiotics. New York: Plenum; 1987. p. 147–79.

29. Tzu L. Tao te ching. Translated by Feng G, English J. New York: Random House; 1972.

30. Csikszentmihalyi M, Csikszentmihalyi IS. A life worth living: contributions to positive psychology. Oxford University Press; 2006. 265 p.

31. Schneider KJ, Tong B. Existentialism, Taoism, and Buddhism: two views. In: Hoffman L, Yang M, Kaklauskas FJ (eds.). Existential Psychology East- west. University of the Rockies Press; 2009.

32. Schneider DJ. Distinguished contributions in psychology. In: The psychology of stereotyping. New York: Guilford Press; 2004.

33. Erikson EH. Childhood and society. New York: Norton; 1963.

34. Erikson EH. Identity, youth, and crisis. New York: Norton; 1968.

35. Riedlinger TJ. Sartre's rite of passage. J Transpers Psychol. 1982;14(2):105–23.

36. Schreiber JL. The return of courage. Boston, MA: Addison-Wesley Publishing Company, Inc.; 1987. ISBN 10: 0201122073, ISBN 13: 9780201122077.

37. May R. The courage to create. New York, NY: W.W. Norton & Company; 1975. 143 p.

38. Bedford M. Existentialism and creativity. New York: Philosophical Library; 1972.

39. Kierkegaard S. The concept of anxiety: a simple psychologically oriented deliberation in view of the dogmatic problem of hereditary sin. New York, NY: Liveright Publishing; 1844. 256 p.

40. Greene M. Teacher as stranger educational philosophy for the modern age. Belmont: Wadsworth Publishing Co; 1973.

41. Sartre JP, Mairet P. Existentialism and humanism. London: Methuen; 1963. p. 7–34.

42. Burston D, Frie R. Psychotherapy as a human science. Pittsburgh: Duquesne University Press; 2006.

43. Arendt H. The human condition. 2nd Ed. Chicago, IL: University of Chicago Press; 1958. ISBN 978-0-226-92457-1.

44. Peseschkian N. If you want something you never had, then do something you never did. New Delhi: Sterling Publishers; 2006.

45. Baird F, Kaufmann W. Philosophic classics, Vol. 1: ancient philosophy. Upper Saddle River, NJ: Prentice Hall; 2008.

第32章

1. Bahá'u'lláh. Proclamation of Bahá'u'lláh. Wilmette: US Bahá'í Publishing Trust; 1978.

2. Frank JD, Frank JB. Persuasion and healing, a comparative study of psychotherapy. 3rd ed. Baltimore/ London: John Hopkins University Press; 1993.

3. Gabbard G. Long-term psychodynamic psycho- therapy. A basic text. 3rd ed. Arlington: American Psychiatric Association Publishing; 2017.

4. Grawe K, Donati R, Bernauer F. Psych-otherapie im Wandel: Von der Konfession zur Profession. Göttingen: Hogrefe Verlag; 1994.

5. Jordan DC. The nature of human potential, and how the Baha'i Faith can guide the process of spiritual transformation. In: World order, 3:1. Wilmette: The National Spiritual Assembly of the Baha'is of the United States; 1968.

6. Freud S. Civilization and its discontents. London: Penguin; 2002. (first published in German 1930).

7. Henrichs C. Psychodynamic positive psychotherapy emphasizes the impact of culture in the time of globalization. Psychology. 2012;3(12A):1148–52. https:// doi.org/10.4236/psych.2012.312A169.

8. 8. Maslow AH. Motivation and personality. New York 1954: Harper & Row; 1970.

9. OPD Task Force, editor. Operationalized psychodynamic diagnosis OPD-2. Göttingen: Hogrefe Publishing; 2009.

10. Peseschkian N. Schatten auf der Sonnenuhr. Wiesbaden: Medical Tribune; 1974.

11. Peseschkian N. Positive Psychotherapie. Frankfurt/M.: Fischer; 1977. (in English: Positive psychotherapy. Bloomington, USA: AuthorHouse; 2016).

12. Peseschkian N. Oriental stories as tools in psycho- therapy: the merchant and the parrot. Berlin/New York: Springer; 1979.（latest English edition in 2016 by AuthorHouse, UK）.

13. Peseschkian N. Positive family therapy: the family as therapist. Berlin/New York: Springer; 1986. (First German edition in 1980, latest English edition in 2016 by AuthorHouse UK).

14. Peseschkian N. Positive psychotherapy: theory and practice of a new method. Berlin/New York: Springer; 1987. (First German edition in 1977, latest English edition in 2016 by AuthorHouse UK).

15. Peseschkian N. Positive psychotherapy of everyday life: training in partnership and self-help: with 250 case histories. AuthorHouse, UK; 2016.

16. Peseschkian N, Deidenbach H. Wiesbadener Inventar zur Positiven Psychotherapie und Familientherapie WIPPF. Berlin/New York: Springer; 1988.

17. Peseschkian N, Tritt K. Positive psycho- therapy. Effectiveness study and quality assurance. Eur J Psychother Counsel Health. 1998;1:93–104.

18. Remmers A. Positive psychotherapy and its place within the psychotherapy field, roots - development - methodology - application and comparison - similarities and uniqueness, international training seminar on positive and transcultural psychotherapy, Wiesbaden 28 February 2017, Lecture.

19. Voegel R. Psihoterapie cognitiv- comportamentala si psihanaliza. Bucuresti: Trei Publishing; 2005.

20. Wöller W, Kruse J. Tiefenpsychologisch fundierte Psychotherapie. 5th edition. Stuttgart: Schattauer; 2018.

21. Kornbichler, T, Peseschkian, M. Morgenland - Abendland: Positive Psychotherapie im Dialog der Kulturen. Frankfurt: Fischer; 2003.

22. Peseschkian N. In search of meaning. Positive psychotherapy step by step. Bloomington, USA: AuthorHouse; 2016.

23. Frankl, V. Man's Search for Meaning, Boston: Beacon Press, 2006.

24. Meindl, R. Selbstverantwortung: Alfred Adlers Individualpsychologie in Beziehung, Beruf und Gesellschaft. Munich, Kiener Verlag: 2014.

第33章

1. Freud S. Psicología de las masas. Madrid: Alianza（original title: Jenseits des Lustprinzips）; 2000.

2. Peseschkian N. In search of meaning – positive psychotherapy step by step. AuthorHouse, UK (German original in 1983); 2016.

3. Peseschkian N. Oriental stories as te-chniques in positive psychotherapy. AuthorHouse, UK (German origi- nal in 1979); 2016.

4. Sartre JP. O Ser e o Nada - Ensaio de Ont- ologia Fenomenológica. Petrópolis: Vozes.（original title: L'être et le néant - Essai d'ontologie phénomé- nologique）; 2007.

5. Taherzadeh A. The revelation of Bahá'u'lláh. Oxford: George Ronald; 2001.

6. Wilde O. O Retrato de Dorian Gray. Lisboa: Relógio D'Água (original title: The Picture of Dorian Gray); 1998.

7. Frankl VE. Psicoanálisis y Existencialismo – De la psicoterapia a la logoterapia. México: Fondo de Cultura Económica. (original title: Ärztliche Seelsorge); 2005.

8. Scheler M. Da Reviravolta dos Valores.

Petrópolis: Vozes. (original title: Zur Rehabilitierung der Tugend); 2012.

9. Sartre JP. O Existencialismo é um Humanismo. Petrópolis: Vozes. (original title: L'existencialism est un humanism); 2010.

第34章

1. Abebe S. Positive interpretation serving as a tool for clients identifying and replacing inaccurate thoughts: the case of clients at Erk Mead Psychosocial Support Center in Ethiopia, 30th EPHA annual conference abstract book, 2019.

2. Ablow K(n.d.). AZQuotes.com. Retrieved June 10, 2019, from AZQuotes.com Web site: https://www. azquotes.com/quote/383686.

3. Beck AT. Depression: clinical, experimental, and theoretical aspects: University of Pennsylvania Press; 1967. p. 36.

4. Buddha G. AZQuotes.com. Retrieved June 10, 2019, from AZQuotes.com Web site: https://www.azquotes. com/quote/668538.

5. Burns DD. Feeling good: the new mood therapy. New York: William Morrow & Company; 1980.

6. Gandhi M. The essential Gandhi: an anthology of his writings on his life, work, and ideas. New York: Knopf Doubleday Publishing Group; 2012. p. 163. Vintage

7. Kehoe J. Mind power into the 21st century*. Sterling Publishers Pvt. Ltd, New Delhi; 2005. p. 42.

8. Marcus Aurelius (Emperor of Rome), André Dacier, Thomas Gataker. The Emperor-Marcus Antonius: his conversation with himself. together with the preliminary discourse of the learned Gataker, 1701.

9. Maxwell JC. The winning attitude: your pathway to personal success. Nashville: Thomas Nelson Publishers; 1996.

10. Murphy J. Putting the power of your subconscious mind to work: reach new levels of career success using the power of your subconscious mind. Canada: Penguin Random House Canada; 2009. p. 6.

11. Peale NV. Norman Vincent Peale's treasury of courage and confidence. Garden City: Doubleday; 1970.

12. Peseschkian N. Positive family therapy. Positive psychotherapy manual for therapists and families. Bloomington, USA: AuthorHouse; 2016.

13. Seligman MEP. Learned optimism: how to change your mind and your life. New York: Vintage Books, A Division of Random House, Inc.; 2011. p. 39.

國家圖書館出版品預行編目資料

正向心理科學臨床實務：平衡生活、促進身心健康與提升人生幸福感 /艾瑞克·梅西亞斯（Erick Messias），哈米德·佩塞施基安（Hamid Peseschkian），康斯薇露·卡甘德（Consuelo Cagande）編著；郭約瑟譯. -- 初版. -- 臺北市：啟示出版：英屬蓋曼群島商家庭傳媒股份有限公司城邦分公司發行, 2022.02

面；　公分. --(Talent系列；53)
譯自：Positive Psychiatry, Psychotherapy and Psychology: Clinical Applications

ISBN 978-626-95477-3-9 (平裝)

1. 心理學

170　　　　　　　　　　　　　　　　110021516

線上問卷回函

Talent系列053

正向心理科學臨床實務：平衡生活、促進身心健康與提升人生幸福感

作　　者／艾瑞克·梅西亞斯（Erick Messias）、哈米德·佩塞施基安（Hamid Peseschkian）、康斯薇露·卡甘德（Consuelo Cagande）
譯　　者／郭約瑟
企畫選書人／周品淳
總　編　輯／彭之琬
責任編輯／周品淳

版　　權／黃淑敏、江欣瑜
行銷業務／周佑潔、黃崇華、華華、賴正祐、周佳葳
總　經　理／彭之琬
事業群總經理／黃淑貞
發　行　人／何飛鵬
法律顧問／元禾法律事務所王子文律師
出　　版／啟示出版
　　　　　臺北市 104 民生東路二段 141 號 9 樓
　　　　　電話：(02) 25007008　傳真：(02)25007759
　　　　　E-mail:bwp.service@cite.com.tw
發　　行／英屬蓋曼群島商家庭傳媒股份有限公司城邦分公司
　　　　　台北市中山區民生東路二段141號2樓
　　　　　書虫客服服務專線：02-25007718；25007719
　　　　　服務時間：週一至週五上午09:30-12:00；下午13:30-17:00
　　　　　24小時傳真專線：02-25001990；25001991
　　　　　劃撥帳號：19863813；戶名：書虫股份有限公司
　　　　　讀者服務信箱：service@readingclub.com.tw
　　　　　城邦讀書花園：www.cite.com.tw
香港發行所／城邦（香港）出版集團
　　　　　香港灣仔駱克道193號東超商業中心1F E-mail: hkcite@biznetvigator.com
　　　　　電話：(852) 25086231　傳真：(852) 25789337
馬新發行所／城邦（馬新）出版集團【Cite (M) Sdn Bhd】
　　　　　41, Jalan Radin Anum, Bandar Baru Sri Petaling, 57000 Kuala Lumpur, Malaysia.
　　　　　電話：(603) 90578822　傳真：(603) 90576622
　　　　　Email: cite@cite.com.my

封面設計／李東記
排　　版／邵麗如
印　　刷／韋懋實業有限公司

■ 2022 年 2 月 8 日初版　　　　　　　　　　　　　　Printed in Taiwan
■ 2022 年 4 月 21 日初版 2 刷
定價 850 元

城邦讀書花園
www.cite.com.tw